U0922201

郑州统计年鉴

ZHENGZHOU STATISTICAL YEARBOOK

2015

(总第十七期 NO.17)

郑 州 市 统 计 局
国家统计局郑州调查队 编

中国统计出版社
China Statistics Press

图书在版编目(CIP)数据

郑州统计年鉴. 2015 / 郑州市统计局，国家统计局郑州调查队编. -- 北京 ：中国统计出版社，2015.9
ISBN 978-7-5037-7534-5

Ⅰ. ①郑… Ⅱ. ①郑… ②国… Ⅲ. ①统计资料－郑州市－2015－年鉴 Ⅳ. ①C832.611-54

中国版本图书馆CIP数据核字(2015)第193034号

郑州统计年鉴-2015

作　　者/ 郑州市统计局　国家统计局郑州调查队
责任编辑/ 陈越月
装帧设计/ 王西海
出版发行/ 中国统计出版社
地　　址/ 北京市丰台区西三环南路甲6号　邮政编码/100073
电　　话/ 邮购（010）63376909　书店（010）68783171
网　　址/ http://csp.stats.gov.cn
印　　刷/ 河南新华印刷集团有限公司
经　　销/ 新华书店
开　　本/ 890mm×1240mm　1/16
字　　数/ 1303千字
印　　张/ 30印张
版　　别/ 2015年9月第1版
版　　次/ 2015年9月第1次印刷
定　　价/ 300.00元

如有印装差错，由本社发行部调换。

《郑州统计年鉴——2015》

编委会和编辑人员

一、编委会

二、编辑部工作人员

郑州统计年鉴

编 辑 说 明

一、《郑州统计年鉴—2015》是一部全面反映郑州地区国民经济和社会发展的资料性统计年刊。本书收录了郑州市及所辖县（市）区2014年经济和社会发展各方面的统计数据，以及重要年份的主要统计数据，是认识和研究郑州市情、经济社会发展、制定宏观政策、指导工作和进行决策的重要经济类工具书。

二、本年鉴以丰富、翔实的统计资料为主，全面反映了郑州市国民经济和社会发展状况。全书分为15部分。即1.综合；2.从业人员和劳动工资；3.固定资产投资及房地产开发；4.价格；5.人民生活；6.城市公用事业和环保；7.农业；8.工业；9.建筑业；10.交通运输和邮电通讯；11.国内贸易；12.对外经济贸易和旅游；13.财政金融；14.教育、文化、卫生、体育和科技；15.统计工作大事记。各篇末均附有《主要统计指标解释》，对主要统计指标的含义、范围、计算方法作了简要说明。

三、本年鉴中使用的计量单位均采用国际统一标准计量单位；统计口径除特别注明外，均包括郑州市及所辖各县（市）区。资料取自郑州市统计局、郑州市经济社会调查队、国家统计局郑州调查队及有关部门的统计报表。

四、本年鉴部分数据合计数或相对数不等于分项之和，是由于单位取舍和不同产业的计算误差，部分指标未作机械调整。

五、本年鉴表中的符号使用说明：

“空格”表示该项统计指标数据不详或无该项数据；

“…”表示数据不足本表最小单位；

“#”表示其中的主要项。

目　录

一、综　合

二、从业人员和劳动工资

三、固定资产投资及房地产开发

四、价 格

五、人民生活

六、城市公用事业和环保

七、农　业

八、工 业

九、建　筑　业

十、交通运输、邮电通讯

十一、国内贸易

十二、对外经济贸易和旅游

十三、财政金融

十四、教育、文化、卫生、体育和科技

十五、统计工作大事记

一、综　合

1-1 行政区划

（2014 年底）

单位:个

县(市)区	街道办事处	镇	乡	社区	村委会
总　计	**115**	**70**	**15**	**739**	**2169**
市辖区	**95**	**6**	**3**	**578**	**463**
中原区	12			100	46
二七区	13	1	1	141	14
管城区	9	1	1	77	26
金水区	17			163	40
上街区	5	1		31	28
惠济区	6	2		12	53
高新区	5			10	39
经开区	6			16	42
郑东新区	10	1	1	28	19
航空港实验区	12				156
县(市)	**20**	**64**	**12**	**161**	**1706**
中牟县	3	10	1	9	272
巩义市	5	15		26	288
荥阳市	2	9	3	14	288
新密市	4	12	1	47	303
新郑市	3	9	2	45	252
登封市	3	9	5	20	303

注:本表数据按行政隶属关系划分。

1-2 主要气象情况

（2014 年）

指　　标	一月	二月	三月	四月	五月	六月	七月	八月	九月	十月	十一月	十二月
月平均气温	4.0	2.6	13.0	17.1	24.1	26.8	28.8	25.8	21.2	17.6	10.1	4.5
月日照时数	136.6	70.2	186.0	154.5	242.3	165.5	220.4	154.8	109.2	140.0	127.7	187.0
月降水量	0.1	24.3	6.8	56.4	57.6	27.5	50.3	67.7	228.0	15.1	17.6	0.1
月内降水量≥0.1mm 的日数	1	7	4	8	6	4	6	11	15	4	7	1
月极端最高气温	16.3	14.6	29.2	29.4	39.4	36.7	39.7	38.1	32.0	30.2	20.6	17.5
出现日期	1	26	17	30	29	8	21	4	4	2	5	30
月极端最低气温	-6.9	-8.8	0.8	6.5	8.1	19.7	20.8	16.4	13.2	9.4	1.0	-4.0
出现日期	18	11	7	6	5	4	27	9	17	15	18	2

1-3 县(市)、区所辖乡、镇办事处

(2014 年底)

县(市)区	乡 镇	街道办事处
中原区		林山寨 桐柏路 绿东村 棉纺路 三官庙 建设路 秦岭路 汝河路 中原西路 航海西路 西流湖 须水
二七区	马寨镇 侯寨乡	大学路 五里堡 德化街 解放路 铭功路 嵩山路 长江路 京广路 一马路 蜜蜂张 福华街 建中街 淮河路
管城区	十八里河镇 南曹乡	北下街 西大街 南关街 城东路 东大街 二里岗 陇海马路 紫荆山南路 航海东路
金水区		经八路 花园路 人民路 杜岭 大石桥 南阳路 南阳新村 文化路 丰产路 东风路 北林路 未来路 兴达路 凤凰台 国基路 杨金路 丰庆路
上街区	峡窝镇	济源路 中心路 新安路 工业路 矿山路
惠济区	古荥镇 花园口镇	刘寨 老鸦陈 新城 迎宾路 长兴路 大河路
高新区		石佛 沟赵 枫杨 梧桐 双桥
经开区		明湖 潮河 京航 前程 九龙 祥云
郑东新区	白沙镇 圃田乡	祭城路 龙子湖 商都路 博学路 如意湖 龙湖 龙源路 金光路 杨桥 豫兴路
航空港实验区		新港 郑港 滨河 银河 三官庙 张庄 龙港 八岗 冯堂 清河 龙王 明港
中牟县	韩寺镇 官渡镇 狼城岗镇 万滩镇 郑庵镇 黄店镇 大孟镇 刘集镇 雁鸣湖镇 姚家镇 刁家乡	青年路 东风路 广惠街
巩义市	米河镇 新中镇 小关镇 竹林镇 大峪沟镇 河洛镇 站街镇 康店镇 北山口镇 西村镇 芝田镇 回郭镇 鲁庄镇 夹津口镇 涉村镇	新华路 杜甫路 永安路 孝义 紫荆路
荥阳市	豫龙镇 广武镇 王村镇 汜水镇 高山镇 刘河镇 崔庙镇 贾峪镇 乔楼镇 高村乡 城关乡 金寨回族乡	索河 京城路
新密市	袁庄乡 米村镇 牛店镇 平陌镇 超化镇 苟堂镇 大隗镇 刘寨镇 曲梁镇 白寨镇 岳村镇 城关镇 来集镇	新华路 青屏街 西大街 矿区
新郑市	新村镇 辛店镇 观音寺镇 梨河镇 和庄镇 薛店镇 孟庄镇 郭店镇 龙湖镇 城关乡 八千乡	新建路 新华路 新烟
登封市	大金店镇 颍阳镇 卢店镇 告成镇 大冶镇 宣化镇 徐庄镇 东华镇 君召乡 石道乡 白坪乡 唐庄乡 阳城工业区 送表矿区	少林 中岳 嵩阳

1-4 年末人口基本情况

（2014 年底）

县(市)区	总户数(户)	总人口(人)				
		合 计	#女 性	#非农业人口	城镇人口	城镇化率(%)
全市	2802091	9377835	4562724	3836830	6406256	68.31
中原区	243663	743174	363410	594539	667965	89.88
二七区	261567	766392	375593	471178	680173	88.75
管城区	177292	536486	261484	272910	453223	84.48
金水区	495823	1436529	693844	890647	1303794	90.76
上街区	45380	136138	69387	86000	123518	90.73
惠济区	91879	282987	143831	69332	198119	70.01
中牟县	116802	471892	232260	76116	189559	40.17
巩义市	246228	819940	400130	156035	413824	50.47
荥阳市	174806	615409	278780	133585	306289	49.77
新密市	220845	803343	394923	290007	410910	51.15
新郑市	157226	646108	332551	156619	326026	50.46
登封市	177357	688942	337816	202558	342818	49.76
经开区	69251	200146	94521	68046	165941	82.91
高新区	80241	246595	113308	132397	202257	82.02
郑东新区	130848	435270	208293	152344	268562	61.70
航空港实验区	112883	548484	262593	84517	353279	64.41

1-5 人口自然变动情况

（2014 年底）

县(市)区	年末平均人口（人）	出生人口（人）	死亡人口（人）	出生率（‰）	死亡率（‰）	自然增长率（‰）
全市	9284537	95496	40759	10.29	4.39	5.90
中原区	737771	7746	2213	10.50	3.00	7.50
二七区	759381	7996	3508	10.53	4.62	5.91
管城区	531438	5309	1924	9.99	3.62	6.37
金水区	1425915	13189	3742	9.25	2.62	6.63
上街区	135738	1117	700	8.23	5.16	3.07
惠济区	280705	3082	1303	10.98	4.64	6.34
中牟县	469397	5351	3215	11.40	6.85	4.55
巩义市	818125	8688	4941	10.62	6.04	4.58
荥阳市	615198	6330	3255	10.29	5.29	5.00
新密市	801668	8321	4345	10.38	5.42	4.96
新郑市	642474	6964	3058	10.84	4.76	6.08
登封市	686173	7753	3712	11.30	5.41	5.89
经开区	192422	2063	576	10.72	2.99	7.73
高新区	240723	2120	467	8.81	1.94	6.87
郑东新区	419127	3978	735	9.49	1.75	7.74
航空港实验区	528282	5489	2710	10.39	5.13	5.26

1-6 国民经济和社会发展总量及速度指标

指　标	单位	1990	1995	2000	2005	2010	2011	2012	2013	2014	2014 比上年±%
人口与面积											
人口	万人	557.8	600.3	665.9	716.0	866.1	885.7	903.1	919.1	937.8	2.0
建城区面积	平方公里	112.0	108.3	133.2	262.0	316.1	328.1	346.4	356.1	386.1	8.4
宏观经济											
国民经济核算											
地区生产总值	亿元	116.4	386.4	728.4	1660.6	4040.9	4979.8	5549.8	6201.8	6777.0	9.4
第一产业	亿元	14.4	28.5	42.4	72.4	124.6	131.7	142.4	147.0	147.2	3.0
第二产业	亿元	62.5	203.5	343.3	872.8	2269.9	2874.2	3132.9	3470.5	3487.1	10.0
第三产业	亿元	39.5	154.3	342.7	715.4	1646.4	1974	2274.5	2584.3	3142.7	9.0
固定资产投资											
全社会固定资产投资额	亿元	26.9	165.6	258.4	820.0	2757.0	3002.5	3669.8	4509.3	5355.3	18.8
固定资产投资	亿元	20.0	132.4	159.4	610.2	2432.5	2900.0	3561.2	4400.2	5259.6	20.1
财政											
地方公共财政预算收入	亿元	10.5	17.1	43.6	136.1	386.8	502.3	606.7	723.6	833.9	15.2
地方公共财政预算支出	亿元	6.5	17.8	49.0	136.7	426.8	566.6	700.6	815.7	918.5	12.6
价格总指数											
商品零售价格指数	以上年为100	100.8	110.4	99.1	101.2	102.7	104.9	102.4	101.4	101.1	1.1
居民消费价格指数	以上年为100	101.8	114.5	99.0	102.4	103.0	104.9	102.7	102.8	102.0	2.0
外商投资											
利用外资											
合同利用外资额	万美元	1132	21086	12860	63766	191632	238133	202058	183710	144557	-26.9
实际利用外资额	万美元	768	15020	9211	33549	190015	310000	342898	332178	363002	9.3
产业											
农业											
农林牧渔业总产值	亿元	24.6	51.5	73.2	126.2	221.4	235.5	254.6	263.3	269.9	3.1
粮食总产量	万吨	154.2	140.1	158.7	153.0	166.7	166.7	169.5	168.3	162.0	-3.8

1-6 续表 1

指　标	单位	1990	1995	2000	2005	2010	2011	2012	2013	2014	2014 比上年±%
工业											
工业总产值	亿元	174.4	647.9	1005.3	2411.5	7958.3	8459.7	10632.4	12153.5	13537.2	12.1
工业增加值	亿元	39.8	87.1	187.5	569.7	1996.0	2316.0	2541.5	2857.7	3094.0	11.2
规模以上工业											
资产总计	亿元	142.3	470.3	749.8	1473.6	3898.8	5173.0	7036.7	8528.6	9960.8	14.4
负债合计	亿元	89.6	328.6	477.5	946.3	2134.9	2762.8	3915.4	4597.2	5444.4	17.0
主营业务收入	亿元	104.6	307.8	530.9	1673.0	5942.3	8144.4	9603.4	11016.3	12391.4	11.5
利税总额	亿元	18.0	37.9	67.2	230.2	1058.1	1351.7	1415.1	1529.2	1647.2	4.9
建筑业											
建筑业总产值	亿元	12.7	45.5	106.0	299.4	1352.3	1547.6	1816.6	2265.3	2713.3	19.8
施工房屋面积	万平方米	325	805	1217	2937	8876.9	10505.5	12001.6	14247.2	17751.6	24.6
竣工房屋面积	万平方米	148	306	440	765	2601.7	3403.6	3667.8	4095.8	5240.2	27.9
交通运输											
旅客周转量	亿人公里	69.3	92.0	125.1	189.6	301.4	325.6	348.2	256.5	274.9	7.2
#铁路	亿人公里	46.0	53.0	60.0	80.0	113.9	111.2	119.4	130.0	130.2	0.1
公路	亿人公里	23.3	32.1	56.3	82.7	137.7	161.1	174.1	69.9	83.6	19.5
航空	亿人公里	1.0	6.8	8.8	26.9	49.8	53.3	54.7	56.6	61.2	8.1
货物周转量	亿吨公里	196.2	212.9	226.5	287.7	479.8	564.1	630.9	527.7	537.0	1.8
#铁路	亿吨公里	181.6	181.9	156.2	187.9	199.4	210.2	216.2	217.2	199.9	-7.9
公路	亿吨公里	14.7	30.9	70.1	99.4	279.8	353.3	414.2	306.3	332.4	8.4
航空	万吨公里	150.0	574	1281	3385	5641	5744	5477	39279	47139	20.0
邮电通讯											
邮电业务总量	万元	1.2	8.5	42	108.2	296.3	116.8	131.3	183.5	213.6	16.4
国内商业											
社会消费品零售总额	亿元	47.4	164.1	381.8	706.7	1702.1	2015.6	2322.7	2623.5	2955.4	12.7
批零贸易企业销售额	亿元	44.9	401.0	437.4	1274.3	2339.1	2943.9	3247.5	3516.0	4308.1	22.5
对外贸易和旅游											

1-6 续表2

指 标	单位	1990	1995	2000	2005	2010	2011	2012	2013	2014	2014比上年±%
进出口总值	万美元		16129	89982	192211	515743	1599559	3583193	4274948	4643090	8.6
#出口总值	万美元	1119	13072	62145	138137	345657	963786	2026460	2506620	2665710	6.4
旅游外汇收入	万美元			4653	7769	13384	14760	15800	16500	17100	3.6
金融											
金融机构各项存款	亿元	86.3	464.4	1215.4	3116.1	7990.9	8964.9	10448.3	12450.5	13955.6	13.4
金融机构各项贷款	亿元	87.0	373.7	881.9	2428.1	5717.5	6112.8	6794.1	9342.3	10868.3	16.3
教育											
在校学生数	万人	84.4	114.9	139.7	191.3	222.3	227.4	231.6	241.0	260.0	7.9
专任教师数	万人	6.2	5.9	7.1	9.4	12.5	12.9	13.6	13.9	14.7	5.6
人民生活											
城镇居民人均可支配收入	元	1496	4535	5935	10640	18897	21612	24246	26615	29095	9.3
农村居民人均纯收入	元	692	1555	2912	4774	9225	11050	12531	14009	15470	10.4
城市居民人均居住建筑面积	平方米			19.8	23.0	28.2	29.5				
农村居民人均居住面积	平方米	21.5	23.8	35.4	43.7	52.0	54.9	55.7	52.6	52.1	-1.0
城乡居民储蓄余额	亿元	56.1	254.2	565.8	1436.1	2911.0	3252.1	3845.5	4475.3	4839.3	8.1
工资											
在岗职工年平均工资	元	2126	5226	9017	16694	32779	35541	41480	44622	49279	10.4
卫生											
医疗机构数	个	935	879	688	1637	1347	4044	3810	4026	3848	-4.4
卫生技术人员	个	28410	30590	31137	33568	49519	56891	65403	76282	80831	6.0
医疗床位数	张	20937	22122	24472	29295	47094	52750	59664	68764	73865	7.4
市政建设											
自来水供水量	万吨	23037	32506	28783	30448	37724	35785	35825	35413	34131	-3.6
城市集中供热面积	万平方米		851	1383	1777	2261	2285	3349	3815	4520	18.5
用气人口	万人	59.5	107.9	149.2	230	439	457	533	528	575	8.9
城市道路长度	公里	428	563	684	1131	1338	1390	1446	1520	1630	7.2
公共汽(电)车总数	辆	404	728	1342	3077	4788	5271	5548	5745	6297	9.6

注:1. 1990年城市居民人均可支配收入以人均生活费收入代替;2. 2011年后年邮电业务总量按2010年可比价格计算,2001-2010年按2000年可比价格计算,2000年以前按1990年可比价格计算;3. 固定资产投资2010年以前为城镇投资;4. 2010年以后,工业总产值和增加值包含河南中烟工业公司和河南电力公司。

1-7 国民经济和社会发展比例和效益指标

指　　标	单位	1990	1995	2000	2005	2010	2011	2012	2013	2014
就业										
每一就业者负担人口	人	**1.66**	**1.85**	**1.90**	**2.15**	**2.01**	**2.04**	**1.99**	**1.78**	**1.74**
三次产业从业者比例										
第一产业	%	50.1	40.4	41.9	31.5	21.5	20.4	–	–	–
第二产业	%	31.3	32.3	27.0	30.0	33.8	36.1	–	–	–
第三产业	%	18.6	27.3	31.1	38.5	44.6	43.5	–	–	–
城镇登记失业率	%			2.0	3.0	2.8	2.0	2.0	2.2	1.4
宏观经济										
国民经济核算										
三次产业增加值比例										
第一产业	%	12.4	7.4	5.8	4.4	3.1	2.7	2.6	2.3	2.2
第二产业	%	53.7	52.6	47.1	52.5	56.2	57.7	56.4	56.0	51.4
第三产业	%	33.9	40.0	47.1	43.1	40.7	39.6	41.0	41.7	46.4
人均生产总值	元	2118	6499	11227	23320	47608	56856	62049	68070	72992
固定资产投资										
全社会固定资产占 GDP 比例	%	23.1	42.8	35.5	49.4	68.2	60.3	66.1	72.7	79.0
财政										
地方财政收入占 GDP 比例	%	9.0	4.4	6.5	9.1	14.6	14.4	17.0	19.3	20.2
产业										
工业										
产品销售率	%	96.6	96.4	97.4	98.1	98.2	97.9	98.0	98.4	97.7

1-7 续表

指　标	单位	1990	1995	2000	2005	2010	2011	2012	2013	2014
总资产贡献率	%	30.1	12.8	11.2	18.0	28.4	27.4	21.3	18.9	17.4
成本费用利润率	%	5.8	3.3	5.2	7.8	13.8	12.6	10.3	9.5	9.0
资产负债率	%	63.0	69.9	63.7	64.6	54.8	53.4	55.6	53.9	54.7
建筑业										
产值利税率	%	7.39	4.84	3.27	4.57	8.0	7.8	7.9	8.3	7.4
全员劳动生产率	元/人	12902	28440	60305	117785	221621	285024	380470	391256	536517
教育										
适龄儿童入学率	%	99.40	99.71	99.95	100	100	100	100	100	100
学校教师负担人数	人	13.56	19.48	17.2	15.5	17.8	17.6	17.0	17.4	17.7
卫生										
每万人拥有医疗机构数	个	1.68	1.46	1.05	2.29	1.56	4.57	4.22	4.38	4.10
每万人拥有卫生技术人员	人			48.6	46.9	57.2	64.2	72.4	83.0	86.2
每万人拥有医院床位数	张	37.5	36.9	37.4	40.9	54.4	59.6	66.1	74.8	78.8
市政建设										
城市自来水普及率	%		97.6	100	100	100	100	100	100	100
人均公共绿地面积	平方米	2.6	3.2	4.6	8.0	10.5	10.8	11.3	12.0	12.3

1-8 主要指标年人均水平

指　标	单 位	2000	2005	2007	2008	2009	2010	2011	2012	2013	2014
生产总值	元	11227	23320	34063	40617	44237	47608	56856	62049	68070	72992
地方公共财政预算收入	元	672	1912	3007	3521	4037	4781	5735	6783	7942	8981
社会消费品零售总额	元	5885	9924	13406	16310	19184	21038	22686	25969	28795	31832
在岗职工平均工资	元	8263	16694	23025	26476	29837	32779	35541	41480	44622	49279
城镇居民可支配收入	元	5935	10640	13692	15732	17117	18897	21612	24246	26615	29095
农民人均纯收入	元	2912	4774	6594	7548	8121	9225	11050	12531	14009	15470
城乡居民储蓄存款余额	元	8721	20195	22721	27951	33577	35980	37129	42994	49120	52122
市区居民居住面积	平方米	9.5	23.0	25.1	26	26.6	28.2	29.5	–	–	–
城市生活用电量	千瓦时	594	506	689	728	819	840	791	947	909	914
城市生活用水量	吨	73	81	50.7	54.2	56.1	49.8	43.8	48.4	45.3	49.9
市区公共绿地面积	平方米	4.6	8.0	9.2	9.3	9.7	10.5	10.8	11.3	12.0	12.3
市区每万人拥有公交车辆	辆	4.8	10.2	12	13.2	13.3	12.6	11.9	11.9	11.6	12.0
每万人拥有医疗床位数	张	37.7	41.2	46.3	52.1	57.5	55.5	60.2	66.7	75.5	79.6
每万人拥有卫生技术人员	人	48	47.2	54.8	57.1	62.8	58.3	65	73.1	83.7	87.1

1-9 郑州一日

指　　标	单　位	2000	2005	2007	2008	2009	2010	2011	2012	2013	2014
生产总值	万元	19956	45496	68130	82301	90644	110709	136434	151634	169912	185671
第一产业	万元	1161	1983	2175	2595	2824	3413	3607	3891	4027	4032
第二产业	万元	9405	23913	36016	45466	48945	62189	78746	85599	95082	95538
第三产业	万元	9389	19600	29939	34241	38874	45108	54081	62144	70803	86101
粮食总产量	吨	4348	4192	4504	4527	4550	4567	4567	4630	4611	4437
全社会固定资产投资	万元	7079	22466	37461	48567	62715	75534	82261	100266	123542	146721
社会消费品零售总额	万元	10460	19361	26814	33049	39309	46633	54441	63462	71877	80970
地方公共财政预算收入	万元	1192	3729	6014	7114	8272	10597	13762	16575	19825	22846
货运量	万吨	43.2	65.1	87.0	102.3	46.5	56.5	66.9	72.8	56.6	62.5
客运量	万人	35.8	50.2	69.1	77.9	71.5	82.5	92.5	97.4	48.4	50.4
邮电业务总量	万元	1161	2963	5268	6233	7019	8118	3201	3588	5027	5853
出口总值	万美元	33.7	207	483	692	548	908	2579	5526	6867	7303
自来水供水量	万吨	79	83	76	88	97	103	98	98	97	94
售电量	万千瓦时	2156	3852	5810	7833	8225	9753	10684	10792	10959	9452
接待境外人数	人次	222	573	718	800	879	956	1052	1153	1200	1236

1-10 按行政区划分主要经济指标

(2014 年)

指　　标	郑州市	中原区	二七区	管城区	金水区	上街区	惠济区
生产总值(万元)	67769890	5027405	4296889	5685403	10721453	1129090	1008546
第一产业(万元)	1471498	14715	5845	12112	18442	4800	63380
第二产业(万元)	34871370	2088336	836199	2863167	1052606	733041	472058
工业(万元)	30667816	1399676	446222	2254566	178712	625983	243597
第三产业(万元)	31427022	2924354	3454845	2810124	9650404	391249	473108
生产总值指数(%)	109.4	108.9	107.5	108.9	106.2	108.6	107.0
第一产业(%)	103.0	97.0	95.3	99.2	100.0	99.5	100.9
第二产业(%)	110.0	106.0	108.9	108.7	101.8	109.3	107.2
工业(%)	110.7	107.3	110.0	110.6	103.3	108.9	101.5
第三产业(%)	109.0	111.8	107.1	109.3	106.9	106.2	107.5
总人口(人)	9377835	989769	766392	748108	1713157	136138	282987
固定资产投资(万元)	52596482	4916743	3389372	6878622	6456995	1184998	1368253
社会消费品零售总额(万元)	29554017	2059366	3488220	4038341	7328941	425375	1010878

1-10 续表　　(2014 年)

指　　标	中牟县	巩义市	荥阳市	新密市	新郑市	登封市
生产总值(万元)	7262709	6075672	5702519	6018650	6973245	4833880
第一产业(万元)	362556	109772	274304	181910	284051	136131
第二产业(万元)	5465288	3974781	3824965	3514807	4012586	3009176
工业(万元)	5152874	3763937	3610648	3297544	3783385	2865224
第三产业(万元)	1434865	1991119	1603250	2321933	2676608	1688573
生产总值指数(%)	112.0	109.2	109.2	109.9	111.3	109.7
第一产业(%)	101.0	103.4	104.0	103.9	103.2	103.9
第二产业(%)	114.2	109.2	109.9	110.5	111.8	109.8
工业(%)	114.7	109.2	110.1	110.6	112.1	109.6
第三产业(%)	109.8	109.6	108.0	108.8	110.9	110.3
总人口(人)	949154	819940	615409	803343	864496	688942
固定资产投资(万元)	4440162	4041698	4044476	3837903	7732817	3416461
社会消费品零售总额(万元)	1511432	2198206	1873856	2042300	1963831	1613142

1-11 社会总产出

（2014 年）

单位：万元

项　　目	郑州市	中原区	二七区	管城区	金水区	上街区	惠济区	中牟县
总产出	**211107891**	**8300362**	**10618930**	**6048325**	**20406085**	**5492901**	**3088651**	**8130812**
第一产业	2660680	16687	10627	11964	20401	9638	122918	395834
第二产业	146775917	4174398	4729449	3039180	6444624	4797510	2046066	5611152
第三产业	61671294	4109277	5878854	2997181	13941060	685753	919667	2123826
农林牧渔业	2698849	17200	11207	12164	20401	9638	123378	400720
#农林牧渔服务业	38169	513	580	200			460	4886
工业	132670537	2498712	2118240	2178006	929301	4437613	1046826	4842698
采矿业	4047877		10391			184712		351782
#开采辅助活动	5760							
制造业	116034709	781331	1937173	2178006	929301	3922991	1035115	4368638
#金属制品、机械和设备修理业	26936							
电力热力燃气及水的生产和供应业	12587951	1717381	170676			329910	11711	122278
建筑业	14138076	1675686	2611209	861174	5515323	359897	999240	768454
批发和								
零售业	7811991	495537	1502641	607131	1871199	117988	105122	400958
批发业	3635018	122724	851402	407996	415297	62172	45216	309215
零售业	4176973	372813	651239	199135	1455902	55816	59906	91743
交通运输、仓储和邮政业	9744336	111134	1325124	346671	408198	89049	133031	367141
住宿和餐饮业	4614581	283341	325453	270172	944720	89455	136136	167766
住宿业	709468	44314	45119	30989	234471	8124	28526	12044
餐饮业	3905113	239027	280334	239183	710249	81331	107610	155722
信息传输、软件和信息技术服务业	3148354	63757	354238	41102	1024261	39955	9551	108654
金融业	8402802	663204	998670	528965	3163387	61159	74393	155236
房地产业	6200689	287024	253341	630233	833010	99227	104328	109724
租赁和商务服务业	5529330	432893	64510	131581	1619355	14859	71108	106460
科学研究和技术服务业	4842834	812840	108768	16537	552524	9522	18185	96740
水利、环境和公共设施管理业	436288	41016	9213	8695	77831	14475	15897	42485
居民服务、修理和其他服务业	2101618	124977	92027	58387	291830	35980	36579	70352
教育	2635184	139880	206131	67526	678503	24471	122682	84292
卫生和社会工作	2628630	258380	382529	170672	915002	19167	4901	56348
文化、体育和娱乐业	1321032	74669	56091	26399	630607	3390	29822	94988
公共管理社会保障和社会组织	2182760	320112	199538	92910	930633	67056	57472	257796

1-11 续表 （2014 年） 单位:万元

项　　目	巩义市	荥阳市	新密市	新郑市	登封市	经开区	高新区	郑东新区	航空港实验区
总产出	**23903418**	**21041720**	**20563907**	**18963809**	**15621666**	**13677930**	**7510679**	**4544581**	**25086252**
第一产业	192294	499224	327392	354593	228541	74645	7699	116817	222328
第二产业	19840643	17605797	16102846	13798069	12700022	11520722	5702330	1007089	23424592
第三产业	3870481	2936699	4133669	4811147	2693103	2082563	1800650	3420675	1439332
农林牧渔业	202246	503765	342973	358217	240891	88745	7734	121853	223636
#农林牧渔服务业	9952	4541	15581	3624	12350	14100	35	5036	1308
工业	19012837	17018778	15461195	13147794	12106075	10239023	4426489	502573	23307596
采矿业	385238	418273	700682	162352	1423636				
#开采辅助活动	4423			474	1731				
制造业	18184162	16251020	14169204	12887388	9695672	10233285	4240577	415074	23307596
#金属制品、机械和设备修理业	13792	462	3570	2897	1960	867	659		
电力热力燃气及水的生产和供应业	443437	349485	591309	98054	986767	5738	185912	87499	
建筑业	846021	587481	645221	653646	597638	1282566	1276500	504516	116996
批发和零售业	370919	351891	547354	880139	454113	724250	195341	435107	125911
批发业	132587	131320	159794	363034	276194	619527	88426	245796	23545
零售业	238332	220571	387560	517105	177919	104723	106915	189311	102366
交通运输、仓储和邮政业	1065579	788947	994751	1466853	286690	471717	61715	277358	717590
住宿和餐饮业	540669	355612	449157	317575	308494	36679	71949	142476	87776
住宿业	38062	10657	36174	37759	46775	12136	9759	56818	25579
餐饮业	502607	344955	412983	279816	261719	24543	62190	85658	62197
信息传输、软件和信息技术服务业	75934	6820	80888	67989	49692	35361	144632	18285	10524
金融业	382644	180219	229192	183131	174129	19371	103360	1558337	14220
房地产业	331377	229490	371922	446179	124269	150709	232137	538340	347420
租赁和商务服务业	134877	58953	263546	225107	359406	59952	422340	46566	8598
科学研究和技术服务业	22489	36547	26474	39762	42322	246654	126989	113567	1694
水利、环境和公共设施管理业	14623	19568	6130	21606	49901	5871	11454	34408	7705
居民服务、修理和其他服务业	269268	152512	314337	332167	103917	49515	25508	17509	27253
教育	116175	158764	225157	242803	433482	23459	294841	38968	10913
卫生和社会工作	264236	154810	211788	304240	56302	54480	6279	42188	7215
文化、体育和娱乐业	49816	52648	179041	86263	51646	33289	7197	28668	3859
公共管理社会保障和社会组织	203708	384915	214781	190338	182699	156289	96214	123862	67346

1-12 生产总值

（2014 年）

单位：万元

项　　目	郑州市	中原区	二七区	管城区	金水区	上街区	惠济区	中牟县
生产总值	**67769890**	**2974210**	**4296889**	**2979412**	**8714195**	**1129090**	**1008546**	**2428912**
第一产业	1471498	10540	5845	7699	11670	4800	63380	226004
第二产业	34871370	933970	836199	1089063	968106	733041	472058	1018937
第三产业	31427022	2029700	3454845	1882650	7734419	391249	473108	1183971
农林牧渔业	1495218	10860	6164	7805	11670	4800	63617	228904
#农林牧渔服务业	23720	320	319	106			237	2900
工业	30667816	504295	446222	848913	178712	625983	243597	813727
采矿业	1367451		5320			35483		65061
#开采辅助活动	2267							
制造业	27114653	153323	417934	848913	178712	540266	238451	736015
#金属制品、机械和设备修理业	7347							
电力热力燃气及水的生产和供应业	2185712	350972	22968			50234	5146	12651
建筑业	4213168	429675	389977	240150	789394	107058	228461	205210
批发和零售业	5043656	193332	717994	556347	856068	72175	67309	193159
批发业	2624306	76916	427343	374172	171217	38694	31425	126881
零售业	2419350	116416	290651	182175	684851	33481	35884	66278
交通运输、仓储和邮政业	3711302	62451	714243	110385	267195	40882	41369	171310
住宿和餐饮业	2241553	126887	214835	134148	443069	42852	60771	105299
住宿业	299786	10532	14909	29925	95183	3390	10840	5455
餐饮业	1941767	116355	199926	104223	347886	39462	49931	99844
信息传输、软件和信息技术服务业	1409387	33983	284455	24579	550898	20109	4437	78633
金融业	5628006	464150	706890	365720	2087410	38888	55198	109048
房地产业	3719116	210100	204483	334083	627338	77729	88101	78910
租赁和商务服务业	1785612	138922	42441	95442	752060	5501	15346	58966
科学研究和技术服务业	1631986	339013	56110	8941	294843	5982	6556	37539
水利、环境和公共设施管理业	171505	20306	6236	6078	40222	6834	6963	21981
居民服务、修理和其他服务业	1006984	60467	33903	44636	257833	19249	18067	34472
教育	1654564	68386	170677	55033	386068	11975	60114	58664
卫生和社会工作	1221697	122270	128530	58172	361738	8990	2290	21640
文化、体育和娱乐业	675456	39941	30290	21155	385148	1977	14453	64506
公共管理社会保障和社会组织	1492864	149172	143439	67825	424529	38106	31897	146944

1-12 续表 (2014 年) 单位:万元

项目	巩义市	荥阳市	新密市	新郑市	登封市	经开区	高新区	郑东新区	航空港实验区
生产总值	**6075672**	**5702519**	**6018650**	**5684615**	**4833880**	**4057493**	**2053195**	**2349973**	**4428209**
第一产业	109772	274304	181910	193724	136131	43693	4175	69433	124939
第二产业	3974781	3824965	3514807	3400097	3009176	2971135	1154366	228853	3717456
第三产业	1991119	1603250	2321933	2090794	1688573	1042665	894654	2051687	585814
农林牧渔业	116095	276915	189226	195895	140284	52504	4200	72560	125770
#农林牧渔服务业	6323	2611	7316	2171	4153	8811	25	3127	831
工业	3763937	3610648	3297544	3178628	2865224	2561588	895381	103038	3684931
采矿业	80865	106154	204873	57313	532848				
#开采辅助活动	1599			224	848				
制造业	3593351	3411263	2929493	3104213	2093289	2560849	855783	75404	3684931
#金属制品、机械和设备修理业	3292	130	1749	817	775	261	121		
电力热力燃气及水的生产和供应业	89721	93231	163178	17102	239087	739	39598	27634	
建筑业	215735	214447	219012	222510	145575	409808	259106	125815	32525
批发和零售业	262227	264098	385265	318392	384641	532618	90119	195965	46567
批发业	96525	94912	130677	123402	238287	476508	49781	134897	13679
零售业	165702	169186	254588	194990	146354	56110	40338	61068	32888
交通运输、仓储和邮政业	510899	405777	537207	384162	150455	128920	26272	41829	366029
住宿和餐饮业	267023	159285	220532	145480	153325	16618	35593	44683	26758
住宿业	20609	4728	17155	11320	20825	4947	5014	14835	10027
餐饮业	246414	154557	203377	134160	132500	11671	30579	29848	16731
信息传输、软件和信息技术服务业	44613	3490	48004	61235	43024	17219	69248	8402	6637
金融业	122439	125200	149817	129168	117320	14528	77520	1118007	8985
房地产业	269410	170129	196747	252519	96937	93378	162847	422526	51741
租赁和商务服务业	60333	25490	106087	153797	174774	23806	92598	28231	5657
科学研究和技术服务业	8425	15879	11805	26421	17036	65683	64071	71690	845
水利、环境和公共设施管理业	6491	7660	2950	9756	20559	2309	4251	10972	6525
居民服务、修理和其他服务业	116108	60440	150473	131368	51958	22226	12690	10005	9511
教育	80858	68408	132628	173790	298389	16328	204197	31342	8912
卫生和社会工作	100938	65096	116651	131821	23308	20812	2799	13526	4546
文化、体育和娱乐业	26454	32915	93663	48868	24349	14757	3426	23670	2574
公共管理社会保障和社会组织	103687	196642	161039	120805	126722	64391	48877	27712	39696

1-13 生产总值指数

（2014 年）

单位:%

项　　目	郑州市	中原区	二七区	管城区	金水区	上街区	惠济区	中牟县
生产总值	**109.4**	**108.0**	**107.5**	**103.3**	**105.9**	**108.6**	**107.0**	**106.7**
第一产业	103.0	97.0	95.3	100.4	101.5	99.5	100.9	104.0
第二产业	110.0	102.9	108.9	100.9	101.4	109.3	107.2	105.7
第三产业	109.0	110.8	107.1	105.2	106.6	106.2	107.5	108.5
农林牧渔业	103.1	97.1	96.0	100.5	101.5	99.5	100.7	104.0
#农林牧渔服务业	108.2	100.0	111.8	109.8			70.1	107.9
工业	110.7	103.1	110.0	100.8	103.3	108.9	101.5	104.7
采矿业	82.6		107.8			111.3		96.4
#开采辅助活动	78.2							
制造业	114.0	99.4	110.3	100.8	103.3	110.1	101.5	105.2
#金属制品、机械和设备修理业	110.1							
电力热力燃气及水的生产和供应业	97.5	104.7	108.0			92.0	104.6	118.6
建筑业	104.7	102.5	106.7	101.8	100.5	112.9	114.1	110.0
批发和零售业	109.0	106.7	109.1	101.6	104.3	102.9	112.5	107.4
批发业	109.8	102.0	110.1	119.2	103.8	103.7	116.4	119.3
零售业	108.1	110.1	107.5	78.2	104.5	101.9	109.3	90.6
交通运输、仓储和邮政业	105.6	100.7	108.3	108.6	94.6	104.9	98.1	104.4
住宿和餐饮业	111.0	106.7	111.1	113.7	102.4	104.4	102.6	111.9
住宿业	112.0	101.1	115.6	112.7	109.7	132.9	107.5	74.0
餐饮业	110.8	107.3	110.8	114.0	100.2	102.3	101.6	115.4
信息传输、软件和信息技术服务业	114.2	115.8	105.2	109.7	106.1	109.7	105.4	122.1
金融业	114.2	112.5	112.2	112.1	112.8	119.1	111.2	117.0
房地产业	97.4	88.8	86.5	90.6	101.0	104.9	107.6	70.5
租赁和商务服务业	137.7	142.0	121.2	102.0	129.9	105.7	131.5	146.0
科学研究和技术服务业	106.7	123.3	106.8	102.3	106.4	136.3	105.2	127.7
水利、环境和公共设施管理业	99.9	109.7	106.8	103.7	101.2	106.6	105.2	109.1
居民服务、修理和其他服务业	112.7	117.0	86.4	125.4	105.5	92.0	122.5	120.6
教育	101.8	106.3	105.3	103.8	105.4	105.8	104.9	107.1
卫生和社会工作	106.1	116.0	101.7	151.8	100.3	105.9	106.1	136.5
文化、体育和娱乐业	110.8	107.9	102.7	103.4	97.7	139.6	115.7	116.1
公共管理社会保障和社会组织	104.5	105.1	105.4	151.4	97.2	106.4	103.6	109.1

1-13 续表 (2014 年) 单位:%

项目	巩义市	荥阳市	新密市	新郑市	登封市	经开区	高新区	郑东新区	航空港实验区
生产总值	**109.2**	**109.2**	**109.9**	**108.2**	**109.7**	**117.5**	**110.0**	**104.1**	**119.8**
第一产业	103.4	104.0	103.9	104.0	103.9	97.4	97.0	97.2	97.8
第二产业	109.2	109.9	110.5	107.7	109.8	117.5	108.0	89.2	120.9
第三产业	109.6	108.0	108.8	109.7	110.3	119.0	113.9	108.4	119.0
农林牧渔业	103.5	104.0	103.9	104.1	104.1	97.5	97.0	97.5	97.0
#农林牧渔服务业	108.0	103.9	104.9	105.2	109.9	98.3	97.0	103.0	41.1
工业	109.2	110.1	110.6	107.9	109.6	120.7	109.4	79.9	121.0
采矿业	62.9	94.9	94.7	89.6	110.5				
#开采辅助活动	102.8			41.5	101.8				
制造业	111.4	110.2	113.8	108.8	110.9	120.7	109.4	77.8	121.0
#金属制品、机械和设备修理业	105.1	103.5	103.6	102.1	101.9	92.4	109.2		
电力热力燃气及水的生产和供应业	98.1	126.3	94.5	93.7	88.4	97.1	109.3	92.5	
建筑业	109.9	107.1	109.8	105.3	114.3	101.7	101.5	108.1	106.1
批发和零售业	111.8	109.4	107.7	110.1	114.9	118.7	123.1	104.4	112.2
批发业	111.1	106.9	109.9	110.1	153.1	119.8	141.7	103.4	117.4
零售业	112.1	110.9	106.7	110.1	83.7	109.3	104.8	106.7	110.2
交通运输、仓储和邮政业	106.1	105.8	107.9	106.9	115.8	143.0	93.6	99.0	112.2
住宿和餐饮业	113.9	111.6	114.5	107.2	119.6	104.5	105.8	100.4	107.7
住宿业	105.0	113.9	140.5	106.5	119.0	110.4	91.2	101.8	104.2
餐饮业	115.0	111.5	111.8	107.3	119.7	101.9	109.0	99.7	109.9
信息传输、软件和信息技术服务业	103.1	115.9	119.4	112.2	124.2	93.4	102.0	104.8	108.5
金融业	112.3	114.1	113.0	130.8	115.2	111.2	111.2	118.5	113.5
房地产业	106.2	103.5	89.3	108.2	81.7	104.3	107.5	96.2	190.4
租赁和商务服务业	112.2	138.6	141.6	126.6	111.8	123.4	115.0	112.1	122.5
科学研究和技术服务业	109.9	99.9	125.4	115.5	120.7	120.1	128.1	101.8	108.4
水利、环境和公共设施管理业	111.9	103.7	98.9	95.9	104.5	78.9	128.1	101.6	106.2
居民服务、修理和其他服务业	112.7	111.8	119.0	108.6	110.5	122.6	115.0	104.1	113.3
教育	106.7	110.7	104.3	103.8	105.8	103.2	126.3	97.3	112.1
卫生和社会工作	112.7	106.3	111.5	108.3	106.9	117.6	129.2	102.0	125.5
文化、体育和娱乐业	116.5	113.9	119.3	114.7	106.9	104.2	116.1	99.4	113.1
公共管理社会保障和社会组织	112.2	104.7	103.2	103.5	105.3	131.0	98.2	101.5	116.2

1-14　全市法人单位数(按地域划分)

(2014 年底)

单位:个

行　业	全市	中原区	二七区	管城区	金水区	上街区	惠济区	经开区
总计	**93391**	**5629**	**5396**	**6207**	**24727**	**1361**	**2022**	**3508**
农、林、牧、渔业	1998	27	59	18	47	16	96	56
采矿业	443	2	5	1	2	3	2	3
制造业	12621	907	481	180	409	336	431	600
电力、热力、燃气及水生产和供应业	158	8	5	2	5	5	4	3
建筑业	4797	369	333	297	1601	53	108	266
批发和零售业	26458	1639	1953	3077	9317	311	359	908
交通运输、仓储和邮政业	1540	56	87	147	233	50	47	146
住宿和餐饮业	1365	73	158	91	448	19	35	33
信息传输、软件和信息技术服务业	3349	240	149	208	1888	8	38	191
金融业	447	5	23	20	160	2	12	33
房地产业	4844	357	422	341	1443	68	129	219
租赁和商务服务业	11304	504	569	886	5220	86	101	448
科学研究和技术服务业	3973	256	174	146	1338	24	46	250
水利、环境和公共设施管理业	537	30	20	17	90	12	23	17
居民服务、修理和其他服务业	1377	91	95	94	445	14	41	53
教育	3968	295	266	182	568	69	164	87
卫生和社会工作	3783	77	76	53	120	9	84	71
文化、体育和娱乐业	2196	108	142	95	518	45	64	25
公共管理、社会保障和社会组织	8233	585	379	352	875	231	238	99

1-14 续表 (2014 年底) 单位:个

行 业	高新区	郑东新区	航空港实验区	中牟县	巩义市	荥阳市	新密市	新郑市	登封市
总计	**2771**	**11011**	**1316**	**3831**	**6140**	**4555**	**5323**	**4582**	**5012**
农、林、牧、渔业	25	47	65	135	133	380	422	172	300
采矿业		3		3	63	32	134	10	180
制造业	1077	275	279	479	2582	1457	1189	1124	815
电力、热力、燃气及水生产和供应业	7	8	3	13	30	10	20	18	17
建筑业	163	966	42	128	51	95	123	125	77
批发和零售业	464	4161	115	534	850	581	762	725	702
交通运输、仓储和邮政业	12	104	45	147	103	80	114	89	80
住宿和餐饮业	10	135	20	45	80	18	47	48	105
信息传输、软件和信息技术服务业	223	300	8	12	27	19	12	11	15
金融业	6	136	2	7	12	4	7	10	8
房地产业	114	875	58	213	99	133	103	172	98
租赁和商务服务业	135	2334	34	161	107	165	208	186	160
科学研究和技术服务业	275	698	9	202	88	89	98	95	185
水利、环境和公共设施管理业	12	41	6	36	49	33	39	34	78
居民服务、修理和其他服务业	21	176	4	58	59	49	22	119	36
教育	76	155	138	268	252	179	507	335	427
卫生和社会工作	36	102	177	665	331	349	469	414	750
文化、体育和娱乐业	28	165	6	35	483	90	118	134	140
公共管理、社会保障和社会组织	87	330	305	690	741	792	929	761	839

1-15　基本单位按登记注册类型分组情况

（2014年底）

单位:个

注册类型	单位数	注册类型	单位数
总　　计	**93391**	私营合伙企业	834
内资企业	**92832**	私营有限责任公司	23118
国有企业	6305	私营股份有限公司	860
集体企业	1955	其他企业	15050
股份合作企业	272	**港、澳、台商投资企业**	**260**
联营企业	148	合资经营企业(港或澳、台资)	106
国有联营企业	29	合作经营企业(港或澳、台资)	10
集体联营企业	58	港、澳、台商独资经营企业	128
国有与集体联营企业	10	港、澳、台商投资股份有限公司	12
其他联营企业	51	其他港、澳、台商投资	4
有限责任公司	36568	**外商投资企业**	**299**
国有独资公司	183	中外合资经营企业	145
其他有限责任公司	36385	中外合作经营企业	15
股份有限公司	1284	外资企业	112
私营企业	31250	外商投资股份有限公司	17
私营独资企业	6438	其他外商投资	10

主要统计指标解释

生产总值 是一个国家(地区)所有常住单位在一定时期内生产活动的最终成果。地区生产总值有三种表现形态,即价值形态、收入形态和产品形态。从价值形态看,它是所有常住单位在一定时期内所生产的全部货物和服务价值超过同期投入的全部非固定资产货物和服务价值的差额,即所有常住单位的增加值之和;从收入形态看,它是所有常住单位在一定时期内所创造并分配给常住单位和非常住单位的初次分配收入之和;从产品形态看,它是最终使用的货物和服务减去进口货物和服务。在实际核算中,地区生产总值的三种表现形态表现为三种计算方法,即生产法、收入法和支出法。三种方法分别从不同的方面反映地区生产总值及其构成。

平均每年增长速度 在我国计算平均增长速度有两种方法,一种是习惯上经常使用的"水平法",又称几何平均法,是以间隔期最后一年的水平同基期水平对比来计算平均每年增长(或下降)速度。另一种是"累计法",又称代数平均法或方程法,是以间隔期内各年水平的总和同基期水平对比来计算平均每年增长(或下降)速度。在一般正常情况下,两种方法计算的平均每年增长速度比较接近,但在经济发展不平衡,出现大起大落时,两种方法计算的结果差别较大。本《年鉴》内所列的平均每年增长速度,除固定资产投资是用"累计法"计算以外,其余均用"水平法"计算。

企业(单位)登记注册类型 是以在工商行政管理机关登记注册的具有法人资格的各类企业为划分对象。行政机关、事业单位和社会团体及其他经济组织参照执行。本项以工商行政管理部门对企业(单位)登记注册的类型为依据,将企业(单位)登记注册类型分为以下几种:

1. 国有企业是指企业全部资产归国家所有,并按《中华人民共和国企业法人登记管理条例》规定登记注册的非公司制的经济组织。不包括有限责任公司中的国有独资公司。

2. 集体企业是指企业资产归集体所有,并按《中华人民共和国企业法人登记管理条例》规定登记注册的经济组织。

3. 股份合作企业是指以合作制为基础,由企业职工共同出资入股,吸收一定比例的社会资产投资组建,实行自主经营,自负盈亏,共同劳动,民主管理,按劳分配与按股分红相结合的一种集体经济组织。

4. 联营企业是指两个及两个以上相同或不同所有制性质的企业法人或事业单位法人,按自愿、平等、互利的原则,共同投资组成的经济组织。联营企业包括国有联营企业、集体联营企业、国有与集体联营企业和其他联营企业。

5. 有限责任公司是指根据《中华人民共和国登记管理条例》规定登记注册,由两个以上,五十个以下的股东共同出资,每个股东以其所认缴的出资额对公司承担有限责任,公司以其全部资产对其债务承担责任的经济组织。

有限责任公司包括国有独资公司以及其他有限责任公司:

(1)国有独资公司是指国家授权的投资机构或者国家授权的部门单独投资设立的有限责任公司。

(2)其他有限责任公司是指国有独资公司以外的其他有限责任公司。

6. 股份有限公司是指根据《中华人民共和国登记管理条例》规定登记注册,其全部注册资本由等额股份构成并通过发行股票筹集资本,股东以其认购的股份对公司承担有限责任,公司以其全部资产对其债务承担责任的经济组织。

7. 私营企业是指由自然人投资设立或由自然人控股,以雇佣劳动为基础的营利性经济组织。包括按照《公司法》、《合伙企业法》、《私营企业暂行条例》规定登记注册的私营有限责任公司、私营股份有限公司、私营合伙企业和私营独资企业。

(1)私营独资企业是指按《私营企业暂行条例》的规定,由一名自然人投资经营,以雇佣劳动为基础,投资者对企业债务承担无限责任的企业。

(2)私营合伙企业是指按《合伙企业法》或《私营企业暂行条例》的规定,由两个以上自然人按照协议共同投资、共同经营、共负盈亏,以雇佣劳动为基础,对债务承担无限责任的企业。

(3)私营有限责任公司是指按《公司法》、《私营企业暂行条例》的规定,由两个以上自然人投资或由单个自然人控股的有限责任公司。

(4)私营股份有限公司是指按《公司法》的规定,由五个以上自然人投资,或由单个自然人控股的有限公司。

8. 其他内资企业是指上述第 1 条至第 7 条之外的其他内资经济组织。

9. 与港澳台商合资经营企业是指港澳台地区投资者与内地的企业依照《中华人民共和国中外合资经营企业法》及有关法律的规定,按合同规定的比例投资设立、分享利润和分担风险的企业。

10. 与港澳台商合作经营企业是指港澳台地区投资者与内地企业依照《中华人民共和国中外合作经营企业法》及有关法律的规定,依照合作合同的约定进行投资或提供条件设立、分配利润和分担风险的企业。

11. 港澳台商独资经营企业是指依照《中华人民共和国外资企业法》及有关法律的规定,在内地由港澳台地区投资者全额投资设立的企业。

12. 港澳台商投资股份有限公司是指根据国家有关规定,经外经贸部依法批准设立,其中港、澳、台商的股本占公司注册资本的比例达 25% 以上的股份有限公司。凡其中港、澳、台商的股本占公司注册资本的比例小于 25% 的,属于内资企业中的股份有限公司。

13. 中外合资经营企业是指外国企业或外国人与中国内地企业依照《中华人民共和国中外合资经营企业法》及有关法律的规定,按合同规定的比例投资设立、分享利润和分担风险的企业。

14. 中外合作经营企业是指外国企业或外国人与中国内地企业依照《中华人民共和国中外合作经营企业法》及有关法律的规定,依照合作合同的约定进行投资或提供条件设立、分配利润和分担风险的企业。

15. 外资企业是指依照《中华人民共和国外资企业法》及有关法律的规定,在中国内地由外国投资者全额投资设立的企业。

16. 外商投资股份有限公司是指根据国家有关规定,经外经贸部依法批准设立,其中外资的股本占公司注册资本的比例达 25% 以上的股份有限公司。凡其中外资股本占公司注册资本的比例小于 25% 的,属于内资企业中的股份有限公司。机关、事业单位和社会团体参照《企业登记注册类型与代码》,主要按其经费来源和管理方式划分。

具体规定如下:

1. 机关包括国家机关和党政机关,原则上均列为“国有”。但有特殊规定的,如供销社等,则列为“集体”。

2. 事业单位包括经国家机构编制部门和有关业务主管部门批准成立的各类事业单位,不包括实行企业化管理的事业单位。事业单位的划分办法如下:

(1)由国家财政预算拨款或列入财政预算外资金管理以及经费主要来源于国有主管部门或国有上级单位的事业单位,列为“国有”。

(2)经费主要来源于集体单位的事业单位,列为“集体”。

(3)公民个人(或个人合伙)开办的事业单位,列为“私营”。

(4)上述以外的其他事业单位,如果其经费来源不明确,按管理方式进行归类。

3. 社会团体包括经民政部门批准成立以及未纳入社会团体管理条例范围的工会、妇联等各类社会团体。社会团体的划分办法如下:

(1)未纳入民政部社会团体管理条例范围的工会、妇联、共青团、青联、工商联、科协、侨联等社会团体,国家拨款设立的基金会或基金管理组织以及经费主要来源于国有业务主管部门或国有上级单位的社会团体,列为“国有”。

(2)经费主要来源于集体单位的社会团体,列为“集体”。

(3)公民个人(或个人合伙)开办的社会团体,划为“私营”。

(4)上述以外的其他社会团体,如果其经费来源不明确,改按管理方式进行归类。

三次产业 根据社会生产活动历史发展的顺序对产业结构的划分,产品直接取自自然界的部门称为第一产业,对初级产品进行再加工的部门称为第二产业。为生产和消费提供各种服务的部门称为第三产业。它是世界上通用的产业结构分类,但各国的划分不尽一致。我国的三次产业划分是:

第一产业是指农、林、牧、渔业。

第二产业是指采矿业,制造业,电力、燃气及水的生产和供应业,建筑业。

第三产业是指除第一、二产业以外的其他行业。第三产业包括:交通运输、仓储和邮政业,信息传输、计算机服务和软件业,批发和零售业,住宿和餐饮业,金融业,房地产业,租赁和商务服务业,科学研究、技术服务和地质勘查业，水利、环境和公共设施管理业，居民服务和其他服务业，教育，卫生、社会保障和社会福利业，文化、体育和娱乐业，公共管理和社会组织，国际组织。

总产出 总产出是指一定时期内一个国家（或地区）常住单位生产的所有货物和服务的价值，即包括新增价值，也包括转移价值。它反映常住单位生产活动的总规模。总产出按生产者价格计算。

增加值 增加值是指常住单位生产过程创造的新增价值和固定资产的转移价值。它可以按生产法计算，也可以按收入法计算，按生产法计算，它等于总产出减去中间投入；按收入法计算，它等于劳动者报酬、生产税净额、固定资产折旧和营业盈余之和。

人口数 指一定时点、一定地区范围内的有生命的个人的总和。

年度统计的年末人口数是指每年 12 月 31 日 24 时的人口数。年度统计的全国人口总数内未包括台湾省和港澳同胞以及海外华侨人数。

出生率（又称粗出生率）指在一定时期内（通常为一年）平均每千人所出生的人数的比率，一般用千分率表示。计算公式：

$$出生率=\frac{年出生人数}{年平均人数}\times1000‰$$

出生人数 是指活产婴儿，即胎儿脱离母体时（不管怀孕月数），有过呼吸或其他生命现象。

年平均人数 是指年初、年底人口数的平均数，也可用年中人口数代替。

死亡率（又称粗死亡率） 指在一定时期内（通常为一年）一定地区的死亡人数与同期平均人数（或期中人数）之比，一般用千分率表示。计算公式：

$$死亡率=\frac{年死亡人数}{年平均人数}\times1000‰$$

人口自然增长率 指在一定时期内（通常为一年）人口自然增加数（出生人数减死亡人数）与该时期内平均人数（或期中人数）之比。一般用千分率表示。计算公式：

$$人口自然增长率=\frac{(本年出生人数-本年死亡人数)}{年平均人数}\times1000‰$$

人口自然增长率=人口出生率-人口死亡率

二、从业人员和劳动工资

2-1 法人单位从业人数(按地域划分)

(2014 年底)

单位:人

项目	全市	中原区	二七区	管城区	金水区	上街区	惠济区	经开区	高新区	郑东新区	航空港实验区	中牟县	巩义市	荥阳市	新密市	新郑市	登封市
合 计	**3886572**	**307124**	**233440**	**181777**	**690731**	**47576**	**115156**	**193656**	**142105**	**310522**	**322655**	**149965**	**238558**	**233917**	**243657**	**248657**	**227076**
农、林、牧、渔业	34094	566	705	128	720	204	2589	673	372	918	2118	2750	3163	4408	5040	4339	5401
采矿业	163042	61057	1155	90	75	1384	6	53		18		648	19113	5162	20882	3777	49622
制造业	1289277	37431	29318	43227	24954	24350	20801	80303	67248	24352	289494	53936	144954	142330	122518	115922	68139
电力、热力、燃气及水生产和供应业	61606	10535	24329	1180	304	140	993	82	553	281	168	1176	2573	1232	2174	1123	14763
建筑业	641253	87731	45175	26895	213993	7582	51157	36359	27889	36764	3044	21489	8352	26115	23967	17689	7052
批发和零售业	355404	14742	28545	38643	106675	2073	6702	19397	6548	53423	2148	10817	12610	9153	12281	19584	12063
交通运输、仓储和邮政业	132913	1546	10460	8163	5450	853	1420	25709	1145	41327	12193	2456	3780	1871	4580	8348	3612
住宿和餐饮业	68459	3833	7178	2513	27630	637	3080	919	536	7024	1831	1484	2277	1335	1481	2373	4328
信息传输、软件和信息技术服务业	59755	2017	6922	1846	30747	51	333	4021	8466	3695	69	140	344	121	267	520	196
金融业	89695	2797	2210	1350	31715	24	237	295	129	47019	35	607	995	449	616	669	548
房地产业	127245	10692	9780	21452	31196	1822	4648	5734	3795	16811	2379	4442	2281	3009	2388	4627	2189
租赁和商务服务业	150626	4800	9760	8896	60266	680	1897	4808	3812	31909	687	3347	1584	2163	3106	6148	6763
科学研究和技术服务业	109348	24352	6040	2628	34043	363	2172	4332	7717	10383	97	5917	1315	1365	1742	3082	3800
水利、环境和公共设施管理业	26261	2066	1383	370	4432	478	1316	436	709	3028	129	2848	1415	2055	983	1197	3416
居民服务、修理和其他服务业	23471	999	1685	2217	6709	403	775	644	373	2461	49	746	883	779	351	3483	914
教育	192042	11715	15418	7021	30992	1750	7817	2389	10014	13513	2583	9918	9365	9630	15585	24176	20156
卫生和社会工作	98008	8653	16261	4323	26435	1019	1930	2515	214	3168	1079	3537	5952	4753	6855	6089	5225
文化、体育和娱乐业	56884	3228	2901	1251	18942	210	1868	1967	423	2265	57	10864	4908	1359	1474	2161	3006
公共管理、社会保障和社会组织	207189	18364	14215	9584	35453	3553	5415	3020	2162	12163	4495	12843	12694	16628	17367	23350	15883

2-2 分企事业机关、分行业从业人员人数

（2014 年底）

单位：人、%

类 别	合 计	比上年增长	国有	比上年增长	城镇	比上年增长	其他所有制	比上年增长
单位从业人员年末人数	**1973748**	**2.8**	**459214**	**2.0**	**33941**	**-6.2**	**1480593**	**3.3**
按企事业机关分								
企业	1575235	2.7	108512	-0.2	24712	-8.5	1442011	3.1
事业	285777	3.7	258575	2.8	8336	-1.3	18866	21.1
机关	86287	2.5	85956	2.6	138	-6.1	193	-1.5
非营利组织	16172	7.5	1391	1.5	561	46.9	14220	6.9
其他	10277	-4.9	4780	2.6	194	-4.4	5303	-10.8
按行业分								
农林牧渔业	2969	-4.2	663	-12.3	667	9.0	1639	-5.4
采矿业	67757	-12.8	331	93.6	282	8.0	67144	-13.1
制造业	698014	2.5	8015	-19.4	8806	-5.4	681193	2.9
电力、热力、燃气及水的生产和供应业	34552	-1.6	7880	-9.0			26672	0.8
建筑业	330959	0.6	18119	-4.6	5003	-27.3	307837	1.6
批发和零售业	98599	1.4	4590	-31.3	3157	-5.4	90852	4.2
交通运输、仓储和邮政业	71779	6.0	21467	5.4	893	5.2	49419	6.3
住宿和餐饮业	33542	-8.6	5257	-24.6	1024	-1.5	27261	-5.0
信息传输、软件和信息技术服务业	26077	18.2	2229	-16.6	44	120.0	23804	22.9
金融业	46461	-1.3	11275	4.4			35186	-3.0
房地产业	50389	27.1	3942	126.4	589	48.0	45858	22.4
租赁和商务服务业	40719	50.3	8839	29.2	2139	0.8	29741	64.1
科学研究和技术服务业	56507	13.3	22595	13.2	879	-5.6	33033	14.0
水利、环境和公共设施管理业	19625	19.0	13210	7.5	336	-1.5	6079	57.5
居民服务、修理和其他服务业	5074	19.5	324	-9.7	345	26.8	4405	21.9
教育	148445	5.5	113480	4.3	4950	2.4	30015	10.8
卫生和社会工作	82647	9.7	67818	5.9	3893	-2.8	10936	50.5
文化、体育和娱乐业	24541	-33.6	20264	-14.7	161	1.3	4116	-68.4
公共管理、社会保障和社会组织	135092	2.0	128916	2.1	773	-3.3	5403	1.1

注：2-2 表至 2-13 表范围为中央和地方各类企业，事业和机关的资料，不包括私营企业、个体工商户和乡镇企业。

2-3 分企事业机关、分行业在岗职工人数

（2014 年底）　　单位：人、%

类　别	合　计	比上年增长	国有	比上年增长	城镇集体	比上年增长	其他经济类型	比上年增长
在岗职工年末人数	**1749639**	**2.2**	**426347**	**1.0**	**30576**	**-2.5**	**1292716**	**2.7**
按企事业机关分								
企业	1377968	2.2	96692		21694	-3.0	1259582	2.5
事业	262832	1.8	240551	0.8	8005	-3.1	14276	25.2
机关	83952	2.7	83621	2.7	138	-6.1	193	-1.5
非营利组织	15335	6.4	1370	0.4	554	45.0	13411	5.9
其他	9552	-6.4	4113	0.7	185	-6.1	5254	-11.4
按行业分								
农林牧渔业	2969	-2.6	663	-5.7	667	9.0	1639	-6.0
采矿业	67725	-12.8	331	93.4	282	8.0	67112	-13.1
制造业	672923	1.7	7534	-21.8	8632	-3.5	656757	2.2
电力、热力、燃气及水的生产和供应业	33034	-1.7	7695	-8.1			25339	0.4
建筑业	229011	1.0	15460	-3.0	3721	-12.2	209830	1.6
批发和零售业	91690	1.5	3736	-35.2	3038	-6.1	84916	4.3
交通运输、仓储和邮政业	52669	2.9	18878	5.5	880	5.1	32911	1.4
住宿和餐饮业	30835	-7.8	4713	-18.3	988	4.2	25134	-5.9
信息传输、软件和信息技术服务业	20345	27.7	908	-23.6	44	120.0	19393	31.7
金融业	38474	-13.8	10617	4.5			27857	-19.2
房地产业	45265	25.9	3311	103.4	570	43.2	41384	21.9
租赁和商务服务业	31855	46.3	8039	26.3	924	26.6	22892	56.0
科学研究和技术服务业	45430	14.2	19790	12.5	872	-6.1	24768	16.5
水利、环境和公共设施管理业	16607	9.7	12448	9.6	220	-9.1	3939	11.3
居民服务、修理和其他服务业	4928	17.4	319	-9.9	223	-7.9	4386	21.8
教育	142904	5.0	110475	4.4	4931	2.0	27498	8.5
卫生和社会工作	72101	4.1	57972	-0.5	3663	-6.8	10466	47.1
文化、体育和娱乐业	22498	-14.1	18351	-17.4	148	-6.9	3999	4.2
公共管理、社会保障和社会组织	128376	1.6	125107	1.7	773	-3.3	2496	-2.2

2-4 分企事业机关、分行业在岗职工工资总额

（2014 年底）

单位：千元、%

类别	合计	比上年增长	国有	比上年增长	城镇集体	比上年增长	其他经济类型	比上年增长
在岗职工年工资总额	**84027982**	**13.0**	**24176620**	**14.4**	**1263512**	**12.9**	**58587850**	**12.4**
按企事业机关分								
企业	64933078	12.6	6842761	15.2	809209	16.3	57281108	12.2
事业	13774083	18.0	12724007	17.7	415674	5.9	634402	33.5
机关	4220195	7.2	4201585	7.2	8784	-9.9	9826	10.3
非营利组织	551744	22.1	50087	10.0	22597	64.5	479060	22.0
其他	548882	-10.2	358180	-13.6	7248	3.3	183454	-3.4
按行业分								
农林牧渔业	83184	2.6	24268	26.3	15982	4.1	42934	-7.7
采矿业	3282109	-8.9	17646	101.0	10660	13.5	3253803	-9.3
制造业	28272002	9.1	556588	-3.9	355413	17.0	27360001	9.3
电力、热力、燃气及水的生产和供应业	1846839	15.2	680910	8.3			1165929	19.7
建筑业	10376402	15.1	985820	2.5	137650	5.2	9252932	16.8
批发和零售业	3962881	17.4	346898	-13.0	87527	17.2	3528456	21.6
交通运输、仓储和邮政业	2980592	15.3	1005737	24.9	29555	29.4	1945300	10.7
住宿和餐饮业	1033558	-2.1	175318	-6.8	36052	16.2	822188	-1.7
信息传输、软件和信息技术服务业	1393939	22.6	55251	-61.5	1553	228.3	1337135	34.7
金融业	4071525	3.4	1283170	15.0			2788355	-1.2
房地产业	2368743	40.4	223350	234.9	16965	47.0	2128428	32.3
租赁和商务服务业	1664771	55.8	367563	42.8	34049	57.1	1263159	60.0
科学研究和技术服务业	3029070	32.8	1469472	35.2	40197	22.0	1519401	30.8
水利、环境和公共设施管理业	679480	25.0	490221	24.0	8421	12.9	180838	28.4
居民服务、修理和其他服务业	151467	38.6	10827	-3.0	9171	13.0	131469	46.0
教育	7423305	18.8	6095629	18.3	234885	4.9	1092791	25.4
卫生和社会工作	3913215	21.3	3272155	18.9	197720	11.1	443340	49.5
文化、体育和娱乐业	1306063	2.0	1081852	-0.8	5867	9.4	218344	18.1
公共管理、社会保障和社会组织	6188837	10.2	6033945	10.3	41845	1.0	113047	5.6

2-5 分企事业机关、分行业在岗职工平均工资

（2014 年底）

单位：元、%

类　别	合　计	比上年增长	国有	比上年增长	城镇集体	比上年增长	其他所有制	比上年增长
在岗职工年平均工资	**49279**	**10.4**	**56548**	**13.0**	**42069**	**15.4**	**47076**	**9.4**
按企事业机关分								
企业	48620	9.9	68750	14.8	38190	19.9	47166	9.3
事业	52518	15.5	52894	16.2	52590	7.6	45822	7.6
机关	50449	4.5	50427	4.5	63652	-4.0	50649	10.9
非营利组织	41249	20.8	36748	7.6	40789	-1.7	41814	23.2
其他	60218	-1.1	84241	-12.5	39820	3.3	38199	14.1
按行业分								
农林牧渔业	28674	7.0	36221	31.2	26286	5.5	26453	-2.6
采矿业	47358	0.1	53311	3.9	37143	3.6	47372	0.1
制造业	44787	7.9	71725	23.0	43111	21.7	44475	7.6
电力、热力、燃气及水的生产和供应业	54843	16.3	87710	19.4			45159	17.6
建筑业	47307	12.9	60236	5.6	37632	22.1	46537	13.4
批发和零售业	42990	15.1	85753	29.7	28594	20.6	41402	15.9
交通运输、仓储和邮政业	52602	10.0	53016	17.9	34182	25.4	52761	6.7
住宿和餐饮业	33047	7.2	36556	16.1	36575	10.9	32260	5.4
信息传输、软件和信息技术服务业	63417	0.8	69871	-22.8	35295	49.2	62833	6.1
金融业	106486	16.2	120995	7.7			100846	18.2
房地产业	51971	12.2	63820	56.1	29763	-2.7	51245	9.6
租赁和商务服务业	50947	5.6	45731	11.2	37018	23.9	53112	2.6
科学研究和技术服务业	65447	15.8	72938	18.1	46233	28.6	61124	13.8
水利、环境和公共设施管理业	40240	11.2	39472	13.2	40681	20.5	42421	6.5
居民服务、修理和其他服务业	30947	18.4	34155	5.3	38737	16.7	30117	20.2
教育	53236	14.7	55832	14.9	47629	0.9	43122	18.0
卫生和社会工作	53568	13.9	54694	15.1	55524	16.5	45559	7.3
文化、体育和娱乐业	57579	20.2	58359	22.2	39912	11.7	54605	10.5
公共管理、社会保障和社会组织	48535	8.2	48552	8.2	54628	3.7	45808	9.1

2-6　全市及各县(市)区分企事业、机关从业人员人数及工资总额

（2014 年底）

单位:人、元

类　别	单位从业人员				单位从业人员平均人数				单位从业人员工资总额(千元)				在岗职工平均工资(含劳务派遣人员)
		#女性	在岗职工合计	其他从业人员		在岗职工	劳务派遣人员	其他从业人员		在岗职工工资总额	劳务派遣人员工资总额	其他从业人员工资总额	
总计	**1973748**	**728893**	**1749639**	**79770**	**1905169**	**1688779**	**140060**	**76330**	**92854312**	**84027982**	**6094703**	**2731627**	**49279**
市直	43223	7805	42093	64	45225	43905	1261	59	2669785	2610942	57836	1007	59088
中原区	134366	39015	93778	4798	133429	93318	35557	4554	7293520	5276886	1857184	159450	55357
二七区	139568	52928	110762	8653	135284	109292	17487	8505	6606913	5488864	878530	239519	50224
管城区	86544	30594	78237	4003	85114	77063	4143	3908	4085690	3824783	164473	96434	49125
金水区	319926	112862	278752	20173	315759	276030	20189	19540	16398429	15038176	707739	652514	53156
上街区	34275	10665	30480	1100	33536	30445	2237	854	1305745	1190648	85964	29133	39062
惠济区	59296	16015	49786	8059	57846	47920	1842	8084	2575161	2241763	60673	272725	46269
中牟县	54899	20202	49070	2568	53960	47722	3941	2297	2477909	2217701	162713	97495	46076
巩义市	79473	24533	75842	2288	78088	74448	1415	2225	2908434	2792925	61341	54168	37624
荥阳市	98707	28797	88276	1817	96430	85933	8858	1639	3739692	3238727	435072	65893	38757
新密市	107944	31365	100920	3903	104813	98023	2947	3843	4012409	3762178	99647	150584	38247
新郑市	122370	46131	114562	4778	117426	110453	2582	4391	5270918	5033073	69453	168392	45141
登封市	106964	27977	104653	1707	103927	101588	607	1732	3696772	3627668	19711	49393	35690
经开区	107477	36267	92947	1638	105484	91490	12156	1838	5432808	4837724	514647	80437	51641
高新区	79543	22654	67167	8051	79246	66926	4672	7648	4529751	3853030	206494	470227	56699
郑东新区	99907	39357	81374	5889	97898	80668	12316	4914	5756350	5239476	385002	131872	60489
航空港实验区	299266	181726	290940	281	261704	253555	7850	299	14094026	13753418	328224	12384	53869
企业	**1575235**	**541493**	**1377968**	**62630**	**1515309**	**1324449**	**130965**	**59895**	**73068105**	**64933078**	**5829280**	**2305747**	**48620**
市直	43223	7805	42093	64	45225	43905	1261	59	2669785	2610942	57836	1007	59088
中原区	103273	23076	66108	3418	102654	65880	33589	3185	5534178	3608546	1806318	119314	54438
二七区	103148	32802	80828	3969	99561	79963	15773	3825	4787020	3860225	804370	122425	48724
管城区	68327	19784	62691	2454	67341	61766	3145	2430	3242456	3032123	133158	77175	48763
金水区	228075	75721	193225	17222	225106	191546	16961	16599	11341023	10144558	630439	566026	51677
上街区	28462	7835	24975	930	28373	25509	2099	765	1072466	963902	83812	24752	37950
惠济区	47070	9446	38218	7498	45597	36378	1742	7477	1951348	1635035	58448	257865	44425
中牟县	35645	10930	30583	1927	35067	29433	3885	1749	1621138	1379665	161523	79950	46257
巩义市	59740	15172	57050	1379	58455	55767	1383	1305	1989716	1889704	60955	39057	34132
荥阳市	70501	15144	60070	1817	68376	57879	8858	1639	2581043	2080078	435072	65893	37687
新密市	77425	18438	70714	3647	74560	68083	2890	3587	2649410	2405549	97093	146768	35262
新郑市	84728	25642	79355	2353	82816	77825	2572	2419	3362289	3189401	69301	103587	40533
登封市	78723	15174	76645	1696	76836	74726	389	1721	2758780	2694801	14736	49243	36072
经开区	102335	33520	88295	1610	100482	86925	11747	1810	5167600	4588704	501398	77498	51586

2-6 续表 1 （2014 年底） 单位：人、元

类别	单位从业人员	#女性	在岗职工合计	其他从业人员	单位从业人员平均人数	在岗职工	劳务派遣人员	其他从业人员	单位从业人员工资总额（千元）	在岗职工工资总额	劳务派遣人员工资总额	其他从业人员工资总额	在岗职工平均工资（含劳务派遣人员）
高新区	68977	17627	56631	8021	68720	56425	4672	7623	3799623	3125519	206494	467610	54536
郑东新区	80235	32914	63269	4407	78302	62562	12259	3481	4608863	4127468	382932	98463	60283
航空港实验区	295348	180463	287218	218	257838	249877	7740	221	13931367	13596858	325395	9114	54042
事业	**285777**	**146340**	**262832**	**14730**	**280728**	**258762**	**7700**	**14266**	**14355727**	**13774083**	**219872**	**361772**	**52518**
中原区	22318	12910	19227	1310	22079	19073	1703	1303	1213987	1140798	34802	38387	56585
二七区	30248	17451	23903	4560	29612	23359	1697	4556	1489530	1301604	73548	114378	54883
管城区	13977	8427	11341	1529	13541	11103	981	1457	641229	591820	30829	18580	51527
金水区	69657	30992	63942	2513	68759	63205	3073	2481	3869833	3720049	73970	75814	57244
上街区	3316	1947	3300	1	2925	2908	15	2	128529	128080	431	18	43965
惠济区	8888	5221	8455	364	8854	8430	72	352	448608	437460	1620	9528	51644
中牟县	12564	6790	12125	371	12336	11998		338	586456	577154		9302	48104
巩义市	13498	7315	12766	732	13413	12676		737	650981	636657		14324	50225
荥阳市	19940	10536	19940		19822	19822			859172	859172			43344
新密市	21838	9624	21762	53	21835	21759	23	53	954134	952280	690	1164	43750
新郑市	27558	15385	25751	1802	25742	24189	5	1548	1450280	1405468	108	44704	58096
登封市	15809	8359	15804	5	15810	15805		5	573834	573774		60	36303
经开区	3367	1631	3366	1	3316	3315		1	160077	160061		16	48284
高新区	9644	4569	9624	20	9623	9603		20	684284	682164		2120	71037
郑东新区	10633	4208	9137	1424	10591	9172	44	1375	540449	506918	1522	32009	55169
航空港实验区	2522	975	2389	45	2470	2345	87	38	104344	100624	2352	1368	42342
机关	**86287**	**26475**	**83952**	**1510**	**85539**	**83244**	**798**	**1497**	**4271853**	**4220195**	**19670**	**31988**	**50449**
中原区	7809	2371	7665	70	7729	7589	74	66	488397	483484	3164	1749	63506
二七区	5161	2012	5024	120	5129	4992	17	120	296966	293727	612	2627	58762
管城区	3243	1613	3228		3229	3212	17		163415	162929	486		50609
金水区	18747	4329	18209	383	18565	18030	154	381	1056716	1044944	3323	8449	57648
上街区	2245	772	1953	169	1989	1779	123	87	99035	92951	1721	4363	49775
惠济区	3143	1218	2919	197	3198	2916	27	255	170199	164277	590	5332	56020
中牟县	5717	1953	5554	105	5633	5482	56	95	235478	231713	1190	2575	42055
巩义市	5434	1483	5243	161	5422	5225	30	167	240850	240039	355	456	45746
荥阳市	7262	2610	7262		7237	7237			261484	261484			36132
新密市	7402	2628	7168	200	7401	7167	34	200	354041	349617	1864	2560	48810
新郑市	5224	1900	5196	23	5203	5176	5	22	259905	259376	44	485	50071
登封市	6396	2047	6168	6	6340	6116	218	6	201801	196736	4975	90	31846
经开区	434	156	424		421	411	10		23062	22702	360		54779

2-6 续表 2　　（2014 年底）　　单位：人、元

类别	单位从业人员	#女性	在岗职工合计	其他从业人员	单位从业人员平均人数	在岗职工	劳务派遣人员	其他从业人员	单位从业人员工资总额（千元）	在岗职工工资总额	劳务派遣人员工资总额	其他从业人员工资总额	在岗职工平均工资（含劳务派遣人员）
高新区	584	259	584		575	575			29315	29315			50983
郑东新区	6182	891	6111	58	6166	6095	13	58	335590	333642	548	1400	54713
航空港实验区	1304	233	1244	18	1302	1242	20	40	55599	53259	438	1902	42549
民间非营利组织	**16172**	**9575**	**15335**	**835**	**13993**	**13374**	**3**	**616**	**580395**	**551744**	**38**	**28613**	**41249**
中原区	282	202	282		276	276			12296	12296			44551
二七区	698	525	694	4	696	692		4	23261	23172		89	33486
管城区	775	570	760	15	774	758		16	31135	30483		652	40215
金水区	2735	1542	2693	42	2652	2588	1	63	106840	104966	7	1867	40546
上街区	18	12	18		18	18			521	521			28944
惠济区	107	73	107		109	109			2735	2735			25092
中牟县	691	361	526	165	663	548		115	22586	16918		5668	30872
巩义市	487	387	469	16	485	467	2	16	16796	16434	31	331	35107
荥阳市	485	230	485		485	485			18885	18885			38938
新密市	229	160	226	3	229	226		3	6173	6081		92	26907
新郑市	4633	3078	4053	580	3461	3067		394	191203	171786		19417	56011
登封市	4020	1757	4020		3166	3166			103045	103045			32547
高新区	338	199	328	10	328	323		5	16529	16032		497	49635
郑东新区	661	468	661		638	638			28120	28120			44075
航空港实验区	13	11	13		13	13			270	270			20769
其他	**10277**	**5010**	**9552**	**65**	**9600**	**8950**	**594**	**56**	**578232**	**548882**	**25843**	**3507**	**60218**
中原区	684	456	496		691	500	191		44662	31762	12900		64634
二七区	313	138	313		286	286			10136	10136			35441
管城区	222	200	217	5	229	224		5	7455	7428		27	33161
金水区	712	278	683	13	677	661		16	24017	23659		358	35793
上街区	234	99	234		231	231			5194	5194			22485
惠济区	88	57	87		88	87	1		2271	2256	15		25807
中牟县	282	168	282		261	261			12251	12251			46939
巩义市	314	176	314		313	313			10091	10091			32240
荥阳市	519	277	519		510	510			19108	19108			37467
新密市	1050	515	1050		788	788			48651	48651			61740
新郑市	227	126	207	20	204	196		8	7241	7042		199	35929
登封市	2016	640	2016		1775	1775			59312	59312			33415
经开区	1341	960	862	27	1265	839	399	27	82069	66257	12889	2923	63931
郑东新区	2196	876	2196		2201	2201			243328	243328			110553
航空港实验区	79	44	76		81	78	3		2446	2407	39		30198

2-7 全市及各县(市)区国有单位分企事业、机关从业人员人数及工资总额

(2014 年底)

单位:人、元

类　别	单位从业人员	#女性	在岗职工合计	其他从业人员	单位从业人员平均人数	在岗职工	劳务派遣人员	其他从业人员	单位从业人员工资总额(千元)	在岗职工工资总额	劳务派遣人员工资总额	其他从业人员工资总额	在岗职工平均工资(含劳务派遣人员)
国有单位合计	**459214**	**194957**	**426347**	**13468**	**454636**	**421821**	**19660**	**13155**	**25304454**	**24176620**	**788380**	**339454**	**56548**
市直	2193	654	2110		2220	2135	85		318906	315586	3320		143651
中原区	43206	17989	37792	1532	43102	37752	3867	1483	2782760	2585244	156322	41194	65873
二七区	34413	18313	30230	865	34061	29835	3364	862	1946544	1737019	192036	17489	58106
管城区	25808	11921	22744	1557	25352	22479	1385	1488	1352055	1269294	64016	18745	55871
金水区	110621	43913	103083	3605	109907	102459	3839	3609	6270386	6059463	102231	108692	57966
上街区	7858	3312	7412	176	7167	6819	252	96	310122	301061	4498	4563	43213
惠济区	14743	7556	13861	786	14714	13807	99	808	748303	726612	2210	19481	52411
中牟县	22007	9717	21230	557	22163	20954	689	520	1058724	1018014	28225	12485	48341
巩义市	15816	5617	14613	907	15788	14603	278	907	731415	708635	7431	15349	48119
荥阳市	28635	13384	28532	100	28449	28330	3	116	1178253	1172590	126	5537	41390
新密市	30706	12999	30311	318	30702	30307	77	318	1414533	1405268	3174	6091	46355
新郑市	31944	15628	30868	1066	30438	29436	10	992	1885575	1853299	152	32124	62944
登封市	23354	9960	22984	48	23206	22840	318	48	825791	812736	9368	3687	35500
经开区	8067	3424	7021	215	8100	7054	832	214	466387	430181	29179	7027	58250
高新区	14701	5910	13481	56	14639	13399	1183	57	1054174	1008136	42136	3902	72025
郑东新区	40277	13290	36686	1617	39814	36268	1987	1559	2741503	2618354	83331	39818	70623
航空港实验区	4865	1370	3389	63	4814	3344	1392	78	219023	155128	60625	3270	45556
企业	**108512**	**35863**	**96692**	**2087**	**109216**	**96557**	**10586**	**2073**	**7435684**	**6842761**	**523363**	**69560**	**68750**
市直	2193	654	2110		2220	2135	85		318906	315586	3320		143651
中原区	13779	3005	11672	268	13987	11858	1899	230	1100044	990099	105456	4489	79636
二七区	6997	2689	5449	32	7248	5567	1650	31	462513	343737	117876	900	63962
管城区	9092	2198	8672	35	9071	8648	387	36	573688	540363	32701	624	63427
金水区	21961	8603	20681	701	22341	20987	615	739	1332763	1283521	24996	24246	60574
上街区	2462	694	2324	6	2410	2289	114	7	89251	86723	2346	182	37066
惠济区	2803	1188	2529	274	2753	2503		250	133079	127050		6029	50759
中牟县	4260	1344	4068	98	4741	4003	633	105	258257	229657	27035	1565	55369
巩义市	3231	1145	2923	42	3210	2931	248	31	177671	169675	7076	920	55600
荥阳市	1824	445	1721	100	1778	1659	3	116	72076	66413	126	5537	40035

2-7 续表1　　（2014 年底）　　单位：人、元

类　别	单位从业人员	#女性	在岗职工合计	其他从业人员	单位从业人员平均人数	在岗职工	劳务派遣人员	其他从业人员	单位从业人员工资总额（千元）	在岗职工工资总额	劳务派遣人员工资总额	其他从业人员工资总额	在岗职工平均工资（含劳务派遣人员）
新密市	2381	1027	2296	65	2381	2296	20	65	141324	138337	620	2367	59999
新郑市	4238	2017	4179	59	4084	4019		65	386358	379749		6609	94488
登封市	1829	594	1692	37	1816	1679	100	37	90492	82562	4393	3537	48879
经开区	3660	1094	3104	187	3818	3209	423	186	230534	210516	15930	4088	62347
高新区	4476	1085	3276	36	4444	3224	1183	37	340583	296665	42136	1782	76878
郑东新区	21761	7586	19714	147	21347	19268	1941	138	1647148	1558946	81517	6685	77347
航空港实验区	1565	495	282		1567	282	1285		80997	23162	57835		51689
事业	**258575**	**130034**	**240551**	**9823**	**254244**	**237021**	**7686**	**9537**	**13177917**	**12724007**	**219558**	**234352**	**52894**
中原区	21318	12324	18343	1194	21077	18187	1703	1187	1168630	1098872	34802	34956	56997
二七区	22434	13706	19936	713	21864	19456	1697	711	1196567	1109057	73548	13962	55907
管城区	13392	8072	10776	1509	12970	10550	981	1439	611412	562910	30829	17673	51491
金水区	69291	30778	63579	2513	68397	62846	3070	2481	3851728	3702002	73912	75814	57284
上街区	3139	1838	3123	1	2756	2739	15	2	121395	120946	431	18	44073
惠济区	8776	5141	8392	315	8742	8367	72	303	444521	434781	1620	8120	51712
中牟县	11707	6252	11285	354	11487	11167		320	550958	542613		8345	48591
巩义市	7151	2989	6447	704	7156	6447		709	312894	298921		13973	46366
荥阳市	19538	10323	19538		19423	19423			844239	844239			43466
新密市	20923	9344	20847	53	20920	20844	23	53	919168	917314	690	1164	43993
新郑市	22455	11698	21466	984	21124	20214	5	905	1237586	1212448	108	25030	59971
登封市	14197	7285	14192	5	14224	14219		5	514521	514461		60	36181
经开区	2642	1217	2641	1	2606	2605		1	131047	131031		16	50300
高新区	9623	4560	9603	20	9603	9583		20	683585	681465		2120	71112
郑东新区	9993	3865	8520	1412	9950	8554	33	1363	507239	474240	1266	31733	55375
航空港实验区	1996	642	1863	45	1945	1820	87	38	82427	78707	2352	1368	42506
机关	**85956**	**26344**	**83621**	**1510**	**85207**	**82912**	**798**	**1497**	**4253243**	**4201585**	**19670**	**31988**	**50427**
中原区	7671	2338	7527	70	7591	7451	74	66	479613	474700	3164	1749	63504
二七区	4982	1918	4845	120	4949	4812	17	120	287464	284225	612	2627	58985
管城区	3243	1613	3228		3229	3212	17		163415	162929	486		50609
金水区	18747	4329	18209	383	18565	18030	154	381	1056716	1044944	3323	8449	57648
上街区	2245	772	1953	169	1989	1779	123	87	99035	92951	1721	4363	49775

2-7 续表2 （2014 年底） 单位：人、元

类　别	单位从业人员	#女性	在岗职工合计	其他从业人员	单位从业人员平均人数	在岗职工	劳务派遣人员	其他从业人员	单位从业人员工资总额（千元）	在岗职工工资总额	劳务派遣人员工资总额	其他从业人员工资总额	在岗职工平均工资（含劳务派遣人员）
惠济区	3143	1218	2919	197	3198	2916	27	255	170199	164277	590	5332	56020
中牟县	5717	1953	5554	105	5633	5482	56	95	235478	231713	1190	2575	42055
巩义市	5434	1483	5243	161	5422	5225	30	167	240850	240039	355	456	45746
荥阳市	7248	2606	7248		7223	7223			261160	261160			36157
新密市	7402	2628	7168	200	7401	7167	34	200	354041	349617	1864	2560	48810
新郑市	5224	1900	5196	23	5203	5176	5	22	259905	259376	44	485	50071
登封市	6396	2047	6168	6	6340	6116	218	6	201801	196736	4975	90	31846
经开区	434	156	424		421	411	10		23062	22702	360		54779
高新区	584	259	584		575	575			29315	29315			50983
郑东新区	6182	891	6111	58	6166	6095	13	58	335590	333642	548	1400	54713
航空港实验区	1304	233	1244	18	1302	1242	20	40	55599	53259	438	1902	42549
民间非营利组织	**1391**	**377**	**1370**	**21**	**1384**	**1363**		**21**	**50718**	**50087**		**631**	**36748**
中原区	52	40	52		54	54			2273	2273			42093
管城区	81	38	68	13	82	69		13	3540	3092		448	44812
金水区	561	180	553	8	547	539		8	27254	27071		183	50224
上街区	12	8	12		12	12			441	441			36750
惠济区	21	9	21		21	21			504	504			24000
中牟县	41		41		41	41			1780	1780			43415
荥阳市	25	10	25		25	25			778	778			31120
新郑市	27	13	27		27	27			1726	1726			63926
登封市	400		400		400	400			3408	3408			8520
高新区	18	6	18		17	17			691	691			40647
郑东新区	153	73	153		158	158			8323	8323			52677
其他	**4780**	**2339**	**4113**	**27**	**4585**	**3968**	**590**	**27**	**386892**	**358180**	**25789**	**2923**	**84241**
中原区	386	282	198		393	202	191		32200	19300	12900		81934
金水区	61	23	61		57	57			1925	1925			33772
中牟县	282	168	282		261	261			12251	12251			46939
登封市	532	34	532		426	426			15569	15569			36547
经开区	1331	957	852	27	1255	829	399	27	81744	65932	12889	2923	64186
郑东新区	2188	875	2188		2193	2193			243203	243203			110900

2-8 全市及各县(市)区城镇集体单位分企事业从业人员人数及工资总额

（2014 年底）

单位：人、元

类别	单位从业人员	#女性	在岗职工合计	其他从业人员	单位从业人员平均人数	在岗职工	劳务派遣人员	其他从业人员	单位从业人员工资总额(千元)	在岗职工工资总额	劳务派遣人员工资总额	其他从业人员工资总额	在岗职工平均工资(含劳务派遣人员)
城镇集体合计	**33941**	**13839**	**30576**	**2460**	**33028**	**29954**	**765**	**2309**	**1344599**	**1263512**	**28811**	**52276**	**42069**
中原区	3564	711	2820	356	3298	2698	290	310	130827	108943	14902	6982	41447
二七区	3426	1823	3273	149	3252	3096	10	146	115805	113996	92	1717	36731
管城区	2269	684	1424	818	2314	1387	27	900	113043	93559	1087	18397	66935
金水区	2902	1118	2866	33	2908	2870	3	35	115440	114631	58	751	39920
上街区	1483	647	1423	25	1572	1522	29	21	36184	35506	274	404	23069
惠济区	215	138	166	49	215	166		49	6547	5139		1408	30958
中牟县	1512	460	1098	414	1308	1020		288	38701	32338		6363	31704
巩义市	7539	4703	7367	139	7438	7266	33	139	344088	342058	690	1340	46958
荥阳市	2720	860	2703	17	2505	2488		17	122547	122147		400	49094
新密市	2190	711	2030	44	2147	1990	107	50	77519	71117	4509	1893	36064
新郑市	2879	850	2219	399	2825	2265	225	335	126189	108154	6162	11873	45910
登封市	2128	506	2093	15	2132	2092	23	17	68628	67311	602	715	32110
经开区	305	183	305		302	302			13140	13140			43510
高新区	26	10	26		25	25			815	815			32600
郑东新区	676	383	659	2	678	661	15	2	32444	32015	396	33	47945
航空港实验区	107	52	104		109	106	3		2682	2643	39		24606
企业	**24712**	**8009**	**21694**	**2130**	**23915**	**21186**	**748**	**1981**	**880571**	**809209**	**28458**	**42904**	**38190**
中原区	3050	446	2422	240	2784	2300	290	194	105971	87518	14902	3551	39544
二七区	2838	1471	2745	89	2665	2569	10	86	84632	83877	92	663	32559
管城区	1889	441	1064	798	1947	1038	27	882	94793	76216	1087	17490	72585
金水区	2650	977	2630	20	2667	2645		22	105421	104995		426	39696
上街区	1478	643	1418	25	1567	1517	29	21	35999	35321	274	404	23024
惠济区	103	58	103		103	103			2460	2460			23883
中牟县	1438	435	1028	410	1234	950		284	35852	29545		6307	31100
巩义市	2252	1032	2108	111	2242	2098	33	111	58523	56844	690	989	26999
荥阳市	2160	591	2143	17	1945	1928		17	100748	100348		400	52048
新密市	1909	610	1749	44	1866	1709	107	50	66255	59853	4509	1893	35442
新郑市	2702	753	2082	359	2648	2128	225	295	117477	101282	6162	10033	45663
登封市	1910	408	1875	15	1914	1874	23	17	59921	58604	602	715	31210
经开区	120	62	120		120	120			5169	5169			43075
高新区	5	1	5		5	5			116	116			23200

2-8 续表 （2014 年底） 单位：人、元

类别	单位从业人员	#女性	在岗职工合计	其他从业人员	单位从业人员平均人数	在岗职工	劳务派遣人员	其他从业人员	单位从业人员工资总额（千元）	在岗职工工资总额	劳务派遣人员工资总额	其他从业人员工资总额	在岗职工平均工资（含劳务派遣人员）
郑东新区	157	64	151	2	157	151	4	2	6110	5937	140	33	39206
航空港实验区	51	17	51		51	51			1124	1124			22039
事业	**8336**	**5445**	**8005**	**317**	**8225**	**7896**	**14**	**315**	**425035**	**415674**	**314**	**9047**	**52590**
中原区	351	213	235	116	351	235		116	15002	11571		3431	49238
二七区	581	349	521	60	580	520		60	31058	30004		1054	57700
管城区	380	243	360	20	367	349		18	18250	17343		907	49693
金水区	123	93	120		119	116	3		4362	4304	58		36655
上街区	5	4	5		5	5			185	185			37000
惠济区	112	80	63	49	112	63		49	4087	2679		1408	42524
中牟县	74	25	70	4	74	70		4	2849	2793		56	39900
巩义市	5252	3652	5224	28	5161	5133		28	284637	284286		351	55384
荥阳市	118	54	118		118	118			4213	4213			35703
新密市	281	101	281		281	281			11264	11264			40085
新郑市	177	97	137	40	177	137		40	8712	6872		1840	50161
登封市	118	63	118		118	118			4320	4320			36610
经开区	182	120	182		179	179			7871	7871			43972
高新区	21	9	21		20	20			699	699			34950
郑东新区	519	319	508		521	510	11		26334	26078	256		50545
航空港实验区	42	23	42		42	42			1192	1192			28381
机关	**138**	**33**	**138**		**138**	**138**			**8784**	**8784**			**63652**
中原区	138	33	138		138	138			8784	8784			63652
民间非营利组织	**561**	**257**	**554**	**7**	**561**	**554**		**7**	**22822**	**22597**		**225**	**40789**
中原区	5	2	5		5	5			199	199			39800
金水区	14	5	7	7	14	7		7	650	425		225	60714
荥阳市	442	215	442		442	442			17586	17586			39787
登封市	100	35	100		100	100			4387	4387			43870
其他	**194**	**95**	**185**	**6**	**189**	**180**	**3**	**6**	**7387**	**7248**	**39**	**100**	**39820**
中原区	20	17	20		20	20			871	871			43550
二七区	7	3	7		7	7			115	115			16429
金水区	115	43	109	6	108	102		6	5007	4907		100	48108
巩义市	35	19	35		35	35			928	928			26514
经开区	3	1	3		3	3			100	100			33333
航空港实验区	14	12	11		16	13	3		366	327	39		22875

2-9 全市及各县(市)区其他单位分企事业从业人员人数及工资总额

(2014 年底)

单位:人、元

类 别	单位从业人员	#女性	在岗职工合计	其他从业人员	单位从业人员平均人数	在岗职工	劳务派遣人员	其他从业人员	单位从业人员工资总额(千元)	在岗职工工资总额	劳务派遣人员工资总额	其他从业人员工资总额	在岗职工平均工资(含劳务派遣人员)
总计	**1480593**	**520097**	**1292716**	**63842**	**1417505**	**1237004**	**119635**	**60866**	**66205259**	**58587850**	**5277512**	**2339897**	**47076**
市辖区	41030	7151	39983	64	43005	41770	1176	59	2350879	2295356	54516	1007	54717
中原区	87596	20315	53166	2910	87029	52868	31400	2761	4379933	2582699	1685960	111274	50656
二七区	101729	32792	77259	7639	97971	76361	14113	7497	4544564	3637849	686402	220313	47796
管城区	58467	17989	54069	1628	57448	53197	2731	1520	2620592	2461930	99370	59292	45796
金水区	206403	67831	172803	16535	202944	170701	16347	15896	10012603	8864082	605450	543071	50626
上街区	24934	6706	21645	899	24797	22104	1956	737	959439	854081	81192	24166	38873
惠济区	44338	8321	35759	7224	42917	33947	1743	7227	1820311	1510012	58463	251836	43947
中牟县	31380	10025	26742	1597	30489	25748	3252	1489	1380484	1167349	134488	78647	44891
巩义市	56118	14213	53862	1242	54862	52579	1104	1179	1832931	1742232	53220	37479	33445
荥阳市	67352	14553	57041	1700	65476	55115	8855	1506	2438892	1943990	434946	59956	37188
新密市	75048	17655	68579	3541	71964	65726	2763	3475	2520357	2285793	91964	142600	34717
新郑市	87547	29653	81475	3313	84163	78752	2347	3064	3259154	3071620	63139	124395	38653
登封市	81482	17511	79576	1644	78589	76656	266	1667	2802353	2747621	9741	44991	35846
经开区	99105	32660	85621	1423	97082	84134	11324	1624	4953281	4394403	485468	73410	51121
高新区	64816	16734	53660	7995	64582	53502	3489	7591	3474762	2844079	164358	466325	52788
郑东新区	58954	25684	44029	4270	57406	43739	10314	3353	2982403	2589107	301275	92021	53473
航空港实验区	294294	180304	287447	218	256781	250105	6455	221	13872321	13595647	267560	9114	54035
企业	**1442011**	**497621**	**1289582**	**58413**	**1382178**	**1206706**	**119631**	**55841**	**64751850**	**57281108**	**5277459**	**2193283**	**47166**
市辖区	41030	7151	39983	64	43005	41770	1176	59	2350879	2295356	54516	1007	54717
中原区	86444	19625	52014	2910	85883	51722	31400	2761	4328163	2530929	1685960	111274	50731
二七区	93313	28642	72634	3848	89648	71827	14113	3708	4239875	3432611	686402	120862	47929
管城区	57346	17145	52955	1621	56323	52080	2731	1512	2573975	2415544	99370	59061	45883
金水区	203464	66141	169914	16501	200098	167914	16346	15838	9902839	8756042	605443	541354	50806
上街区	24522	6498	21233	899	24396	21703	1956	737	947216	841858	81192	24166	39015
惠济区	44164	8200	35586	7224	42741	33772	1742	7227	1815809	1505525	58448	251836	44038
中牟县	29947	9151	25487	1419	29092	24480	3252	1360	1327029	1120463	134488	72078	45253
巩义市	54257	12995	52019	1226	53003	50738	1102	1163	1753522	1663185	53189	37148	33109

2-9 续表 1 （2014 年底） 单位：人、元

类　别	单位从业人员	#女性	在岗职工合计	其他从业人员	单位从业人员平均人数	在岗职工	劳务派遣人员	其他从业人员	单位从业人员工资总额（千元）	在岗职工工资总额	劳务派遣人员工资总额	其他从业人员工资总额	在岗职工平均工资（含劳务派遣人员）
荥阳市	66517	14108	56206	1700	64653	54292	8855	1506	2408219	1913317	434946	59956	37187
新密市	73135	16801	66669	3538	70313	64078	2763	3472	2441831	2207359	91964	142508	34400
新郑市	77788	22872	73094	1935	76084	71678	2347	2059	2858454	2708370	63139	86945	37440
登封市	74984	14172	73078	1644	73106	71173	266	1667	2608367	2553635	9741	44991	35882
经开区	98555	32364	85071	1423	96544	83596	11324	1624	4931897	4373019	485468	73410	51185
高新区	64496	16541	83350	7985	64271	53196	3489	7586	3458924	2828738	164358	465828	52802
郑东新区	58317	25264	43404	4258	56798	43143	10314	3341	2955605	2562585	301275	91745	53573
航空港实验区	293732	179951	286885	218	256220	249544	6455	221	13849246	13572572	267560	9114	54063
事业	**18866**	**10861**	**14276**	**4590**	**18259**	**13845**		**4414**	**752775**	**634402**		**118373**	**45822**
中原区	649	373	649		651	651			30355	30355			46628
二七区	7233	3396	3446	3787	7168	3383		3785	261905	162543		99362	48047
管城区	205	112	205		204	204			11567	11567			56701
金水区	243	121	243		243	243			13743	13743			56556
上街区	172	105	172		164	164			6949	6949			42372
中牟县	783	513	770	13	775	761		14	32649	31748		901	41719
巩义市	1095	674	1095		1096	1096			53450	53450			48768
荥阳市	284	159	284		281	281			10720	10720			38149
新密市	634	179	634		634	634			23702	23702			37385
新郑市	4926	3590	4148	778	4441	3838		603	203982	186148		17834	48501
登封市	1494	1011	1494		1468	1468			54993	54993			37461
经开区	543	294	543		531	531			21159	21159			39847
郑东新区	121	24	109	12	120	108		12	6876	6600		276	61111
航空港实验区	484	310	484		483	483			20725	20725			42909
机关	**193**	**98**	**193**		**194**	**194**			**9826**	**9826**			**50649**
二七区	179	94	179		180	180			9502	9502			52789
荥阳市	14	4	14		14	14			324	324			23143
民间非营利组织	**14220**	**8941**	**13411**	**807**	**12048**	**11457**	**3**	**558**	**506855**	**479060**	**38**	**27757**	**41806**
中原区	225	160	225		217	217			9824	9824			45272

2-9 续表 2 （2014 年底） 单位：人、元

类 别	单位从业人员	#女性	在岗职工合计	其他从业人员	单位从业人员平均人数	在岗职工	劳务派遣人员	其他从业人员	单位从业人员工资总额（千元）	在岗职工工资总额	劳务派遣人员工资总额	其他从业人员工资总额	在岗职工平均工资（含劳务派遣人员）
二七区	698	525	694	4	696	692		4	23261	23172		89	33486
管城区	694	532	692	2	692	689		3	27595	27391		204	39755
金水区	2160	1357	2133	27	2091	2042	1	48	78936	77470	7	1459	37923
上街区	6	4	6		6	6			80	80			13333
惠济区	86	64	86		88	88			2231	2231			25352
中牟县	650	361	485	165	622	507		115	20806	15138		5668	29858
巩义市	487	387	469	16	485	467	2	16	16796	16434	31	331	35107
荥阳市	18	5	18		18	18			521	521			28944
新密市	229	160	226	3	229	226		3	6173	6081		92	26907
新郑市	4606	3065	4026	580	3434	3040		394	189477	170060		19417	55941
登封市	3520	1722	3520		2666	2666			95250	95250			35728
高新区	320	193	310	10	311	306		5	15838	15341		497	50134
郑东新区	508	395	508		480	480			19797	19797			41244
航空港实验区	13	11	13		13	13			270	270			20769
其他	**5303**	**2576**	**5254**	**32**	**4826**	**4802**	**1**	**23**	**183953**	**183454**	**15**	**484**	**38199**
中原区	278	157	278		278	278			11591	11591			41694
二七区	306	135	306		279	279			10021	10021			35918
管城区	222	200	217	5	229	224		5	7455	7428		27	33161
金水区	536	212	513	7	512	502		10	17085	16827		258	33520
上街区	234	99	234		231	231			5194	5194			22485
惠济区	88	57	87		88	87	1		2271	2256	15		25807
巩义市	279	157	279		278	278			9163	9163			32960
荥阳市	519	277	519		510	510			19108	19108			37467
新密市	1050	515	1050		788	788			48651	48651			61740
新郑市	227	126	207	20	204	196		8	7241	7042		199	35929
登封市	1484	606	1484		1349	1349			43743	43743			32426
经开区	7	2	7		7	7			225	225			32143
郑东新区	8	1	8		8	8			125	125			15625
航空港实验区	65	32	65		65	65			2080	2080			32000

2-10 全市及各县(市)区分行业从业人员人数及工资总额

(2014 年底)

单位:人、元

行业	单位从业人员	#女性	在岗职工合计	其他从业人员	单位从业人员平均人数	在岗职工	劳务派遣人员	其他从业人员	单位从业人员工资总额(千元)	在岗职工工资总额	劳务派遣人员工资总额	其他从业人员工资总额	在岗职工平均工资(含劳务派遣人员)
农、林、牧、渔业	**2969**	**1009**	**2969**		**2901**	**2901**			**83184**	**83184**			**28674**
管城区	5	2	5		5	5			159	159			31800
上街区	36	12	36		36	36			682	682			18944
惠济区	159	60	159		161	161			8124	8124			50460
中牟县	1074	390	1074		1018	1018			29018	29018			28505
巩义市	87	35	87		84	84			2244	2244			26714
荥阳市	1026	338	1026		1020	1020			27663	27663			27121
新密市	10	2	10		10	10			307	307			30700
新郑市	152	52	152		152	152			4810	4810			31645
登封市	296	84	296		294	294			6225	6225			21173
郑东新区	24	7	24		24	24			822	822			34250
航空港实验区	100	27	100		97	97			3130	3130			32268
采矿业	**67757**	**9893**	**67725**	**6**	**69335**	**69297**	**26**	**12**	**3283208**	**3282109**	**875**	**224**	**47358**
市直	37440	6540	37440		39097	39097			2126540	2126540			54391
二七区	992	231	992		992	992			58329	58329			58799
上街区	1375	227	1375		1423	1423			59715	59715			41964
巩义市	8049	1126	8023		8566	8534	26	6	234171	233242	875	54	27350
荥阳市	155	47	154	1	154	153		1	7289	7239		50	47314
新密市	2231	259	2226	5	1946	1941		5	66851	66731		120	34380
新郑市	1869	130	1869		1865	1865			65450	65450			35094
登封市	15646	1333	15646		15292	15292			664863	664863			43478
制造业	**698014**	**298968**	**672923**	**4258**	**653132**	**627935**	**20718**	**4479**	**29193435**	**28272002**	**779399**	**142034**	**44787**
市直	3590	611	2543	64	3908	2673	1176	59	224339	168816	54516	1007	58023
中原区	11048	4538	10622	283	11129	10714	140	275	376780	367433	4448	4899	34262
二七区	16342	5165	16067	130	16037	15660	190	187	565122	553740	6154	5228	35325
管城区	23785	4481	23519	190	23264	22974	95	195	1264678	1246842	3737	14099	54210
金水区	13280	5091	11215	28	12925	11095	1802	28	438424	390396	47096	932	33922
上街区	15735	4111	15243	26	16393	15922	442	29	625739	611010	12826	1903	38122
惠济区	6751	3200	6392	13	7118	6364	739	15	230015	207036	22582	397	32327
中牟县	16461	5397	13885	293	15878	13056	2543	279	744537	625777	108312	10448	47060
巩义市	35174	8173	34354	660	33792	32959	238	595	1072787	1050159	4421	18207	31767
荥阳市	42079	8591	41211	465	41052	40195	406	451	1517141	1492110	12256	12775	37052

2-10 续表1　　（2014年底）　　单位：人、元

类别	单位从业人员	#女性	在岗职工合计	其他从业人员	单位从业人员平均人数	在岗职工	劳务派遣人员	其他从业人员	单位从业人员工资总额（千元）	在岗职工工资总额	劳务派遣人员工资总额	其他从业人员工资总额	在岗职工平均工资（含劳务派遣人员）
新密市	43197	10968	42728	228	41281	40814	247	220	1280256	1266641	6864	6751	31015
新郑市	56842	18639	53797	434	55432	52805	2178	449	2090362	2025676	53458	11228	37814
登封市	32316	6466	31770	425	30993	30441	125	427	921094	909911	3798	7385	29893
经开区	57301	22392	48758	320	56291	48336	7634	321	2695736	2362386	320055	13295	47926
高新区	36562	10152	33459	604	36898	33386	2666	846	1866141	1721775	113917	30449	50918
郑东新区	8398	6160	8398		8607	8607			374181	374181			43474
航空港实验区	279153	174833	278962	95	242134	241934	97	103	12906103	12898113	4959	3031	53312
电力、热力、燃气及水生产和水	**34552**	**9272**	**33034**	**174**	**34496**	**33038**	**1275**	**183**	**1888884**	**1846839**	**34974**	**7071**	**54843**
市直	2193	654	2110		2220	2135	85		318906	315586	3320		143651
中原区	9402	2837	8230	2	9370	8290	1078	2	456787	429185	27506	96	48750
二七区	1182	400	1182		1193	1173	20		90421	89920	501		75793
金水区	9		9		9	9			196	196			21778
上街区	28	13	28		28	28			1212	1212			43286
惠济区	757	251	666		698	612	86		43505	40268	3237		62328
中牟县	657	237	641	16	642	624	3	15	42150	41431	200	519	66397
巩义市	1302	296	1302		1317	1317			79093	79093			60055
荥阳市	777	261	682	95	770	671		99	33557	29232		4325	43565
新密市	1534	620	1507	27	1534	1507		27	90495	90086		409	59778
新郑市	965	368	963	2	956	950	3	3	62865	62524	210	131	65828
登封市	14852	3092	14847	5	14882	14872		10	615574	615416		158	41381
经开区	39	18	39		39	39			2172	2172			55692
高新区	463	130	436	27	456	429		27	32949	31516		1433	73464
郑东新区	230	54	230		230	230			10092	10092			43878
航空港实验区	162	41	162		152	152			8910	8910			58618
建筑业	**330959**	**42292**	**229011**	**35452**	**318809**	**222041**	**62820**	**33948**	**14899512**	**10376402**	**3099494**	**1423616**	**47307**
中原区	49749	5470	20751	2039	48703	20175	26558	1970	2546185	1039206	1427829	79150	52790
二七区	34827	4539	19479	1645	31124	18698	11059	1367	1569706	975986	547947	45773	51213
管城区	18738	2224	16855	1238	18224	16448	610	1166	870689	811561	21102	38026	48814
金水区	78775	11842	63130	7588	76456	61698	7475	7283	3350885	2809652	323209	218024	45290
上街区	5036	832	3155	511	4629	3157	1046	426	199298	128624	58210	12464	44453
惠济区	30232	2548	22376	7205	28608	20750	670	7188	1221029	949393	21807	249829	45341
中牟县	8084	1096	6783	792	8564	6804	1015	745	432922	340095	40036	52791	48616
巩义市	3593	334	2730	127	3272	2419	726	127	135759	82496	45525	7738	40706
荥阳市	20505	3880	11119	1184	19510	10059	8433	1018	789589	321364	422188	46037	40209

2-10　续表2　　　　（2014年底）　　　　单位：人、元

类　别	单位从业人员	#女性	在岗职工合计	其他从业人员	单位从业人员平均人数	在岗职工	劳务派遣人员	其他从业人员	单位从业人员工资总额（千元）	在岗职工工资总额	劳务派遣人员工资总额	其他从业人员工资总额	在岗职工平均工资（含劳务派遣人员）
新密市	16811	1675	11050	3219	16286	10783	2351	3152	598048	386047	80058	131943	35488
新郑市	11631	1390	10456	895	11159	9960	247	952	492007	444652	6775	40580	44227
登封市	4518	451	3748	725	4538	3715	51	772	165875	145409	1712	18754	39066
经开区	20158	3070	19089	703	20026	18749	338	939	1117875	1060238	13657	43980	56263
高新区	19725	2214	11151	7206	19348	11439	1373	6536	1113777	632552	53672	427553	53561
郑东新区	8319	691	6956	340	8184	7029	858	297	290978	244617	35567	10794	35525
航空港实验区	258	36	183	35	178	158	10	10	4890	4510	200	180	28036
批发和零售业	**98599**	**46337**	**91690**	**2270**	**98202**	**91346**	**4719**	**2137**	**4199589**	**3962881**	**166924**	**69784**	**42990**
中原区	4576	1954	4405	103	4561	4409	68	84	208208	204063	2240	1905	46081
二七区	14187	7963	13082	557	14414	13284	569	561	521632	489722	18405	13505	36680
管城区	11966	6875	9806	94	11989	9893	2046	50	448561	371590	74337	2634	37350
金水区	27010	13565	25673	666	26815	25552	677	586	992612	951164	21376	20072	37079
上街区	958	369	957	1	936	935		1	29681	29669		12	31732
惠济区	3088	1037	2862	76	3141	2904	147	90	164445	156588	4802	3055	52897
中牟县	3637	1078	3468	37	3575	3407	129	39	160744	153508	6439	797	45234
巩义市	2701	1366	2349	253	2709	2336	117	256	81167	74399	2779	3989	31463
荥阳市	2069	782	2060	4	2049	2033	10	6	72860	72266	322	272	35530
新密市	4128	1570	3861	122	4090	3805	153	132	174168	164802	4616	4750	42804
新郑市	4168	2119	4104	58	4358	4283	8	67	240497	233426	268	6803	54461
登封市	3014	1022	2910	44	2980	2859	66	55	120249	112005	2964	5280	39306
经开区	9546	3618	8817	228	8946	8251	516	179	544578	519779	19335	5464	61494
高新区	1649	465	1636	8	1655	1642	5	8	116178	115575	154	449	70267
郑东新区	5554	2458	5385	19	5610	5438	150	22	308022	301527	5700	795	54980
航空港实验区	348	96	315		374	315	58	1	15987	12798	3187	2	42855
交通运输、仓储和邮政业	**71779**	**23391**	**52669**	**2772**	**71084**	**52055**	**16246**	**2783**	**3701298**	**2980592**	**612175**	**108531**	**52602**
中原区	198	50	198		212	212			8839	8839			41693
二七区	6475	2405	5288	1074	6502	5328	111	1063	328432	286223	7430	34779	53990
管城区	4168	1672	4043	8	4139	4013	118	8	181199	176309	4800	90	43841
金水区	2448	663	2198	95	2517	2258	162	97	138424	126548	9325	2551	56146
上街区	623	173	616		622	615	7		20074	19899	175		32273
惠济区	438	172	424	14	438	425		13	17557	17227		330	40534
中牟县	818	332	803	15	818	797		21	32756	32384		372	40632
巩义市	2968	705	2931	36	2916	2891	1	24	121195	120904	1	290	41807
荥阳市	414	146	411		413	410	3		18708	18582	126		45298

2-10 续表 3　　（2014 年底）　　单位：人、元

类　别	单位从业人员	#女性	在岗职工合计	其他从业人员	单位从业人员平均人数	在岗职工	劳务派遣人员	其他从业人员	单位从业人员工资总额（千元）	在岗职工工资总额	劳务派遣人员工资总额	其他从业人员工资总额	在岗职工平均工资（含劳务派遣人员）
新密市	3101	391	3082		3097	3075	19	3	125916	124855	896	165	40644
新郑市	3044	810	2257	782	3023	2262	5	756	123184	89178	208	33798	39429
登封市	2567	629	2247	320	2530	2187		343	97076	84601		12475	38684
经开区	7428	1439	4993	148	7477	4851	2465	161	372464	235115	128113	9236	49648
高新区	94	35	58	1	95	58	36	1	11282	9639	1591	52	119468
郑东新区	24664	9708	17495	237	24270	17227	6800	243	1252204	1055034	185190	11980	51618
航空港实验区	12331	4061	5625	42	12015	5446	6519	50	851988	575255	274320	2413	71005
住宿和餐饮业	**33542**	**18581**	**30835**	**1159**	**34287**	**31517**	**1634**	**1136**	**1125673**	**1033558**	**61986**	**30129**	**33047**
中原区	2182	1205	2033	14	2294	2101	180	13	81299	75512	5480	307	35507
二七区	4453	2371	4025	71	4439	4012	356	71	145522	131806	11594	2122	32830
管城区	804	466	729	75	802	727		75	27769	26169		1600	35996
金水区	15338	8496	14428	584	16198	15252	361	585	517702	490597	14111	12994	32326
上街区	420	271	378	42	394	353		41	10021	9213		808	26099
惠济区	1069	478	893	176	1024	867		157	34644	31117		3527	35890
中牟县	600	361	553	39	607	548	12	47	18594	15837	848	1909	29795
巩义市	921	543	921		908	908			22475	22475			24752
荥阳市	345	213	345		351	350		1	11253	11125		128	31786
新密市	578	358	564	8	569	551	8	10	20695	19820	400	475	36172
新郑市	554	347	536	11	575	558	7	10	17394	16723	217	454	29982
登封市	1618	983	1480	105	1550	1423	54	73	39082	34802	2013	2267	24926
经开区	363	244	363		362	362			11584	11584			32000
高新区	346	195	346		342	342			11686	11686			34170
郑东新区	2804	1487	2695	2	2782	2653	109	20	110277	105249	4618	410	39778
航空港实验区	1147	563	546	32	1090	510	547	33	45676	19843	22705	3128	40254
信息传输、软件和信息技术服	**26077**	**11115**	**20345**	**380**	**26055**	**20136**	**5533**	**386**	**1639473**	**1393939**	**233914**	**11620**	**63417**
中原区	190	110	76	91	189	76	29	84	8458	4168	1815	2475	56981
二七区	5659	2320	4205		5766	4237	1529		513507	399038	114469		89058
管城区	484	171	484		597	597			40998	40998			68673
金水区	12528	6137	8748	50	12732	8830	3835	67	674838	562419	110115	2304	53102
上街区	167	93	167		162	162			4058	4058			25049
惠济区	19	6	19		19	19			493	493			25947
中牟县	40	7	40		40	40			1194	1194			29850
巩义市	481	208	271	195	481	271	15	195	17376	11076	450	5850	40301
新密市	172	52	172		172	172			6898	6898			40105

2-10 续表4 （2014年底） 单位：人、元

类别	单位从业人员	#女性	在岗职工合计	其他从业人员	单位从业人员平均人数	在岗职工	劳务派遣人员	其他从业人员	单位从业人员工资总额（千元）	在岗职工工资总额	劳务派遣人员工资总额	其他从业人员工资总额	在岗职工平均工资（含劳务派遣人员）
新郑市	285	125	285		285	285			9555	9555			33526
登封市	54	15	54		54	54			1133	1133			20981
经开区	434	208	431		436	433	3		32670	32377	293		74931
高新区	3965	1432	3867	43	3580	3484	57	39	221838	217365	3496	977	62372
郑东新区	1599	231	1526	1	1542	1476	65	1	106457	103167	3276	14	69074
金融业	**46461**	**17678**	**38474**	**6264**	**45230**	**37467**	**1770**	**5993**	**4403299**	**4071525**	**106668**	**225106**	**106486**
中原区	1835		1808		1835	1808	27		168109	167592	517		91613
二七区	2701	1755	2642	59	2683	2624		59	136800	135272		1528	51552
管城区	971	658	770		959	759	200		129218	102118	27100		134742
金水区	27263	9277	20215	6204	26569	19701	935	5933	2372507	2102502	46911	223094	104158
上街区	20	11	14		20	14	6		620	410	210		31000
中牟县	944	498	850		925	831	94		61334	57945	3389		66307
巩义市	1124	242	1123		1125	1124	1		132523	132469	54		117798
荥阳市	302	89	302		300	300			11780	11780			39267
新密市	478	230	478		478	478			40592	40592			84921
新郑市	525	251	453		523	458	65		41708	36505	5203		79748
登封市	517	242	517		517	517			19532	19532			37779
高新区	171	99	171		171	171			10192	10192			59602
郑东新区	9610	4326	9131	1	9125	8682	442	1	1278384	1254616	23284	484	140059
房地产业	**50389**	**19360**	**45265**	**1754**	**49321**	**44520**	**3171**	**1630**	**2537892**	**2368743**	**109824**	**59325**	**51971**
中原区	5260	1847	4793	185	5178	4788	225	165	263035	248963	8606	5466	51380
二七区	5085	1742	4820	127	4969	4693	160	116	271902	260428	7321	4153	55172
管城区	3183	1418	3129	44	3081	3028	10	43	143443	140897	180	2366	46437
金水区	13967	5511	12538	317	13666	12319	1029	318	741521	699794	28627	13100	54572
上街区	1630	558	1232	341	1497	1182	57	258	61717	51096	1303	9318	42291
惠济区	1427	587	1420	4	1311	1304	3	4	67396	66995	138	263	51364
中牟县	1449	591	1290	122	1384	1224	37	123	60390	56815	935	2640	45797
巩义市	1192	454	1096	92	1186	1097	4	85	41176	38271	109	2796	34859
荥阳市	1493	512	1436	56	1473	1416	6	51	57135	55032	180	1923	38827
新密市	1039	325	997	6	973	931	36	6	43562	42199	1077	286	44753
新郑市	2590	795	2535	50	2545	2489	3	53	116412	114740	70	1602	46071
登封市	729	212	697	12	713	682	20	11	26887	25894	549	444	37668
经开区	2457	776	1479	18	2308	1592	700	16	108165	89773	17015	1377	46592
高新区	1765	1252	1644	110	1995	1661	190	144	106515	85369	16151	4995	54846

2-10 续表 5　　　　（2014 年底）　　　　单位：人、元

类　别	单位从业人员	#女性	在岗职工合计	其他从业人员	单位从业人员平均人数	在岗职工	劳务派遣人员	其他从业人员	单位从业人员工资总额（千元）	在岗职工工资总额	劳务派遣人员工资总额	其他从业人员工资总额	在岗职工平均工资（含劳务派遣人员）
郑东新区	5239	2076	4838	256	5183	4818	152	213	338750	322828	7686	8236	66502
航空港实验区	1884	704	1321	14	1859	1296	539	24	89886	69649	19877	360	48788
租赁和商务服务业	**40719**	**14999**	**31855**	**4175**	**39619**	**30958**	**4618**	**4043**	**1914101**	**1664771**	**147716**	**101614**	**50947**
中原区	1545	736	1209	321	1472	1210	15	247	78845	71806	704	6335	59192
二七区	2954	569	2871	29	2937	2840	68	29	116287	112964	2723	600	39782
管城区	2270	660	1489	781	2339	1471		868	85732	68187		17545	46354
金水区	12486	5722	11916	364	12114	11504	217	393	659457	639647	6476	13334	55125
上街区	1029	482	428	6	894	396	491	7	20971	10799	9990	182	23437
惠济区	501	223	501		500	500			18535	18535			37070
中牟县	1167	443	627	468	981	591	51	339	24984	16293	1361	7330	27498
巩义市	778	263	551		761	548	213		21184	15313	5871		27837
荥阳市	909	129	909		861	861			18858	18858			21902
新密市	1206	306	1194	3	1204	1191	10	3	66365	65823	452	90	55183
新郑市	2331	659	2226	95	2210	2069	38	103	95728	85964	1920	7844	41710
登封市	2039	531	1876	60	1943	1840	73	30	73355	67175	3700	2480	37049
经开区	1077	364	1033	1	1063	1019	43	1	120391	119360	983	48	113317
高新区	1309	481	1300	1	1280	1271	8	1	82635	82159	457	19	64594
郑东新区	8722	3318	3353	2046	8698	3317	3359	2022	410744	253641	111296	45807	54664
航空港实验区	396	113	372		362	330	32		20030	18247	1783		55331
科学研究和技术服务业	**56507**	**15106**	**45430**	**3311**	**56714**	**45222**	**8292**	**3200**	**3610409**	**3029070**	**473238**	**108101**	**65447**
中原区	16270	3670	10909	422	16678	11008	5283	387	1300678	954624	325787	20267	78596
二七区	4665	1050	2986	206	4911	2903	1711	297	310501	210100	87618	12783	64525
管城区	1903	307	668	1168	1804	643	66	1095	42195	30493	1902	9800	45691
金水区	19494	5763	17805	930	19375	17728	729	918	1163623	1080167	32554	50902	60287
上街区	353	145	353		362	362			19967	19967			55157
惠济区	1640	505	1518	9	1586	1480	97	9	88464	82301	5882	281	55918
中牟县	1391	581	1254	137	1366	1232	1	133	48725	45413	3	3309	36834
巩义市	292	153	284	8	291	283		8	10099	9847		252	34795
荥阳市	487	161	475	12	485	473		12	17424	17041		383	36027
新密市	1023	238	1023		1021	1021			52929	52929			51840
新郑市	1071	302	911	160	1046	920		126	57534	52422		5112	56980
登封市	214	41	214		191	191			5973	5973			31272
经开区	1563	270	1463	74	1541	1441	26	74	91479	89178	931	1370	61424

2-10 续表6 （2014年底） 单位：人、元

类别	单位从业人员	#女性	在岗职工合计	其他从业人员	单位从业人员平均人数	在岗职工	劳务派遣人员	其他从业人员	单位从业人员工资总额（千元）	在岗职工工资总额	劳务派遣人员工资总额	其他从业人员工资总额	在岗职工平均工资（含劳务派遣人员）
高新区	2645	998	2280	21	2618	2260	337	21	218908	200169	17056	1683	83645
郑东新区	3496	922	3287	164	3439	3277	42	120	181910	178446	1505	1959	54218
水利、环境和公共设施管理	**19625**	**7312**	**16607**	**2510**	**18684**	**16873**	**137**	**1674**	**724494**	**679480**	**4994**	**40020**	**40240**
中原区	1191	468	1037	153	1201	1047	1	153	63754	59658	70	4026	56992
二七区	1562	329	881	282	1575	1263	33	279	60040	53581	1360	5099	42393
管城区	857	410	857		845	845			31295	31295			37036
金水区	3014	882	2900	56	3034	2919	61	54	160106	156774	1527	1805	53121
上街区	1147	583	1147		1082	1082			23950	23950			22135
惠济区	1183	321	1081	102	1189	1087		102	51268	47131		4137	43359
中牟县	844	577	819	25	811	786		25	21739	21667		72	27566
巩义市	1208	274	707	501	1203	702		501	40187	29719		10468	42335
荥阳市	2322	841	2322		2316	2316			64383	64383			27799
新密市	657	195	653	4	657	653		4	23995	23893		102	36590
新郑市	1258	443	1225	9	1232	1205	18	9	57385	56084	972	329	46652
登封市	1386	562	1386		1378	1378			30766	30766			22327
经开区	254	129	253	1	258	255		3	13978	13912		66	54557
高新区	397	199	397		398	398			14075	14075			35364
郑东新区	2345	1099	942	1377	1505	937	24	544	67573	52592	1065	13916	55835
居民服务、修理和其他服务	**5074**	**2182**	**4928**	**28**	**5050**	**4905**	**115**	**30**	**155891**	**151467**	**3886**	**538**	**30947**
中原区	131	22	81		131	81	50		7424	4582	2842		56672
二七区	416	117	416		403	403			15697	15697			38950
管城区	1298	791	1298		1296	1296			25751	25751			19870
金水区	1033	381	1033		1065	1063		2	40135	40135			37756
上街区	354	227	316	3	349	314	32	3	6377	5958	354	65	18243
惠济区	133	70	133		131	131			2818	2818			21511
中牟县	52	14	48	4	52	48		4	1900	1844		56	38417
巩义市	300	120	251	16	302	253	33	16	7110	6089	690	331	23703
荥阳市	52	14	52		52	52			1268	1268			24385
新密市	157	54	157		157	157			8177	8177			52083
新郑市	120	29	115	5	117	112		5	3687	3601		86	32152
登封市	341	89	341		340	340			6258	6258			18406
经开区	64	24	64		64	64			1555	1555			24297
高新区	110	58	110		102	102			2949	2949			28912
郑东新区	513	172	513		489	489			24785	24785			50685

2-10 续表 7 （2014 年底） 单位：人、元

类别	单位从业人员	#女性	在岗职工合计	其他从业人员	单位从业人员平均人数	在岗职工	劳务派遣人员	其他从业人员	单位从业人员工资总额（千元）	在岗职工工资总额	劳务派遣人员工资总额	其他从业人员工资总额	在岗职工平均工资（含劳务派遣人员）
教育	**148445**	**84855**	**142904**	**4586**	**143949**	**138838**	**938**	**4173**	**7599498**	**7423305**	**17768**	**158425**	**53236**
中原区	8169	5172	7660	450	8164	7651	59	454	446515	434550	821	11144	56468
二七区	12448	7924	11678	723	12358	11546	47	765	631754	577853	907	52994	49923
管城区	4791	3586	4759	32	4780	4750		30	243333	242303		1030	51011
金水区	20291	11629	18904	869	20101	18709	501	891	1142299	1111448	10043	20808	58381
上街区	1795	981	1758	1	1627	1593	33	1	79809	78616	1175	18	49072
惠济区	6128	3758	5954	171	6088	5919	6	163	304527	301288	152	3087	50876
中牟县	7282	4209	6961	321	7098	6844		254	338194	328209		9985	47956
巩义市	8248	5463	8235	4	8242	8229	9	4	387592	387328	180	84	47039
荥阳市	13172	7338	13172		13077	13077			632271	632271			48350
新密市	14013	7224	13965	48	14000	13952		48	621168	619461		1707	44399
新郑市	19617	11285	18156	1456	17038	15966	5	1067	1101202	1061430	108	39664	66467
登封市	12071	6203	12066	5	11110	11105		5	415462	415402		60	37407
经开区	1624	1029	1624		1607	1607			70551	70551			43902
高新区	9625	4617	9595	30	9604	9579		25	686212	683595		2617	71364
郑东新区	8209	3888	7470	476	8117	7388	263	466	462309	442843	4239	15227	58434
航空港实验区	962	549	947		938	923	15		36300	36157	143		38699
卫生和社会工作	**82647**	**52188**	**72101**	**3582**	**80311**	**70295**	**6491**	**3525**	**4220824**	**3913215**	**200027**	**107582**	**53568**
中原区	7725	5837	6009	48	7503	5869	1589	45	433224	386088	41306	5830	57307
二七区	13371	9228	10997	672	12817	10531	1614	672	723460	640697	71429	11334	58635
管城区	4276	3391	3100	69	3992	2944	981	67	192897	158899	30829	3169	48338
金水区	26262	13522	22532	1784	26252	22687	1819	1746	1419015	1321413	40154	57448	55561
上街区	841	589	841		612	612			22041	22041			36015
惠济区	1398	1052	1307	91	1389	1302		87	74370	72066		2304	55350
中牟县	2421	1721	2323	98	2402	2303		99	144166	141221		2945	61320
巩义市	3638	2489	3599	39	3542	3493		49	183680	183126		554	52427
荥阳市	2886	1781	2886		2862	2862			113436	113436			39635
新密市	6363	2732	6248	26	6093	5978	89	26	285953	281457	3420	1076	46955
新郑市	6616	5042	5975	641	6225	5605		620	280367	262853		17514	46896
登封市	3591	2579	3591		3512	3512			157879	157879			44954
经开区	1341	960	862	27	1265	839	399	27	82069	66257	12889	2923	63931
高新区	63	34	63		60	60			2353	2353			39217
郑东新区	1345	946	1296	49	1275	1226		49	85108	83991		1117	68508
航空港实验区	510	285	472	38	510	472		38	20806	19438		1368	41182

2-10 续表 8　　(2014 年底)　　单位:人、元

类　别	单位从业人员	#女性	在岗职工合计	其他从业人员	单位从业人员平均人数	在岗职工	劳务派遣人员	其他从业人员	单位从业人员工资总额(千元)	在岗职工工资总额	劳务派遣人员工资总额	其他从业人员工资总额	在岗职工平均工资(含劳务派遣人员)
文化、体育和娱乐业	**24541**	**10461**	**22498**	**1585**	**24508**	**22467**	**458**	**1583**	**1357381**	**1306063**	**13926**	**37392**	**57579**
中原区	1605	663	1403	196	1611	1414	6	191	74408	68197	556	5655	48418
二七区	524	205	503	18	524	503	3	18	24635	24202	60	373	47949
管城区	469	222	422	47	476	422		54	17798	16492		1306	39081
金水区	15391	6305	14839	221	15335	14777	335	223	983042	967468	9752	5822	64665
上街区	57	33	57		59	59			1968	1968			33356
惠济区	602	256	534	1	623	555	67	1	44908	43242	1483	183	71905
中牟县	45	23	45		43	43			830	830			19302
巩义市	577	300	427	148	567	417	2	148	16257	13911	31	2315	33274
荥阳市	615	260	615		614	614			21613	21613			35200
新密市	239	132	234	5	239	234		5	8575	8485		90	36261
新郑市	327	154	322	5	325	320		5	13058	13031		27	40722
登封市	656	181	656		651	651			17904	17904			27502
经开区	1833	1031	1694	118	1853	1714	22	117	67678	63984	1016	2678	37442
高新区	50	27	50		49	49			1896	1896			38694
郑东新区	1545	663	691	826	1533	689	23	821	62525	42554	1028	18943	61211
航空港实验区	6	6	6		6	6			286	286			47667
公共管理、社会保障和社会	**135092**	**43894**	**128376**	**5504**	**133482**	**126968**	**1099**	**5415**	**6316267**	**6188837**	**26915**	**100515**	**48535**
中原区	13290	4436	12554	491	13198	12465	249	484	770972	752420	6657	11895	59704
二七区	11725	4615	8648	3060	11640	8602	17	3021	523166	473306	612	49248	54985
管城区	6576	3260	6304	257	6522	6248	17	257	339975	334720	486	4769	53505
金水区	31337	8076	30669	417	30596	29929	251	416	1603643	1587856	6463	9324	52827
上街区	2671	955	2379	169	2411	2200	123	88	117845	111761	1721	4363	48851
惠济区	3771	1491	3547	197	3822	3540	27	255	203063	197141	590	5332	55433
中牟县	7933	2647	7606	201	7756	7526	56	174	313732	308220	1190	4322	40808
巩义市	6840	1989	6601	209	6824	6583	30	211	302359	300764	355	1240	45534
荥阳市	9099	3414	9099		9071	9071			323464	323464			35659
新密市	11007	4034	10771	202	11006	10770	34	202	497459	492975	1864	2620	45801
新郑市	8405	3191	8225	175	8360	8189	5	166	397713	394449	44	3220	48144
登封市	10539	3262	10311	6	10459	10235	218	6	311585	306520	4975	90	29800
经开区	1995	695	1985		1948	1938	10		99863	99503	360		51264
高新区	604	266	604		595	595			30165	30165			50697
郑东新区	7291	1151	7144	95	7285	7161	29	95	391229	388491	548	2190	54108
航空港实验区	2009	412	1929	25	1989	1916	33	40	90034	87082	1050	1902	45219

2-11 全市及各县(市)区国有单位分行业从业人员人数及工资总额

(2014 年底)

单位:人、元

行业	单位从业人员	#女性	在岗职工合计	其他从业人员	单位从业人员平均人数	在岗职工	劳务派遣人员	其他从业人员	单位从业人员工资总额(千元)	在岗职工工资总额	劳务派遣人员工资总额	其他从业人员工资总额	在岗职工平均工资(含劳务派遣人员)
农、林、牧、渔业	**663**	**237**	**663**		**670**	**670**			**24268**	**24268**			**36221**
惠济区	131	47	131		133	133			7043	7043			52955
中牟县	488	178	488		492	492			15763	15763			32039
巩义市	12	4	12		12	12			293	293			24417
新密市	10	2	10		10	10			307	307			30700
新郑市	22	6	22		23	23			862	862			37478
采矿业	**331**	**3**	**331**		**331**	**331**			**17646**	**17646**			**53311**
荥阳市	11	3	11		11	11			396	396			36000
登封市	320		320		320	320			17250	17250			53906
制造业	**8015**	**3039**	**7534**	**246**	**8065**	**7621**	**228**	**216**	**566200**	**556588**	**6378**	**3234**	**71725**
中原区	519	113	385	114	528	420	24	84	23621	22923	483	215	52716
二七区	1060	236	1016	16	1060	1014	31	15	50348	48777	1150	421	47777
管城区	1399	417	1318	32	1400	1314	53	33	53105	50488	2081	536	38456
金水区	446	168	441	5	442	437		5	25392	25191		201	57645
上街区	1429	359	1297		1497	1383	114		53502	51156	2346		35739
惠济区	5	1	5		5	5			178	178			35600
新郑市	1355	1355	1355		1362	1362			230456	230456			169204
经开区	502	61	426	70	492	416	6	70	17443	15699	318	1426	37955
高新区	1300	329	1291	9	1279	1270		9	112155	111720		435	87969
电力、热力、燃气及水生产和供应业	**7880**	**2804**	**7695**	**102**	**7915**	**7701**	**108**	**106**	**690360**	**680910**	**4021**	**5429**	**87710**
市直	2193	654	2110		2220	2135	85		318906	315586	3320		143651
二七区	1182	400	1182		1193	1173	20		90421	89920	501		75793
上街区	28	13	28		28	28			1212	1212			43286
巩义市	779	231	779		799	799			59142	59142			74020
中牟县	604	236	593	11	591	577	3	11	40427	39846	200	381	69045
荥阳市	481	157	413	68	476	404		72	25660	21755		3905	53849
新密市	1308	557	1308		1308	1308			80603	80603			61623
新郑市	735	314	735		730	730			53859	53859			73779
登封市	304	172	304		304	304			8089	8089			26609
经开区	39	18	39		39	39			2172	2172			55692
高新区	105	21	82	23	105	82		23	4028	2885		1143	35183
航空港实验区	122	31	122		122	122			5841	5841			47877

2-11　续表1　　（2014年底）　　单位：人、元

类　别	单位从业人员	#女性	在岗职工合计	其他从业人员	单位从业人员平均人数	在岗职工	劳务派遣人员	其他从业人员	单位从业人员工资总额（千元）	在岗职工工资总额	劳务派遣人员工资总额	其他从业人员工资总额	在岗职工平均工资（含劳务派遣人员）
建筑业	**18119**	**2619**	**15460**	**224**	**18997**	**15756**	**3005**	**236**	**1136922**	**985820**	**144262**	**6840**	**60236**
中原区	6248	981	4793	100	6351	4899	1360	92	432856	348117	81380	3359	68621
二七区	908	163	908		1033	1022	11		49782	49386	396		48192
管城区	4917	319	4917		4915	4915			313134	313134			63710
金水区	116	7	100	16	116	99		17	5132	4141		991	41828
中牟县	2522	442	2446	76	3067	2448	536	83	188760	164456	23446	858	62970
荥阳市	93	15	61	32	101	57		44	3770	2138		1632	37509
新密市	48	15	48		48	48			1165	1165			24271
经开区	774	121	774		884	884			27323	27323			30908
高新区	2493	556	1413		2482	1384	1098		115000	75960	39040		46334
批发和零售业	**4590**	**1575**	**3736**	**290**	**4618**	**3707**	**615**	**296**	**386671**	**346898**	**23727**	**16046**	**85753**
中原区	79	29	79		79	79			3139	3139			39734
二七区	266	140	261	5	283	278		5	9283	9104		179	32748
管城区	103	42	73		103	73	30		4302	3372	930		41767
金水区	915	250	810	70	902	793	36	73	41575	38473	1357	1745	48046
上街区	78	26	78		47	47			3788	3788			80596
惠济区	225	110	151	74	210	140		70	15975	14267		1708	101907
中牟县	155	49	155		155	155			4392	4392			28335
巩义市	309	45	266	6	307	267	33	7	23047	21267	1150	630	74723
荥阳市	162	52	162		162	162			11891	11891			73401
新密市	356	110	271	65	356	271	20	65	37061	34074	620	2367	119223
新郑市	341	108	292	49	344	289		55	44691	38197		6494	132170
登封市	578	225	512	21	576	510	45	21	50209	45513	1773	2923	85200
经开区	866	324	503		934	517	417		127805	112193	15612		136836
郑东新区	66	32	65		69	68	1		4832	4820	12		70029
航空港实验区	91	33	58		91	58	33		4681	2408	2273		51440
交通运输、仓储和邮政业	**21467**	**6505**	**18878**	**103**	**21416**	**18771**	**2557**	**88**	**1132536**	**1005737**	**124979**	**1820**	**53016**
中原区	84	34	84		84	84			3783	3783			45036
二七区	268	99	153	2	267	154	111	2	22013	14559	7430	24	82977
管城区	1235	566	1205	2	1227	1197	28	2	55180	54627	508	45	45008
金水区	1281	337	1174	21	1335	1226	88	21	82777	76350	5866	561	62569
上街区	95	29	95		90	90			4553	4553			50589
惠济区	374	159	360	14	374	361		13	15580	15250		330	42244
中牟县	246	134	241	5	246	241		5	8915	8805		110	36535

2-11 续表 2　　(2014 年底)　　单位:人、元

类　别	单位从业人员	#女性	在岗职工合计	其他从业人员	单位从业人员平均人数	在岗职工	劳务派遣人员	其他从业人员	单位从业人员工资总额(千元)	在岗职工工资总额	劳务派遣人员工资总额	其他从业人员工资总额	在岗职工平均工资(含劳务派遣人员)
巩义市	1790	552	1753	36	1780	1755	1	24	54884	54593	1	290	31090
荥阳市	159	82	156		160	157	3		10052	9926	126		62825
新密市	7	1	7		7	7			179	179			25571
新郑市	1262	342	1252	10	1269	1259		10	49971	49856		115	39600
登封市	15	3	15		15	15			502	502			33467
经开区	230		230		230	230			6560	6560			28522
高新区	94	35	58	1	95	58	36	1	11282	9639	1591	52	119468
郑东新区	13095	3981	11720	12	13013	11569	1434	10	742479	675527	66659	293	57078
航空港实验区	1232	151	375		1224	368	856		63826	21028	42798		52145
住宿和餐饮业	**5257**	**2724**	**4713**	**304**	**5338**	**4729**	**331**	**278**	**191743**	**175318**	**9657**	**6768**	**36556**
中原区	755	423	617	3	794	613	178	3	28937	23399	5437	101	36455
二七区	1186	635	1185	1	1219	1205	13	1	49215	49043	154	18	40392
管城区	16	6	16		16	16			633	633			39563
金水区	1885	989	1660	120	1955	1702	140	113	69516	62414	4066	3036	36091
上街区	35	26	35		25	25			777	777			31080
惠济区	1055	474	879	176	1015	858		157	34409	30882		3527	35993
荥阳市	18	5	18		18	18			423	423			23500
登封市	307	166	303	4	296	292		4	7833	7747		86	26531
信息传输、软件和信息技术服务业	**2229**	**1127**	**908**		**2301**	**905**	**1396**		**160773**	**55251**	**105522**		**69871**
二七区	1568	812	247		1643	247	1396		134432	28910	105522		81821
金水区	181	60	181		179	179			9443	9443			52754
上街区	101	72	101		100	100			2483	2483			24830
巩义市	94	58	94		94	94			4860	4860			51702
新郑市	285	125	285		285	285			9555	9555			33526
金融业	**11275**	**4269**	**10617**		**10983**	**10355**	**628**		**1328884**	**1283170**	**45714**		**120995**
中原区	1835		1808		1835	1808	27		168109	167592	517		91613
管城区	964	656	763		952	752	200		129050	101950	27100		135557
金水区	1169	424	1091		1127	1051	76		119940	115704	4236		106424
中牟县	180	109	86		181	87	94		6640	3251	3389		36685
巩义市	476	208	475		478	477	1		49561	49507	54		103684
登封市	11	4	11		11	11			330	330			30000
郑东新区	6640	2868	6383		6399	6169	230		855254	844836	10418		133654
房地产业	**3942**	**1642**	**3311**	**160**	**3893**	**3257**	**473**	**163**	**241442**	**223350**	**14700**	**3392**	**63820**
中原区	168	71	168		172	172			7323	7323			42576

2-11 续表3 （2014年底） 单位：人、元

类　别	单位从业人员	#女性	在岗职工合计	其他从业人员	单位从业人员平均人数	在岗职工	劳务派遣人员	其他从业人员	单位从业人员工资总额（千元）	在岗职工工资总额	劳务派遣人员工资总额	其他从业人员工资总额	在岗职工平均工资（含劳务派遣人员）
二七区	343	94	338	5	337	332		5	19480	19236		244	57940
管城区	170	68	160		172	162	10		5749	5569	180		33424
金水区	2343	1039	2190	153	2304	2148		156	160725	157625		3100	73382
上街区	10	5	10		10	10			198	198			19800
巩义市	56	27	56		56	56			3199	3199			57125
登封市	15	8	8	2	15	8	5	2	360	192	120	48	24000
经开区	76	29	76		65	65			6865	6865			105615
郑东新区	279	31	279		278	278			19090	19090			68669
航空港实验区	482	270	26		484	26	458		18453	4053	14400		38126
租赁和商务服务业	**8839**	**2650**	**8039**	**275**	**8715**	**7883**	**522**	**310**	**395305**	**367563**	**16810**	**10932**	**45731**
中原区	310	133	310		310	310			19116	19116			61665
二七区	229	119	172	3	250	179	68	3	12767	10030	2723	14	51632
管城区	28	10	28		28	28			1468	1468			52429
金水区	4081	1581	3664	235	4229	3781	182	266	234652	219596	5357	9699	56763
上街区	266	91	260	6	223	216		7	5000	4818		182	22306
惠济区	229	112	229		228	228			8963	8963			39311
中牟县	188	86	176	12	188	176		12	6430	6265		165	35597
巩义市	483	83	256		468	255	213		13420	7549	5871		28675
荥阳市	783	89	783		735	735			15047	15047			20472
新密市	85	39	85		85	85			3161	3161			37188
新郑市	1362	131	1362		1202	1202			29976	29976			24938
登封市	319	31	259	10	319	259	50	10	7074	4094	2500	480	21340
经开区	68	11	68		68	68			4486	4486			65971
高新区	25	14	25		24	24			1171	1171			48792
郑东新区	353	110	332	9	328	307	9	12	30468	29717	359	392	95177
航空港实验区	30	10	30		30	30			2106	2106			70200
科学研究和技术服务业	**22595**	**6629**	**19790**	**1890**	**22432**	**19761**	**918**	**1753**	**1537197**	**1469472**	**38815**	**28910**	**72938**
中原区	4045	1351	3556	123	4085	3588	374	123	435863	413331	19095	3437	109143
二七区	1106	306	1070	3	1076	1040	33	3	68029	66805	1152	72	63334
管城区	1846	294	611	1168	1748	587	66	1095	40875	29173	1902	9800	47588
金水区	9144	2790	8508	245	9146	8501	387	258	572788	550295	14837	7656	63584
上街区	249	99	249		260	260			16535	16535			63596
惠济区	49	14	40	9	49	40		9	2658	2377		281	59425

2-11　续表 4　　　　（2014 年底）　　　　单位：人、元

类　别	单位从业人员	#女性	在岗职工合计	其他从业人员	单位从业人员平均人数	在岗职工	劳务派遣人员	其他从业人员	单位从业人员工资总额（千元）	在岗职工工资总额	劳务派遣人员工资总额	其他从业人员工资总额	在岗职工平均工资（含劳务派遣人员）
中牟县	701	262	690	11	684	673		11	28292	28004		288	41611
巩义市	235	127	229	6	235	229		6	8401	8221		180	35900
荥阳市	129	50	129		129	129			4719	4719			36581
新密市	836	219	836		836	836			45790	45790			54773
新郑市	717	160	557	160	690	564		126	49186	44074		5112	78145
登封市	30	10	30		30	30			853	853			28433
经开区	37	7	37		37	37			3165	3165			85541
高新区	531	154	479	3	528	475	49	4	100461	98804	1505	152	191429
郑东新区	2940	786	2769	162	2899	2772	9	118	159582	157326	324	1932	56688
水利、环境和公共设施管理业	**13210**	**4799**	**12448**	**703**	**13161**	**12398**	**62**	**701**	**508954**	**490221**	**1597**	**17136**	**39472**
中原区	831	322	793	37	839	801	1	37	47319	46654	70	595	58259
二七区	191	60	191		192	192			8493	8493			44234
管城区	835	403	835		823	823			30184	30184			36676
金水区	2665	789	2551	56	2677	2562	61	54	145658	142326	1527	1805	54843
上街区	459	207	459		426	426			9803	9803			23012
惠济区	1089	310	987	102	1093	991		102	45954	41817		4137	42197
中牟县	697	506	697		679	679			16587	16587			24429
巩义市	878	104	377	501	877	376		501	30460	19992		10468	53170
荥阳市	2299	836	2299		2293	2293			63816	63816			27831
新密市	632	188	628	4	632	628		4	23072	22970		102	36576
新郑市	933	384	930	3	936	933		3	38052	38023		29	40753
登封市	1178	527	1178		1178	1178			26546	26546			22535
高新区	152	59	152		149	149			5988	5988			40188
郑东新区	371	104	371		367	367			17022	17022			46381
居民服务、修理和其他服务业	**324**	**87**	**319**	**5**	**322**	**317**		**5**	**10913**	**10827**		**86**	**34155**
管城区	48	13	48		48	48			1981	1981			41271
金水区	24	6	24		24	24			1097	1097			45708
上街区	5		5		5	5			90	90			18000
惠济区	22	3	22		22	22			414	414			18818
荥阳市	20	5	20		20	20			432	432			21600
新密市	63	14	63		63	63			3153	3153			50048
新郑市	78	22	73	5	76	71		5	2191	2105		86	29648
经开区	64	24	64		64	64			1555	1555			24297

2-11 续表 5 （2014 年底） 单位：人、元

类别	单位从业人员	#女性	在岗职工合计	其他从业人员	单位从业人员平均人数	在岗职工	劳务派遣人员	其他从业人员	单位从业人员工资总额（千元）	在岗职工工资总额	劳务派遣人员工资总额	其他从业人员工资总额	在岗职工平均工资（含劳务派遣人员）
教育	**113480**	**62568**	**110475**	**2113**	**111522**	**108580**	**894**	**2048**	**6170137**	**6095629**	**16491**	**58017**	**55832**
中原区	7161	4403	6652	450	7156	6643	59	454	401929	389964	821	11144	58309
二七区	5869	3564	5788	34	5801	5720	47	34	326089	322562	907	2620	56090
管城区	3750	2757	3740	10	3739	3732		7	197251	197097		154	52813
金水区	16874	9342	16043	332	16752	15930	498	324	1009493	990622	9985	8886	60909
上街区	1595	840	1579	1	1437	1421	15	1	72194	71745	431	18	50262
惠济区	6053	3701	5879	171	6013	5844	6	163	302969	299730	152	3087	51262
中牟县	5907	3367	5764	143	5759	5634		125	287284	283868		3416	50385
巩义市	2792	1739	2791	1	2794	2793		1	141276	141252		24	50574
荥阳市	12126	6733	12126		12043	12043			591288	591288			49098
新密市	12635	6432	12595	40	12635	12595		40	559758	558894		864	44374
新郑市	13030	7221	12595	430	11918	11505	5	408	831663	821158	108	10397	71352
登封市	7324	3703	7319	5	7211	7206		5	278941	278881		60	38701
经开区	985	638	985		983	983			45063	45063			45842
高新区	9284	4415	9264	20	9273	9253		20	669675	667555		2120	72145
郑东新区	7345	3291	6617	476	7283	6565	252	466	426988	407778	3983	15227	60402
航空港实验区	750	422	738		725	713	12		28276	28172	104		39001
卫生和社会工作	**67818**	**41711**	**57972**	**2948**	**66334**	**57009**	**6425**	**2900**	**3560346**	**3272155**	**197297**	**90894**	**54694**
中原区	6777	5216	5061	48	6555	4921	1589	45	391506	344370	41306	5830	59244
二七区	12777	8818	10479	596	12287	10078	1614	595	702024	620842	71429	9753	59209
管城区	3805	3068	2649	49	3533	2503	981	49	176090	142999	30829	2262	49893
金水区	25374	12852	21663	1765	25364	21815	1819	1730	1370244	1273211	40154	56879	55571
上街区	841	589	841		612	612			22041	22041			36015
惠济区	1174	890	1132	42	1163	1125		38	67084	66188		896	58834
中牟县	2363	1689	2265	98	2344	2245		99	141621	138676		2945	61771
巩义市	663	247	663		656	647		9	29682	29480		202	45564
荥阳市	2806	1737	2806		2782	2782			110521	110521			39727
新密市	3699	1335	3674	2	3696	3671	23	2	162849	162111	690	48	44072
新郑市	3123	2135	2889	234	2946	2727		219	135168	128497		6671	47120
登封市	2220	1736	2220		2276	2276			109772	109772			48230
经开区	1331	957	852	27	1255	829	399	27	81744	65932	12889	2923	64186
高新区	63	34	63		60	60			2353	2353			39217
郑东新区	659	373	610	49	662	613		49	52127	51010		1117	83214
航空港实验区	143	35	105	38	143	105		38	5520	4152		1368	39543

2-11 续表6 （2014年底） 单位：人、元

类别	单位从业人员	#女性	在岗职工合计	其他从业人员	单位从业人员平均人数	在岗职工	劳务派遣人员	其他从业人员	单位从业人员工资总额（千元）	在岗职工工资总额	劳务派遣人员工资总额	其他从业人员工资总额	在岗职工平均工资（含劳务派遣人员）
文化、体育和娱乐业	**20264**	**8437**	**18351**	**1508**	**20244**	**18335**	**400**	**1509**	**1128806**	**1081852**	**11502**	**35452**	**58359**
中原区	1472	590	1300	166	1479	1312	6	161	66330	61156	556	4618	46822
二七区	276	89	255	18	276	255	3	18	14142	13709	60	373	53368
管城区	293	122	249	44	304	254		50	11114	9908		1206	39008
金水区	13333	5368	12849	182	13283	12793	302	188	838291	824855	8390	5046	63631
上街区	44	27	44		44	44			1686	1686			38318
惠济区	566	244	499	1	587	520	66	1	44013	42362	1468	183	74795
中牟县	45	23	45		43	43			830	830			19302
巩义市	438	213	290	148	438	290		148	12063	9748		2315	33614
荥阳市	449	206	449		448	448			16774	16774			37442
新密市	239	132	234	5	239	234		5	8575	8485		90	36261
新郑市	296	134	296		297	297			12232	12232			41185
登封市	322	130	322		322	322			9938	9938			30863
经开区	1100	539	982	118	1101	984		117	42343	39665		2678	40310
高新区	50	27	50		49	49			1896	1896			38694
郑东新区	1335	587	481	826	1328	484	23	821	48293	28322	1028	18943	57890
航空港实验区	6	6	6		6	6			286	286			47667
公共管理、社会保障和社会组织	**128916**	**41532**	**125107**	**2597**	**127379**	**123735**	**1098**	**2546**	**6115351**	**6033945**	**26908**	**54498**	**48552**
中原区	12922	4323	12186	491	12835	12102	249	484	752929	734377	6657	11895	59998
二七区	7184	2778	6985	182	7144	6946	17	181	390026	385643	612	3771	55472
管城区	6399	3180	6132	252	6344	6075	17	252	331939	326711	486	4742	53709
金水区	30790	7911	30134	405	30072	29418	250	404	1583663	1568120	6456	9087	53073
上街区	2623	929	2331	169	2363	2152	123	88	116260	110176	1721	4363	49185
惠济区	3771	1491	3547	197	3822	3540	27	255	203063	197141	590	5332	55433
中牟县	7911	2636	7584	201	7734	7504	56	174	312783	307271	1190	4322	40802
巩义市	6811	1979	6572	209	6794	6553	30	211	301127	299532	355	1240	45555
荥阳市	9099	3414	9099		9071	9071			323464	323464			35659
新密市	10788	3955	10552	202	10787	10551	34	202	488860	484376	1864	2620	45937
新郑市	8405	3191	8225	175	8360	8189	5	166	397713	394449	44	3220	48144
登封市	10411	3245	10183	6	10333	10109	218	6	308094	303029	4975	90	29825
经开区	1995	695	1985		1948	1938	10		99863	99503	360		51264
高新区	604	266	604		595	595			30165	30165			50697
郑东新区	7194	1127	7059	83	7188	7076	29	83	385368	382906	548	1914	53970
航空港实验区	2009	412	1929	25	1989	1916	33	40	90034	87082	1050	1902	45219

2-12 全市及各县(市)区城镇集体单位分行业从业人员人数及工资总额

(2014 年底) 单位:人、元

行业	单位从业人员	#女性	在岗职工合计	其他从业人员	单位从业人员平均人数	在岗职工	劳务派遣人员	其他从业人员	单位从业人员工资总额(千元)	在岗职工工资总额	劳务派遣人员工资总额	其他从业人员工资总额	在岗职工平均工资(含劳务派遣人员)
农、林、牧、渔业	**667**	**239**	**667**		**608**	**608**			**15982**	**15982**			**26286**
中牟县	586	212	586		526	526			13255	13255			25200
荥阳市	20	7	20		20	20			531	531			26550
新郑市	61	20	61		62	62			2196	2196			35419
采矿业	**282**	**15**	**282**		**287**	**287**			**10660**	**10660**			**37143**
登封市	282	15	282		287	287			10660	10660			37143
制造业	**8806**	**3137**	**8632**	**139**	**8412**	**8238**	**35**	**139**	**358612**	**355413**	**1247**	**1952**	**43111**
中原区	26	11	26		26	26			998	998			38385
二七区	2114	1095	2068	46	1910	1864		46	60378	60229		149	32312
管城区	626	196	599		624	597	27		65752	64665	1087		105372
金水区	584	273	570	14	591	577		14	20502	20299		203	35180
上街区	1042	530	1042		1134	1134			21540	21540			18995
惠济区	103	58	103		103	103			2460	2460			23883
巩义市	381	104	381		373	373			9166	9166			24574
荥阳市	1773	388	1756	17	1559	1542		17	92132	91732		400	59489
新密市	796	166	796		762	762			23649	23649			31035
新郑市	799	222	729	62	790	720	8	62	43292	41932	160	1200	57819
登封市	442	32	442		420	420			13574	13574			32319
经开区	120	62	120		120	120			5169	5169			43075
建筑业	**5003**	**830**	**3721**	**589**	**4706**	**3684**	**550**	**472**	**173124**	**137650**	**21682**	**13792**	**37632**
中原区	2226	200	1658	230	1958	1534	240	184	62932	47625	12060	3247	33644
二七区	82	29	70	10	83	73	3	7	4306	4166	20	120	55079
金水区	512	111	512		541	541			13946	13946			25778
上街区	67	12	42	25	63	42		21	1626	1222		404	29095
中牟县	227	73	224	3	209	206		3	11467	11279		188	54752
新密市	160	30	40	20	160	50	90	20	5760	1440	3600	720	36000
新郑市	1391	325	841	297	1344	894	217	233	59850	45015	6002	8833	45920
登封市	338	50	334	4	348	344		4	13237	12957		280	37666
批发和零售业	**3157**	**1301**	**3038**	**119**	**3186**	**3061**		**125**	**88949**	**87527**		**1422**	**28594**
中原区	58	20	58		58	58			2455	2455			42328
二七区	364	199	350	14	388	374		14	6871	6749		122	18045
管城区	9	2	9		9	9			119	119			13222
金水区	525	160	523	2	514	512		2	27615	27531		84	53771
上街区	60	2	60		80	80			5070	5070			63375
中牟县	19	8	19		19	19			355	355			18684

2-12 续表1 （2014 年底） 单位：人、元

类别	单位从业人员	#女性	在岗职工合计	其他从业人员	单位从业人员平均人数	在岗职工	劳务派遣人员	其他从业人员	单位从业人员工资总额（千元）	在岗职工工资总额	劳务派遣人员工资总额	其他从业人员工资总额	在岗职工平均工资（含劳务派遣人员）
巩义市	901	400	801	100	903	803		100	17970	16981		989	21147
荥阳市	291	167	291		290	290			5533	5533			19079
新密市	190	118	190		190	184		6	4997	4852		145	26370
新郑市	146	45	146		141	141			3025	3025			21454
登封市	521	158	520	1	521	520		1	13234	13185		49	25356
郑东新区	22	5	20	2	22	20		2	581	548		33	27400
航空港实验区	51	17	51		51	51			1124	1124			22039
交通运输、仓储和邮政业	**893**	**259**	**880**	**6**	**884**	**871**	**7**	**6**	**30057**	**29555**	**457**	**45**	**34182**
中原区	7	1	7		19	19			1227	1227			64579
二七区	12	3	12		12	12			609	609			50750
管城区	183	78	177	6	169	163		6	3998	3953		45	24252
金水区	17	9	17		17	17			1052	1052			61882
上街区	134	41	134		136	136			3247	3247			23875
巩义市	76	33	76		72	72			1663	1663			23097
荥阳市	18	4	18		18	18			378	378			21000
新密市	384	90	377		379	372	7		15188	14731	457		40074
登封市	62		62		62	62			2695	2695			43468
住宿和餐饮业	**1024**	**560**	**988**	**12**	**1020**	**979**	**27**	**14**	**37216**	**36052**	**742**	**422**	**36575**
二七区	140	92	140		141	141			3149	3149			22333
管城区	136	69	136		127	127			3618	3618			28488
金水区	333	149	331	2	326	324		2	19116	19080		36	58889
巩义市	89	62	89		89	89			2694	2694			30270
登封市	265	153	235	10	276	241	23	12	6521	5533	602	386	23239
郑东新区	61	35	57		61	57	4		2118	1978	140		34721
信息传输、软件和信息技术服务业	**44**	**16**	**44**		**44**	**44**			**1553**	**1553**			**35295**
金水区	7	1	7		7	7			233	233			33286
巩义市	37	15	37		37	37			1320	1320			35676
房地产业	**589**	**161**	**570**	**19**	**589**	**570**		**19**	**17207**	**16965**		**242**	**29763**
中原区	195	80	195		195	195			6000	6000			30769
管城区	35	15	16	19	35	16		19	588	346		242	21625
金水区	209	55	209		209	209			6477	6477			30990
巩义市	150	11	150		150	150			4142	4142			27613
租赁和商务服务业	**2139**	**376**	**924**	**1206**	**2096**	**922**	**10**	**1164**	**58315**	**34049**	**452**	**23814**	**37018**
中原区	313	77	306	7	313	306		7	15552	15332		220	50105

2-12 续表2 （2014年底） 单位：人、元

类别	单位从业人员	#女性	在岗职工合计	其他从业人员	单位从业人员平均人数	在岗职工	劳务派遣人员	其他从业人员	单位从业人员工资总额（千元）	在岗职工工资总额	劳务派遣人员工资总额	其他从业人员工资总额	在岗职工平均工资（含劳务派遣人员）
二七区	24	19	5	19	24	5		19	392	120		272	24000
管城区	886	66	113	773	969	112		857	20358	3155		17203	28170
金水区	47	15	47		47	47			1816	1816			38638
上街区	5	4	5		5	5			185	185			37000
中牟县	606	142	199	407	480	199		281	10775	4656		6119	23397
巩义市	26	3	26		26	26			1020	1020			39231
荥阳市	38	10	38		38	38			1298	1298			34158
新密市	194	40	185		194	184	10		6919	6467	452		35665
科学研究和技术服务业	**879**	**385**	**872**	**5**	**876**	**864**	**7**	**5**	**40425**	**40197**	**72**	**156**	**46233**
中原区	151	56	148	3	141	138		3	11636	11552		84	83710
二七区	87	29	85		92	85	7		8639	8567	72		93902
金水区	306	180	304	2	304	302		2	10341	10269		72	34003
新密市	9	6	9		9	9			481	481			53444
新郑市	247	89	247		251	251			5801	5801			23112
高新区	5	1	5		5	5			116	116			23200
郑东新区	74	24	74		74	74			3411	3411			46095
水利、环境和公共设施管理业	**336**	**122**	**220**	**116**	**323**	**207**		**116**	**11852**	**8421**		**3431**	**40681**
中原区	151	48	35	116	151	35		116	6063	2632		3431	75200
二七区	2	2	2		2	2			56	56			28000
上街区	120	48	120		105	105			3560	3560			33905
巩义市	35	15	35		35	35			1020	1020			29143
新郑市	28	9	28		30	30			1153	1153			38433
居民服务、修理和其他服务业	**345**	**76**	**223**	**4**	**341**	**223**	**112**	**6**	**13033**	**9171**	**3806**	**56**	**38737**
中原区	70		20		70	20	50		4995	2153	2842		71357
二七区	15	4	15		15	15			292	292			19467
金水区	82	21	82		84	82		2	3060	3060			37317
上街区	55	10	20		49	20	29		956	682	274		19510
中牟县	52	14	48	4	52	48		4	1900	1844		56	38417
巩义市	51	23	18		51	18	33		1310	620	690		25686
登封市	20	4	20		20	20			520	520			26000
教育	**4950**	**3113**	**4931**	**2**	**4941**	**4922**	**17**	**2**	**235248**	**234885**	**353**	**10**	**47629**
中原区	204	166	204		204	204			9115	9115			44681
二七区	182	139	180	2	181	179		2	8409	8399		10	46922
管城区	130	59	130		129	129			7574	7574			58713

2-12 续表 3 （2014 年底） 单位：人、元

类别	单位从业人员	#女性	在岗职工合计	其他从业人员	单位从业人员平均人数	在岗职工	劳务派遣人员	其他从业人员	单位从业人员工资总额（千元）	在岗职工工资总额	劳务派遣人员工资总额	其他从业人员工资总额	在岗职工平均工资（含劳务派遣人员）
金水区	49	33	46		48	45	3		2479	2421	58		51646
巩义市	3261	2111	3261		3259	3259			160698	160698			49309
荥阳市	442	215	442		442	442			17586	17586			39787
新密市	15	12	15		15	15			680	680			45333
登封市	94	35	94		94	94			4247	4247			45181
经开区	182	120	182		179	179			7871	7871			43972
高新区	21	9	21		20	20			699	699			34950
郑东新区	356	202	345		354	343	11		15524	15268	256		43853
航空港实验区	14	12	11		16	13	3		366	327	39		22875
卫生和社会工作	**3893**	**2904**	**3663**	**230**	**3789**	**3561**		**228**	**204298**	**197720**		**6578**	**55524**
中原区	7	4	7		7	7			274	274			39143
二七区	100	89	42	58	100	42		58	3588	2544		1044	60571
管城区	264	199	244	20	252	234		18	11036	10129		907	43286
金水区	56	52	56		53	53			1153	1153			21755
惠济区	112	80	63	49	112	63		49	4087	2679		1408	42524
巩义市	2532	1926	2493	39	2443	2404		39	143085	142734		351	59374
荥阳市	80	44	80		80	80			2915	2915			36438
新密市	223	170	199	24	219	195		24	11246	10218		1028	52400
新郑市	207	140	167	40	207	167		40	10872	9032		1840	54084
登封市	104	59	104		104	104			3940	3940			37885
经开区	3	1	3		3	3			100	100			33333
郑东新区	163	117	163		167	167			10810	10810			64731
航空港实验区	42	23	42		42	42			1192	1192			28381
文化、体育和娱乐业	**161**	**76**	**148**	**13**	**160**	**147**		**13**	**6223**	**5867**		**356**	**39912**
中原区	18	15	18		18	18			796	796			44222
金水区	85	36	72	13	84	71		13	3253	2897		356	40803
荥阳市	58	25	58		58	58			2174	2174			37483
公共管理、社会保障和社会组织	**773**	**269**	**773**		**766**	**766**			**41845**	**41845**			**54628**
中原区	138	33	138		138	138			8784	8784			63652
二七区	304	123	304		304	304			19116	19116			62882
金水区	90	23	90		83	83			4397	4397			52976
中牟县	22	11	22		22	22			949	949			43136
新密市	219	79	219		219	219			8599	8599			39265

2-13 全市及各县(市)区其他单位分行业从业人员人数及工资总额

(2014 年底)

单位:人、元

行业	单位从业人员	#女性	在岗职工合计	其他从业人员	单位从业人员平均人数	在岗职工	劳务派遣人员	其他从业人员	单位从业人员工资总额(千元)	在岗职工工资总额	劳务派遣人员工资总额	其他从业人员工资总额	在岗职工平均工资(含劳务派遣人员)
农、林、牧、渔业	**1639**	**533**	**1639**		**1623**	**1623**			**42934**	**42934**			**26453**
管城区	5	2	5		5	5			159	159			31800
上街区	36	12	36		36	36			682	682			18944
惠济区	28	13	28		28	28			1081	1081			38607
巩义市	75	31	75		72	72			1951	1951			27097
荥阳市	1006	331	1006		1000	1000			27132	27132			27132
新密市													
新郑市	69	26	69		67	67			1752	1752			26149
登封市	296	84	296		294	294			6225	6225			21173
郑东新区	24	7	24		24	24			822	822			34250
航空港实验区	100	27	100		97	97			3130	3130			32268
采矿业	**67144**	**9875**	**67112**	**6**	**68717**	**68679**	**26**	**12**	**3254902**	**3253803**	**875**	**224**	**47372**
市辖区	37440	6540	37440		39097	39097			2126540	2126540			54391
二七区	992	231	992		992	992			58329	58329			58799
上街区	1375	227	1375		1423	1423			59715	59715			41961
巩义市	8049	1126	8023		8566	8534	26	6	234171	233242	875	54	27350
荥阳市	144	44	143	1	143	142		1	6893	6843		50	48190
新密市	2231	259	2226	5	1946	1941		5	66851	66731		120	34380
新郑市	1869	130	1869		1865	1865			65450	65450			35094
登封市	15044	1318	15044		14685	14685			636953	636953			43374
制造业	**681193**	**292792**	**656757**	**3873**	**636655**	**612076**	**20455**	**4124**	**28268623**	**273360001**	**771774**	**136848**	**433389**
市辖区	3590	611	2543	64	3908	2673	1176	59	224339	168816	54516	1007	58023
中原区	10503	4414	10211	169	10575	10268	116	191	352161	343512	3965	4684	33463
二七区	13168	3834	12983	68	13067	12782	159	126	454396	444734	5004	4658	34753
管城区	21760	3868	21602	158	21240	21063	15	162	1145821	1131689	569	13563	53718
金水区	12250	4650	10204	9	11892	10081	1802	9	392530	344906	47096	528	32988
上街区	13264	3222	12904	26	13762	13405	328	29	550697	538314	10480	1903	39962
惠济区	6643	3141	6284	13	7010	6256	739	15	227377	204398	22582	397	32449
中牟县	16461	5397	13885	293	15878	13056	2543	279	744537	625777	108312	10448	47060
巩义市	34793	8069	33973	660	33419	32586	238	595	1063621	1040993	4421	18207	31849
荥阳市	40306	8203	39455	448	39493	38653	406	434	1425009	1400378	12256	12375	36167
新密市	42401	10802	41932	228	40519	40052	247	220	1256607	1242992	6864	6751	31015
新郑市	54688	17062	51713	372	53280	50723	2170	387	1816614	1753288	53298	10028	34155
登封市	31874	6434	31328	425	30573	30021	125	427	907520	896337	3798	7385	29859
经开区	56679	22269	48212	250	55679	47800	7628	251	2673124	2341518	319737	11869	48013
高新区	35262	9823	32168	595	35619	32116	2666	837	1753986	1610055	113917	30014	49565
郑东新区	8398	6160	8398		8607	8607			374181	374181			43474
航空港实验区	279153	174833	278962	95	242134	241934	97	103	12906103	12898113	4959	3031	53312

2-13 续表 1 （2014 年底） 单位：人、元

类　别	单位从业人员	#女性	在岗职工合计	其他从业人员	单位从业人员平均人数	在岗职工	劳务派遣人员	其他从业人员	单位从业人员工资总额（千元）	在岗职工工资总额	劳务派遣人员工资总额	其他从业人员工资总额	在岗职工平均工资（含劳务派遣人员）
电力、热力、燃气及水生产和供应业	**26672**	**6468**	**25339**	**72**	**26581**	**25337**	**1167**	**77**	**1198524**	**1165929**	**30953**	**1642**	**45159**
中原区	9402	2837	8230	2	9370	8290	1078	2	456787	429185	27506	96	48750
金水区	9		9		9	9			196	196			21778
惠济区	757	251	666		698	612	86		43505	40268	3237		62328
中牟县	53	1	48	5	51	47		4	1723	1585		138	33723
巩义市	523	65	523		518	518			19951	19951			38515
荥阳市	296	104	269	27	294	267		27	7897	7477		420	28004
新密市	226	63	199	27	226	199		27	9892	9483		409	47653
新郑市	230	54	228	2	226	220	3	3	9006	8665	210	131	39798
登封市	14548	2920	14543	5	14578	14568		10	607485	607327		158	41689
高新区	358	109	354	4	351	347		4	28921	28631		290	82510
郑东新区	230	54	230		230	230			10092	10092			43878
航空港实验区	40	10	40		30	30			3069	3069			102300
建筑业	**307837**	**38843**	**209830**	**34639**	**295106**	**202601**	**59265**	**33240**	**13589466**	**9252932**	**2933550**	**1402984**	**46537**
中原区	41275	4289	14300	1709	40394	13742	24958	1694	2050397	643464	1334389	72544	51107
二七区	33837	4347	18501	1635	30008	17603	11045	1360	1515618	922434	547531	45653	51311
管城区	13821	1905	11938	1238	13309	11533	610	1166	557555	498427	21102	38026	42784
金水区	78147	11724	62518	7572	75799	61058	7475	7266	3331807	2791565	323209	217033	45449
上街区	4969	820	3113	486	4566	3115	1046	405	197672	127402	58210	12060	44608
惠济区	30232	2548	22376	7205	28608	20750	670	7188	1221029	949393	21807	249829	45341
中牟县	5335	581	4113	713	5288	4150	479	659	232695	164360	16590	51745	39091
巩义市	3593	334	2730	127	3272	2419	726	127	135759	82496	45525	7738	40706
荥阳市	20412	3865	11058	1152	19409	10002	8433	974	785819	319226	422188	44405	40218
新密市	16603	1630	10962	3199	16078	10685	2261	3132	591123	383442	76458	131223	35524
新郑市	10240	1065	9615	598	9815	9066	30	719	432157	399637	773	31747	44020
登封市	4180	401	3414	721	4190	3371	51	768	152638	132452	1712	18474	39206
经开区	19384	2949	18315	703	19142	17865	338	939	1090552	1032915	13657	43980	57494
高新区	17232	1658	9738	7206	16866	10055	275	6536	998777	556592	14632	427553	55298
郑东新区	8319	691	6956	340	8184	7029	858	297	290978	244617	35567	10794	35525
航空港实验区	258	36	183	35	178	158	10	10	4890	4510	200	180	28036
批发和零售业	**90852**	**43461**	**84916**	**1861**	**90398**	**84578**	**4104**	**1716**	**3723969**	**3528456**	**143197**	**52316**	**41402**
中原区	4439	1905	4268	103	4424	4272	68	84	202614	198469	2240	1905	46246
二七区	13557	7624	12471	538	13743	12632	569	542	505478	473869	18405	13204	37291
管城区	11854	6831	9724	94	11877	9811	2016	50	444140	368099	73407	2634	37330
金水区	25570	13155	24340	594	25399	24247	641	511	923422	885160	20019	18243	36370
上街区	820	341	819	1	809	808		1	20823	20811		12	25756
惠济区	2863	927	2711	2	2931	2764	147	20	148470	142321	4802	1347	50540
中牟县	3463	1021	3294	37	3401	3233	129	39	155997	148761	6439	797	46163
巩义市	1491	921	1282	147	1499	1266	84	149	40150	36151	1629	2370	27985

2-13 续表2　　（2014年底）　　单位：人、元

类别	单位从业人员				单位从业人员平均人数				单位从业人员工资总额（千元）				在岗职工平均工资（含劳务派遣人员）
		#女性	在岗职工合计	其他从业人员		在岗职工	劳务派遣人员	其他从业人员		在岗职工工资总额	劳务派遣人员工资总额	其他从业人员工资总额	
荥阳市	1616	563	1607	4	1597	1581	10	6	55436	54842	322	272	34673
新密市	3582	1342	3400	57	3544	3350	133	61	132110	125876	3996	2238	37287
新郑市	3681	1966	3666	9	3873	3853	8	12	192781	192204	268	309	49850
登封市	1915	639	1878	22	1883	1829	21	33	56806	53307	1191	2308	29458
经开区	8680	3294	8314	228	8012	7734	99	179	416773	407586	3723	5464	52510
高新区	1649	465	1636	8	1655	1642	5	8	116178	115575	154	449	70267
郑东新区	5466	2421	5300	17	5519	5350	149	20	302609	296159	5688	762	54891
航空港实验区	206	46	206		232	206	25	1	10182	9266	914	2	44069
交通运输、仓储和邮政业	**49419**	**16627**	**32911**	**2663**	**48784**	**32413**	**13682**	**2689**	**2538705**	**1945300**	**486739**	**106666**	**52761**
中原区	107	15	107		109	109			3829	3829			35128
二七区	6195	2303	5123	1072	6223	5162		1061	305810	271055		34755	52510
管城区	2750	1028	2661		2743	2653	90		122021	117729	4292		44485
金水区	1150	317	1007	74	1165	1015	74	76	54595	49146	3459	1990	48306
上街区	394	103	387		396	389	7		12274	12099	175		30995
惠济区	64	13	64		64	64			1977	1977			30891
中牟县	572	198	562	10	572	556		16	23841	23579		262	42408
巩义市	1102	120	1102		1064	1064			64648	64648			60759
荥阳市	237	60	237		235	235			8278	8278			35226
新密市	2710	300	2698		2711	2696	12	3	110549	109945	439	165	40762
新郑市	1782	468	1005	772	1754	1003	5	746	73213	39322	208	33683	39216
登封市	2490	626	2170	320	2453	2110		343	93879	81404		12475	38580
经开区	7198	1439	4763	148	7247	4621	2465	161	365904	228555	128113	9236	50334
郑东新区	11569	5727	5775	225	11257	5658	5366	233	509725	379507	118531	11687	45178
航空港实验区	11099	3910	5250	42	10791	5078	5663	50	788162	554227	231522	2413	73154
住宿和餐饮业	**27261**	**15297**	**25134**	**843**	**27929**	**25809**	**1276**	**844**	**896714**	**822188**	**51587**	**22939**	**32260**
中原区	1427	782	1416	11	1500	1488	2	10	52362	52113	43	206	35004
二七区	3127	1644	2700	70	3079	2666	343	70	93158	79614	11440	2104	30261
管城区	652	391	577	75	659	584		75	23518	21918		1600	37531
金水区	13120	7358	12437	462	13917	13226	221	470	429070	409103	10045	9922	31170
上街区	385	245	343	42	369	328		41	9244	8436		808	25720
惠济区	14	4	14		9	9			235	235			26111
中牟县	600	361	553	39	607	548	12	47	18594	15837	848	1909	29795
巩义市	832	481	832		819	819			19781	19781			24153
荥阳市	327	208	327		333	332		1	10830	10702		128	32235
新密市	578	358	564	8	569	551	8	10	20695	19820	400	475	36172
新郑市	554	347	536	11	575	558	7	10	17394	16723	217	454	29982
登封市	1046	664	942	91	978	890	31	57	24728	21522	1411	1795	24900
经开区	363	244	363		362	362			11584	11584			32000
高新区	346	195	346		342	342			11686	11686			34170
郑东新区	2743	1452	2638	2	2721	2596	105	20	108159	103271	4478	410	39892

2-13 续表 3　　（2014 年底）　　单位：人、元

类　别	单位从业人员	#女性	在岗职工合计	其他从业人员	单位从业人员平均人数	在岗职工	劳务派遣人员	其他从业人员	单位从业人员工资总额（千元）	在岗职工工资总额	劳务派遣人员工资总额	其他从业人员工资总额	在岗职工平均工资（含劳务派遣人员）
航空港实验区	1147	563	546	32	1090	510	547	33	45676	19843	22705	3128	40254
信息传输、软件和信息技术服务业	**23804**	**9972**	**19393**	**380**	**23710**	**19187**	**4137**	**386**	**1477147**	**1337135**	**128392**	**11620**	**62833**
中原区	190	110	76	91	189	76	29	84	8458	4168	1815	2475	56981
二七区	4091	1508	3958		4123	3990	133		379075	370128	8947		91942
管城区	484	171	484		597	597			40998	40998			68673
金水区	12340	6076	8560	50	12546	8644	3835	67	665162	552743	110115	2304	53118
上街区	66	21	66		62	62			1575	1575			25403
惠济区	19	6	19		19	19			493	493			25947
中牟县	40	7	40		40	40			1194	1194			29850
巩义市	350	135	140	195	350	140	15	195	11196	4896	450	5850	34490
新密市	172	52	172		172	172			6898	6898			40105
登封市	54	15	54		54	54			1133	1133			20981
经开区	434	208	431		436	433	3		32670	32377	293		74931
高新区	3965	1432	3867	43	3580	3484	57	39	221838	217365	3496	977	62372
郑东新区	1599	231	1526	1	1542	1476	65	1	106457	103167	3276	14	69074
金融业	**35186**	**13409**	**27857**	**6264**	**34247**	**26465**	**1142**	**5993**	**2991453**	**2705393**	**60954**	**225106**	**100205**
二七区	2701	1755	2642	59	2683	2624		59	136800	135272		1528	51552
管城区	7	2	7		7	7			168	168			24000
金水区	26094	8853	19124	6204	25442	18650	859	5933	2252567	1986798	42675	223094	104028
上街区	20	11	14		20	14	6		620	410	210		31000
中牟县	764	389	764		744	744			54694	54694			73513
巩义市	648	34	648		647	647			82962	82962			128226
荥阳市	302	89	302		300	300			11780	11780			39267
新密市	478	230	478		478	478			40592	40592			84921
新郑市	525	251	453		523	458	65		41708	36505	5203		79748
登封市	506	238	506		506	506			19202	19202			37949
高新区	171	99	171		171	171			10192	10192			59602
郑东新区	2970	1458	2748	1	2726	2513	212	1	423130	409780	12866	484	155099
房地产业	**45858**	**17557**	**41384**	**1575**	**44839**	**40693**	**2698**	**1448**	**2279243**	**2128428**	**95124**	**55691**	**51245**
中原区	4897	1696	4430	185	4811	4421	225	165	249712	235640	8606	5466	52571
二七区	4742	1648	4482	122	4632	4361	160	111	252422	241192	7321	3909	54969
管城区	2978	1335	2953	25	2874	2850		24	137106	134982		2124	47362
金水区	11415	4417	10139	164	11153	9962	1029	162	574319	535692	28627	10000	51344
上街区	1620	553	1222	341	1487	1172	57	258	61519	50898	1303	9318	42474
惠济区	1427	587	1420	4	1311	1304	3	4	67396	66995	138	263	51364
中牟县	1449	591	1290	122	1384	1224	37	123	60390	56815	935	2640	45797
巩义市	986	416	890	92	980	891	4	85	33835	30930	109	2796	34680
荥阳市	1493	512	1436	56	1473	1416	6	51	57135	55032	180	1923	38827
新密市	1039	325	997	6	973	931	36	6	43562	42199	1077	286	44753
新郑市	2590	795	2535	50	2545	2489	3	53	116412	114740	70	1602	46071

2-13 续表4 （2014年底） 单位：人、元

类别	单位从业人员	#女性	在岗职工合计	其他从业人员	单位从业人员平均人数	在岗职工	劳务派遣人员	其他从业人员	单位从业人员工资总额（千元）	在岗职工工资总额	劳务派遣人员工资总额	其他从业人员工资总额	在岗职工平均工资（含劳务派遣人员）
登封市	714	204	689	10	698	674	15	9	26527	25702	429	396	37926
经开区	2381	747	1403	18	2243	1527	700	16	101300	82908	17015	1377	44869
高新区	1765	1252	1644	110	1995	1661	190	144	106515	85369	16151	4995	54846
郑东新区	4960	2045	4559	256	4905	4540	152	213	319660	303738	7686	8236	66373
航空港实验区	1402	434	1295	14	1375	1270	81	24	71433	65596	5477	360	52608
租赁和商务服务业	**29741**	**11973**	**22892**	**2694**	**28808**	**22153**	**4086**	**2569**	**1460481**	**1263159**	**130454**	**66868**	**53112**
中原区	922	526	593	314	849	594	15	240	44177	37358	704	6115	62499
二七区	2701	431	2694	7	2663	2656		7	103128	102814		314	38710
管城区	1356	584	1348	8	1342	1331		11	63906	63564		342	47757
金水区	8358	4126	8205	129	7838	7676	35	127	422989	418235	1119	3635	54384
上街区	758	387	163		666	175	491		15786	5796	9990		23703
惠济区	272	111	272		272	272			9572	9572			35191
中牟县	373	215	252	49	313	216	51	46	7779	5372	1361	1046	25217
巩义市	269	177	269		267	267			6744	6744			25258
荥阳市	88	30	88		88	88			2513	2513			28557
新密市	927	227	924	3	925	922		3	56285	56195		90	60949
新郑市	969	528	864	95	1008	867	38	103	65752	55988	1920	7844	63987
登封市	1720	500	1617	50	1624	1581	23	20	66281	63081	1200	2000	40075
经开区	1009	353	965	1	995	951	43	1	115905	114874	983	48	116556
高新区	1284	467	1275	1	1256	1247	8	1	81464	80988	457	19	64896
郑东新区	8369	3208	3021	2037	8370	3010	3350	2010	380276	223924	110937	45415	52651
航空港实验区	366	103	342		332	300	32		17924	16141	1783		53988
科学研究和技术服务业	**33033**	**8092**	**24768**	**1416**	**33406**	**24597**	**7367**	**1442**	**2032787**	**1519401**	**434351**	**79035**	**61124**
中原区	12074	2263	7205	296	12452	7282	4909	261	853179	529741	306692	16746	68611
二七区	3472	715	1831	203	3743	1778	1671	294	233833	134728	86394	12711	64112
管城区	57	13	57		56	56			1320	1320			23571
金水区	10044	2793	8993	683	9925	8925	342	658	580494	519603	17717	43174	57982
上街区	104	46	104		102	102			3432	3432			33647
惠济区	1591	491	1478		1537	1440	97		85806	79924	5882		55827
中牟县	690	319	564	126	682	559	1	122	20433	17409	3	3021	31093
巩义市	57	26	55	2	56	54		2	1698	1626		72	30111
荥阳市	358	111	346	12	356	344		12	12705	12322		383	35820
新密市	178	13	178		176	176			6658	6658			37830
新郑市	107	53	107		105	105			2547	2547			24257
登封市	184	31	184		161	161			5120	5120			31801
经开区	1526	263	1426	74	1504	1404	26	74	88314	86013	931	1370	60800
高新区	2109	843	1796	18	2085	1780	288	17	118331	101249	15551	1531	56480
郑东新区	482	112	444	2	466	431	33	2	18917	17709	1181	27	40711
水利、环境和公共设施管理业	**6079**	**2391**	**3939**	**1691**	**5200**	**4268**	**75**	**857**	**203688**	**180838**	**3397**	**19453**	**42421**
中原区	209	98	209		211	211			10372	10372			49156

2-13 续表 5 （2014 年底） 单位：人、元

类别	单位从业人员	#女性	在岗职工合计	其他从业人员	单位从业人员平均人数	在岗职工	劳务派遣人员	其他从业人员	单位从业人员工资总额（千元）	在岗职工工资总额	劳务派遣人员工资总额	其他从业人员工资总额	在岗职工平均工资（含劳务派遣人员）
二七区	1369	267	688	282	1381	1069	33	279	51491	45032	1360	5099	42098
管城区	22	7	22		22	22			1111	1111			50500
金水区	349	93	349		357	357			14448	14448			40471
上街区	568	328	568		551	551			10587	10587			19214
惠济区	94	11	94		96	96			5314	5314			55354
中牟县	147	71	122	25	132	107		25	5152	5080		72	47477
巩义市	295	155	295		291	291			8707	8707			29921
荥阳市	23	5	23		23	23			567	567			24652
新密市	25	7	25		25	25			923	923			36920
新郑市	297	50	267	6	266	242	18	6	18180	16908	972	300	68769
登封市	208	35	208		200	200			4220	4220			21100
经开区	254	129	253	1	258	255		3	13978	13912		66	54557
高新区	245	140	245		249	249			8087	8087			32478
郑东新区	1974	995	571	1377	1138	570	24	544	50551	35570	1065	13916	61675
居民服务、修理和其他服务业	**4405**	**2019**	**4386**	**19**	**4387**	**4365**	**3**	**19**	**131945**	**131469**	**80**	**65**	**30117**
中原区	61	22	61		61	61			2429	2429			39820
二七区	401	113	401		388	388			15405	15405			39704
管城区	1250	778	1250		1248	1248			23770	23770			19046
金水区	927	354	927		957	957			35978	35978			37595
上街区	294	217	291	3	295	289	3	3	5331	5186	80	65	18034
惠济区	111	67	111		109	109			2404	2404			22055
巩义市	249	97	233	16	251	235		16	5800	5469		331	23272
荥阳市	32	9	32		32	32			836	836			26125
新密市	94	40	94		94	94			5024	5024			53447
新郑市	42	7	42		41	41			1496	1496			36488
登封市	321	85	321		320	320			5738	5738			17931
高新区	110	58	110		102	102			2949	2949			28912
郑东新区	513	172	513		489	489			24785	24785			50685
教育	**30015**	**19174**	**27498**	**2471**	**27486**	**25336**	**27**	**2123**	**1194113**	**1092791**	**924**	**100398**	**43122**
中原区	804	603	804		804	804			35471	35471			44118
二七区	6397	4221	5710	687	6376	5647		729	297256	246892		50364	43721
管城区	911	770	889	22	912	889		23	38508	37632		876	42331
金水区	3368	2254	2815	537	3301	2734		567	130327	118405		11922	43308
上街区	200	141	179		190	172	18		7615	6871	744		40079
惠济区	75	57	75		75	75			1558	1558			20773
中牟县	1375	842	1197	178	1339	1210		129	50910	44341		6569	36645
巩义市	2195	1613	2183	3	2189	2177	9	3	85618	85378	180	60	39139
荥阳市	604	390	604		592	592			23397	23397			39522
新密市	1363	780	1355	8	1350	1342		8	60730	59887		843	44625
新郑市	6587	4064	5561	1026	5120	4461		659	269539	240272		29267	53861
登封市	4653	2465	4653		3805	3805			132274	132274			34763

2-13 续表6 （2014 年底） 单位：人、元

类 别	单位从业人员	#女性	在岗职工合计	其他从业人员	单位从业人员平均人数	在岗职工	劳务派遣人员	其他从业人员	单位从业人员工资总额（千元）	在岗职工工资总额	劳务派遣人员工资总额	其他从业人员工资总额	在岗职工平均工资（含劳务派遣人员）
经开区	457	271	457		445	445			17617	17617			39589
高新区	320	193	310	10	311	306		5	15838	15341		497	50134
郑东新区	508	395	508		480	480			19797	19797			41244
航空港实验区	198	115	198		197	197			7658	7658			38873
卫生和社会工作	**10936**	**7573**	**10466**	**404**	**10188**	**9725**	**66**	**397**	**456180**	**443340**	**2730**	**10110**	**45559**
中原区	941	617	941		941	941			41444	41444			44043
二七区	494	321	476	18	430	411		19	17848	17311		537	42119
管城区	207	124	207		207	207			5771	5771			27879
金水区	832	618	813	19	835	819		16	47618	47049		569	57447
惠济区	112	82	112		114	114			3199	3199			28061
中牟县	58	32	58		58	58			2545	2545			43879
巩义市	443	316	443		443	442		1	10913	10912		1	24688
新密市	2441	1227	2375		2178	2112	66		111858	109128	2730		51358
新郑市	3286	2767	2919	367	3072	2711		361	134327	125324		9003	46228
登封市	1267	784	1267		1132	1132			44167	44167			39017
经开区	7	2	7		7	7			225	225			32143
郑东新区	523	456	523		446	446			22171	22171			49711
航空港实验区	325	227	325		325	325			14094	14094			43366
文化、体育和娱乐业	**4116**	**1948**	**3999**	**64**	**4104**	**3985**	**58**	**61**	**222352**	**218344**	**2424**	**1584**	**54605**
中原区	115	58	85	30	114	84		30	7282	6245		1037	74345
二七区	248	116	248		248	248			10493	10493			42310
管城区	176	100	173	3	172	168		4	6684	6584		100	39190
金水区	1973	901	1918	26	1968	1913	33	22	141498	139716	1362	420	72496
上街区	13	6	13		15	15			282	282			18800
惠济区	36	12	35		36	35	1		895	880	15		24861
巩义市	139	87	137		129	127	2		4194	4163	31		32512
荥阳市	108	29	108		108	108			2665	2665			24676
新郑市	31	20	26	5	28	23		5	826	799		27	34739
登封市	334	51	334		329	329			7966	7966			24213
经开区	733	492	712		752	730	22		25335	24319	1016		33690
郑东新区	210	76	210		205	205			14232	14232			69424
公共管理、社会保障和社会组织	**5403**	**2093**	**2496**	**2907**	**5337**	**2467**	**1**	**2869**	**159071**	**113047**	**7**	**46017**	**45808**
中原区	230	80	230		225	225			9259	9259			41151
二七区	4237	1714	1359	2878	4192	1352		2840	114024	68547		45477	50700
管城区	177	80	172	5	178	173		5	8036	8009		27	46295
金水区	457	142	445	12	441	428	1	12	15583	15339	7	237	35772
上街区	48	26	48		48	48			1585	1585			33021
巩义市	29	10	29		30	30			1232	1232			41067
登封市	128	17	128		126	126			3491	3491			27706
郑东新区	97	24	85	12	97	85		12	5861	5585		276	65706

主要统计指标解释

从业人员年末人数 指期末最后一日24时在本单位中工作,并取得工资或其他形式劳动报酬的人员数。该指标为时点指标,不包括最后一日当天及以前已经与单位解除劳动合同关系的人员。是在岗职工、劳务派遣人员及其他从业人员之和。从业人员不包括:

(1)离开本单位仍保留劳动关系,并定期领取生活费的人员;

(2)利用课余时间打工的学生及在本单位实习的各类在校学生;

(3)本单位因劳务外包而使用的人员。

在岗职工 指在本单位工作且与本单位签订劳动合同,并由单位支付各项工资和社会保险、住房公积金的人员,以及上述人员中由于学习、病伤、产假等原因暂未工作仍由单位支付工资的人员。在岗职工还包括:

(1)应订立劳动合同而未订立劳动合同人员(如使用的农村户籍人员);

(2)处于试用期人员;

(3)编制外招用的人员;

(4)派往外单位工作,但工资仍由本单位发放的人员(如挂职锻炼、外派工作等情况)。

在岗职工不包括:

(1)本单位使用的且由本单位直接支付工资的劳务派遣人员,应统计在本单位"劳务派遣人员"指标中;

(2)本单位因劳务外包而使用的人员,由承包劳务的单位统计为在岗职工。

劳务派遣人员 根据《中华人民共和国劳动合同法》规定,指与劳务派遣单位签订劳动合同,并被劳务派遣单位派遣到实际用工单位工作,且劳务派遣单位与实际用工单位签订《劳务派遣协议》的人员。

注意:无论用工单位是否直接支付劳动报酬,劳务派遣人员均由实际用工单位填报,而劳务派遣单位(派出单位)不填报这些人员。

其他从业人员 指本单位中不能归到在岗职工、劳务派遣人员中的人员。此类人员是实际参加本单位生产或工作并从本单位取得劳动报酬的人员。具体包括:非全日制人员、聘用的正式离退休人员、兼职人员和第二职业者等,以及在本单位中工作的外籍和港澳台方人员。

从业人员工资总额 指根据《关于工资总额组成的规定》(1990年1月1日国家统计局发布的一号令)进行修订,本单位在报告期内(季度或年度)直接支付给本单位全部从业人员的劳动报酬总额。包括计时工资、计件工资、奖金、津贴和补贴、加班加点工资、特殊情况下支付的工资,是在岗职工工资总额、劳务派遣人员工资总额和其他从业人员工资总额之和。

工资总额是税前工资,包括单位从个人工资中直接为其代扣或代缴的房费、水费、电费、住房公积金和社会保险基金个人缴纳部分等。

工资总额不论是计入成本的还是不计入成本的,不论是以货币形式支付的还是以实物形式支付的,均应列入工资总额的计算范围。

在岗职工工资 总额指本单位在报告期内直接支付给本单位全部在岗职工的劳动报酬总额。在岗职工工资总额从构成角度分解为四部分:基本工资、绩效工资、工资性津贴和补贴、其他工资。工资总额不包括人员的病假、事假等情况扣款,单位在填报在岗职工工资总额四项构成时,应根据实际情况调整对应项目;如不能确定调整项,可扣减基本工资项。

劳务派遣人员工资总额 指实际用工单位(派遣人员的使用方)在一定时期内为使用劳务派遣人员而付出的劳动报酬总额,包括用工单位负担的基本工资、加班工资、绩效工资以及各种津贴、补贴等,但不包含因使用派遣人员而支付的管理费用和其他用工成本。

其他从业人员工资总额 指本单位在报告期内直接支付给本单位其他从业人员的全部劳动报酬。

三、固定资产投资及房地产开发

3-1 全社会固定资产投资

（2014 年）

单位：万元、万平方米

指　　标	全社会投资	固定资产投资	房地产开发	农户投资
总　　计	**53553149**	**52596482**	**17435127**	**956667**
住宅投资	12612413	12120632	11769295	491781
按经济类型分				
内资	**51702476**	**51702476**	**17051840**	
国有	9167011	9167011	252051	
集体经济	2442974	2442974		
股份合作	562564	562564		
国有联营	84130	84130		
集体联营	5700	5700		
国有与集体联营	41110	41110		
其他联营	11755	11755		
国有独资	2000353	2000353	1456927	
其他有限责任公司	18530581	18530581	11579235	
股份有限公司	2268427	2268427	377202	
私营	10346159	10346159	3302612	
其他内资	6241712	6241712	83813	
港澳台商投资	**422242**	**422242**	**175414**	
合资经营	161627	161627	44299	
独　资	260615	260615	131115	
外商投资	**462044**	**462044**	**207873**	
合资经营	188381	188381	25873	
独　资	267512	267512	175849	
股份有限	6151	6151	6151	
个体经营	**966387**	**9720**		**956667**
本年新增固定资产	**28176236**	**27223901**	**5797663**	**952335**
本年施工房屋面积	**15560**	**14750**	**10574**	**810**
#住宅	8193	7448	6989	745
本年竣工房屋面积	**3214**	**2456**	**1889**	**758**
#住宅	2003	1265	1123	738
本年竣工房屋价值	**5943084**	**5492404**	**4284075**	**450680**
#住宅	3850169	3419047	2666857	431122

3-2　分县(市)区全社会固定资产投资

(2014年)

单位:万元

县(市)区	全社会投资	固定资产投资	房地产开发	农户投资
总　计	**53553149**	**52596482**	**17435127**	**956667**
各区小计	**29870923**	**29710061**	**15025225**	**160862**
中原区	2273656	2254204	1857219	19452
二七区	3391598	3389372	2408218	2226
管城区	2534935	2507026	1008696	27909
金水区	4045104	4028583	2469925	16521
上街区	1185263	1184998	558992	265
惠济区	1433404	1368253	564185	65151
高新区	2662539	2662539	1717978	
经开区	3285939	3285939	395039	
郑东新区	5020491	5020491	2526564	
航空港实验区	4037994	4008656	1518409	29338
各县(市)小计	**22794243**	**21998439**	**2409902**	**795804**
中牟县	2880658	2733740	363859	146918
巩义市	4143090	4041698	550745	101392
荥阳市	4145352	4044476	506752	100876
新密市	3983883	3837903	173721	145980
新郑市	4072311	3924161	651216	148150
登封市	3568949	3416461	163609	152488

3-3 分产业及行业全社会固定资产投资

（2014 年） 单位：万元

指　　标	全社会投资	固定资产投资		农户投资
			房地产开发	
合　计	**53553149**	**52596482**	**17435127**	**956667**
按产业及国民经济行业分				
第一产业	**867126**	**825623**		**41503**
农林牧渔业服务业	867126	825623		41503
第二产业	**14750640**	**14664822**		**85818**
工　业	14703273	14652622		50651
采矿业	701852	701852		
制造业	12994699	12944048		50651
电力煤气及水的生产和供业业	1006722	1006722		
建筑业	47367	12200		35167
第三产业	**37935383**	**37106037**	**17435127**	**829346**
交通运输、仓储和邮政业	3725128	3532176		192952
信息传输、软件和信息技术服务业	354978	354978		
批发和零售业	1872159	1750120		122039
住宿和餐饮业	515071	515071		
金融业	141152	141152		
房地产业	21815655	21323874	17435127	491781
租赁和商务服务业	938227	937980		247
科学研究和技术服务业	403304	403304		
水利、环境和公共设施管理业	6294032	6294032		
居民服务、修理和其他服务业	29597	29560		37
教育	837935	837935		
卫生和社会工作	464429	464429		
文化、体育和娱乐业	384267	384267		
公共管理、社会保障和和社会组织	137159	137159		

3-4 分类型固定资产投资

（2014 年） 单位：万元、平方米

类　　别	固定资产投资	类　　别	固定资产投资
投资总额	**52596482**	国家预算内资金	3458108
按登记注册类型分		国内贷款	4756758
国有经济	11251494	利用外资	14100
集体经济	3011238	自筹资金	24642863
城乡个人	9720	其他资金来源	19724653
联营经济	52865	**按构成分**	
股份制经济	20799008	建筑安装工程	36750496
港澳台投资经济	422242	设备工器具购置	7456099
外商投资经济	462044	其他费用	8389887
私营经济	10346159	**房屋建筑面积**	
其他经济	6241712	施工面积	147502318
按隶属关系分		#住宅	74484393
中央	450494	竣工面积	24564502
地方	52145988	#住宅	12650035
按资金来源分			

3-5 按行业和注册类型

（2014 年）

行业	本年完成投资额	中央	地方	内资	港澳台商投资
总计	**52596482**	**450494**	**52145988**	**51702476**	**422242**
农、林、牧、渔业	**825623**		**825623**	**825623**	
农业	434453		434453	434453	
林业	73967		73967	73967	
畜牧业	208483		208483	208483	
渔业	16170		16170	16170	
农、林、牧、渔服务业	92550		92550	92550	
工业	**14652622**	**176326**	**14476296**	**14309736**	**181328**
采矿业	701852		701852	701852	
煤炭开采和洗选业	579606		579606	579606	
黑色金属矿采选业	3479		3479	3479	
有色金属矿采选业	44170		44170	44170	
非金属矿采选业	55397		55397	55397	
开采辅助活动	19200		19200	19200	
制造业	12944048	174293	12769755	12601162	181328
农副食品加工业	280442		280442	280442	
食品制造业	343282		343282	343282	
酒、饮料和精制茶制造业	157855		157855	157855	
烟草制造业	45000	45000		45000	
纺织业	25110		25110	25110	
纺织服装、服饰业	748121		748121	748121	
皮革、毛皮、羽毛及其制品和制鞋业	2520		2520	2520	
木材加工及木、竹、藤、棕、草制品业	55812		55812	55812	
家具制造业	185129		185129	185129	
造纸及纸制品业	466468		466468	466468	
印刷和记录媒介复制业	35943		35943	35943	
文教、工美、体育和娱乐用品制造业	128939		128939	128939	

分固定资产投资

单位:万元

外商投资	个体经营	国有控股	集体控股	私人控股	港澳台控股	外商控股	其他控股
462044	**9720**	**12427727**	**3469654**	**25461372**	**278715**	**473219**	**10485795**
		52022	**43870**	**453116**			**276615**
		2046	33997	289993			108417
		2870	6000	64797			300
				77031			131452
		8100		8070			
		39006	3873	13225			36446
151838	**9720**	**1097882**	**667705**	**9744583**	**64000**	**150038**	**2928414**
		161633	97050	292113			151056
		152233	97050	229987			100336
				3479			
				27450			16720
				31197			24200
		9400					9800
151838	9720	343662	528973	9214391	64000	150038	2642984
			4650	181382			94410
				309332			33950
				92635			65220
		45000					
				25110			
		57891	14328	627790			48112
							2520
				55812			
				122459			62670
				321168			145300
				30643			5300
				124539			4400

3-5 续表 1

行　业	本年完成投资额	中央	地方	内资	港澳台商投　资
石油加工、炼焦及核燃料加工业	23024		23024	23024	
化学原料及化学制品制造业	418507		418507	408787	
医药制造业	399769		399769	399769	
化学纤维制造业	35476		35476	35476	
橡胶和塑料制品业	197821		197821	184821	
非金属矿物制品业	2752649	9296	2743353	2750849	
黑色金属冶炼和压延加工业	92097		92097	92097	
有色金属冶炼及压延加工业	1017937	14447	1003490	930698	
金属制品业	365188		365188	365188	
通用设备制造业	833614		833614	833614	
专业设备制造业	1183797	55994	1127803	1183797	
汽车制造业	1070439		1070439	1020640	
铁路、船舶、航空航天和其他运输设备制造业	82586	20736	61850	82586	
电气机械及器材制造业	633075	16240	616835	633075	
计算机、通信和其他电子设备制造业	1139029		1139029	957701	181328
仪器仪表制造业	150802	12580	138222	150802	
其他制造业	38805		38805	38805	
废弃资源综合利用业	29912		29912	29912	
金属制品、机械和设备修理业	4900		4900	4900	
电力、燃气及水的生产和供应业	1006722	2033	1004689	1006722	
电力、热力生产和供应业	493925	2033	491892	493925	
燃气生产和供应业	108658		108658	108658	
水的生产和供应业	404139		404139	404139	
建筑业	**12200**		**12200**	**12200**	
批发和零售业	**1750120**		**1750120**	**1691620**	**58500**
批发业	1154062		1154062	1154062	
交通运输、仓储和邮政业	**3532176**		**3532176**	**3532176**	

单位:万元

外商投资	个体经营	国有控股	集体控股	私人控股	港澳台控股	外商控股	其他控股
				23024			
	9720		11291	267196			140020
			38234	339100			22435
				35476			
13000				166936		13000	17885
1800		52374	108740	2126647			464888
				52497			39600
87239		31947		807366		87239	91385
				273632			91556
		1200		773964			58450
		57994	66905	899601			159297
49799			183009	650973		49799	186658
		68236		8300			6050
		16240	101816	375306			139713
				333867	64000		741162
		12580		129222			9000
		200		38605			
				21809			8103
							4900
		592587	41682	238079			134374
		377090	5376	87982			23477
		3330	5023	91000			9305
		212167	31283	59097			101592
				12200			
		10900	**113591**	**1221654**	**58500**		**345475**
				896324			257738
		2078534	**141305**	**774432**			**537905**

3-5 续表2

行业	本年完成投资额	中央	地方	内资	港澳台商投资
铁路运输业	348823		348823	348823	
道路运输业	1466022		1466022	1466022	
航空运输业	762206		762206	762206	
仓储业	288396		288396	288396	
邮政业	20540		20540	20540	
住宿和餐饮业	**515071**		**515071**	**515071**	
住宿业	465908		465908	465908	
信息传输、软件和信息技术服务业	**354978**		**354978**	**354978**	
金融业	**141152**	**9272**	**131880**	**141152**	
房地产业	**21323874**	**205263**	**21118611**	**20861924**	**175414**
租赁和商务服务业	**937980**		**937980**	**937980**	
商务服务业	937980		937980	937980	
科学研究和技术服务业	**403304**	**12619**	**390685**	**403304**	
研究和试验发展	216783	12619	204164	216783	
水利、环境和公共设施管理业	**6294032**	**46914**	**6247118**	**6294032**	
水利管理业	103950	6781	97169	103950	
生态保护和环境治理业	163610		163610	163610	
公共设施管理业	6026472	40133	5986339	6026472	
居民服务业、修理和其他服务业	**29560**		**29560**	**29560**	
居民服务业	9460		9460	9460	
教育	**837935**	**100**	**837835**	**807265**	**7000**
卫生和社会工作	**464429**		**464429**	**464429**	
卫生	400923		400923	400923	
文化、体育和娱乐业	**384267**		**384267**	**384267**	
文化艺术业	200588		200588	200588	
公共管理、社会保障和社会组织	**137159**		**137159**	**137159**	
国家机构	113155		113155	113155	

单位:万元

外商投资	个体经营	国有控股	集体控股	私人控股	港澳台控股	外商控股	其他控股
		347080		1743			
		915506	120077	12089			418350
		733912		17350			10944
		33066	21228	181861			52241
		20540					
		126990		**245692**			**142389**
		126990		207249			131669
		89162	**25000**	**209845**			**30971**
		33181	**95423**	**12548**			
286536		**3136774**	**1700632**	**11060577**	**149215**	**299511**	**4977165**
		118209	**97700**	**641771**			**80300**
		118209	97700	641771			80300
		99565	**11000**	**286759**			**5980**
		83625	11000	122158			
		4605080	**492504**	**452251**			**744197**
		74427	17267				12256
		132459		31151			
		4398194	475237	421100			731941
		25938		**3622**			
		5838		3622			
23670		**451015**	**31728**	**85691**	**7000**	**23670**	**238831**
		215958	**43296**	**71881**			**133294**
		196440	39933	55577			108973
		167974	**5400**	**170436**			**40457**
		51873	5400	104058			39257
		118543	**500**	**14314**			**3802**
		108603	500	850			3202

3-6　分行业固定资产资金来源

（2014 年）

单位:万元

行　业	本年资金来源小计	国家预算内资金	国内贷款	利用外资	自筹资金	其他资金来源
总　计	**52997412**	**3458108**	**7557629**	**14100**	**32996369**	**8971206**
农、林、牧、渔业	**807126**	**37383**	**101974**		**655064**	**12705**
畜牧业	196911	2000	43000		150062	1849
工业	**14359716**	**259319**	**1702605**	**13100**	**12061375**	**323317**
采矿业	**681372**		**48553**		**622819**	**10000**
煤炭开采和洗选业	561426		47053		511373	3000
石油和天然气开采业						
黑色金属矿采选业	3479				3479	
有色金属矿采选业	43320				43320	
非金属矿采选业	54647				47647	7000
开采辅助活动	18500		1500		17000	
制造业	**12683927**	**2000**	**1469262**	**13100**	**10903071**	**296494**
农副食品加工业	274855		28450		223405	23000
食品制造业	343462		31150		304612	7700
酒、饮料和精制茶制造业	157046		3400		153646	
烟草制品业	45000				45000	
纺织业	24880		1540		23340	
纺织服装、服饰业	747272		123410		622233	1629
皮革、毛皮、羽毛及其制品业和制鞋业	2520				2520	
木材加工及木、竹、藤、棕、草制品业	55180		10000		45180	
家具制造业	146169		50707		95462	
造纸及纸制品业	473878		54050		419328	500
印刷和记录媒介复制业	35693		1600		34093	

3-6 续表1 （2014 年） 单位:万元

行业	本年资金来源小计	国家预算内资金	国内贷款	利用外资	自筹资金	其他资金来源
文教、工美、体育和娱乐用品制造业	128182		2210		125972	
石油加工、炼焦和核燃料加工业	23024				23024	
化学原料及化学制品制造业	408132	2000	30309		375823	
医药制造业	345773		86365		247408	12000
化学纤维制造业	35476		10000		23476	2000
橡胶和塑料制品业	196294		12100	13000	171194	
非金属矿物制品业	2703700		214003	100	2444051	45546
黑色金属冶炼和压延加工业	90080		3500		86580	
有色金属冶炼和压延加工业	1006614		285678		681254	39682
金属制品业	352884		49350		303534	
通用设备制造业	822725		24300		798425	
专用设备制造业	1159348		117431		1041917	
汽车制造业	1064180		94041		970139	
铁路、船舶、航空航天和其他运输设备制造业	81976		1520		80456	
电气机械及器材制造业	606152		53248		552904	
计算机、通信和其他电子设备制造业	1130829		165300		801092	164437
仪器仪表制造业	151223		11400		139823	
其他制造业	38808				38808	
废弃资源综合利用业	27672		4200		23472	
金属制品、机械和设备修理业	4900				4900	
电力、燃气及水的生产和供应业	**994417**	**257319**	**184790**		**535485**	**16823**
电力、热力的生产和供应业	494517	54492	160453		271549	8023
燃气生产和供应业	108640				108640	
水的生产和供应业	391260	202827	24337		155296	8800

3-6 续表2 (2014年) 单位:万元

行　业	本年资金来源小计	国家预算内资金	国内贷款	利用外资	自筹资金	其他资金来源
建筑业	**11100**		**1300**		**9800**	
批发和零售业	**1686233**		**122240**		**1545643**	**18350**
交通运输、仓储和邮政业	**3444573**	**329485**	**1292537**		**1720131**	**102420**
铁路运输业	337124	62076	219000		23719	32329
道路运输业	1403744	243639	646468		446057	67580
航空运输业	760697	13540	354622		392535	
仓储业	286829		29977		254341	2511
住宿和餐饮业	**510004**		**13625**		**493579**	**2800**
信息传输、软件和信息技术服务业	**350983**		**44056**		**306927**	
金融业	**141052**				**141052**	
房地产业	**22406200**	**128651**	**3226903**	**1000**	**11484789**	**7564857**
租赁和商务服务业	**924776**		**89980**		**829796**	**5000**
科学研究、技术服务业	**397206**	**20700**	**6056**		**370450**	
水利、环境和公共设施管理业	**6199928**	**2382898**	**787500**		**2199906**	**829624**
水利管理业	100984	50481	12543		36712	1248
生态保护和环境治理业	163594	48217	5090		90287	20000
公共设施管理业	5935350	2284200	769867		2072907	808376
居民服务、修理和其他服务业	**29560**	**5838**			**23722**	
教育	**778180**	**78639**	**108322**		**505977**	**85242**
卫生和社会工作	**450068**	**46622**	**36484**		**342126**	**24836**
卫生	387492	31910	30174		303652	21756
文化、体育和娱乐业	**370355**	**70899**	**22447**		**276409**	**600**
公共管理、社会保障和社会组织	**130352**	**97674**	**1600**		**29623**	**1455**

3-7　县(市)区按三次产业分固定资产投资

(2014 年)

单位:万元

县(市)区	投资总额	第一产业	第二产业	工业	第三产业
全市	**52596482**	**825623**	**14664822**	**14652622**	**37106037**
中原区	2254204		14000	14000	2240204
二七区	3389372	20797	338403	338403	3030172
管城区	2507026	27378	100455	100455	2379193
金水区	4028583	59300	121558	121558	3847725
上街区	1184998		465147	452947	719851
惠济区	1368253	35643	147588	147588	1185022
中牟县	2733740	160712	724239	724239	1848789
巩义市	4041698	22830	2840318	2840318	1178550
荥阳市	4044476	99334	1857361	1857361	2087781
新密市	3837903	45501	2562084	2562084	1230318
新郑市	3924161	60020	1091998	1091998	2772143
登封市	3416461	285820	1598550	1598550	1532091
经开区	3285939		1450500	1450500	1835439
高新区	2662539		547332	547332	2115207
郑东新区	5020491	6588	4965	4965	5008938
航空港实验区	4008656	1700	800324	800324	3206632

3-8 县(市)区按建设性质分固定资产投资

(2014 年)

单位:万元

县(市)区	投资总额	新建	扩建	改建
郑州市	**52596482**	**29365734**	**2911477**	**1862492**
中原区	2254204	381468	9947	5570
二七区	3389372	838228	108194	1600
管城区	2507026	1207898	40093	230800
金水区	4028583	1357916	1100	192866
上街区	1184998	437656	91414	41948
惠济区	1368253	718605	58694	16758
中牟县	2733740	2186421	86233	97227
巩义市	4041698	2747015	589323	144615
荥阳市	4044476	3001028	434349	99227
新密市	3837903	2768352	483352	389123
新郑市	3924161	2807299	300613	160805
登封市	3416461	2321147	493429	344721
经开区	3285939	2719900	81000	90000
高新区	2662539	855322	22114	34288
郑东新区	5020491	2399195	65138	8710
航空港实验区	4008656	1730302	46484	4234

3-9 县(市)区按构成性质分固定资产投资

(2014年)

单位:万元

县(市)区	投资总额	建筑工程	安装工程	设备工器具购置	其他费用
郑州市	**52596482**	**35933971**	**816525**	**7456099**	**8389887**
中原区	2254204	1802712	33812	83484	334196
二七区	3389372	2670580	49165	169950	499677
管城区	2507026	1194905	5394	169453	1137274
金水区	4028583	3504279	12594	46229	465481
上街区	1184998	993050	13936	75254	102758
惠济区	1368253	1126369	1023	3652	237209
中牟县	2733740	1868409	13495	175866	675970
巩义市	4041698	2339146	225169	1312725	164658
荥阳市	4044476	1786819	71404	764897	1421356
新密市	3837903	2105157	69311	1178617	484818
新郑市	3924161	2614259	37796	464100	808006
登封市	3416461	1558454	139885	963384	754738
经开区	3285939	2363667	21428	891505	9339
高新区	2662539	2051346	15971	141355	453867
郑东新区	5020491	4303163	2193	89067	626068
航空港实验区	4008656	2997264	52492	816035	142865

3-10 各县(市)区分行业

(2014 年)

县(市)区	郑州市	中原区	二七区	管城区	金水区	上街区	惠济区
总　计	**52596482**	**2254204**	**3389372**	**2507026**	**4028583**	**1184998**	**1368253**
农、林、牧、渔业	**825623**		**20797**	**27378**	**59300**		**35643**
畜牧业	208483						
工业	**14652622**	**14000**	**338403**	**100455**	**121558**	**452947**	**147588**
采矿业	701852						
煤炭开采和洗选业	579606						
石油和天然气开采业							
黑色金属矿采选业	3479						
有色金属矿采选业	44170						
非金属矿采选业	55397						
开采辅助活动	19200						
制造业	12944048		286844	88798	9200	412126	94005
农副食品加工业	280442		500				43207
食品制造业	343282		107238				11000
酒、饮料和精制茶制造业	157855						
烟草制品业	45000						
纺织业	25110			6000			
纺织服装、服饰业	748121						
皮革、毛皮、羽毛及其制品业和制鞋业	2520						
木材加工及木、竹、藤、棕、草制品业	55812			540		2000	
家具制造业	185129					8806	
造纸及纸制品业	466468		125200				6650
印刷和记录媒介复制业	35943		2000				
文教、工美、体育和娱乐用品制造业	128939					20000	
石油加工、炼焦和核燃料加工业	23024						
化学原料及化学制品制造业	418507		3000			27870	
医药制造业	399769						
化学纤维制造业	35476						
橡胶和塑料制品业	197821			650		485	
非金属矿物制品业	2752649					72808	28000
黑色金属冶炼和压延加工业	92097						
有色金属冶炼和压延加工业	1017937					10077	
金属制品业	365188		5720			21800	5000
通用设备制造业	833614		11800			97811	

固定资产投资

单位:万元

中牟县	巩义市	荥阳市	新密市	新郑市	登封市	经开区	高新区	郑东新区	航空港实验区
2733740	**4041698**	**4044476**	**3837903**	**3924161**	**3416461**	**3285939**	**2662539**	**5020491**	**4008656**
160712	**22830**	**99334**	**45501**	**60020**	**285820**			**6588**	**1700**
3800	1400	39420	642	4120	159101				
724239	**2840318**	**1857361**	**2562084**	**1091998**	**1598550**	**1450500**	**547332**	**4965**	**800324**
	104742	35197	101977	108874	351062				
	39573		101977	108874	329182				
	3479								
	35170				9000				
	17120	35197			3080				
	9400				9800				
628230	2709540	1764855	2378156	883008	1152673	1260500	500042	4965	771106
6650	25550	77329	15009	80747	31450				
	4400	6684	5290	172720	26950	9000			
10916	5400	10100	57420	71119	2900				
						45000			
		3120		15990					
		31561	674201	22559	19800				
									2520
	9800	18297			25175				
10	11860		19130	26509	101814	17000			
	2900		300518	28200	3000				
		16376		13200			1067		3300
	44100	61279			1500				2060
	8600		14424						
970	143810	57262	98611		75300		11684		
31509		12145	695	85181	187070	50000	28204	4965	
	29700			5776					
6744	27950	38055	8690	95047	7200	13000			
56357	746122	635829	704154	142105	316396	39000	9878		2000
	59000	11597		11900	9600				
	728840	39947	10585	34900	169474		24114		
	154450	116318	2700	26700	11000				21500
8370	207327	305306	34067	12500	11145	140000	5288		

3-10 续表

县(市)区	郑州市	中原区	二七区	管城区	金水区	上街区	惠济区
专用设备制造业	1183797		10150	408	9200	20120	148
汽车制造业	1070439			70200			
铁路、船舶、航空航天和其他运输设备制造业	82586		20736			8350	
电气机械及器材制造业	633075		500	11000		96931	
计算机、通信和其他电子设备制造业	1139029						
仪器仪表制造业	150802					25068	
其他制造业	38805						
废弃资源综合利用业	29912						
金属制品、机械和设备修理业	4900						
电力、燃气及水的生产和供应业	1006722	14000	51559	11657	112358	40821	53583
电力、热力的生产和供应业	493925	11000	16247	1657	53558	28911	25762
燃气生产和供应业	108658						
水的生产和供应业	404139	3000	35312	10000	58800	11910	27821
建筑业	**12200**					**12200**	
批发和零售业	**1750120**	**307368**	**35870**	**644669**	**135183**	**15420**	**31300**
交通运输、仓储和邮政业	**3532176**		**103116**	**299589**	**18108**	**28894**	**81133**
铁路运输业	348823						51904
道路运输业	1466022		103116	290389	18108		10728
航空运输业	762206					28294	
仓储业	288396					600	18501
住宿和餐饮业	**515071**		**124000**		**5000**		**30957**
信息传输、软件和信息技术服务业	**354978**			**22528**	**142100**		
金融业	**141152**				**13891**		
房地产业	**21323874**	**1857219**	**2558151**	**1012196**	**2549261**	**611068**	**758904**
租赁和商务服务业	**937980**		**4500**		**415**	**5700**	**21400**
科学研究和技术服务业	**403304**			**6541**	**290040**	**8700**	**1980**
水利、环境和公共设施管理业	**6294032**	**63100**	**112721**	**288095**	**628131**	**31168**	**202469**
水利管理业	103950					10450	19006
生态保护和环境治理业	163610						
公共设施管理业	6026472	63100	112721	288095	628131	20718	183463
居民服务、修理和其他服务业	**29560**		**20100**				
教育	**837935**		**55180**	**89036**	**14332**	**5045**	**29806**
卫生和社会工作	**464429**	**12317**	**16534**	**15219**	**41807**	**2000**	**24710**
卫生	400923	8817	16534	15219	38071		16621
文化、体育和娱乐业	**384267**	**200**			**4449**	**11856**	
公共管理、社会保障和社会组织	**137159**			**1320**	**5008**		**2363**

单位:万元

中牟县	巩义市	荥阳市	新密市	新郑市	登封市	经开区	高新区	郑东新区	航空港实验区
40241	293436	201130	379420		17274	194000	18270		
379967	12000	48362			33910	526000			
					6000	47500			
79476	180155	37870	20698	29605	10600	150000	16240		
7020	8860	6000	4545		53000	10000	315878		733726
	4800				31515	20000	69419		
		30288	8517						
	480		19482	3350	600				6000
				4900					
96009	26036	57309	81951	100116	94815	190000	47290		29218
20180	17856	40556	50551		48133	130000	45280		4234
6305	6300	16753	14900	1400	3000	60000			
69524	1880		16500	98716	43682		2010		24984
154000	**22540**	**83259**	**36680**	**71930**	**70901**	**141000**			
148502	**78383**	**84719**	**39484**	**271582**	**218338**	**607200**		**98530**	**1045539**
		8176						1743	287000
50206	42573	68043	10467	187546	173338	50000		52449	
									733912
84776		8500	29017	65647		38000		28616	14739
21624	**19100**	**199344**	**27097**	**14170**	**20100**			**43245**	**10434**
	32500						**127275**	**30575**	
3118	**2400**			**4500**	**848**			**116395**	
559189	**786259**	**1124495**	**901888**	**1112063**	**815127**	**546239**	**1761233**	**2704048**	**1666534**
	26240	**17000**		**635777**		**80000**		**146948**	
	23582	**11236**	**5000**				**17979**	**38246**	
809928	**120071**	**380418**	**197809**	**443594**	**185873**	**422700**	**178468**	**1279562**	**471002**
16904	3010	8738	6781	17608	8543			12910	
44810	6800		531	21808	6051			83610	
748214	110261	371680	190497	404178	171279	422700	178468	1183042	471002
				2000	**1622**			**5838**	
16609	**43200**	**39980**	**3811**	**104629**	**120623**	**38300**	**15252**	**250225**	**11907**
11563	**11575**	**65159**	**18549**	**76167**	**47687**		**15000**	**106142**	
9370	7935	50159	14818	56500	46937		15000	104942	
107423	**6800**	**82171**		**22331**	**49082**			**99955**	
16833	**5900**			**13400**	**1890**			**89229**	**1216**

3-11 农户固定

(2014 年)

指　标	全市	中原区	二七区	管城区	金水区	上街区
本年固定资产投资完成额	**956667**	**19452**	**2226**	**27909**	**16521**	**265**
按投资来源成分						
自筹资金	956212	19452	2226	27909	16521	265
其他资金	455					
按投资构成分						
建筑工程	612285	19415	2226	22100		
房屋	515475	19415	2226	22100		
住宅	491781	19415	2226	22100		
设备工器具购置	272076			5809	16521	
生产设备	48095			5809		
其它	72305	37				265
按投资方向分						
农林牧渔业	41503					
制造业	50651					
建筑业	35167			5809	16521	
交通运输仓储和邮政业	192952					
批发和零售业	122040					
房地产业	491781	19415	2226	22100		
租赁和商务服务业	247					
居民服务和其他服务业	37	37				
国际组织	22288					265
按具体投资项目分						
房屋	515475	19415	2226	22100		
住宅	491781	19415	2226	22100		
设备	272076			5809	16521	
其它	169115	37				265
本年施工房屋面积	**810**	**48**	**7**	**50**		
住宅	745	48	7	50		
当年新开工	765	48	7	50		
本年竣工房屋面积	**758**	**48**	**7**	**49**		
住宅	738	48	7	49		
本年竣工房屋投资完成额	**450680**	**1900**	**2226**	**21726**		
住宅	431122	1900	2226	21726		

资产投资

单位：万元、万平方米

惠济区	中牟县	巩义市	荥阳市	新密市	新郑市	登封市	航空港实验区
65151	**146918**	**101392**	**100876**	**145980**	**148150**	**152488**	**29338**
64696	146918	101392	100876	145980	148150	152488	29338
455							
64696	106997	38688	4614	141461	36952	145797	29338
64696	35465	38688	4614	141461	36952	120520	29338
64696	35465	31919	4614	141461	36952	103595	29338
	1056	40523	96262		111198	707	
	1056	40523				707	
455	38864	22181		4520		5984	
	17809	6769				16924	
		50651					
	564		12198			75	
	25817	1350	62494		84532	18759	
	67017	10702		4520	26666	13135	
64696	35465	31919	4614	141461	36952	103595	29338
	247						
455			21569				
64696	35465	38688	4614	141461	36952	120520	29338
64696	35465	31919	4614	141461	36952	103595	29338
	1056	40523	96262		111198	707	
455	110397	22181		4520		31262	
90	**63**	**54**	**12**	**215**	**56**	**157**	**58**
90	63	38	12	215	56	108	58
90	63	16	12	215	56	150	58
90	**63**	**42**	**12**	**215**	**56**	**118**	**58**
90	63	35	12	215	56	105	58
13816	**43575**	**34552**	**4614**	**141461**	**36952**	**120520**	**29338**
13816	43575	31919	4614	141461	36952	103595	29338

3-12 分行业固定资产投资

（2014 年）

单位:万元

行业	本年完成投资	建筑工程	安装工程	设备工器具购置	其他费用	新建	改建	扩建
总 计	**52596482**	**35933971**	**816525**	**7456099**	**8389887**	**29365734**	**1862492**	**2911477**
农、林、牧、渔业	**825623**	**475733**	**18989**	**122629**	**208272**	**772832**	**6400**	**33391**
农业	434453	263413	8720	76717	85603	422264		12189
林业	73967	65760	510	4199	3498	71667	2300	
畜牧业	208483	110909	7993	29296	60285	174281		21202
渔业	16170	8145	340	2750	4935	13070	3100	
农、林、牧、渔服务业	92550	27506	1426	9667	53951	91550	1000	
工业	**14652622**	**6560018**	**507311**	**5768710**	**1816583**	**11004816**	**1050610**	**1816623**
采矿业	701852	209088	42380	344474	105910	266348	265757	169747
煤炭开采和洗选业	579606	148299	39443	315566	76298	162802	256357	160447
黑色金属矿采选业	3479	1520			1959	3479		
有色金属矿采选业	44170	34710	1520	4000	3940	34870		9300
非金属矿采选业	55397	16759	917	23408	14313	55397		
制造业	12944048	5728874	433419	5182409	1599346	9870309	726602	1572064
农副食品加工业	280442	142486	5841	79430	52685	252493		27949
食品制造业	343282	170520	12023	105423	55316	244098		92884
饮料制造业	157855	89086	2713	41127	24929	154955		2900
烟草制品业	45000	20000	1000	24000			45000	
纺织业	25110	5627	281	3628	15574	22870		
纺织服装、服饰业	748121	404202	13150	253997	76772	728108	3827	16186
皮革、毛皮、羽毛及其制品业和制鞋业	2520	2520				2520		
木材加工及木、竹、藤、棕、草制品业	55812	20190	2570	18550	14502	55812		
家具制造业	185129	53824	7479	82551	41275	166470		11759
造纸及纸制品业	466468	210658	13574	189485	52751	219812	139397	107259
印刷和记录媒介复制业	35943	14019	310	11288	10326	29576		2000
文教、工美、体育和娱乐用品制造业	128939	64293	2922	37474	24250	99455	25562	3922

3-12　续表 1　（2014 年）　单位:万元

行　　业	本年完成投资	建筑工程	安装工程	设备工器具购置	其他费用	新建	改建	扩建
石油加工、炼焦和核燃料加工业	23024	10690	374	11570	390	23024		
化学原料及化学制品制造业	418507	218314	23726	133307	43160	324747	15950	64810
医药制造业	399769	172202	14537	147853	65177	369442	24727	5600
化学纤维制造业	35476	17647	726	15198	1905	35476		
橡胶和塑料制品业	197821	81264	2223	70837	43497	162927	9090	25804
非金属矿物制品业	2752649	1163958	90892	1082170	415629	1898648	275577	578424
黑色金属冶炼和压延加工业	92097	39508	582	37407	14600	57500	15600	15877
有色金属冶炼和压延加工业	1017937	339118	116279	507309	55231	768688	79172	170077
金属制品业	365188	151258	21916	147839	44175	225298	23170	103000
通用设备制造业	833614	373321	25366	328253	106674	745387	7000	81227
专用设备制造业	1183797	622253	30848	428907	101789	1082942	13030	83825
交通运输设备制造业	1153025	581831	13773	360009	197412	1007129	45000	100896
电气机械及器材制造业	633075	306785	19989	209329	96972	607235	4500	20840
计算机、通信和其他电子设备制造业	1139029	325453	6671	794114	12791	434103		
仪器仪表制造业	150802	96084	2282	37041	15395	116887		17915
其他制造业	38805	14921	356	11767	11761	17874		20931
废弃资源综合利用业	29912	13982	866	10826	4238	11933		17979
电力、燃气及水的生产和供应业	1006722	622056	31512	241827	111327	868159	58251	74812
电力、热力的生产和供应业	493925	305508	21380	139801	27236	427298	37909	23218
燃气生产和供应业	108658	88974	566	11470	7648	77753	6305	24600
水的生产和供应业	404139	227574	9566	90556	76443	363108	14037	26994
建筑业	**12200**	**11000**	**200**	**400**	**600**			
批发和零售业	**1750120**	**1041607**	**5100**	**252620**	**450793**	**1641450**	**82733**	**25937**
批发业	1154062	601088	2575	205784	344615	1122420	6050	25592
交通运输、仓储和邮政业	**3532176**	**2406024**	**91163**	**520434**	**514555**	**3005064**	**367747**	**146093**
铁路运输业	348823	342864	268	3408	2283	348823		
道路运输业	1466022	801109	59214	178704	426995	953264	366937	135334

3-12　续表 2　　（2014 年）　　单位:万元

行　　业	本年完成投资	建筑工程	安装工程	设备工器具购置	其他费用	新建	改建	扩建
航空运输业	1408395	1054525	30950	298620	24300	1394041	810	10759
仓储业	288396	188786	731	39702	59177	288396		
邮政业	20540	18740			1800	20540		
住宿和餐饮业	**515071**	**351899**	**8962**	**22524**	**131686**	**476895**	**5000**	**32175**
住宿业	465908	322387	7507	17233	118781	427732	5000	32175
信息传输、软件和信息技术服务业	**354978**	**292082**	**1330**	**15686**	**45880**	**350658**		
电信和其他信息传输服务业	89162	83162	1280	4720		89162		
金融业	**141152**	**137777**			**3375**	**141152**		
房地产业	**21323874**	**17122387**	**155133**	**436694**	**3609660**	**3293308**	**106390**	**379184**
租赁和商务服务业	**937980**	**744765**	**9692**	**59115**	**124408**	**933240**		**4740**
商务服务业	937980	744765	9692	59115	124408	933240		4740
科学研究、技术服务和地质勘查业	**403304**	**332975**	**637**	**15282**	**54410**	**385333**		**10119**
研究与试验发展	216783	201952	392	10729	3710	198812		10119
水利、环境和公共设施管理业	**6294032**	**5111349**	**9579**	**83439**	**1089665**	**5843545**	**193131**	**246773**
水利管理业	103950	72354	63	2763	28770	97641		6309
生态保护和环境治理业	163610	76223	651	9220	77516	153859	7251	2500
公共设施管理业	6026472	4962772	8865	71456	983379	5592045	185880	237964
居民服务、修理和其他服务业	**29560**	**28075**	**50**	**450**	**985**	**29560**		
居民服务业	9460	7975	50	450	985	9460		
教育	**837935**	**608992**	**4268**	**60635**	**164040**	**645457**	**22703**	**133119**
卫生和社会工作	**464429**	**261965**	**2055**	**67435**	**132974**	**351350**	**17370**	**64078**
卫生	400923	214650	1962	66085	118226	299433	17370	52489
文化、体育和娱乐业	**384267**	**327775**	**1872**	**23405**	**31215**	**362723**	**6400**	**14445**
文化艺术业	200588	149082	1722	22625	27159	185444		14445
公共管理、社会保障和社会组织	**137159**	**119548**	**184**	**6641**	**10786**	**128351**	**4008**	**4800**
国家机构	15814	15814				15814		

3-13　分行业投资项目个数及新增固定资产

（2014 年）　　　　单位：万元

行　　业	在建规模	新开工规模	施工项目个数	#亿元以上项目个数	新开工	全部投产项目个数	新增固定资产
总　计	**106310838**	**33410852**	**2822**	**1557**	**1500**	**1674**	**21426238**
农、林、牧、渔业	**1915170**	**896302**	**145**	**54**	**91**	**87**	**612053**
农业	1005868	395921	62	30	33	40	349058
林业	144370	48270	7	3	5	5	67650
畜牧业	575130	371358	53	14	43	28	118687
渔业	70599	6599	5	4	1	1	3250
农、林、牧、渔服务业	119203	74154	18	3	9	13	73408
工业	**34954879**	**12644617**	**1239**	**711**	**695**	**806**	**9939304**
采矿业	2017745	460779	72	46	30	47	557129
煤炭开采和洗选业	1833243	320799	55	39	18	37	461259
黑色金属矿采选业	5369		1			1	5369
有色金属矿采选业	57500	51500	8	2	7	5	39200
非金属矿采选业	74980	57380	6	3	4	4	32101
开采辅助活动	46653	31100	2	2	1		19200
制造业	28652050	10769115	1082	623	621	703	8705316
农副食品加工业	629748	227048	34	14	22	26	184797
食品制造业	856011	116298	31	18	15	21	339707
酒、饮料和精制茶制造业	303000	48500	10	5	5	6	60016
烟草制品业	270000		1	1		1	45000
纺织业	285460	51100	5	3	1	2	9549
纺织服装、服饰业	1175387	463445	24	14	11	18	500759
皮革、毛皮、羽毛及其制品业和制鞋业	4950		1			1	4950
木材加工及木、竹、藤、棕、草制品业	146740	50540	6	4	2	4	39590
家具制造业	517209	252209	17	10	11	7	52190
造纸及纸制品业	968905	260520	27	14	14	19	356436
印刷和记录媒介复制业	55767	19000	6	2	1	5	45367
文教、工美、体育和娱乐用品制造业	221500	84900	23	5	12	18	47510

3-13 续表 1 （2014 年） 单位:万元

行业	在建规模	新开工规模	施工项目个数	#亿元以上项目个数	新开工	全部投产项目个数	新增固定资产
石油加工、炼焦和核燃料加工业	27500	8600	2	1	1	2	27500
化学原料及化学制品制造业	631501	404620	49	19	36	35	344538
医药制造业	923434	352711	25	15	11	16	118653
化学纤维制造业	58912	58912	5	2	5	1	4700
橡胶和塑料制品业	329297	110362	28	11	15	24	183756
非金属矿物制品业	5901801	3344700	322	165	204	201	1972162
黑色金属冶炼和压延加工业	247000	58500	14	7	8	8	43750
有色金属冶炼和压延加工业	2244342	696957	72	54	40	46	649385
金属制品业	815350	335000	43	27	21	28	239136
通用设备制造业	1911450	665520	92	54	49	59	689389
专用设备制造业	2899344	1130827	97	62	55	69	847080
汽车制造业	2629616	810500	46	38	24	31	618088
铁路、船舶、航空航天和其他运输设备制造业	297396	197396	5	5	4	2	72236
电气机械及器材制造业	1758436	388882	50	30	28	30	393104
计算机、通信和其他电子设备制造业	1858005	270079	22	27	12	9	669836
仪器仪表制造业	369189	228589	14	9	7	8	66800
其他制造业	230600	74200	4	3	2	1	36000
废弃资源综合利用业	79300	54300	6	4	4	4	38732
金属制品、机械和设备修理业	4900	4900	1		1	1	4600
电力、燃气及水的生产和供应业	4285084	1414723	85	42	44	56	676859
电力、热力的生产和供应业	2950767	625896	40	17	23	27	384027
燃气生产和供应业	237892	209836	11	3	7	8	50605
水的生产和供应业	1096425	578991	34	22	14	21	242227
建筑业	**20000**		**1**	**1**		**1**	**15000**
房屋和土木工程建筑业	20000		1	1		1	15000
批发和零售业	**4711236**	**1425983**	**60**	**43**	**31**	**31**	**595124**
交通运输、仓储和邮政业	**11276005**	**2252574**	**146**	**98**	**66**	**87**	**1393045**
铁路运输业	915032	562032	4	3	2	1	10700

3-13 续表2 （2014 年） 单位:万元

行 业	在建规模	新开工规模	施工项目个数	#亿元以上项目个数	新开工	全部投产项目个数	新增固定资产
道路运输业	5218368	654456	82	46	34	46	470667
航空运输业	2110956	202171	10	8	7	6	64197
仓储业	2123152	164819	24	20	9	11	169222
邮政业	45800		3	2		1	1840
住宿和餐饮业	**1208367**	**481714**	**36**	**21**	**20**	**19**	**522756**
住宿业	1078607	366954	30	17	15	17	503126
信息传输、软件和信息技术服务业	**3819234**	**898445**	**18**	**16**	**10**	**7**	**238196**
电信、广播电视和卫星传输服务	459469	100000	5	5	3	2	32500
金融业	**1127309**	**790187**	**12**	**9**	**4**	**4**	**20257**
房地产业	**16374354**	**5351009**	**259**	**201**	**89**	**123**	**2344502**
租赁和商务服务业	**5470300**	**385800**	**27**	**24**	**7**	**7**	**106755**
商务服务业	5470300	385800	27	24	7	7	106755
科学研究和技术服务业	**1211155**	**344705**	**27**	**22**	**7**	**13**	**135480**
研究和试验发展	707596	67500	16	16	2	6	98800
地质勘查业	437089	260000	5	5	1	2	19780
水利、环境和公共设施管理业	**16937569**	**6138976**	**602**	**238**	**373**	**351**	**4376134**
水利管理业	530072	161923	24	12	12	14	62653
生态保护和环境治理业	358153	23887	13	4	6	8	57482
公共设施管理业	16049344	5953166	565	222	355	329	4255999
居民服务、修理和其他服务业	**45286**	**2985**	**5**	**1**	**2**	**3**	**3622**
居民服务业	10286	2985	4		2	3	3622
教育	**2872675**	**567606**	**128**	**52**	**64**	**74**	**599699**
卫生和社会工作	**1726629**	**794688**	**49**	**27**	**21**	**26**	**231687**
卫生	1480919	603886	35	23	13	17	199209
文化、体育和娱乐业	**2058026**	**138488**	**36**	**24**	**8**	**19**	**224149**
文化艺术业	883288	125121	22	17	4	11	181603
公共管理、社会保障和社会组织	**582644**	**296773**	**32**	**15**	**12**	**16**	**68475**
国家机构	313211	64099	27	12	9	15	61160

3-14 各县(市)区投资项目个数和在建规模

(2014 年)

县(市)区	施工项目个数(个)	#亿元以上项目个数	#本年新开工	本年投产项目个数	全部建成投产率(%)	计划总投资(万元)	#亿元以上项目总投资	#本年新开工计划总投资
郑州市	**2822**	**1544**	**1500**	**1674**	**59.3**	**106310838**	**99859073**	**33410852**
市辖区	4	4		1	25	4840805	4840805	
中原区	19	12	13	1	5.3	1873685	1839001	624789
二七区	77	28	34	61	79.2	1961866	1814281	405064
管城区	61	25	48	59	96.7	2230435	2071893	1100387
金水区	65	37	30	49	75.4	3407444	3286659	2023543
上街区	97	53	43	58	59.8	2508836	2334040	704035
惠济区	69	47	34	37	53.6	5870126	5813517	3628742
中牟县	230	140	101	136	59.1	9474506	9083125	2211058
巩义市	424	183	267	245	57.8	8492180	7222254	3253876
荥阳市	372	260	163	209	56.2	10691438	9897842	4094825
新密市	259	138	171	190	73.4	9136699	8386414	3430821
新郑市	284	155	120	148	52.1	13216996	12467985	2216997
登封市	368	176	214	247	67.1	8495016	7673958	2764956
经开区	101	67	80	89	88.1	5305826	5160142	2400538
高新区	75	47	25	42	56.0	4441911	4296716	461290
郑东新区	273	147	127	64	23.4	10154199	9559132	2769538
航空港实验区	44	25	30	38	86.4	4208870	4111309	1320393

3-15 房地产开发企业(单位)财务情况

(2014 年)

单位:千元

类　别	数　值	类　别	数　值
年初存货	**245762462**	其他收入	1075796
期末资产负债		营业成本	54504913
流动资产合计	634572296	主营业务成本	49719041
#应收账款	35272883	营业税金及附加	8971529
#存货	324803819	主营业务税金及附加	7810370
固定资产合计	19956027	其他业务利润	962201
固定资产原价	26765646	销售费用	4120085
累计折旧	4861270	管理费用	6712061
#本年折旧	1311018	#税金	770431
在建工程	21049979	财务费用	3193598
资产总计	851331731	#利息收入	1064095
流动资产合计	590911050	#利息支出	2829327
#应付账款	26074450	资产减值损失	85291
非流动负债合计	95477028	公允价值变动收益(损失以“-”号记)	90982
负债合计	686388078	投资收益(损失以“-”号记)	2325299
所有者权益合计	164943653	营业利润	10604440
实收资本	97425468	营业外收入	806910
损益及分配		#补贴收入	398621
营业收入	85530218	营业外支出	487523
主营业务收入	83079316	利润总额	10976830
土地转让收入	157119	应交所得税	2870010
商品房屋销售收入	75001224	**人工成本**	
房屋出租收入	6845177	应付职工薪酬(本年贷方累计发生额)	2716817

3-16 分县(市)区

(2014 年)

县(市)区	固定资产原价	实收资本合计	资产总计	累计折旧	#本年折旧	负债合计	流动资产合计	非流动负债合计
郑州市	**26765646**	**97425468**	**851331731**	**4861270**	**1311018**	**686388078**	**590911050**	**95477028**
中原区	1185706	13711042	128170829	438966	77278	97417528	79992266	17425262
二七区	1618882	4537140	73089465	737502	128610	66346449	57753294	8593155
管城区	2331976	2949988	49612566	949063	140190	42787426	36095582	6691844
金水区	5890690	16809063	157420857	1277735	296449	123380124	108517885	14862239
上街区	67205	2314411	12174005	14890	5331	8169643	7057917	1111726
惠济区	386904	2946718	29404932	91651	18029	25379105	24120931	1258174
中牟县	117533	1677061	14186830	40416	13728	12636298	11960375	675923
巩义市	432942	898637	3912969	88788	37394	2428157	2377792	50365
荥阳市	136555	1645755	19050782	33174	9609	16791453	15306018	1485435
新密市	144264	1121602	10284632	51788	13813	8136296	7426397	709899
新郑市	333679	2632392	29374529	71949	29662	26942604	24575005	2367599
登封市	413205	943240	6011607	34962	14276	4310081	3468004	842077
经开区	866940	1165345	12517397	172095	39637	9820531	8596800	1223731
高新区	245953	1616520	28259656	65016	18647	25278063	20712494	4565569
郑东新区	12511453	38229592	241808071	772821	459822	190464127	164157157	26306970
航空港实验区	81759	4226962	36052604	20454	8543	26100193	18793133	7307060

房地产开发企业财务状况

单位:千元

所有者权益合计	资产负债率(%)	营业收入	主营业务收入	土地转让收入	商品房屋销售收入	房屋出租收入	其他收入	营业税金及附加	主营业务税金及附加	利润总额
164943653	**80.6**	**85530218**	**83079316**	**157119**	**75001224**	**6845177**	**1075796**	**8971529**	**7810370**	**10976830**
30753301	76	12702564	12676174		12376214	245324	54636	1198196	1198192	2108648
6743016	90.8	4822668	4787835	35623	4479745	211095	61372	1210406	437384	6310
6825140	86.2	8351970	8344994		7952674	368368	23952	725662	723069	1140339
34040733	78.4	13797696	13343257	3865	12332762	381526	625104	1611873	1575816	3015101
4004362	67.1	1579240	1578664	1820	1476492	6843	93509	139127	138478	136604
4025827	86.3	4776610	4776553	1	4718750	11498	46304	338641	338641	1188215
1550532	89.1	2332486	2317628	4530	2312322		776	413223	405380	-80104
1484812	62.1	2568863	2568863		2562881		5982	148278	146791	288558
2259329	88.1	3184373	3184373		3183443		930	328652	327808	-32919
2148336	79.1	1687842	1684414		1664037	11591	8786	152056	150590	249451
2431925	91.7	7599075	7402827		5416550	1984331	1946	657723	510328	64289
1701526	71.7	690316	627391	16353	591177	1658	18203	50898	48565	76618
2696866	78.5	1503735	1492066	52144	1298030	125370	16522	128330	128330	184949
2981593	89.4	3581257	3578935		3574506	4429		265720	246523	263106
51343944	78.8	12510085	10892346	42782	10407639	324153	117772	1533527	1365642	1624948
9952411	72.4	3841438	3822996	1	654002	3168991	2	69217	68833	742717

3-17 房地产开发企业(单位)投资、资金和土地情况

(2014 年)

单位:万元

类 别	数 值	类 别	数 值
计划总投资	**78539716**	#144 平方米以上	1503753
自开始建设累计完成投资	**49269914**	#别墅、高档公寓	167293
本年完成投资	**17435127**	办公楼	1383031
按登记注册类型分		商业营业用房	2150019
内资	**17051840**	其他	2132782
国有	252051	本年新增固定资产	5797663
有限责任公司	13036162	待开发土地面积	3396021
国有独自公司	1456927	本年土地购置面积	3962410
其他有限责任公司	11579235	本年土地成交价款	1144858
股份有限公司	377202	#拆迁补偿费	200752
私营	3302612	土地使用权出让金	874621
其他内资	83813	**契税**	**27855**
港澳台商投资	**175414**	**本年资金来源合计**	**23286980**
与港澳台商合资经营	44299	上年末结余资金	4703384
港澳台商独资	131115	本年资金来源小计	18583596
外商投资	**207873**	#省外资金	242479
中外合资经营	25873	国内贷款	2800871
外资企业	175849	银行贷款	2387666
外商投资股份有限公司	6151	非银行金融机构贷款	413205
按构成分		自筹资金	8353506
建筑工程	14190957	#自有资金	3322358
安装工程	138946	股东投入资金	784462
设备工器具购置	324755	借入资金	1118263
其他费用	2780469	其他资金来源	7429219
旧建筑物购置费	221126	#定金及预收款	4124501
土地购置费	1524972	#个人按揭贷款	2393067
按工程用途分		**本年各项应付款合计**	**3458611**
住宅	11769295	#工程款	2223248
#90 平方米以下	6062111		

3-18 房地产开发企业(单位)施工、销售和空置情况

(2014 年)

单位:万元、平方米

类　别	合计	住宅	90 平米以下住房	140 平米以上住房	别墅、高档公寓	办公楼	商业营业用房	其他房屋
房屋施工面积	105741511	69889186	31601560	8878117	1017410	9207055	10960761	15684509
#新开工面积	27493228	19547324	9359147	2487762	174584	1780838	2431953	3733113
房屋竣工面积	18893625	11228689	5355969	1483871	20389	1621088	1754591	4289257
#不可销售面积	3947007	1808445	1580586	14931		46826	329188	1762548
商品住宅竣工套数(套)		113914	69815	8785	82			
竣工房屋价值	4284075	2666857	1290882	350119	3829	266967	394578	955673
批准预售面积	13498955	10802740	3637574	1080600	247491	865347	1526784	304084
批准预售套数(套)		103179	45426	5868	2702			
出租房屋面积	581755	3744	1944			595	499789	77627
商品房销售面积	15919073	12932831	4806422	2052224	103237	1336128	1267305	382809
#现房销售面积	2506449	1944268	588282	497820	7265	111915	230754	219512
#期房销售面积	13412624	10988563	4218140	1554404	95972	1224213	1036551	163297
商品房销售额	12051715	8508660	3255058	1618374	134787	1410174	1506149	626732
#现房销售额	1789511	975021	355292	269709	3269	160593	189608	464289
#期房销售额	10262204	7533639	2899766	1348665	131518	1249581	1316541	162443
商品住宅销售套数(套)		122358	58889	11711	763			
#现房销售套数		17559	7252	3031	70			
#期房销售套数		104799	51637	8680	693			
待售面积	4617167	3063354	615342	745988	25046	329717	756523	467573
#待售 1-3 年面积	1765291	1097906	248993	256757	11460	153743	404647	108995
#待售 3 年以上面积	166179	79211	30369	233		7562	40450	38956

3-19 分县(市)区按工程用途分房地产开发投资情况

(2014 年)

单位:万元

县(市)区	本年完成投资	住宅	90 平方米以下	办公楼	商业营业用房	其他
郑州市	**17435127**	**11769295**	**6062111**	**1383031**	**2150019**	**2132782**
中原区	1857219	1179947	628892	131987	268322	276963
二七区	2408218	1448388	668126	156121	504714	298995
管城区	1008696	588169	364033	45520	185084	189923
金水区	2469925	1751346	930844	121119	303550	293910
上街区	558992	428124	159604	1120	78533	51215
惠济区	564185	425718	138564	8507	43370	86590
中牟县	363859	273525	95372	19740	34697	35897
巩义市	550745	413105	62120		125940	11700
荥阳市	506752	320642	56210	1468	85190	99452
新密市	173721	137015	57746	820	29124	6762
新郑市	651216	531505	221206	4987	52880	61844
登封市	163609	87781	21882	12507	57081	6240
经开区	395039	325938	137763	7450	15480	46171
高新区	1717978	1388314	1005382	110622	92073	126969
郑东新区	2526564	1164176	310992	757850	247241	357297
航空港实验区	1518409	1305602	1203375	3213	26740	182854

3-20 分县(市)区房地产开发商品房屋施工面积

(2014 年)

单位:平方米

县(市)区	施工房屋面积	住宅	90 平方米以下	办公楼	商业营业用房	其他
郑州市	**105741511**	**69889186**	**31601560**	**9207055**	**10960761**	**15684509**
中原区	11472590	7722829	3809412	474480	1337508	1937773
二七区	11216245	7735031	3089584	1014397	1328051	1138766
管城区	6946750	4816641	2616813	252715	1190916	686478
金水区	14612272	9219536	4322650	743499	1845464	2803773
上街区	2455371	1986422	995506	5840	323395	139714
惠济区	4377745	3168847	1763268	69843	286462	852593
中牟县	3076699	2151007	769916	156530	290168	478994
巩义市	2878942	2334605	523150	10000	430300	104037
荥阳市	3766966	2838138	486811	9845	492562	426421
新密市	1956768	1496528	298356	600	216662	242978
新郑市	6433039	5708894	1648277	3341	389393	331411
登封市	1239327	866714	260873	80638	220706	71269
经开区	2645943	1938835	1183384	144547	136436	426125
高新区	5894689	4141335	2447582	645577	313140	794637
郑东新区	19956282	7851891	2092908	5563282	1717112	4823997
航空港实验区	6811883	5911933	5293070	31921	442486	425543

3-21 分县(市)区房地产开发商品房屋新开工面积

(2014 年)

单位:平方米

县(市)区	施工房屋面积	住宅	90 平方米以下	办公楼	商业营业用房	其他
郑州市	**27493228**	**19547324**	**9359147**	**1780838**	**2431953**	**3733113**
中原区	1894147	1133270	631506	82405	379101	299371
二七区	3149831	1932197	524554	785556	167650	264428
管城区	931695	677970	271665	10585	28841	214299
金水区	2958587	1709494	854504	206984	347514	694595
上街区	842964	759143	446957	2300	48675	32846
惠济区	1366823	811974	222031	25571	31590	497688
中牟县	529841	350986	218805	26000	40683	112172
巩义市	1625670	1291738	208540		250267	83665
荥阳市	2132846	1467072	242246	7566	428436	229772
新密市	431524	309249	32869	600	46830	74845
新郑市	1950952	1678881	563955	938	98728	172405
登封市	523764	332749	125538	16759	136966	37290
经开区	935267	649058	468418	9050	16245	260914
高新区	1855131	1281935	809599	152369	129387	291440
郑东新区	2705785	1573590	242287	422234	266489	443472
航空港实验区	3658401	3588018	3495673	31921	14551	23911

3-22 分县(市)区房地产开发商品房屋竣工面积

(2014 年)

单位:平方米

县(市)区	竣工房屋价值	住宅	90 平方米以下	办公楼	商业营业用房	其他房屋
郑州市	**18893625**	**11228689**	**5355969**	**1621088**	**1754591**	**4289257**
中原区	701260	582516	332080		33443	85301
二七区	472647	280766	178383	11369	51157	129355
管城区	759593	584659	337674	95715	19882	59337
金水区	4473248	2521415	1356121	144507	714578	1092748
上街区	423433	353438	68492	2540	44166	23289
惠济区	87309	45288			9016	33005
中牟县	125555	101735	5500		12962	10858
巩义市	1111630	946945	144600		125647	39038
荥阳市	1011812	786275	222321	2879	77184	145474
新密市	57141	47291	1654		7441	2409
新郑市	1011725	912073	183115	258	58159	41235
登封市	50324	39832	1200		9592	900
经开区	508652	416588	291612	12249	15487	64328
高新区	193644					193644
郑东新区	5816066	2053733	677082	1351571	342929	2067833
航空港实验区	2089586	1556135	1556135		232948	300503

3-23 分县(市)区商品房屋销售面积

(2014 年)

单位:平方米

县(市)区	销售面积	住宅	90 平方米以下	办公楼	商业营业用房	其他房屋
郑州市	**15919073**	**12932831**	**4806422**	**1336128**	**1267305**	**382809**
中原区	1638816	1525229	783926	87711	24617	1259
二七区	1238805	969157	377825	155474	114174	
管城区	996304	890125	490964	41775	64404	
金水区	1722081	1365282	651768	62928	275421	18450
上街区	472425	451548	124423	3194	8683	9000
惠济区	365840	325852	105812	21300	18688	
中牟县	394150	382473	41652		11677	
巩义市	914894	749102	139264	9000	156792	
荥阳市	1303173	1067880	242186		221048	14245
新密市	576644	517502	205189		58266	876
新郑市	1981429	1891576	402723		78698	11155
登封市	224426	171580	51055	7715	45131	
经开区	561235	501463	285800		35772	24000
高新区	1774392	1174035	663511	324074	50362	225921
郑东新区	1705865	906225	196522	622957	98780	77903
航空港实验区	48594	43802	43802		4792	

3-24 分县(市)区房地产开发商品房屋销售额

(2014年)

单位:万元

县(市)区	商品房屋销售额	住宅	90平方米以下	办公楼	商业营业用房	其他房屋
郑州市	**12051715**	**8508660**	**3255058**	**1410174**	**1506149**	**626732**
中原区	1164541	1032324	556204	79511	51720	986
二七区	1042883	745127	256636	137367	160389	
管城区	913028	782906	432055	24661	105461	
金水区	1645065	1113098	538167	66509	461453	4005
上街区	211556	176890	49281	3236	4430	27000
惠济区	337725	282155	85741	18855	36715	
中牟县	201340	184554	22430		16786	
巩义市	375738	281223	55908	6700	87815	
荥阳市	610461	494607	85497		110573	5281
新密市	225341	187908	74174		36969	464
新郑市	1104981	1041357	218486		56224	7400
登封市	95783	46011	18509	5933	43839	
经开区	397179	339611	144602		36568	21000
高新区	1576083	860824	502819	223752	75475	416032
郑东新区	2115737	912885	187369	843650	214638	144564
航空港实验区	34274	27180	27180		7094	

3-25　分地区房地产开发资金来源

（2014 年）

单位:万元

县(市)区	本年资金来源小计	国内贷款	#银行贷款	自筹资金	#自有资金	#股东投入资金	#借入资金	其他资金来源	定金及预收款	#个人按揭贷款
郑州市	**18583596**	**2800871**	**2387666**	**8353506**	**3322358**	**784462**	**1118263**	**7429219**	**4124501**	**2393067**
中原区	2020389	229500	229500	765777	314034	46900	16493	1025112	447223	272376
二七区	2357986	331851	314351	977865	275703	156071	205366	1048270	583928	307496
管城区	1366850	81000	81000	510270	203004	32481	64571	775580	418034	342181
金水区	2594535	176479	156329	1795873	576138	144390	173848	622183	412851	124673
上街区	569826	29850	29850	479543	305758	7950	14850	60433	25130	32250
惠济区	627345	54150	54000	298985	115838	39142	108805	274210	149031	95784
中牟县	387123	14785	13500	288113	70682	27574	81205	84225	29531	42915
巩义市	548345	54500	54500	493845	168238					
荥阳市	891855	89816	69300	275180	70871	24420	50353	526859	213180	162515
新密市	187425	16100	16100	106644	27185	20600	9530	64681	40581	23120
新郑市	966913	66836	65591	292710	107172	35150	75079	607367	397287	200055
登封市	157224	29100	28100	94921	35091	14450	11856	33203	17508	1032
经开区	469800	15000	15000	343577	209068	26359	7762	111223	78434	32789
高新区	1610555	374105	354105	666596	519273	104458	19851	569854	215717	268829
郑东新区	2892496	474099	447740	798011	217780	72086	256694	1620386	1090433	487052
航空港实验区	934929	763700	458700	165596	106523	32431	22000	5633	5633	

3-26 分地区房地产土地购置和开发情况

(2014 年)

单位:万元

县(市)区	土地购置费	本年购置土地面积(平方米)	本年土地成交价款	拆迁补偿费	土地使用权出让金	契税
郑州市	**1524972**	**3962410**	**1144858**	**200752**	**874621**	**27855**
中原区	80049	145049	147918		136811	646
二七区	337234	680890	260927	10633	249389	14912
管城区	66804	498689	189700	131700	13680	
金水区	196354	17640	4053		4053	372
上街区	37747	52032	16000	6000	9200	450
惠济区	94043	421950	92929	16803	74687	800
中牟县	25000	35543	6743		4480	
巩义市	29860					
荥阳市	79207	276686	73807	222	70185	907
新密市	10481	63694	11170	539	10561	907
新郑市	16417	287510	50748	12134	33726	901
登封市	5900	113518	15784	5100	10500	864
经开区		141155	18741		18741	
高新区	227851	844584	205473	17621	187852	2403
郑东新区	200243	93187	14771		14662	238
航空港实验区	117782	290283	36094		36094	4455

主要统计指标解释

固定资产投资额 是以货币表现的建造和购置固定资产活动的工作量,它是反映固定资产投资规模、速度、比例关系和使用方向的综合性指标。全社会固定资产投资包括国有经济单位投资、城乡集体经济单位投资、各种经济类型的单位的投资和城乡居民个人投资。按照我国现行计划管理体制,国有经济单位固定资产投资总额分为基本建设、更新改造、商品房屋建设投资和其他固定资产投资四个部分;城乡集体经济单位投资包括城镇集体所有制单位投资和农村集体所有制单位投资;各种经济类型的单位投资包括联营经济、股份制经济、中外合资经营、中外合作经营、外资、与大陆合资经营、与大陆合作经营、港澳台独资及其他经济类型的单位投资。城镇居民个人投资包括城市、县城、镇、工矿区所辖范围内的个人建房和农村个人建房及购买生产性固定资产的投资。

固定资产投资的资金来源 根据固定资产投资的资金来源不同,分为国家预算内资金、国内贷款、利用外资、自筹资金和其他资金来源。

1. 国家预算内资金 指中央财政和地方财政中由国家统筹安排的基本建设拨款和更新改造拨款,以及中央财政安排的专项拨款中用于基本建设的资金和基本建设拨款改贷款的资金等。

2. 国内贷款 指报告期内企、事业单位向银行及非银行金融机构借入的用于固定资产投资的各种国内贷款。包括银行利用自有资金及吸收的存款发放的贷款、上级主管部门拨入的国内贷款、国家专项贷款(包括煤代油贷款、劳改煤矿专项贷款等)、地方财政专项资金安排的贷款、国内储备贷款、周转贷款等。

3. 利用外资 指报告期内收到的用于固定资产投资的国外资金,包括统借统还、自借自还的国外贷款,中外合资项目中的外资,以及对外发行债券和股票等。国家统借统还的外资指由我国政府出面同外国政府、团体或金融组织签订贷款协议、并负责偿还本息的国外贷款。

4. 自筹资金 指建设单位报告期内收到的,用于进行固定资产投资的上级主管部门、地方和企、事业单位自筹资金。

5. 其他资金来源 指报告期内收到的除以上各种拨款、借款、自筹资金以外,其他用于固定资产投资的资金。

固定资产投资按国民经济行业分 建设项目归哪个行业,按其建成投产后的主要产品或主要用途及社会经济活动性质来确定。基本建设按建设项目划分国民经济行业,更新改造、国有经济单位其他固定资产投资及城镇集体投资根据整个企业、事业单位所属的行业来划分。一般情况下,一个建设项目或一个企业、事业单位只能属于一种国民经济行业。为了更准确地反映国民经济各行业之间的比例关系,联合企业(总厂)所属分厂属于不同行业的,原则上按分厂划分行业。

固定资产投资按建设性质分 建设项目的性质一般分为新建、扩建、改建、迁建、恢复。基本建设按建设项目划分建设性质,更新改造、国有经济单位其他固定资产投资及城镇集体投资按整个企业、事业单位的建设情况确定建设性质。目前基本建设和更新改造是根据我国现行的计划管理体制区分的,所以基本建设和更新改造都可以分别按新建、扩建等划分。

固定资产投资按用途分 固定资产投资按工程的经济用途分为用于为农林牧渔业用、工业建筑业用商业、运输邮电业用、其他五部分的建设,是研究不同用途的固定资产投资之间比例关系的重要指标。基本建设投资、国有经济单位其他固定资产投资及城镇集体投资的用途按单项工程确定,现有企业、事业单位更新改造投资的用途按更新改造项目确定。

固定资产投资按构成分 固定资产投资活动按其工作内容和实现方式分为建筑安装工程,设备、工具、器具购置,其他费用三个部分。

1. 建筑安装工程(建筑工作量)指各种房屋、建筑物的建造工程和各种设备、装置的安装工程。包括各种房屋建造工程,各种用途设备基础和各种工业窑炉的砌筑工程;为施工而进行的各种准备工作和临时工程以及完工后的清理工作等;铁路、道路的铺设,矿井的开凿及石油管道的架设等;水利工程;防空地下建筑等特殊工程;以及各种机械设备的安装工程;为测定安装工程质量,对设备进行的试行工作。在安装工程中,不包括被安装设备本身价值。

2. 设备、工具、器具购置指购置或自制达到固定资产标准的设备、工具、器具的价值,固定资产的标准按财务部门规定。新建单位、扩建单位的新建车间按照设计和计划要求购置或自制的全部设备、工具、器具,不论是否达到固定资产标准均计入“设备、工具、器具购置”中。

3. 其他费用指除建筑安装工程和设备、工具、器具购置以外的投资完成额。它包括两种性质的费用,一种是属于增加固定资产的费用,主要有:建设单位管理费,土地、青苗等补偿费和安置补助费、勘察设计费、研究实验费、农林单位牲畜购置费、各种经济林木的营造费、办公和生活家具、器具购置费、引进技术和进口设备项目的其他费用、联合试运转费等;一种是属于不增加固定资产的费用,主要有:施工机械转移费、生产职工培训费、农业开荒费用及报废工程损失费等。

基本建设项目按大中小型划分 基本建设划分大中小型项目原则上应按照上级批准的设计任务书或初步设计所确定的总规模或总投资划分,没有正式批准设计任务书或初步设计的,按国家或省、自治区、直辖市年度基本建设投资计划中所列的总规模或总投资划分。上述两条均不具备的,按本年计划施工工程的建设总规模或总投资划分。生产单一产品的工业项目,按产品的设计能力划分;生产多种产品的工业项目,按其主要产品的设计能力划分。品种繁多,难以按生产能力划分的,按全部计划投资额划分。划分标准以国家颁发的《大中小型建设项目划分标准》依据。国家曾在 1958 年、1962 年、1977 年和 1979 年先后四次修订《大中小型建设项目划分标准》,因此各历史时期的大中型项目数不完全可比。

建筑业统计单位 指从事房屋、构筑物建造和设备安装活动的法人企业。建筑业法人企业应具有建筑业资质并能够独立核算,同时其应具备以下条件:1. 依法成立,有自己的名称、组织机构和场所,能够承担民事责任;2. 独立拥有和使用资产,承担负债,有权与其他单位签订合同;3. 独立核算盈亏,能够编制资产负债表。

施工项目 指报告期内曾进行建筑或安装工程施工活动的建设项目。包括报告期内新开工项目,报告期以前开工跨入报告期继续施工的项目以及报告期施过工并在报告期内全部建设投产或停缓建的项目。

全部建成投产项目工业项目 是指设计文件规定形成生产能力的主体工程及其相应配套的辅助设施全部建成,经负荷试运转,证明具备生产设计规定合格产品的条件,并经过验收鉴定合格或达到竣工验收标准,与生产性工程配套的生产福利设施可以满足近期正常生产的需要,正式移交生产的建设项目。

施工和竣工房屋建筑面积 房屋建筑面积是从房屋外墙线算起的各层平面面积的总和,包括房屋结构(如柱、墙)占用的面积和地下室面积。多层建筑按各自然层面积总和计算,包括房屋内的楼隔层,突出墙面的眺望间、门斗、有柱雨罩的面积。不包括突出墙面结构的构件、艺术装饰等所占的面积,如台阶等。凹阳台、挑阳台按其水平投影面积一半计算建筑面积。

住宅建筑面积 指施工和竣工房屋建筑面积中供居住用的施工和竣工房屋建筑面积。

竣工面积 指在报告期内房屋建筑按照设计要求已全部完工,达到住人和使用条件,经验收鉴定合格,正式移交使用单位的建筑面积。

房屋建筑面积竣工率 指一定时期内房屋竣工面积占同期房屋施工面积的比率。它是从房屋建筑施工速度的角度反映投资效果和建筑业经济效益的指标。

新增固定资产 指通过投资活动所形成的新的固定资产价值。包括已经建成投入生产或交付使用的工程价值和达到固定资产标准的设备、工具、器具的价值及有关应摊入的费用。它是以价值形式表示的固定资产投资成果的综合性指标,可以综合反映不同时期、不同部门、不同地区的固定资产投资成果。

建设项目投产率 指一定时期内全部建成投入生产项目个数占同期正式施工项目个数的比率。它是从项目建设速度的角度反映投资效果的指标。

固定资产交付使用率 指一定时期新增固定资产与同期完成投资额的比率。它是反映各个时期固定资产动用速度,衡量建设过程中投资效果的一个综合性指标。未完工程占用率指年末未完工程累计完成投资额占全年实际完成投资额的比率。它反映未完工程的相对规模,并可从资金占用的角度反映固定资产投资效果。由于未完工程是指已经开工,但尚未建成交付使用的工程,有个跨年度问题,因此未完工程占用率会出现大于 1 的情况。

实收资本 指企业实际吸收到的所有投资人投入的资金。该指标来源于会计“资产负债表”中“实收资本”项目的期末数。

资产总计 指企业拥有或控制的全部资产,包括活动资产、长期投资、固定资产、无形及递延资产、其他长期资产。该指标来源于会计“资产负债表”中“资产总计”项的期末数。

负债总计 指企业的流动负债和长期负债的合计。

本年施工规模 指报告期内施工的单项工程(或更新改造项目)的设计能力(或工程效益),包括报告期以前已开工跨入本年继续施工的工程的设计能力和报告期新开工工程的设计能力。也包括报告期内建成投产或报告期施工后又停缓建的单项工程设计能力。不包括在报告期以前建成投产或已经停、缓建的工程,以及报告期内尚未正式开工的工程的设计能力。

商品房销售面积 指报告期内出售商品房屋的合同总面积(即双方签署的正式买卖合同中所确定的建筑面积)。由现房销售面积和期房销售面积两部分组成。

商品房销售额 指报告期内出售商品房屋的合同总价款(即双方签署的正式买卖合同中所确定的合同总价)。该指标与商品房销售面积同口径,由现房销售额和期房销售额两部分组成。

四、价　格

4-1　市区居民消费价格指数(2014年)

（以上年价格为100）

类别	年度	月份											
		一	二	三	四	五	六	七	八	九	十	十一	十二
居民消费价格总指数	**102.0**	**102.3**	**101.3**	**102.1**	**101.6**	**102.3**	**102.4**	**102.4**	**102.4**	**102.1**	**102.1**	**101.6**	**101.8**
生活费用价格总指数	**102.1**	**102.2**	**101.0**	**103.1**	**101.7**	**103.2**	**102.9**	**102.8**	**102.8**	**102.2**	**101.7**	**100.8**	**101.5**
低收入居民生活费用指数	**102.2**	**102.2**	**100.8**	**103.2**	**101.6**	**103.4**	**102.9**	**102.8**	**102.6**	**102.3**	**101.9**	**100.9**	**101.9**
非食品价格指数	**101.5**	**101.9**	**101.3**	**101.3**	**101.4**	**101.3**	**101.6**	**101.6**	**101.6**	**101.5**	**101.7**	**101.7**	**101.5**
服务项目价格指数	**103.2**	**104.4**	**102.7**	**102.9**	**103.3**	**103.4**	**103.5**	**103.3**	**103.2**	**103.2**	**103.4**	**102.9**	**102.8**
工业品价格指数	**100.4**	**100.3**	**100.3**	**100.2**	**100.1**	**100.0**	**100.3**	**100.4**	**100.4**	**100.4**	**100.5**	**100.8**	**100.6**
扣除食品和能源价格指数	**101.7**	**102.1**	**101.5**	**101.5**	**101.5**	**101.4**	**101.7**	**101.7**	**101.7**	**101.7**	**101.9**	**101.9**	**101.8**
扣除鲜菜鲜果总指数	**101.8**	**102.0**	**101.1**	**101.4**	**101.6**	**102.0**	**102.0**	**102.1**	**102.1**	**102.0**	**102.1**	**101.9**	**101.6**
消费品价格指数	**101.6**	**101.6**	**100.8**	**101.8**	**101.0**	**101.9**	**102.0**	**102.1**	**102.1**	**101.7**	**101.6**	**101.1**	**101.4**
食品	**103.1**	**103.2**	**101.3**	**103.9**	**102.2**	**104.3**	**104.1**	**104.2**	**104.1**	**103.3**	**102.8**	**101.5**	**102.4**
粮食	105.8	103.7	104.5	104.4	105.4	107.0	107.3	107.5	106.8	106.3	106.4	105.1	105.2
大米	98.9	98.5	98.5	98.5	98.5	98.8	98.9	98.9	98.9	98.9	98.9	98.9	100.6
面粉	105.0	105.8	104.8	104.8	104.9	106.6	108.5	108.2	107.9	105.9	102.2	100.7	100.4
粮食制品	100.9	101.3	102.4	100.6	100.8	102.1	100.4	101.3	101.3	100.3	101.2	99.8	99.4
其他	130.8	117.1	119.3	124.4	130.1	134.4	140.1	137.8	133.5	134.5	134.9	131.3	130.5
淀粉及制品	111.6	106.5	109.5	109.5	110.3	110.3	112.2	112.5	113.6	113.6	113.6	113.6	113.6
干豆类及豆制品	105.2	103.6	104.3	104.7	104.3	105.1	107.3	107.4	104.4	104.6	105.1	104.9	106.9
干豆	107.9	100.0	100.0	101.0	101.0	103.9	111.0	111.5	111.5	113.3	113.8	114.2	114.2
豆制品	104.0	105.2	106.4	106.4	105.9	105.6	105.6	105.5	101.2	100.7	101.3	100.8	103.6
油脂	92.3	97.0	96.5	95.6	93.2	93.1	90.5	91.2	90.8	91.5	89.1	89.7	89.2
食用植物油	93.0	97.9	96.9	96.3	94.0	93.7	90.8	91.4	90.8	91.7	90.0	91.3	91.0
植物油制品	91.0	95.4	95.8	94.2	91.8	91.9	89.8	90.8	90.8	91.0	87.5	86.7	85.8
其他	87.5	84.5	84.3	83.9	84.4	92.1	91.2	91.2	89.2	88.2	87.3	87.3	88.4
肉禽及其制品	99.2	99.5	95.1	99.0	99.4	101.8	99.5	99.5	99.7	100.0	99.9	99.6	98.3
食用畜肉及副产品	98.3	98.1	92.8	98.6	97.7	100.8	99.1	99.0	98.6	99.2	99.2	99.2	97.6
猪肉	96.1	92.5	87.5	95.7	94.2	99.7	97.8	98.2	97.8	98.5	98.5	98.5	95.8
牛肉	101.6	106.0	101.2	102.8	102.4	102.4	101.0	100.1	100.1	100.1	100.1	100.4	102.3
羊肉	102.3	110.7	105.3	105.1	104.4	103.6	101.6	100.5	99.6	99.7	99.9	99.7	98.3
畜肉副产品	97.4	102.6	93.5	96.4	97.2	97.0	98.2	98.5	98.2	97.9	97.9	97.6	95.1
其他	103.5	105.7	96.1	100.0	102.8	102.8	100.0	100.0	102.7	108.1	108.1	108.1	108.1
禽	102.4	102.9	96.1	97.6	106.9	111.8	100.5	101.5	105.7	104.7	103.3	101.0	98.6
鸡	102.5	103.6	95.9	97.5	107.8	113.1	100.4	101.5	106.2	104.8	103.1	100.4	97.7
鸭	102.0	98.6	97.6	98.6	101.5	104.6	101.8	101.6	102.5	103.9	104.7	104.7	104.6
其他	97.9	96.0	92.3	92.3	98.4	102.6	94.5	92.3	98.8	102.5	102.5	102.5	102.5
加工肉禽	100.4	102.0	101.0	100.6	100.6	100.5	100.2	99.9	99.9	100.1	100.1	100.1	99.9
畜肉制品	100.3	102.0	100.9	100.7	100.4	100.3	99.8	99.7	99.7	100.0	100.0	100.0	99.8

4-1 续表 1

类　别	年　度	月　份											
		一	二	三	四	五	六	七	八	九	十	十一	十二
禽 制 品	100.7	102.0	101.3	100.2	101.0	101.0	101.0	100.4	100.4	100.4	100.4	100.4	100.0
蛋	116.4	94.1	90.0	100.7	113.5	129.9	121.9	132.5	130.0	118.0	127.1	127.2	118.7
鲜 蛋	116.1	92.0	87.5	99.0	112.8	130.8	122.0	133.7	130.8	117.8	127.7	127.8	118.5
蛋 制 品	120.2	120.2	120.2	120.2	120.2	120.2	120.2	120.2	120.2	120.2	120.2	120.2	120.2
水产品	105.8	107.0	101.9	103.9	104.1	105.4	105.3	107.5	108.4	106.4	106.5	107.6	106.6
鱼	106.0	106.1	100.2	102.2	102.8	106.2	106.5	108.2	108.5	106.7	107.3	109.3	108.4
淡 水 鱼	102.7	103.9	95.0	97.9	97.2	103.1	103.6	105.9	106.2	102.8	103.8	107.4	106.6
海 水 鱼	110.1	108.7	106.9	107.6	109.9	110.2	110.2	111.1	111.3	111.7	111.7	111.7	110.6
其他水产品	105.3	110.8	109.2	111.1	109.7	102.3	100.5	104.4	107.9	105.0	103.0	100.7	99.7
虾 蟹 类	107.8	112.0	110.8	116.9	115.4	103.7	100.8	107.5	114.0	108.6	105.0	101.1	99.5
其 他	101.4	108.7	106.4	102.0	101.0	100.0	100.0	100.0	100.0	100.0	100.0	100.0	100.0
菜	95.9	99.5	96.0	107.3	92.6	97.1	94.9	94.6	91.6	92.7	92.9	88.2	101.2
鲜 菜	95.1	98.9	95.5	107.5	91.4	96.3	94.6	94.4	91.1	91.6	91.8	86.3	100.6
干菜及菜制品	107.3	106.0	103.3	103.3	102.7	102.7	102.7	102.7	103.2	113.1	115.3	117.1	114.9
薯 类	95.1	107.0	99.4	110.4	107.5	103.4	90.3	84.8	84.8	86.4	83.8	88.3	93.3
调 味 品	104.4	101.9	102.1	103.7	102.6	102.0	101.1	100.8	105.4	106.9	109.6	108.9	107.9
食 用 盐	111.6	100.0	100.0	100.0	100.0	100.0	100.0	100.0	116.7	122.2	133.3	133.3	133.3
酱 油	101.4	102.8	102.2	106.3	102.4	101.7	100.4	100.4	100.4	100.4	100.4	100.4	99.7
食 醋	102.2	102.7	102.7	103.2	101.9	101.9	101.9	101.9	101.9	101.9	101.9	101.9	101.9
味 精	103.8	104.0	104.0	104.0	104.0	104.3	104.7	104.7	104.7	104.7	102.3	102.3	102.3
其 他	101.6	101.4	102.9	105.9	105.9	103.5	100.7	99.4	101.0	101.6	102.2	99.3	96.1
糖	99.9	100.5	100.1	99.0	99.6	101.6	99.9	99.8	100.1	100.1	99.3	100.1	98.7
食 糖	103.9	105.2	107.9	105.2	105.2	105.2	105.2	105.2	105.2	105.2	97.7	105.2	95.5
糖 果	95.9	100.5	98.6	94.6	94.6	97.9	94.6	94.6	94.6	94.6	95.1	95.1	96.3
巧克力制品	101.7	98.6	98.6	100.4	102.2	102.2	102.2	102.7	102.7	102.7	102.7	102.7	102.7
糖类小食品	102.4	101.2	101.2	101.2	101.2	109.0	104.1	100.8	103.9	103.9	103.9	101.8	97.1
茶及饮料	101.3	102.7	102.5	102.1	102.4	102.2	101.6	101.6	101.6	101.3	100.1	98.7	98.6
茶叶	100.0	100.0	100.0	100.0	100.0	100.0	100.0	100.0	100.0	100.0	100.0	100.0	100.0
饮料	102.1	104.4	104.0	103.5	104.0	103.5	102.6	102.6	102.6	102.2	100.2	97.9	97.7
固体饮料	98.0	101.1	100.6	100.6	101.8	99.7	97.1	96.6	95.9	95.7	95.7	95.7	95.7
液体饮料	99.1	101.0	100.3	98.7	99.1	99.4	99.1	99.5	100.0	99.0	98.8	97.3	96.9
冷冻饮品	108.2	110.6	110.6	110.6	110.6	110.6	110.6	110.6	110.6	110.6	104.9	100.0	100.0
干鲜瓜果	116.2	116.1	117.1	115.6	115.0	116.0	122.4	120.4	123.8	116.3	113.4	110.8	108.1
鲜 瓜 果	125.7	128.2	129.0	126.1	124.9	126.2	135.4	132.6	137.6	125.0	120.3	115.8	110.4

4-1 续表2

类　别	年　度	月份											
		一	二	三	四	五	六	七	八	九	十	十一	十二
干(坚)果	97.0	94.5	94.8	95.2	95.5	95.4	95.9	96.4	96.9	98.0	98.6	100.0	103.0
糕点饼干面包	105.9	106.4	106.0	106.8	107.4	106.9	105.8	104.5	104.8	104.9	104.4	105.6	106.8
糕　点	105.3	103.3	102.2	103.7	106.8	104.7	103.4	104.2	106.1	107.0	106.8	108.0	108.0
饼　干	109.5	113.0	113.0	113.9	112.2	113.3	111.7	107.9	107.0	106.5	105.5	105.5	105.5
面　包	100.4	99.8	99.8	99.8	100.3	99.5	99.1	99.1	99.1	99.1	99.1	102.2	107.4
液体乳及乳制品	112.7	116.5	116.8	116.8	116.8	116.7	116.5	116.4	116.2	116.2	106.6	100.5	100.5
巴氏杀菌乳或灭菌乳	119.7	126.5	126.5	126.5	126.5	126.5	126.5	126.5	126.5	126.5	109.8	100.0	100.0
酸 牛 乳	102.9	101.5	103.0	103.0	103.0	103.0	103.0	103.0	103.0	103.0	103.0	103.0	103.0
乳　粉	102.4	105.0	105.0	105.0	105.0	104.4	102.8	101.5	100.0	100.0	100.0	100.0	100.0
其　他	100.0	100.0	100.1	100.0	100.0	100.0	100.0	100.0	100.0	100.0	100.0	100.0	100.0
在外用膳食品	102.0	103.9	103.0	101.1	100.6	100.9	101.7	102.0	102.0	102.1	102.4	102.3	102.1
主　食	103.8	104.0	105.1	103.7	102.0	102.7	104.0	104.7	104.7	104.9	104.7	102.8	102.8
炒　菜	100.0	100.0	100.0	100.0	100.0	100.0	100.0	100.0	100.0	100.0	100.0	100.0	100.0
地方小吃	105.4	115.6	110.4	100.8	100.0	100.8	103.5	104.7	104.7	104.7	106.3	107.9	106.7
其　他	102.2	102.9	101.1	102.2	102.2	102.2	102.2	102.2	102.2	102.2	102.2	102.2	102.2
其他食品	101.4	96.4	98.2	98.1	99.2	101.1	103.1	102.6	104.4	103.3	104.0	103.3	104.1
烟酒	**98.4**	**97.3**	**97.5**	**97.6**	**97.8**	**97.9**	**99.0**	**99.0**	**99.2**	**98.9**	**98.8**	**98.6**	**98.7**
烟草	100.0	100.0	100.0	100.0	100.0	100.0	100.0	100.0	100.0	100.0	100.0	100.0	100.0
高档卷烟	100.0	100.0	100.0	100.0	100.0	100.0	100.0	100.0	100.0	100.0	100.0	100.0	100.0
中档卷烟	100.0	100.0	100.0	100.0	100.0	100.0	100.0	100.0	100.0	100.0	100.0	100.0	100.0
其　他	100.0	100.0	100.0	100.0	100.0	100.0	100.0	100.0	100.0	100.0	100.0	100.0	100.0
酒	96.8	94.9	95.1	95.3	95.7	95.9	98.0	98.1	98.5	97.8	97.7	97.4	97.5
白　酒	95.5	93.4	93.2	93.7	94.2	94.2	97.0	97.0	97.0	96.3	96.3	96.3	97.3
葡 萄 酒	102.2	99.4	103.4	103.4	103.4	103.4	103.4	103.4	103.4	103.4	101.2	99.2	99.2
啤　酒	103.8	102.4	104.6	102.3	102.6	104.6	102.7	104.0	107.4	106.5	107.2	104.5	97.4
其　他	100.0	100.0	100.0	100.0	100.0	100.0	100.0	100.0	100.0	100.0	100.0	100.0	100.0
衣着	**102.1**	**102.9**	**102.9**	**102.1**	**102.1**	**101.8**	**101.8**	**101.9**	**101.9**	**101.5**	**101.5**	**102.2**	**103.0**
服　装	102.2	103.0	102.9	102.1	102.3	101.9	101.8	101.8	101.8	101.4	101.5	102.6	103.7
男式服装	101.9	102.8	102.6	102.3	102.3	101.9	101.8	101.9	101.9	101.0	100.8	101.5	102.3
大　衣	101.8	100.5	100.5	100.5	100.5	100.5	100.5	100.5	100.5	100.5	99.4	105.9	111.8
毛 线 衣	99.6	100.6	100.6	99.5	99.5	99.5	99.5	99.5	99.5	99.5	98.0	100.0	100.0
夹 克 衫	100.5	100.7	100.7	100.7	100.7	100.7	100.7	100.7	100.7	100.0	100.0	100.0	100.0
衬　衫	102.2	102.8	102.8	102.8	102.8	102.7	102.7	102.7	102.7	100.0	101.0	101.9	101.9
T 恤 衫	105.0	109.7	107.9	104.9	106.0	104.6	104.6	104.6	104.6	103.5	103.5	103.5	103.5

4-1 续表3

类 别	年 度	月份 一	二	三	四	五	六	七	八	九	十	十一	十二
裤 子	102.7	104.1	104.1	104.1	104.1	104.1	104.1	104.1	104.1	100.0	100.0	100.0	100.0
西 服	100.0	99.8	99.8	100.0	100.0	100.0	100.0	100.0	100.0	100.1	100.2	100.2	100.2
运动衫裤	103.4	106.8	106.8	106.7	105.2	102.4	101.8	102.4	102.4	103.0	102.3	101.1	101.1
内 衣	100.8	100.0	100.0	100.0	100.0	100.0	100.0	100.0	100.0	100.0	100.0	103.1	106.1
羽 绒 衣	102.3	102.5	102.5	102.5	102.5	102.5	102.5	102.5	102.5	102.5	101.2	101.1	102.2
其 他	101.8	100.0	100.0	100.0	102.2	102.2	102.2	102.2	102.2	102.2	102.2	102.2	103.7
女式服装	102.5	103.2	103.1	101.8	102.0	101.7	101.7	101.7	101.7	101.8	102.2	103.7	105.4
大 衣	101.5	100.7	100.3	100.0	100.0	100.0	100.0	100.0	100.0	100.0	100.0	105.7	111.5
毛 线 衣	99.5	99.6	99.6	99.6	99.6	99.6	99.6	99.6	99.6	99.6	98.3	100.0	100.0
羽 绒 衣	105.5	104.8	104.8	104.8	104.8	104.8	104.8	104.8	104.8	104.8	102.3	106.7	113.3
套 装	102.9	107.1	107.3	104.7	104.7	101.7	101.3	101.0	101.0	101.3	101.9	101.5	101.5
衬 衫	104.4	103.1	103.1	101.1	101.1	101.1	101.1	101.1	101.1	106.1	111.9	110.6	110.6
T 恤 衫	102.0	104.6	104.2	100.9	101.7	101.7	101.7	101.7	101.7	101.7	101.7	101.7	101.7
裙 子	103.2	105.9	105.9	103.2	103.2	103.2	102.6	102.1	102.1	100.1	103.3	103.4	103.4
裤 子	102.0	104.0	104.0	101.1	101.1	101.4	101.4	101.4	101.4	101.4	102.1	102.7	102.7
运动衫裤	105.2	102.3	102.3	102.8	105.1	105.1	106.4	107.7	107.7	106.9	105.5	105.5	105.5
内 衣	100.7	100.0	100.0	100.0	100.0	100.0	100.0	100.0	100.0	100.0	100.0	103.0	105.9
其 他	100.0	100.0	100.0	100.0	100.0	100.0	100.0	100.0	100.0	100.0	100.0	100.0	100.0
儿童服装	102.2	103.0	103.0	102.7	103.3	102.6	102.3	102.0	102.0	101.4	101.2	101.2	101.2
上 衣	100.7	103.4	103.4	101.7	100.0	100.0	100.0	100.0	100.0	100.0	100.0	100.0	100.0
裤 子	100.5	102.1	102.1	102.0	101.9	100.9	100.5	100.0	100.0	99.5	99.0	99.0	99.0
裙 子	109.3	106.7	106.7	108.3	114.2	112.2	111.4	110.7	110.7	107.7	107.7	107.7	107.7
其 他	100.0	100.0	100.0	100.0	100.0	100.0	100.0	100.0	100.0	100.0	100.0	100.0	100.0
衣着材料	98.9	100.0	100.0	100.0	100.0	100.0	100.0	100.0	100.0	98.9	96.7	95.5	95.5
棉 布	97.0	100.0	100.0	100.0	100.0	100.0	100.0	100.0	100.0	97.1	91.0	87.8	87.8
化 纤 布	100.0	100.0	100.0	100.0	100.0	100.0	100.0	100.0	100.0	100.0	100.0	100.0	100.0
毛 线	100.0	100.0	100.0	100.0	100.0	100.0	100.0	100.0	100.0	100.0	100.0	100.0	100.0
其 他	100.0	100.0	100.0	100.0	100.0	100.0	100.0	100.0	100.0	100.0	100.0	100.0	100.0
鞋袜帽	101.9	102.7	102.7	102.2	101.6	101.6	101.8	102.1	102.2	101.9	101.6	101.3	101.3
鞋	101.9	102.8	102.8	102.2	101.5	101.5	101.8	102.1	102.2	101.9	101.7	101.5	101.5
男 鞋	100.4	101.3	101.3	101.3	100.6	100.0	100.0	100.0	100.0	100.0	100.0	100.0	100.0
女 鞋	103.0	104.6	104.6	103.3	102.4	103.0	103.2	103.3	103.3	102.7	102.4	102.0	102.0
童 鞋	102.1	100.0	100.0	100.0	100.0	100.0	101.0	103.1	104.1	104.1	104.1	104.1	104.1
袜子	100.0	100.0	100.0	100.0	100.0	100.0	100.1	100.1	100.1	100.1	100.0	100.0	100.0
男 袜	100.1	100.0	100.0	100.0	100.0	100.0	100.1	100.2	100.2	100.1	100.0	100.0	100.0

4-1 续表4

类别	年度	月份 一	二	三	四	五	六	七	八	九	十	十一	十二
女袜	100.0	100.0	100.0	100.0	100.0	100.0	100.0	100.0	100.0	100.0	100.0	100.0	100.0
帽子	104.2	105.5	105.5	105.4	105.4	105.3	105.3	105.3	105.3	105.3	102.6	100.0	100.0
男帽	104.0	105.3	105.3	105.1	105.1	105.1	105.1	105.1	105.1	105.1	102.5	100.0	100.0
女帽	104.3	105.6	105.6	105.6	105.5	105.4	105.4	105.4	105.4	105.4	102.6	100.0	100.0
衣着加工服务费	100.5	103.2	103.2	103.2	102.5	99.6	99.2	99.2	99.2	99.2	99.2	99.2	99.2
缝纫	102.2	115.3	115.3	115.3	112.1	98.3	96.6	96.6	96.6	96.6	96.6	96.6	96.6
清洗	100.0	100.0	100.0	100.0	100.0	100.0	100.0	100.0	100.0	100.0	100.0	100.0	100.0
其他	100.0	100.0	100.0	100.0	100.0	100.0	100.0	100.0	100.0	100.0	100.0	100.0	100.0
家庭设备用品及维修服务	**100.5**	**101.1**	**100.7**	**100.6**	**100.7**	**100.5**	**100.6**	**100.4**	**100.6**	**100.3**	**100.5**	**100.4**	**100.1**
耐用消费品	100.7	101.4	100.9	100.8	101.0	100.9	100.8	100.3	100.8	100.0	100.7	100.5	99.8
家具	102.1	103.5	103.5	103.5	103.5	103.5	103.5	101.9	101.9	100.0	100.0	100.0	100.0
柜	102.6	104.8	104.8	104.8	104.8	104.8	104.8	101.2	101.2	100.0	100.0	100.0	100.0
床	101.5	102.5	102.5	102.5	102.5	102.5	102.5	101.7	101.7	100.0	100.0	100.0	100.0
桌	102.5	104.5	104.5	104.5	104.5	104.5	104.5	102.1	102.1	100.0	100.0	100.0	100.0
椅	105.8	109.4	109.4	109.4	109.4	109.4	109.4	107.8	107.8	100.0	100.0	100.0	100.0
沙发	100.2	100.3	100.3	100.3	100.3	100.3	100.3	100.3	100.3	100.0	100.0	100.0	100.0
其他	100.9	101.7	101.7	101.7	101.7	101.7	101.7	100.0	100.0	100.0	100.0	100.0	100.0
家庭设备	99.7	100.0	99.0	99.0	99.2	99.1	99.0	99.2	100.0	100.0	101.1	100.8	99.7
洗衣机	100.4	102.1	101.8	101.5	101.1	101.1	100.0	100.0	100.0	100.0	100.0	99.0	98.2
电风扇	107.4	113.3	113.3	113.3	113.3	103.9	102.0	103.9	105.8	105.8	105.8	105.8	105.8
电冰箱(柜)	103.9	107.1	105.3	105.7	105.7	105.7	104.2	104.5	105.1	105.1	99.3	100.1	99.7
吸排油烟机	105.6	103.6	106.5	106.5	106.5	106.5	104.7	108.2	108.2	105.3	104.3	103.3	103.7
空调器	96.7	96.2	93.2	92.7	93.4	95.8	98.1	96.5	98.8	99.8	99.6	99.6	97.2
热水器	101.6	103.0	100.0	100.7	101.3	102.3	102.3	102.3	102.3	102.3	102.3	101.6	99.1
微波炉	99.6	97.4	97.4	98.6	100.0	100.0	100.0	100.0	100.0	100.0	100.0	100.7	101.3
其他	92.8	90.8	90.8	90.8	90.8	90.8	90.8	90.8	90.8	90.8	100.0	99.4	98.0
室内装饰品	102.2	103.3	103.3	103.3	103.3	103.3	103.1	102.4	101.6	101.1	100.7	100.0	101.0
纺织装饰品	104.3	106.8	106.8	106.8	106.8	106.8	106.4	104.8	103.2	102.1	101.4	100.0	100.0
装饰灯具	100.0	100.0	100.0	100.0	100.0	100.0	100.0	100.0	100.0	100.0	100.0	100.0	100.0
其他	100.5	100.0	100.0	100.0	100.0	100.0	100.0	100.0	100.0	100.0	100.0	100.0	105.4
床上用品	100.0	100.0	100.0	100.0	100.0	100.0	100.0	100.0	100.0	100.0	100.0	100.0	100.0
被子	100.0	100.0	100.0	100.0	100.0	100.0	100.0	100.0	100.0	100.0	100.0	100.0	100.0
床上套件	100.0	100.0	100.0	100.0	100.0	100.0	100.0	100.0	100.0	100.0	100.0	100.0	100.0
其他	100.0	100.0	100.0	100.0	100.0	100.0	100.0	100.0	100.0	100.0	100.0	100.0	100.0
家庭日用杂品	100.1	100.7	100.3	100.2	100.4	99.8	99.9	100.0	100.0	100.3	100.0	100.0	100.0

4-1 续表 5

类 别	年 度	月份											
		一	二	三	四	五	六	七	八	九	十	十一	十二
茶 具	101.0	100.0	100.0	100.0	101.7	103.5	103.5	103.5	100.0	100.0	100.0	100.0	100.0
餐 具	101.6	106.0	102.3	103.9	106.0	101.9	101.9	98.2	99.1	100.0	100.0	100.0	100.0
厨 具	99.8	105.1	100.0	98.7	100.0	96.8	96.8	100.0	100.0	100.0	100.0	100.0	100.0
家用手工工具	100.2	100.6	100.6	100.6	100.0	100.0	100.0	100.0	100.0	100.0	100.0	100.0	100.0
洗涤用品	99.9	99.4	100.1	99.8	99.6	99.6	99.8	100.1	100.1	100.6	99.9	99.9	99.9
其 他	100.0	100.0	100.0	100.0	100.0	100.0	100.0	100.0	100.0	100.0	100.0	100.0	100.0
家庭服务及加工维修服务	102.9	101.5	101.5	100.6	100.6	102.0	103.4	104.7	104.7	104.0	104.0	104.0	104.0
家庭服务	101.1	102.9	102.9	101.2	101.2	101.2	101.2	101.2	101.2	100.0	100.0	100.0	100.0
加工维修服务	105.0	100.0	100.0	100.0	100.0	102.9	105.7	108.5	108.5	108.5	108.5	108.5	108.5
医疗保健和个人用品	**100.4**	**100.2**	**100.0**	**100.1**	**100.2**	**100.3**	**100.4**	**100.8**	**100.5**	**100.5**	**100.7**	**100.4**	**100.7**
医疗保健	101.2	101.5	101.5	101.1	101.1	101.0	101.0	101.1	101.1	101.2	101.7	101.2	101.3
医疗器具及用品	100.0	100.0	100.0	100.0	100.0	100.0	100.0	100.0	100.0	100.0	100.0	100.0	100.0
医疗器具及用品	100.0	100.0	100.0	100.0	100.0	100.0	100.0	100.0	100.0	100.0	100.0	100.0	100.0
中药材及中成药	102.3	99.8	99.8	99.8	101.6	102.3	102.3	102.3	102.3	102.9	103.7	104.9	105.4
中 药 材	100.6	95.9	95.9	95.9	99.6	101.8	101.8	101.8	101.8	102.4	102.9	104.1	104.1
中 成 药	103.1	101.7	101.7	101.7	102.6	102.6	102.6	102.6	102.6	103.1	104.1	105.3	106.0
西药	99.7	100.5	100.5	99.7	99.4	99.2	99.2	99.7	99.7	99.7	99.7	99.7	99.7
抗菌素(抗感染药)	100.0	100.0	100.0	100.0	100.0	100.0	100.0	100.0	100.0	100.0	100.0	100.0	100.0
消化系统用药	102.9	97.9	97.9	97.9	103.1	103.1	103.1	105.3	105.3	105.3	105.3	105.3	105.3
呼吸系统用药	100.7	104.1	104.1	100.0	100.0	100.0	100.0	100.0	100.0	100.0	100.0	100.0	100.0
解热镇痛药	100.0	100.3	100.3	100.3	100.1	100.1	100.1	99.9	99.9	99.9	99.9	99.9	99.9
抗肿瘤药	101.7	100.0	100.0	100.0	102.3	102.3	102.3	102.3	102.3	102.3	102.3	102.3	102.3
激素类药	101.0	103.2	103.2	103.2	103.2	100.0	100.0	100.0	100.0	100.0	100.0	100.0	100.0
心血管系统用药	102.8	102.3	102.3	100.0	103.2	103.2	103.2	103.2	103.2	103.2	103.2	103.2	103.2
中枢神经系统用药	93.8	100.0	100.0	100.0	91.8	91.8	91.8	91.8	91.8	91.8	91.8	91.8	91.8
消毒防腐及创伤外科用药	100.2	101.7	101.7	100.0	101.2	99.7	99.7	99.7	99.7	99.7	99.7	99.7	99.7
泌尿系统用药	98.2	100.0	100.0	100.0	97.6	97.6	97.6	97.6	97.6	97.6	97.6	97.6	97.6
维生素类	97.9	98.9	98.9	98.9	96.6	97.7	97.7	97.7	97.7	97.7	97.7	97.7	97.7
其 他	97.3	94.7	94.7	94.7	94.7	94.7	94.7	100.0	100.0	100.0	100.0	100.0	100.0
保健器具及用品	109.9	112.7	112.7	112.7	110.6	109.7	109.7	108.7	108.7	108.7	112.4	106.7	106.7
保健器具	100.0	100.0	100.0	100.0	100.0	100.0	100.0	100.0	100.0	100.0	100.0	100.0	100.0
滋补保健用品	112.8	116.6	116.6	116.6	113.7	112.5	112.5	111.3	111.3	111.3	115.9	108.5	108.5
医疗保健服务	100.0	100.0	100.0	100.0	100.0	100.0	100.0	100.0	100.0	100.0	100.0	100.0	100.0
挂号诊疗费	100.0	100.0	100.0	100.0	100.0	100.0	100.0	100.0	100.0	100.0	100.0	100.0	100.0
注 射 费	100.0	100.0	100.0	100.0	100.0	100.0	100.0	100.0	100.0	100.0	100.0	100.0	100.0

4-1 续表6

类 别	年 度	月 份											
		一	二	三	四	五	六	七	八	九	十	十一	十二
检 查 费	100.0	100.0	100.0	100.0	100.0	100.0	100.0	100.0	100.0	100.0	100.0	100.0	100.0
手 术 费	100.0	100.0	100.0	100.0	100.0	100.0	100.0	100.0	100.0	100.0	100.0	100.0	100.0
床 位 费	100.0	100.0	100.0	100.0	100.0	100.0	100.0	100.0	100.0	100.0	100.0	100.0	100.0
理 疗 费	100.0	100.0	100.0	100.0	100.0	100.0	100.0	100.0	100.0	100.0	100.0	100.0	100.0
化 验 费	100.0	100.0	100.0	100.0	100.0	100.0	100.0	100.0	100.0	100.0	100.0	100.0	100.0
其 他	100.0	100.0	100.0	100.0	100.0	100.0	100.0	100.0	100.0	100.0	100.0	100.0	100.0
个人用品及服务	98.9	97.9	97.4	98.3	98.7	99.2	99.4	100.4	99.5	99.2	99.0	98.9	99.5
化妆美容用品	101.7	100.4	100.3	100.5	101.0	101.7	101.7	102.0	102.1	102.3	102.7	102.6	102.6
化妆美容器具	104.4	102.3	101.9	103.4	107.3	107.3	102.1	104.8	104.8	104.8	104.8	104.8	104.8
美容化妆品	100.0	100.0	100.0	100.0	100.0	100.0	100.0	100.0	100.0	100.0	100.0	100.0	100.0
护 肤 品	101.9	100.0	100.0	100.0	100.0	101.3	102.5	102.5	102.5	103.2	103.8	103.8	103.8
护发美容品	100.1	100.5	100.3	100.3	100.3	100.3	100.3	100.0	100.3	100.0	100.2	99.1	99.4
清洁类化妆品	97.9	98.8	98.2	96.1	97.2	97.6	98.1	98.4	97.9	98.0	98.2	98.2	98.2
洗发用品	100.3	99.9	99.9	100.1	100.3	100.3	100.3	100.3	100.3	100.3	100.3	100.5	100.5
洗浴用品	102.6	103.7	103.7	103.2	103.4	104.0	103.6	102.8	101.6	100.5	101.6	101.6	101.6
其 他	93.9	95.8	94.4	90.0	92.1	92.6	93.7	94.9	94.3	94.9	94.9	94.9	94.9
个人饰品	97.0	94.0	94.1	96.2	96.6	97.6	98.1	100.6	98.1	97.2	96.8	96.6	98.4
首 饰	91.4	83.8	84.3	89.7	90.6	93.1	94.7	101.8	94.8	91.9	90.1	89.4	94.5
皮 件	99.9	100.0	100.0	100.0	100.0	100.0	99.9	99.8	99.8	99.8	99.8	99.8	99.8
手 表	100.0	100.0	100.0	100.0	100.0	100.0	100.0	100.0	100.0	100.0	100.0	100.0	100.0
领 带	100.7	100.0	100.0	100.0	100.0	100.0	100.0	100.0	100.0	101.2	102.4	102.4	102.4
其 他	100.0	100.0	100.0	100.0	100.0	100.0	100.0	100.0	100.0	100.0	100.0	100.0	100.0
个人服务	100.2	100.4	99.1	100.4	100.4	100.4	100.4	100.4	100.4	100.4	100.0	100.0	100.0
美 容	100.0	100.0	100.0	100.0	100.0	100.0	100.0	100.0	100.0	100.0	100.0	100.0	100.0
理(烫)发	99.7	100.0	96.3	100.0	100.0	100.0	100.0	100.0	100.0	100.0	100.0	100.0	100.0
洗 浴	101.2	101.8	100.4	101.8	101.8	101.8	101.8	101.8	101.8	101.8	100.0	100.0	100.0
其 他	100.0	100.0	100.0	100.0	100.0	100.0	100.0	100.0	100.0	100.0	100.0	100.0	100.0
交通和通信	**99.4**	**99.4**	**98.2**	**98.5**	**98.5**	**98.4**	**99.4**	**99.6**	**99.9**	**100.1**	**100.5**	**101.2**	**99.7**
交通	99.1	99.4	97.0	97.3	98.1	97.9	100.0	100.0	99.9	99.7	99.8	101.2	98.5
交通工具	97.7	96.5	96.5	96.6	96.4	95.4	97.9	97.9	97.9	98.7	98.7	101.9	98.9
助动自行车	100.0	100.0	100.0	100.0	100.0	100.0	100.0	100.0	100.0	100.0	100.0	100.0	100.0
轿 车	97.3	95.8	95.8	96.0	95.8	94.6	97.5	97.5	97.5	98.5	98.5	102.3	98.7
自 行 车	100.0	100.0	100.0	100.0	100.0	100.0	100.0	100.0	100.0	100.0	100.0	100.0	100.0
其 他	102.1	109.1	109.1	109.1	100.0	100.0	100.0	100.0	100.0	100.0	100.0	100.0	100.0
车用燃料及零配件	99.9	102.2	100.4	101.0	103.2	104.9	106.1	105.6	102.2	97.3	96.3	92.6	87.9

4-1 续表7

类 别	年 度	月 份											
		一	二	三	四	五	六	七	八	九	十	十一	十二
汽 油	100.1	101.9	99.6	100.9	103.7	107.3	108.6	108.0	103.5	97.2	95.9	91.1	84.8
柴 油	96.4	99.3	97.2	97.5	99.7	103.7	104.8	104.5	99.7	92.8	90.8	85.2	82.1
零 配 件	98.6	107.6	107.6	103.3	103.3	93.5	95.4	95.4	95.4	95.4	95.4	95.4	98.1
其 他	100.0	100.0	100.0	100.0	100.0	100.0	100.0	100.0	100.0	100.0	100.0	100.0	100.0
车辆使用及维修费	106.0	101.4	101.4	101.0	105.4	104.4	106.5	108.5	108.5	108.5	108.5	108.5	108.5
保 险 费	100.0	100.0	100.0	100.0	100.0	100.0	100.0	100.0	100.0	100.0	100.0	100.0	100.0
停 车 费	100.7	104.4	104.4	100.0	100.0	100.0	100.0	100.0	100.0	100.0	100.0	100.0	100.0
车辆修理服务费	110.7	101.8	101.8	101.8	109.9	108.0	111.8	115.5	115.5	115.5	115.5	115.5	115.5
其 他	100.0	100.0	100.0	100.0	100.0	100.0	100.0	100.0	100.0	100.0	100.0	100.0	100.0
市区公共交通费	100.0	100.0	100.0	100.0	100.0	100.0	100.0	100.0	100.0	100.0	100.0	100.0	100.0
公共汽车票	100.0	100.0	100.0	100.0	100.0	100.0	100.0	100.0	100.0	100.0	100.0	100.0	100.0
出租汽车	100.0	100.0	100.0	100.0	100.0	100.0	100.0	100.0	100.0	100.0	100.0	100.0	100.0
其 他	100.0	100.0	100.0	100.0	100.0	100.0	100.0	100.0	100.0	100.0	100.0	100.0	100.0
城市间交通费	103.8	117.2	93.4	94.2	99.7	103.9	105.4	104.7	107.7	106.0	108.1	105.0	103.2
飞 机 票	109.8	156.7	84.9	85.6	99.1	110.8	115.0	112.2	120.1	114.9	121.2	112.3	107.8
火 车 票	100.0	100.0	100.0	100.0	100.0	100.0	100.0	100.0	100.0	100.0	100.0	100.0	100.0
长途汽车	100.0	100.0	100.0	100.0	100.0	100.0	100.0	100.0	100.0	100.0	100.0	100.0	100.0
短途汽车	100.0	100.0	100.0	100.0	100.0	100.0	100.0	100.0	100.0	100.0	100.0	100.0	100.0
其 他	100.0	100.0	100.0	100.0	100.0	100.0	100.0	100.0	100.0	100.0	100.0	100.0	100.0
通信	99.8	99.4	99.5	99.7	98.9	98.8	98.9	99.2	99.9	100.6	101.2	101.1	101.1
通信工具	98.9	95.6	96.2	98.1	92.2	91.9	92.1	94.1	99.4	104.3	108.8	108.3	108.0
固定电话机	100.4	100.8	100.8	103.7	101.0	100.0	100.0	100.0	100.0	100.0	100.0	99.5	98.9
移动电话机	98.8	95.4	96.0	97.8	91.9	91.6	91.8	93.9	99.4	104.5	109.2	108.7	108.4
其 他	98.3	100.0	100.0	100.0	98.1	98.1	98.1	98.1	98.1	98.1	98.1	98.1	95.3
通信服务	100.0	100.0	100.0	100.0	100.0	100.0	100.0	100.0	100.0	100.0	100.0	100.0	100.0
移动通信费	100.0	100.0	100.0	100.0	100.0	100.0	100.0	100.0	100.0	100.0	100.0	100.0	100.0
市内电话费	100.0	100.0	100.0	100.0	100.0	100.0	100.0	100.0	100.0	100.0	100.0	100.0	100.0
长途电话费	100.0	100.0	100.0	100.0	100.0	100.0	100.0	100.0	100.0	100.0	100.0	100.0	100.0
月 租 费	100.0	100.0	100.0	100.0	100.0	100.0	100.0	100.0	100.0	100.0	100.0	100.0	100.0
上 网 费	100.0	100.0	100.0	100.0	100.0	100.0	100.0	100.0	100.0	100.0	100.0	100.0	100.0
邮政邮寄	100.0	100.0	100.0	100.0	100.0	100.0	100.0	100.0	100.0	100.0	100.0	100.0	100.0
其他邮寄	100.0	100.0	100.0	100.0	100.0	100.0	100.0	100.0	100.0	100.0	100.0	100.0	100.0
其 他	100.0	100.0	100.0	100.0	100.0	100.0	100.0	100.0	100.0	100.0	100.0	100.0	100.0
娱乐教育文化用品及服务	**103.5**	**106.1**	**103.4**	**103.4**	**103.4**	**103.3**	**103.5**	**102.9**	**102.8**	**104.0**	**104.1**	**103.0**	**102.7**
文娱用耐用消费品及服务	98.1	97.2	99.2	99.4	97.5	96.8	96.8	97.5	98.1	98.3	99.0	99.2	98.7

4-1 续表8

类别	年度	月份											
		一	二	三	四	五	六	七	八	九	十	十一	十二
电视机	98.8	100.2	106.9	105.3	97.9	96.8	95.7	96.5	97.8	97.8	97.8	97.7	95.8
激光视盘机	100.0	100.0	100.0	100.0	100.0	100.0	100.0	100.0	100.0	100.0	100.0	99.8	99.6
摄像机	98.7	99.0	99.0	98.7	99.0	99.0	97.4	97.4	97.4	98.2	99.0	100.0	99.8
照相机	87.5	78.1	78.1	82.6	87.6	85.3	87.4	88.9	89.3	90.9	96.2	95.8	95.4
家用音响	99.8	100.0	100.0	100.0	100.0	100.0	100.0	100.0	100.0	100.0	100.0	99.2	98.4
便携式音响	99.9	100.0	100.0	100.0	100.0	100.0	100.0	100.0	100.0	100.0	100.0	100.0	98.4
电脑	100.2	99.9	99.9	99.7	99.1	99.1	99.5	100.4	100.4	100.4	100.4	101.2	102.0
修理服务	100.0	100.0	100.0	100.0	100.0	100.0	100.0	100.0	100.0	100.0	100.0	100.0	100.0
其他	89.7	85.7	85.7	85.7	85.7	85.7	85.7	85.7	87.3	94.1	100.0	100.0	100.0
教育	102.8	102.9	102.9	102.9	102.9	102.9	102.9	101.6	101.4	103.3	103.3	103.3	103.3
教材及参考书	101.1	102.0	102.0	102.0	102.0	102.0	102.0	102.0	100.0	100.0	100.0	100.0	100.0
工具书	100.0	100.0	100.0	100.0	100.0	100.0	100.0	100.0	100.0	100.0	100.0	100.0	100.0
教材	101.4	102.3	102.3	102.3	102.3	102.3	102.3	102.3	100.0	100.0	100.0	100.0	100.0
参考书	100.0	100.0	100.0	100.0	100.0	100.0	100.0	100.0	100.0	100.0	100.0	100.0	100.0
教育软件	100.0	100.0	100.0	100.0	100.0	100.0	100.0	100.0	100.0	100.0	100.0	100.0	100.0
教育服务	103.0	103.0	103.0	103.0	103.0	103.0	103.0	101.6	101.6	103.7	103.7	103.7	103.7
学前教育	115.2	116.1	116.1	116.1	116.1	116.1	116.1	107.9	107.9	117.4	117.4	117.4	117.4
中等教育	100.0	100.0	100.0	100.0	100.0	100.0	100.0	100.0	100.0	100.0	100.0	100.0	100.0
高等教育	100.0	100.0	100.0	100.0	100.0	100.0	100.0	100.0	100.0	100.0	100.0	100.0	100.0
专业技能培训	100.0	100.0	100.0	100.0	100.0	100.0	100.0	100.0	100.0	100.0	100.0	100.0	100.0
其他	100.0	100.0	100.0	100.0	100.0	100.0	100.0	100.0	100.0	100.0	100.0	100.0	100.0
文化娱乐类	101.1	117.8	100.2	100.1	99.8	99.8	99.7	99.7	99.8	99.8	99.8	99.8	99.8
文化娱乐用品	99.0	100.1	100.2	100.5	98.7	98.7	98.5	98.5	98.6	98.6	98.6	98.6	99.1
乐器	100.0	100.0	100.0	100.0	100.0	100.0	100.0	100.0	100.0	100.0	100.0	100.0	100.0
音像光盘和视盘	100.0	100.0	100.0	100.0	100.0	100.0	100.0	100.0	100.0	100.0	100.0	100.0	100.0
电子存储器	100.1	100.0	100.0	100.0	100.0	100.0	100.0	100.0	100.2	100.2	100.2	100.2	100.2
儿童玩具	97.4	100.1	100.1	100.8	96.4	96.4	96.4	96.4	96.4	96.4	96.4	96.4	96.4
纸张本册	100.0	100.0	100.0	100.0	100.0	100.0	100.0	100.0	100.0	100.0	100.0	100.0	100.0
文具	100.8	100.0	101.6	101.6	101.6	101.6	100.0	100.0	100.0	100.0	100.0	100.0	103.5
体育用品	100.1	100.0	100.0	100.0	100.0	100.0	100.0	100.0	100.0	100.0	100.0	100.0	101.0
其他	100.0	100.0	100.0	100.0	100.0	100.0	100.0	100.0	100.0	100.0	100.0	100.0	100.0
书报杂志	100.0	100.0	100.0	100.0	100.0	100.0	100.0	100.0	100.0	100.0	100.0	100.0	100.0
书籍	100.0	100.0	100.0	100.0	100.0	100.0	100.0	100.0	100.0	100.0	100.0	100.0	100.0
报纸	100.0	100.0	100.0	100.0	100.0	100.0	100.0	100.0	100.0	100.0	100.0	100.0	100.0
杂志	100.0	100.0	100.0	100.0	100.0	100.0	100.0	100.0	100.0	100.0	100.0	100.0	100.0

4-1 续表 9

类 别	年 度	月份 一	二	三	四	五	六	七	八	九	十	十一	十二
文娱费	101.9	128.7	100.2	100.0	100.0	100.0	100.0	100.0	100.0	100.0	100.0	100.0	100.0
电 影 票	100.0	100.0	100.0	100.0	100.0	100.0	100.0	100.0	100.0	100.0	100.0	100.0	100.0
景点门票	103.2	158.1	100.0	100.0	100.0	100.0	100.0	100.0	100.0	100.0	100.0	100.0	100.0
有线电视	100.0	100.0	100.0	100.0	100.0	100.0	100.0	100.0	100.0	100.0	100.0	100.0	100.0
健身活动	100.7	104.1	104.1	100.0	100.0	100.0	100.0	100.0	100.0	100.0	100.0	100.0	100.0
其 他	101.0	113.3	100.0	100.0	100.0	100.0	100.0	100.0	100.0	100.0	100.0	100.0	100.0
旅游	115.3	113.7	114.3	114.1	116.8	116.7	118.3	118.8	117.8	118.7	118.6	109.7	107.7
旅行社收费	116.1	114.5	115.0	114.8	117.6	117.6	119.2	119.7	118.7	119.7	119.5	110.2	108.1
宾馆住宿	100.0	100.0	100.0	100.0	100.0	100.0	100.0	100.0	100.0	100.0	100.0	100.0	100.0
其他住宿	100.0	100.0	100.0	100.0	100.0	100.0	100.0	100.0	100.0	100.0	100.0	100.0	100.0
居住	**102.6**	**102.3**	**102.4**	**102.7**	**103.0**	**103.0**	**103.0**	**103.0**	**102.9**	**102.2**	**102.4**	**102.4**	**102.4**
建房及装修材料	101.7	101.2	100.8	101.2	102.1	102.1	101.9	101.9	101.9	101.9	101.9	101.9	101.9
木 材	100.0	100.0	100.0	100.0	100.0	100.0	100.0	100.0	100.0	100.0	100.0	100.0	100.0
木 地 板	99.4	100.0	100.0	100.0	100.0	100.0	99.0	99.0	99.0	99.0	99.0	99.0	99.0
砖	102.4	105.4	103.5	101.1	102.2	102.2	102.2	102.2	102.2	102.2	102.2	102.2	102.2
水 泥	102.3	103.3	103.3	102.8	102.3	102.3	102.3	102.3	102.3	102.3	102.3	102.3	100.1
涂 料	107.1	100.0	100.0	104.5	109.0	109.0	109.0	109.0	109.0	109.0	109.0	109.0	109.0
板 材	100.6	100.0	100.0	100.4	100.8	100.8	100.8	100.8	100.8	100.8	100.8	100.8	100.8
玻 璃	98.4	106.5	102.1	97.0	97.0	97.0	97.0	97.0	97.0	97.0	97.0	97.0	100.0
粘 胶	104.3	100.0	100.0	102.8	105.5	105.5	105.5	105.5	105.5	105.5	105.5	105.5	105.5
厨卫设备	101.2	101.2	101.2	101.2	101.2	101.2	101.2	101.2	101.2	101.2	101.2	101.2	101.2
其 他	100.0	100.0	100.0	100.0	100.0	100.0	100.0	100.0	100.0	100.0	100.0	100.0	100.0
住房租金	101.7	101.5	101.7	102.0	102.1	101.9	101.8	101.9	101.8	101.3	101.6	101.6	101.6
公房房租	100.0	100.0	100.0	100.0	100.0	100.0	100.0	100.0	100.0	100.0	100.0	100.0	100.0
私房房租	108.9	108.1	109.2	110.3	110.9	110.1	109.2	109.6	109.3	106.7	108.0	108.0	108.0
其他费用	100.0	100.0	100.0	100.0	100.0	100.0	100.0	100.0	100.0	100.0	100.0	100.0	100.0
自有住房	104.5	104.0	104.4	104.8	105.1	105.0	105.0	105.1	104.8	103.6	104.1	104.1	104.1
住房估算租金	105.5	104.9	105.4	105.9	106.3	106.1	106.2	106.3	105.9	104.4	105.0	105.0	105.0
物业管理费用	100.0	100.0	100.0	100.0	100.0	100.0	100.0	100.0	100.0	100.0	100.0	100.0	100.0
维护修理费用	100.0	100.0	100.0	100.0	100.0	100.0	100.0	100.0	100.0	100.0	100.0	100.0	100.0
其 他	100.0	100.0	100.0	100.0	100.0	100.0	100.0	100.0	100.0	100.0	100.0	100.0	100.0
水、电、燃料	100.0	100.0	100.0	100.0	100.1	100.2	100.2	100.2	100.1	100.0	100.0	100.0	99.7
水	100.0	100.0	100.0	100.0	100.0	100.0	100.0	100.0	100.0	100.0	100.0	100.0	100.0
电	100.0	100.0	100.0	100.0	100.0	100.0	100.0	100.0	100.0	100.0	100.0	100.0	100.0
液化石油气	101.4	100.0	100.0	100.0	102.0	108.7	108.2	106.7	104.4	100.0	100.0	98.6	89.9
管道燃气	100.0	100.0	100.0	100.0	100.0	100.0	100.0	100.0	100.0	100.0	100.0	100.0	100.0
其他燃料	100.0	100.0	100.0	100.0	100.0	100.0	100.0	100.0	100.0	100.0	100.0	100.0	100.0

4-2 市区商品零售价格指数(2014年)

(以上年价格为100)

类别	年度	月份											
		一	二	三	四	五	六	七	八	九	十	十一	十二
商品零售价格总指数	**101.1**	**101.0**	**100.3**	**101.0**	**100.8**	**101.6**	**101.7**	**101.8**	**101.8**	**101.1**	**101.0**	**100.4**	**100.1**
食品	**103.3**	**103.2**	**101.3**	**103.8**	**102.5**	**104.7**	**104.3**	**104.5**	**104.7**	**103.7**	**103.2**	**101.9**	**102.4**
粮食	104.1	102.9	103.3	103.1	103.8	105.1	105.5	105.6	105.2	104.5	103.9	102.8	103.2
大　米	98.9	98.5	98.5	98.5	98.5	98.8	98.9	98.9	98.9	98.9	98.9	98.9	100.6
面　粉	105.0	105.8	104.8	104.8	104.9	106.6	108.5	108.2	107.9	105.9	102.2	100.7	100.4
粮食制品	100.9	101.3	102.4	100.6	100.8	102.1	100.4	101.3	101.3	100.3	101.2	99.8	99.4
其　他	130.8	117.1	119.3	124.4	130.1	134.4	140.1	137.8	133.5	134.5	134.9	131.3	130.5
淀粉及制品	111.6	106.5	109.5	109.5	110.3	110.3	112.2	112.5	113.6	113.6	113.6	113.6	113.6
干豆类及豆制品	104.6	104.3	105.3	105.5	105.0	105.3	106.5	106.5	102.9	102.8	103.3	103.0	105.4
干　豆	107.9	100.0	100.0	101.0	101.0	103.9	111.0	111.5	111.5	113.3	113.8	114.2	114.2
豆制品	104.0	105.2	106.4	106.4	105.9	105.6	105.6	105.5	101.2	100.7	101.3	100.8	103.6
油脂	91.8	96.2	95.9	94.9	92.6	92.8	90.3	91.1	90.8	91.3	88.7	89.0	88.4
食用植物油	93.0	97.9	96.9	96.3	94.0	93.7	90.8	91.4	90.8	91.7	90.0	91.3	91.0
植物油制品	91.0	95.4	95.8	94.2	91.8	91.9	89.8	90.8	90.8	91.0	87.5	86.7	85.8
其　他	87.5	84.5	84.3	83.9	84.4	92.1	91.2	91.2	89.2	88.2	87.3	87.3	88.4
肉禽及其制品	99.0	99.0	94.4	98.7	99.1	101.8	99.4	99.4	99.6	99.9	99.8	99.5	98.0
食用畜肉及副产品	98.0	97.4	92.1	98.3	97.3	100.6	98.9	98.9	98.5	99.1	99.1	99.1	97.3
猪　肉	96.1	92.5	87.5	95.7	94.2	99.7	97.8	98.2	97.8	98.5	98.5	98.5	95.8
牛　肉	101.6	106.0	101.2	102.8	102.4	102.4	101.0	100.1	100.1	100.1	100.1	100.4	102.3
羊　肉	102.3	110.7	105.3	105.1	104.4	103.6	101.6	100.5	99.6	99.7	99.9	99.7	98.3
畜肉副产品	97.4	102.6	93.5	96.4	97.2	97.0	98.2	98.5	98.2	97.9	97.9	97.6	95.1
其　他	103.5	105.7	96.1	100.0	102.8	102.8	100.0	100.0	102.7	108.1	108.1	108.1	108.1
禽	102.3	103.1	95.9	97.4	107.1	112.2	100.3	101.2	105.8	104.7	103.2	100.8	98.3
鸡	102.5	103.6	95.9	97.5	107.8	113.1	100.4	101.5	106.2	104.8	103.1	100.4	97.7
鸭	102.0	98.6	97.6	98.6	101.5	104.6	101.8	101.6	102.5	103.9	104.7	104.7	104.6
其　他	97.9	96.0	92.3	92.3	98.4	102.6	94.5	92.3	98.8	102.5	102.5	102.5	102.5
加工肉禽	100.4	102.0	101.0	100.5	100.6	100.5	100.3	99.9	99.9	100.1	100.1	100.1	99.9
畜肉制品	100.3	102.0	100.9	100.7	100.4	100.3	99.8	99.7	99.7	100.0	100.0	100.0	99.8
禽制品	100.7	102.0	101.3	100.2	101.0	101.0	101.0	100.4	100.4	100.4	100.4	100.4	100.0
蛋	116.5	94.5	90.5	101.1	113.6	129.7	121.8	132.3	129.8	118.1	127.0	127.1	118.7
鲜　蛋	116.1	92.0	87.5	99.0	112.8	130.8	122.0	133.7	130.8	117.8	127.7	127.8	118.5
蛋制品	120.2	120.2	120.2	120.2	120.2	120.2	120.2	120.2	120.2	120.2	120.2	120.2	120.2
水产品	105.3	107.9	103.9	104.7	104.7	104.4	104.1	106.0	107.0	105.5	105.2	105.6	104.9
鱼	106.5	106.4	101.0	102.9	103.6	106.7	107.0	108.5	108.8	107.3	107.9	109.6	108.7
淡水鱼	102.7	103.9	95.0	97.9	97.2	103.1	103.6	105.9	106.2	102.8	103.8	107.4	106.6
海水鱼	110.1	108.7	106.9	107.6	109.9	110.2	110.2	111.1	111.3	111.7	111.7	111.7	110.6

4-2 续表1

类别	年度	月份											
		一	二	三	四	五	六	七	八	九	十	十一	十二
其他水产品	103.7	109.9	108.0	107.2	106.0	101.3	100.3	102.5	104.4	102.9	101.7	100.4	99.8
虾蟹类	107.8	112.0	110.8	116.9	115.4	103.7	100.8	107.5	114.0	108.6	105.0	101.1	99.5
其他	101.4	108.7	106.4	102.0	101.0	100.0	100.0	100.0	100.0	100.0	100.0	100.0	100.0
菜	96.6	99.9	96.4	107.1	93.2	97.5	95.5	95.1	92.4	94.1	94.4	90.1	102.0
鲜菜	95.1	98.9	95.5	107.5	91.4	96.3	94.6	94.4	91.1	91.6	91.8	86.3	100.6
干菜及菜制品	107.3	106.0	103.3	103.3	102.7	102.7	102.7	102.7	103.2	113.1	115.3	117.1	114.9
薯类	95.1	107.0	99.4	110.4	107.5	103.4	90.3	84.8	84.8	86.4	83.8	88.3	93.3
调味品	105.9	101.6	101.7	102.8	102.0	101.5	101.0	100.8	107.7	110.0	114.3	113.8	113.2
食用盐	111.6	100.0	100.0	100.0	100.0	100.0	100.0	100.0	116.7	122.2	133.3	133.3	133.3
酱油	101.4	102.8	102.2	106.3	102.4	101.7	100.4	100.4	100.4	100.4	100.4	100.4	99.7
食醋	102.2	102.7	102.7	103.2	101.9	101.9	101.9	101.9	101.9	101.9	101.9	101.9	101.9
味精	103.8	104.0	104.0	104.0	104.0	104.3	104.7	104.7	104.7	104.7	102.3	102.3	102.3
其他	101.6	101.4	102.9	105.9	105.9	103.5	100.7	99.4	101.0	101.6	102.2	99.3	96.1
糖	100.2	101.8	101.9	99.7	100.0	102.3	100.3	100.0	100.4	100.4	98.2	100.4	97.0
食糖	103.9	105.2	107.9	105.2	105.2	105.2	105.2	105.2	105.2	105.2	97.7	105.2	95.5
糖果	95.9	100.5	98.6	94.6	94.6	97.9	94.6	94.6	94.6	94.6	95.1	95.1	96.3
巧克力制品	101.7	98.6	98.6	100.4	102.2	102.2	102.2	102.7	102.7	102.7	102.7	102.7	102.7
糖类小食品	102.4	101.2	101.2	101.2	101.2	109.0	104.1	100.8	103.9	103.9	103.9	101.8	97.1
干鲜瓜果	118.0	118.3	119.3	117.5	116.8	117.9	124.8	122.7	126.4	118.0	114.8	111.8	108.5
鲜瓜果	125.7	128.2	129.0	126.1	124.9	126.2	135.4	132.6	137.6	125.0	120.3	115.8	110.4
干(坚)果	97.0	94.5	94.8	95.2	95.5	95.4	95.9	96.4	96.9	98.0	98.6	100.0	103.0
糕点饼干面包	105.1	105.5	105.1	105.9	106.4	105.9	104.8	103.8	104.0	104.1	103.6	105.0	106.8
糕点	105.3	103.3	102.2	103.7	106.8	104.7	103.4	104.2	106.1	107.0	106.8	108.0	108.0
饼干	109.5	113.0	113.0	113.9	112.2	113.3	111.7	107.9	107.0	106.5	105.5	105.5	105.5
面包	100.4	99.8	99.8	99.8	100.3	99.5	99.1	99.1	99.1	99.1	99.1	102.2	107.4
液体乳及乳制品	112.1	115.9	116.2	116.2	116.2	116.1	115.8	115.5	115.2	115.2	106.3	100.5	100.5
巴氏杀菌奶或消毒奶	119.7	126.5	126.5	126.5	126.5	126.5	126.5	126.5	126.5	126.5	109.8	100.0	100.0
酸牛乳	102.9	101.5	103.0	103.0	103.0	103.0	103.0	103.0	103.0	103.0	103.0	103.0	103.0
乳粉	102.4	105.0	105.0	105.0	105.0	104.4	102.8	101.5	100.0	100.0	100.0	100.0	100.0
其他	100.0	100.0	100.1	100.0	100.0	100.0	100.0	100.0	100.0	100.0	100.0	100.0	100.0
在外用膳食品	102.0	103.6	102.9	101.1	100.6	100.9	101.7	102.0	102.0	102.1	102.3	102.2	102.0
主食	103.8	104.0	105.1	103.7	102.0	102.7	104.0	104.7	104.7	104.9	104.7	102.8	102.8
炒菜	100.0	100.0	100.0	100.0	100.0	100.0	100.0	100.0	100.0	100.0	100.0	100.0	100.0
地方小吃	105.4	115.6	110.4	100.8	100.0	100.8	103.5	104.7	104.7	104.7	106.3	107.9	106.7
其他	102.2	102.9	101.1	102.2	102.2	102.2	102.2	102.2	102.2	102.2	102.2	102.2	102.2
其他食品	101.4	96.4	98.2	98.1	99.2	101.1	103.1	102.6	104.4	103.3	104.0	103.3	104.1
烟酒	**99.6**	**99.2**	**99.4**	**99.2**	**99.4**	**99.5**	**100.0**	**100.1**	**100.4**	**100.0**	**99.7**	**99.0**	**98.7**

4-2 续表2

类　　别	年　度	月份											
		一	二	三	四	五	六	七	八	九	十	十一	十二
茶及饮料	101.1	102.7	102.3	101.7	102.0	101.9	101.5	101.6	101.7	101.3	100.1	98.5	98.3
茶叶	100.0	100.0	100.0	100.0	100.0	100.0	100.0	100.0	100.0	100.0	100.0	100.0	100.0
饮料	101.6	103.7	103.2	102.4	102.8	102.7	102.1	102.2	102.4	101.8	100.2	97.9	97.6
固体饮料	98.0	101.1	100.6	100.6	101.8	99.7	97.1	96.6	95.9	95.7	95.7	95.7	95.7
液体饮料	99.1	101.0	100.3	98.7	99.1	99.4	99.1	99.5	100.0	99.0	98.8	97.3	96.9
冷冻饮品	108.2	110.6	110.6	110.6	110.6	110.6	110.6	110.6	110.6	110.6	104.9	100.0	100.0
烟草	100.0	100.0	100.0	100.0	100.0	100.0	100.0	100.0	100.0	100.0	100.0	100.0	100.0
高档卷烟	100.0	100.0	100.0	100.0	100.0	100.0	100.0	100.0	100.0	100.0	100.0	100.0	100.0
中档卷烟	100.0	100.0	100.0	100.0	100.0	100.0	100.0	100.0	100.0	100.0	100.0	100.0	100.0
其　他	100.0	100.0	100.0	100.0	100.0	100.0	100.0	100.0	100.0	100.0	100.0	100.0	100.0
酒	97.9	96.0	96.7	96.6	96.9	97.3	98.9	99.2	99.8	99.2	99.0	98.3	97.6
白　酒	95.5	93.4	93.2	93.7	94.2	94.2	97.0	97.0	97.0	96.3	96.3	96.3	97.3
葡萄酒	102.2	99.4	103.4	103.4	103.4	103.4	103.4	103.4	103.4	103.4	101.2	99.2	99.2
啤　酒	103.8	102.4	104.6	102.3	102.6	104.6	102.7	104.0	107.4	106.5	107.2	104.5	97.4
其　他	100.0	100.0	100.0	100.0	100.0	100.0	100.0	100.0	100.0	100.0	100.0	100.0	100.0
鞋帽	**102.0**	**102.8**	**102.8**	**102.0**	**101.9**	**101.7**	**101.7**	**101.8**	**101.8**	**101.4**	**101.4**	**102.0**	**102.6**
服装	102.0	103.0	102.9	102.0	102.1	101.8	101.7	101.7	101.7	101.1	101.3	102.2	103.0
男式服装	101.8	102.7	102.5	102.1	102.2	101.9	101.9	101.9	101.9	100.7	100.5	101.3	101.8
大　衣	101.8	100.5	100.5	100.5	100.5	100.5	100.5	100.5	100.5	100.5	99.4	105.9	111.8
毛线衣	99.6	100.6	100.6	99.5	99.5	99.5	99.5	99.5	99.5	99.5	98.0	100.0	100.0
夹克衫	100.5	100.7	100.7	100.7	100.7	100.7	100.7	100.7	100.7	100.0	100.0	100.0	100.0
衬　衫	102.2	102.8	102.8	102.8	102.8	102.7	102.7	102.7	102.7	100.0	101.0	101.9	101.9
T恤衫	105.0	109.7	107.9	104.9	106.0	104.6	104.6	104.6	104.6	103.5	103.5	103.5	103.5
裤　子	102.7	104.1	104.1	104.1	104.1	104.1	104.1	104.1	104.1	100.0	100.0	100.0	100.0
西　服	100.0	99.8	99.8	100.0	100.0	100.0	100.0	100.0	100.0	100.1	100.2	100.2	100.2
运动衫裤	103.4	106.8	106.8	106.7	105.2	102.4	101.8	102.4	102.4	103.0	102.3	101.1	101.1
内　衣	100.8	100.0	100.0	100.0	100.0	100.0	100.0	100.0	100.0	100.0	100.0	103.1	106.1
羽绒衣	102.3	102.5	102.5	102.5	102.5	102.5	102.5	102.5	102.5	102.5	101.2	101.1	102.2
其　他	101.8	100.0	100.0	100.0	102.2	102.2	102.2	102.2	102.2	102.2	102.2	102.2	103.7
女式服装	102.2	103.1	103.1	101.7	101.9	101.5	101.5	101.4	101.4	101.5	101.9	103.2	104.4
大　衣	101.5	100.7	100.3	100.0	100.0	100.0	100.0	100.0	100.0	100.0	100.0	105.7	111.5
毛线衣	99.5	99.6	99.6	99.6	99.6	99.6	99.6	99.6	99.6	99.6	98.3	100.0	100.0
羽绒衣	105.5	104.8	104.8	104.8	104.8	104.8	104.8	104.8	104.8	104.8	102.3	106.7	113.3
套　装	102.9	107.1	107.3	104.7	104.7	101.7	101.3	101.0	101.0	101.3	101.9	101.5	101.5
衬　衫	104.4	103.1	103.1	101.1	101.1	101.1	101.1	101.1	101.1	106.1	111.9	110.6	110.6
T恤衫	102.0	104.6	104.2	100.9	101.7	101.7	101.7	101.7	101.7	101.7	101.7	101.7	101.7
裙　子	103.2	105.9	105.9	103.2	103.2	103.2	102.6	102.1	102.1	100.1	103.3	103.4	103.4

4-2 续表 3

类　别	年 度	月份 一	二	三	四	五	六	七	八	九	十	十一	十二
裤　子	102.0	104.0	104.0	101.1	101.1	101.4	101.4	101.4	101.4	101.4	102.1	102.7	102.7
运动衫裤	105.2	102.3	102.3	102.8	105.1	105.1	106.4	107.7	107.7	106.9	105.5	105.5	105.5
内　衣	100.7	100.0	100.0	100.0	100.0	100.0	100.0	100.0	100.0	100.0	100.0	103.0	105.9
其　他	100.0	100.0	100.0	100.0	100.0	100.0	100.0	100.0	100.0	100.0	100.0	100.0	100.0
儿童服装	102.1	103.3	103.3	102.8	103.1	102.4	102.1	101.9	101.9	101.2	101.1	101.1	101.1
上　衣	100.7	103.4	103.4	101.7	100.0	100.0	100.0	100.0	100.0	100.0	100.0	100.0	100.0
裤　子	100.5	102.1	102.1	102.0	101.9	100.9	100.5	100.0	100.0	99.5	99.0	99.0	99.0
裙　子	109.3	106.7	106.7	108.3	114.2	112.2	111.4	110.7	110.7	107.7	107.7	107.7	107.7
其　他	100.0	100.0	100.0	100.0	100.0	100.0	100.0	100.0	100.0	100.0	100.0	100.0	100.0
鞋袜帽	102.0	102.7	102.7	102.1	101.6	101.6	101.8	102.2	102.3	102.0	101.7	101.4	101.4
鞋	102.0	102.7	102.7	102.1	101.4	101.5	101.8	102.2	102.3	102.0	101.8	101.6	101.6
男　鞋	100.4	101.3	101.3	101.3	100.6	100.0	100.0	100.0	100.0	100.0	100.0	100.0	100.0
女　鞋	103.0	104.6	104.6	103.3	102.4	103.0	103.2	103.3	103.3	102.7	102.4	102.0	102.0
童　鞋	102.1	100.0	100.0	100.0	100.0	100.0	101.0	103.1	104.1	104.1	104.1	104.1	104.1
袜子	100.0	100.0	100.0	100.0	100.0	100.0	100.1	100.1	100.1	100.1	100.0	100.0	100.0
男　袜	100.1	100.0	100.0	100.0	100.0	100.0	100.1	100.2	100.2	100.1	100.0	100.0	100.0
女　袜	100.0	100.0	100.0	100.0	100.0	100.0	100.0	100.0	100.0	100.0	100.0	100.0	100.0
帽子	104.3	105.6	105.6	105.5	105.5	105.4	105.4	105.4	105.4	105.4	102.6	100.0	100.0
男　帽	104.0	105.3	105.3	105.1	105.1	105.1	105.1	105.1	105.1	105.1	102.5	100.0	100.0
女　帽	104.3	105.6	105.6	105.6	105.5	105.4	105.4	105.4	105.4	105.4	102.6	100.0	100.0
其他	100.7	100.0	100.0	100.0	100.0	100.0	100.0	100.0	100.0	101.2	102.4	102.4	102.4
领　带	100.7	100.0	100.0	100.0	100.0	100.0	100.0	100.0	100.0	101.2	102.4	102.4	102.4
纺织品	**99.9**	**100.0**	**100.0**	**100.0**	**100.0**	**100.0**	**100.0**	**100.0**	**100.0**	**99.9**	**99.6**	**99.4**	**99.4**
衣着材料	99.4	100.0	100.0	100.0	100.0	100.0	100.0	100.0	100.0	99.4	98.3	97.6	97.6
棉　布	97.0	100.0	100.0	100.0	100.0	100.0	100.0	100.0	100.0	97.1	91.0	87.8	87.8
化 纤 布	100.0	100.0	100.0	100.0	100.0	100.0	100.0	100.0	100.0	100.0	100.0	100.0	100.0
毛　线	100.0	100.0	100.0	100.0	100.0	100.0	100.0	100.0	100.0	100.0	100.0	100.0	100.0
其　他	100.0	100.0	100.0	100.0	100.0	100.0	100.0	100.0	100.0	100.0	100.0	100.0	100.0
床上用品	100.0	100.0	100.0	100.0	100.0	100.0	100.0	100.0	100.0	100.0	100.0	100.0	100.0
被　子	100.0	100.0	100.0	100.0	100.0	100.0	100.0	100.0	100.0	100.0	100.0	100.0	100.0
床上套件	100.0	100.0	100.0	100.0	100.0	100.0	100.0	100.0	100.0	100.0	100.0	100.0	100.0
家用电器及音像器材	**99.0**	**98.8**	**98.8**	**99.0**	**98.5**	**98.5**	**98.6**	**98.7**	**99.6**	**99.9**	**99.8**	**99.7**	**98.6**
家庭设备	100.3	100.9	99.3	99.3	99.7	100.2	100.5	100.3	101.4	101.6	100.6	100.5	99.3
洗 衣 机	100.4	102.1	101.8	101.5	101.1	101.1	100.0	100.0	100.0	100.0	100.0	99.0	98.2
电 风 扇	107.4	113.3	113.3	113.3	113.3	103.9	102.0	103.9	105.8	105.8	105.8	105.8	105.8
电冰箱(柜)	103.9	107.1	105.3	105.7	105.7	105.7	104.2	104.5	105.1	105.1	99.3	100.1	99.7
吸排油烟机	105.6	103.6	106.5	106.5	106.5	106.5	104.7	108.2	108.2	105.3	104.3	103.3	103.7
空 调 器	96.7	96.2	93.2	92.7	93.4	95.8	98.1	96.5	98.8	99.8	99.6	99.6	97.2

4-2 续表4

类别	年度	月份											
		一	二	三	四	五	六	七	八	九	十	十一	十二
热水器	101.6	103.0	100.0	100.7	101.3	102.3	102.3	102.3	102.3	102.3	102.3	101.6	99.1
微波炉	99.6	97.4	97.4	98.6	100.0	100.0	100.0	100.0	100.0	100.0	100.0	100.7	101.3
其他	92.8	90.8	90.8	90.8	90.8	90.8	90.8	90.8	90.8	90.8	100.0	99.4	98.0
文娱用耐用消费品	96.8	95.2	97.7	98.3	96.4	95.4	95.2	95.9	96.5	97.1	98.3	98.2	97.1
电视机	98.8	100.2	106.9	105.3	97.9	96.8	95.7	96.5	97.8	97.8	97.8	97.7	95.8
激光视盘机	100.0	100.0	100.0	100.0	100.0	100.0	100.0	100.0	100.0	100.0	100.0	99.8	99.6
摄像机	98.7	99.0	99.0	98.7	99.0	99.0	97.4	97.4	97.4	98.2	99.0	100.0	99.8
照相机	87.5	78.1	78.1	82.6	87.6	85.3	87.4	88.9	89.3	90.9	96.2	95.8	95.4
家用音响	99.8	100.0	100.0	100.0	100.0	100.0	100.0	100.0	100.0	100.0	100.0	99.2	98.4
便携式音响	99.9	100.0	100.0	100.0	100.0	100.0	100.0	100.0	100.0	100.0	100.0	100.0	98.4
其他	89.7	85.7	85.7	85.7	85.7	85.7	85.7	85.7	87.3	94.1	100.0	100.0	100.0
专业音像器材	100.0	100.0	100.0	100.0	100.0	100.0	100.0	100.0	100.0	100.0	100.0	100.0	100.0
专业音响器材	100.0	100.0	100.0	100.0	100.0	100.0	100.0	100.0	100.0	100.0	100.0	100.0	100.0
专业声像器材	100.0	100.0	100.0	100.0	100.0	100.0	100.0	100.0	100.0	100.0	100.0	100.0	100.0
文化办公用品	**99.5**	**99.6**	**99.7**	**99.6**	**99.4**	**99.3**	**99.1**	**99.4**	**99.4**	**99.2**	**99.6**	**99.8**	**100.4**
纸张本册	100.0	100.0	100.0	100.0	100.0	100.0	100.0	100.0	100.0	100.0	100.0	100.0	100.0
文具	100.8	100.0	101.6	101.6	101.6	101.6	100.0	100.0	100.0	100.0	100.0	100.0	103.5
电脑	100.2	99.9	99.9	99.7	99.1	99.1	99.5	100.4	100.4	100.4	100.4	101.2	102.0
电脑附件	96.5	96.2	96.2	96.2	96.2	96.2	94.4	94.4	95.1	94.1	99.7	99.7	99.7
电子存储器	100.1	100.0	100.0	100.0	100.0	100.0	100.0	100.0	100.2	100.2	100.2	100.2	100.2
打印机及配件	97.8	100.0	100.0	100.0	100.0	98.8	97.7	97.7	97.1	95.5	95.5	95.5	95.5
扫描仪	97.4	97.2	97.2	97.2	97.2	97.2	97.2	97.2	97.2	97.2	97.2	97.2	100.0
复印机	100.0	100.0	100.0	100.0	100.0	100.0	100.0	100.0	100.0	100.0	100.0	100.0	100.0
计算器	100.0	100.0	100.0	100.0	100.0	100.0	100.0	100.0	100.0	100.0	100.0	100.0	100.0
教学设备	100.0	100.0	100.0	100.0	100.0	100.0	100.0	100.0	100.0	100.0	100.0	100.0	100.0
其他	100.0	100.0	100.0	100.0	100.0	100.0	100.0	100.0	100.0	100.0	100.0	100.0	100.0
日用品	**100.2**	**101.2**	**100.6**	**100.1**	**100.4**	**100.2**	**100.0**	**99.9**	**99.9**	**100.2**	**100.2**	**100.0**	**99.9**
日用百货	100.0	101.5	101.1	99.6	100.1	100.7	99.9	99.6	99.5	99.7	100.2	99.4	99.2
自行车	100.0	100.0	100.0	100.0	100.0	100.0	100.0	100.0	100.0	100.0	100.0	100.0	100.0
助动自行车	100.0	100.0	100.0	100.0	100.0	100.0	100.0	100.0	100.0	100.0	100.0	100.0	100.0
雨具	100.0	100.0	100.0	100.0	100.0	100.0	100.0	100.0	100.0	100.0	100.0	100.0	100.0
剃须刀具	100.3	100.7	100.0	100.0	103.6	103.6	96.2	100.0	100.0	100.0	100.0	100.0	100.0
电池	99.1	99.1	98.2	98.0	97.9	98.7	99.6	99.6	99.6	99.6	99.6	99.8	99.8
卫生用纸制品	99.5	104.8	103.5	98.3	98.9	100.9	99.4	98.3	97.9	98.8	100.2	97.4	96.7
其他	105.9	106.5	108.8	104.0	108.8	108.8	108.8	104.3	104.3	102.0	106.2	104.3	104.3
日用杂品	100.7	104.4	100.9	101.0	102.5	99.9	99.9	99.8	99.7	100.0	100.0	100.0	100.0
茶具	101.0	100.0	100.0	100.0	101.7	103.5	103.5	103.5	100.0	100.0	100.0	100.0	100.0
餐具	101.6	106.0	102.3	103.9	106.0	101.9	101.9	98.2	99.1	100.0	100.0	100.0	100.0

4-2 续表 5

类别	年度	月份											
		一	二	三	四	五	六	七	八	九	十	十一	十二
厨　具	99.8	105.1	100.0	98.7	100.0	96.8	96.8	100.0	100.0	100.0	100.0	100.0	100.0
其　他	100.0	100.0	100.0	100.0	100.0	100.0	100.0	100.0	100.0	100.0	100.0	100.0	100.0
洗涤用品	100.8	100.1	100.4	100.4	100.6	100.6	100.7	100.8	100.8	101.6	101.1	101.1	101.1
洗衣粉(液)	100.2	99.7	99.7	99.7	99.7	99.7	99.7	99.7	99.7	101.2	101.2	101.2	101.2
肥皂类	101.5	102.0	102.0	102.0	102.0	102.0	102.0	102.0	102.0	102.0	100.0	100.0	100.0
清洁洗涤剂	100.7	98.2	99.3	99.2	100.2	100.2	100.5	100.9	100.9	101.7	102.6	102.6	102.6
其他日用品	99.4	100.0	100.0	100.2	99.3	99.3	99.2	99.2	99.2	99.2	99.2	99.2	99.2
儿童玩具	97.4	100.1	100.1	100.8	96.4	96.4	96.4	96.4	96.4	96.4	96.4	96.4	96.4
照明器具	100.0	100.0	100.0	100.0	100.0	100.0	100.0	100.0	100.0	100.0	100.0	100.0	100.0
钟表眼镜及配件	100.0	100.0	100.0	100.0	100.0	100.0	100.0	100.0	100.0	100.0	100.0	100.0	100.0
日用普通饰品	100.0	100.0	100.0	100.0	100.0	100.0	100.0	100.0	100.0	100.0	100.0	100.0	100.0
日用皮革制品	99.9	100.0	100.0	100.0	100.0	100.0	99.9	99.8	99.8	99.8	99.8	99.8	99.8
其　他	99.1	100.0	100.0	100.0	100.0	100.0	100.0	98.1	98.1	98.1	98.1	98.1	98.1
体育娱乐用品	**100.2**	**100.2**	**100.2**	**100.2**	**100.2**	**100.2**	**100.2**	**100.2**	**100.2**	**100.2**	**100.1**	**100.0**	**100.3**
体育用品	100.0	100.0	100.0	100.0	100.0	100.0	100.0	100.0	100.0	100.0	100.0	100.0	100.5
球　类	100.1	100.0	100.0	100.0	100.0	100.0	100.0	100.0	100.0	100.0	100.0	100.0	101.5
棋　牌	100.0	100.0	100.0	100.0	100.0	100.0	100.0	100.0	100.0	100.0	100.0	100.0	100.0
健身器材	100.0	100.0	100.0	100.0	100.0	100.0	100.0	100.0	100.0	100.0	100.0	100.0	100.0
娱乐用品	100.3	100.4	100.4	100.4	100.4	100.4	100.4	100.4	100.4	100.4	100.3	100.0	100.0
游艺器材	100.9	101.1	101.1	101.1	101.1	101.1	101.1	101.1	101.1	101.1	100.7	100.0	100.0
乐　器	100.0	100.0	100.0	100.0	100.0	100.0	100.0	100.0	100.0	100.0	100.0	100.0	100.0
交通、通信用品	**100.0**	**98.9**	**99.0**	**99.6**	**98.1**	**97.5**	**98.7**	**99.2**	**100.4**	**101.9**	**102.9**	**102.4**	**100.9**
交通运输机械	100.3	99.8	99.8	99.9	99.7	99.1	100.8	100.8	100.8	101.3	101.3	100.9	99.0
轿　车	97.3	95.8	95.8	96.0	95.8	94.6	97.5	97.5	97.5	98.5	98.5	102.3	98.7
客　车	104.7	105.7	105.7	105.7	105.7	105.7	105.7	105.7	105.7	105.7	105.7	100.0	100.0
货　车	103.7	105.2	104.9	104.9	104.9	104.9	104.9	104.9	104.9	104.9	104.9	98.0	98.0
其　他	100.0	100.0	100.0	100.0	100.0	100.0	100.0	100.0	100.0	100.0	100.0	100.0	100.0
通信器材	99.2	96.5	97.0	98.8	93.8	93.4	93.6	95.3	99.6	103.5	107.0	106.5	106.3
固定电话机	100.4	100.8	100.8	103.7	101.0	100.0	100.0	100.0	100.0	100.0	100.0	99.5	98.9
移动电话机	98.8	95.4	96.0	97.8	91.9	91.6	91.8	93.9	99.4	104.5	109.2	108.7	108.4
传真机	100.0	100.0	100.0	100.0	100.0	100.0	100.0	100.0	100.0	100.0	100.0	100.0	100.0
其　他	100.0	100.0	100.0	100.0	100.0	100.0	100.0	100.0	100.0	100.0	100.0	100.0	100.0
家具	**102.5**	**104.3**	**104.3**	**104.3**	**104.3**	**104.3**	**104.3**	**102.4**	**102.4**	**100.0**	**100.0**	**100.0**	**100.0**
柜	102.6	104.8	104.8	104.8	104.8	104.8	104.8	101.2	101.2	100.0	100.0	100.0	100.0
床	101.5	102.5	102.5	102.5	102.5	102.5	102.5	101.7	101.7	100.0	100.0	100.0	100.0
桌	102.5	104.5	104.5	104.5	104.5	104.5	104.5	102.1	102.1	100.0	100.0	100.0	100.0
椅	105.8	109.4	109.4	109.4	109.4	109.4	109.4	107.8	107.8	100.0	100.0	100.0	100.0
沙　发	100.2	100.3	100.3	100.3	100.3	100.3	100.3	100.3	100.3	100.0	100.0	100.0	100.0

4-2 续表6

类别	年度	月份											
		一	二	三	四	五	六	七	八	九	十	十一	十二
其他	100.9	101.7	101.7	101.7	101.7	101.7	101.7	100.0	100.0	100.0	100.0	100.0	100.0
化妆品	**101.1**	**100.5**	**100.6**	**100.5**	**100.5**	**101.1**	**101.5**	**101.4**	**101.3**	**101.3**	**101.7**	**101.6**	**101.6**
护肤品	101.9	100.0	100.0	100.0	100.0	101.3	102.5	102.5	102.5	103.2	103.8	103.8	103.8
美容、装饰类化妆品	100.0	100.0	100.0	100.0	100.0	100.0	100.0	100.0	100.0	100.0	100.0	100.0	100.0
护发美容品	100.1	100.5	100.3	100.3	100.3	100.3	100.3	100.0	100.3	100.0	100.2	99.1	99.4
洗发用品	100.3	99.9	99.9	100.1	100.3	100.3	100.3	100.3	100.3	100.3	100.3	100.5	100.5
洗浴用品	102.6	103.7	103.7	103.2	103.4	104.0	103.6	102.8	101.6	100.5	101.6	101.6	101.6
药物美容用品	100.2	100.0	102.2	100.0	100.0	100.0	100.0	100.0	100.8	100.0	100.0	100.0	100.0
金银珠宝	**92.3**	**85.1**	**85.7**	**90.0**	**90.9**	**93.5**	**95.2**	**101.3**	**96.0**	**93.3**	**92.0**	**91.5**	**95.5**
金饰品	87.6	73.9	78.0	82.5	84.4	87.9	88.5	97.6	94.2	90.2	90.7	93.0	98.4
银饰品	94.9	90.8	88.8	88.8	88.8	91.9	98.1	99.1	100.9	100.9	99.2	98.4	95.9
铂金饰品	95.1	95.1	90.9	97.2	97.1	98.6	101.4	106.5	95.9	93.2	89.4	85.7	90.5
其他	100.0	100.0	100.0	100.0	100.0	100.0	100.0	100.0	100.0	100.0	100.0	100.0	100.0
中西药品及医疗保健用品	**102.2**	**101.8**	**101.8**	**101.4**	**102.1**	**102.1**	**102.1**	**102.1**	**102.1**	**102.3**	**103.0**	**102.7**	**102.9**
医疗器具及用品	100.0	100.0	100.0	100.0	100.0	100.0	100.0	100.0	100.0	100.0	100.0	100.0	100.0
医疗器具及用品	100.0	100.0	100.0	100.0	100.0	100.0	100.0	100.0	100.0	100.0	100.0	100.0	100.0
中药材及中成药	102.4	100.1	100.1	100.1	101.8	102.4	102.4	102.4	102.4	102.9	103.8	105.0	105.5
中药材	100.6	95.9	95.9	95.9	99.6	101.8	101.8	101.8	101.8	102.4	102.9	104.1	104.1
中成药	103.1	101.7	101.7	101.7	102.6	102.6	102.6	102.6	102.6	103.1	104.1	105.3	106.0
西药	100.5	100.7	100.7	99.9	100.6	100.3	100.3	100.6	100.6	100.6	100.6	100.6	100.6
抗菌素(抗感染药)	100.0	100.0	100.0	100.0	100.0	100.0	100.0	100.0	100.0	100.0	100.0	100.0	100.0
消化系统用药	102.9	97.9	97.9	97.9	103.1	103.1	103.1	105.3	105.3	105.3	105.3	105.3	105.3
呼吸系统用药	100.7	104.1	104.1	100.0	100.0	100.0	100.0	100.0	100.0	100.0	100.0	100.0	100.0
解热镇痛药	100.0	100.3	100.3	100.3	100.1	100.1	100.1	99.9	99.9	99.9	99.9	99.9	99.9
抗肿瘤药	101.7	100.0	100.0	100.0	102.3	102.3	102.3	102.3	102.3	102.3	102.3	102.3	102.3
激素类药	101.0	103.2	103.2	103.2	103.2	100.0	100.0	100.0	100.0	100.0	100.0	100.0	100.0
心血管系统用药	102.8	102.3	102.3	100.0	103.2	103.2	103.2	103.2	103.2	103.2	103.2	103.2	103.2
中枢神经系统用药	93.8	100.0	100.0	100.0	91.8	91.8	91.8	91.8	91.8	91.8	91.8	91.8	91.8
消毒防腐及创伤外科用药	100.2	101.7	101.7	100.0	101.2	99.7	99.7	99.7	99.7	99.7	99.7	99.7	99.7
泌尿系统用药	98.2	100.0	100.0	100.0	97.6	97.6	97.6	97.6	97.6	97.6	97.6	97.6	97.6
维生素类	97.9	98.9	98.9	98.9	96.6	97.7	97.7	97.7	97.7	97.7	97.7	97.7	97.7
其他	97.3	94.7	94.7	94.7	94.7	94.7	94.7	100.0	100.0	100.0	100.0	100.0	100.0
保健器具及用品	110.4	113.3	113.3	113.3	111.1	110.1	110.1	109.1	109.1	109.1	113.0	107.0	107.0
保健器具	100.0	100.0	100.0	100.0	100.0	100.0	100.0	100.0	100.0	100.0	100.0	100.0	100.0
滋补保健用品	112.8	116.6	116.6	116.6	113.7	112.5	112.5	111.3	111.3	111.3	115.9	108.5	108.5
书报杂志及电子出版物	**100.2**	**100.4**	**100.4**	**100.4**	**100.4**	**100.4**	**100.4**	**100.4**	**99.9**	**99.9**	**99.9**	**99.9**	**100.0**
教材及参考书	100.7	101.2	101.2	101.2	101.2	101.2	101.2	101.2	100.0	100.0	100.0	100.0	100.0
工具书	100.0	100.0	100.0	100.0	100.0	100.0	100.0	100.0	100.0	100.0	100.0	100.0	100.0

4-2 续表 7

类 别	年 度	月份 一	二	三	四	五	六	七	八	九	十	十一	十二
教 材	101.4	102.3	102.3	102.3	102.3	102.3	102.3	102.3	100.0	100.0	100.0	100.0	100.0
参 考 书	100.0	100.0	100.0	100.0	100.0	100.0	100.0	100.0	100.0	100.0	100.0	100.0	100.0
教育软件	100.0	100.0	100.0	100.0	100.0	100.0	100.0	100.0	100.0	100.0	100.0	100.0	100.0
书报杂志	100.0	100.0	100.0	100.0	100.0	100.0	100.0	100.0	100.0	100.0	100.0	100.0	100.0
书 籍	100.0	100.0	100.0	100.0	100.0	100.0	100.0	100.0	100.0	100.0	100.0	100.0	100.0
报 纸	100.0	100.0	100.0	100.0	100.0	100.0	100.0	100.0	100.0	100.0	100.0	100.0	100.0
杂 志	100.0	100.0	100.0	100.0	100.0	100.0	100.0	100.0	100.0	100.0	100.0	100.0	100.0
电子音像制品	98.5	98.4	98.4	98.4	98.4	98.4	98.4	98.4	98.4	98.4	98.4	98.4	100.0
音像光盘和视盘	100.0	100.0	100.0	100.0	100.0	100.0	100.0	100.0	100.0	100.0	100.0	100.0	100.0
计算机软件	96.7	96.4	96.4	96.4	96.4	96.4	96.4	96.4	96.4	96.4	96.4	96.4	100.0
燃料	**99.6**	**100.5**	**99.5**	**99.9**	**101.3**	**103.6**	**104.1**	**103.7**	**101.4**	**98.0**	**97.3**	**94.9**	**91.6**
煤炭及制品	100.0	100.0	100.0	100.0	100.0	100.0	100.0	100.0	100.0	100.0	100.0	100.0	100.0
原 煤	100.0	100.0	100.0	100.0	100.0	100.0	100.0	100.0	100.0	100.0	100.0	100.0	100.0
煤 制 品	100.0	100.0	100.0	100.0	100.0	100.0	100.0	100.0	100.0	100.0	100.0	100.0	100.0
石油及制品	99.5	100.6	99.4	99.9	101.5	104.3	104.9	104.4	101.7	97.7	96.8	93.9	90.0
液化石油气	101.4	100.0	100.0	100.0	102.0	108.7	108.2	106.7	104.4	100.0	100.0	98.6	89.9
管道燃气	100.0	100.0	100.0	100.0	100.0	100.0	100.0	100.0	100.0	100.0	100.0	100.0	100.0
汽 油	100.1	101.9	99.6	100.9	103.7	107.3	108.6	108.0	103.5	97.2	95.9	91.1	84.8
柴 油	96.4	99.3	97.2	97.5	99.7	103.7	104.8	104.5	99.7	92.8	90.8	85.2	82.1
其 他	100.0	100.0	100.0	100.0	100.0	100.0	100.0	100.0	100.0	100.0	100.0	100.0	100.0
建筑材料及五金电料	**100.4**	**100.1**	**99.7**	**99.4**	**100.1**	**100.4**	**101.1**	**100.5**	**100.8**	**100.8**	**100.6**	**100.6**	**100.9**
建筑装璜材料	100.5	99.8	99.4	99.1	100.2	100.4	101.4	100.7	101.2	101.2	100.8	100.9	101.3
木 材	100.0	100.0	100.0	100.0	100.0	100.0	100.0	100.0	100.0	100.0	100.0	100.0	100.0
木 地 板	99.4	100.0	100.0	100.0	100.0	100.0	99.0	99.0	99.0	99.0	99.0	99.0	99.0
钢 材	92.7	90.6	90.6	87.7	89.0	90.4	96.8	92.9	95.4	95.4	93.5	93.8	97.1
砖	102.4	105.4	103.5	101.1	102.2	102.2	102.2	102.2	102.2	102.2	102.2	102.2	102.2
水 泥	102.3	103.3	103.3	102.8	102.3	102.3	102.3	102.3	102.3	102.3	102.3	102.3	100.1
涂 料	107.1	100.0	100.0	104.5	109.0	109.0	109.0	109.0	109.0	109.0	109.0	109.0	109.0
板 材	100.6	100.0	100.0	100.4	100.8	100.8	100.8	100.8	100.8	100.8	100.8	100.8	100.8
玻 璃	98.4	106.5	102.1	97.0	97.0	97.0	97.0	97.0	97.0	97.0	97.0	97.0	100.0
粘 胶	104.3	100.0	100.0	102.8	105.5	105.5	105.5	105.5	105.5	105.5	105.5	105.5	105.5
管 材	108.7	100.0	100.0	105.5	111.0	111.0	111.0	111.0	111.0	111.0	111.0	111.0	111.0
厨卫设备	101.2	101.2	101.2	101.2	101.2	101.2	101.2	101.2	101.2	101.2	101.2	101.2	101.2
其 他	100.0	100.0	100.0	100.0	100.0	100.0	100.0	100.0	100.0	100.0	100.0	100.0	100.0
五金电料	100.2	100.9	100.4	100.1	100.0	100.5	100.4	100.0	100.0	100.0	100.0	100.0	100.0
五金工具	100.3	101.0	101.0	101.0	100.7	100.3	100.0	100.0	100.0	100.0	100.0	100.0	100.0
电工电料	100.3	101.5	100.0	100.0	100.0	101.0	101.0	100.0	100.0	100.0	100.0	100.0	100.0
水暖器材	99.9	100.0	100.0	99.1	99.1	100.0	100.0	100.0	100.0	100.0	100.0	100.0	100.0
其 他	100.0	100.0	100.0	100.0	100.0	100.0	100.0	100.0	100.0	100.0	100.0	100.0	100.0

4-3 市区居民消费及零售商品平均价格

（2014 年）

品 名	规 格	单位	本年平均价格（元）	品 名	规 格	单位	本年平均价格（元）
大米	东北粳米一等散装	千克	6.16	植物油制品	山东菏泽调和油福临门天然谷物 5l 桶装	升	12.76
大米	原阳粳米一等散装	千克	5.43	植物油制品	周口调和油金龙鱼第二代 5l 桶装	升	13.03
面粉	郑州特一粉神象 25kg 袋装	千克	3.58	其他	郑州一级猪板油	千克	12.72
面粉	郑州精制粉金苑 25kg 袋装	千克	3.31	猪肉	郑州去骨五花猪肉	千克	25.85
粮食制品	郑州高筋挂面神象 400g	千克	5.56	猪肉	郑州去骨后腿猪肉	千克	25.86
粮食制品	郑州黑芝麻大汤圆三全 500g 袋装(15 个)	千克	18.61	牛肉	郑州去骨腿肉	千克	54.52
粮食制品	天津红烧牛肉面康师傅五连包袋装 103g*5(面饼 85	千克	23.66	牛肉	郑州肋排肉	千克	53.72
粮食制品	郑州馒头(袋装)	千克	5.00	羊肉	郑州去骨腿肉	千克	63.61
小米	郑州一等散装	千克	12.79	羊肉	郑州带骨羊排肉	千克	53.82
玉米面	郑州一等散装	千克	3.88	畜肉副产品	郑州猪肝	千克	18.22
淀粉及制品	郑州红薯类淀粉	千克	10.48	畜肉副产品	郑州猪肚	千克	36.43
淀粉及制品	禹州红薯粉条	千克	14.83	其他	郑州兔肉	千克	19.04
干豆	郑州黄豆一等散装	千克	6.38	鸡	郑州活公鸡上等	千克	31.08
干豆	郑州绿豆一等散装	千克	11.50	鸡	郑州白条鸡上等	千克	15.37
豆制品	郑州水豆腐	千克	4.42	鸭	郑州活鸭上等	千克	30.88
豆制品	许昌腐竹	千克	24.80	鸭	郑州半片鸭	千克	11.37
豆制品	郑州豆腐干	千克	7.60	其他	郑州上等活鸽子	千克	24.22
食用植物油	郑州小磨香油	升	45.06	畜肉制品	郑州香肠	千克	39.20
食用植物油	周口花生油金龙鱼非转基因压榨一级 5l 桶装	升	23.09	畜肉制品	郑州五香熟牛肉	千克	96.67
食用植物油	周口大豆油金龙鱼维生素 A 营养 5l 桶装	升	10.73	畜肉制品	郑州熟猪头肉	千克	41.10

4-3 续表 1

品 名	规 格	单位	本年平均价格（元）	品 名	规 格	单位	本年平均价格（元）
禽制品	郑州烧鸡	千克	38.00	鲜菜	郑州韭菜一等	千克	4.56
禽制品	郑州鸡爪	千克	41.60	鲜菜	郑州菜花一等	千克	5.43
禽制品	郑州鸡翅	千克	59.20	鲜菜	郑州黄瓜一等	千克	5.78
鲜蛋	郑州鸡蛋新鲜完整	千克	10.07	鲜菜	郑州冬瓜一等	千克	3.15
蛋制品	郑州咸鸭蛋	千克	20.00	鲜菜	郑州西红柿一等	千克	6.17
蛋制品	郑州松花蛋	千克	20.00	鲜菜	郑州茄子一等	千克	5.70
淡水鱼	郑州鲤鱼 0.5kg 以上	千克	12.27	鲜菜	郑州白萝卜一等	千克	3.04
淡水鱼	郑州鲢鱼 0.5kg 以上	千克	13.63	鲜菜	郑州胡萝卜一等	千克	4.65
淡水鱼	郑州草鱼 0.5 千克以上	千克	13.03	鲜菜	郑州青椒一等	千克	6.81
海水鱼	浙江带鱼 0.5kg 以上	千克	26.56	鲜菜	郑州四季豆一等	千克	9.88
海水鱼	浙江扒皮鱼中等	千克	58.79	鲜菜	郑州黄豆芽一等	千克	3.53
海水鱼	浙江黄花鱼	千克	38.28	鲜菜	郑州洋葱头一等	千克	3.53
虾蟹类	郑州河蟹	千克	75.54	鲜菜	郑州大葱一等	千克	4.28
虾蟹类	浙江竹节虾	千克	89.43	鲜菜	郑州生姜一等	千克	20.80
虾蟹类	浙江冷冻虾散装	千克	38.68	鲜菜	郑州大蒜一等	千克	6.14
其他	浙江海带(干)	千克	20.00	鲜菜	郑州莲藕一等	千克	7.57
鲜菜	郑州大白菜一等	千克	2.70	鲜菜	郑州蒜苔一等	千克	7.81
鲜菜	郑州洋白菜一等	千克	2.88	鲜菜	郑州西葫芦一等	千克	4.99
鲜菜	郑州菠菜一等	千克	5.88	鲜菜	郑州丝瓜一等	千克	8.05
鲜菜	郑州油菜一等	千克	5.38	鲜菜	郑州莴笋一等	千克	4.56
鲜菜	郑州芹菜一等	千克	3.76	干菜及菜制品	东北木耳(干)甲级	千克	101.33
				干菜及菜制品	郑州五香大头菜甲级	千克	5.08
				干菜及菜制品	柘城干辣椒甲级	千克	23.20

4-3　续表2

品　名	规　格	单位	本年平均价格（元）	品　名	规　格	单位	本年平均价格（元）
干菜及菜制品	淮阳黄花菜甲级	千克	44.57	液体饮料	浙江绍兴凉茶加多宝罐装310ml	升	11.87
薯类	郑州土豆一等	千克	4.88	液体饮料	郑州可口可乐2l瓶装	升	3.20
食用盐	平顶山加碘精盐卫群400g	千克	4.18	冷冻饮品	天津冰激淋小神童	支	1.83
酱油	广东草菇老抽李锦记500ml	升	13.72	冷冻饮品	内蒙伊犁冰激淋火炬	支	2.50
酱油	广东佛山金标生抽海天500ml	升	14.88	鲜瓜果	郑州苹果一级	千克	10.37
食醋	江苏香醋恒顺瓶装500ml	升	11.02	鲜瓜果	砀山梨一级	千克	6.26
食醋	山西清徐老陈醋紫林420ml	升	10.12	鲜瓜果	海南香蕉一级	千克	7.19
味精	周口味精莲花含麸酸纳99%500g袋装	千克	20.87	鲜瓜果	郑州西瓜一级	千克	1.91
料酒	北京房山王致和500ml	瓶	4.63	鲜瓜果	四川橘子一级	千克	4.71
食糖	北京白砂糖厨大妈450g	千克	15.97	鲜瓜果	郑州葡萄一级	千克	10.24
食糖	北京红糖厨大妈450g袋装	千克	15.33	鲜瓜果	郑州桃子一级	千克	6.47
糖果	上海玉米硬糖金丝猴散装	千克	38.96	鲜瓜果	四川猕猴桃一级	千克	11.39
糖果	上海奶糖金丝猴散装	千克	54.88	干(坚)果	新疆干红枣一级	千克	50.00
巧克力制品	北京巧克力板糖德芙80g(丝滑牛奶)	千克	148.66	干(坚)果	郑州生花生米一级	千克	11.31
糖类小食品	郑州山楂片金泰散装	千克	20.57	干(坚)果	郑州核桃一级	千克	48.00
糖类小食品	郑州蜜枣灵宝散装	千克	16.80	糕点	郑州脆皮蛋糕散装	千克	17.05
茶叶	湖南长沙茉莉花茶猴王特级100g	千克	130.00	糕点	广东东莞沙琪玛徐福记鸡蛋470g	千克	30.91
茶叶	河南信阳碧螺春天潭一级100g	千克	105.33	糕点	郑州桃酥散装	千克	17.00
固体饮料	广东咖啡醇品雀巢100g瓶装	千克	422.04	饼干	苏州太平梳打饼干(香葱)卡夫100g袋装	千克	30.39
固体饮料	上海清凉菊花晶生字400g袋装	千克	40.64	饼干	浙江杭州3+2酥松夹心饼康师傅袋装118克g(草莓牛奶)	千克	38.98
液体饮料	河北承德杏仁露露露240ml罐装	升	14.03	饼干	广东鲜葱薄饼干嘉士力680g袋装	千克	26.39
				面包	郑州长条吐司诺蜜欧650g	千克	14.44
				面包	郑州圆形面包康诺416g	千克	15.00

4-3　续表 3

品　名	规　格	单位	本年平均价格（元）	品　名	规　格	单位	本年平均价格（元）
巴氏杀菌乳或灭菌乳	呼和浩特纯牛奶蒙牛 250ml 盒装	升	12.00	地方小吃	胡辣汤	碗	2.68
巴氏杀菌乳或灭菌乳	郑州纯牛奶花花牛 200ml 袋装(30 天保质)	升	10.00	地方小吃	豆腐脑	碗	1.82
酸牛乳	郑州酸奶花花牛 180g 袋装	升	1.77	其他食品	西式快餐超级鸡腿堡	个	15.13
酸牛乳	呼和浩特活性乳酸菌酸牛奶蒙牛 100g＊8 盒	升	1.43	其他食品	上海冠生园 500g 瓶装蜂蜜	瓶	19.61
乳粉	呼和浩特奶粉全脂无糖伊利 400g 袋装(16＊25g)	千克	72.00	其他食品	呼和浩特新家园 75g 烤馍锅巴	袋	1.93
乳粉	黑龙江双城婴儿奶粉力多精 400g 袋装(1 号)	千克	157.33	其他食品	上海上好佳 50g 袋装(番茄味)田园薯片	袋	2.97
早餐奶酪	蒙牛呼和浩特 200g(12 片装)	袋	25.83	高档卷烟	中华软盒	盒	73.33
主食	郑州大米饭二两一碗	碗	1.00	高档卷烟	苏烟软盒	盒	45.00
主食	郑州烩面四两一碗	碗	13.63	中档卷烟	玉溪软盒	盒	22.00
主食	油条	千克	10.62	中档卷烟	黄金叶黑帝豪	盒	20.00
炒菜	西芹百合	盘	32.33	其他	黄金叶红旗渠	盒	10.00
炒菜	土芹菜炒腊肉	盘	31.33	白酒	四川宜宾五粮液 52 度 500ml 瓶装	瓶	889.78
炒菜	蒜蓉上海青	盘	13.33	白酒	河南汝阳国色天香杜康 500ml 瓶装	瓶	53.60
炒菜	酸辣广肚	盘	74.00	白酒	北京二锅头 55 度普通红星 500ml	瓶	11.60
炒菜	清蒸鲈鱼	斤	51.33	葡萄酒	吉林红葡萄酒通化 720ml 瓶装	瓶	17.53
炒菜	上汤娃娃菜	盘	23.00	葡萄酒	山东烟台干红葡萄酒张裕 750ml 瓶装	瓶	38.60
炒菜	香菇菜心	盘	24.33	啤酒	青岛青岛啤酒 330ml 听装	瓶	4.50
炒菜	银杏蒸南瓜	盘	26.33	啤酒	郑州新一代啤酒金星 550ml 瓶装	瓶	2.89
炒菜	辣子鸡	盘	31.00	黄酒	浙江绍兴女儿红 600ml	瓶	9.80
炒菜	毛血旺	盘	39.67	大衣	皮尔卡丹男式羊毛大衣	件	7072.29
地方小吃	炒凉粉	份	5.00	大衣	雅戈尔男式大衣	件	2928.50

4-3　续表4

品　名	规　格	单位	本年平均价格（元）	品　名	规　格	单位	本年平均价格（元）
毛绒衣	鹿王男式羊绒衫	件	3180.00	毛线衣	鹿王女V领羊绒衫	件	2180.00
毛绒衣	鄂尔多斯男式羊绒衫	件	3583.33	毛线衣	鄂尔多斯羊绒衫	件	3280.00
夹克衫	雅戈尔男式夹克衫	件	2280.00	羽绒衣	耐克女羽绒服	件	1524.00
夹克衫	金利来男式夹克衫	件	2880.00	羽绒衣	阿迪达斯女羽绒服	件	1524.00
衬衫	雅戈尔男式衬衫	件	889.72	套装	衣恋女套装	套	1285.53
衬衫	皮尔卡丹男式衬衫	件	820.00	套装	PRICH女套装	套	1871.36
T恤衫	阿迪达斯男T恤衫	件	342.89	衬衫	阿玛施女衬衫	件	847.50
T恤衫	耐克男T恤衫	件	249.00	衬衫	衣恋女衬衫	件	686.06
裤子	皮尔卡丹男裤	条	1680.00	T恤衫	衣恋女T恤衫	件	511.86
裤子	雅戈尔男裤	条	1080.00	T恤衫	阿玛施女T恤衫	件	599.33
西服	金利来男西服	套	5807.78	裙子	衣恋短裙	条	817.06
西服	雅戈尔男西服	套	3580.00	裙子	阿玛施短裙	条	686.53
运动衫裤	阿迪达斯男运动裤	条	471.92	裤子	阿玛施女裤	条	793.33
运动衫裤	耐克男运动裤	条	428.58	裤子	衣恋女裤	条	606.36
内衣	宜而爽男棉毛长袖衫裤	套	89.00	运动衫裤	阿迪达斯女运动裤	条	488.86
内衣	宜而爽保暖内衣	套	80.25	运动衫裤	耐克女运动裤	条	469.42
羽绒衣	耐克（灰鹅绒85%）575362－547男羽绒服	件	1507.33	内衣	宜而爽女棉毛长袖衫裤	套	92.33
羽绒衣	阿迪达斯（白鸭绒）G72208男羽绒服	件	1499.00	内衣	宜而爽女保暖衣	套	83.58
其他	皮尔卡丹男棉睡衣	套	751.64	其他	皮尔卡丹女棉睡衣	套	648.00
大衣	阿玛施女羊毛大衣	件	2023.33	上衣	耐克女童针织夹克	件	399.00
大衣	衣恋女大衣	件	2728.67	上衣	耐克男童针织夹克	件	469.00

4-3 续表 5

品　名	规　格	单位	本年平均价格（元）	品　名	规　格	单位	本年平均价格（元）
裤子	阿迪达斯男儿童梭织男裤	条	345.39	男袜	皮尔卡丹男袜子(厚)	双	68.08
裤子	阿迪达斯少女梭织女裤	条	369.00	男袜	皮尔卡丹男袜(单)	双	48.00
裙子	依恋短裙童装	条	598.00	女袜	皮尔卡丹女袜(厚)	双	26.67
裙子	侨保马甲裙童装	条	377.72	女袜	皮尔卡丹女袜(单)	双	25.33
其他	聪明星儿童内衣	套	44.97	男帽	耐克生活男线帽	顶	199.00
棉布	白棉布新疆 3.4m	米	11.00	男帽	阿迪达斯男运动帽	顶	129.00
棉布	床单布上海	米	17.17	女帽	阿迪达斯女运动帽	顶	165.33
化纤布	绍兴化纤布(厚)144cm	米	46.67	女帽	耐克生活女线帽	顶	182.33
化纤布	绍兴化纤布 144cm(薄)	米	31.00	缝纫	男西服缝纫费	套	287.50
毛线	上海恒源祥 100% 纯毛中粗团线	千克	244.00	缝纫	毛料女裤缝纫费	条	50.00
毛线	河北三利全毛中粗	千克	226.67	清洗	男毛料西服干洗费(深色)	套/次	20.00
其他	浙江丝绸	米	18.67	清洗	干洗羽绒服	件/次	33.33
男鞋	C. Deny 男牛皮鞋	双	1873.00	其他	换鞋跟	双	10.00
男鞋	耐克男慢跑鞋	双	999.00	柜	达之杰书柜实木(四门)1.8m＊0.6m＊2.1m	个	2933.33
男鞋	BOSS 男牛皮鞋	双	1880.00	柜	好利居板式衣柜 2m＊0.6m＊2.2m(五门)	个	3533.33
女鞋	百丽女小牛皮鞋	双	829.56	柜	千朵悠莲床头柜板式 0.4m＊0.4m＊0.4m	个	440.00
女鞋	耐克女慢跑鞋	双	999.00	床	卡兹莱特 1.8m＊2m 板式双人床	张	2166.67
女鞋	阿迪达斯女跑鞋	双	901.36	床	柏香微单人床实木 1.2m＊2m	张	2100.00
童鞋	阿迪达斯男训练鞋	双	380.00	桌	天缘皇宫餐桌实木 0.8m＊1.6m	张	3266.67
童鞋	耐克毛毛虫男童鞋	双	441.22	桌	长江电脑桌 1.2m＊0.8m	张	283.33
童鞋	耐克毛毛虫女童鞋	双	443.44	桌	佰满实木老板台 1.6m＊0.8m＊1m	张	2975.00

4-3 续表6

品 名	规 格	单位	本年平均价格（元）	品 名	规 格	单位	本年平均价格（元）
椅	驰达实木椅普通	把	210.00	微波炉	格兰仕 G80F23MN3XL-A7	台	1437.04
椅	佰满实木椅高档	把	460.00	电饭煲	美的 YN402D	个	197.76
沙发	聚皇牛皮皮沙发(1+2+4)	套	17200.00	电磁炉	格兰仕 CH2122	个	332.33
沙发	欧盛沙发木制(1+2+3+2 个茶几)	套	9700.00	豆浆机	美的 DE12E12	个	399.00
玻璃茶几	新红阳 1.1m＊0.55m	件	780.00	纺织装饰品	化纤窗帘 6m＊2.8m 郑州	幅	316.67
洗衣机	海尔 XQ60-1011W	台	2099.00	纺织装饰品	桌布大元(137＊183)广州	个	19.57
洗衣机	海尔 XQG60-10266AW	台	2799.00	装饰灯具	护眼灯孩视宝广东深圳	个	240.00
洗衣机	三洋 XQB60-B835YS	台	2859.11	装饰灯具	吸顶灯广东佛山(50＊70cm)	个	370.00
电风扇	先锋 DD092	台	240.11	其他	苏州莹辉果盘	个	24.68
电风扇	先锋 DK082	台	292.11	被子	豪华馨悦羊毛被馨亭 2m＊2.3m	条	1688.00
电冰箱(柜)	海尔 BCD-215KS	台	2490.67	被子	超细纤维春秋被馨亭 2m＊2.3m	条	858.00
电冰箱(柜)	新飞 BCD-197KA	台	1532.34	床上四件套	印花四件套馨亭 2m＊2.3m	套	699.00
电冰箱(柜)	新飞冰柜 BC/BD-109CH	台	1371.58	床上套件	富安娜四件套 2m＊2.3m	套	798.00
吸排抽烟机	海尔 CXW-200-T750	台	3599.00	其他	馨亭舒棉枕	个	238.00
吸排抽烟机	老板 CXW-185-5102	台	3095.25	茶具	玻璃杯弓箭 18953	件	9.83
空调器	美的变频空调 KFR-26GW/BP2DN	台	3785.11	茶具	日式 7 头茶具闽通	套	57.63
空调器	美的柜机空调 KFR-72LW/DY-ID	台	6022.45	餐具	护边碗民生富贵园 5.5 寸	件	4.57
空调器	美的空调 KFR-26GW/DY-ID(R2)	台	2493.44	餐具	铁木筷俏林 J-04(5 双)	件	9.90
热水器	史密斯 CEWH-60K6B	台	2846.89	厨具	砍骨刀选夫人	把	38.87
热水器	海尔 JSQ20-E1(12T)	台	2340.67	厨具	电铲鸿顺电木罗璇柄	个	15.67
微波炉	美的 MG720KG3-NA1	台	499.00	家用手工工具	钢丝钳昌达	把	26.53

4-3 续表 7

品 名	规 格	单位	本年平均价格（元）	品 名	规 格	单位	本年平均价格（元）
家用手工工具	螺丝刀捷科	把	10.63	中成药	霍香正气滴丸 2.6g＊9 包禹州药王	盒	11.40
洗涤用品	洗洁精雕 500G	瓶	4.55	中成药	跌打丸 6 克＊6s 广西中华	盒	6.73
洗涤用品	洗衣粉奥妙 1.1kg	袋	11.12	抗菌类(抗感染药)	罗红霉素 150mg＊6s 石家庄以岭	盒	3.53
洗涤用品	增白皂雕 242g(清新柠檬)	块	5.13	抗菌类(抗感染药)	阿莫西林 250mg＊20s 石家庄三精	盒	4.00
其他	料缸广东揭阳顺荣 22cm	个	16.63	消化系统用药	雷尼替丁胶囊 150mg＊30s 杭州赛诺菲	盒	2.63
家庭服务	钟点工	小时	35.00	消化系统用药	丽珠得乐胶囊 0.3g＊40s 广东丽珠	盒	26.70
家庭服务	保姆费	月	2300.00	呼吸系统用药	批把膏 300ml 香港念慈庵	瓶	35.00
家庭服务	月嫂	月	5333.33	呼吸系统用药	氨茶碱 0.1g＊100s 海南信宜	瓶	1.83
加工维修服务	清洗抽油烟机	次	62.50	解热镇痛药	芬必得 0.3g＊20s 天津中美史克	盒	16.42
加工维修服务	配门琐铜钥匙	把	2.00	解热镇痛药	扶他林 25mg＊30s 北京诺华	盒	19.70
医疗器具用品	山东东阿体温计	个	3.17	抗肿瘤药	甲氨蝶令 2.5mg＊100s 上海信宜	瓶	18.59
医疗器具及用品	广东徐州华峰胶布	盒	2.10	抗肿瘤药	环磷酰胺针 0.2g 江苏恒瑞	支	4.91
医疗器具及用品	江苏鱼跃血压计	个	96.67	激素类药	强的松 5mg＊100s 浙江仙琚	瓶	2.67
中药材	甘草一级	千克	46.67	激素类药	平消片 0.23g＊80s 西安正大	盒	26.33
中药材	银花一级	千克	273.33	心血管系统用药	硝酸甘油片 0.5mg＊50s 北京益民	瓶	2.67
中药材	菊花一级	千克	48.33	心血管系统用药	尼莫地平 20mg＊50s 山东新华	瓶	3.22
中药材	陈皮一级	千克	17.50	中枢神经系统用药	盐酸氯丙嗪片 25mg＊100s 常州康普	瓶	3.18
中药材	黄连一级	千克	200.00	中枢神经系统用药	阿司匹林 25mg＊100s 石家庄欧意	瓶	2.07
中成药	牛黄解毒片 0.25g＊24s 贵州百灵	盒	0.60	消毒防腐及创伤外科用药	创可贴云南白药 100 片	盒	15.46
中成药	维 C 银翘片 12s 贵州百灵	盒	0.80	消毒防腐及创伤外科用药	云南白药 4g	瓶	11.50
中成药	复方板蓝根冲剂广州白云山	袋	13.56	泌尿系统用药	呋喃妥因肠溶片 20mg＊100s 山西云鹏	瓶	1.35

4-3 续表 8

品　名	规　格	单位	本年平均价格（元）	品　名	规　格	单位	本年平均价格（元）
泌尿系统用药	盐酸左氧氟沙星 0.1g＊6s 浙江京新	盒	3.70	理疗费	激光理疗费(每个部位)	次部位	12.00
维生素类	维生素 c0.1g＊100s 湖北华中	瓶	1.42	化验费	尿常规	次	8.00
维生素类	维生素 b25mg＊100s 湖北华中	瓶	1.43	化验费	血脂全项	次	86.67
其他	肠虫清胶囊 200mg＊10s 天津中美史克	盒	10.03	护理费	二级	天	5.00
保健器具	频普仪 W301 北京周林 W301	台	663.33	化妆美容器具	飞利浦电吹风 HP8210 珠海	个	196.22
保健器具	按摩器福建颈肩乐	个	138.33	化妆美容器具	飞利浦电动剃须刀 IQ6071 珠海	个	482.61
保健器具	足浴盆浙江金鼎	个	429.00	化妆美容器具	飞利浦卷发器 HP8600 珠海	个	198.31
滋补保健用品	21 金维他杭州民生	瓶	41.30	美容化妆品	美宝莲新恒美眉笔(黑)天津 1.1g	支	39.00
滋补保健用品	东阿阿胶 100s 山东 500g	瓶	1148.00	美容化妆品	美宝莲唇膏天津水晶胶原 1.9g	支	69.00
滋补保健用品	葡萄糖酸钙口服液 10mg＊12 支哈尔滨三精	盒	23.63	美容化妆品	玉兰油透白无痕美肌粉底液 28g	瓶	140.00
挂号诊疗费	主治医师挂号费	次	2.83	护肤品	欧莱雅复颜抗皱紧致滋润日霜 50ml	瓶	202.71
挂号诊疗费	副主任医师挂号费	次	4.83	护肤品	欧泊莱时光锁紧实弹润系列醒活柔润乳 130ml	瓶	230.00
注射费	肌肉注射费	次	2.50	护发美容品	迪彩发膜冰海泥深层修复 500g +500g	瓶	37.49
注射费	静脉注射费	次	4.00	护发美容品	迪彩弹力素丰盈波浪 300g	瓶	31.13
检查费	螺旋 CT	次	220.00	护发美容品	美涛啫喱膏清爽保湿 240g	瓶	26.28
检查费	彩色 B 超	次	80.00	护发美容品	潘婷乳液修复润发精华素 400ml	瓶	34.85
手术费	阑尾手术费	次	540.00	药物美容用品	旁氏岁月奇迹凝淳新颜防晒日霜 50g	瓶	119.00
手术费	剖腹手术费	次	585.33	药物美容用品	旁氏臻金盈采稚采精华霜 30ml	瓶	192.33
床位费	普通病房住院费(四人间)	床/天	7.33	药物美容用品	百雀羚水嫩倍现保湿精华乳液 100ml	瓶	75.00
床位费	干部病房住院费(两人间)	床/天	25.00	药物美容用品	百雀羚水嫩倍现精华霜 50g	瓶	75.00
理疗费	超短波治疗	次	9.33	洗发用品	海飞丝去屑止痒洗发露 400ml	瓶	45.23

4-3 续表 9

品 名	规 格	单位	本年平均价格（元）	品 名	规 格	单位	本年平均价格（元）
洗发用品	夏士莲黑亮焗油洗焗洗发露400ML	瓶	23.60	美容	绣眉	次	860.00
洗发用品	飘柔焗油护理洗发露400ML	瓶	27.90	理（烫）发	男理发	次	21.00
洗浴用品	力士香皂白皙焕彩115g	块	4.50	理（烫）发	女短烫发	次	100.00
洗浴用品	力士滋养柔肤娇肤沐浴乳200ml	瓶	12.03	洗浴	洗澡	次	13.33
洗浴用品	舒肤佳（纯白清香型）香皂125g	块	5.28	洗浴	搓背	次	9.67
卫生用纸制品	维达花之韵12卷装936g	提	13.78	其他	保健按摩	次	31.67
卫生用纸制品	护理佳幻彩夜用干爽10片	包	4.89	助动自行车	电动车洪都（金玉兰）	辆	1899.00
首饰	六福千足金	克	322.03	轿车	上汽POLO1.4L自动挡	辆	97700.00
首饰	六福铂金	克	473.25	轿车	上汽大众朗逸1.4Tsi自动挡	辆	145500.00
银饰品	华昌银镯子	克	12.72	轿车	上汽大众PASST1.8Tsi自动挡御尊	辆	231666.67
铂金饰品	六福PT950	克	473.14	轿车	一汽奔腾B501.6LMT舒适型	辆	79716.67
铂金饰品	六福PT990	克	492.01	轿车	丰田COROLLA1.6LGL至酷版	辆	127000.00
皮件	金利来男士皮带	件	198.00	自行车	自行车哈佛	辆	1298.00
皮件	皮尔卡丹公文包	件	2987.17	自行车	女自行车26型天津飞鸽	辆	472.67
皮件	金利来男士皮手套	件	358.00	电动三轮车	深圳阿米尼CER4901G	辆	3443.33
手表	RADO（雷达）男士石英表	块	9900.00	汽油	97#乙醇	升	7.82
手表	瑞士梅花机械女表	块	8000.00	汽油	93#乙醇	升	7.39
领带	涤纶领带宁波雅戈尔	条	283.89	柴油	0#柴油	升	7.11
领带	桑蚕丝领带宁波雅戈尔	条	780.00	柴油	-10#柴油	升	7.39
其他	广东头彩发卡	个	181.33	零配件	电动车蓄电池	件	422.78
美容	皮肤护理	次	63.33	零配件	雨刮器	件	73.33

4-3 续表 10

品 名	规 格	单位	本年平均价格（元）	品 名	规 格	单位	本年平均价格（元）
润滑油	北京 3.5 升机油	升	14.20	短途汽车	城市间短途（郑州-洛阳 158 公里）	人百公里	28.48
保险费	交强险费 25 万以内轿车	年	950.00	其他	郑州-西安高铁	元/次	229.00
保险费	车损险费 25 万以内轿车	年	2773.00	固定电话机	中诺电话机 G099	部	95.08
停车费	小汽车路边停车费	辆/次	4.00	固定电话机	摩托罗拉 S2002C	部	565.00
停车费	电动车停车费	辆/次	1.00	移动电话机	苹果 iphone5s16G	部	5296.33
车辆修理服务费	小轿车补胎	孔	18.23	移动电话机	三星 GT-I9152	部	2715.63
车辆修理服务费	桑塔纳 3000 型换三芯机油（中等）	次	193.33	移动电话机	HTC7088	部	2611.33
清洗费	小汽车	次	20.00	移动电话机	华为 G610-U00	部	1065.67
公共汽车票	公共汽车市区单程投币票（普通车）	张	1.00	移动电话机	诺基亚 520	部	1059.83
公共汽车票	公共汽车成人月票（每月 80 次）	月	40.00	传真机	松下激光 323CN	部	1730.19
出租汽车	市内出租车起步价（排气量 2.0 以下）	公里	3.00	移动通信费	联通大众卡（月租 25 元）主叫	分钟	0.20
出租汽车	市内出租车（排气量 2.0 以下）	公里	1.50	移动通信费	全球通（带 50 元基本费）主叫	分钟	0.40
其他	BRT 公交	次	1.00	市内电话费	住宅固定电话三分钟后	分钟	0.11
飞机票	郑州——北京 690 公里 CA1326 航班 15:00 起飞	人百公里	98.35	长途电话费	郑州-北京长途电话费	分钟	0.70
飞机票	郑州——广州 1389 公里 CZ6632 航班 15:00 起飞	人百公里	70.80	月租费	民用住宅固定电话月租费	月	20.00
飞机票	郑州-上海 887 公里 CZ3173 航班 15:00 起飞	人百公里	87.59	月租费	全球通月租费	月	50.00
火车票	郑州-北京西 180 次快速空调（硬座）火车票	人百公里	13.49	上网费	网吧上网费	小时	3.00
火车票	郑州东-北京西 D2022（动车二等舱）火车票	人百公里	30.88	上网费	网通宽带	月	100.00
长途汽车	郑州-北京豪华车（43 座）700 公里长途汽车票	人百公里	35.57	邮政邮寄	信件邮寄外省 20g 以内	封	1.20
长途汽车	郑州-成都豪华大巴长途汽车票 1300 公里	人百公里	24.38	邮政邮寄	包裹邮寄郑州-洛阳	件	3.60
短途汽车	城市间短途（郑州-偃师 120 公里）	人百公里	33.33	其他邮寄	郑州-洛阳快递费	件	10.00

4-3 续表 11

品 名	规 格	单位	本年平均价格（元）	品 名	规 格	单位	本年平均价格（元）
其他	短信发送	条	0.10	电脑	戴尔笔记本 15RR-4526R	台	4679.00
电视机	四川长虹 LED32C2000I	台	1990.44	电脑	联想笔记本 G405	台	4524.00
电视机	四川长虹 3D42C5000I	台	4527.72	电脑附件	罗技鼠标	件(只、个)	95.00
激光视盘机	DVD 先锋-18010-K	台	375.04	电脑附件	奥尼摄像头 S920	件	93.72
激光视盘机	DVD 先锋 DV-2100-K	台	493.38	打印机及配件	联想激光打印机 S1801 型	台	755.28
摄像机	索尼 HDRCX510E/BCCN1	台	3911.27	打印机及配件	神舟色带	盒	9.33
摄像机	索尼 HDRGWP88E/WC. CN1	台	3959.64	扫描仪	广州清华紫光 KA3000	台	633.33
照相机	索尼 WX300	架	1671.22	扫描仪	广州清华紫光 e85	台	750.00
照相机	佳能 100D(1855)	架	4034.89	复印机	日本东芝数码 256	台	13666.67
家用音响	索尼家庭影院 BDV-E970WNMCN4	台	7506.08	计算器	中山卡西欧 DX-120v	个	125.47
家用音响	索尼 WHG-SK11//CCN4	台	5130.25	教学设备	投影机爱普生 CD/X24 多媒体液体	台	3916.67
便携式音响	索尼 MP3B162-2G	台	298.19	教学设备	地球仪 32CM	台	61.57
便携式音响	索尼 MP4E453	台	465.33	教学设备	显微镜宁波 107 双目	台	1125.00
专业音响器材	雅马哈放大器 P700S 型	台	7600.00	其他	浙江宁波得力打孔机	个	23.33
专业音响器材	雅马哈音箱 R215	对	14800.00	修理服务	照相机检验费(理光 31SD)	次	146.67
专业音响器材	雅马哈调音台 MG166CX 型	台	3200.00	修理服务	25 寸彩电带摇控检修费	次	63.33
专业声像器材	索尼摄像机 I98P	架	28800.00	其他	步步高点读机 T901	台	1398.00
专业声像器材	松下摄像机 MDH1	架	12800.00	工具书	现代汉语词典 32 开(商务印书馆)第六版	本	99.80
电脑	联想一体机 C540	台	4362.89	工具书	牛津高阶双解英汉词典(外语与教学研究出版)	本	118.00
电脑	惠普台式机 500-016cx	台	3927.75	工具书	辞海 16 开(缩印本)	本	300.00
电脑	联想台式机 S520	台	3646.50	教材	高一语文 32 开(人民教育)普通班	本	7.66

4-3 续表12

品名	规格	单位	本年平均价格（元）	品名	规格	单位	本年平均价格（元）
教材	初一语文（人民教育）普通班	本	7.75	乐器	电子琴雅马哈61键290型	件	2600.00
教材	小学一年级语文（人民教育）普通班	本	6.44	音像光盘和视盘	儿童启蒙光盘广东广州（6片装）	盒	12.57
参考书	小学生优秀作文大全	本	29.70	音像光盘和视盘	歌碟4DVD广东广州	盒	34.93
参考书	初中生优秀作文（中国对外翻译出版社）	本	18.00	电子存储器	LEXAR FIREFLY 8G	个	68.47
参考书	高中生优秀作文极品总汇（朝华出版社）	本	48.00	电子存储器	朗科移动硬盘E192-500G	卷	445.33
教育软件	轻轻松松背单词（电脑软件）北京大学出版社	册	38.00	儿童玩具	广东汕头益智积木	包	35.69
教育软件	新概念2同步讲解辅导（北京外语音像社）	册	298.00	儿童玩具	广州奥力动力火车欢乐伙伴	辆	75.97
计算机软件	瑞星杀毒软件	套	110.00	儿童玩具	广东群兴铲车载人者6826S	盒	35.82
计算机软件	XP电脑操作系统安装盘	套	1300.00	纸张本册	英语本	本	1.00
学前教育	日托托幼费	月	746.27	纸张本册	六年级完全试卷	本	10.33
学前教育	全托托幼费	月	483.33	纸张本册	稿纸	本	3.30
中等教育	高中一年级	学期	212.00	纸张本册	郑州金阳光软抄本32开（41页）	本	1.53
中等教育	中专一年级	学期	1900.00	文具	英雄纯蓝203墨水上海61ml	瓶	3.30
高等教育	大专一年级（中州大学）	学年	3600.00	文具	上海真彩12色彩笔快乐小画家5687A	盒	12.92
高等教育	本科教育（理工专业）	学年	3700.00	文具	上海英雄正姿笔6004	支	15.40
专业技能培训	中式烹饪培训	学期	850.00	文具	上海真彩中性笔（3支）	支	5.48
专业技能培训	计算机应用培训	学期	750.00	体育用品	篮球福建漳州斯伯丁74-163	个	198.00
其他	择校费	三年	18000.00	体育用品	足球广州祖迪斯JS10315	个	70.44
乐器	深圳和普轮吉它40型	件	750.00	体育用品	羽毛球拍广东广州祖迪斯铝碳一体	套	69.33
乐器	广州珠江钢琴	件	16000.00	棋牌	浙江义乌三A扑克2021	副	2.80
乐器	广州红锦小提琴练习琴	件	400.00	棋牌	浙江丽水星球纸盒象棋40*14	副	16.17

4-3　续表 13

品　名	规　格	单位	本年平均价格（元）	品　名	规　格	单位	本年平均价格（元）
健身器材	狮普高握力器 A 型	件	18.90	有线电视	月租费	月	24.00
健身器材	奥建哑铃包胶 4 磅	只	50.53	健身活动	游泳门票	次	40.33
健身器材	祖迪斯两用扩胸器 JF6007	件	32.70	健身活动	保龄球	场	15.33
游艺器材	狮普高旱冰鞋套装 903	套	305.33	健身活动	健身	月	157.67
游艺器材	SONY 游戏机 PSP3000	台	1150.00	其他	舞票	次	5.67
游艺器材	佳利特活力板	个	195.67	旅行社收费	郑州-海南（双飞五日游）	次/人	3645.14
书籍	草房子（32 开）少年儿童出版社	本	18.00	旅行社收费	郑州-登封少林寺	次/人	200.00
书籍	红楼梦	套	60.00	宾馆住宿	三星级宾馆标准间	天/间	264.33
书籍	操作系统系统教程 16 开	本	43.00	宾馆住宿	二星级标准间	天/套	145.00
书籍	十万个为什么 32 开（广州出版）	套	79.20	其他住宿	普通招待所两人间	天/间	85.00
报纸	大河报	份	1.00	其他住宿	快捷酒店标准间	天/床	152.33
报纸	郑州晚报	份	1.00	木材	进口白松木材	立方米	2590.00
报纸	大河文摘报	份	1.00	木材	东北白松原木 3cm＊5cm	立方米	1900.00
杂志	读者	本	4.00	木地板	北美枫林 400mm＊900mm（实木）	平方米	274.00
杂志	家庭医生	本	5.00	木地板	广州 400mm＊900mm（强化）	平方米	110.72
杂志	女友	本	6.00	木地板	百世实木	平方米	288.00
电影票	电影票（进口片）	张	46.67	钢材	盘元	吨	3389.58
电影票	电影票（国片）	张	46.67	钢材	角钢	吨	3490.63
景点门票	动物园门票	张	30.00	管材	金德上水管 pvc	米	9.13
景点门票	世纪欢乐园门票	张	160.00	管材	铝塑管下水管	米	6.53
有线电视	初装费	次	240.00	管材	浙江金属软管	根	18.32

4-3 续表 14

品名	规格	单位	本年平均价格(元)	品名	规格	单位	本年平均价格(元)
五金工具	江苏南通钢丝钳昌达	把	26.53	玻璃	洛阳磨砂玻璃5mm	平方米	32.67
五金工具	上海螺丝刀捷科	把	10.63	粘胶	东北哥俩好白乳胶	升	11.98
五金工具	江苏锤子昌达	把	25.13	粘胶	广东鱼珠万能胶	瓶	19.17
五金工具	上海扳手长江250*30(10寸)	个	19.10	厨卫设备	广东佛山座便器	件	279.67
电工电料	浙江插头子弹头10A	个	7.00	厨卫设备	不锈钢水池	件	78.33
电工电料	浙江插盘233子弹头10A三相	个	36.20	防盗门	步阳2050cm*960cm*8cm	樘	1700.00
电工电料	上海电表华立20A	个	20.67	公房房租	一级砖混楼房	平方米	1.70
电工电料	湖北孝感电工胶布	件	2.00	私房房租	高档住房	元/平方米	28.91
电工电料	郑州二厂电线4mm	件	6.53	私房房租	中档住房	元/平方米	18.19
水暖器材	深圳家必备立角阀门JB-X8343	个	23.30	私房房租	低档住房	元/平方米	12.05
水暖器材	深圳家必备洗衣机笼头JB-X8318	个	24.86	其他	卫生费	月	5.33
水暖器材	开封水表	件	29.33	住房估算租金	高档住房	元/平方米	28.91
砖	民用砖	块	0.50	住房估算租金	中档住房	元/平方米	18.19
砖	地板砖广州佛山300mm*300mm	块	3.97	物业管理费	小区一级	平方米	0.41
水泥	新乡水泥500号(42.5等级)	千克	0.36	维护修理费用	疏通下水道维护修理费用	次	56.67
水泥	新乡白水泥	千克	0.32	其他	暖气费	10㎡/天	1.90
涂料	郑州888(千克)	千克	1.47	水	居民用水	吨	2.40
涂料	顺德聚酯漆	千克	62.97	电	居民生活用电	百度	57.81
板材	河北三合板1.22m*2.45m	张	28.86	液化石油气	液化气	千克	8.38
板材	河北五合板1.22m*2.44m	张	35.00	管道燃气	天然气	立方米	2.25
板材	河北板材1.2m*2.45m	张	105.00	煤制品	蜂窝煤(12孔)	百千克	75.55
玻璃	洛阳玻璃5mm	平方米	32.67				

主要统计指标解释

居民消费价格指数 居民消费价格是居民购买并用于日常生活消费的商品和服务项目的价格。居民消费价格指数是度量消费商品及服务项目的价格水平随时间而变动的相对数,反映居民家庭购买的消费品及服务价格水平的变动情况。它是宏观经济分析和调控、价格总水平监测以及国民经济核算的重要指标。其变动率在一定程度上反映了通货膨胀(或紧缩)的程度。编制居民消费价格指数是根据各调查商品和服务项目的基期和报告期的平均价格采用加权算术平均公式计算。目前,编制居民消费价格指数的商品和服务项目计 8 个大类,263 个基本分类。权数根据住户调查中居民的实际消费构成计算。

商品零售价格指数 商品零售价格是工业、商业、餐饮业和其他零售企业向城乡居民、机关团体出售生活消费品和办公用品的价格。商品零售价格指数是反映市场商品零售价格的变动趋势和变动程度。编制商品零售价格指数是根据各调查商品的基期和报告期的平均价格采用加权算术平均公式计算。目前,编制商品零售价格指数的商品计 16 个大类,229 个基本分类。权数根据典型调查、商品流转统计中商品销售构成及商品零售额计算。

五、人民生活

5-1 全市及县(市)城镇居民家庭基本情况

(2014年)

项　目	单位	全市	中牟县	巩义市	荥阳市	新密市	新郑市	登封市
调查户数	户	476	26	28	25	32	30	30
现住房总建筑面积	平方米/人	35.5	36.3	38.5	39.0	45.4	53.2	58.6
家庭人口数	**人**	**1344.1**	**81.5**	**95.0**	**76.8**	**123.0**	**101.0**	**95.0**
有收入者人数	人	936.8	48.0	69.8	62.0	84.5	67.0	60.5
就业人口数	人	774.3	46.5	62.5	52.8	70.0	52.0	60.5
国有经济单位职工人数	人	255.0	26.0	27.3	14.0	34.0	15.0	11.0
城镇个体或私营企业主人数	人	140.0	4.0	11.8	7.0	14.0	11.0	9.0
离退休再就业人数	人	28.9	2.0	0.3	5.0			
其它就业人数	人	350.3	14.5	23.3	26.8	22.0	26.0	40.5
离退休人数	人	128.8		5.8	8.0	13.0	15.0	
其它有收入者人数	人	33.8	1.5	1.5	1.3	1.5		
无收入者人数	人	407.3	33.5	25.3	14.8	38.5	34.0	34.5
在外就学人数	人	12.0			3.0		1.0	5.0
家庭总收入	**元**	**31347**	**26103**	**26258**	**26417**	**26526**	**25519**	**24216**
#可支配收入	元	29095	22724	24722	24863	24856	24893	23953
家庭总支出	**元**	**23595**	**21877**	**20558**	**23368**	**25929**	**24504**	**21531**
消费支出	**元**	**20122**	**15230**	**17334**	**17881**	**21999**	**24291**	**19962**
通过互联网购买商品或服务支出	元	235.4		354.0	12.9	161.5	56.2	
恩格尔系数	**%**	**29.6**	**26.4**	**21.1**	**24.2**	**26.1**	**21.2**	**20.1**

5-2 全市及县(市)城镇居民家庭每人全年现金收入情况

(2014 年)

单位:元

项　　目	全市	中牟县	巩义市	荥阳市	新密市	新郑市	登封市
家庭总收入	31347.00	26103.18	26258.23	26416.86	26525.76	25518.51	24216.42
#可支配收入	29095.00	22723.98	24722.49	24862.66	24856.47	24893.26	23953.12
工资性收入	20600.83	20325.91	16367.46	18023.93	15609.09	11622.66	11789.16
工资及补贴收入	20489.20	18901.47	15078.12	18012.00	15594.83	11622.66	11789.16
其它劳动收入	111.63	1424.45	1289.33	11.93	14.27		
经营净收入	3445.76	4058.37	7978.56	2607.92	5018.49	4807.78	9639.32
财产性收入	1110.83	326.51	250.21	924.09	1609.50	981.48	2686.03
利息收入	59.57		11.16	48.24			
股息与红利收入	135.62		159.57	825.67	41.01	81.20	
其它投资收入	114.91					182.70	
出租房屋收入	750.28	96.13	79.48		1566.94		2686.03
其它财产性收入	43.25	230.37		7.97	1.55	717.58	
转移性收入	6189.59	1392.39	1662.00	4860.92	4288.68	8106.59	101.91
养老金或离退休金	5152.75	1238.09	1247.99	3259.02	3440.71	6781.03	
社会救济收入	15.99	30.87	14.66				
#最低生活保障收入	1.56						
赡养收入	355.22		70.69	509.40	394.88	259.84	
捐赠收入	183.52		61.90	617.80	214.60	809.76	
其它转移性收入	173.26	48.81	2.17	41.50	139.42	6.14	
出售财物收入	7.65			271.94	0.41	2.76	
出售其它物品收入	7.65			271.94	0.41	2.76	
借贷收入	312.36	154.36		2446.60	395.08	486.80	
提取储蓄存款	182.08	154.36		2174.66	394.67		
借入款	24.92						
收回借出款	15.67						

5-3 全市及县(市)城镇居民家庭每人全年现金支出情况

(2014 年)

单位:元

项　目	全市	中牟县	巩义市	荥阳市	新密市	新郑市	登封市
家庭总支出	23595.28	21876.78	20557.92	23368.36	25929.26	24504.40	21530.68
消费性支出	20122.21	15230.26	17333.94	17881.05	21998.95	22290.51	19962.08
通过互联网购买商品或服务支出	235.40		353.97	12.88	161.47	56.20	
财产性支出	74.40	6.17				46.47	
非生产性贷款利息支出	59.25	6.17				46.47	
其它	15.15						
转移性支出	1329.82	2584.83	1652.54	3606.92	1913.30	1775.81	1337.15
交纳所得税	50.92	14.70		16.71	0.98	7.05	
捐赠支出	904.12	1485.62	1268.99	2776.43	1614.62	933.94	1178.87
购买彩票	6.41	0.43	10.72	0.15		0.97	53.29
赡养支出	272.81		258.59	436.59	264.55	780.83	
#在外就学子女费用	57.35		159.00	275.97	149.11	780.83	
各种非储蓄性保险支出	40.88	356.56	106.44	5.68	8.95	19.77	102.75
#车辆保险支出	18.42	212.09	105.54		8.57		44.37
其它转移性支出	54.68	727.52	7.79	371.36	24.21	33.25	2.23
社会保障支出	1921.14	3307.85	1271.16	1300.11	1569.24	368.38	231.45
个人交纳的养老基金	867.66	991.00	313.92	377.97	711.42	127.25	100.50
个人交纳的住房公积金	673.73	1821.65	744.67	664.69	544.15	180.81	11.04
个人交纳的医疗基金	307.04	363.25	139.57	173.82	266.95	51.56	51.59
个人交纳的失业基金	67.61	45.00	72.99	83.63	46.72	3.37	68.32
其它社会保障支出	5.10	86.96				5.40	
购房与建房支出	147.71	1308.06		4009.46			
购房	140.03	1285.78		3754.68			
借贷支出	605.83	753.84	300.29	580.27	447.76	69.70	
存入储蓄款	297.34				11.15		
归还借款	4.60	50.06	11.86	27.05	37.16		
储蓄性保险支出	19.36		94.11				
归还住房贷款	282.46	703.78	194.32	553.21	399.46	69.70	

5-4 全市及县(市)城镇居民家庭年人均消费支出

(2014 年)

项　　目	单位	全市	中牟县	巩义市	荥阳市	新密市	新郑市	登封市
消费支出	**元**	**20122.21**	**15230.26**	**17333.94**	**17881.05**	**21998.95**	**22290.51**	**19962.08**
通过互联网购买商品或服务支出	元	235.40		353.97	12.88	161.47	56.20	
食品	**元**	**5948.44**	**3960.98**	**4254.39**	**4587.22**	**5525.01**	**5097.33**	**4278.47**
粮油类	元	713.59	285.95	561.9	765.67	875.88	800.78	730.27
粮食	元	417.74	186.79	330.53	434.53	467.89	549.01	505.98
大米	元/千克	6.00	5.58	6.24	5.72	6.32	5.94	5.71
数量	千克	19.44	13.12	8.79	29.63	13.32	11.79	8.43
金额	元	116.66	73.17	54.81	169.43	84.12	70	48.13
面粉	元/千克	3.88	3.15	3.48	3.57	3.82	3.51	3.38
数量	千克	14.63	9.8	17.23	18.69	8.89	28.79	17.81
金额	元	56.7	30.85	59.92	66.63	34	101.17	60.28
其它粮食及制品	元	244.37	82.77	215.79	198.48	349.77	377.84	397.57
淀粉及薯类	元	49.7	18.7	56.87	56.88	109.06	54.77	21.17
干豆类及豆制品	元	62.21	18.65	66.1	67.34	145.14	68.61	36.77
油脂类	元	183.94	61.81	108.4	206.91	153.78	128.4	166.36
食用植物油	元/千克	16.62	16.98	16.35	14.57	17.64	17.81	18.94
数量	千克	10.93	3.64	6.63	14.2	8.72	5.29	8.65
金额	元	181.62	61.81	108.4	206.91	153.78	94.22	163.82
食用动物油	元	2.32					34.18	2.53
肉禽蛋水产品类	元	1064.28	636.89	804.14	922.94	761.19	876.55	812.71
肉类	元	668.09	381.7	546.32	618.06	528.77	598.57	572.33
猪肉	元/千克	25.67	21.59	24.86	24.40	23.43	24.58	23.94
数量	千克	13.54	10.18	9.85	13.14	11.19	14.6	10.97
金额	元	347.59	219.83	244.9	320.62	262.2	358.85	262.59
牛肉	元/千克	70.31	70.04	59.48	57.36	63.36	72.73	72.98
数量	千克	1.73	0.23	0.66	1.48	1.57	0.55	2.41
金额	元	121.64	16.11	39.26	84.9	99.48	40	175.87
羊肉	元/千克	62.48	58.59	56.85	61.90	58.64	60.83	53.44
数量	千克	1.58	0.27	1.43	1.31	0.66	0.54	1.95
金额	元	98.72	15.82	81.3	81.09	38.7	32.85	104.2
其它肉及制品	元	100.13	129.95	180.87	131.45	128.38	166.88	29.67
禽类	元	136.27	87.63	77.57	89.03	59.25	83.96	71.81

5-4 续表1 （2014年）

项　　目	单位	全市	中牟县	巩义市	荥阳市	新密市	新郑市	登封市
鸡	元/千克	20.43	16.03	18.82	21.16	20.80	17.26	22.64
数量	千克	4.68	3.15	1.39	1.71	1.56	2.78	2.86
金额	元	95.63	50.5	26.16	36.19	32.45	47.99	64.74
鸭	元/千克	19.93	18.63	15.33	18.31	20.64	10.08	13.78
数量	千克	0.74	0.38	0.03	0.16	0.14	0.13	0.09
金额	元	14.75	7.08	0.46	2.93	2.89	1.31	1.24
其它禽类及制品	元	25.89	30.05	50.95	49.91	23.91	34.67	5.83
蛋类	元	140.86	111.14	99.19	170.03	112.66	114.08	142.76
鲜蛋	元/千克	9.53	9.80	9.56	10.17	8.61	10.00	9.65
数量	千克	13.83	11.02	10.26	16.31	12.41	10.80	14.50
金额	元	131.75	108.10	98.01	165.88	106.85	108.05	139.91
蛋制品	元	9.11	3.04	1.18	4.15	5.81	6.02	2.85
水产品类	元	119.06	56.42	81.06	45.82	60.51	79.93	25.81
鱼	元/千克	12.24	14.92	18.03	18.05	18.04	16.22	13.56
数量	千克	5.01	2.25	2.07	1.99	2.20	3.24	1.04
金额	元	61.31	33.51	37.32	35.83	39.73	52.48	14.09
虾	元/千克	36.11	41.49	60.96	30.02	35.51	43.86	46.65
数量	千克	0.89	0.32	0.21	0.10	0.23	0.35	0.18
金额	元	32.29	13.13	12.96	3.10	8.24	15.21	8.28
其它水产品及制品	元	25.46	9.78	30.78	6.89	12.55	12.25	3.44
蔬菜类	元	493.21	356.78	380.60	410.57	736.46	534.59	412.03
鲜菜	元/千克	4.29	3.29	3.76	3.20	3.68	3.67	3.49
数量	千克	101.01	102.96	86.32	113.55	193.69	132.59	111.57
金额	元	433.66	338.57	324.22	363.47	713.27	486.24	388.86
干菜	元	47.72	13.25	47.10	34.45	16.09	32.16	18.21
菜制品	元	11.83	4.95	9.29	12.65	7.10	16.20	4.96
调味品	元	101.87	50.15	64.63	83.28	118.53	68.74	100.63
糖烟酒饮料类	元	1001.11	361.07	446.88	372.39	636.02	1277.65	855.68
糖类	元	27.13	6.10	16.46	19.99	40.30	27.38	28.98
烟草类	元	319.87	125.71	159.50	93.48	163.55	1088.26	99.13
酒类	元	426.26	143.34	84.35	79.92	219.51	37.35	189.05
白酒	元/千克	124.02	69.74	118.77	60.92	102.17	57.39	107.34
数量	千克	3.09	1.86	0.47	0.89	1.67	0.37	0.84

5-4 续表2 (2014年)

项目	单位	全市	中牟县	巩义市	荥阳市	新密市	新郑市	登封市
金额	元	382.81	129.74	55.48	54.19	170.25	21.43	90.02
果酒	元/千克	48.14		77.07	12.24	18.02	16.31	10.17
数量	千克	0.17		0.09	0.29	0.05	0.18	0.09
金额	元	8.14		7.05	3.52	0.98	2.86	0.93
啤酒	元/千克	6.92	6.02	6.49	5.92	7.03	7.78	5.09
数量	千克	3.99	2.26	3.17	3.27	4.78	1.25	19.15
金额	元	27.60	13.60	20.60	19.38	33.60	9.74	97.37
其它酒	元	7.71		1.22	2.83	14.69	3.32	0.74
饮料	元	227.86	85.92	186.57	179.00	212.65	124.65	538.52
瓶装饮用水	元	9.69	3.04	9.81	14.71	14.97	11.96	13.24
茶叶	元/千克	237.61	71.91	421.20	156.12	169.32	118.65	413.81
数量	千克	0.46	0.06	0.12	0.17	0.11	0.01	0.87
金额	元	109.59	4.55	48.89	25.91	19.41	1.69	362.02
其它饮料	元	108.58	78.33	127.86	138.38	178.28	111.01	163.26
干鲜瓜果类	元	502.02	449.81	497.19	666.19	637.00	581.82	436.28
鲜果	元/千克	6.01	4.34	5.41	5.29	5.95	4.92	5.33
数量	千克	48.98	69.49	50.66	57.48	60.77	69.49	55.36
金额	元	294.27	301.44	274.13	303.87	361.68	341.85	294.82
鲜瓜	元/千克	6.01	4.34	5.41	5.29	5.95	4.92	5.33
数量	千克	8.64	12.26	8.94	10.14	10.72	12.26	9.77
金额	元	51.93	53.20	48.38	53.62	63.83	60.33	52.03
其它干鲜瓜果类及制品	元	155.83	95.17	174.68	308.69	211.50	179.64	89.43
糕点、奶及奶制品	元	460.03	173.81	421.28	443.05	378.78	398.79	280.11
糕点	元/千克	19.03	20.27	24.38	16.60	12.39	19.58	15.56
数量	千克	5.68	2.35	6.76	7.75	8.48	6.59	5.43
金额	元	108.01	47.73	164.83	128.67	105.07	129.09	84.54
奶及奶制品	元	352.03	126.07	256.45	314.37	273.71	269.70	195.58
鲜乳品	元/千克	7.43	5.74	15.31	8.23	8.61	10.85	6.16
数量	千克	21.51	8.43	7.97	13.19	8.06	12.84	12.72
金额	元	159.86	48.38	122.08	108.58	69.34	139.31	78.37
奶粉	元/千克	140.98	74.77	206.84	78.91	147.19	122.48	70.35
数量	千克	0.35	0.26	0.34	0.31	0.69	0.10	0.05
金额	元	48.99	19.31	69.84	24.72	100.98	12.83	3.20

5-4 续表3 （2014年）

项目	单位	全市	中牟县	巩义市	荥阳市	新密市	新郑市	登封市
酸奶	元/千克	8.77	12.92	16.70	11.07	10.26	10.23	6.33
数量	千克	7.93	1.47	3.19	6.36	5.62	8.03	12.80
金额	元	69.54	18.94	53.21	70.37	57.65	82.15	80.98
其它奶制品	元	73.63	39.45	11.33	110.71	45.74	35.40	33.03
其它食品	元	173.96	473.60	60.48	90.56	171.72	29.64	85.19
饮食服务	元	1438.83	1172.94	1017.29	832.56	1209.43	528.78	565.55
食品加工服务费	元	0.93	0.04	0.63	0.60		0.12	0.16
在外饮食	元	1437.90	1172.90	1016.66	831.97	1209.43	528.66	565.39
衣着	**元**	**2522.47**	**1863.77**	**2265.37**	**2713.18**	**3141.60**	**2199.71**	**2809.35**
服装	元	1737.35	1315.81	1681.94	2026.75	2228.00	1706.25	2191.40
衣着材料	元	9.77	0.64	4.37	1.66	0.64	9.30	4.78
鞋类	元/双	205.80	111.32	139.15	137.33	215.82	121.53	132.39
数量	双	3.21	3.33	3.74	4.66	3.73	3.39	4.24
金额	元	660.67	370.69	520.23	640.64	806.10	412.20	561.97
其它衣着用品	元	112.27	174.95	57.40	43.11	104.87	65.42	41.75
衣着加工服务费	元	2.72	1.69	1.44	1.02	1.98	6.54	9.44
居住	**元**	**4259.47**	**1431.51**	**1509.92**	**1251.54**	**1791.45**	**2533.47**	**2685.88**
#住房	元	657.10	160.83	690.31	548.33	828.75	1506.94	1472.70
租赁房房租	元	380.31	151.94	162.34	221.43	61.51		37.76
住房装潢支出	元	175.52		445.95	82.51	731.85	505.79	188.80
维修用建筑材料	元	98.83	8.88	82.02	244.33	32.16	974.88	1241.83
其它住房支出	元	2.44			0.06	3.22	26.26	4.30
水电燃料及其它	元	763.36	1119.93	586.25	595.52	852.51	744.79	892.28
水	元/吨	2.29	2.19	2.45	2.36	2.18	2.36	2.48
数量	吨	39.34	40.65	24.47	15.80	78.77	20.52	44.27
金额	元	90.21	88.86	60.08	37.29	171.86	48.40	109.61
电	元/度	0.59	0.61	0.57	0.59	0.58	0.59	0.59
数量	度	613.53	853.84	589.29	577.67	760.06	663.40	898.99
金额	元	363.49	519.63	333.50	338.89	438.61	389.46	526.07
燃料	元	216.61	488.42	84.45	180.11	237.53	164.31	236.52
煤炭	元/千克	1.07		1.46	0.81	1.63		1.10
数量	千克	1.02		0.13	16.07	3.39		14.19
金额	元	1.09		0.19	12.97	5.52		15.60

5-4 续表4 （2014年）

项　　目	单位	全市	中牟县	巩义市	荥阳市	新密市	新郑市	登封市
罐装液化石油气	元/千克	7.62	7.48	8.14	7.66	8.00	7.40	6.82
数量	千克	5.24	3.36	1.91	19.45	28.64	5.35	28.56
金额	元	39.92	25.14	15.54	149.02	229.25	39.56	194.87
其它燃料	元	38.08	226.85		0.59			21.32
取暖费	元	81.33	23.03	68.09			81.59	9.34
其它相关支出	元	11.71		40.13	39.23	4.51	61.04	10.74
居住服务费	元	144.99	150.75	233.36	107.69	110.20	281.75	320.90
物业管理费	元	117.85	148.53	212.86	46.54	98.93	11.76	6.14
维修服务费	元	24.71	2.22	20.50	61.08	8.04	243.72	310.46
其它居住服务费	元	2.44			0.06	3.22	26.26	4.30
家庭设备用品及服务	**元**	**1946.40**	**1410.34**	**2038.30**	**1522.05**	**2142.44**	**1913.48**	**2239.57**
耐用消费品	元	709.29	692.80	1143.00	870.19	485.03	1164.27	751.27
家具	元	156.13	82.85	659.25	277.47	232.36	342.82	235.98
家庭设备	元	466.16	609.95	483.75	592.71	252.68	821.45	515.30
洗衣机	元/台	2078.41	1938.08	3000.00	1909.44	2928.85	2205.45	1732.40
数量	台	0.03	0.05	0.01	0.06	0.02	0.05	0.05
金额	元	70.34	104.48	35.58	119.04	53.31	111.73	87.87
电冰箱	元/台	2396.11	1100.00	6500.00	4300.00		3561.37	
数量	台	0.03	0.01	0.01	0.02		0.02	
金额	元	78.70	12.67	77.09	93.06		63.40	
微波炉	元/台	1624.68						
数量	台	0.01						
金额	元	23.83						
空调器	元/台	3550.14	4444.94	5764.88	4196.95	3558.02	2515.71	2807.95
数量	台	0.03	0.06	0.04	0.04	0.02	0.07	0.09
金额	元	94.63	273.41	241.05	173.02	67.69	172.23	261.35
淋浴热水器	元/台	1399.20	1488.04		2839.54	1880.18	998.81	1131.52
数量	台	0.03	0.03		0.04	0.02	0.02	0.03
金额	元	38.94	40.11		100.90	46.36	23.15	34.71
消毒碗柜	元/台	770.00						
金额	元	1.28						
其它家庭设备	元	157.44	179.29	130.03	106.69	85.31	448.92	131.37

5-4 续表5 （2014年）

项目	单位	全市	中牟县	巩义市	荥阳市	新密市	新郑市	登封市
室内装饰品	元	33.08	6.82	45.65	18.34	169.86	128.84	31.72
床上用品	元	266.79	99.94	293.81	202.18	689.44	216.35	232.45
家庭日用杂品	元	897.05	567.47	532.81	368.28	682.56	275.90	1128.88
家具材料	元	9.58	2.00		14.83	65.12	0.39	2.64
家庭服务	元	30.18	41.30	23.04	48.24	50.43	127.73	92.60
家政服务	元	7.54		18.09	3.92		108.34	
加工维修服务费	元	22.64	41.30	4.94	44.33	50.43	19.38	92.60
医疗保健	**元**	**1118.47**	**1549.37**	**262.27**	**1100.59**	**1954.21**	**2291.86**	**1560.83**
医疗器具	元	4.41	3.63	7.12	13.06	0.99		1.45
保健器具	元	24.43	0.83	7.59	112.44	164.86	30.31	0.83
药品费	元	418.06	356.66	129.47	347.89	367.17	566.15	924.06
滋补保健品	元	136.67	60.04	20.44	19.05	13.92	69.58	16.76
医疗费	元	535.25	1127.97	97.52	608.44	1407.28	1625.83	617.73
交通和通信	**元**	**1798.13**	**3339.88**	**4146.43**	**3996.65**	**2930.69**	**3999.71**	**3727.08**
交通	元	783.36	2472.09	3471.13	2837.80	1813.08	3304.15	811.66
家庭交通工具	元	165.27	158.57	2539.02	2233.67	891.67	2978.82	177.27
摩托车	元/辆	3487.03		3500.00				
数量	辆			0.01				
金额	元	3.54		41.51				
助力车	元/辆	2757.96	2010.00	1832.32	2927.67		3150.00	2770.82
数量	辆	0.04	0.03	0.03	0.06		0.02	0.06
金额	元	110.39	62.05	58.97	171.89		51.16	169.97
家用汽车	元/辆	127962		120000	189000	96500	92737	
数量	辆			0.02	0.01	0.01	0.03	
金额	元	551.35		2438.54	2045.24	871.01	2902.53	
其它交通工具	元	37.41	96.52		16.55	20.67	25.13	7.30
车辆用燃料及零配件	元	327.27	1659.08	330.97	443.84	648.80	219.85	187.60
燃料	元	338.79	1553.24	321.22	422.50	623.10	180.88	179.37
零配件	元	25.48	105.84	9.76	21.33	25.69	38.97	8.23
交通工具服务支出	元	96.87	501.30	309.95	126.60	175.07	70.61	98.00
维修费	元	38.22	158.76	14.63	32.00	38.54	58.46	12.34
车辆使用税费	元	35.34	290.21	248.48	1.54	86.84	1.89	58.50

5-4　续表6　　　　　　　　　　（2014年）

项　　目	单位	全市	中牟县	巩义市	荥阳市	新密市	新郑市	登封市
其它车辆使用费用	元	23.32	52.33	46.84	93.06	49.69	10.26	27.16
交通费	元	156.94	153.14	291.19	33.70	97.54	34.87	348.79
飞机	元	22.81	38.36	79.46				4.51
火车	元	53.23	31.06	101.37		11.92	8.06	3.79
长途汽车	元	22.46	5.54	28.94	12.20	21.54	13.60	90.29
市内公共交通	元	17.01	3.80	38.12	12.02	7.87		63.08
出租汽车费	元	25.58	15.05	42.52	5.34	54.30	6.86	179.56
其它交通费	元	15.85	59.33	0.78	4.13	1.91	6.36	7.55
通信	元	1015.25	867.79	675.30	1158.85	1117.61	695.56	2915.42
通信工具	元	312.49	352.39	159.94	338.81	465.06	170.24	1134.63
电话机	元/部	377.64			350.06			392.05
数量	部	0.02			0.04			0.04
金额	元	9.08			14.83			15.92
移动电话	元/部	1627.60	1071.59	1153.75	1753.62	2313.64	1121.89	2481.09
数量	部	0.18	0.32	0.13	0.18	0.19	0.15	0.45
金额	元	295.16	338.93	150.54	318.99	450.94	167.00	1113.89
其它通信工具	元	8.26	13.46	9.40	5.00	14.12	3.24	4.82
通信服务	元	702.76	515.40	515.36	820.04	652.55	525.32	1780.79
电信费	元	701.36	513.10	510.46	819.77	650.64	524.93	1774.08
#上网费	元	120.42	129.99	110.98	223.80	75.44	92.22	110.11
邮费	元	0.47	0.17	0.99	0.27		0.39	
其它通信服务费	元	0.94	2.13	3.91		1.91		6.71
教育文化娱乐服务	**元**	**1984.98**	**1313.54**	**2143.99**	**1881.83**	**3023.99**	**3005.24**	**1713.58**
文化娱乐用品	元	388.21	284.52	532.59	305.82	573.59	344.75	178.47
彩色电视机	元/台	3536.69	3800.00	2799.00	1999.00		2549.69	
数量	台	0.02	0.01	0.01	0.01		0.03	
金额	元	76.77	43.77	31.56	24.70		79.80	
计算机	元	48.16	46.07	36.77		32.81	79.10	90.23
照相机	元/架	3421.95		12000.00	2677.69			
数量	架			0.01	0.03			
金额	元	16.08		135.29	85.52			
健身器材	元	33.41		108.48	0.19	245.96	116.08	0.34

5-4 续表 7 (2014 年)

项　　目	单位	全市	中牟县	巩义市	荥阳市	新密市	新郑市	登封市
音像制品及软件	元	5.18	8.10	2.75	3.94	5.55	2.67	2.39
体育用品	元	36.46	1.10	16.38	4.79	57.15	2.46	2.94
书报杂志	元	46.59	72.90	24.73	35.47	49.91	24.02	21.50
纸张文具	元	21.60	36.42	15.82	17.30	27.77	9.94	10.23
其它文娱用品	元	102.76	76.16	160.83	110.41	154.46	30.69	50.84
文化娱乐服务	元	812.25	497.73	922.04	326.86	903.55	496.14	178.32
参观游览	元	37.13	39.52	85.71	21.57	34.24	1.96	0.94
健身活动	元	22.40	3.44	14.11			9.59	
团体旅游	元	600.91	326.63	675.19	218.72	637.67	421.71	112.64
其它文娱活动	元	138.20	118.06	117.38	61.51	182.40	47.18	64.31
文娱用品修理服务费	元	13.61	10.09	29.65	25.05	49.24	15.70	0.42
教育	元	783.59	531.30	689.36	1249.15	1546.85	2164.34	1356.79
教材	元	73.26	52.74	5.22	31.67	7.07	17.92	690.08
教育费用	元	710.33	478.56	684.14	1217.48	1539.78	2146.42	666.70
非义务教育学杂费	元	167.17	14.02	163.53	737.85	362.58	1855.38	200.25
义务教育学杂费	元	42.92	8.91	30.73	177.30	54.90	34.50	128.20
托幼费	元	150.01	74.09	161.55	151.24	103.67	45.81	29.81
成人教育费	元	81.17	80.13	127.08		58.33	1.28	0.76
培训班	元	144.28	67.87	134.95	104.37	672.93	67.76	30.75
其它教育费用	元	124.78	233.55	66.30	46.73	287.38	141.69	276.94
其它商品和服务	**元**	**543.85**	**360.86**	**713.27**	**827.99**	**1489.55**	**1249.71**	**947.32**
其它商品	元	306.62	261.53	397.71	629.13	1231.39	1185.65	676.17
金银珠宝饰品	元	78.87	27.27	112.17	407.76	714.41	858.21	38.76
手表	元	49.21	4.81	19.79	71.96	126.07	151.45	6.84
化妆品	元	138.18	113.04	113.04	43.50	375.23	156.88	335.70
其它杂品	元	40.35	116.41	152.71	105.91	15.67	19.12	294.87
服务	元	237.00	99.34	315.56	198.86	258.16	64.06	271.15
旅馆住宿费	元	32.11	10.13	88.13		51.28	13.73	0.19
理发洗澡费	元	105.66	43.60	92.95	50.29	117.68	18.49	134.14
美容费	元	70.44	29.06	61.97	33.53	78.45	12.33	89.42
其它服务	元	28.78	16.55	72.51	115.04	10.75	19.50	47.40

5-5　全市及县(市)城镇居民家庭年人均实物收入

(2014 年)

单位:元

项　　目	全市	中牟县	巩义市	荥阳市	新密市	新郑市	登封市
非现金(实物与服务)收入总计	**140.38**	**214.77**	**10.86**	**200.72**	**22.93**	**1.23**	**1.79**
食品	**29.12**			**159.53**	**22.93**	**1.16**	**1.79**
粮油类	9.82			26.68	6.03	1.16	1.79
肉禽蛋水产品类	1.08				1.17		
蔬菜类	0.11						
糖烟酒饮料类	0.81				1.31		
干鲜瓜果类	0.29				0.99		
糕点、奶及奶制品	0.58				0.63		
其它食品	2.03			3.30	0.49		
饮食服务	14.39			129.55	12.30		
居住	**1.96**						
住房	0.03						
水电燃料及其它	0.08						
家庭设备用品及服务	**0.75**			**4.33**		**0.06**	
医疗保健	**108.29**	**214.77**	**10.86**	**32.29**			
#医疗基金	108.21	214.77	10.86	32.29			
交通和通信	**0.01**						
教育文化娱乐服务	**0.06**						
其它商品和服务	**0.19**			**4.57**			

5-6 全市及县(市)城镇居民家庭每百户年末主要耐用消费品拥有量

(2014年)

项　　目	单位	全市	中牟县	巩义市	荥阳市	新密市	新郑市	登封市
摩托车	辆	12	13	18	18	9	16	67
助力车	辆	74	30	30	73		125	73
家用汽车	辆	32	34	38	25	65	36	48
洗衣机	台	100	104	100	100	106	100	97
电冰箱	台	96	100	97	100	100	100	94
彩色电视机	台	119	123	119	106	190	134	111
计算机	台	82	95	97	51	123	73	91
组合音响	套	5	21	11	24	6		29
摄像机	架	8	16	4	18	6		27
照相机	架	52	31	49	46	97	22	59
中高档乐器	件	3	4			9	4	10
微波炉	台	66	67	47	43	79	60	78
空调器	台	150	131	181	124	259	150	141
淋浴热水器	台	90	100	92	68	113	97	89
消毒碗柜	台	7	4	4		18	15	52
洗碗机	台	2				3		
健身器材	套	5			6	18	13	7
固定电话	部	54	22	42	18	59	68	40
移动电话	部	209	229	263	258	309	232	189

5-7 全市及县(市)城镇居民家庭住房情况

(2014 年)

项　目	计量单位	全市	中牟县	巩义市	荥阳市	新密市	新郑市	登封市
家庭居住人口	人	1344	82	95	77	123	101	95
现住房总建筑面积	平方米/人	35.55	36.28	38.51	39.01	45.44	53.18	58.62
房屋产权								
租赁公房	%	0.45						
租赁私房	%	7.51		7.62				
原有私房	%	15.91		7.62	33.73	23.22	25.94	50.16
房改私房	%	38.63	35.33	3.81			43.13	
商品房	%	36.00	64.67	80.95	66.27	76.78	30.93	49.84
其它	%	1.50						
住宅建筑式样								
单栋住宅	%	10.06		11.43		16.00	15.57	43.84
四居室	%	3.51		24.26	18.74	37.12	3.09	3.68
三居室	%	39.10	74.51	61.25	81.26	46.88	45.09	49.14
二居室	%	41.72	25.49	3.06			25.88	
一居室	%	3.36						
普通楼房	%	0.45						
平房及其它	%	1.79					10.38	3.35
建筑年份	年	5.86	3.46	5.06	6.51	4.30	6.86	3.80
现有住房按市场价估计值	元/人	165774	136862	86972	64764	190285	63777	121042
租赁房月租金	元/人	31.26		10.15				
现住房房租折算	元/人	428.74	743.21	210.07	146.62	236.23	216.83	284.83
购房时间	年	5.39	3.00	4.82	6.00	4.29	6.72	3.80
购房总金额	元/人	59760	50116	35339	15777	30577	27763	67051
购房实际支出金额	元/人	55861	46732	33026	14541	30577	26545	55373
饮水情况								
自来水	%	96.81	100.00	100.00	88.76	100.00	100.00	47.22

5-7 续表 （2014 年）

项　　目	计量单位	全市	中牟县	巩义市	荥阳市	新密市	新郑市	登封市
纯净水	%	1.29			11.24			42.75
井、河水	%	0.24						10.04
其他(收集雨水+其他水源)	%	1.42						
用水情况								
独用自来水	%	98.52	100.00	100.00	100.00	96.86	90.50	97.03
公用自来水	%	1.15				3.14	9.50	
其他(没有管道设施)	%	0.07						2.97
卫生设备								
无卫生设备		0.45						
有厕所浴室	%	93.88	96.90	95.99	90.31	97.16	62.16	94.05
有厕所无浴室	%	3.44	3.10	4.01	9.69	2.84	33.52	5.95
公用	%	2.23					4.31	
取暖设备								
无取暖设备	%	12.21	15.95	6.87	7.50	3.14	10.38	
有取暖设备	%	87.79	84.05	93.13	92.50	96.86	89.62	100.00
炊用燃料使用情况								
煤炭	%	0.67					2.59	
罐装液化石油气	%	11.10	9.29	11.43	49.98	61.35	18.66	97.03
管道液化石油气	%	0.88	3.10					
管道天然气	%	81.71	80.96	80.95	25.01	5.68	67.87	2.97
其他燃料	%	5.64	6.66	7.62	25.01	32.97	10.88	
除了现住房,还有几处其它住房	套/人	0.02		0.02		0.05		0.08
出租房	套/人	0.02		0.01		0.05		0.05
#建筑面积	平方米/人	4.55		2.03		15.00		22.82
偶尔居住房	套/人			0.01				
其它用途房	套/人							0.03
#建筑面积	平方米/人	0.14						5.31

5-8　全市按相对收入分的城镇居民家庭生活基本情况

（2014 年）

指　　标	单位	低收入户	中低收入户	中等收入户	中高收入户	高收入户
调查户数	户	95	95	95	95	96
现住房总建筑面积	平方米/人	34.58	33.97	29.47	33.78	38.04
家庭人口数	人	330	303	266	247	221
有收入者人数	人	183.21	216.54	187.75	184.65	164.67
就业人口数	人	158.00	186.38	148.33	144.00	137.54
国有经济单位职工人数	人	49.50	67.96	55.04	42.50	40.00
城镇个体或私营企业主人数	人	26.67	21.92	28.00	25.21	38.25
离退休再就业人数	人		8.75	3.00	6.13	11.00
其它就业人数	人	81.83	87.75	62.29	70.17	48.29
离退休人数	人	14.58	21.17	35.08	37.67	20.25
其它有收入者人数	人	10.63	9.00	4.33	2.98	6.88
无收入者人数	人	140.58	86.04	71.92	56.52	52.25
在外就学人数	人		0.25	3.00	5.00	3.75
家庭总收入	元/人	15967.56	26399.16	32020.52	41394.62	60995.24
#可支配收入	元/人	14622.12	24090.42	29681.85	37873.52	57141.56
家庭总支出	元/人	12701.06	19707.01	24607.74	30837.64	37373.17
消费支出	元/人	10801.65	15508.66	21264.49	26126.30	31457.49
通过互联网购买商品或服务支出	元/人	169.82	348.18	162.62	147.78	346.93
城镇居民信息化调查						
接入互联网的移动电话	部/每百户	54.42	78.83	73.50	66.25	73.00
接入有线电视网络的电视机	台/每百户	98.50	98.42	98.00	104.50	116.58
接入互联网的计算机	台/每百户	59.08	75.67	58.58	63.08	67.00

5-9 全市按相对收入分的城镇居民家庭年人均收入情况

（2014 年）

单位：元

指　标	低收入户	中低收入户	中等收入户	中高收入户	高收入户
家庭总收入	15967.56	26399.16	32020.52	41394.62	60995.24
#可支配收入	14622.12	24090.42	29681.85	37873.52	57141.56
工资性收入	12007.67	20401.80	24050.39	31935.58	32236.02
#工资及补贴收入	11927.62	20345.95	24013.55	31796.07	32027.41
其它劳动收入	80.05	55.85	36.84	139.51	208.61
经营性收入	542.03	958.41	1140.24	3004.75	10507.52
财产性收入	1976.52	834.96	831.38	538.84	1730.86
#利息收入	0.14	5.84	5.68	15.66	496.25
股息与红利收入	214.88	387.72	17.34	15.23	193.57
保险收益		3.90	4.58	19.38	
其它投资收入	219.46	7.18			210.97
出租房屋收入	1502.31	363.30	801.74	426.04	771.95
转移性收入	1441.34	4203.98	5998.51	5915.46	16520.84
养老金或离退休金	908.27	3515.78	5195.32	5003.39	13377.86
社会救济收入		10.29	71.17	2.42	46.18
#最低生活保障收入					15.75
赡养收入	148.31	191.35	219.61	259.76	1620.19
捐赠收入	115.04	171.69	116.34	131.33	313.40
其它转移性收入	34.18	40.64	31.99	170.69	670.76
出售财物收入	0.51	33.23			
出售其它物品收入	0.51	33.23			
借贷收入	19.75	1012.17	61.04	133.81	121.38
提取储蓄存款	19.24	713.51	60.04	13.40	98.67
借入款		81.94			
收回借出款		8.96			
兑售有价证券		74.26			20.44
收回投资本金	0.51	117.89			2.27
住房贷款		15.61		120.42	
其它借贷收入			1.01		

5-10 全市按相对收入分的城镇居民家庭年人均支出情况

（2014 年）

单位：元

指　　标	低收入户	中低收入户	中等收入户	中高收入户	高收入户
家庭总支出	12701.06	19707.01	24607.74	30837.64	37373.17
消费性支出	10801.65	15508.66	21264.49	26126.30	31457.49
通过互联网购买商品或服务支出	169.82	348.18	162.62	147.78	346.93
财产性支出	70.37	0.63	76.85	77.92	151.31
非生产性贷款利息支出	64.15	0.61	71.28	31.14	88.10
其它	6.23	0.02	5.57	46.78	63.21
转移性支出	707.49	1538.74	1316.97	1645.26	2469.23
交纳所得税	6.53	53.76	30.34	185.05	66.09
捐赠支出	579.13	1079.15	768.74	825.24	1566.30
购买彩票	3.86	5.36	0.07	2.43	34.18
赡养支出	61.46	247.99	454.04	506.70	671.59
#在外就学子女费用	25.85	34.86	16.80	8.71	226.27
各种非储蓄性保险支出	6.97	85.66		26.96	124.62
#车辆保险支出	6.24	31.04		13.87	60.91
其它转移性支出	49.55	66.82	63.78	98.88	6.46
社会保障支出	1119.28	2014.06	1947.21	2988.17	3295.14
个人交纳的养老基金	488.75	980.69	960.37	1293.45	1532.90
个人交纳的住房公积金	389.14	631.85	704.29	1155.64	1150.47
个人交纳的医疗基金	192.51	275.37	243.50	453.54	572.88
个人交纳的失业基金	42.52	115.75	35.69	85.53	37.72
其它社会保障支出	6.37	10.40	3.37		1.16
购房与建房支出	2.26	644.91	2.23		
购房		615.68			
借贷支出	1256.80	880.28	287.35	858.03	503.27
存入储蓄款	1161.47	702.48	0.80		141.93
归还借款	1.51	8.95	6.87	0.72	3.62
储蓄性保险支出	0.83	0.77	3.24	4.76	167.32
购买有价证券		8.78			
归还住房贷款	92.99	159.31	276.44	852.55	190.40

5-11 全市按相对收入分的城镇居民家庭年人均消费情况

（2014 年）

指　　标	单位	低收入户	中低收入户	中等收入户	中高收入户	高收入户
消费支出	**元**	**10801.65**	**15508.66**	**21264.49**	**26126.30**	**31457.49**
食品	**元**	**3202.95**	**4806.74**	**6828.15**	**8191.03**	**9857.30**
粮油类	元	495.58	632.90	698.63	745.85	1018.95
粮食	元	289.55	374.86	404.43	446.63	534.79
淀粉及薯类	元	32.11	49.43	42.03	48.59	85.67
干豆类及豆制品	元	43.41	55.69	60.65	67.53	86.54
油脂类	元	130.51	152.92	191.51	183.11	311.95
肉禽蛋水产品类	元	716.22	900.27	1091.42	1184.64	1815.55
肉类	元	447.71	583.38	644.97	692.54	1121.18
禽类	元	74.49	108.86	125.25	172.90	191.52
蛋类	元	93.14	105.04	136.60	159.00	198.85
水产品类	元	100.89	102.99	184.61	160.20	303.99
蔬菜类	元	333.95	459.55	495.15	477.00	649.63
鲜菜	元/千克	3.89	4.14	4.45	4.77	4.54
数量	千克	76.17	102.79	89.07	87.26	111.36
金额	元	295.94	425.45	396.80	416.19	505.89
干菜	元	32.89	27.72	89.78	45.63	102.64
菜制品	元	5.12	6.38	8.57	15.18	41.10
调味品	元	89.92	95.71	160.74	90.35	143.67
糖烟酒饮料类	元	363.59	555.64	1449.95	1535.06	2016.74
糖类	元	15.02	19.28	28.86	34.68	56.74
烟草类	元	102.27	194.33	442.73	542.41	712.72
酒类	元	126.45	190.83	676.72	638.93	772.99
饮料	元	119.85	151.19	301.65	319.04	474.28
干鲜瓜果类	元	330.44	407.67	568.75	537.08	731.88
鲜果	元/千克	5.54	5.60	6.96	6.77	6.48
数量	千克	38.00	44.95	50.08	44.36	53.71
金额	元	210.40	251.57	348.65	300.20	347.86
鲜瓜	元/千克	5.54	5.60	6.96	6.77	6.48
数量	千克	6.71	7.93	8.84	7.83	9.48
金额	元	37.13	44.39	61.53	52.98	61.39
其它干鲜瓜果类及制品	元	82.91	111.71	158.58	183.90	322.63

5-11 续表1 (2014年)

指　标	单位	低收入户	中低收入户	中等收入户	中高收入户	高收入户
糕点、奶及奶制品	元	202.58	483.73	440.71	525.88	737.22
糕点	元/千克	17.25	17.78	18.49	19.73	19.28
数量	千克	3.26	4.78	6.02	6.90	11.09
金额	元	56.33	85.05	111.35	136.19	213.81
奶及奶制品	元	146.25	398.68	329.36	389.69	523.41
其它食品	元	124.70	198.84	307.20	139.83	224.20
饮食服务	元	545.97	1072.43	1615.60	2955.34	2519.46
食品加工服务费	元	0.25	0.47	0.39	0.16	0.32
在外饮食	元	545.73	1071.96	1615.21	2955.18	2519.14
衣着	**元**	**1497.48**	**2306.70**	**3498.49**	**4609.84**	**4904.25**
服装	元	972.87	1682.29	2579.66	3284.21	3533.77
衣着材料	元	2.63	5.72	14.75	9.92	9.87
鞋类	元/双	165.20	164.32	232.67	290.40	269.06
数量	双	2.50	3.29	3.13	3.69	4.66
金额	元	413.42	540.81	727.97	1071.07	1254.30
其它衣着用品	元	107.30	76.71	173.28	240.06	101.59
衣着加工服务费	元	1.27	1.16	2.83	4.58	4.72
居住	**元**	**880.63**	**1673.19**	**1675.89**	**1557.32**	**2289.57**
住房	元	248.01	749.80	720.46	484.63	1104.39
租赁房房租	元	92.71	372.03	698.92	433.90	708.19
住房装潢支出	元	65.09	191.03		44.80	199.81
维修用建筑材料	元	88.58	185.96	20.90	5.70	186.51
其它住房支出	元	1.61	0.78	0.63	0.24	9.88
水电燃料及其它	元	573.41	706.34	836.65	860.01	992.71
水	元/吨	2.34	2.26	2.22	2.45	2.21
数量	吨	26.01	32.64	54.69	45.57	51.76
金额	元	60.80	73.75	121.59	111.63	114.41
电	元/度	0.58	0.59	0.60	0.59	0.59
数量	度	551.39	648.03	657.64	682.27	706.98
金额	元	318.27	383.01	394.30	399.58	418.18
燃料	元	141.10	192.33	239.64	273.40	394.71
煤炭	元/千克	1.00	1.22	1.92		1.25
数量	千克	2.07	0.68	0.53		0.59

5-11 续表2 （2014年）

指　标	单位	低收入户	中低收入户	中等收入户	中高收入户	高收入户
金额	元	2.06	0.84	1.01		0.73
罐装液化石油气	元/千克	7.83	7.64	7.85	7.23	7.09
数量	千克	5.40	7.83	4.36	2.94	3.89
金额	元	42.27	59.82	34.22	21.29	27.57
管道天然气	元/立方米	2.05	2.10	2.34	2.18	2.25
数量	立方米	34.78	57.11	60.38	86.41	115.46
金额	元	71.18	120.15	141.35	188.46	259.76
其它燃料	元	24.85	11.21	62.93	63.47	105.30
取暖费	元	46.94	55.76	64.69	54.28	49.64
其它相关支出	元	6.30	1.49	16.44	21.12	15.76
居住服务费	元	59.21	217.05	118.78	212.68	192.47
物业管理费	元	35.45	169.79	112.92	211.02	135.97
维修服务费	元	22.15	46.49	5.23	1.42	46.63
其它居住服务费	元	1.61	0.78	0.63	0.24	9.88
家庭设备用品及服务	**元**	**1201.04**	**1494.89**	**3257.54**	**2268.88**	**3063.71**
耐用消费品	元	525.76	414.36	837.99	496.46	1113.19
家具	元	65.89	93.78	167.25	173.03	387.29
家庭设备	元	459.87	320.58	670.74	323.43	725.90
洗衣机	元/台	1896.44	2106.63	2960.10	2316.20	1863.77
数量	台	0.03	0.03	0.07		0.02
金额	元	61.45	59.57	211.18	11.00	34.63
电冰箱	元/台	2832.40	5226.70	1635.58	1482.12	2421.90
数量	台	0.03		0.04	0.03	0.05
金额	元	95.57	11.50	60.27	45.26	115.98
微波炉	元/台	2883.66	2893.29	480.00	460.85	680.00
数量	台	0.01	0.01	0.01	0.03	0.01
金额	元	38.73	37.06	4.27	15.73	6.72
空调器	元/台	3337.15	2856.85	1724.72	1091.39	3600.05
数量	台	0.03	0.02	0.09	0.04	0.05
金额	元	104.53	56.44	159.36	42.52	182.42
淋浴热水器	元/台	974.29	1459.78	2524.47	1320.63	1502.69
数量	台	0.03	0.02	0.01		0.07
金额	元	33.46	31.52	35.54	6.31	111.17

5-11 续表 3 （2014 年）

指　　标	单位	低收入户	中低收入户	中等收入户	中高收入户	高收入户
消毒碗柜	元/台		770.00			
数量	台		0.01			
金额	元		5.42			
室内装饰品	元	15.49	31.60	30.48	28.43	88.81
床上用品	元	121.37	162.90	519.18	426.72	531.34
家庭日用杂品	元	505.31	846.85	1850.95	1247.50	1292.17
家具材料	元	14.91	15.13	8.57	7.94	0.51
家庭服务	元	18.20	24.05	10.37	61.82	37.69
家政服务	元	0.41	0.50	0.82	23.55	16.84
加工维修服务费	元	17.79	23.55	9.55	38.27	20.85
医疗保健	**元**	**852.53**	**676.79**	**1218.03**	**2031.10**	**1703.06**
医疗器具	元	5.47	3.63	0.01	14.50	0.15
保健器具	元	9.87	3.74	12.83	50.55	70.22
药品费	元	193.45	272.12	433.50	651.09	545.77
滋补保健品	元	62.75	73.98	80.42	243.80	295.73
医疗费	元	622.64	435.59	810.16	1136.47	1006.99
交通和通讯	**元**	**1416.80**	**2086.35**	**2237.27**	**2974.77**	**2941.38**
交通	元	653.66	1078.56	1217.80	1652.77	1541.75
家庭交通工具	元	243.79	447.54	736.01	769.88	834.85
车辆用燃料及零配件	元	249.22	373.63	251.07	532.20	313.67
交通工具服务支出	元	64.54	97.09	87.66	90.96	167.80
交通费	元	96.10	160.29	143.07	259.72	225.44
通信	元	763.14	1007.80	1019.47	1322.00	1399.63
通信工具	元	335.19	308.83	208.56	422.66	369.68
通信服务	元	427.95	698.97	810.91	899.34	1029.95
教育文化娱乐服务	**元**	**1235.41**	**1997.81**	**1832.81**	**2851.30**	**4494.15**
文化娱乐用品	元	273.51	359.86	473.41	372.83	524.13
彩色电视机	元/台	2166.44	5062.28	5325.46		3273.77
数量	台	0.03	0.01	0.01		0.03
金额	元	67.44	73.30	72.94		94.23
计算机	元	17.62	97.98	43.13	17.94	70.77
数量	架					0.02
金额	元	5.32	20.62	10.32	5.25	46.61

5-11 续表 4 （2014 年）

指 标	单位	低收入户	中低收入户	中等收入户	中高收入户	高收入户
健身器材	元	43.54	3.80	21.61	47.49	11.27
音像制品及软件	元	4.06	2.77	6.43	4.56	7.63
体育用品	元	10.92	23.05	158.14	49.66	38.82
书报杂志	元	36.54	24.91	57.90	41.07	68.67
纸张文具	元	23.85	19.05	26.81	24.77	25.67
其它文娱用品	元	64.23	94.38	72.59	179.65	160.46
文化娱乐服务	元	217.03	679.41	546.22	1113.54	2550.66
参观游览	元	18.33	33.98	32.95	62.78	76.93
健身活动	元	1.49	2.28	22.54	63.41	99.14
团体旅游	元	142.73	507.94	222.53	767.50	2137.92
其它文娱活动	元	44.71	116.03	251.75	216.38	229.37
文娱用品修理服务费	元	9.77	19.18	16.45	3.46	7.31
教育	元	744.87	958.55	813.17	1364.93	1419.36
教材	元	105.57	18.04	79.80	115.68	151.56
教育费用	元	639.30	940.51	733.38	1249.25	1267.81
非义务教育学杂费	元	259.77	140.77	173.34	34.49	246.05
义务教育学杂费	元	55.43	30.76	8.43	78.05	33.45
托幼费	元	50.46	311.49	73.87	312.01	134.35
成人教育费	元	10.96	17.91	137.60	90.45	205.57
培训班	元	147.74	178.01	304.26	468.49	587.28
其它教育费用	元	114.95	261.57	35.88	265.74	61.10
其它商品和服务	**元**	**514.81**	**466.18**	**716.31**	**1642.05**	**2204.08**
其它商品	元	408.25	345.32	389.32	1248.83	1784.32
金银珠宝饰品	元	233.01	143.30	124.53	599.34	765.16
手表	元	41.12	25.29	21.98	105.77	135.03
化妆品	元	90.75	131.07	224.79	514.35	863.25
其它杂品	元	43.36	45.66	18.02	29.37	20.88
服务	元	106.56	120.86	326.99	393.22	419.76
旅馆住宿费	元	3.96	18.79	23.73	43.45	84.35
理发洗澡费	元	51.80	47.49	176.86	198.35	162.20
美容费	元	34.53	31.66	117.91	132.23	108.13
其它服务	元	16.27	22.93	8.49	19.19	65.08

5-12 农村居民

（2014 年）

指　　标	单位	全市	中原区	二七区	管城区	金水区
调查户数	户	532	24	20	13	12
常住人口	人	1973	76	67	30	39
#整半劳动力	人	1402	62	43	43	23
男劳动力人数	人	780	33	25	22	12
就业劳动力数		1297	51	36	41	15
就业劳动力文化程度						
文盲半文盲	人	35				
小学程度	人	140	3	6	2	2
初中程度	人	745	34	28	28	5
高中程度	人	256	9	2	6	4
大专以上程度	人	121	5		5	4
劳动力就业情况						
一产业就业劳动力	人	440	11		11	
二产业就业劳动力	人	351	22		1	1
#采矿业	人	34				
制造业	人	189	13			
建筑业	人	105	7			
三产业就业劳动力	人	506	18	36	29	14
#交通运输、仓储和邮政业	人	67	2	2	1	
计算机服务和软件业	人	13	2			1
批发和零售业	人	106	5		12	3
住宿和餐饮业	人	67			8	1
租赁和商务服务业	人	29	4	1		2
居民服务和其他服务业	人	151	4	33	4	5
卫生、社会保障和社会福利业	人	13			2	
文化、体育和娱乐业	人	8				
公共管理和社会组织	人	22	1		1	
年末人均拥有住房面积	平方米	65.6	129.7	193.7	267.7	79.9
#出租住房面积	平方米	13.5	71.8	148.0	210.9	22.4
年末人均居住住房面积	平方米	52.1	57.9	45.7	56.8	57.5

家庭基本情况

上街区	惠济区	中牟县	巩义市	荥阳市	新密市	新郑市	登封市
38	31	45	69	70	70	70	71
125	122	172	249	273	282	280	257
80	77	116	171	194	213	193	187
42	42	64	98	106	118	108	111
64	68	111	157	184	210	182	179
1		4		5	4	4	17
3	4	11	5	24	26	9	46
28	27	83	77	103	125	126	81
24	24	13	48	31	41	30	24
8	13		27	21	14	13	11
	19	75	75	40	36	66	107
16	8	19	33	83	85	49	34
	2		2	6	12	2	10
11	5	4	19	48	64	17	8
4	0	15	11	22	9	21	16
48	40	17	49	61	89	67	38
5	9	2	3	7	16	16	5
2			1		1		6
14	9	7	15	10	18	7	6
2			16	6	17	6	11
	4		2	5		10	1
19	12	2	9	16	25	19	4
	2	2	2	1	3		1
	3	3			1	1	
2				12	4		2
42.6	82.5	48.9	49.2	50.0	57.3	60.7	40.8
0.4	31.1		2.1	0.6			
42.2	51.3	48.9	47.1	49.4	57.3	60.7	40.8

5-13 农民人均

（2014 年）

指　　标	全　市	中原区	二七区	管城区	金水区
总收入	**18610.57**	**16756.76**	**20237.19**	**21739.01**	**18676.60**
工资性收入	**9559.22**	**12525.05**	**12699.43**	**12568.02**	**9907.23**
家庭经营收入	**6627.42**	**1633.13**	**2984.08**	**6726.07**	**16.46**
#农业收入	1151.18	22.04			
林业收入	45.63				
牧业收入	931.52				
渔业收入	0.01				
工业收入	683.67	164.81			
建筑业收入	292.57	360.55	1784.84		
交通、运输、邮电业收入	1161.09	666.35	1180.21	982.24	
批发、零售贸易、餐饮业收入	1820.91	419.37	19.03	5743.83	
社会服务业收入	473.54				16.46
其他家庭经营收入	67.29				
财产性收入	**1729.12**	**2076.20**	**4187.97**	**2200.23**	**8737.68**
#租金收入(包括农业机械)	1137.05	1839.58	3305.63	1801.17	5375.66
转移性收入	**694.80**	**522.39**	**365.71**	**244.69**	**15.23**
#城市亲友赠送	2.82				
农村亲友赠送	109.96	53.57	7.30		
离退休金、养老金	173.65	323.23		220.14	9.82
城市亲友支付赡养费	145.96			22.67	
救济金、抚恤金、救灾款	4.56	7.98			
退耕还林还草补贴	20.10		197.65		
各项补贴收入	220.35	58.86			5.40
纯收入	**15469.51**	**16433.93**	**17475.12**	**18576.96**	**18461.76**

总收入纯收入

单位:元

上街区	惠济区	中牟县	巩义市	荥阳市	新密市	新郑市	登封市
16531.55	**18957.42**	**20548.44**	**18580.19**	**19203.95**	**18848.45**	**18628.30**	**15855.80**
11752.53	**7861.52**	**7047.37**	**10440.15**	**9051.94**	**9787.28**	**9941.18**	**8586.74**
2077.75	**2659.45**	**12563.60**	**7345.36**	**8348.06**	**7942.50**	**7419.80**	**6735.40**
	697.79	4748.00	364.31	1488.51	600.63	637.36	1865.23
	2.25	96.17	2.40	119.27	108.30		40.68
	6.29	1886.49	58.85	187.56	2504.31	1509.31	1306.83
	0.22						
1170.75	43.23	1252.85	1212.38	2054.27	841.47		
		381.08		419.88		1154.92	5.86
24.35	1267.37	147.54	1116.38	2402.84	1342.32	1938.52	910.74
882.65	410.83	4049.30	3136.35	525.96	2082.44	2138.07	1488.72
	16.27	2.17	1454.68	759.56	463.03		1117.34
	215.21			390.21		41.63	
1302.10	**7656.22**	**356.59**	**66.77**	**480.14**	**182.17**	**592.98**	**64.24**
90.55	6648.48	273.49	17.63	3.79		106.07	
1399.18	**780.22**	**580.87**	**727.90**	**1323.81**	**936.51**	**674.34**	**469.42**
					19.68		
10.94	72.49	13.87	4.76	288.59	114.90	354.65	12.29
714.47	217.52	2.55	150.69	253.68	204.93	126.83	288.81
557.48	94.65	18.12	335.57	401.91	180.86	5.51	120.71
1.42	0.59	5.44	3.90	5.81	14.62		1.60
		4.66		0.57	111.65		3.57
41.29	266.80	536.23	225.86	363.73	289.62	187.08	42.46
16080.70	**18158.98**	**13848.48**	**15426.50**	**14748.21**	**14734.26**	**15408.51**	**13277.28**

5-14 农民人均

(2014 年)

指　　标	全市	中原区	二七区	管城区	金水区
总支出	**15535.44**	**10015.84**	**12362.17**	**10762.50**	**17224.96**
家庭经营费用支出	**2680.91**	**172.27**	**2754.77**		
农业生产支出	369.24	2.87			
林业生产支出	20.40	73.86			
牧业生产支出	653.53				
渔业生产支出	0.01				
工业生产支出	365.36				
建筑业支出	141.28	44.90	1537.28		
交通、运输和邮电业支出	419.43	8.98	1217.49		
批发、零售贸易、餐饮	583.91	41.65			
社会服务业支出	104.47				
其他家庭经营支出	23.18				
购置生产用固定资产支出	**859.49**	**2.35**			**27.36**
生活消费支出	**11124.76**	**9487.42**	**9050.74**	**9641.86**	**15224.80**
财产性支出	**25.65**				**64.32**
转移性支出	**844.63**	**353.80**	**556.66**	**1120.64**	**1908.47**
#给大中专学生生活费和学杂费	207.41		295.16		141.33
交纳医疗保险	45.05	29.97		45.55	101.93
交纳社会保障基金	91.32	314.50		301.49	217.84
购买非储蓄性保险	98.80			308.35	596.12
赡养费	97.53		226.93	91.80	781.07
其他直接税	3.12	5.79		90.21	
捐赠	294.98		7.17	275.68	70.17
罚款.赔款	0.22				

总支出

单位:元

上街区	惠济区	中牟县	巩义市	荥阳市	新密市	新郑市	登封市
9558.00	**15125.67**	**15626.75**	**12256.08**	**16461.60**	**15405.41**	**19511.16**	**13935.51**
77.03	**725.95**	**5929.13**	**2865.57**	**3581.42**	**3719.70**	**2616.15**	**2498.45**
	112.06	1286.65	136.05	425.47	148.66	255.73	906.64
0.14	5.37	65.47		18.45	10.58	7.20	37.79
		1079.51	5.63	114.71	2029.32	728.46	1234.73
	0.16						
64.08	10.27	781.42	708.17	1102.36	387.54		
		288.70		298.24		357.20	
2.88	592.79	50.47	538.73	975.73	335.65	751.62	204.20
	4.81	2376.58	1179.04	123.46	638.63	514.29	115.09
9.93			297.95	339.17	169.31	1.65	
				183.63			
63.05	**2.89**	**869.10**	**717.10**	**1695.01**	**55.38**	**3138.31**	**402.56**
9028.11	**13353.52**	**8261.14**	**7985.86**	**9817.31**	**10337.40**	**13458.61**	**10820.62**
	319.88	**6.06**			**1.93**		
389.80	**723.43**	**561.31**	**687.55**	**1367.86**	**1291.00**	**298.09**	**213.87**
6.81	253.01	219.28	296.39	333.43	329.58	140.64	64.30
31.31	20.39	60.01	89.57	37.69	15.48	30.22	25.97
118.03	229.85	9.00	29.52	76.81	39.58	49.70	42.82
	89.51	134.45	33.66	33.28	48.68		10.19
109.15	31.77		90.45	13.47	15.87		7.24
						4.52	
122.63	85.53	138.42	147.57	872.47	809.79	73.01	62.87
0.64	3.74						

5-15 农民人均

(2014 年)

指　　标	全市	中原区	二七区	管城区	金水区
生活消费支出	11124.76	9487.42	9050.74	9641.86	15224.80
#货币性消费	10395.09	9402.18	8889.99	9565.92	15224.80
服务性消费支出	2997.80	1449.05	1931.12	3001.67	5775.51
食品性消费	2653.16	2487.69	2407.55	3731.58	4354.68
#货币性消费	2532.76	2481.21	2246.80	3655.65	4354.68
食品消费服务性支出	586.64	173.79	675.73	618.63	1413.81
衣着消费支出	973.25	788.96	862.94	1066.52	1532.48
#货币性消费	973.06	788.96	862.94	1066.52	1532.48
衣着消费服务性支出	2.02	0.45		0.35	0.98
居住消费支出	3033.33	1525.86	1352.06	1310.36	2165.96
#货币性消费	2731.40	1525.86	1352.06	1310.36	2165.96
居住消费服务性支出	747.75	496.16	258.27	1130.01	2050.23
家庭设备用品及服务	829.93	2232.97	1549.07	747.18	1693.26
#货币性消费	827.71	2229.82	1549.07	747.18	1693.26
家庭用品消费服务性支出	21.41	1.09	3.04	23.98	34.09
交通和通讯消费支出	1681.43	1354.55	1608.08	1610.19	1855.76
#货币性消费	1681.43	1354.55	1608.08	1610.19	1855.76
交通和通讯服务消费支出	411.07	404.80	290.76	430.38	559.22
文教娱乐用品及服务支出	844.16	802.11	864.37	699.08	1852.21
#货币性消费	843.91	800.31	864.37	699.08	1852.21
教育服务消费支出	391.30	171.09	179.80	416.91	572.96
文化娱乐服务消费支出	269.14	64.28	164.20	130.43	857.48
医疗保健消费支出	769.47	195.55	351.51	300.76	453.21
#货币性消费	766.41	141.40	351.51	300.76	453.21
医疗保健服务消费支出	483.18	95.72	335.42	193.39	212.97
其他商品和服务消费总支出	340.02	99.74	55.16	176.19	1317.24
#货币性消费	338.41	80.08	55.16	176.19	1317.24
其他消费服务支出	85.29	42.76	23.91	57.59	73.76

生活费支出

单位:元

上街区	惠济区	中牟县	巩义市	荥阳市	新密市	新郑市	登封市
9028.11	13353.52	8261.14	7985.86	9817.31	10337.40	13458.61	10820.62
8922.87	13194.25	8261.14	7909.55	9663.09	9891.89	13353.17	10788.31
2049.80	4635.64	2468.21	2108.82	3158.65	2834.92	3535.77	1747.11
2557.35	3856.52	2168.79	1900.11	2617.22	3079.29	2402.29	1594.69
2468.46	3720.58	2168.79	1824.40	2480.38	2640.40	2296.88	1563.02
343.61	870.57	533.04	405.66	686.99	675.81	408.60	196.98
847.09	1508.77	701.44	691.43	945.67	1140.89	973.27	714.40
847.09	1508.77	701.44	690.90	944.70	1140.89	973.27	714.40
0.65	0.11		0.65	1.71	0.05	1.36	12.32
2673.52	2874.91	2311.28	1435.17	2260.87	1424.52	5738.25	4905.42
2673.52	2873.87	2311.28	1435.17	2254.11	1417.90	5738.22	4904.78
512.02	1184.50	637.14	276.21	728.52	362.19	1164.42	235.67
555.18	901.21	656.12	913.81	542.92	917.84	776.77	868.51
555.18	880.88	656.12	913.74	536.23	917.84	776.77	868.51
7.50	8.19	25.90	24.81	11.09	13.26	6.57	62.38
1184.04	1300.84	1121.99	1253.55	1445.46	1462.60	1613.27	1311.26
1184.04	1300.84	1121.99	1253.55	1445.46	1462.60	1613.27	1311.26
448.63	447.79	293.25	390.05	423.20	396.02	504.98	312.79
486.66	1564.43	451.10	841.68	674.65	858.27	863.75	555.42
470.32	1564.43	451.10	841.68	674.65	858.27	863.75	555.42
171.78	897.43	294.58	298.50	368.54	515.79	264.91	336.54
164.07	616.30	70.02	297.72	120.79	124.79	366.10	149.83
488.57	369.71	680.90	446.65	1078.05	965.82	878.41	543.69
488.57	369.71	680.90	446.65	1078.05	965.82	878.41	543.69
326.22	243.95	560.63	343.25	763.07	592.18	792.65	396.74
235.70	977.14	169.53	503.46	252.47	488.17	212.61	327.23
235.70	975.18	169.53	503.46	249.52	488.17	212.61	327.23
75.33	366.80	53.65	71.97	54.75	154.82	26.19	43.88

5-16　农民人均消费品消费量

（2014 年）　　单位:公斤

指　　标	全市	中原区	二七区	管城区	金水区	上街区
粮食消费量	99.96	119.68	92.80	92.61	91.72	110.73
#小麦	72.56	101.03	69.88	53.99	65.25	66.53
稻谷	13.99	11.87	14.37	23.41	20.96	22.80
玉米	2.33	0.24		1.12	0.07	0.35
油脂类消费量	8.13	6.78	6.03	12.44	6.95	8.99
#植物油	8.11	6.78	6.03	12.44	6.95	8.99
动物油	0.02					
蔬菜及菜制品消费量	83.86	120.49	99.14	81.42	97.87	80.79
瓜类	38.43	50.45	40.26	55.99	30.79	33.82
水果类	38.92	51.79	40.29	56.67	30.80	34.87
肉禽及其制品	13.49	20.13	16.87	25.96	16.67	12.60
#猪肉	8.24	12.22	15.25	4.09	7.51	8.99
牛肉	0.98	2.10	0.25	8.70	2.51	0.55
羊肉	0.51	1.26		2.89	1.63	0.20
家禽	2.00	3.95	1.03	4.36	3.86	1.49
其他肉禽及制品	1.75	0.60	0.34	5.93	1.15	1.36
蛋类及蛋制品	7.94	3.99	7.38	12.02	11.57	12.82
奶和奶制品	8.87	12.16	1.91	11.09	30.53	9.52
水产品	1.82	3.09	1.53	4.17	3.94	2.10
食糖	0.85	0.96	0.55	0.46	0.25	0.71
酒	3.75	4.81	5.70	6.29	7.66	2.37

5-16　续表　　（2014 年）　　单位:公斤

指　　标	惠济区	中牟县	巩义市	荥阳市	新密市	新郑市	登封市
粮食消费量	85.02	77.34	74.44	82.14	90.85	142.59	86.53
#小麦	51.63	60.38	55.24	55.81	58.18	104.93	58.89
稻谷	16.15	6.94	8.36	15.01	14.43	16.38	13.68
玉米	1.21	0.02	1.48	0.91	5.22	4.50	5.07
油脂类消费量	6.08	5.83	5.37	7.55	12.14	7.59	8.91
#植物油	6.06	5.83	5.37	7.54	12.05	7.59	8.89
动物油	0.02			0.01	0.08		0.02
蔬菜及菜制品消费量	99.00	73.97	88.13	88.45	86.73	72.44	87.63
瓜类	54.65	28.65	25.97	39.50	47.56	46.88	26.93
水果类	55.35	28.68	26.27	39.81	48.00	48.22	27.24
肉禽及其制品	19.69	11.69	9.18	13.95	12.02	15.30	8.35
#猪肉	9.94	7.94	6.24	9.19	7.45	10.92	6.57
牛肉	0.23	0.10	0.25	0.49	0.87	0.79	0.52
羊肉	0.88	0.03	0.38	0.35	0.21	0.16	0.18
家禽	4.22	1.88	0.86	1.93	1.56	1.53	0.61
其他肉禽及制品	4.43	1.74	1.44	1.99	1.94	1.89	0.48
蛋类及蛋制品	10.25	6.48	6.13	9.62	8.99	7.16	5.61
奶和奶制品	15.10	6.00	5.27	9.20	5.55	6.82	4.05
水产品	3.02	0.99	1.04	1.79	1.27	1.92	0.59
食糖	1.49	0.38	0.78	0.60	1.09	1.05	1.34
酒	3.06	4.55	2.66	2.78	2.45	3.46	3.20

5-17 农民百户耐用消费品拥有量

（2014 年）

指　　标	单位	全市总计	中原区	二七区	管城区	金水区	上街区
洗衣机	台	100	96	120	106	100	101
电冰箱	台	87	102	100	100	98	86
空调机	台	103	78	180	183	192	91
抽油烟机	台	31	30	10	100	67	84
微波炉	台	32	29	30	80	83	12
热水器	台	68	70	70	100	51	78
自行车	辆	63	117		92	68	71
摩托车	辆	57	2			40	30
汽车（生活用）	辆	31	22	15	44	59	7
电话机	部	27	24	10	66	17	61
移动电话	部	239	221	215	316	233	185
彩色电视机	台	125	117	160	117	159	100
#接入有线电视网	台	63	117	140	100	111	82
摄像机	台	2	12				
照相机	架	14	26	50	39	35	5
家用计算机	台	49	54	80	152	59	20
#接入互联网	台	40	53	71	122	35	13
中高档乐器	件	1	6				

5-17　续表　（2014 年）

指　　标	单位	惠济区	中牟县	巩义市	荥阳市	新密市	新郑市	登封市
洗衣机	台	103	94	96	103	106	98	81
电冰箱	台	100	71	72	96	96	91	52
空调机	台	143	28	105	108	117	83	31
抽油烟机	台	82	1	21	23	40	8	6
微波炉	台	74	3	18	21	21	41	1
热水器	台	102	58	68	77	75	86	19
自行车	辆	90	68	35	88	39	73	36
摩托车	辆	13	73	78	67	72	70	75
汽车（生活用）	辆	44	25	16	27	28	21	8
电话机	部	20		56	27	40	22	6
移动电话	部	227	205	205	267	320	212	212
彩色电视机	台	114	112	122	113	150	115	111
#接入有线电视网	台	104	30	61	30	78	6	53
摄像机	台	9		3	1	3		
照相机	架	35		6	14	11		4
家用计算机	台	90	21	32	64	69	25	9
#接入互联网	台	63	20	30	60	57	18	9
中高档乐器	件			1		2		

主要统计指标解释

城镇居民家庭就业人口 指城镇居民从事社会劳动并取得劳动报酬或经营收入的人口。就业人口包括通过国家统筹规划和指导由劳动部门介绍就业,自愿组织起来就业和自谋职业等方式,在国有制、集体所有制、中外合资、中外合、外资在华独资的企事业单位和私营企业单位工作或从事个体劳动的有固定性职业或临时性职业的人口。被聘用和留用的离退休人员也计入就业人口。

城镇居民家庭可支配收入 指被调查城镇居民家庭在支付个人所得税和社会保障支出之后,所余下的收入。

城镇居民家庭生活费收入 指调查户可用于最终消费支出和其他非义务性支出以及储蓄的总和,即居民家庭可用来自由支配的收入。它是家庭总收入扣除缴纳的所得税、个人交纳的社会保障费以及调查户的记帐补贴后收入。

城镇居民家庭消费性支出 指被调查的城镇居民家庭用于日常生活的全部支出,包括购买商品支出和文化生活、服务等非商品性支出。共分八类:食品、衣着、设备用品及服务、医疗保健、交通和通讯、娱乐文教服务、居住、杂项商品和服务。不论自用的或赠送亲友的都包括在内。不包括罚没、丢失款和缴纳的各种税款(如个人所得税、牌照税、房产税等),也不包括个体劳动者生产经营过程中发生的各项费用。

农村居民家庭常住人口 指全年经常在家或在家居住 6 个月以上,而且经济和生活与本户连成一体的人口。外出从业人员在外居住时间虽然在 6 个月以上,但收入主要带回家中,经济与本户连成一体,仍视为家庭常住人口;在家居住,生活和本户连成一体的国家职工、退休人员也为家庭常住人口。但是现役军人、中专及以上(走读生除外)的在校学生,以及常年在外(不包括探亲、看病等)且已有稳定的职业与居住场所的外出从业人员,不应当作家庭常住人口。

农民总收入 指农村住户年内从各种来源得到的全部实际收入(包括现金收入和实物收入)。由工资性收入、家庭经营收入、财产性收入和转移性收入四部分组成。

(一)工资性收入:指受雇于单位或个人,出卖劳动而得到的收入。包括在乡村组织中等非企业组织中劳动得到的收入、在企业劳动得到的收入、常住人口外出务工收入和其他单位劳动得到的收入。

(二)家庭经营收入:指农村住户从事各项生产的收入,包括种植业收入、林业收入、牧业收入、渔业收入、工业收入、建筑业收入、交通运输业收入、批发和零售贸易餐饮业收入、社会服务业收入和文教卫生业和其他家庭经营收入。

(三)财产性收入:指金融资产或有形非生产性资产的所有者向其他机构单位提供资金或将有形非生产性资产供其支配,作为回报而从中获得的收入。

(四)转移性收入:指农村住户和住户成员无须付出任何对应物而获得的货物、服务、资金或资产所有权等,不包括无偿提供的用于固定资本形成的资金。一般情况下,指农村住户在二次分配中的所有收入。

农民纯收入 指农村住户当年从各个来源得到的总收入相应地扣除所发生的费用后的收入总和。计算方法:

纯收入=总收入-家庭经营费用支出-税费支出-生产性固定资产折旧-赠送农村内部亲友。

农民总支出 指农村住户全年用于生产、生活和再分配的全部支出。包括家庭经营费用支出、购置生产用固定资产支出、生产性固定资产折旧、税费支出、生活消费支出、财产性支出和转移性支出。

农民生活消费支出 指农民家庭年内用于物质生活和精神生活方面的消费支出。它直接反映农民的生活水平,是研究农民消费结构变化的基本指标。

它包括食品、衣着、居住、家庭设备用品及服务、医疗保健、交通和通讯、文化教育娱乐用品及服务、其他商品和服务等八大类支出。

六、城市公用事业和环保

6-1 城市设施水平

指　　标	单位	2013 年	2014 年
人口密度	人/平方公里	13347	14530
人均日生活用水量	升	87.3	90.6
用水普及率	%	100	100
每万人拥有公共交通车辆	标台	16	18
燃气普及率	%	90.1	90.2
人均拥有道路面积	平方米	6.6	6.5
排水管道密度	公里/平方公里	8.8	8.7
污水处理率	%	95.9	95.9
人均公园绿地面积	平方米	6.7	7.0
建成区绿地率	%	33.1	34.9
建成区绿化覆盖率	%	38.0	40.2
垃圾粪便无害化处理率	%	89.7	95.0

6-2 城市建设用地情况

指　　标	单位	2013 年	2014 年
城市市区面积	平方公里	1010.3	1010.3
建成区面积	平方公里	382.7	412.7
#城市建设用地面积	平方公里	343.8	370.9
#工业	平方公里	31.7	33.2
物流仓储	平方公里	13.8	14.9
交通设施	平方公里	61.7	68.5
居住	平方公里	88.0	95.0
公共设施	平方公里	51.1	54.2
市政公共设施	平方公里	13.8	14.9
绿地	平方公里	71.0	76.6
商业服务业设施	平方公里	12.7	13.7
本年征用土地面积	平方公里	7.8	8.5

6-3 城市供水、供电情况

指　标	单位	2013 年	2014 年
供水			
水厂数	个	4	5
自来水综合生产能力	万立方米/日	109	145
#地下水	万立方米/日	42	44
供水管道长度	公里	2902	2902
全年供水总量	万立方米	35413	34131
#生产用水	万立方米	9378	4157
生活用水	万立方米	22440	26198
#家庭用量	万立方米	12411	15488
用水人口	万人	586	638
节约用水			
取水量	万立方米	11802	11849
生产用水重复利用量	万立方米	123699	132135
节约用水量	万立方米	4825	4931
供电			
公用配电线路长度	公里	33321	35341
全年销售总量	亿千瓦时	400	345
#生活用电	亿千瓦时	45	48
售给居民每千度电售价	元	559.4	593.3

6-4 城市燃气及供热

指　标	单位	2013 年	2014 年
液化石油气			
储气能力	吨	970	970
外购气量	吨	63024	62607
供气总量	吨	62400	62018
#家庭用量	吨	45513	45244
用气家庭户数	户	334200	218770
用气人口数	万人	101	99
天然气			
储气能力	万立方米	240	240
供气总量	万立方米	86524	95319
#家庭用量	万立方米	30580	29121
用气家庭户数	户	1392692	1550790
用气人口数	万人	427	476
输送管道长度	公里	4844	4200
供热能力			
蒸汽	吨/小时	550	550
热水	兆瓦	1907	2786
供热总量			
蒸汽	万吉焦	180	160
热水	万吉焦	1133	1370
管道长度			
蒸汽	公里	199	199
热水	公里	1125	1190
集中供热面积	万平方米	3815	4520
#住宅	万平方米	3156	3903

6-5 市政设施及公共交通

指　　标	单位	2013 年	2014 年
实有铺装道路长度	公里	1520	1630
实有铺装道路面积	万平方米	3836	4174
人行道面积	万平方米	816	873
实有桥梁数	座	195	207
#立交桥	座	48	52
路灯盏数	盏	75251	85212
排水管道长度	公里	3377	3592
污水年排放量	万立方米	31877	30601
污水处理厂	座	4	4
处理能力	万立方米/日	99	99
污水年处理量	万立方米	41480	29342
防洪堤长度	公里	58	58
公共汽、电车运营车数	辆	5745	6297
标准运营车数	标台	7495	8289
运营线路网长度	公里	1206	1248
全年客运总量	万人次	103233	98748
实有出租汽车数	辆	10608	10608

6-6 园林绿化及环境卫生

名　　称	单位	2013 年	2014 年
绿化覆盖面积	公顷	15920	18165
#建成区	公顷	14540	16590
园林绿地面积	公顷	13444	15168
#建成区	公顷	12677	14401
公园绿地面积	公顷	3895	4456
公园个数	个	68	74
公园面积	公顷	2082	2260
实际清扫面积	万平方米	3838	4174
生活垃圾清运量	万吨	180	177
垃圾无害化处理厂(场)	座	2	2
无害化处理能力	吨/日	4700	4700
公厕数量	座	963	963
市容环卫专用车辆总数	台	900	1269

6-7　房产市场交易

名　　称	单位	2013 年	2014 年
房产买卖			
成交面积	万平方米	1135.9	1091.6
#住宅	万平方米	884.7	841.4
办公用房	万平方米	174.3	456.6
商服用房	万平方米	70.3	89.2
成交金额	万元	9650968	9854622
#住宅	万元	6552403	6744532
办公用房	万元	1886730	1684633
商服用房	万元	1168910	1397307
房产租赁			
出租面积	万平方米	921.5	936.8
#住宅	万平方米	488	196
办公用房	万平方米	94	98
商服用房	万平方米	338.8	340
租金收入	万元	801182	831162
#住宅	万元	236832	257632
办公用房	万元	125350	134360
商服用房	万元	439000	468720
向个人出售住宅			
新建住宅出售			
面积	万平方米	880.2	835.0
销售额	万元	6514193	6696928
旧住宅出售			
面积	万平方米	425.6	359.3
销售额	万元	2674820	2521717

6-8 全市工业污染排放及处理利用情况

（2014 年）

指 标	单位	数量
工业废水		
废水治理设施数	套	339
废水治理处理能力	万吨/日	100.1
废水治理设施运行费用	万元	16525
工业废水处理量	万吨	12696
工业废水排放量	万吨	13038.7
化学需氧量产生量	吨	47782.9
化学需氧量排放量	吨	12548.1
氨氮产生量	吨	1704.9
氨氮排放量	吨	567.8
工业废气		
工业废气排放量	亿立方米	4435.6
废气治理设施数	套	1337
废气治理设施处理能力	万立方米/时	8051.2
废气治理设施运行费用	万元	117449.7
二氧化硫产生量	吨	320952.1
二氧化硫排放量	吨	90859.0
烟(粉)尘产生量	吨	6347636.6
烟(粉)尘排放量	吨	46037.2
工业固体废物		
一般工业固体废物产生量	万吨	1400.1
一般工业固体废物综合利用量	万吨	1027.2
一般工业固体废物处置量	万吨	333.1
危险废物产生量	万吨	2.0
危险废物综合利用量	万吨	1.1
危险废物处置量	万吨	0.8
企业基本情况		
工业企业数	个	644
工业企业工业总产值	万元	19614087.1
工业锅炉	台/蒸吨	503/31569.8
工业炉窑数	座	626

6-9 全市工业污染防治投资情况

（2014 年）

指　　标	单位	数量	指　　标	单位	数量
工业企业数	**个**	**26**	**施工项目本年投资来源**		
施工项目总数	**个**	**16**	政府其他补助	万元	44
废水治理项目	个	2	企业自筹	万元	33528.3
废气治理项目	个	9	**竣工项目数**	**个**	**18**
固体废物治理项目	个	1	废水治理项目	个	2
其他治理项目	个	4	废气治理项目	个	12
施工项目本年完成投资	**万元**	**33572.3**	固体废物治理项目	个	1
废水治理项目	万元	348	其他治理项目	个	3
废气治理项目	万元	31405	**竣工项目新增设计处理能力**		
固体废物治理项目	万元	40	治理废水	吨/日	13509
其他治理项目	万元	1779.3	治理废气	万标立方米/时	806.8

6-10 城镇生活污染排放情况及污水处理厂运行情况

（2014 年）

指　　标	单位	数值	指　　标	单位	数值
污染排放			烟尘排放量	吨	16150.0
城镇生活污水排放系数	升/人・日	245	**污水处理厂运行情况**		
城镇生活污水排放量	万吨	53122	污水处理厂数	个	21
生活化学需氧量产生量	吨	130094.8	本年运行费用	万元	34171.3
生活化学需氧量排放量	吨	21398.2	污水设计处理能力	万吨/日	150.5
生活氨氮产生量	吨	16695.5	污水实际处理量	万吨	53613.1
生活氨氮排放量	吨	7887.9	生活污水处理量	万吨	50307.4
二氧化硫排放量	吨	13744.2	工业废水处理量	万吨	3305.7

主要统计指标解释

供水综合生产能力 指按供水设施取水、净化、送水、出厂输水干管等环节设计能力计算的综合生产能力。包括在原设计能力的基础上，经挖、革、改增加的生产能力。计算时，以四个环节中最薄弱的环节为主确定能力。原则上按设计能力填报，对于经过更新改造后，实际生产能力与设计能力相差很大的，按实际能力填报。

年底供水管道长度 指从送水泵至用户水表之间所有管道的长度。不包括新安装尚未使用、水厂内以及用户建筑物内的管道。在同一条街道埋设两条或两条以上管道时，应按每条管道的长度计算。

供水总量 指各种水源为用水户提供的包括输水损失在内的毛水量。

生活用水 包括城镇生活用水和农村生活用水。城镇生活用水由居民用水和公共用水(含第三产业及建筑业等用水)组成;农村生活用水指居民生活用水。

城市人口用水普及率 指报告期末城市用水人口数与城区人口总数的比率。计算公式:

$$用水普及率=\frac{城区用水人口(含暂住人口)}{城区人口+城区暂住人口}\times 100\%$$

全年供气总量 指报告期燃气企业(单位)向用户供应的燃气数量。包括销售量和损失量。

城市供热管道长度 指从各类热源到热用户建筑物接入口之间的全部蒸汽和热水的管道长度。不包括各类热源厂内部的管道长度。可按管沟敷设方式(管沟、直埋、架空等)分类统计。

道路长度 指道路长度和与道路相通的桥梁、隧道的长度，按车行道中心线计算。

桥梁 指为跨越天然或人工障碍物而修建的构筑物。包括跨河桥、立交桥、人行天桥以及人行地下通道等。

排水管道长度 指所有排水总管、干管、支管、检查井及连接井进出口等长度之和。计算时应按单管计算，即在同一条街道上如有两条或两条以上并排的排水管道时，应按每条排水管道的长度相加计算。

无营运线路长度 指设置的固定营运线路长度，包括郊区营运线路长度。不包括临时行驶的线路长度。

绿地面积 指报告期末用作园林和绿化的各种绿地面积。包括公园绿地、生产绿地、防护绿地、附属绿地和其他绿地的面积。

公园绿地 城市中向公众开放的、以游憩为主要功能，有一定的游憩设施和服务设施，同时兼有健全生态、美化景观、防灾减灾等综合作用的绿化用地。

工业废气排放量 指报告期内企业厂区内燃料燃烧和生产工艺过程中产生的各种排入空气中含有污染物的气体的总量，以标准状态(273K,101325Pa)计算。

工业固体废物产生量 指未被列入《国家危险废物名录》或者根据国家规定的危险废物鉴别标准(GB5085)、固体废物浸出毒性浸出方法(GB5086)及固体废物浸出毒性测定方法(GB/T 15555)鉴别方法判定不具有危险特性的工业固体废物。计算公式是:

一般工业固体废物产生量=(一般工业固体废物综合利用量-其中:综合利用往年贮存量)+一般工业固体废物贮存量+(一般工业固体废物处置量-其中:处置往年贮存量)+一般工业固体废物倾倒丢弃量

工业固体废物处置量 指报告期内企业将工业固体废物焚烧和用其他改变工业固体废物的物理、化学、生物特性的方法，达到减少或者消除其危险成分的活动，或者将工业固体废物最终置于符合环境保护规定要求的填埋场的活动中，所消纳固体废物的量。

工业废水排放量 指报告期内经过企业厂区所有排放口排到企业外部的工业废水量。包括生产废水、外排的直接冷却水、废气治理设施废水、超标排放的矿井地下水和与工业废水混排的厂区生活污水，不包括独立外排的间接冷却水(清浊不分流的间接冷却水应计算在内)。

七、农　业

7-1 农村基本情况及从业人员

(2014 年)

指　　标	单位	总计	中原区	二七区	管城区	金水区	上街区	惠济区	中牟县
农村基层组织情况									
乡镇个数	个	83		2	2		1	2	11
#镇个数	个	70		1	1		1	2	10
村民委员会个数	个	2169	46	14	26	40	28	53	272
乡村人口从业人员									
乡村户数	万户	102.94	2.22	0.65	1.64	0.84	1.24	4.36	9.65
乡村人口数	万人	406.37	7.37	2.99	6.37	3.35	4.30	16.09	40.55
乡村从业人员数	万人	235.78	3.30	1.98	3.08	1.45	1.95	8.67	24.81
按性别分									
#男劳动力	万人	128.18	1.65	1.08	1.66	0.80	1.11	4.73	13.23
女劳动力	万人	107.6	1.65	0.91	1.43	0.65	0.84	3.94	11.58
按行业分									
农业从业人员	万人	94.74	0.24	0.55	1.33	0.51	0.63	4.57	15.23

注:乡镇数不包括县(市)所在地的城关镇。

7-1 续表

指　　标	单位	巩义市	荥阳市	新密市	新郑市	登封市	经开区	高新区	郑东新区	航空港实验区
农村基层组织情况										
乡镇个数	个	15	12	13	11	12			2	
#镇个数	个	15	9	12	9	9			1	
村民委员会个数	个	288	288	303	252	303	39	42	19	156
乡村人口从业人员										
乡村户数	万户	15.17	13.46	15.64	11.33	14.30	2.08	2.06	2.25	6.05
乡村人口数	万人	60.61	50.47	60.94	42.58	57.79	8.26	8.17	10.01	26.53
乡村从业人员数	万人	33.52	32.17	33.32	26.83	34.89	4.19	3.42	5.86	16.35
按性别分										
#男劳动力	万人	18.69	17.19	18.05	14.16	19.35	2.39	1.76	3.27	9.09
女劳动力	万人	14.83	14.98	15.27	12.67	15.55	1.81	1.66	2.59	7.26
按行业分										
农业从业人员	万人	10.37	9.76	8.49	11.14	14.46	2.41	1.61	3.15	10.27

注:乡镇数不包括县(市)所在地的城关镇。

7-2 农业机械、电气、化学、水利情况

（2014 年）

指 标	单位	合计	中原区	二七区	管城区	金水区	上街区	惠济区	中牟县
农业机械化情况									
实际机耕面积	千公顷	262.55	2.60	0.22	1.70	1.45	1.09	9.67	48.74
当年机播面积	千公顷	371.29	2.86	0.22	2.10	1.95	1.80	8.05	52.32
当年机收面积	千公顷	333.21	2.50	0.20	2.06	1.89	1.75	6.50	49.85
农村用电量	**万千瓦时**	**373433**	**11440**	**1120**	**5127**	**856**	**3395**	**8149**	**15244**
农用化肥施用量									
按折纯量计算	吨	233047	811	840	1142	1140	1433	4480	36992
氮肥	吨	75304	107	362	243	433	401	1505	12144
磷肥	吨	41100	40	170	246	109	67	664	7826
钾肥	吨	19540	9	44	21	133	128	410	4626
复合肥	吨	97103	655	264	632	465	837	1901	12396
农田水利化情况									
有效灌溉面积	千公顷	189.45	5.5	1.2	5.51	1.81	0.59	8.5	58.73
机电井数量	眼	54196	1292	638	2748	2310	388	4682	20272

7-2 续表

指 标	单位	巩义市	荥阳市	新密市	新郑市	登封市	经开区	高新区	郑东新区	航空港实验区
农业机械化情况										
实际机耕面积	千公顷	24.67	36.44	27.05	33.27	27.32	6.30	3.90	7.28	30.85
当年机播面积	千公顷	39.56	56.10	53.88	54.60	46.83	7.52	5.81	8.08	29.64
当年机收面积	千公顷	34.65	51.70	45.85	47.22	40.87	7.02	5.54	7.78	27.84
农村用电量	**万千瓦时**	**139177**	**32956**	**43185**	**43020**	**45751**	**3845**	**6295**	**4704**	**9167**
农用化肥施用量										
按折纯量计算	吨	36860	30097	27206	35784	25222	3666	5385	5331	16658
氮肥	吨	13752	11958	7649	12369	6474	547	1385	1714	4261
磷肥	吨	5687	7285	5434	3793	5129	595	700	832	2523
钾肥	吨	1678	1722	987	3352	3339	157	400	467	2067
复合肥	吨	15743	9132	13136	16270	10280	2367	2900	2318	7807
农田水利化情况										
有效灌溉面积	千公顷	16.03	29.96	15.79	34.99	10.84				
机电井数量	眼	1472	5687	1803	12323	581				

7-3 水果产量

(2014 年) 单位:吨

指　　标	总计	中原区	二七区	管城区	金水区	上街区	惠济区	中牟县
水果产量	**288223**	**275**	**10245**	**1218**	**425**	**1893**	**2470**	**17684**
苹果	56858		133	55	35	113	290	7728
#红富士	34060		119	45	30		289	5125
国光	3044		14	10	5			906
梨	20905		492	118	78	1569	661	613
#雪花梨	6951		265	48	39			485
鸭梨	2863		227	70			661	
其它	210460	275	9620	1045	312	211	1519	9343
#桃子	43925	260	430	650	187	27	151	4698
猕猴桃	458		10					
葡萄	37718	15	7460	15	34	114	937	2519
红枣	65378			380	5		75	747
柿子	16498		15		16		356	779

7-3 续表 (2014 年) 单位:吨

指　　标	巩义市	荥阳市	新密市	新郑市	登封市	经开区	郑东新区	航空港实验区
水果产量	**30470**	**42387**	**19776**	**84545**	**24916**	**16267**	**8015**	**27637**
苹果	16256	6522	4610	5942	10455	1206	91	3422
#红富士	14966	3300	1024	976	6584	1008	46	548
国光	580	638	446	87	263	50	45	
梨	2120	3061	2176	1512	1950	196	548	5811
#雪花梨	893	1	272	56	736		537	3619
鸭梨	220	133	707	205	629		11	
其它	12094	32804	12990	77091	12511	14865	7376	18404
#桃子	3082	5332	3141	5982	2005	7664	6251	4065
猕猴桃	5	195			248			
葡萄	4142	1458	6213	12028	1566		139	1078
红枣	83	145	161	45050	243	5601	4	12884
柿子	2874	9858	459	88	701		975	377

7-4 农业机械主要

（2014 年）

指　　标	单位	总计	中原区	二七区	管城区	金水区	上街区	惠济区	中牟县
农业机械总动力	**千瓦**	**5762537**	**24797**	**80530**	**62984**	**48050**	**39352**	**124190**	**740362**
拖拉机及配套机械									
拖拉机	台	13898	126	84	139	62	271	290	2504
	千瓦	649487	4745	3577	5421	2420	10434	14045	110736
大中型拖拉机	台	13898	126	84	139	62	271	290	2504
	千瓦	649487	4745	3577	5421	2420	10434	14045	110736
小型拖拉机	台	115029	5	315	285	70	504	120	33342
	千瓦	1118305	62	3681	3135	490	5742	1050	300575
拖拉机配套农具	部	201982	327	720	791	130	1299	1250	50596
种植业机械									
耕整地及种植业机械									
机引犁	台	81776	80	918	330	20	148	282	26087
机引耙	台	71023	50	214	208	35	140		25837
播种机	台	28493	28	90	113	95	313	93	1074
化肥深施机	台	2466		61					925
秸杆粉碎还田机	台	9613	89	38	58	54	110	182	1020
农用排灌动力机械									
排灌动力机械	台	96357	369	617	2580	1350	500	2910	8578
	千瓦	770258	6051	11028	15382	8016	7898	12900	49339
#柴油机	台	18307		64	298	350	100		4253
	千瓦	143780		788	2831	3150	998		34202
电动机	台	78040	369	553	2282	1000	400	2910	4325
	千瓦	625858	6051	10240	12551	4866	6900	12900	15137
农用水泵	台	100621	369	685	2390	1900	400	2800	31716
节水喷灌机械	套	12421	4	120			100	30	736
植保机械									
机动喷雾（粉）机	台	11446	12	220	76	45	100	130	275

生产情况

巩义市	荥阳市	新密市	新郑市	登封市	经开区	高新区	郑东新区	航空港实验区
591264	**819267**	**1024096**	**901082**	**662705**	**89734**	**27681**	**151884**	**374559**
1762	1724	2004	2238	985	300	126	408	875
70128	65858	120183	112696	55414	12976	4745	18023	38086
1762	1724	2004	2238	985	300	126	408	875
70128	65858	120183	112696	55414	12976	4745	18023	38086
13398	3124	7362	11500	23118	4268	10	5599	12009
110534	40612	93916	107229	255809	38512	101	50385	106472
20355	11381	9774	26184	46580	6680	329	8620	16966
8568	4539	2429	8400	15205	3310	80	4768	6612
4293	4303	2042	5730	13937	3385	50	4291	6508
3602	2670	2638	4077	12139	127	28	289	1117
164	66	52	344	370	117		145	222
624	1630	1645	2413	756	118	89	196	591
4387	7610	11914	15241	27323	1323	483	3043	8129
48763	106159	178263	107866	153999	12140	7954	17523	26977
73	910	726	4010	3134	552		1080	2757
638	9555	7248	15036	41768	4530		9148	13888
4314	6700	11188	11231	24189	762	483	1962	5372
48125	96604	171015	92830	112231	6990	7954	8375	13089
4402	6120	4807	11201	13109	972	483	7217	12050
132	1170	380	5402	3346	3	4		994
469	800	897	7147	780	51	12	95	337

7-4 续表

指　标	单位	总计	中原区	二七区	管城区	金水区	上街区	惠济区	中牟县
	千瓦	34462	34	1929	304	45	100	345	552
收获机械									
联合收获机	台	8675	78	41	57	62	66	150	844
	千瓦	539208	3037	2008	3705	3375	3584	9760	52010
脱粒烘干机械									
机动脱粒机	台	32896	75	339	50	135	100	22	780
农副产品加工机械									
动力机械	台	47120	104	360	611		400	227	6113
	千瓦	373349	377	3600	4779		2500	1981	23280
#柴油机	台	805							
	千瓦	10321							
电动机	台	46315	104	360	611		400	227	6113
	千瓦	362034	377	3600	4765		2500	1981	23280
加工作业机械									
粮食加工机械	台	23687	70	238	601		300	130	2111
棉花加工机械	台	2029	7	1			200	16	186
油料加工机械	台	3708	29	120			100	30	331
运输机械									
农用运输车	辆	117655	563	2496	2351	900	500	3700	15072
	千瓦	1666256	7364	35528	25859	9900	7700	51270	161270
#三轮运输车	辆	97874	500	1296	2189	650	300	3020	15072
	千瓦	1140478	6500	13975	24077	7150	3700	34127	161270
低速载货汽车	辆	19780	63	1200	162	250	200	680	
	千瓦	525247	864	21553	1782	2750	4000	17143	

（2014 年底）

巩义市	荥阳市	新密市	新郑市	登封市	经开区	高新区	郑东新区	航空港实验区
607	2400	1354	19312	6274	128	34	159	885
796	1420	2040	1500	910	73	86	155	397
36740	85100	151697	94262	59323	3623	3501	7044	20439
10586	3097	4336	957	11406	119	75	327	492
10467	8083	10005	3234	3950	399	104	1011	2052
59177	54877	150550	24724	28274	3300	377	4823	10730
9	521	275						
80	4741	5500						
10458	7562	9730	3234	3950	399	104	1011	2052
59097	50136	145050	24724	28274	3300	377	3843	10730
4715	3275	5136	2556	2650	304	70	670	861
113	389	411	128	400	32		63	83
100	470	688	452	900	63	29	155	241
5467	28902	12534	24295	4800	2024	636	3912	9503
108849	439491	228510	340759	57300	21608	8306	42367	120175
3475	26098	8484	20073	2000	2024	573	3471	8649
38274	310789	127260	230000	18700	21608	7442	37467	98139
1992	2804	4050	4222	2800		63	440	854
70575	128702	101250	110278	38600		864	4850	22036

7-5 果园面积

（2014 年）

单位:公顷

指　　标	总　计	中原区	二七区	管城区	金水区	上街区	惠济区	中牟县
果园面积	**22952**	**17**	**468**	**478**	**77**	**61**	**234**	**1191**
苹果园	3890		15	10	3	6	30	541
梨园	1290		29	12	6	42	29	44
桃园	2850	15	25	238	51	2	13	293
猕猴桃园	25		1					
葡萄园	2060	2	273	2	4	11	103	105
枣园	8615			216	1		19	113
柿园	996		14		2		41	45

7-5　续表

（2014 年）

单位:公顷

指　　标	巩义市	荥阳市	新密市	新郑市	登封市	经开区	郑东新区	航空港实验区
果园面积	**2273**	**2341**	**1359**	**7457**	**2584**	**1083**	**423**	**2906**
苹果园	1404	355	450	254	601	27	7	187
梨园	178	113	144	52	159	7	42	431
桃园	247	357	210	243	258	407	287	203
猕猴桃园		7			17			
葡萄园	204	67	360	565	286		30	47
枣园	2	7	32	5497	195	514	3	2017
柿园	238	238	29	9	310		49	21

7-6 林业生产情况

（2014 年）

单位:公顷

县(市)区	当年造林面积	用材林	经济林	四旁植树(万株)	育苗面积	幼林抚育实际面积
总计	**6549**	**2326**	**2318**	**697**	**2783**	**38512**
中原区				15	410	
金水区					212	33
上街区					26	
惠济区	180		180		430	240
中牟县	2623	2098	525	277	521	35846
巩义市	597	77	520		100	933
荥阳市	704	151	264	21	362	307
新密市	780		385	46	412	392
新郑市	891		217	120	280	47
登封市	774		227	218	30	714

7-7 渔业生产情况

（2014 年）

指　　标	单位	合计	二七区	管城区	金水区	惠济区	中牟县	巩义市	荥阳市	新密市	新郑市	登封市	郑东新区
水产品总产量	**吨**	**156697**	**189**	**90**	**13800**	**25760**	**74998**	**4830**	**19800**	**880**	**750**	**2300**	**13300**
#鱼类产量	吨	156253	189	90	13800	25760	74689	4815	19680	880	750	2300	13300
虾蟹类产量	吨	45					45						
#养殖产量	吨	151862											
天然捕捞产量	吨	5							5				
养殖面积	**公顷**	**10098**	**14**	**29**	**320**	**1191**	**3837**	**349**	**1817**	**460**	**240**	**1321**	**520**
池塘	公顷	7834	14		320	1191	3837	236	1546	130	40		520
水库	公顷	2264		29				113	271	330	200	1321	

7-8 牧业主要产品产量

（2014 年）

指　　标	单位	合计	中原区	二七区	管城区	金水区	上街区	惠济区	中牟县
猪当年出栏头数	万头	242.72	1.48	0.83	1.66	0.63	0.59	4.60	34.78
牛当年出栏头数	万头	13.48	0.04	0.02	0.06	0.05		0.35	2.49
羊当年出栏只数	万只	53.82	0.09	0.08	0.26	0.12	0.17	0.28	19.26
禽当年出栏只数	万只	4134.64	30.40	26.41	20.10	14.07	9.00	274.79	405.08
肉类总产量	吨	267215	1503	1037	1535	733	560	7191	42106
#猪肉产量	吨	185781	1156	629	1201	472	414	3270	30176
牛肉产量	吨	20527	60	45	67	78		508	4256
羊肉产量	吨	6802	11	9	28	14	30	34	2408
禽肉产量	吨	50783	276	354	239	169	116	3544	5266
兔肉产量	吨	1523						4	
奶类总产量	吨	489790	3464	1369	1031	12369	630	36210	120717
#生牛奶产量	吨	479672	3464	910	1031	12369	630	36105	120717
山羊毛产量	公斤	92199		10					
绵羊毛产量	公斤	193253							
蜂蜜产量	公斤	356329							
禽蛋产量	吨	227980	544	3926	398	207	3295	6150	21708

7-8 续表　　（2014 年）

指　　标	单位	巩义市	荥阳市	新密市	新郑市	登封市	经开区	高新区	郑东新区	航空港实验区
猪当年出栏头数	万头	29.20	43.86	21.53	53.04	23.49	4.80	0.65	2.61	18.98
牛当年出栏头数	万头	0.63	2.59	0.95	0.64	2.46	0.40	0.01	0.26	2.53
羊当年出栏只数	万只	2.29	4.58	2.62	5.09	6.10	2.17	0.03	1.71	8.98
禽当年出栏只数	万只	166.28	820.81	464.30	1277.22	263.92	36.99	10.40	24.09	290.79
肉类总产量	吨	27007	49772	22807	53038	27229	5179	627	3199	23692
#猪肉产量	吨	23110	35185	14668	35783	18753	3917	485	2078	14484
牛肉产量	吨	870	3834	1151	923	3845	542	8	572	3768
羊肉产量	吨	310	662	284	610	746	275	4	215	1162
禽肉产量	吨	2061	9643	5310	16043	3339	445	136	216	3626
兔肉产量	吨	159	96	982	76	140				66
奶类总产量	吨	5200	111963	34444	52988	4650	21076	1100	30140	52439
#生牛奶产量	吨	5200	106640	30213	52988	4650	21076	1100	30140	52439
山羊毛产量	公斤	9512	121	53026	752	28778				
绵羊毛产量	公斤	777	124	172915	7506	11931				
蜂蜜产量	公斤	57001	164	293011	2221	3932				
禽蛋产量	吨	10080	76179	29001	43478	22484	1737	60	1965	6768

7-9 全市粮经比

单位:%

县(市)区	1995年	2000年	2005年	2010年	2011年	2012年	2013年	2014年
全　市	**79.8:20.2**	**74.9:25.1**	**69.0:31.0**	**70.9:29.1**	**71.2:28.8**	**71.5:28.5**	**72.1:27.9**	**73.2:26.8**
中原区		59.0:41.0	51.3:48.7	53.8:46.2	55.0:45.0	55.1:44.9	56.3:43.7	65.7:34.3
二七区		73.4:26.6	59.9:40.1	63.0:37.0	69.9:30.1	73.1:26.9	77.5:22.5	74.5:25.5
管城区	79.0:21.0	76.4:23.6	55.2:44.8	60.9:39.1	62.2:37.8	62.0:38.0	58.7:41.3	56.9:43.1
金水区		87.9:12.1	83.5:16.5	94.1:5.9	89.1:10.9	91.4:8.6	92.7:7.3	90.8:9.2
上街区	46.1:53.9	66.7:33.3	86.8:13.2	91.2:8.8	91.1:8.9	90.5:9.5	90.6:9.4	94.0:6.0
惠济区		48.8:51.2	36.9:63.1	37.4:62.6	37.8:62.2	38.7:61.3	38.8:61.2	39.9:60.1
中牟县	65.9:34.1	56.6:43.4	47.3:52.7	46.4:53.6	46.0:54.0	45.8:54.2	45.1:54.9	44.5:55.5
巩义市	89.0:11.0	90.0:10.0	86.6;13.4	88.4:11.6	88.4:11.6	88.7:11.3	88.4:11.6	89.6:10.4
荥阳市	84.9:15.1	82.3:17.7	74.8:25.2	79.0:21.0	79.4:20.6	80.1:19.9	80.0:20.0	80.6:19.4
新密市	88.7:11.3	86.6:13.4	86.2:13.8	85.1:14.9	84.9:15.1	84.4:15.6	84.4:15.6	85.4:14.6
新郑市	78.6:21.4	71.8:28.2	71.0:29.0	72.2:27.8	73.8:26.2	74.4:25.6	74.9:25.1	77.9:22.1
登封市	86.1:13.9	84.8:15.2	81.4:18.6	86.5:13.5	86.7:13.3	87.4:12.6	87.4:12.6	86.6:13.4
经开区			64.2:35.8	72.8:27.2	74.0:26.0	78.7:21.3	65.0:35.0	65.6:34.4
高新区			76.2:23.8	86.2:13.8	86.9:13.1	89.6:10.4	89.5:10.5	90.7:9.3
郑东新区					93.4:6.6	98.9:1.1	73.6:26.4	77.9:22.1
航空港实验区					67.0:33.0	69.3:30.7	49.2:50.8	52.0:48.0

7-10 农作物主要

(2014 年)

指　标	总计	中原区	二七区	管城区	金水区	上街区	惠济区	中牟县
农作物总播种面积	**486.22**	**4.12**	**0.31**	**2.62**	**2.42**	**1.99**	**11.79**	**74.35**
粮食作物播种面积	**356.45**	**2.71**	**0.23**	**1.49**	**2.20**	**1.90**	**4.70**	**33.08**
总产量	1619683	12572	680	7004	10875	10102	27041	195556
夏收粮食播种面积	176.27	1.69	0.13	0.98	1.27	1.22	2.44	13.42
总产量	811696	7732	388	4344	6443	6750	14665	80313
秋收粮食播种面积	180.18	1.02	0.10	0.52	0.93	0.67	2.26	19.66
总产量	807987	4840	292	2660	4432	3352	12376	115243
谷物合计播种面积	332.20	2.69	0.22	1.48	2.17	1.88	4.64	30.27
总产量	1521373	12508	665	6901	10816	9978	26901	180872
稻谷播种面积	0.15						0.11	
总产量	1260						830	
小麦播种面积	176.27	1.69	0.13	0.98	1.27	1.22	2.44	13.42
总产量	811696	7732	388	4344	6443	6750	14665	80313
玉米播种面积	154.63	1.01	0.09	0.50	0.90	0.65	2.09	16.85
总产量	705562	4776	277	2557	4373	3228	11406	100559
谷子播种面积	1.13							
总产量	2491							
其它谷物播种面积	0.02							
总产量	364							
豆类合计播种面积	10.38	0.01	0.01		0.03		0.06	1.32
总产量	19287	39	15		59		140	3151

产品生产情况

单位:千公顷、吨

巩义市	荥阳市	新密市	新郑市	登封市	经开区	高新区	郑东新区	航空港实验区
48.68	**77.76**	**66.72**	**68.68**	**58.44**	**10.32**	**6.91**	**11.24**	**39.90**
43.63	**62.75**	**57.04**	**53.58**	**50.62**	**6.76**	**6.27**	**8.75**	**20.73**
146115	332712	197295	273148	170437	37901	30709	46032	121504
22.78	32.30	27.90	27.07	24.52	3.50	3.32	3.60	10.14
77942	176820	102349	139101	76961	20021	17512	21124	59231
20.85	30.45	29.14	26.51	26.11	3.26	2.95	5.16	10.59
68173	155892	94946	134047	93476	17880	13197	24908	62273
41.44	59.71	52.81	51.25	44.71	6.29	6.27	7.61	18.78
141390	320378	189336	263541	140275	34437	30709	42874	109792
					0.04			
					430			
22.78	32.30	27.90	27.07	24.52	3.50	3.32	3.60	10.14
77942	176820	102349	139101	76961	20021	17512	21124	59231
18.19	26.93	24.84	24.13	20.10	2.75	2.95	4.01	8.64
62732	142342	86679	124254	62885	13986	13197	21750	50561
0.46	0.49	0.07	0.05	0.07				
716.00	1216	308	186	65				
				0.02				
				364				
0.13	1.35	2.31	0.98	3.13	0.07		0.96	
1495	1551	2142	2405	6127	179		1984	

7-10 续表 (2014 年)

指 标	总计	中原区	二七区	管城区	金水区	上街区	惠济区	中牟县
大豆播种面积	9.02	0.01	0.01		0.03		0.06	1.32
总产量	15333	23	11		59		140	3151
绿豆播种面积	2.15		0.01					
总产量	2369	16	4					
红小豆播种面积	0.01							
总产量	4							
红薯播种面积	12.7							1.5
总产量	79023	25		103		124		11533
油料合计播种面积	**47.02**	**0.54**	**0.05**	**0.46**	**0.04**	**0.05**	**0.37**	**10.22**
总产量	161967	1100	48	1191	84	49	1175	47654
花生播种面积	37.46	0.23	0.02	0.37	0.02	0.01	0.33	9.20
总产量	143506	675	29	1071	67	17	1130	45567
油菜籽播种面积	8.40	0.31	0.03	0.09	0.02	0.03	0.02	1.02
总产量	12978	425	19	120	15	23	18	2087
芝麻播种面积	1.15					0.01	0.02	
总产量	1389				2	9	17	
向日葵播种面积	0.01						0.01	
总产量	10						10	
棉花播种面积	**2.36**				**0.01**		**0.15**	**1.05**
总产量	2217				16		85	1021
烟叶播种面积	**0.75**							
总产量	1637							
药材播种面积	**0.46**							
蔬菜(含菜用瓜)播种面积	**67.74**	**0.70**	**0.03**	**0.45**	**0.17**	**0.02**	**6.39**	**24.67**
总产量	2863333	40800	639	22108	3535	3490	254393	948692
瓜类(果用瓜)播种面积	**9.90**	**0.07**		**0.23**			**0.06**	**5.17**
总产量	358903	1338		3269			1840	212882
#西瓜播种面积	8.80	0.06		0.03			0.06	4.89
总产量	335366	1188		405			1840	203834
其他作物播种面积	**1.54**	**0.10**				**0.03**	**0.12**	**0.16**

单位：千公顷、吨

巩义市	荥阳市	新密市	新郑市	登封市	经开区	高新区	郑东新区	航空港实验区
0.62	0.91	1.85	0.88	2.31	0.07		0.96	
664	1133	1855	2208	3931	174		1984	
0.71	0.45	0.46	0.10	0.43				
830	418	287	197	612	5			
				0.01				
				4				
0.9	1.7	1.9	1.4	2.8	0.4		0.2	1.9
3230	10783	5817	7202	24035	3285		1174	11712
2.91	**4.48**	**3.46**	**8.07**	**3.69**	**2.01**	**0.15**	**0.46**	**10.07**
4890	11522	10787	29410	4780	6810	378	1595	40494
1.81	2.85	1.92	6.93	1.74	1.68	0.13	0.40	9.82
5	8323	8009	27664	3148	5974	350	1463	40014
0.85	1.26	1.34	1.04	1.76	0.33	0.02	0.06	0.23
426	2784	2489	1612	1502	820	28	130	480
0.26	0.37	0.20	0.09	0.20				0.01
375	415	289	134	130	16		2.00	
0.41	**0.23**	**0.04**	**0.02**	**0.32**			**0.11**	**0.04**
371	230	40	30	274	4		107	39
				0.75				
				1637				
0.09	**0.13**	**0.24**						
1.36	**9.69**	**5.24**	**6.39**	**2.27**	**0.92**	**0.49**	**1.76**	**7.21**
52772	422073	272404	259299	108593	33167	13439	90499	337430
0.20	**0.08**	**0.29**	**0.44**	**0.74**	**0.63**		**0.17**	**1.85**
5670	4224	7609	15436	10382	23059		2286	70908
0.18	0.08	0.21	0.36	0.51	0.45		0.15	1.82
5129	4209	5637	13397	9344	17779		1846	70758
0.08	**0.41**	**0.41**	**0.18**	**0.07**				

7-11 农林牧

(2014 年)

指　标	全市	中原区	二七区	管城区	金水区	上街区	惠济区	中牟县
农林牧渔业总产值	**2698850**	**17200**	**11207**	**12164**	**20403**	**9638**	**123378**	**380720**
农业	**1365899**	**11998**	**5379**	**7481**	**3494**	**4821**	**53874**	**200972**
谷物及其他作物	542223	3927	187	2296	2753	2601	7384	67926
谷物	367990	2849	153	1585	2494	2300	6165	40976
#小麦	191560	1825	92	1025	1521	1593	3461	18954
稻谷	312						206	
玉米	154518	1024	61	560	973	707	2498	22022
薯类	28448	45		37		45		4152
油料	74721	823	25	569	57	114	644	16854
#花生	65898	614	15	508	46	88	603	15792
油菜籽	6606	209	10	61	8	12	9	1062
豆类	10112	26	9		28		67	1500
棉花	1648				27		142	1706
烟草	4269							
其他农作物	55035	184		105	147	142	366	2738
蔬菜园艺作物	562274	7742	58	3797	461	462	45177	108671
蔬菜(含菜用瓜)	507656	7742	58	3756	461	451	44853	108465
花卉	2978			30			201	
水果、坚果、饮料和香料作物	257502	329	5134	1388	280	1758	1313	24375
水果(含果用瓜)	170922	329	5134	1388	150	583	1313	24375
#苹果	17569		41	17	11	35	90	2388
梨	5979		141	34	22	449	189	175
坚果	84394				130	1175		
香料作物	2186							
中草药材	3900							
林业	**52555**	**829**	**91**	**251**	**1130**	**228**	**4202**	**5201**
林木的培育和种植	33557	794		125	1046	222	4097	4225
竹木采运	13690	35	91	126	84	6	105	976
牧业	**1078305**	**3724**	**4976**	**4066**	**6725**	**4589**	**35620**	**130665**
牲畜饲养	355667	1287	313	1071	5377	469	18267	72006
牛的饲养	114204	277	16	456	304		3467	21788
羊的饲养	45660	37	12	201	101	216	244	14905
其他牲畜饲养	697							
奶产品	191080	973	285	414	4972	253	14556	35313
猪的饲养	344756	1855	572	2228	876	769	6068	37835
家禽饲养	283361	582	4091	767	472	3351	11241	20824
肉禽	64859	98	322	385	273	188	5322	8035
禽蛋	218502	484	3769	382	199	3163	5919	12789
狩猎和捕捉动物	10108							
其他畜牧业	84413						44	
渔业	**163921**	**136**	**181**	**166**	**9054**		**29222**	**38996**
鱼类	162309	136	181	166	9054		29147	38391
虾蟹类	206							105
其他	1400						75	500
农林牧渔服务业	**38169**	**513**	**580**	**200**			**460**	**4886**

渔业总产值

单位:万元

巩义市	荥阳市	新密市	新郑市	登封市	经开区	高新区	郑东新区	航空港实验区
202247	**503764**	**342973**	**358217**	**240891**	**88747**	**7699**	**111811**	**224099**
80564	**265245**	**147986**	**182929**	**126231**	**29501**	**6078**	**33798**	**127046**
42321	89528	61583	83503	52370	13610	5410	13382	52808
32423	73395	43262	60115	32425	8114	5406	10012	25052
18394	41730	24154	32828	18163	4867	2912	4985	13979
					118		264	
13738	31173	18983	27212	14236	3129	2494	4763	11073
1163	3882	2094	2593	7890	1214		432	4216
2996	6899	5893	15807	2653	3637	4	737	21611
2184	4625	4277	14773	1680	3201	4	728	21367
217	1515	1271	821	765	417		4	244
1080	924	1147	1232	3068	92		1000	
620	128	32	50	505	2		585	22
				3749				
4039	4300	9155	3706	2080	551		616	1907
14215	91113	42112	44751	21462	4226	668	16654	50857
9648	87287	38003	44678	16805	4226	668	16294	50857
733	330	1368		916			60	
23078	52849	32687	54675	52399	11665		3762	23381
12221	12401	8838	53921	8868	11665		3429	23381
5023	2015	1424	1836	3231	373		28	1057
606	875	622	432	558	56		157	1682
10479	4025	23673	754	43531			333	
378	36423	176						
950	31755	11604						
11679	**3127**	**29974**	**4544**	**19981**	**17880**		**14098**	**1965**
5993	2973	25137	3912	19141	17880		4890	
969	154	3750	632	141			118	
94675	**216097**	**147580**	**166328**	**77605**	**23714**	**1621**	**22254**	**93780**
14788	69316	47414	31592	12890	14150	525	13527	53906
5935	25160	11565	6298	10489	3698	54	1197	25712
2229	5965	5568	4386	2203	1979	29	575	7636
508	35	7505	9	198				
2090	38009	13846	20899		8473	442	11755	20558
42885	65365	42621	65289	25010	7269	900	3479	26693
13012	80627	35974	69405	29875	2295	196	2248	13181
3329	14895	6621	27857	4798	800	138	405	6665
9683	65732	29353	41548	25077	1495	58	1843	6516
	306	8050						
23990	483	13521	42	9830			3000	
5376	**14754**	**1852**	**792**	**4724**	**3552**		**36826**	
5301	14754	1187	792	3291	3552		36826	
				1075				
75		665		265				
9952	**4541**	**15581**	**3624**	**12350**	**14100**		**4835**	**1308**

7-12 农林牧

（2014 年）

指　　标	全市	中原区	二七区	管城区	金水区	上街区	惠济区
合计							
农林牧渔业总产值	2698850	17200	11207	12164	20403	9638	123378
中间消耗	1203632	6340	5043	4359	8733	4838	59761
增加值	1495218	10860	6164	7805	11670	4800	63617
农业							
总产值	1365899	11998	5379	7481	3494	4821	53874
中间消耗	583600	4112	2421	2653	2411	2420	26455
中间物质消耗	570011	4112	2421	2652	2411	2420	26455
生产服务支出	79921			382	348	348	1056
增加值	782299	7886	2958	4828	1083	2401	27419
林业							
总产值	52555	829	91	251	1130	228	4202
中间消耗	21719	289	41	83	260	114	1805
中间物质消耗	13220	289	41	73	228	101	1768
生产服务支出	2425			11	32	13	37
增加值	30836	540	50	168	870	114	2397
牧业							
总产值	1078305	3724	4976	4066	6725	4589	35620
中间消耗	503533	1666	2239	1460	2893	2304	17138
中间物质消耗	467028	1570	2239	1280	2539	2020	15971
生产服务支出	61950	96		177	354	284	1167
增加值	574772	2058	2737	2606	3832	2285	18482
渔业							
总产值	163921	136	181	166	9054		29222
中间消耗	80330	80	81	69	3169		14140
中间物质消耗	81717	80	81	62	2876		13525
生产服务支出	8424			5	103		615
增加值	83591	56	100	97	5885		15082
农林牧渔服务业							
总产值	38169	513	580	200			460
中间消耗	14449	193	261	94			223
增加值	23720	320	319	106			237

渔业增加值

单位：万元

中牟县	巩义市	荥阳市	新密市	新郑市	登封市	经开区	高新区	郑东新区	航空港实验区
380720	202247	503764	342973	358217	240891	88747	7699	111811	224099
171814	86152	226849	153747	162322	100607	36243	3499	39251	98329
208906	116095	276915	189226	195895	140284	52504	4200	72560	125770
200972	80564	265245	147986	182929	126231	29501	6078	33798	127046
90968	34061	119442	48724	78900	46896	11906	2650	9639	54968
90974	31686	116979	48724	78900	46896	11906	2649	9636	54967
33643	2375	3942	4659	18516	6757	1716	381	1388	7920
110004	46503	145803	99262	104029	79335	17595	3428	24159	72078
5201	11679	3127	29974	4544	19981	17880		14098	1965
2996	4254	1408	10453	1458	7593	6696		6142	719
2215	3213	1209	7272	1326	6672	5876		5397	533
781	1040	120	3181	132	923	815		746	185
2205	7425	1719	19521	3086	12388	11184		7956	1246
130665	94675	216097	147580	166328	77605	23714	1621	22254	93780
58343	41097	97310	85472	80110	35699	10748	849	4798	42165
41211	38761	80535	80532	77997	31337	9429	745	4212	36692
17132	2337	19807	4940	2113	4363	1313	105	586	5008
72322	53578	118787	62108	86218	41906	12966	772	17456	51615
38996	5376	14754	1852	792	4724	3552		36826	
17515	3110	6644	833	401	2222	1604		16961	
14411	2717	5828	722	296	2017	1456		15396	
3104	393	442	111	105	8402	148		1565	
21481	2266	8110	1019	391	2502	1948		19865	
4886	9952	4541	15581	3624	12350	14100		4835	1308
1992	3629	2045	8265	1453	8197	5289		1711	477
2894	6323	2496	7316	2171	4153	8811		3124	831

7-13 主要牲畜

（2014 年）

指　　标	合计	中原区	二七区	管城区	金水区	上街区	惠济区	中牟县
大牲畜年末总头数	**23.44**	**0.16**	**0.03**	**0.08**	**0.27**		**0.88**	**5.70**
牛年末总头数	23.20	0.16	0.03	0.08	0.27		0.88	5.70
肉牛年末总头数	14.30	0.04		0.02			0.02	2.99
奶牛年末总头数	8.90	0.12	0.03	0.06	0.26		0.86	2.71
马年末存栏数	0.10							
驴年末存栏数	0.12							
骡年末存栏数	0.03							
猪年末总头数	180.17	0.69	0.69	0.93	0.42	0.43	2.17	27.46
能繁母猪	19.78	0.02	0.04	0.05	0.02	0.04	0.22	2.63
羊年末总只数	46.39	0.03	0.11	0.08	0.17	0.12	0.20	12.60
山羊年末总只数	40.58	0.03	0.11	0.08	0.05	0.07	0.12	12.37
绵羊年末总只数	5.81				0.12	0.05	0.07	0.23
家禽期末存栏数	**3038.99**	**5.84**	**39.31**	**8.55**	**9.35**	**12.00**	**115.82**	**301.21**
兔期末总只数	**76.57**							

年末存栏情况

单位:万头(只)

巩义市	荥阳市	新密市	新郑市	登封市	经开区	高新区	郑东新区	航空港实验区
0.70	**2.54**	**1.96**	**2.26**	**3.42**	**0.65**	**0.08**	**0.71**	**3.99**
0.68	2.52	1.88	2.26	3.31	0.65	0.08	0.71	3.99
0.49	0.73	1.40	1.51	3.31	0.32	0.01	0.28	3.18
0.19	1.78	0.48	0.75		0.34	0.08	0.43	0.80
0.01	0.01	0.02		0.06				
0.01	0.01	0.05		0.04				
0.01	0.01	0.01		0.01				
21.01	27.70	20.66	38.25	21.57	1.86	0.45	0.50	15.39
2.27	2.80	2.18	4.01	2.33	0.14	0.05	0.13	2.85
2.96	7.55	3.16	3.04	4.03	0.82	0.02	1.16	10.35
1.88	6.62	2.24	2.18	2.62	0.82	0.02	1.15	10.22
1.07	0.93	0.91	0.87	1.41	0.01		0.01	0.13
114.55	**548.85**	**519.45**	**817.03**	**386.63**	**7.54**	**3.88**	**9.32**	**139.68**
5.94	**4.00**	**30.70**	**1.32**	**33.22**				**1.39**

主要统计指标解释

农林牧渔业总产值 是以货币表现的农林牧渔业全部产品的总量和对农林牧渔业生产活动进行的各种支持性服务活动的价值，它反映一定时期内农业生产的总规模和总成果。

农林牧渔五业统计范围是：1. 种植业：包括粮、棉、油、糖料、麻类、烟叶、蔬菜、药材、瓜类、采集野生植物和其他农作物的种植以及茶园、桑园、果园的生产经营。

2. 林业：包括林木的栽培、林产品的采集和竹木采伐。

3. 牧业：包括除渔业以外的一切动物饲养和放牧及捕猎野兽。

4. 渔业：包括水生动物和海藻类植物养殖和捕捞。

5. 农林牧渔服务业：包括农林牧渔服务业营业收入。

农业总产值的计算方法通常是以农林牧渔业产品的产量乘以该项单位价格而得该项产品产值。少数生产周期较长，当年没有产品或产品不易统计的则采用间接方法匡算产值。五业产品产值之和即为农业总产值。

农业增加值 指各单位生产经营或劳务活动提供最终产品的货币表现，即本单位或本行业对社会所做的贡献。农业增加值是社会各经济单位，即企业、事业单位和行政单位及个体经营户在报告期内生产经营和业务活动最终成果的货币表现。

农业增加值主要采用生产法和分配法（收入法）两种方法计算。

农作物种植业 包括谷物、豆类、薯类、棉、油料、糖料、麻类、烟叶、蔬菜、药材、瓜类和其他农作物的种植，以及茶园、桑园、果园的生产经营。

其他农业 包括采集野生植物的果实、纤维、树胶、树脂、油料以及柴草、野生药材、菌类等。

粮食产量 指全社会的产量。包括国有经济经营的、集体统一经营的和农民家庭经营的粮食产量，还包括工矿企业家属办的农场和其他生产单位的产量。粮食除包括稻谷、小麦、玉米、高粱、谷子及其他杂粮外，还包括薯类和大豆。其产量计算方法，豆类按去豆荚后的干豆计算；薯类（包括甘薯和马铃薯，不包括芋头和木薯）1963 年以前按每 4 公斤鲜薯折 1 公斤粮食计算，从 1964 年开始及以后改为按 5 公斤鲜薯折 1 公斤粮食计算。郑州辖区作为蔬菜的薯类（如：马铃薯等）按鲜品计算，并且不做为粮食统计。其他粮食一律按脱粒后的原粮计算。

油料产量 指全部油料作物的生产量。包括花生、油菜籽、芝麻、向日葵籽、胡麻籽（亚麻籽）和其他油料。不包括大豆，也不包括木本油料和野生油料。花生以带壳干花生计算。

水产品产量 指人工养殖的水产品和天然生长的水产品的捕捞量。包括海水的鱼类、虾蟹类、贝类和藻类以及内陆水域的鱼类、虾蟹类和贝类，不包括淡水生植物。

猪、牛、羊肉产量 指当年出栏并已屠宰后除去头蹄下水 后带骨肉（即胴体重）的重量。

耕地面积 指年初可以用来种植农作物、经常进行耕锄的田地，除包括熟地、当年新开荒地、连续撩荒未满三年的耕地和当年的休闲地（轮歇地）外，还包括以种植农作物为主并附带种植桑树、茶树、果树和其他林木的土地，以及沿海、沿湖地区已围垦利用的“海涂”、“湖田”等面积。但不包括属于专业性的桑园、茶园、果园、果木苗圃、林地、芦苇地、天然或人工草地面积。

农作物播种面积 指实际播种或移植有农作物的面积，凡是实际种植有农作物的面积，不论种植在耕地上还是种植在非耕地上，均包括在农作物播种面积中，同时还包括因遭灾而重新改种和补种的农作物面积，种一公顷算一公顷。

农用化肥施用量 指本年内实际用于农业生产的化肥数量。包括氮肥、磷肥、钾肥和复合肥。化肥施用量要求按折纯量计算数量。折纯法化肥施用量是把氮肥、磷肥和钾肥分别按含氮、含五氧化二磷、含氧化钾的百分之百有效成份计算。复合肥按其所含主要成分折算。

农业机械总动力 指主要用于农、林、牧、渔业的各种动力机械的动力总和。包括耕作机械、排灌机械、收获机械、农产品加工机械、运输机械、植物保护机械、牧业机械、林业机械、渔业机械和其他农业机械〔内燃机按引擎马力折成瓦（特）计算，电动机按功率折成瓦（特）计算〕。不包括专门用于乡、镇、村、组办工业、基本建设、非农业运输、科学试验和教学等非农业生产方面用的动力机械与作业机械。

八、工　业

8-1 历年工业总产值

单位:万元

年份	总产值	国有企业	集体企业	城乡个体	其他各种经济类型	轻工业	重工业
1949	2391					1442	949
1952	9245					5920	3325
1957	39610					31164	8446
1962	52525					36771	15754
1965	106270					78153	28117
1970	183222					100343	82879
1975	246211					129373	116838
1978	320288					172370	147918
1979	370045					202538	167507
1980	402306					237482	164823
1981	437552					267258	170294
1982	461194					269036	192158
1983	505017					284771	220246
1984	582897					307364	275533
1985	701472	451080	188981	61320	91	352272	349200
1986	776624	471644	201654	103104	222	376233	400391
1987	962439	572500	255739	133200	1000	455922	506517
1988	1296981	718879	378715	196431	2956	583835	713146
1989	1599014	879788	486687	228480	4059	654211	944803
1990	1744453	936757	532972	265956	8768	713715	1030738
1991	2063844	1025336	687014	340414	11080	823051	1240793
1992	2672758	1208014	932739	488193	43812	1016999	1655759
1993	3693136	1419814	1378271	747666	147385	1278879	2414257
1994	4803181	1459319	1755649	1061093	527120	1747437	3055774
1995	6479164	1799927	2188574	1711875	778788	2127630	4351534
1995	[6058858]	[1602463]	[2054439]	[1711875]	[690081]	[1940774]	[4118084]
1996	7919258	1832055	2738886	2019137	1329180	2362282	5556976
1997	8886488	1765398	3026673	2429311	1665106	2668548	6217940
1998	8777675	1260921	2462846	2478534	2575374	2753908	6023767
1999	8872394	1881049	2474148	2470286	2046911	2508519	6363875
2000	10052967	2066754	2686440	2885928	2413845	2900651	7152316
2001	11127574	2245286	2905406	3158835	2818047	3255391	7872183
2002	12122694	2265787	2660012	3346219	3850676	3355980	8766694
2003	14808572	3481702	2565446	3720254	5041170	3615378	11193194
2004	18788506	3324293	2779359	4199844	8485010	4355337	14433169
2005	24115175	4477743	3675587	4333800	11628045	5446798	18668377
2006	30724463	5594102	3176892	4936300	17017169	6717501	24006962
2007	39449890	6039166	2668328	5558403	25183993	8386083	31063808
2008	49300297	7226804	3714302	6024272	32334919	10485343	38814954
2009	53508157	8274604	1016578	7031736	37185239	12289258	41218899
2010	67943895	11977551	1204497	6351282	48410565	13954697	53989198
2011	83405843	14182794	1114569	6620508	61487972	15592453	67813391
2012	104690588	15197912	1410642	6909322	81172712	17742488	86948098
2013	118089652	13886977	1283564	6459288	96459823	18757097	99332555
2014	132029210	13461433	1467504	6771663	110328610	20707363	111321847

注:1. 本表按当年价格计算。

2. 1995 年以前为原规定,括号内及 1996 年始为新规定。

3. 1999 年及以后国有企业为国有及国有控股企业。

8-2 历年工业总产值指数

（以1952年为100）

年份	总产值	国有企业	集体企业	城乡个体	其他各种经济类型	轻工业	重工业
1949	25.9					24.4	28.5
1952	100.0					100.0	100.0
1957	499.8					614.0	2963.3
1962	660.5					722.0	550.7
1965	1333.5					1531.4	980.9
1970	2291.5					1959.6	2881.7
1975	3054.8					2506.4	4030.2
1978	3955.3					3321.2	5082.9
1979	4562.8					3895.5	5749.6
1980	4954.7					4661.3	5865.4
1981	5369.9					5121.7	5810.4
1982	5655.5					5151.6	6551.1
1983	6193.0					5453.0	7508.9
1984	6937.8					5712.4	9117.4
1985	8097.0	100.0	100.0	100.0		6349.4	11206.1
1986	8891.7	104.6	106.7	163.5		6724.0	12748.6
1987	10068.7	116.7	135.3	172.8		7776.1	14147.7
1988	12274.4	130.7	200.4	243.0		8924.8	18234.7
1989	13415.9	135.8	257.5	268.3		9299.6	20933.4
1990	14636.7	140.1	281.9	308.0	100.0	10145.9	22838.4
1991	17081.1	149.4	363.4	395.7	127.6	11272.1	27862.8
1992	20804.8	166.3	493.5	550.1	501.7	13098.1	35246.5
1993	26713.3	174.1	729.4	767.9	1588.5	15901.1	47195.0
1994	30399.7	152.2	920.3	926.8	4848.0	17888.8	54179.9
1995	35506.9	164.7	1238.7	1254.0	6442.9	19767.1	65666.0
1996	42324.2	171.6	1651.2	1432.1	6713.6	21506.6	82148.2
1997	48588.2	165.8	1824.6	1722.8	8163.7	24367.0	92170.3
1998	50240.2	124.0	1554.6	1827.9	13225.2	26413.8	93737.2
1999	53321.5	194.2	1640.1	1913.8	11043.0	25263.2	103981.2
2000	58760.3	209.3	1736.9	2149.2	12710.5	27001.3	116084.6
2001	63913.5	222.6	1795.6	2329.1	14971.7	28575.5	127739.5
2002	70304.9	245.8	1788.4	2466.5	18385.2	29575.6	144090.2
2003	83142.6	299.6	2152.2	2606.6	23047.7	31104.7	177562.4
2004	98357.7	331.4	2490.1	2783.8	29915.9	35023.9	213252.4
2005	117153.9	351.9	3091.7	3323.9	36850.4	41027.0	255284.4
2006	140467.5	397.8	3765.4	3583.2	46486.8	50081.7	304120.3
2007	171595.1	442.2	3934.8	3945.1	60795.4	58996.2	375497.3
2008	199805.3	483.6	4333.0	4201.5	73635.4	70081.6	434976.1
2009	219586.0	464.3	4324.3	4655.3	83649.8	74847.1	481953.5
2010	255917.4	559.6	4537.0	4799.6	98584.9	82895.5	569451.1
2011	302929.5	691.2	4555.1	5025.2	117601.9	87421.6	693933.1
2012	362788.3	724.4	5537.2	5120.7	146931.9	92631.9	790389.8
2013	407737.8	755.5	5606.4	5289.7	168323.7	97235.7	971547.1
2014	454138.4	773.6	6243.9	5427.2	190508.7	104421.4	1089492.9

8-3 规模以上工业总产值、增加值及销售产值

（2014 年）

单位：万元

项　　目	工业总产值	工业增加值	工业销售产值
总　计	**135372063**	**30939586**	**132543681**
按轻重工业分			
轻工业	20916430	7511890	21119470
重工业	114455633	23427696	111424211
按登记注册类型分			
国有控股企业	26144215	7817675	25992292
国有企业	20671925	6632661	20576557
集体企业	1397806	339786	1381117
股份合作企业	252919	62831	250860
股份制企业	60458585	13582640	59252138
外商和港澳台商投资企业	31459385	5564907	30352347
其他	21131444	4756763	20730664
按所有制类型分			
公有制	28358345	8358284	28177098
非公有制	107013718	22581302	104366583
按企业规模分			
大型企业	60003989	13910190	58749147
中型企业	33949777	7716053	33338987
小型企业	41252242	9278128	40292171
微型企业	166055	35215	163376

注：本表工业增加值、总产值、销售产值包含河南中烟工业公司和河南电力公司的全口径统计数据。

8-4 规模以上工业企业分行业总产值、增加值及销售产值

（2014 年）

行　业	工 业 总产值 （万元）	工 业 增加值 （万元）	工 业 销售产值 （万元）
总　计	**135372063**	**30939586**	**132543681**
煤炭开采和洗选业	2074625	943539	1806730
黑色金属矿采选业	24246	6124	23842
有色金属矿采选业	394388	82230	387248
非金属矿采选业	1128765	279669	1081940
农副食品加工业	3247237	663895	2974042
食品制造业	2936262	687153	3232140
酒、饮料和精制茶制造业	1170123	313567	1046500
烟草制品业	4509046	3650943	4472583
纺织业	465981	102551	466481
纺织服装、服饰业	1608441	399739	1581182
皮革、毛皮、羽毛及其制品和制鞋业	40071	9809	28281
木材加工和木、竹、藤、棕、草制品业	329280	80827	311898
家具制造业	400838	100894	354278
造纸和纸制品业	2380566	573988	2361010
印刷和记录媒介复制业	610461	157021	710273
文教、工美、体育和娱乐用品制造业	684761	148911	785779
石油加工、炼焦和核燃料加工业	190600	27681	181575
化学原料和化学制品制造业	4196990	861588	4058331
医药制造业	1194872	290019	1093020
化学纤维制造业	22531	3405	24849
橡胶和塑料制品业	2025425	452769	1964592
非金属矿物制品业	28273797	6973122	27447445
黑色金属冶炼和压延加工业	3326093	688242	3204295
有色金属冶炼和压延加工业	9190410	1207517	8862182
金属制品业	2350477	534472	2229503
通用设备制造业	5839337	1259166	5953213
专用设备制造业	7383960	1638044	7013364
汽车制造业	9019719	1987990	8940382
铁路、船舶、航空航天和其他运输设备制造业	160334	40901	203237
电气机械和器材制造业	2314375	514405	2274751
计算机、通信和其他电子设备制造业	22359930	3619719	21463066
仪器仪表制造业	463734	138759	327124
其他制造业	45839	12314	18569
废弃资源综合利用业	8905	2113	7984
金属制品、机械和设备修理业	351	94	
电力、热力生产和供应业	14502431	2366883	15151644
燃气生产和供应业	413208	83344	414611
水的生产和供应业	83658	36178	85739

注：本表工业增加值、总产值、销售产值包含河南中烟工业公司和河南电力公司的全口径统计数据。

8-5 各县(市)、区工业增加值

(2014 年)

县(市)区	全部工业增加值(万元)	规模以上增加值(万元)	规模以下增加值(万元)
全　市	29610986	27052986	2558000
中原区	533995	504714	29281
二七区	446222	417604	28618
管城区	848906	826213	22693
金水区	175610	142453	33157
上街区	730930	685922	45008
惠济区	259308	219808	39500
中牟县	1144875	956019	188856
巩义市	3993644	3557644	436000
荥阳市	3766931	3408231	358700
新密市	3723636	3285636	438000
新郑市	3149662	2738662	411000
登封市	3294117	2996209	297908
经开区	2367247	2285552	81695
高新区	871333	825948	45386
郑东新区	116436	82397	34039
航空港实验区	3503379	3428479	74900

注:1. 本表按当年价格计算。
2. 规模以上工业是指全部年主营业务收入 2000 万元及以上的法人工业企业。
3. 规模以下工业是指年主营业务收入 2000 万元以下的工业企业。

8-6 规模以上工业企业单位数、总产值、增加值及销售产值

(2014 年)

项　　目	单位数(个)	工　业总产值(万元)	工业总产值指数(上年=100)	工　业增加值(万元)	工业销售产值(万元)
总　　计	2763	122640063	112.1	27052986	119811681
#国有及国有控股企业	100	13412215	102.4	3931075	13260292
集体企业	31	1397806	111.8	339786	1381117
港澳台商投资企业	51	24165685	122.6	4004220	23243122
外商投资企业	61	7293700	108.2	1560686	7109225
按轻重工业分					
轻工业	627	17989130	108.1	5133190	18192170
重工业	2136	104650933	112.8	21919796	101619511
按企业规模分					
大型工业	77	47271989	113.3	10023590	46017147
中型工业	590	33949777	109.2	7716053	33338987
小型工业	2012	41252242	113.1	9278128	40292171
微型工业	84	166055	144.0	35215	163376

8-7 各县(市)、区规模以上工业企业单位数

(2014 年底)

单位:个

县(市)区	合计	#国有及国有控股	#集体	#港澳台投资	#外商投资	轻工业	重工业	#大型	#中型
全市	**2763**	**100**	**31**	**51**	**61**	**627**	**2136**	**77**	**590**
中原区	43	7		2	2	12	31	3	18
二七区	94	2	1	1	4	37	57	5	9
管城区	18	3	2	3		12	6	3	5
金水区	27	4	1	1	2	18	9	2	6
上街区	86	8	1	1	3	4	82	4	11
惠济区	22	2			3	10	12	3	1
中牟县	144	4	1	2	4	54	90	1	24
巩义市	451	6	6		5	17	434	7	61
荥阳市	413	5	6	1	4	59	354	7	151
新密市	489	6	7	3	3	112	377	11	66
新郑市	301	8	3	7	6	129	172	7	91
登封市	327	7	3	3	1	38	289	6	80
经开区	149	13		14	14	60	89	7	32
高新区	137	19		9	8	36	101	6	29
郑东新区	13	1		1		4	9	1	1
航空港实验区	46	2		3	2	25	21	2	4

8-8 各县(市)、区规模以上工业总产值

(2014 年)

单位:万元

县(市)区	合计	#国有及国有控股	#集体	#港澳台投资	#外商投资	轻工业	重工业	#大型	#中型
全市	**122640063**	**13412215**	**1397806**	**24165685**	**7293700**	**17989130**	**104650933**	**47271989**	**33949777**
中原区	2662303	1708379		417053	51147	228133	2434170	2038096	374381
二七区	1822572	147038	2920	15521	401079	787393	1035179	643302	264179
管城区	2034656	657213	42610	80365		850445	1184211	1189592	759162
金水区	620845	109299	4806	2646	303290	543486	77359	327767	151267
上街区	3543757	994185	12923	3549	139196	50450	3493307	1063155	756037
惠济区	944349	42788			551525	749775	194574	540313	138483
中牟县	4298839	1386216	12472	18889	1246729	1011862	3286977	1261753	1648090
巩义市	18164463	280316	233572	583681	807056	658114	17506349	3567525	5265352
荥阳市	14860763	343839	463140	58509	182345	1735492	13125271	941770	8878454
新密市	13252486	586799	200904	70807	9385	3052659	10199827	1413151	2265363
新郑市	11593224	520449	122537	145494	224671	4290603	7302621	541734	3886236
登封市	11982462	2124260	284096	179463	23143	624855	11357607	2308956	3581693
经开区	9355516	3280716		972728	2946626	1839162	7516354	4771561	1331407
高新区	4055500	456180		202006	407255	505537	3549963	1362078	1745017
郑东新区	343230	15295		107533		64545	278685	107533	15295
航空港实验区	21747853			21309076	1839	319117	21428736	21309076	216506

注:本表按当年价格计算。

8-9 各县(市)、区规模以上工业销售产值

(2014 年)

单位:万元

县(市)区	合计	#国有及国有控股	#集体	#港澳台投资	#外商投资	轻工业	重工业	#大型	#中型
全　市	**119811681**	**13260292**	**1381117**	**23243122**	**7109225**	**18192170**	**101619511**	**46017147**	**33338987**
中原区	2626736	1716151		417053	51260	197623	2429113	2043868	360540
二七区	1778685	146704	2825	15521	392047	762855	1015830	632524	255595
管城区	2083887	667016	45777	80691		853997	1229890	1225769	768465
金水区	617433	107352	4806	2130	300277	537218	80215	325450	151874
上街区	3504531	985514	12936	3549	139922	50341	3454190	1033073	750003
惠济区	871963	34046			494275	689533	182430	483064	129188
中牟县	4106517	1317948	12472	18019	1182914	971092	3135425	1193143	1574992
巩义市	17610741	259674	230780	572007	743038	696805	16913936	3424953	5109658
荥阳市	14654114	337169	450403	60702	181692	1722213	12931901	937991	8788942
新密市	13096878	574057	200300	70618	9009	3036439	10060439	1392612	2258984
新郑市	11506180	533789	122135	138519	224507	4349159	7157021	548837	3851319
登封市	11758021	2083033	281355	176006	23064	1002703	10755318	2270021	3535818
经开区	9169109	3271002		973348	2977101	1764084	7405025	4783203	1303093
高新区	3873565	446868		177498	389573	478740	3394825	1282566	1675268
郑东新区	329657	16334		105699		67526	262131	105699	16334
航空港实验区	20873661			20433173	1839	327708	20545953	20433173	223246

注:本表按当年价格计算。

8-10 各县(市)、区规模以上工业增加值

(2014 年)

单位:万元

县(市)区	合计	#国有及国有控股	#集体	#港澳台投资	#外商投资	轻工业	重工业	#大型	#中型
全　市	**27052986**	**3931075**	**339786**	**4004220**	**1560686**	**5133190**	**21919796**	**10023590**	**7716053**
中原区	504714	294356		85923	12015	66389	438325	359898	86631
二七区	417604	20956	606	3419	106782	196071	221533	152986	60944
管城区	826213	520580	11792	16561		565963	260250	262743	544960
金水区	142453	23578	1241	758	69852	123011	19442	76109	32660
上街区	685922	145122	2463	916	20535	12713	673209	174093	154880
惠济区	219808	9823			132174	176868	42940	127028	32320
中牟县	956019	294618	2972	3759	275762	230265	725754	278969	363531
巩义市	3557644	63400	60621	140259	129949	141793	3415851	620043	1039341
荥阳市	3408231	76366	106123	6904	36152	404276	3003955	191515	2082682
新密市	3285636	215445	48312	14938	2255	737549	2548087	414093	552450
新郑市	2738662	129866	31954	36373	52699	1016388	1722274	171858	896477
登封市	2996209	598317	69522	25315	5520	147051	2849158	706553	892565
经开区	2285552	872710		255091	648174	574290	1711262	1241017	304401
高新区	825948	99191		50854	68795	110025	715923	244089	364107
郑东新区	82397	3472		29765		13192	69205	29765	3472
航空港实验区	3428479			3333968	390	75676	3352803	3333968	46188

注:本表按当年价格计算。

8-11 历年主要

（2014 年）

产品名称	单位	1978 年	1980 年	1985 年	1990 年	1995 年	1998 年	1999 年	2000 年	2001 年	2002 年
原煤	万吨	868	897	1352	1628	2220	2613	1724	1830	2039	2581
饲料	万吨		0.5	3.3	5.3	6.6	11.5	16.3	21.6	27.3	38.8
速冻米面食品	万吨										
方便面	万吨							5.5	6.9	14.7	18.7
啤酒	万千升			0.7	6.9	14.2	34.4	36.7	38.1	37.2	36.0
软饮料	万吨		0.2	1.4	1.6	4.5	2.0	6.8	6.4	8.2	21.1
卷烟	亿支	243.0	350.4	443.2	456.1	476.3	412.2	423.0	428.7	393.1	403.7
纱	万吨	7.7	8.5	7.9	8.8	8.8	7.6	8.4	6.9	7.3	7.4
布	万米	41876	44804	38904	40510	40981	32762	30530	23391	21735	21239
印染布	万米	15086	19188	13210	8758	20321	10321	9884	14620	14833	16258
服装	万件		1529	1730	2260	1619	939	912	1132	1240	1306
人造板	立方米		1548	5622	3788	196849	46744	75312	51276	47750	34895
家具	万件		23.2	66.0	72.1	49.4	8.6	8.2	9.9	6.0	4.7
机制纸机制纸板	万吨	2.7	3.6	9.2	6.7	35.4	59.9	90.9	92.3	101.3	101.9
硫酸	万吨	0.5	0.9	1.3	2.8	13.3	11.5	9.7	9.4	7.3	6.2
化学农药原药	吨			435	768	1976	3264	4772	2684	5390	5126
中成药	吨	422	895	1851	1322	1763	2774	2634	3276	4618	2822
化学肥料	万吨	8.9	3.8	3.4	8.0	11.7	18.2	15.9	15.7	15.1	13.8
塑料制品	万吨			1.5	1.9	5.6	4.2	5.0	5.8	6.3	6.4
水泥	万吨	38	55	119	227	737	881	966	932	1006	1030
工业陶瓷	万件										
耐火材料制品	万吨										
日用玻璃制品	万吨		1.7	3.2	2.6	7.3	4.3	3.5	2.1	1.1	0.8
石墨及炭素制品	万吨										
磨具	万吨	1.3	1.6	1.8	1.9	4.2	9.4	7.1	5.2	4.1	3.8
粗钢	万吨	2.2	3.7	4.5	5.9	13.0	16.3	11.8	1.6	1.1	1.2
钢材	万吨		1.9	4.5	7.4	15.5	25.1	27.6	14.1	14.7	17.6
原铝(电解铝)	万吨	1.8	2.9	3.4	4.0	5.9	13.0	15.5	15.8	26.5	35.5
氧化铝	万吨	40.0	40.6	53.3	60.1	66.6	73.1	87.5	96.6	107.1	127.1
阀门	万吨		0.1	0.2	1.0	3.9	3.5	3.0	3.2	3.7	3.9
小型拖拉机	台	8623	13954	34090	59661	41916	17898	13420	15048	8450	5518
汽车	辆	695	1577	1625	1043	16187	10118	7698	7689	9129	15650
变压器	万千伏安	54.9	36.9	62.5	50.1	94.2	98.3	128.7	169.9	168.4	177.1
电力电缆	千米	2513	3533	6318	7853	5732	4633	11810	7801	6970	5823
移动通信手持机(手机)	万台										
发电量	亿千瓦小时	13.3	11.1	10.6	18.3	65.7	87.8	77.0	85.1	95.1	108.0
供热量	万百万千焦		451	468	464	1901	2297	2040	2862	1166	3060
自来水生产量	万立方米		13127	17570	19435	30119	26427	27766	26079	25465	31013

注:2010 年以后卷烟产量含河南中烟工业有限责任公司。2010 年郑州地区卷烟产量为 572.4 亿支;2011 年郑州地区卷烟产量为 581.3 亿支;

工业产品产量

2003 年	2004 年	2005 年	2006 年	2007 年	2008 年	2009 年	2010 年	2011 年	2012 年	2013 年	2014 年
3297	4096	6217	6699	6707	6629	6660	5963	6914	4568	4084	3554
57.4	62.8	65.1	114.1	126.5	150.8	106.2	148.1	178.4	210.7	266.5	239.3
21.5	23.8	32.3	59.6	70.2	87.1	90.9	100.6	125.3	100.6	109.5	125.0
22.3	17.9	20.5	25.5	32.8	24.0	30.4	44.5	28.2	26.4	29.0	30.2
32.0	39.1	41.6	25.1	28.7	45.3	49.0	56.0	48.4	58.6	63.6	54.3
19.2	22.1	25.5	46.0	70.2	108.1	163.4	216.6	236.3	251.1	344.7	300.4
404.6	419.0	408.4	436.7	477.1	487.6	559.6	1650.4	1676.1	1691.0	1713.0	1733.3
7.5	7.7	8.4	7.8	11.1	11.4	3.3	4.1	4.5	6.7	5.3	4.7
20442	24063	24647	22513	26034	27388	86063	81715	75968	87995	96156	6053
23138	22574	23949	36615	59217	67429	67446	62277	53171	60895	66909	64582
1483	1784	2974	4804	5681	7377	10117	10950	11708	12987	15590	20820
46920	99406	104698	111770	101649	76398	118077	155128	170786	200844	259772	200494
5.4	5.5	7.2	26.2	97.1	81.9	249.6	196.6	233.5	284.7	223.4	236.8
123.3	143.2	183.4	237.5	273.4	280.8	266.9	260.2	275.1	209.4	218.3	206.8
8.8	8.5	9.0	10.2	10.3	10.7	10.0	17.1	29.4	33.4	41.6	13.5
2770	3861	5016	4615	12361	3097	18255	14048	20244	22171	13881	37476
3664	2208	3972	11334	13973	65055	106412	3941	3290	5957	7772	8773
13.4	13.8	13.8	13.4	18.7	40.3	25.6	8.3	1.5	5.8	10.6	1.6
5.9	5.7	7.5	8.0	11.7	14.3	16.6	112.6	17.6	20.7	20.8	28.7
1134	1278	1538	1592	2109	1898	2198	2096	2153	2322	2518	2428
	7397	8844	10100	11211	42277	37670	47209	36348	49585	192593	524363
265	406	544	810	1268	1368	1533	1808	2081	2417	2898	3236
1.1	1.0	0.6			4.3	3.2	3.6	4.3			
						280.5	311.6	439.7	514.2	581.4	590.4
3.7	4.8	4.8	4.4	6.1	8.0	20.4	9.4	14.6	45.4	69.4	75.8
1.3	7.6	9.8	13.0	12.2	24.1	19.5	17.3	4.8	4.8	2.2	3.0
46.1	103.8	159.7	215.8	326.1	358.7	339.7	377.0	424.7	481.1	525.6	657.2
37.3	42.2	49.3	49.1	67.0	66.4	60.1	58.4	56.8	69.7	65.2	53.2
138.3	148.1	171.4	234.3	237.8	219.7	167.3	221.8	246.0	253.0	264.9	238.3
5.6	7.4	9.9	18.3	29.0	52.4	65.3	79.9	102.5	126.7	144.4	156.3
2525	2479	3732	9811	16280	4081	5861	3569				
27327	29806	35855	47688	62261	74044	112874	225196	354985	367597	461479	507047
174.7	112.4	126.3	202.2	168.9	138.9	218.9	247.3	357.9	377.9	350.6	240.2
9062	3103	5758	6855	41031	60818	91775	83450	296201	321919	401496	401579
								2445	6846	9645	11890
119.0	159.8	204.6	206.1	254.3	285.2	266.8	292.8	386.3	447.4	518.0	495.0
3440	3369	3355	3186	3050	2982	2229	2851	3464	4015	3928	3604
31622	32772	24936	25754	26044	27595	27744	29368	26900	29265	44281	58599

2012 年郑州地区卷烟产量为 586.4 亿支;2013 年郑州地区卷烟产量为 594.1 亿支;2014 年郑州地区卷烟产量为 601.09 亿支。

8-12 各县(市)、区

(2014 年)

产品名称	单位	全市	市直	中原区	二七区	管城区	金水区	上街区	惠济区
小麦粉	吨	2392568			3561	134495	76781		
饲料	吨	2393220			67590	74232	23983		218571
精制食用植物油	吨	437749					575		
速冻米面食品	吨	1249589			32956		256346		646794
方便面	吨	301627			85943				
饮料酒	千升	547430				303161	73871		
白酒	千升	4780							
啤酒	千升	542650				303161	73871		
软饮料	吨	3004031			750348				
卷烟	万支	6010900				2939587			
纱	吨	46980							
布	万米	6053		1177					
印染布	万米	64582		2889					
服装	万件	20820		1295	62	44			
人造板	立方米	200494							
家具	件	2368209			114664	74412		17096	
机制纸及机制纸板	吨	2068010							
硫酸(折 100%)	吨	135139							
合成氨	吨	15598							
农用氮、磷、钾化学肥料总计	吨	16398							
氮肥(折含 N100%)	吨	11723							
化学农药原药	吨	37476				3480			
涂料	吨	137148			48806				
中成药	吨	8773							
塑料制品	吨	287081		7659	3977				2619

主要工业产品产量

中牟县	巩义市	荥阳市	新密市	新郑市	登封市	经开区	高新区	郑东新区	航空港实验区
		411252	112701	744066	248963	633549			27200
185305		37753		790164		407329	354593	133079	100621
32749		91684		297126					15615
56258				235344			21891		
28136			3214	108300		54745			21289
1395			3385	165618					
1395			3385						
				165618					
20672	188346	114025		933799	341872	112650	305029		237290
				3071313					
6412				26380		9978		4210	
		3367						1509	
5098		54306					2289		
349	37	8810	8601	1507			115		
	126765				73729				
430636		18133			3994	1709231		43	
138893			1929117						
		111263	23876						
		15598							
		16398							
		11723							
22050					11946				
16680	28084	22613				20965			
		1340	712	1207			5514		
22394	18158	4474		206883		16348	2195		2374

8-12　续表　　(2014 年)

产　品　名　称	单位	全　市	市　直	中原区	二七区	管城区	金水区	上街区	惠济区
水泥	万吨	2428	1		1			100	
工业陶瓷	万件	524363					24055	14434	
耐火材料制品	吨	32357739			89138			148731	
磨具	吨	758014		68919	121				
钢材	吨	6571579		283952	346856				9066
焊接钢管	吨	916866		141250	346856				9066
铁合金	吨	279990							
氧化铝	吨	2382743						1938998	
原铝(电解铝)	吨	531741							
铝材	吨	4031216						158263	
工业锅炉	蒸发量吨	7310							
泵	台	248516				203		61348	
阀门	吨	1562654						352043	
矿山专用设备	吨	779750	58206	137911	213			40631	
水泥专用设备	吨	84482					3479		
汽车	辆	507047				28166			
基本型乘用车(轿车)	辆	149060							
客车	辆	127845				28166			
载货汽车	辆	69914							
改装汽车	辆	23239							1103
电动自行车	辆	68981							
变压器	千伏安	2402182		218755					
通信及电子网络用电缆	对千米	1041899							
电力电缆	千米	401579			168802			175823	
电线	公里	737333							
太阳能电池	千瓦	26834							
移动通信手持机(手机)	台	118900209							
发电量	万千瓦小时	4949805	984	433012	588			94496	
供热量	万百万千焦	3604	111	876	408			738	
自来水生产量	万立方米	58599		31713					10339

中牟县	巩义市	荥阳市	新密市	新郑市	登封市	经开区	高新区	郑东新区	航空港实验区
	391	529	178	270	806			152	
	32623				452973		278		
	16113149	187039	12471930	36328	3311424				
	204276	28987	337695				118016		
1006006	1072409	356817		2789188		279822	21000		406463
				419694					
	164000				115990				
					443745				
	374833				156908				
	3097415	158641		19285	299178		285840		12594
						5717	1593		
	1123	185842							
		1209471					1140		
	46433	281206	16207	24529	15767	115596	43051		
798	80205								
140110		2327				336444			
						149060			
66172		2327				31180			
69914									
6141		11062		4933					
					7166		61815		
			295045	1267943		73990	546449		
	912208	129691							
	5212					275	51467		
	567478						169855		
					26834				
									118900209
	680188	589201	1180572	7157	1473073		310065	180469	
		62			631		280	498	
			1285		13806	1456			

8-13 规模以上工业

（2014 年）

指　　标	合　计	#国有及国有控股	#集体	#股份制工　业
企业单位数(个)	2763	100	31	2410
#亏损企业	171	31	1	138
资产总计	99608347	18399591	714727	66916859
应收帐款	15556855	1337358	160689	7175165
存货	8132671	2271083	44437	4918766
#产成品	2325834	431269	16984	1955972
负债合计	54443579	12050808	336578	30076037
主营业务收入	123913673	13535091	989805	84092178
主营业务成本	106516934	11422609	824552	70618252
营业费用	2716314	248484	26143	2097200
主营业务税金及附加	1288004	800005	5122	483611
管理费用	2963958	606608	26465	2242782
财务费用	891060	313717	3138	780704
#利息支出	1073572	336681	3210	777691
利润总额	10330443	327323	103744	8486252
亏损企业亏损额	571675	295110	125	374586
利税总额	16471903	1700912	151509	11688686
本年应交增值税	4834345	564185	42643	2701239
全部从业人员年平均人数(人)	1066932	132163	7563	682159

企业主要经济指标

单位:万元

#外商及港澳台投资	按轻重工业分		按企业规模分			
	轻工业	重工业	大型企业	中型企业	小型企业	微型企业
112	627	2136	77	590	2012	84
23	49	122	9	50	100	12
24307440	14463875	85144473	43991036	28290267	26517602	809443
7855254	1463254	14093600	9669261	3046105	2762837	78652
2292111	1682276	6450394	4588737	1749639	1740326	53969
237426	459246	1866588	700632	754571	851487	19144
20206855	6564874	47878705	31361370	12621453	10097525	363231
28396920	18883141	105030532	49101963	34642471	39539879	629361
26743413	14904459	91612475	43390278	29292008	33301594	533055
394034	641290	2075024	1018045	811643	860383	26244
48465	795132	492872	909470	181709	191191	5634
474888	525049	2438909	1302900	894091	748809	18158
35309	108736	782325	289243	329721	267077	5020
222560	108677	964895	497714	333249	238085	4524
792435	1970773	8359670	2602458	3264758	4413766	49461
177738	101105	470570	216243	288279	53890	13264
2458806	3507931	12963972	5836951	4707761	5852296	74895
1617729	739890	4094455	2315822	1255155	1243812	19556
323440	193548	873384	491056	312782	262524	570

8-14 规模以上工业企业

（2014 年）

项目	企业单位数（个）	资产总计	应收帐款	存货	#产成品
总计	**2763**	**99608347**	**15556855**	**8132671**	**2325834**
按轻重工业分					
轻工业	627	14463874	1463254	1682276	459246
重工业	2136	85144473	14093601	6450395	1866588
按企业规模分					
大型企业	77	43991036	9669261	4588737	700632
中型企业	590	28290267	3046105	1749639	754571
小型企业	2012	26517602	2762837	1740326	851487
微型企业	84	809442	78652	53969	19144
按行业分					
煤炭开采和洗选业	52	6032209	477109	501450	136726
黑色金属矿采选业	3	23984	2844	1440	1203
有色金属矿采选业	10	453951	41258	123955	53982
非金属矿采选业	45	837195	29051	23787	16547
农副食品加工业	81	1521924	157655	161424	70732
食品制造业	85	2902717	346364	274768	88058
酒、饮料和精制茶制造业	25	716015	148604	43329	18962
烟草制品业	3	1273214	59118	633545	26151
纺织业	26	904669	100227	87004	26518
纺织服装、服饰业	58	1226933	62120	68869	28381
皮革、毛皮、羽毛及其制品和制鞋业	3	29715	839	18698	11971

分行业主要经济指标

单位:万元

负债合计	主营业务收入	营业费用	主营业务税金及附加	利润总额	利税总额	全部从业人员年平均人数(人)
54443579	**123913673**	**2716314**	**1288004**	**10330443**	**16471903**	**1066932**
6564874	18883141	641290	795132	1970773	3507931	193548
47878705	105030532	2075024	492872	8359670	12963972	873384
31361370	49101963	1018045	909470	2602458	5836951	491056
12621453	34642470	811643	181709	3264758	4707761	312782
10097525	39539879	860382	191191	4413766	5852296	262524
363231	629361	26244	5634	49461	74895	570
4196178	3677527	43976	43729	54073	237162	89140
10671	26289	614	175	3876	5771	289
225950	510873	4687	4853	69720	96484	3394
292032	1107056	14298	5312	160387	215387	8032
757789	2988664	51024	6423	186354	245735	18704
1501582	3372260	173477	13506	260846	389510	42646
409622	1193171	114515	14617	117285	174431	15716
383501	1540192	39190	714489	269616	1176710	5261
581037	531327	5384	2021	11604	22044	8420
460613	1607507	38040	9366	128436	183315	26547
21149	27137	1485	77	1378	2205	849

8-14 续表 (2014 年)

项目	企业单位数（个）	资产总计	应收帐款	存货	#产成品
材加工和木、竹、藤、棕、草制品业	15	184821	12390	14207	7388
家具制造业	26	260301	21999	29953	15309
造纸和纸制品业	90	1317979	72474	75397	34098
印刷和记录媒介复制业	54	682593	51245	74183	30558
文教、工美、体育和娱乐用品制造业	27	399709	22009	20562	9172
石油加工、炼焦和核燃料加工业	8	130670	11812	28319	11214
化学原料和化学制品制造业	170	2935292	209205	171383	86125
医药制造业	40	1052507	210648	79055	38835
化学纤维制造业	2	31470	1152	1543	1366
橡胶和塑料制品业	71	1395383	90466	44645	24130
非金属矿物制品业	905	17984383	2076925	864663	430981
黑色金属冶炼和压延加工业	50	2241885	84344	158948	75131
有色金属冶炼和压延加工业	128	6635287	423739	595935	122036
金属制品业	100	1989132	231115	198668	102509
通用设备制造业	133	3976015	491858	554603	317580
专用设备制造业	232	7115320	877177	712874	181728
汽车制造业	91	6913835	1307603	410923	152879
铁路、船舶、航空航天和其他运输设备制造业	13	353353	89469	28780	18615
电气机械和器材制造业	109	1942322	318438	212635	107632
计算机、通信和其他电子制造业	34	16536141	7004011	1661493	32293
仪器仪表制造业	24	633363	139191	61965	19456
其他制造业	2	11229	906	326	
废弃资源综合利用业	4	31014	1393	5454	2137
电力、热力生产和供应业	22	7521904	320504	173062	23536
燃气生产和供应业	15	795475	49782	13367	779
水的生产和供应业	7	614441	11812	1460	1117

单位:万元

负债合计	主营业务收入	营业费用	主营业务税金及附加	利润总额	利税总额	全部从业人员年平均人数(人)
47687	318640	8851	1800	50900	66864	2636
83140	377894	6875	2182	44470	59631	4517
386649	2349939	41159	6737	328275	434266	20951
301979	790096	16406	4028	91294	127471	9172
112245	791853	43286	2577	99945	123931	6183
51926	206265	5577	464	12297	17770	920
1085539	4050489	76314	21280	458442	592061	30424
517534	1127779	43961	6581	167847	222998	11167
13524	25267	46	151	4688	5768	220
503151	1929411	28180	10815	257026	330502	12831
6148305	27813102	862188	186427	3194668	4578677	196417
967153	3364085	32472	7447	272623	364559	13067
4325718	8973291	91597	16508	250951	419834	40920
945931	2278134	38537	8679	175284	239454	20751
1533684	5957457	82958	25867	483778	661372	40124
2387564	7509507	180950	31929	714084	965115	61673
3578150	8582162	477966	100944	1190221	1511858	48155
131315	281305	9066	1930	52873	62233	2632
956926	2397996	48237	9817	192021	256098	18539
14625937	21571015	42259	3622	649763	2081084	267041
185725	336773	30235	2970	73755	98288	5188
2185	16875	114	36	2305	2765	184
26907	18572	131	123	-541	53	270
5851352	5704064	13768	16963	243772	425551	26973
422445	480826	40224	3148	67003	81735	2955
410785	78874	8272	414	-10876	-6786	4024

8-15 国有及国有控股

(2014 年)

项目	企业单位数（个）	资产总计	应收帐款	存货	#产成品
总计	**100**	**18399591**	**1337358**	**2271083**	**431269**
按轻重工业分					
轻工业	22	2615200	159533	702667	59393
重工业	78	15784391	1177825	1568416	371876
按企业规模分					
大型企业	15	13752305	861523	1786944	252755
中型企业	46	3764553	331656	364364	121966
小型企业	39	882733	144179	119775	56548
按行业分					
煤炭开采和洗选业	12	4662327	219646	454178	114068
有色金属矿采选业	1	197081	148	115053	46051
农副食品加工业	1	111173	63616	14957	5274
食品制造业	3	72056	-142	10086	4788
烟草制品业	2	1261587	55367	631139	24568
纺织业	2	261543	3109	17714	6558
纺织服装、服饰业	1	4682	365		
印刷和记录媒介复制业	4	86133	3117	17143	9544

工业企业主要经济指标

单位:万元

负债合计	主营业务收入	营业费用	主营业务税金及附加	利润总额	利税总额	全部从业人员年平均人数(人)
12050808	**13535091**	**248484**	**800005**	**327323**	**1700912**	**132163**
1260752	2073661	66438	716745	264583	1186791	15358
10790056	11461430	182046	83260	62740	514121	116805
8982957	10554537	185642	786045	267221	1513199	90500
2456020	2065499	43295	11065	28075	128698	35979
611831	915056	19547	2895	32027	59015	5684
3552483	2909720	23504	34537	-79477	57447	57911
120110	138040		1045	-8348	4574	1423
106869	186761	1515	18	1446	1464	281
34039	112146	10582	711	6725	11410	1246
378297	1523352	39190	714320	269043	1174493	4922
218595	50309	500	46	-10041	-9824	1364
878	3740	10	81	156	834	361
14917	46663	1353	726	3269	6844	1569

8-15 续表 (2014 年)

项 目	企业单位数(个)	资产总计	应收帐款	存货	#产成品
石油加工、炼焦和核燃料加工业	2	39508	2681	16746	6085
化学原料和化学制品制造业	1	81906	835	6829	5824
医药制造业	2	176292	7811	4241	2145
橡胶和塑料制品业	2	21568	3642	2153	779
非金属矿物制品业	12	502089	39205	110208	23032
黑色金属冶炼和压延加工业	1	54664	3516	21287	8575
有色金属冶炼和压延加工业	3	803209	25832	138757	24907
金属制品业	2	69156	12152	10415	2680
通用设备制造业	5	173591	75333	23190	12223
专用设备制造业	8	2091842	437475	375178	19537
汽车制造业	5	843078	46403	81457	38145
铁路、船舶、航空航天和其他运输设备制造业	2	73921	28148	16690	14108
电气机械和器材制造业	3	148909	36026	32306	23009
计算机、通信和其他电子设备制造业	3	476714	28435	23362	14716
仪器仪表制造业	1	10057	7426	738	
电力、热力生产和供应业	14	5554263	225048	145813	23536
燃气生产和供应业	2	9686	774	126	1
水的生产和供应业	6	612559	11392	1319	1117

单位:万元

负债合计	主营业务收入	营业费用	主营业务税金及附加	利润总额	利税总额	全部从业人员年平均人数(人)
8251	147022	4313	400	5606	9044	337
83722	19244	1342	94	-1821	-1579	692
77177	38445	3723	354	3224	6034	1048
9567	13625	502	110	931	1910	289
281924	198025	9067	937	10056	18234	4293
39863	126591	924	20	3500	4222	142
655524	502239	15818	1826	-135868	-118795	5888
52838	42470	1546	280	980	3137	960
81691	128677	4546	776	12293	19255	1340
824775	886820	29652	1581	57644	90465	10576
505513	1167174	70957	28811	10231	62677	5666
47800	90145	2809	285	6646	9136	826
83770	78814	1821	184	2053	11660	1812
263305	62965	3840	300	13798	16518	1451
7271	5221	515	6	-536	-484	93
4187075	4964215	12596	12145	167156	327827	23590
5342	18639	24	19	-209	1658	107
409212	74030	7838	394	-11133	-7247	3976

8-16 规模以上集体工业

（2014 年）

项目	企业单位数（个）	资产总计	应收帐款	存货	#产成品
总计	**31**	**714727**	**160689**	**44437**	**16984**
按轻重工业分					
轻工业	8	182318	82310	11610	6585
重工业	23	532409	78379	32827	10399
按企业规模分					
中型企业	10	569280	141879	34750	11559
小型企业	21	145447	18810	9687	5425
按行业分					
非金属矿采选业	1	16991	3180	2831	1426
烟草制品业	1	11627	3752	2406	1582
造纸和纸制品业	1	4265	663	531	238
印刷和记录媒介复制业	3	49575	11185	5786	3571
化学原料和化学制品制造业	2	28224	9612	2825	413
医药制造业	1	88625	65979	2414	1119
橡胶和塑料制品业	1	29995	898	127	87
非金属矿物制品业	11	118425	38892	3395	1603
有色金属冶炼和压延加工业	1	11913	883	969	683
金属制品业	1	1754	339	84	9
通用设备制造业	4	328595	19680	21146	4695
专用设备制造业	2	14967	4615	1512	1459
电气机械和器材制造业	1	741	425	118	100
其他制造业	1	9029	586	296	

企业主要经济指标

单位:万元

负债合计	主营业务收入	营业费用	主营业务税金及附加	利润总额	利税总额	全部从业人员年平均人数(人)
336578	**989805**	**26143**	**5122**	**103744**	**151509**	**7563**
103558	235316	3805	1315	26816	39836	2042
233020	754489	22338	3807	76928	111673	5521
285431	620136	17517	4070	61063	92667	5083
51147	369669	8626	1052	42681	58842	2480
6613	43472	3043	133	8979	11286	287
5204	16840		169	574	2217	339
1365	4360	246	48	714	981	55
23946	53030	308	431	6744	10405	561
22559	42169	1281	111	1536	3178	1224
61797	121066	2944	558	12280	18420	656
9755	55045	392	221	8658	11091	125
55821	274433	4338	1446	33033	44854	2058
3015	53891	108	64	2963	3290	170
1509	8253	300	24	1074	1518	150
136681	283317	12234	1798	23366	39131	1619
5803	18587	745	81	2333	3115	149
475	2832	108	11	85	217	65
2035	12510	96	27	1405	1807	105

8-17 各县(市)、区规模以上工业企业主要经济指标

(2014 年)

单位:万元

县(市)区	企业单位数(个)	资产总计	应收帐款	存货	#产成品	负债合计
全市	**2763**	**99608347**	**15556855**	**8132671**	**2325834**	**54443579**
中原区	43	4327469	468215	250297	40968	2412567
二七区	94	1765416	233149	108702	29852	1140924
管城区	18	3029350	812735	466578	74956	1372437
金水区	27	768206	195454	78461	22974	471699
上街区	86	2381061	168271	420692	122795	1520300
惠济区	22	676878	166732	88878	30610	415333
中牟县	144	2230009	219498	215842	103508	1045900
巩义市	451	10410939	779198	787107	291154	5739178
荥阳市	413	13071544	1022417	757001	321078	3793015
新密市	489	11338555	864614	583490	216624	5159896
新郑市	301	12319579	407104	754848	198866	5580323
登封市	327	9605562	1613062	461471	179730	4606524
经开区	149	5615562	1158596	701059	237976	3154427
高新区	137	5925471	744514	797846	405795	3234817
郑东新区	13	535836	39410	21475	4188	471996
航空港实验区	46	15574197	6662222	1635264	43941	14298165

8-17 续表

(2014 年)

单位:万元

县(市)区	主营业务收入	营业费用	主营业务税金及附加	利润总额	利税总额	全部从业人员年平均人数(人)
全市	**123913673**	**2716314**	**1288004**	**10330443**	**16471903**	**1066932**
中原区	3094766	97591	7775	118382	216843	25784
二七区	1881860	54572	3032	53142	80586	18293
管城区	3433795	168841	374108	382833	904077	26473
金水区	657078	57808	2111	4794	25972	12438
上街区	3791102	55026	8611	5733	97948	23106
惠济区	804595	53579	2615	11595	31972	11495
中牟县	3832013	105131	42426	277526	450175	27546
巩义市	18191107	552275	66760	1043542	1627178	101437
荥阳市	15588370	159489	77955	1280819	1855749	124911
新密市	14238268	350502	80098	1558695	2198614	123958
新郑市	13117575	201257	424366	1792473	2832510	100897
登封市	12391494	238740	108863	1516995	1999455	111276
经开区	7438572	357112	62903	1261176	1524076	61474
高新区	4099384	195440	21717	593688	755834	44473
郑东新区	345373	5903	2059	9074	14462	8948
航空港实验区	20985425	62885	2353	420399	1848925	244083

8-18　各县(市)、区国有及国有控股工业企业主要经济指标

(2014 年)　　　　单位:万元

县(市)区	企业单位数(个)	资产总计	应收帐款	存货	#产成品	负债合计
全　市	**100**	**18399591**	**1337358**	**2271083**	**431269**	**12050808**
中原区	7	3142918	354094	192597	19020	1693856
二七区	2	840840	13635	12893	1470	626714
管城区	3	737043	43304	324988	23094	297248
金水区	4	151949	21065	22959	8345	52306
上街区	8	1606931	33166	325580	72739	1202664
惠济区	2	44374	3149	5974	2920	21830
中牟县	4	837074	42046	76195	35225	504804
巩义市	6	715947	22487	43666	24960	585149
荥阳市	5	719966	89057	51758	17793	482911
新密市	6	2211242	110500	238515	53954	1746476
新郑市	8	1851679	151302	444285	48050	1152093
登封市	7	3286107	223969	210157	40158	2287686
经开区	13	890245	95528	171181	28377	538721
高新区	19	1175737	128190	139417	52918	715349
郑东新区	1	88581	1529	2470	1426	64340
航空港实验区	2	66243	2674	4790		52585

8-18　续表　　　　(2014 年)　　　　单位:万元

县(市)区	主营业务收入	营业费用	主营业务税金及附加	利润总额	利税总额	全部从业人员年平均人数(人)
全　市	**13535091**	**248484**	**800005**	**327323**	**1700912**	**132163**
中原区	2161708	31830	3148	41261	109969	12979
二七区	296911	292	754	2525	9913	2193
管城区	786929	21765	349585	130350	574863	3501
金水区	136980	11867	1192	4950	12279	2506
上街区	1210290	18870	3667	-136855	-91573	9808
惠济区	23387	554	82	777	1537	730
中牟县	1235421	70394	28881	7492	60898	5618
巩义市	307922	4199	2533	-49144	-35007	10854
荥阳市	469716	5251	1520	32742	54795	3699
新密市	1621202	11305	16677	-31637	28471	24085
新郑市	1703480	27369	371867	122608	615764	13702
登封市	2584438	18124	14946	114899	214965	28935
经开区	397959	8171	1752	60335	74542	3090
高新区	529710	17757	3082	32284	66104	8992
郑东新区	34354	364	15	-2726	-2540	739
航空港实验区	11787	209	52	-2114	-1597	392

8-19 各县(市)、区规模以上集体工业企业主要经济指标

(2014 年)

单位:万元

县(市)区	企业单位数(个)	资产总计	应收帐款	存货	#产成品	负债合计
全 市	**31**	**714727**	**160689**	**44437**	**16984**	**336578**
二七区	1	741	425	118	100	475
管城区	2	46117	10454	5203	3571	21983
金水区	1	3459	731	583		1963
上街区	1	24522	8021	2422	143	20678
中牟县	1	9029	586	296		2035
巩义市	6	23840	3294	2379	1774	9475
荥阳市	6	430014	90099	24431	6667	203708
新密市	7	40099	3798	2180	1109	9461
新郑市	3	60818	4794	2709	1744	24170
登封市	3	76089	38486	4118	1875	42630

8-19 续表

(2014 年)

单位:万元

县(市)区	主营业务收入	营业费用	主营业务税金及附加	利润总额	利税总额	全部从业人员年平均人数(人)
全 市	**989805**	**26143**	**5122**	**103744**	**151509**	**7563**
二七区	2832	108	11	85	217	65
管城区	48883	261	401	6869	10250	422
金水区	4146	47	30	-125	155	139
上街区	14485	1162	93	47	658	1077
中牟县	12510	96	27	1405	1807	105
巩义市	107460	1646	183	7431	11002	743
荥阳市	418958	15814	2434	37550	60155	2362
新密市	118746	2511	294	13206	19135	817
新郑市	99397	603	472	14331	19314	790
登封市	162388	3894	1177	22944	28817	1043

8-20 规模以上工业企业主要经济效益指标

(2014 年)

单位:%

项　　　目	总资产贡献率	成本费用利润率	资　产负债率	产　品销售率
总　　计	**17.42**	**9.01**	**54.66**	**97.69**
按轻重工业分				
轻工业	24.92	12.03	45.39	98.34
重工业	16.15	8.51	56.23	97.57
按企业规模分				
大型企业	14.10	5.51	71.29	97.28
中型企业	17.67	10.35	44.61	98.43
小型企业	22.92	12.52	38.08	97.52
微型企业	9.80	8.05	44.87	98.39
按行业分				
煤炭开采和洗选业	6.13	1.47	69.56	97.24
黑色金属矿采选业	25.85	17.43	44.49	98.03
有色金属矿采选业	22.15	16.19	49.77	102.19
非金属矿采选业	26.47	17.05	34.88	96.74
农副食品加工业	16.92	6.67	49.79	99.02
食品制造业	14.08	8.25	51.73	98.04
酒、饮料和精制茶制造业	24.95	10.72	57.21	101.30
烟草制品业	92.55	46.58	30.12	98.41
纺织业	3.85	1.83	64.23	98.12
纺织服装、服饰业	15.60	8.73	37.54	98.32
皮革、毛皮、羽毛及其制品和制鞋业	9.79	5.43	71.17	80.55
木材加工和木、竹、藤、棕、草制品业	36.67	19.12	25.80	96.32
家具制造业	23.49	13.47	31.94	98.40
造纸和纸制品业	33.39	16.34	29.34	98.72
印刷和记录媒介复制业	19.23	12.99	44.24	98.09
文教、工美、体育和娱乐用品制造业	31.78	14.38	28.08	93.02
石油加工、炼焦和核燃料加工业	14.44	6.35	39.74	97.93
化学原料和化学制品制造业	20.65	12.80	36.98	98.36
医药制造业	21.95	17.52	49.17	98.58
化学纤维制造业	18.40	22.96	42.98	97.07
橡胶和塑料制品业	24.10	15.39	36.06	98.91
非金属矿物制品业	26.20	13.02	34.19	97.48
黑色金属冶炼和压延加工业	16.87	8.77	43.14	98.66
有色金属冶炼和压延加工业	9.20	2.83	65.19	98.42
金属制品业	13.33	8.31	47.55	98.02
通用设备制造业	17.26	8.61	38.57	97.68
专用设备制造业	14.09	10.38	33.56	97.31
汽车制造业	22.24	15.03	51.75	99.18
铁路、船舶、航空航天和其他运输设备制造业	17.97	20.90	37.16	98.22
电气机械和器材制造业	14.20	8.56	49.27	96.86
计算机、通信和其他电子设备制造业	12.35	3.09	88.45	95.98
仪器仪表制造业	15.79	26.12	29.32	96.52
其他制造业	25.74	15.85	19.45	100.00
废弃资源综合利用业	0.19	-2.85	86.76	89.50
电力、热力生产和供应业	8.34	4.04	77.79	99.34
燃气生产和供应业	9.68	16.25	53.11	99.90
水的生产和供应业	-0.01	-10.65	66.86	98.60

8-21 国有及国有控股工业企业主要经济效益指标

(2014 年)

单位:%

项目	总资产贡献率	成本费用利润率	资产负债率	产品销售率
总计	**10.87**	**2.42**	**65.49**	**98.63**
按轻重工业分				
轻工业	46.09	21.83	48.21	99.17
重工业	5.04	0.51	68.36	98.52
按企业规模分				
大型企业	12.68	2.56	65.32	98.40
中型企业	4.97	1.29	65.24	99.24
小型企业	7.95	3.51	69.31	99.45
按行业分				
煤炭开采和洗选业	3.89	-2.59	76.20	95.49
有色金属矿采选业	2.55	-5.69	60.94	112.13
农副食品加工业	1.01	0.77	96.13	107.58
食品制造业	18.63	5.89	47.24	99.36
烟草制品业	93.22	47.81	29.99	98.41
纺织业	-1.66	-7.90	83.58	99.81
纺织服装、服饰业	16.76	4.24	18.74	100.00
印刷和记录媒介复制业	7.73	6.99	17.32	90.08
石油加工、炼焦和核燃料加工业	24.09	3.97	20.89	99.79
化学原料和化学制品制造业	-1.44	-8.69	102.22	121.40
医药制造业	5.42	9.13	43.78	100.48
橡胶和塑料制品业	11.22	7.22	44.36	102.82
非金属矿物制品业	3.90	4.35	56.15	102.89
黑色金属冶炼和压延加工业	8.92	2.85	72.92	100.00
有色金属冶炼和压延加工业	-11.60	-21.40	81.61	98.32
金属制品业	5.97	2.27	76.40	100.57
通用设备制造业	11.27	9.75	47.06	96.93
专用设备制造业	4.21	6.87	39.43	100.42
汽车制造业	6.81	0.76	59.96	94.36
铁路、船舶、航空航天和其他运输设备制造业	13.04	7.96	64.66	102.40
电气机械和器材制造业	8.60	2.51	56.26	96.70
计算机、通信和其他电子设备制造业	3.62	22.44	55.23	96.70
仪器仪表制造业	-4.81	-9.27	72.30	99.92
电力、热力生产和供应业	8.27	3.11	75.38	99.58
燃气生产和供应业	18.74	-1.09	55.16	100.00
水的生产和供应业	-0.09	-11.42	66.80	98.72

8-22 集体工业企业主要经济效益指标

(2014 年)

单位:%

项目	总资产贡献率	成本费用利润率	资产负债率	产品销售率
总计	**21.63**	**11.76**	**47.09**	**98.52**
按轻重工业分				
轻工业	22.03	12.87	56.80	100.17
重工业	21.49	11.42	43.77	98.02
按企业规模分				
中型企业	16.68	10.98	50.14	97.85
小型企业	41.00	13.08	35.16	99.65
按行业分				
非金属矿采选业	66.52	26.13	38.92	98.91
烟草制品业	19.54	3.56	44.76	98.15
造纸和纸制品业	23.05	19.86	31.99	99.66
印刷和记录媒介复制业	20.73	14.34	48.30	106.67
化学原料和化学制品制造业	11.26	3.81	79.93	99.25
医药制造业	21.02	11.35	69.73	98.04
橡胶和塑料制品业	37.26	18.67	32.52	99.82
非金属矿物制品业	38.81	13.77	47.14	99.10
有色金属冶炼和压延加工业	28.24	5.83	25.31	98.68
金属制品业	89.28	15.00	86.03	98.30
通用设备制造业	12.30	9.05	41.60	96.43
专用设备制造业	21.91	14.43	38.77	97.75
电气机械和器材制造业	32.29	3.11	64.10	97.00
其他制造业	21.41	12.67	22.53	100.00

8-23　各县(市)区规模以上工业企业主要经济效益指标

(2014 年)

单位:%

县(市)区	总资产贡献率	成本费用利润率	资　产负债率	产　品销售率
全　市	**17.42**	**9.01**	**54.66**	**97.69**
中原区	6.15	6.97	61.04	95.25
二七区	5.46	3.10	62.64	97.17
管城区	29.86	13.61	45.30	102.23
金水区	4.81	0.71	61.40	99.41
上街区	5.31	-0.06	61.36	99.12
惠济区	5.01	1.45	61.36	90.95
中牟县	20.54	7.40	46.90	95.05
巩义市	18.06	6.07	54.97	96.94
荥阳市	15.02	9.04	28.92	98.51
新密市	24.52	14.27	37.67	98.55
新郑市	24.72	17.04	43.18	99.56
登封市	23.75	14.19	45.32	98.20
经开区	27.50	19.89	56.17	97.27
高新区	13.97	14.67	54.59	96.29
郑东新区	5.83	2.66	88.09	95.89
航空港实验区	11.64	2.04	91.81	96.08

8-24　各县(市)、区国有及国有控股工业企业主要经济效益指标

(2014 年)

单位:%

县(市)区	总资产贡献率	成本费用利润率	资　产负债率	产　品销售率
全　市	**10.87**	**2.42**	**65.49**	**98.63**
中原区	1.02	-4.28	61.59	101.50
二七区	0.71	-0.25	73.04	100.00
管城区	78.16	40.06	40.33	99.36
金水区	9.56	3.51	34.42	98.79
上街区	-6.84	-14.93	73.84	100.89
惠济区	3.99	3.43	49.20	79.57
中牟县	6.68	0.53	60.31	95.05
巩义市	-3.25	-15.23	81.93	94.74
荥阳市	12.09	8.47	73.40	101.18
新密市	0.44	-2.86	63.09	99.47
新郑市	53.95	16.82	51.25	100.40
登封市	10.34	5.10	66.70	98.12
经开区	8.68	17.16	60.51	96.30
高新区	6.79	5.90	60.84	99.04
郑东新区	-1.13	-6.47	72.63	106.79
航空港实验区	-1.52	-15.26	79.38	98.36

8-25 各县(市)区集体工业企业主要经济效益指标

(2014 年)

单位:%

县(市)区	总资产贡献率	成本费用利润率	资产负债率	产品销售率
全市	**21.63**	**11.76**	**47.09**	**98.52**
二七区	32.29	3.11	64.10	97.00
管城区	21.95	16.09	47.67	107.43
金水区	4.37	-2.88	56.74	100.00
上街区	2.63	0.33	84.32	100.10
中牟县	21.41	12.67	22.53	100.00
巩义市	47.53	7.44	39.74	98.30
荥阳市	14.37	9.91	47.37	96.94
新密市	47.89	12.55	23.60	99.47
新郑市	32.11	16.90	39.74	99.59
登封市	38.94	16.59	56.03	98.92

8-26 规模以上工业企业全员劳动生产率

(2014 年)

单位:元/人·年

项目	合计	#国有及国有控股	#集体	#港澳台投资	#外商投资
全市	**253559**	**297441**	**449273**	**143493**	**351617**
按企业规模分					
大型企业	204123	376859		142473	441130
中型企业	246691	102406	428932	161251	170458
小型企业	353420	267514	490965	178694	292953
微型企业	617821				
按轻重工业分					
轻工业	265215	896375	313661	131676	212360
重工业	250975	218691	499431	143881	462464

8-27 各县(市)、区规模以上工业企业全员劳动生产率

(2014 年)

单位:元/人·年

县(市)区	合计	#国有及国有控股	#集体	#港澳台投资	#外商投资	轻工业	重工业	大型	中型	小型
全　市	**253559**	**297441**	**449273**	**143493**	**351617**	**265215**	**250975**	**204123**	**246691**	**353420**
中原区	195745	226789		206943	180398	74788	426967	500553	90999	240336
二七区	228287	95564	93200	1315077	287125	234199	248327	254129	157073	273075
管城区	312097	1486946	279419	149331		595939	153304	115986	2116348	148684
金水区	114531	94087	89273	120270	140379	109421	162563	99750	101364	210776
上街区	296863	147967	22871	113123	285999	226611	310349	198918	282216	446243
惠济区	191221	134556			197569	183398	231980	153638	773215	215237
中牟县	347063	524418	283057	139204	419473	302542	364060	591412	273558	333106
巩义市	350723	58410	815896		161709	339299	353688	353684	264996	422415
荥阳市	272853	206466	449294	280654	164176	212709	285533	206307	251353	349721
新密市	265060	89450	591329	346580	63890	229266	364993	263183	185679	408516
新郑市	271432	94782	404484	164436	305679	245623	330596	100602	219032	471338
登封市	269259	206780	666556	140559	228083	204721	295476	250595	191991	483217
经开区	371792	2824306		131803	1075629	362396	375055	394951	199020	502433
高新区	185719	110310		124185	312277	99238	214438	166205	215422	171323
郑东新区	92084	46981		42631		120146	88159	42631	46981	400652
航空港实验区	140464			139946	15167	130610	140703	140070	254901	113728

8-28 规模以上工业企业分行业全员劳动生产率

（2014 年）　　单位：元/人·年

行　　业	合计	#国有及国有控股	#集体	#港澳台投　资	#外商投资
全　　市	**253559**	**297441**	**449273**	**143493**	**351617**
煤炭开采和洗选业	105849	103116			
黑色金属矿采选业	211917				
有色金属矿采选业	242280				
非金属矿采选业	348194		370986		
农副食品加工业	354948	1117078		373958	908274
食品制造业	161129	142240		53602	172416
酒、饮料和精制茶制造业	199521			175722	404423
烟草制品业	2418253	2565906	274451		
纺织业	121794	56156		72522	61879
纺织服装、服饰业	150578	22737		25791	301872
皮革、毛皮、羽毛及其制品和制鞋业	115532				
木材加工和木、竹、藤、棕、草制品业	306627				
家具制造业	223366				
造纸和纸制品业	273967		2486491	7023	
印刷和记录媒介复制业	171196	90252	162066	124415	
文教、工美、体育和娱乐用品制造业	240840				
石油加工、炼焦和核燃料加工业	300878	555086			
化学原料和化学制品制造业	283194	87234	96656	467112	
医药制造业	259710	101669	442377		77486
化学纤维制造业	154750				
橡胶和塑料制品业	352871	105301	1473136	153413	349007
非金属矿物制品业	355016	234395	757169	920290	81980
黑色金属冶炼和压延加工业	526702	2494148			144509
有色金属冶炼和压延加工业	295092	196373	28129	164966	184999
金属制品业	257565	179252	130313	296635	68458
通用设备制造业	313819	123769	409164		188106
专用设备制造业	265601	136435	269537	407211	66780
汽车制造业	412831	1479787			980159
铁路、船舶、航空航天和其他运输设备制造业	155399	30462			
电气机械和器材制造业	277472	4249	99477		
计算机、通信和其他电子设备制造业	135549	102059		136084	88113
仪器仪表制造业	267461	445065		145973	
其他制造业	669245				
废弃资源综合利用业	78274				
电力、热力生产和供应业	318460	267574		171041	4736033
燃气生产和供应业	282044	318822		250915	
水的生产和供应业	89904	78734			122538

8-29 工业企业能源购进、消费与库存情况

(2014 年)

行业	计量单位	年初库存量	购进量		消费量			年末库存量
			实物量	金额（千元）	合计	工业生产消费	非工业生产消费	
原煤	**吨**	**1843442**	**35280805**	**17500390**	**35207413**	**35181830**	**25583**	**1922383**
采矿业	吨	25080	1083316	477042	1117259	1099136	18124	24658
煤炭开采和洗选业	吨	25060	1081899	476045	1115822	1097698	18124	24658
黑色金属矿采选业	吨		15	12	15	15		
有色金属矿采选业	吨	20	715	573	735	735		
非金属矿采选业	吨		688	413	688	688		
制造业	吨	333192	9702754	5601833	9526829	9521358	5471	517171
农副食品加工业	吨	1109	61798	34915	61590	61355	235	1210
食品制造业	吨	4858	230614	124722	247841	247808	33	2540
酒、饮料和精制茶制造业	吨	4298	55167	42424	58080	57830	250	2250
纺织业	吨	6	3782	2565	3778	3778		10
纺织服装、服饰业	吨		129883	84018	130000	130000		10
木材加工和木、竹、藤、棕、草制品业	吨	45	794	359	792	792		2
家具制造业	吨		58	28	58	58		
造纸和纸制品业	吨	4167	357794	247998	357721	357695	26	4271
印刷和记录媒介复制业	吨	11	11666	7990	11668	11622	46	9
文教、工美、体育和娱乐用品制造业	吨	80	1211	625	1210	1210		36
石油加工、炼焦和核燃料加工业	吨	18	914	650	932	932		
化学原料和化学制品制造业	吨	11021	586888	461163	587037	586985	52	9886
医药制造业	吨	8529	79024	46182	79019	79019		6443
橡胶和塑料制品业	吨	70	30661	18008	30326	30309	17	394
非金属矿物制品业	吨	98981	3222062	2320080	3246743	3242432	4311	70194
黑色金属冶炼和压延加工业	吨	4288	241270	167185	240144	239770	374	5114
有色金属冶炼和压延加工业	吨	190765	4604340	1989190	4383589	4383589		411412
金属制品业	吨	1782	35785	18926	36624	36542	82	943
通用设备制造业	吨	258	12072	9586	12239	12233	6	91
专用设备制造业	吨	1162	16926	14369	17062	17023	40	1020
汽车制造业	吨	1612	16268	8946	16613	16613		1267
电气机械和器材制造业	吨	110	3112	1500	3102	3102		50
计算机、通信和其他电子设备制造业	吨		27	16	27	27		
仪器仪表制造业	吨	3	9	12	12	12		
其他制造业	吨		2	1	2	2		
废弃资源综合利用业	吨	20	625	375	620	620		20
电力、热力、燃气及水生产和供应业	吨	1485170	24494735	11421514	24563324	24561336	1988	1380553
电力、热力生产和供应业	吨	1485170	24494735	11421514	24563324	24561336	1988	1380553

8-29 续表1 （2014年）

行业	计量单位	年初库存量	购进量		消费量			年末库存量
			实物量	金额（千元）	合计	工业生产消费	非工业生产消费	
洗精煤	**吨**	**4270**	**26303**	**25300**	**28206**	**28206**		**2367**
制造业	吨	14	8541	7767	8518	8518		37
造纸和纸制品业	吨		485	447	485	485		
非金属矿物制品业	吨	14	8056	7321	8033	8033		37
电力、热力、燃气及水生产和供应业	吨	4256	17762	17533	19687	19687		2330
电力、热力生产和供应业	吨	4256	17762	17533	19687	19687		2330
其他洗煤	**吨**	**121**	**5209**	**5209**	**5150**	**5150**		**180**
制造业	吨	121	5209	5209	5150	5150		180
塑料制品业	吨	121	5209	5209	5150	5150		180
煤制品	**吨**	**142**	**2167**	**1805**	**2117**	**2117**		**190**
制造业	吨	142	2167	1805	2117	2117		190
饮料制造业	吨	132	1927	1445	1877	1877		182
专用设备制造业	吨	10	240	360	240	240		8
焦炭	**吨**	**5842**	**617199**	**651760**	**608685**	**608685**		**14125**
制造业	吨	5842	617199	651760	608685	608685		14125
食品制造业	吨		155	354	155	155		
化学原料和化学制品制造业	吨	178	41528	45709	41553	41553		
非金属矿物制品业	吨		22408	36581	22408	22408		
黑色金属冶炼和压延加工业	吨	5222	477116	478605	478132	478132		4206
有色金属冶炼和压延加工业	吨	380	63792	67260	54260	54260		9854
通用设备制造业	吨	62	11550	22094	11547	11547		65
专用设备制造业	吨		650	1157	630	630		
其他焦化产品	**吨**	**28**	**16345**	**18428**	**16325**	**16325**		**48**
制造业	吨		533	1119	533	533		
非金属矿物制品业	吨		533	1119	533	533		
电力、热力、燃气及水生产和供应业	吨	28	15812	17309	15792	15792		48
电力、热力生产和供应业	吨	28	15812	17309	15792	15792		48
天然气	**万立方米**	**25**	**123667**	**2954500**	**121692**	**121300**	**392**	**11**
制造业	万立方米	25	86303	2072210	84327	83944	383	11
农副食品加工业	万立方米		1075	35801	1075	1067	8	
食品制造业	万立方米	8	601	14152	600	600		9
酒、饮料和精制茶制造业	万立方米	17	163	5252	163	162	2	
烟草制品业	万立方米		620	21616	620	617	3	

8-29 续表 2 （2014 年）

行业	计量单位	年初库存量	购进量		消费量			年末库存量
			实物量	金额（千元）	合计	工业生产消费	非工业生产消费	
纺织业	万立方米		240	7287	240	240		
纺织服装、服饰业	万立方米		103	2890	103	103		
皮革、毛皮、羽毛及其制品和制鞋业	万立方米		9	307	9	9		
造纸和纸制品业	万立方米		152	5056	152	151	1	
印刷和记录媒介复制业	万立方米		13	417	13	12	1	
化学原料和化学制品制造业	万立方米		12	436	12	12		
医药制造业	万立方米		80	2583	127	127		
橡胶和塑料制品业	万立方米		16	493	16	16		
非金属矿物制品业	万立方米		37219	960397	37216	37200	15	2
黑色金属冶炼和压延加工业	万立方米		578	17706	578	578		
有色金属冶炼和压延加工业	万立方米		37261	825764	37260	37204	56	
金属制品业	万立方米		1709	45918	1709	1709		
通用设备制造业	万立方米		536	14566	536	534	1	
专用设备制造业	万立方米		203	4761	203	199	3	
汽车制造业	万立方米		5156	87681	3137	2844	294	
电气机械和器材制造业	万立方米		73	2271	73	73		
计算机、通信和其他电子设备制造业	万立方米		486	16855	486	486		
电力、热力、燃气及水生产和供应业	万立方米		37365	882290	37365	37356	9	
电力、热力生产和供应业	万立方米		37365	882290	37365	37356	9	
液化天然气	**吨**		**16299**	**54307**	**16299**	**16299**		
采矿业	吨		2	10	2	2		
煤炭开采和洗选业	吨		2	10	2	2		
制造业	吨		16298	54297	16298	16298		
非金属矿物制品业	吨		2311	15017	2311	2311		
有色金属冶炼和压延加工业	吨		12850	33796	12850	12850		
金属制品业	吨		885	3147	885	885		
通用设备制造业	吨		206	2016	206	206		
专用设备制造业	吨		22	183	22	22		
汽车制造业	吨		24	138	24	24		
煤层气	**吨**		**2003**	**14533**	**3272**	**3272**		
制造业	吨		2003	14533	2003	2003		
非金属矿物制品业	吨		329	8616	329	329		
黑色金属冶炼和压延加工业	吨		62	1843	62	62		

8-29 续表3 （2014年）

行业	计量单位	年初库存量	购进量		消费量			年末库存量
			实物量	金额（千元）	合计	工业生产消费	非工业生产消费	
有色金属冶炼和压延加工业	吨		1612	4074	1612	1612		
电力、热力、燃气及水生产和供应业	吨				1269	1269		
电力、热力生产和供应业	吨				1269	1269		
汽油	**吨**	**248**	**38941**	**314119**	**39098**	**31749**	**7271**	**314**
采矿业	吨		1742	14822	1808	1070	738	
煤炭开采和洗选业	吨		1503	12842	1569	915	654	
黑色金属矿采选业	吨		2	24	2	2		
有色金属矿采选业	吨		57	470	57	57		
非金属矿采选业	吨		181	1487	181	96	85	
制造业	吨	242	34451	273006	34539	28563	5899	313
农副食品加工业	吨		890	6440	986	968	18	
食品制造业	吨		1334	9427	1334	1055	279	
酒、饮料和精制茶制造业	吨		137	1051	137	130	7	
烟草制品业	吨		77	801	77			
纺织业	吨		145	1196	145	142	3	
纺织服装、服饰业	吨	3	692	5461	692	620	73	3
皮革、毛皮、羽毛及其制品和制鞋业	吨		80	693	80	80		
木材加工和木、竹、藤、棕、草制品业	吨		20	155	20	20		
家具制造业	吨		313	2383	313	302	11	
造纸和纸制品业	吨	18	1026	8039	1035	751	284	9
印刷和记录媒介复制业	吨		542	4627	542	395	147	1
文教、工美、体育和娱乐用品制造业	吨		150	1088	150	73	77	
石油加工、炼焦和核燃料加工业	吨		78	690	78	62	16	
化学原料和化学制品制造业	吨	18	4579	35798	4530	4440	90	72
医药制造业	吨		2608	20394	2608	2471	137	
橡胶和塑料制品业	吨		2821	21139	2821	2770	52	
非金属矿物制品业	吨	2	6976	57086	6974	4544	2430	3
黑色金属冶炼和压延加工业	吨		307	2242	307	247	60	
有色金属冶炼和压延加工业	吨	73	1396	10958	1385	1313	73	72
金属制品业	吨	0	809	6553	809	443	366	
通用设备制造业	吨		2070	18349	2097	1696	400	
专用设备制造业	吨	44	2662	22194	2662	1958	704	89
汽车制造业	吨	71	2710	19956	2729	2469	260	66

8-29 续表 4 （2014 年）

行业	计量单位	年初库存量	购进量		消费量			年末库存量
			实物量	金额（千元）	合计	工业生产消费	非工业生产消费	
铁路、船舶、航空航天和其他运输设备制造业	吨	8	59	535	59	59		
电气机械和器材制造业	吨		1116	8724	1116	952	164	
计算机、通信和其他电子设备制造业	吨	5	604	4675	604	429	175	
仪器仪表制造业	吨		215	2090	215	142	74	
其他制造业	吨		24	184	24	24		
废弃资源综合利用业	吨		9	77	9	9		
电力、热力、燃气及水生产和供应业	吨	6	2747	26292	2750	2116	634	1
电力、热力生产和供应业	吨	2	2066	19812	2066	1443	623	
燃气生产和供应业	吨		354	3300	354	342	11	
水的生产和供应业	吨	4	328	3180	331	331		1
煤油	**吨**		**431**	**3377**	**413**	**386**	**27**	**18**
制造业	吨		431	3377	413	386	27	18
印刷和记录媒介复制业	吨		6	60	6		6	
非金属矿物制品业	吨		392	2983	392	371	21	
专用设备制造业	吨		1	15	1	1		
汽车制造业	吨		32	319	14	14		18
柴油	**吨**	**1246**	**44067**	**330999**	**44057**	**40228**	**3827**	**1260**
采矿业	吨	24	5454	41260	5451	4933	518	28
煤炭开采和洗选业	吨	24	4529	33798	4525	4460	65	28
有色金属矿采选业	吨		197	1565	197	182	15	
非金属矿采选业	吨		728	5897	728	290	438	
制造业	吨	397	33656	254124	33743	30630	3109	315
农副食品加工业	吨		280	2142	279	263	16	
食品制造业	吨	2	5029	33481	5030	4646	384	1
酒、饮料和精制茶制造业	吨	29	476	3602	504	504		
烟草制品业	吨		35	268	35	32		
纺织业	吨		1461	12388	1461	1461		
纺织服装、服饰业	吨		23	157	23	10	13	
家具制造业	吨		150	970	150	150		
造纸和纸制品业	吨	3	525	3850	521	521		6
印刷和记录媒介复制业	吨		181	1373	181	151	30	
石油加工、炼焦和核燃料加工业	吨	40	70	547	110	90	19	
化学原料和化学制品制造业	吨	1	557	4530	556	548	8	2

8-29 续表5 （2014年）

行业	计量单位	年初库存量	购进量		消费量			年末库存量
			实物量	金额（千元）	合计	工业生产消费	非工业生产消费	
医药制造业	吨		551	4372	551	537	14	
橡胶和塑料制品业	吨		162	1202	165	163	2	
非金属矿物制品业	吨	6	9949	79828	9966	9109	857	6
黑色金属冶炼和压延加工业	吨	10	1668	13699	1673	1673		5
有色金属冶炼和压延加工业	吨	114	3119	21440	3108	2566	542	125
金属制品业	吨	9	258	1770	258	252	6	8
通用设备制造业	吨		411	3602	411	324	87	
专用设备制造业	吨		2486	19180	2486	1691	795	
汽车制造业	吨	174	5855	42633	5860	5611	249	157
铁路、船舶、航空航天和其他运输设备制造业	吨		3	25	3	3		
电气机械和器材制造业	吨	10	356	2693	361	307	54	5
计算机、通信和其他电子设备制造业	吨		28	181	28		28	
仪器仪表制造业	吨		21	176	21	16	5	
废弃资源综合利用业	吨		2	16	2	2		
电力、热力、燃气及水生产和供应业	吨	825	4957	35615	4864	4665	199	918
电力、热力生产和供应业	吨	823	4725	33719	4632	4433	199	916
燃气生产和供应业	吨		60	463	60	60		
水的生产和供应业	吨	2	172	1433	172	172		2
燃料油	**吨**	**8613**	**7720**	**32478**	**7861**	**7419**	**442**	**8483**
制造业	吨	8223	6284	24801	6615	6568	47	7906
农副食品加工业	吨	60	1695	6837	1747	1747		9
非金属矿物制品业	吨	484	3934	13619	4101	4101		317
有色金属冶炼和压延加工业	吨	7679	623	4137	721	721		7581
电力、热力、燃气及水生产和供应业	吨	387	1436	7678	1246	851	395	577
电力、热力生产和供应业	吨	387	1436	7678	1246	851	395	577
液化石油气	**吨**	**5**	**3329**	**15139**	**3318**	**3310**	**9**	
制造业	吨	5	3329	15139	3318	3310	9	
造纸和纸制品业	吨		10	54	10	10		
印刷和记录媒介复制业	吨		49	325	49	49		
非金属矿物制品业	吨	5	1709	8068	1698	1698		
金属制品业	吨		813	5689	813	813		
专用设备制造业	吨		684	753	684	683	1	
汽车制造业	吨		65	250	65	57	8	

8-29 续表 6 （2014 年）

行业	计量单位	年初库存量	购进量		消费量			年末库存量
			实物量	金额（千元）	合计	工业生产消费	非工业生产消费	
润滑油	**吨**		**39**	**239**	**39**	**39**		
制造业	吨		39	239	39	39		
汽车制造业	吨		39	239	39	39		
石油焦	**吨**	**23062**	**324706**	**338903**	**329177**	**329177**		**18591**
制造业	吨	19191	209674	206615	216835	216835		12030
非金属矿物制品业	吨	2271	112325	105573	113071	113071		1525
有色金属冶炼和压延加工业	吨	16920	97349	101043	103764	103764		10505
电力、热力、燃气及水生产和供应业	吨	3871	115033	132288	112343	112343		6561
电力、热力生产和供应业	吨	3871	115033	132288	112343	112343		6561
石油沥青	**吨**	**225**	**18831**	**40379**	**18722**	**18722**		**334**
制造业	吨		1779	4399	1779	1779		
非金属矿物制品业	吨		1779	4399	1779	1779		
电力、热力、燃气及水生产和供应业	吨	225	17052	35980	16943	16943		334
电力、热力生产和供应业	吨	225	17052	35980	16943	16943		334
其他石油制品	**吨**	**114**	**12623**	**36744**	**12623**	**12623**		**140**
制造业	吨	14	12227	32674	12228	12228		40
非金属矿物制品业	吨	1	11099	21825	11099	11099		
有色金属冶炼和压延加工业	吨	13	681	6102	682	682		13
通用设备制造业	吨		25	259	25	25		
专用设备制造业	吨		422	4487	422	422		27
电力、热力、燃气及水生产和供应业	吨	100	395	4070	395	395		100
电力、热力生产和供应业	吨	100	395	4070	395	395		100
热力	**百万千焦**		**5075918**	**234348**	**11880355**	**11863896**	**16460**	
制造业	百万千焦		1089505	74892	7893942	7877482	16460	
农副食品加工业	百万千焦		333574	20755	333574	333574		
食品制造业	百万千焦		19559	1554	19559	13937	5622	
酒、饮料和精制茶制造业	百万千焦		128154	9040	128154	128154		
纺织业	百万千焦		262636	17911	262636	262636		
纺织服装、服饰业	百万千焦		142235	11110	142235	142235		
造纸和纸制品业	百万千焦		3198	211	3198	3198		
印刷和记录媒介复制业	百万千焦		5083	269	5083	5083		
石油加工、炼焦和核燃料加工业	百万千焦		2065	124	2065	2065		
化学原料和化学制品制造业	百万千焦		27249	1920	27249	27249		

8-29 续表 7 （2014 年）

行业	计量单位	年初库存量	购进量		消费量			年末库存量
			实物量	金额（千元）	合计	工业生产消费	非工业生产消费	
医药制造业	百万千焦		15202	1183	15202	15202		
非金属矿物制品业	百万千焦		2519	170	2519	784	1735	
有色金属冶炼和压延加工业	百万千焦				6804437	6804437		
通用设备制造业	百万千焦		1446	96	1446	1446		
专用设备制造业	百万千焦		99537	6324	99537	95761	3776	
汽车制造业	百万千焦		47046	4224	47046	41720	5326	
电力、热力、燃气及水生产和供应业	百万千焦		3986414	159457	3986414	3986414		
电力、热力生产和供应业	百万千焦		3986414	159457	3986414	3986414		
电力	**万千瓦时**		**2924100**	**18676778**	**3701626**	**3678287**	**23339**	
采矿业	万千瓦时		178162	1249041	191629	181314	10315	
煤炭开采和洗选业	万千瓦时		161871	1125815	175338	165023	10315	
黑色金属矿采选业	万千瓦时		1020	7624	1020	1020		
有色金属矿采选业	万千瓦时		3201	24555	3201	3201		
非金属矿采选业	万千瓦时		12070	91047	12070	12070		
制造业	万千瓦时		2163481	14500933	2780137	2770692	9445	
农副食品加工业	万千瓦时		36941	260935	36941	36703	238	
食品制造业	万千瓦时		47313	326217	47313	46659	654	
酒、饮料和精制茶制造业	万千瓦时		16752	124263	16752	16737	15	
烟草制品业	万千瓦时		3455	28427	3455	3442	13	
纺织业	万千瓦时		15857	116449	18392	18389	3	
纺织服装、服饰业	万千瓦时		14993	116644	14993	14965	28	
皮革、毛皮、羽毛及其制品和制鞋业	万千瓦时		227	1651	227	227		
木材加工和木、竹、藤、棕、草制品业	万千瓦时		2262	15213	2262	2262		
家具制造业	万千瓦时		3599	27427	3599	3599		
造纸和纸制品业	万千瓦时		56492	415578	56492	56481	11	
印刷和记录媒介复制业	万千瓦时		12022	89156	12022	11117	905	
文教、工美、体育和娱乐用品制造业	万千瓦时		10028	66219	10028	9950	78	
石油加工、炼焦和核燃料加工业	万千瓦时		1766	12713	1766	1739	27	
化学原料和化学制品制造业	万千瓦时		181735	1067198	181735	181538	197	
医药制造业	万千瓦时		22469	156612	22469	22337	132	
化学纤维制造业	万千瓦时		405	3077	405	405		
橡胶和塑料制品业	万千瓦时		28823	203846	29293	29221	72	
非金属矿物制品业	万千瓦时		844311	5731070	855268	853307	1961	

8-29 续表 8 (2014 年)

行业	计量单位	年初库存量	购进量		消费量			年末库存量
			实物量	金额（千元）	合计	工业生产消费	非工业生产消费	
黑色金属冶炼和压延加工业	万千瓦时		195118	1261024	195118	194895	223	
有色金属冶炼和压延加工业	万千瓦时		250427	1482562	853074	851682	1391	
金属制品业	万千瓦时		74149	484628	74149	74083	66	
通用设备制造业	万千瓦时		48669	350188	48669	48603	66	
专用设备制造业	万千瓦时		96136	717066	96136	94648	1489	
汽车制造业	万千瓦时		49983	377917	49983	48442	1542	
铁路、船舶、航空航天和其他运输设备制造业	万千瓦时		3057	24103	3057	3057		
电气机械和器材制造业	万千瓦时		25370	186096	25370	25187	183	
计算机、通信和其他电子设备制造业	万千瓦时		119215	839174	119215	119078	137	
仪器仪表制造业	万千瓦时		1067	8912	1114	1101	13	
其他制造业	万千瓦时		312	2138	312	312		
废弃资源综合利用业	万千瓦时		527	4428	527	527		
电力、热力、燃气及水生产和供应业	万千瓦时		582457	2926804	729860	726281	3579	
电力、热力生产和供应业	万千瓦时		564102	2786049	711505	708481	3024	
燃气生产和供应业	万千瓦时		3787	30638	3787	3787		
水的生产和供应业	万千瓦时		14568	110117	14568	14013	556	
城市生活垃圾用于燃烧	**吨**	**431164**	**50**	**431164**	**431164**			
电力、热力、燃气及水生产和供应业	吨	431164	50	431164	431164			
电力、热力生产和供应业	吨	431164	50	431164	431164			
生物质废料用于燃烧	**吨**	**7246**	**15312**	**9810**	**15327**	**15327**		**7246**
制造业	吨		15312	9810	15327	15327		
农副食品加工业	吨		1036	649	1051	1051		
烟草制品业	吨		1084	1149	1084	1084		
化学原料和化学制品制造业	吨		40	41	40	40		
医药制造业	吨		9782	5849	9782	9782		
非金属矿物制品业	吨		3370	2123	3370	3370		
余热余压	**百万千焦**				**3139222**	**3139222**		
采矿业	百万千焦				568247	568247		
煤炭开采和洗选业	百万千焦				568247	568247		
制造业	百万千焦				2570974	2570974		
非金属矿物制品业	百万千焦				2570974	2570974		
其它燃料	**吨**				**207**	**180**	**27**	
制造业	吨				207	180	27	
橡胶和塑料制品业	吨				207	180	27	

8-30 规模以上工业企业分行业能耗情况

(2014 年)

行　　业	企业数	综合能源消费量（吨标准煤）	同比增速(%)
全　市	**2587**	**21122460**	**-6.79**
轻工业	572	1136513	1.28
重工业	2015	19985948	-7.21
采矿业	105	676783	-25.82
煤炭开采和洗选业	51	654818	-25.89
黑色金属矿采选业	2	1266	68.04
有色金属矿采选业	9	4808	0.08
非金属矿采选业	43	15890	-31.58
制造业	2440	11154791	-6.96
农副食品加工业	86	119484	-2.83
食品制造业	74	251229	13.01
酒、饮料和精制茶制造业	23	70315	-16.43
烟草制品业	2	12839	33.67
纺织业	26	39781	-13.54
纺织服装、服饰业	55	118494	35.41
皮革、毛皮、羽毛及其制品和制鞋业	3	518	-32.63
木材加工和木、竹、藤、棕、草制品业	17	3375	-23.66
家具制造业	24	5129	-24.71
造纸和纸制品业	93	329353	-5.27
印刷和记录媒介复制业	44	23185	-2.81
文教、工美、体育和娱乐用品制造业	18	13200	27.13
石油加工、炼焦和核燃料加工业	6	3096	-2.85
化学原料和化学制品制造业	160	720281	-17.69
医药制造业	37	73313	-11.86
化学纤维制造业	2	498	-9.39
橡胶和塑料制品业	73	62267	-13.11
非金属矿物制品业	862	4044554	-11.68
黑色金属冶炼和压延加工业	56	919903	22.28
有色金属冶炼和压延加工业	121	3624764	-6.65
金属制品业	87	140341	-6.21
通用设备制造业	115	90228	-33.45
专用设备制造业	221	143627	-14.77
汽车制造业	73	148592	15.43
铁路、船舶、航空航天和其他运输设备制造业	11	3849	-4.27
电气机械和器材制造业	95	35991	-4.43
计算机、通信和其他电子设备制造业	28	153465	4.47
仪器仪表制造业	22	1592	-9.07
其他制造业	4	420	6.21
废弃资源综合利用业	2	1107	0.65
电力、热力、燃气及水生产和供应业	42	9290886	-4.81
电力、热力生产和供应业	23	9267682	-4.83
燃气生产和供应业	14	5245	-5.60
水的生产和供应业	5	17959	10.53

主要统计指标解释

按照国家统计方法制度规定,1998 年独立核算工业统计范围由原乡及乡以上调整为全部国有及年销售收入 500 万元及以上非国有工业企业(即新口径)。2007 年起为规模以上工业企业,即年主营业务收入为 500 万元及以上的法人工业企业。2011 年起为年主营业务收入为 2000 万元及以上的法人工业企业。同时,统计分类中的原经济组织类型分组相应地调整为按企业登记注册类型分组。

工业 指从事自然资源的开采,对采掘品和农产品进行加工和再加工的物质生产部门。具体包括:1. 对自然资源的开采,如采矿、晒盐、森林采伐等(但不包括禽兽捕猎和水产捕捞);2. 对农副产品的加工、再加工,如粮油加工、食品加工、轧花、缫丝、纺织、制革等;3. 对采掘品的加工、再加工,如炼铁、炼钢、化工生产、石油加工、机器制造、木材加工等,以及电力、自来水、煤气的生产和供应等;4. 对工业品的修理、翻新,如机器设备的修理,交通运输工具(包括小卧车)的修理等。1984 年以前农村的村及村以下办工业归属农业,1984 年以后划归工业。

工业统计调查单位工业统计调查单位分为两类:独立核算法人工业企业和工业活动单位。

1. 独立核算法人工业企业是指从事工业生产经营活动的单位。独立核算法人工业企业应同时具备以下条件:(1)依法成立,有自己的名称、组织机构和场所,能够承担民事责任;(2)独立拥有和使用资产,承担负债,有权与其他单位签订合同;(3)独立核算盈亏,并能够编制资产负债表。

2. 工业活动单位是指在一个场所从事一种或主要从事一种工业生产活动的经济单位。它包括独立核算工业企业按主营业务活动(即工业生产活动)划分的主营业务活动单位和非工业企业所属的工业生产活动单位(即原非独立核算工业生产单位)。工业活动单位,一般应同时具备以下三个条件:(1)具有一个场所,从事一种或主要从事一种工业活动;(2)单独组织工业生产、经营或业务活动;(3)单独核算收入和支出。

轻工业 主要是指生产消费资料的工业部门。如:食品、纺织、皮革、造纸、日用化工、文教艺术体育用品工业等。

轻工业主要指提供生活消费品的工业部门,包括:①以农产品为原料的。如棉、毛、麻、丝的纺织及缝纫,皮革及其制品,纸浆及造纸,食品制造等工业;②以非农产品为原料的。如日用金属、日用化工、日用玻璃、日用陶瓷、化学纤维及其织品、火柴、生活用木制品等工业。轻工业产品大部门是生产消费品,一部分作为原料和半成品用于生产,如化学纤维、工业用布、纸张、盐等。

重工业 指为国民经济各部门提供物质技术基础的主要生产资料的工业。按其生产性质和产品用途,可以分为下列三类:1. 采掘(伐)工业,是指对自然资源的开采,包括石油开采、煤炭开采、金属矿开采、非金属矿开采和木材采伐等工业;2. 原材料工业,指向国民经济各部门提供基本材料、动力和燃料的工业。包括金属冶炼及加工、炼焦及焦炭化学、化工原料、水泥、人造板以及电力、石油和煤炭加工业等工业;3. 加工工业,是指对工业原材料进行再加工制造的工业。包括装备国民经济各部门的机械设备制造工业、金属结构、水泥制品等工业,以及为农业提供的生产资料如化肥、农药等工业。

根据上述划分原则,修理业中以重工业产品为修理作业对象的划为重工业,反之划为轻工业。

工业增加值 指工业行业在报告期内以货币表现的工业生产活动的最终成果。

成本费用利润率 指在一定时期内实现的利润与成本费用之比,是反映工业生产成本及费用投入的经济效益指标,同时也是反映降低成本的经济效益的指标。计算公式:工业成本费用

$$利润率(\%)=\frac{利润总额}{成本费用总额}\times 100\%$$

全员劳动生产率 指根据产品的价值量指标计算的平均每个职工在单位时间内的产品生产量。是考核企业经济活动的重要指标,是企业生产技术水平、经营管理水平、职工技术熟练程度和劳动积极性的综合表现。目前我国的全员劳动生产率是将工业企业的工业增加值除以同一时期全部职工的平均人数来计算的。计算公式:

$$全员劳动生产率=\frac{工业增加值}{全部职工平均人数}\times 100\%$$

总资产贡献率 该指标反映企业全部资产的获利能力,是企业经营业绩和管理水平的集中体现,是

评价和考核企业盈利能力的核心指标。计算公式为：

$$总资产贡献率=(利润总额+税金总额+利息支出)/平均资产总额\times\frac{12}{累计月数}$$

#税金总额为产品销售税金及附加与应交增值税之和；平均资产总额为期初期末资产总计的算术平均值。

资产负债率 该指标既反映企业经营风险的大小，也反映企业利用债权人提供的资金从事经营活动的能力。计算公式为：

资产负债率=负债总额/资产总额

产品销售率 该指标反映工业产品已实现销售的程度，是分析工业产销衔接情况、研究工业产品满足社会需求的指标。计算公式为：

产品销售率=工业销售产值/工业总产值(现价)

主营业务收入 指企业销售产品的销售收入和提供劳务等主要经营业务取得的业务收入总额。

主营业务成本 指企业销售产品和提供劳务等主要经营业务的实际成本。

营业费用 指企业在报告期内在产品销售和提供工业性劳务等主要经营业务过程中所发生的各项费用，包括运输费、装卸费、包装费、保险费、展览费、广告费，以及为销售本企业产品而专设的销售机构的职工工资、福利费、业务费等经常费用。

主营业务税金及附加指企业在报告期销售产品和提供工业性劳务等应负担的销售税金及附加，包括产品税、增值税、营业税、城市维护建设税、资源税和教育费附加。

利润总额 指企业在报告期内实现的利润，反映企业最终的财务成果。亏损以"—"表示，计算公式为：

利润总额=营业利润+投资收益+补贴收入+营业外收入-营业外支出+以前年度损益调整

利税总额 指企业产品销售税金及附加和利润总额之和。

总资产 指企业拥有或控制的全部资产。包括流动资产、长期投资、固定资产、无形及递延资产、其他资产等，即为企业资产负债表的资产总计项。

1. 流动资产指企业可以在一年内或者超过一年的一个生产周期内变现或耗用的资产合计。包括现金及各种存款、短期投资、应收及预付款项、存货等。

2. 固定资产指企业固定资产净值、固定资产清理、在建工程、待处理固定资产损失所占用的资金合计。

3. 无形资产指企业长期使用而没有实物形态的资产。包括专利权、非专利技术、商标权、著作权、土地使用权、商誉等。

总负债 指企业承担并需要偿还的全部债务。包括流动负债和长期负债等。即为企业资产负债表的负债合计项。

1. 流动负债指企业在一年内或者超过一年的一个营业周期内需要偿还的债务合计，其中包括短期借款、应付及预收款项、应付工资、应交税金和应交利润等。

2. 长期负债指企业在一年以上或者超过一年的一个生产周期以上需要偿还的债务合计，其中包括长期借款、应付债务、长期应付款项等。

所有者权益 指企业投资人对企业净资产的所有权。企业净资产等于企业全部资产减去全部负债后的余额，其中包括投资者对企业的最初投入，以及公积金、盈余公积金和未分配利润，对股份制企业即为股东权益。

从业人员平均人数 是指报告期内平均拥有的从业人员人数。

成本费用利润率 反映企业投入的生产成本及费用的经济效益，同时也反映企业降低成本所取得的经济效益。

流动资产周转次数 指一定时期内流动资产完成的周转次数，反映投入工业企业流动资金的周转速度。

应交增值税 指企业按税法规定，从事货物销售或提供加工、修理修配劳务等增加货物价值的活动本期应交纳的税金。计算公式为：

应交增值税=销项税额-(进项税额-进项税额转出)-出口抵减内销产品应纳税额-减免税款+出口退税

进项税额指工业企业在报告期内购入货物或接受应税劳务而支付的、准予从销项税额中抵扣的增值税额。

销项税额指工业企业在报告期内销售货物或提供应税劳务应收取的增值税额。

能源生产总量　指一定时期内，全国一次能源生产量的总和。该指标是观察全国能源生产水平、规模、构成和发展速度的总量指标。一次能源生产量包括原煤、原油、天然气、水电、核能及其他动力能（如风能、地热能等）发电量，不包括低热值燃料生产量、生物质能、太阳能等的利用和由一次能源加工转换而成的二次能源产量。

能源消费总量　指一定时期内，全国各行业和居民生活消费的各种能源的总和。该指标是观察能源消费水平、构成和增长速度的总量指标。能源消费总量包括原煤和原油及其制品、天然气、电力，不包括低热值燃料、生物质能和太阳能等的利用。能源消费总量分为终端能源消费量、能源加工转换损失量和能源损失量三部分。

九、建　筑　业

9-1 建筑业生产情况

（2014 年）

指　　标	合　计	内资企业	国有企业	集体企业	港、澳、台商投资企业	外商投资企业
建筑业企业个数（个）	1438	1430	15	20	4	4
签订的合同额（千元）	510464603	509844245	24636651	1761883	596867	23491
上年结转合同额	203440154	202853711	9836865	641070	586443	
本年新签合同额	307024449	306990534	14799786	1120813	10424	23491
承包工程完成情况（千元）						
直接从建设单位承揽工程完成的产值	270066908	269940464	10026840	1240712	77993	48451
自行完成施工产值	269483837	269357393	9749538	1240712	77993	48451
分包出去工程的产值	583071	583071	277302			
从建设单位以外承揽工程完成的产值	1843300	1843300	370076			
建筑业总产值（千元）	271327137	271200693	10119614	1240712	77993	48451
#装饰装修产值	14135072	14090836		14200	7	44229
建筑工程产值	237484537	237363718	6288668	818904	72413	48406
安装工程产值	25467335	25461755	3611421	330807	5580	
其他产值	8379582	8379537	219525	91001		45
建筑业竣工产值（千元）	116931766	116880793	2767640	609962	4851	46122
从事主营业务活动的从业人员平均人数（人）	505720	505374	18943	5705	177	169
年末从业人数	554858	554480	18065	6002	222	156
#工程技术人员	117165	117019	14465	4845	87	42
全员劳动生产率按总产值计算（元/人）	536517	536634	534214	217478	440638	286692
房屋建筑施工面积（平方米）	177515920	177423385	238481	616878	92535	
#本年新开工面积	71682797	71682797	115419	297941		
#实行投标承包面积	148055143	148055143	223702	597191		
#本年新开工	60474764	60474764	100640	297941		
房屋建筑竣工面积（平方米）	52402309	52402309	48648	145534		
房屋竣工率（%）	29.52	29.54	20.40	23.59		
招投标率按房屋施工面积计算（%）	83.40	83.45	93.80	96.81		
年末自有施工机械设备（净值）（千元）	5938290	5937439	482689	53681		851
年末自有施工机械设备（总台数）（台）	151907	151897	9921	1601		10
年末自有施工机械设备（总功率）（千瓦）	4684831	4684431	246108	28740		400
技术装备率（元/人）	11742	11749	25481	9409		5036
动力装备率（千瓦/人）	9.3	9.3	13.0	5.0		2.4

9-1 续表

指　　标	合　计	房屋建筑业	土木工程建筑业	建筑安装业	建筑装饰和其他建筑业	建筑装饰业	其他建筑业
建筑业企业个数(个)	1438	298	283	282	575	404	143
签订的合同额(千元)	510464603	280222915	160142099	40919234	29180355	22526991	4993832
上年结转合同额	203440154	122906062	66456998	9927695	4149399	2206390	1404750
本年新签合同额	307024449	157316853	93685101	30991539	25030956	20320601	3589082
承包工程完成情况(千元)							
直接从建设单位承揽工程完成的产值	270066908	139400855	90562972	21668315	18434766	13355431	4003941
自行完成施工产值	269483837	139302205	90524302	21255639	18401691	13354734	3971593
分包出去工程的产值	583071	98650	38670	412676	33075	697	32348
从建设单位以外承揽工程完成的产值	1843300	264685	830357	522107	226151	91313	130129
建筑业总产值(千元)	271327137	139566890	91354659	21777746	18627842	13446047	4101722
#装饰装修产值	14135072	3192537	373602	2079171	8489762	8383151	106611
建筑工程产值	237484537	129063960	84965318	10161061	13294198	9938217	2339371
安装工程产值	25467335	7005785	4912053	10753155	2796342	1488633	1306984
其他产值	8379582	3497145	1477288	867847	2537302	2019197	455367
建筑业竣工产值(千元)	116931766	71580165	28267215	10045324	7039062	4669592	1847503
从事主营业务活动的人业人员平均人数(人)	505720	293313	112138	49175	51094	37005	11933
年末从业人数	554858	339926	111311	50697	52928	38247	12158
#工程技术人员	117165	60051	32942	13050	11122	6365	4289
全员劳动生产率按总产值计算(元/人)	536517	475829	814663	442862	364580	363358	343729
房屋建筑施工面积(平方米)	177515920	165154506	2272067	5539494	4549853	3896994	159432
#本年新开工面积	71682797	64900848	1330263	2334351	3117335	2887848	22155
#实行投标承包面积	148055143	142928915	1845214	3183724	97290		97290
#本年新开工	60474764	58235347	1075280	1164137			
房屋建筑竣工面积(平方米)	52402309	49562410	935076	1758740	146083		137440
房屋竣工率(%)	29.52	30.01	41.16	31.75	3.21		86.21
招投标率按房屋施工施工面积计算(%)	83.40	86.54	81.21	57.47	2.14		61.02
年末自有施工机械设备(净值)(千元)	5938290	2407555	2543434	635618	351683	141279	175579
年末自有施工机械设备(总台数)(台)	151907	78154	41215	18146	14392	10214	3978
年末自有施工机械设备(总功率)(千瓦)	4684831	2183908	1820692	503750	176481	74700	87447
技术装备率(元/人)	11742	8208	22681	12926	6883	3818	14714
动力装备率(千瓦/人)	9.3	7.4	16.2	10.2	3.5	2.0	7.3

9-2 建筑业主要经济指标

（2014 年）

单位：千元

指　　标	合　计	内资企业			港澳台投资企业	外商投资企业
			国有	集体		
年初存货	**42636780**	**42616806**	**3319220**	**76462**	**16389**	**3585**
年末资产负债						
流动资产合计	188515162	186971780	11261755	509686	1403894	139488
应收工程款	44756210	44710838	2277756	221157	32244	13128
#存货	43832201	43709234	3381842	72172	108566	14401
固定资产合计	19347335	19324669	1401658	122505	18067	4599
固定资产减值准备	56745	56745				
固定资产原价	27631937	27593571	2622014	192442	20734	17632
累计折旧	11846362	11828424	1404544	72203	2670	15268
#本年折旧	1768193	1766991	188538	5915	440	762
在建工程	2008743	2006508	73144	937		2235
资产合计	225769949	224156292	12859703	646278	1465049	148608
流动负债合计	142969361	141530576	10277398	341307	1411519	27266
应付账款	54726133	54714291	3970257	139111	9542	2300
非流动负债合计	7590045	7589145	137690	899	900	
负债合计	154919074	153478180	10415089	343806	1412419	28475
所有者权益合计	70850875	70678112	2444614	302472	52630	120133
#实收资本	41237787	41126330	1247011	214656	34880	76577
#国家资本	6420109	6420109	612951	35000		
#集体资本	921125	921125		151326		
#法人资本	12728553	12636688	634060	23330	21880	69985
#个人资本	21153906	21148406		5000	4500	1000
#港澳台资本	8501	1			8500	
#外商资本	5593	1				5592
损益及分配						
营业收入	261699892	261499150	11900000	953588	151189	49553
主营业务收入	259916022	259717928	11828729	947521	149950	48144
营业成本	233671074	233495786	11078749	781794	133579	41709
主营业务成本	230640373	230465085	10971060	778212	133579	41709
营业税金及附加	8268011	8261711	275715	28959	4501	1799
主营业务税金及附加	8125716	8119416	273128	28872	4501	1799
其他业务利润	262391	259743	7052	1881	1239	1409
销售费用	731726	729760	1	2556		1966
管理费用	8227429	8218150	690227	117481	4008	5271
#税金	359590	359015	16827	42027	273	302
财务费用	1953124	1952912	200507	50	220	-8
#利息收入	875178	874760	48697	-864	424	-6
#利息支出	1923312	1914426	206739	430	8886	
资产减值损失	313838	313838	4170			
公允价值变动收益	2137	2137				
投资收益	577541	577541	1725	1542		
营业利润	8630823	8623126	-347730	10719	8881	-1184
营业外收入	193471	193155	37684	156		316
补贴收入	40342	40342	2855			
营业外支出	105648	105373	18318	1333		275
利润总额	9098696	9090958	-328280	11084	8881	-1143
应交所得税	2462782	2462214	69961	13050	455	113
应付职工薪酬（本年贷方累计发生额）	23119956	23108994	1149142	165240	5893	5069
建筑业企业在境外完成的营业收入	4012416	4012416	509122			
建筑业增加值	43653931	43627195	1279905	252773	19988	6748
利税总额	17726297	17711684	-35738	82070	13655	958
亏损企业个数	172	169	4	3	1	2
亏损金额	-727242	-725826	-463403	-30713	-2	-1414

9-2 续表 单位:千元

指　标	合　计	房屋建筑业	土木工程建筑业	建筑安装业	建筑装饰和其他建筑业	建筑装饰业	其他建筑业
年初存货	**42636780**	**15953698**	**20252658**	**3376774**	**3053650**	**1388641**	**706735**
年末资产负债							
流动资产合计	188515162	75153113	80404855	18144748	14812446	9251040	3554563
应收工程款	44756210	18385019	17238343	5224097	3908751	2399592	1034987
#存货	43832201	16383881	21070174	3808623	2569523	1400693	689447
固定资产合计	19347335	7284649	7979901	2074385	2008400	1090499	724138
固定资产减值准备	56745	14175	9567	31149	1854	774	1080
固定资产原价	27631937	8680737	13773064	2938386	2239750	1145634	902525
累计折旧	11846362	2508500	7221944	1324805	791113	398820	289514
#本年折旧	1768193	602528	738773	293415	133477	63999	53074
在建工程	2008743	742176	759326	199614	307627	241649	42012
资产合计	225769949	94869430	90928752	21770924	18200843	11275939	4700157
流动负债合计	142969361	56376435	65767439	13428818	7396669	4463521	1572243
应付账款	54726133	20815180	24879147	5681811	3349995	2269506	612366
非流动负债合计	7590045	3435384	3698294	319766	136601	78939	30793
负债合计	154919074	63066514	69823317	14003500	8025743	4884802	1740892
所有者权益合计	70850875	31802916	21105435	7767424	10175100	6391137	2959265
#实收资本	41237787	17230899	12669031	5116873	6220984	3794342	1918048
#国家资本	6420109	919067	4715602	519967	265473	42603	36070
#集体资本	921125	513650	254295	96306	56874	13620	43254
#法人资本	12728553	5917947	3319149	1833762	1657695	1015353	567304
#个人资本	21153906	9880235	4376393	2665336	4231942	2713766	1271420
#港澳台资本	8501			1501	7000	7000	
#外商资本	5593		3592	1	2000	2000	
损益及分配							
营业收入	261699892	122240132	94981093	24929243	19549424	13799623	4088957
主营业务收入	259916022	121691704	94379988	24602582	19241748	13640829	3942761
营业成本	233671074	110669232	85417337	21608506	15975999	11185386	3280302
主营业务成本	230640373	108809409	84968750	21112557	15749657	11072368	3166978
营业税金及附加	8268011	4085942	2917671	622992	641406	472300	116989
主营业务税金及附加	8125716	3991878	2899355	609000	625483	460198	113170
其他业务利润	262391	73536	89229	48706	50920	38691	9543
销售费用	731726	143126	155128	222910	210562	126989	72311
管理费用	8227429	2289640	3614531	1334655	988603	597093	325180
#税金	359590	133030	127926	56972	41662	29042	11656
财务费用	1953124	734519	970924	135042	112639	76272	34015
#利息收入	875178	485848	345073	38614	5643	3270	1573
#利息支出	1923312	1010382	719878	118409	74643	45402	26241
资产减值损失	313838	135594	99082	61704	17458	12162	5296
公允价值变动收益	2137	−700		2094	743		743
投资收益	577541	565115	2264	9844	318	296	22
营业利润	8630823	4357601	1789719	876546	1606957	1307462	277876
营业外收入	193471	32100	116300	29803	15268	6705	8416
补贴收入	40342	7144	24021	2216	6961	461	6500
营业外支出	105648	18644	55171	14423	17410	2950	14315
利润总额	9098696	4720501	1878858	895768	1603569	1307976	276083
应交所得税	2462782	1315685	596747	226316	324034	252092	60942
应付职工薪酬(本年贷方累计发生额)	23119956	13983720	5410829	2370311	1355096	906038	358228
建筑业企业在境外完成的营业收入	4012416	533216	2499515	878262	101423	82113	13460
建筑业增加值	43653931	24496371	11078514	4255321	3762675	2766739	814004
利税总额	17726297	8939473	4924455	1575732	2286637	1809318	404728
亏损企业个数	172	29	40	34	69	45	19
亏损金额	−727242	−88672	−515460	−79039	−44071	−20851	−11889

9-3　劳务分包建筑企业生产经营情况

（2014 年）

单位：千元、人

指标名称	总计	内资企业	私营企业
企业个数	302	302	206
建筑业总产值	1745234	1745234	1191807
#装饰装修产值（千元）	87034	87034	60675
从业人员期末人数	25659	25659	19499
#工程技术人员	2624	2624	1973
#现场施工工人	17406	17406	13871
从事主营业务活动的从业人员平均人数	26314	26314	21950
资产负债			
固定资产原价	153928	153928	93397
本年折旧	21494	21494	13025
资产总计	1583313	1583313	1094779
负债合计	708547	708547	484686
实收资本	552412	552412	391804
损益及分配			
营业收入合计	1731863	1731863	1180036
#主营业务收入（工程结算收入）	1716173	1716173	1166596
营业成本	1405118	1405118	971702
主营业务成本（工程结算成本）	1374715	1374715	942246
营业税金及附加	64727	64727	43491
主营业务税金及附加（工程结算税金及附加）	61503	61503	40380
销售费用	10312	10312	6963
管理费用	122825	122825	81432
#税金	6062	6062	2903
财务费用	2726	2726	2626
营业利润	144864	144864	81676
利润总额	129090	129090	79707
应付职工薪酬	708943	708943	512919

9-4 建筑业企业房屋建筑工程完成情况

(2014 年)

单位:万平方米

指　　标	房屋建筑竣工面积	
	2013 年	2014 年
合计	**4095.82**	**5240.23**
住宅房屋	2563.91	3585.28
商业及服务用房屋	165.63	230.54
商厦房屋(批发和零售用房)	65.64	94.64
宾馆用房屋(住宿用房)	4.93	20.82
餐饮用房屋(餐饮用房)	1.62	0.38
商务会展用房屋	29.35	4.69
其他商业及服务用房屋(居民服务业用房)	64.10	110.00
办公用房屋	360.16	452.00
科研、教育、医疗用房屋	341.80	320.13
科学研究用房屋	44.66	28.92
教育用房屋	217.22	221.16
医疗用房屋(卫生医疗用房)	79.92	70.05
文化、体育、娱乐用房屋	17.69	13.04
厂房及建筑物	546.63	499.81
厂房	255.62	178.56
仓库	25.68	69.86
其他未列明的房屋建筑物	74.32	69.58

9-5 各县(市)区建筑业企业个数

(2014 年)

县(市)区	企业个数(个)	国有控股	集体控股	年末从业人数(人)	直接从事生产经营活动的平均人数	国有控股	集体控股
郑州市	**1438**	**59**	**37**	**554858**	**505720**	**74055**	**12978**
中原区	135	10	5	81000	79986	15466	2225
二七区	127	9	5	41139	41474	10353	975
管城区	97	5	1	22440	21572	5882	566
金水区	570	17	5	179394	138166	26756	3362
上街区	28	2	1	5447	5044	1171	49
惠济区	54	1	1	47052	45126	460	180
中牟县	27	3	1	18388	17277	1880	226
巩义市	22		1	7731	7196		826
荥阳市	26	1	1	25382	24036	97	97
新密市	38		3	22164	21425		642
新郑市	32		8	11879	11404		2298
登封市	24	1	4	5580	5810	16	1440
经开区	85	5		32396	31700	4586	
高新区	75	3		26578	26731	7142	
郑东新区	95	2	1	26675	27238	246	92
航空港实验区	3			1613	1535		

9-6 各县(市)区建筑业合同及承包工程完成情况

(2014 年)

单位:千元

县(市)区	签订的合同额	上年结转合同额	本年新签合同额	直接从建设单位承揽工程完成的产值	自行完成施工产值	分包出去工程的产值	从建设单位以外承揽工程完成的产值
郑州市	**510464603**	**203440154**	**307024449**	**270066908**	**269483837**	**583071**	**1843300**
中原区	52137064	18156424	33980640	27317382	27301362	16020	365752
二七区	49996624	22893749	27102875	24605267	24594164	11103	320945
管城区	28749464	16946193	11803271	14648236	14638002	10234	71309
金水区	200536799	81849412	118687387	100408935	100220168	188767	135644
上街区	6410392	1074164	5336228	2907142	2907138	4	4086
惠济区	17893419	7495493	10397926	10431513	10418993	12520	21920
中牟县	13040271	6141125	6899146	4793567	4788567	5000	30544
巩义市	2960201	923260	2036941	1811310	1811310		58765
荥阳市	13272717	5227860	8044857	5852967	5847531	5436	11979
新密市	6531162	2066769	4464393	4485671	4468477	17194	117005
新郑市	4012578	1488364	2524214	3273482	3273452	30	
登封市	2467816	783884	1683932	1686941	1686675	266	
经开区	53229661	10076519	43153142	39952586	39951558	1028	154856
高新区	44637519	22892233	21745286	18016007	17740314	275693	375329
郑东新区	13944418	5215885	8728533	9364037	9324261	39776	175166
航空港实验区	644498	208820	435678	511865	511865		

9-7 各县(市)区企业总产值

(2014 年)

单位:千元

县(市)区	建筑业总产值	国有控股	集体控股	建筑工程产 值	国有控股	集体控股
郑州市	**271327137**	**50936026**	**9642445**	**237484537**	**40808036**	**8440232**
中原区	27667114	8664906	471641	21870530	5915011	384300
二七区	24915109	11097071	204750	22760605	10616974	125750
管城区	14709311	2313390	28602	13059606	2302665	28602
金水区	100355812	14983218	7334996	87496590	12640992	6719161
上街区	2911224	780985	12365	2231073	673125	
惠济区	10440913	131710	12666	9292832		12666
中牟县	4819111	1536563	173679	2971125	82473	
巩义市	1870075		102610	1682758		102610
荥阳市	5859510	33790	7810	5705924		7510
新密市	4585482		39039	4004475		28246
新郑市	3273452		762594	2954161		558097
登封市	1686675	4391	477643	1373707		467340
经开区	40106414	4207847		38910739	4159809	
高新区	18115643	6785813		14039925	4059464	
郑东新区	9499427	396342	14050	8626226	357523	5950
航空港实验区	511865			504261		

9-8　各县(市)区建筑业竣工产值

(2014 年)　　单位:千元

县(市)区	竣工产值	国有控股	集体控股
郑州市	**116931766**	**16174976**	**6109146**
中原区	11032662	2780230	332284
二七区	8588493	3274143	82540
管城区	6014461	85221	46000
金水区	49295985	6278688	4676761
上街区	1440705		
惠济区	6662846	130972	
中牟县	1655215	6908	173679
巩义市	1129133		52590
荥阳市	2999467		7510
新密市	3090049		35746
新郑市	2574088		424855
登封市	831168	4657	263131
经开区	2585449	677290	
高新区	12671101	2579344	
郑东新区	5869064	357523	14050
航空港实验区	491880		

9-9　各县(市)区建筑业全员劳动生产率

(2014 年)　　单位:元/人

县(市)区	按总产值计算全员劳动生产率	国有控股	集体控股
郑州市	**536517**	**687813**	**742984**
中原区	345899	560255	211973
二七区	600740	1071870	210000
管城区	681871	393300	50534
金水区	726342	559995	2181736
上街区	577166	666939	252347
惠济区	231372	286326	70367
中牟县	278932	817321	768491
巩义市	259877		124225
荥阳市	243781	348351	80515
新密市	214025		60808
新郑市	287044		331851
登封市	290306	274438	331697
经开区	1265187	917542	
高新区	677702	950128	
郑东新区	348756	1611146	
航空港实验区	333463		

9-10 各县(市)区建筑业施工、竣工面积

(2014年)

单位:平方米

县(市)区	施工面积	国有控股	集体控股	竣工面积	国有控股	集体控股
郑州市	**177515920**	**15040635**	**8192882**	**52402309**	**1878373**	**3037447**
中原区	31560039	3383921	247613	5436971	245644	
二七区	6250784	557743	144216	2371268	239730	14304
管城区	13076554	108011	89900	3307807	97614	55600
金水区	78919625	7325639	6731880	25133817	563344	2520207
上街区	2359361	394654		773343		
惠济区	17867914			4977733		
中牟县	2183871			1061531		
巩义市	1798334		207238	630921		16042
荥阳市	6563992		5841	1990016		5841
新密市	3421557			1649241		
新郑市	1723157		516145	690599		197177
登封市	1515699		242739	546812		225426
经开区	3333062	2663769		1074579	622071	
高新区	2046218	606898		650073	109970	
郑东新区	4499018		7310	1792173		2850
航空港实验区	396735			315425		

9-11 各县(市)区建筑业自有机械设备情况

(2014年底)

单位:千瓦、千元

县(市)区	总功率	国有控股	集体控股	设备净值	国有控股	集体控股
郑州市	**4684831**	**851562**	**44956**	**5938290**	**1414672**	**105495**
中原区	277656	107914	3047	564694	254598	10395
二七区	344595	158063	4880	710939	254810	8219
管城区	337757	33586		369373	17402	
金水区	1939982	269327	9597	1627130	411974	33010
上街区	47868	24329	2	63872	20311	81
惠济区	268469	575		219491	2804	
中牟县	192881	115074	100	258230	93718	51
巩义市	21857			83193		
荥阳市	39735			109603		
新密市	66057		900	167739		1840
新郑市	37533		15962	78507		8211
登封市	25589		8668	66464		34738
经开区	644114	45652		766812	130135	
高新区	349159	92402		559968	221938	
郑东新区	91579	4640	1800	292275	6982	8950

9-12 各县(市)区建筑业实收资本及资产合计

(2014 年)

单位:千元

县(市)区	实收资本	国有控股	集体控股	资产合计	国有控股	集体控股
郑州市	**41237787**	**5837070**	**715799**	**225769949**	**60705794**	**2168569**
中原区	3611373	1255639	127277	18645928	10141007	402945
二七区	3736275	1441557	40040	23101522	11760437	172734
管城区	2021711	283490	20050	13296586	4506481	51660
金水区	15118599	1759157	68000	80694137	18422892	372370
上街区	582372	194836	4000	3290821	1427441	13734
惠济区	1950584	58800	5000	5999534	441408	17910
中牟县	869284	38186	8236	4822497	3240632	104294
巩义市	914693		23660	1970639		176575
荥阳市	989743	2407	6060	3325395	17312	8155
新密市	842042		21200	3691341		108651
新郑市	1037776		148429	4110487		342124
登封市	332975	24000	79007	793459	28469	168978
经开区	4062952	411000		34627555	3859097	
高新区	2157324	302160		17978342	6500167	
郑东新区	2890484	65838	188500	8742552	360451	405014
航空港实验区	119600			679154		

9-13 各县(市)区建筑业流动资产及固定资产

(2014 年)

单位:千元

县(市)区	流动资产合计	国有控股	集体控股	固定资产合计	国有控股	集体控股
郑州市	**188515162**	**54551569**	**1609956**	**19347335**	**3601313**	**616625**
中原区	14877527	8826626	311608	1943062	890387	67023
二七区	20470727	10769886	136507	1674122	606701	34822
管城区	10718542	4096213	16680	1061311	305765	34980
金水区	65529857	16297599	348953	5941040	896447	20709
上街区	2956910	1245589	12381	192470	113527	1353
惠济区	4367534	379485	14150	859685	38138	3760
中牟县	4333279	3130989	101940	363397	95353	2311
巩义市	1403881		137413	325730		32907
荥阳市	2685803	12002	3892	483236	5199	4263
新密市	2959864		93296	380573		15355
新郑市	3631899		274005	426158		59540
登封市	584581	19849	122800	143277	7571	43438
经开区	31046655	3473117		2473895	258298	
高新区	15649609	5993727		1623355	344070	
郑东新区	6717304	306487	36331	1420992	39857	296164
航空港实验区	581190			35032		

9-14 各县(市)区建筑业工程结算收入及负债合计

(2014 年)

单位:千元

县(市)区	负债合计	国有控股	集体控股	工程结算收入	国有控股	集体控股
郑州市	**154919074**	**50200329**	**1372421**	**259916022**	**61709184**	**2737445**
中原区	11545628	6954108	240686	27133131	10302318	428125
二七区	17685262	9831578	73395	26060318	11711709	225680
管城区	9880820	4139629	28540	12843615	2638535	28602
金水区	53470515	15265058	268337	87407634	19951318	372963
上街区	2260858	1180780	9094	3534606	1433445	13329
惠济区	2773504	296735	315	9771536	287959	12666
中牟县	3587377	3065039	87940	4134572	1901516	173679
巩义市	821704		122845	2052771		275470
荥阳市	1545108	14224	2095	5970234	24172	7810
新密市	2156994		71921	4014395		68768
新郑市	2171415		142581	3256896		701278
登封市	349633	1649	115920	1212185	4597	354081
经开区	28395001	3361765		39215880	4223255	
高新区	14141829	5819806		22872347	8836416	
郑东新区	3635483	269958	208752	9990730	393944	74994
航空港实验区	497943			445172		

9-15 各县(市)区建筑业利润、利税总额

(2014 年)

单位:千元

县(市)区	利润总额	国有控股	集体控股	利税总额	国有控股	集体控股
郑州市	**9098696**	**809499**	**63993**	**17726297**	**2584383**	**202679**
中原区	798876	352761	17411	1584398	550495	33345
二七区	558884	262805	-1642	1390766	598735	6566
管城区	529945	58083	187	946642	143748	1989
金水区	4030477	312903	12260	7103422	993383	24525
上街区	189877	48531	287	272726	61267	796
惠济区	465760	51441	1012	830711	61810	1440
中牟县	-352103	-446534	9128	-212215	-421077	56184
巩义市	182500		4345	264783		13974
荥阳市	262488	-33	1208	478669	799	1604
新密市	253535		4296	381554		6782
新郑市	248475		22473	359408		45444
登封市	66135	1563	-7510	122902	1709	8187
经开区	746949	34370		1983104	177828	
高新区	408176	129863		1131623	397929	
郑东新区	689037	3746	538	1054240	17757	1843
航空港实验区	19685			33564		

主要统计指标解释

建筑业统计单位　指从事房屋、构筑物建造和设备安装活动的法人企业。建筑业法人企业应同时具备的条件是:①依法成立,有自己的名称、组织机构和场所,能够承担民事责任;②独立拥有和使用资产,承担负债,有权与其他单位签订合同;③独立核算盈亏,能够编制资产负债表。

建筑业总产值(即自行完成施工产值)　是以货币表现的建筑安装企业在一定时期内生产的建筑业产品的总和。建筑业总产值包括:

(1)建筑工程产值:指列入建筑工程预算内的各种工程价值。

(2)设备安装工程产值:指设备安装工程价值,不包括被安装设备本身价值。

(3)房屋、构筑物修理产值:指房屋、构筑物修理所完成的价值,但不包括被修理房屋、构筑物本身的价值和生产设备的修理价值。

(4)非标准设备制造产值:指加工制造没有定型的、非标准的生产设备的加工费和原材料价值,以及附属加工厂为本企业承建工程制作的非标准设备的价值。

建筑业增加值　指建筑业企业在报告期内以货币表现的建筑业生产经营活动的最终成果。目前建筑业增加值采用分配法(收入法)计算,即从收入的角度出发,根据生产要素在生产过程中应得的收入份额计算。具体计算公式为:

建筑业增加值=本年提取的固定资产折旧+应付工资+应付福利费+管理费用中的劳动待业保险金、税金+工程结算税金及附加+工程结算利润

房屋建筑施工面积　指在报告期内施工的全部房屋建筑面积,包括本期新开工的房屋面积、上期施工跨入本期继续施工的房屋面积、上期停缓建在本期恢复施工的房屋面积、本期竣工的房屋面积及本期施工后又停缓建的房屋面积。

房屋建筑竣工面积　指在报告期内房屋建筑按照设计要求全部完工,达到了住人和使用条件,经验收鉴定合格,正式移交使用单位的房屋建筑面积。

自有机械设备年末总台数　指归本企业所有,属于本企业固定资产的生产性机械设备年末总台数。包括施工机械、生产设备、运输设备以及其他设备。

自有机械设备年末总功率　指本企业自有施工机械、生产设备、运输设备以及其他设备等列为在册固定资产的生产性机械设备年末总功率,按设定能力或查定能力计算。包括机械本身的动力和为该机械服务的单独动力设备,如电动机等。计算单位用千瓦,动力换算可按 1 马力=0.735 千瓦折合成千瓦数。电焊机、变压器、锅炉不计算动力。

工程结算收入　指企业承包工程实现的工程价款结算收入,以及向发包单位收取的除工程价款以外的按规定列作营业收入的各种款项,如临时设施费、劳动保险费、施工机械调迁费等以及向发包单位收取的各种索赔款。

工程结算利润　指已结算工程实现的利润,如亏损以"-"号表示。计算公式为:

工程结算利润=工程结算收入-工程结算成本-工程结算税金及附加

企业总收入　指与企业生产经营直接有关的各项收入,包括工程结算收入和其他业务收入。计算公式为:

企业总收入=工程结算收入+其他业务收入

十、交通运输、邮电通讯

10-1 公路里程、桥梁、涵洞年报

(2014 年)

指标	单位	合计	干线	#国道	#省道	县道	乡道	专用道	村道
公路里程合计	**公里**	**12209**	**797**	**260**	**537**	**995**	**3945**	**214**	**6258**
高速公路									
一级公路	公里	185	185	137	48				
二级公路	公里	1804	546	123	423	713	429	13	102
三级公路	公里	1648	55		55	190	1051	161	191
四级公路	公里	7315	12		12	86	2359	37	4821
等外公路	公里	1257				6	105	3	1143
按路面等级分									
有铺装路面里程合计	公里	8713	709	250	459	894	2944	149	4017
沥青混凝土	公里	3033	702	250	453	800	1079	74	378
水泥混凝土	公里	5680	7		7	94	1866	75	3639
简易铺装路面里程	公里	2216	85	10	74	96	882	61	1092
未铺装路面里程	公里	1280	4		4	6	119	3	1149
可绿化里程	**公里**	**11215**	**733**	**258**	**475**	**993**	**3900**	**210**	**5378**
绿化里程	**公里**	**6073**	**669**	**255**	**414**	**964**	**2647**	**189**	**1604**
养护里程	**公里**	**11547**	**797**	**260**	**537**	**995**	**3923**	**210**	**5622**
涵洞									
	道	5680	761	264	497	947	2602	167	1203
	米	59729	19561	7876	11685	12535	19154	1545	6935
公路桥梁合计	**座**	**1056**	**205**	**64**	**141**	**171**	**384**	**20**	**276**
	延米	44125	15767	7321	8446	7396	12936	514	7512
#危桥	座	115	13	3	10	8	49		45
	延米	3581	809	201	607	390	1203		1180
互通式立交桥	座	2	2	1	1				
	延米	1313	1313	1203	110				
按建筑材料和使用性质分									
永久性	座	1055	205	64	141	171	384	20	275
	延米	44112	15767	7321	8446	7396	12936	514	7499
半永久性	座	1							1
	延米	13							13
按跨径分									
特大桥	座	1	1	1					
	延米	1203	1203	1203					
大桥	座	71	32	14	18	13	19		7
	延米	15113	8840	4121	4720	2669	2927		676
中桥	座	301	72	26	46	67	103	2	57
	延米	15543	4085	1570	2515	3132	5159	133	3034
小桥	座	683	100	23	77	91	262	18	212
	延米	12266	1639	427	1211	1595	4850	381	3802

10-2 民用车辆拥有量

（2014 年）

单位:辆

指　　标	总　计	营运	非营运	校车	进口	个人	新注册	报废
合　计	**2918600**	**373771**	**2543990**	**839**	**115324**	**2505910**	**398672**	**133244**
汽车	2185803	221858	1963106	839	112619	1933038	392882	87020
载客汽车	1895075	31669	1862567	839	111894	1721013	374081	20966
#大型	22018	15783	5584	651	252	1059	2521	6347
中型	10693	2004	8502	187	455	4353	653	3608
小型	1794708	13780	1780927	1	111025	1655787	369085	8482
微型	67656	102	67554		162	59814	1822	2529
#轿车	1180165	13672	1166493		43120	1098474	232070	4634
载货汽车	192737	135212	57525		719	116035	18775	51682
#重型	47744	44749	2995		157	20676	5224	19860
中型	19965	18193	1772		12	13153	506	7466
轻型	112377	70756	41621		550	71182	13045	13974
微型	12651	1514	11137			11024		10382
#普通载货	71977	42550	29427		324	52818	7532	24652
其它汽车	97991	54977	43014		6	95990	26	14372
#三轮汽车	69083	35121	33962		4	68063	23	10984
低速货车	28908	19856	9052		2	27927	3	3388
摩托车	**567410**	**951**	**566459**		**1853**	**560468**	**2182**	**42200**
普通	549601	942	548659		1840	542774	2182	34008
轻便	17809	9	17800		13	17694		8192
拖拉机	**128927**	**125576**	**3351**			**16**		**6**
挂车	**14825**	**13712**	**1113**		**49**	**3556**	**1269**	**2504**
其他类型车	21635	11674	9961		803	8832	2339	1514

补充资料:1. 机动车驾驶员 2773049 人,其中:汽车驾驶员 2696751 人;2. 数据来源:郑州市公安局。

10-3 邮电通信行业基本情况

（2014 年）

指　　标	计量单位	本年实际	指　　标	计量单位	本年实际
邮政业网点及邮递线路			#期刊数	万份	877
营业网点	处	247	国定本地电话通话时长	万分钟	70365
#邮政局所	处	247	国定长途电话通话时长	万分钟	40110
邮政信筒信箱	个	606	移动电话通话时长合计	万分钟	5769241
邮路条数	条	128	#去话通话时长	万分钟	899446
邮路总长度	公里	33402	非漫游	万分钟	1407253
#汽车邮路	公里	62934	国内漫游	万分钟	153672
铁路邮路	公里	3508	国际及港澳台漫游	万分钟	116
航空邮路	公里	54050	移动短信业务量	亿条	43
农村投递线路总长度	公里	16990	移动电话年末用户	户	13103845
城市投递线路总长度	公里	11612	#3G 移动电话用户	户	5048416
通信业务量			本年移动电话新增用户	户	4318374
邮电业务总量（2010 年不变价）	万元	2136185	固定本地电话年末用户	户	2250996
邮政业务总量	万元	399908	#公用电话用户	户	251744
电信业务总量	万元	1736277	城市电话用户	户	1784248
函件	万件	5545	#住宅电话用户	户	845113
包裹	万件	76	农村电话用户	户	466748
汇票	万笔	79	#住宅电话用户	户	346786
快递	万件	16194	互联网接入用户数	户	2078391
#国内同城快递	万件	3313	#互联网宽带接入用户	户	1976853
国内异地快递	万件	12566	**电信主要通信能力**		
国际及港澳台快递	万件	314	光缆线路长度	公里	92923
快递业务收入	万元	232627	固定长途电话交换机容量	万门	14
订销报刊期发数	万份	104	局用电话交换机容量	万门	121
#期刊数	万份	44	移动电话交换机容量	万门	1931
订销报刊累计数	万份	13841	移动电话基站	万个	2

10-4 社会客货运输量

(2014 年)

指　　标	单位	总　计	铁路	航空	公路	天然气管道
货运量	万吨	22802	3018	10	19709	65
货运周转量	万吨公里	5370174	1999359	47139	3323611	65
客运量	万人	18413	4134	440	13839	
客运周转量	万人公里	2748823	1301635	611657	835531	
换算周转量	万吨公里	6799366	3300994	91143	3407164	65

注:1. 天然气管道外购量:92855 万立方;

2. 换算货运量周转量 65.0 万吨;

3. 换算比例 0.7 千克。

4. 2014 年 6 月开始郑州市交通委使用交通部新的公路运输统计报表制度,货运量、货运周转量、客运量、客运周转量数据有较大的变动。

5. 2014 年 6 月开始航空货运量、货运周转量新增了国泰航空有限公司郑州代表处、美国 UPS 联合包裹航空公司郑州代表处、俄罗斯空桥货运航空公司郑州代表处三家公司的数据

10-5 电话用户情况

(2014 年)

县(市)区	计量单位	移动电话用户期末数	本地电话用户期末数
市区	户	8771789	1530772
上街区	户	179893	48461
中牟县	户	751153	81350
巩义市	户	688934	130399
荥阳市	户	582539	120464
新密市	户	735198	111209
新郑市	户	791789	125913
登封市	户	602550	102428

10-6　新郑国际机场运输生产情况

（2014 年）

指　　标	单位	工作量	增长%	份额%
旅客吞吐量	**人次**	**15805443**	**20.3**	**100.0**
航线				
国内航线	人次	14904484	19.1	94.3
国际地区航线	人次	900959	44.4	5.7
流向				
出港人数	人次	8836129	18.7	55.9
进港人数	人次	6969314	22.4	44.1
货邮吞吐量	**吨**	**370420.8**	**44.9**	**100.0**
航线				
国内航线	吨	164301.5	14.9	44.4
国际地区航线	吨	206119.3	82.8	55.6
流向				
出港货邮	吨	198617.9	31.7	53.6
进港货邮	吨	171802.9	63.8	46.4
总起降架次	**架次**	**147694**	**15.5**	**—**
其中运输飞行架次	**架次**	**147176**	**15.6**	**100.0**
航线				
国内航线	架次	131994	13.2	89.7
国际地区航线	架次	15182	42.0	10.3
流向				
出港架次	架次	73610	15.7	50.0
进港架次	架次	73566	15.6	50.0

主要统计指标解释

公路里程 指在一定时期内实际达到《公路工程技术标准 JTJ01—88》规定的等级公路,并经公路主管部门正式验收交付使用的公路里程数。其计算单位为:km。它包括大中城市的郊区公路以及通过小城镇街道部分的公路里程,也包括桥梁、渡口的长度,但不包括大中城市的街道、厂矿、林区生产用道和农业生产用道的里程。两条或多条公路共同经由同一路段,只计算一次,不得重复计算里程长度。公路里程是反映公路建设发展规模的重要指标,也是计算运输网密度等指标的基础资料。

货(客)运量 指在一定时期内,各运输部门实际运送的货物(旅客)数量。是反映运输业为国民经济和人民生活服务的数量指标,也是制定和检查运输生产计划,研究运输发展规模和速度的重要指标。货运按吨计算,客运按人计算。货物不论运输距离长短,货物类别,均按实际重量统计;旅客不论里程远近或票价多少,均按一人一次作为客运量统计。半价票、小孩票也按一人统计。

货物(旅客)周转量 指在一定时期内,由各种运输工具运送的货物(旅客)数量与其相应运输距离的乘积之总和,是反映运输业生产总成果的重要指标,也是编制和检查运输生产计划,计算运输效率、劳动生产率以及核算运输单位成本的主要基础资料。通常以吨公里和人公里为计算单位。计算货物周转量通常按发出站到达站之间的最短距离,也就是计费距离计算。

邮电业务总量 指以货币表现的邮电部门用于传递信息和提供其他邮电服务的总数量。它综合反映了一定时期邮电工作的总成果,是研究邮电业务量构成和发展趋势的重要指标。根据邮电管理体制不同,分为中央国营业务总量和地方国营业务总量。它用各种邮电分类业务量,如函件件数、电报份数、长话张数、市内电话和农村电话的年均户数、订销报刊累计份数等,分别乘以相应的平均单价(不变价),加总后再加上出租电路和设备的收入、代用户维护电话交换机和线路等设备的收入、其他业务收入求得。

十一、国内贸易

11-1 社会消费品零售总额

(2014 年)

单位:万元

指 标	合 计	批发零售住宿餐饮企业	批发零售住宿餐饮个体
社会消费品零售总额	**29554017**	**19280376**	**10273641**
按销售单位所在地分			
城镇	26968199	18978719	7989480
乡村	2585818	301657	2284161
按行业分			
批发业	3212342	2527713	684629
零售业	21781620	15730892	6050728
住宿业	217589	165631	51958
餐饮业	4342466	856140	3486326

注:2014 年社会消费品零售总额根据第三次经济普查结果进行了调整,按新国家制度要求不再分其他行业。2014 年定报数据为 29136117 万元。

11-2 分县(市)区社会消费品零售总额

(2014 年)

单位:万元

县(市)区	合 计	批发零售业	住宿餐饮业
中原区	1570309	1330032	240277
二七区	3488220	3135317	352903
管城区	2418870	2297602	121268
金水区	6353630	5587965	765665
上街区	425375	278419	146956
惠济区	1010878	864557	146321
中牟县	806307	719225	87082
巩义市	2198206	1726050	472156
荥阳市	1873856	1359857	513999
新密市	2042300	1671332	370968
新郑市	1670890	1420106	250784
登封市	1613142	1396835	216307
经开区	1164443	1147857	16586
高新区	489057	470269	18788
郑东新区	1726254	1628893	97361
航空港实验区	702151	470154	231997

注:2014 年分县(市)区社会消费品零售总额根据第三次经济普查结果进行了调整。

11-3 限额以上批发和零售业商品

（2014 年）

指 标	法人企业数（个）	个体（产业）单位数（个）	从业人员期末人数（人）	商品购进额	进口
总计	**1512**	**460**	**118741**	**38655540**	**1169348**
批发业	**729**	**30**	**44990**	**26647531**	**682308**
按批发行业小类分					
农、林、牧产品批发	**40**	**1**	**2829**	**871632**	**378315**
谷物、豆及薯类批发	6		121	83762	10428
种子批发	10		791	79436	
饲料批发	11		342	42404	1317
棉、麻批发	5		116	81459	403
牲畜批发	2	1	1292	121525	
其他农牧产品批发	6		167	463047	366168
食品、饮料及烟草制品批发	**52**	**12**	**8198**	**3649918**	**20422**
米、面制品及食用油批发	14		1758	203759	2801
糕点、糖果及糖批发	3	1	337	77961	
果品、蔬菜批发	6	2	2813	2295189	
肉、禽、蛋、奶及水产品批发	5	2	444	26800	
盐及调味品批发	6	6	679	48937	
酒、饮料及茶叶批发	11	1	575	44417	
烟草制品批发	2		872	865543	14835
其他食品批发	5		720	87312	2787
纺织、服装及家庭用品批发	**54**	**2**	**3301**	**2990538**	**27099**
纺织品、针织品及原料批发	16		614	269583	9909
服装批发	23		1347	152696	
化妆品及卫生用品批发	4	1	575	115674	
厨房、卫生间用具及日用杂货批发		1	35	4926	
家用电器批发	8		654	2397444	
其他家庭用品批发	3		76	50216	17190
文化、体育用品及器材批发	**19**		**1609**	**995056**	**3677**
文具用品批发	5		141	131388	
体育用品及器材批发	1		159	32444	
图书批发	3		671	458855	
首饰、工艺品及收藏品批发	3		227	134450	3677
其他文化用品批发	7		411	237919	
医药及医疗器材批发	**65**		**8441**	**4376660**	**162091**
西药批发	25		2917	1635545	
中药批发	25		4554	2007823	70488
医疗用品及器材批发	15		970	733292	91603
矿产品、建材及化工产品批发	**304**	**14**	**12224**	**10751641**	**49461**
煤炭及制品批发	75		2780	1305207	
石油及制品批发	24		3519	4811662	
非金属矿及制品批发	18	1	567	201493	270
金属及金属矿批发	81	3	1663	2386923	26521
建材批发	52	5	2281	468701	2784
化肥批发	5	4	178	735504	

购进、销售、库存总额

单位:万元

商品销售额	#通过公共网络实现的商品销售额	#使用银行卡支付的商品销售额	批发额		零售额		期末商品库存额	年末零售营业面积(万平方米)
				出口		#通过公共网络实现的商品零售额		
43080822	**2109962**	**3947659**	**28207882**	**528434**	**14872940**	**192143**	**2815734**	**372.93**
29271097	**2000322**	**1758376**	**27423226**	**525425**	**1847870**	**10492**	**1410291**	**73.05**
946699		**80855**	**943079**	**70337**	**3620**		**119096**	**4.35**
92587		11851	88976		3611		16026	1.24
95116		12284	95116				56277	0.17
43969		2846	43960		9		5797	0.31
83137		53874	83137	3684			11658	
162206			162206	56872			734	1.77
469685			469685	9782			28605	0.86
4068719	**804793**	**885077**	**3962587**	**7933**	**106132**	**4359**	**137564**	**2.72**
255671	9665	88486	225959	3512	29712	4349	58545	0.26
84347			54702		29645		14165	0.15
2300777		3430	2266700		34077		3681	1.35
39217		6190	34308		4909		2727	0.32
66216		25020	64076		2139		4118	0.24
53620	9	4671	47971		5649	9	11690	0.35
1176675	795118	757281	1176675	4421			40206	0.01
92197			92197				2433	0.05
2948582	**9426**	**183533**	**2893193**	**132109**	**55389**	**1220**	**329237**	**0.95**
270406	1886	132016	269374	83184	1031		18073	0.12
180163	6340	35828	171550	35188	8613	20	35065	0.42
142286		1800	101488		40798		13545	0.28
5008			5008				118	
2297849	1200	13889	2293235		4614	1200	259981	0.09
52869			52537	13737	332		2455	0.03
1068935		**26029**	**1057066**	**50575**	**11869**	**1814**	**66591**	**1.13**
134310			132286		2024		7203	0.05
36699			36699				3300	
466548			457392		9156	1814	14034	0.81
182032		26029	181343	22718	689		32612	0.20
249346			249346	27857			9442	0.08
5353044	**140696**	**245237**	**5185388**	**9177**	**167656**		**290368**	**2.55**
1706281	20245	44334	1626996		79285		112272	1.39
2873686		100160	2814477	3144	59208		121588	0.71
773077	120451	100743	743914	6032	29163		56508	0.44
11423593	**72176**	**126079**	**10242285**	**132269**	**1181308**	**2375**	**231377**	**51.12**
1443407		18579	1414915		28492		34686	8.79
4870084		1155	3761137		1108948		51715	32.71
236148			220546	16223	15602		3888	1.71
2692301	43806	33223	2691505	65193	796		64093	3.05
540500	2244	45182	523969	14399	16531		22205	1.77
748482			745187		3296		12763	0.22

11-3 续表 1 (2014 年)

指标	法人企业数(个)	个体(产业)单位数(个)	从业人员期末人数(人)	商品购进额	进口
农药批发	3		215	15495	
其他化工产品批发	46	1	1021	826657	19885
机械设备、五金产品及电子产品批发	**167**		**7503**	**2754921**	**5386**
农业机械批发	6		118	18571	
汽车批发	19		1505	1478037	947
汽车零配件批发	17		419	68633	
摩托车及零配件批发	7		317	92785	
五金产品批发	17		365	93888	
电气设备批发	8		344	93785	921
计算机、软件及辅助设备批发	21		697	181847	
通讯及广播电视设备批发	8		266	143064	
其他机械设备及电子产品批发	64		3472	584311	3518
贸易经纪与代理	**2**		**23**	**13893**	
贸易代理	1		12	8387	
其他贸易经纪与代理	1		11	5506	
其他批发业	**26**	**1**	**862**	**243275**	**35856**
再生物资回收与批发	12	1	200	58609	
其他未列明批发业	14		662	184666	35856
按登记注册类型分					
内资企业	**724**	**1**	**44043**	**26304670**	**682308**
国有企业	13		1627	1049100	11468
集体企业	4		70	35445	
股份合作企业	1		132	4275	
有限责任公司	456		28849	19620364	444026
国有独资公司	15		3166	1800972	23357
其他有限责任公司	441		25683	17819391	420668
股份有限公司	18		4489	2565336	69014
私营企业	230		7643	2965209	157800
私营独资企业	1		28	1013	
私营有限责任公司	224		7528	2890069	157800
私营股份有限公司	5		87	74127	
其他企业	2	1	1233	64941	
港、澳、台商投资企业	**2**	**1**	**488**	**68595**	
港澳台商独资企业	2	1	488	68595	
外商投资企业	**3**	**1**	**100**	**170589**	
中外合资经营企业	2	1	96	166630	
外资企业	1		4	3959	
按控股情况分					
国有控股	70		11369	10836916	103184
集体控股	9		302	594129	365548
私人控股	513		23305	9491099	211482
港澳台商控股	2		373	62064	
外商控股	3		33	84243	
其他	132		7915	5403967	2094

单位:万元

商品销售额	#通过公共网络实现的商品销售额	#使用银行卡支付的商品销售额	批发额	出口	零售额	#通过公共网络实现的商品零售额	期末商品库存额	年末零售营业面积（万平方米）
17467			15794		1673		2700	0.01
875204	26126	27941	869234	36455	5971	2375	39327	2.85
3169441	**971818**	**177681**	**2849351**	**80142**	**320090**	**724**	**178146**	**9.96**
20546			13879		6667		2751	0.53
1734260	962645	48929	1469969	8362	264291		17926	2.15
77878		9522	76429	16784	1449		15772	0.16
99624			91591		8033		19697	0.35
106356	8823	13139	103734	11999	2621		4149	2.40
108168			107183		985		11166	0.03
195606	350	47067	188529		7077	98	14736	0.46
146631		7610	138130		8501		6690	0.49
680372		51414	659907	42998	20465	626	85260	3.38
15497			**15497**	**15497**			**393**	**0.01**
9575			9575	9575			393	0.01
5923			5923	5923			0.1	
276587	**1413**	**33886**	**274781**	**27386**	**1806**		**57519**	**0.27**
76572		689	75954		618		2448	0.22
200015	1413	33197	198828	27386	1188		55071	0.05
28877724	**1996190**	**1725246**	**27062474**	**462897**	**1815250**	**10492**	**1399663**	**72.62**
1376919	795118	757281	1369925		6994		36156	0.43
51032			50987		45		664	
4238			4238				65	
20763869	1165237	544596	19880371	333794	883498	9758	984809	62.10
1933135			1646352	21670	286783	1814	125516	31.71
18830734	1165237	544596	18234019	312124	596715	7944	859292	30.39
3339889		3569	2594737	4787	745152		113628	1.71
3236316	35834	419800	3056765	124316	179551	734	263898	8.19
10265			8600		1665		64	0.12
3156887	35834	419800	2979001	124316	177886	734	241117	7.38
69164			69164				22716	0.70
105461			105452		9		444	0.20
71334			**71334**	**56872**			**1036**	**0.11**
71334			71334	56872			1036	0.11
198977		**120**	**170180**	**5656**	**28797**		**3570**	**0.13**
193321		120	164524		28797		3570	0.12
5656			5656	5656				0.01
12357144	1880101	859511	11138687	94406	1218456	1814	374027	32.80
625468		77701	625284	900	184		36393	
10412687	54453	592685	9861687	294909	550999	8678	546910	30.12
63509			63509	56872				0.11
111414			82618	8136	28797		2678	0.18
5464655	61636	195350	5419044	70203	45610		443013	9.65

11-3 续表 2 （2014 年）

指标	法人企业数（个）	个体（产业）单位数（个）	从业人员期末人数（人）	商品购进额	进口
按经营形式分					
独立门店	492	29	27593	17395638	182615
连锁总店	2		428	12581	
连锁门店	5	1	469	111099	
其他	230		16500	9128213	499693
按单位规模分					
大型	22		14230	11070849	79535
中型	255		19625	12030460	548622
小型	389		8633	3044924	53877
微型	63		809	326185	274
零售业	**783**	**430**	**73751**	**12008008**	**487040**
按零售行业小类分					
综合零售	**87**	**167**	**28543**	**2621532**	**468**
百货零售	54	66	14840	1671885	468
超级市场零售	24	17	11145	524039	
其他综合零售	9	84	2558	425609	
食品、饮料及烟草制品专门零售	**56**	**28**	**2992**	**223042**	
粮油零售	5	2	92	26538	
糕点、面包零售	2	1	95	1576	
果品、蔬菜零售	7		486	6505	
肉、禽、蛋、奶及水产品零售	13	5	1104	67157	
酒、饮料及茶叶零售	10	7	329	46729	
其他食品零售	19	13	886	74537	
纺织、服装及日用品专门零售	**50**	**65**	**3692**	**333694**	**640**
纺织品及针织品零售	8	6	450	37057	
服装零售	20	35	1857	175585	640
鞋帽零售	6	6	338	18401	
化妆品及卫生用品零售	5	6	305	31193	
钟表、眼镜零售	1	2	338	38565	
箱、包零售		1	4	666	
厨房用具及日用杂品零售		1	3	1150	
其他日用品零售	10	8	397	31079	
文化、体育用品及器材专门零售	**42**	**38**	**2609**	**244866**	
文具用品零售	3	2	43	7610	
体育用品及器材零售	4	2	659	32692	
图书、报刊零售	15		919	62630	
珠宝首饰零售	8	28	601	88895	
工艺美术品及收藏品零售	4	4	213	37757	
乐器零售	1		22	1051	
照相器材零售	6	1	134	12538	
其他文化用品零售	1	1	18	1693	
医药及医疗器材专门零售	**28**	**3**	**3229**	**197057**	**880**
药品零售	23	3	3142	183210	80
医疗用品及器材零售	5		87	13848	800

单位:万元

商品销售额	#通过公共网络实现的商品销售额	#使用银行卡支付的商品销售额	批发额	出口	零售额	#通过公共网络实现的商品零售额	期末商品库存额	年末零售营业面积(万平方米)
18249435	975529	688694	16882298	222764	1367138	4207	868075	62.38
14255			9455		4800		575	0.29
136980		120	106649		30331		4746	0.16
10870426	1024794	1069563	10424824	302661	445602	6285	536894	10.22
12570393	1898460	1036431	11229773		1340620	1814	347194	31.88
12816453	47795	458134	12415531	334692	400921	5561	833507	13.23
3321300	49408	228837	3221597	181856	99703	3117	177196	26.19
326731	527	1845	323929	8876	2802		45124	1.56
13809726	**109640**	**2189283**	**784656**	**3009**	**13025070**	**181651**	**1405443**	**299.87**
3590019	**3362**	**231514**	**173859**		**3416160**	**2964**	**245767**	**153.17**
2480728	3352	167015	127217		2353511	2954	166997	94.58
651764	10	61059	37		651727	10	60261	51.26
457527		3439	46605		410922		18509	7.32
264933		**19539**	**34847**		**230086**		**47947**	**5.25**
26213					26213		3467	0.63
2339		125	216		2123		822	0.20
9176		2070	2160		7016		2276	0.39
73388		296	15432		57956		998	1.43
47478		14222	7682		39796		15277	0.50
106341		2826	9358		96982		25107	2.10
381323	**2257**	**40313**	**67046**		**314277**	**2404**	**48399**	**10.13**
38838		4241	8430		30409	148	6600	2.62
211718	1907	28955	25414		186304	1907	20817	5.50
20555		2173	10295		10261		4611	0.63
37501		159	18130		19371		7530	0.62
38390		102	327		38063		3584	0.12
831		120			831		5	0.04
1214					1214		22	0.03
32277	350	4564	4451		27826	350	5230	0.57
298819	**450**	**22155**	**39566**		**259253**	**370**	**56164**	**5.33**
8793			1044		7749		729	0.06
49726			20067		29659		12798	0.32
70813	450	9668	13498		57315	370	19051	2.64
93531		12084	3286		90246		10734	1.80
59706		403	53		59653		8319	0.32
1039					1039		246	0.03
13410			1028		12382		3687	0.10
1801			591		1210		600	0.07
229566		**64835**	**4221**		**225345**		**30744**	**6.36**
212496		64718	2558		209938		28622	6.27
17070		117	1663		15408		2122	0.10

11-3 续表 3 （2014 年）

指　　标	法人企业数（个）	个体（产业）单位数（个）	从业人员期末人数（人）	商品购进额	进口
汽车、摩托车、燃料及零配件专门零售	**306**	**32**	**21733**	**6861025**	**478336**
汽车零售	249	16	19838	6416116	471808
汽车零配件零售	14	4	758	121141	6528
摩托车及零配件零售	3	5	119	23970	
机动车燃料零售	40	7	1018	299798	
家用电器及电子产品专门零售	**156**	**28**	**8033**	**1185356**	**132**
家用视听设备零售	26	6	648	88654	0
日用家电设备零售	26	18	3885	602506	131
计算机、软件及辅助设备零售	74	1	1672	241413	
通信设备零售	12	3	1396	219973	
其他电子产品零售	18		432	32811	
五金、家具及室内装饰材料专门零售	**39**	**66**	**2348**	**198732**	**2407**
五金零售	24	10	1180	69685	2257
灯具零售		5	47	26801	
家具零售	12	35	976	73665	26
卫生洁具零售		1	6	765	
陶瓷、石材装饰材料零售	1	8	59	9027	
其他室内装饰材料零售	2	7	80	18788	124
货摊、无店铺及其他零售业	**19**	**3**	**572**	**142705**	**4178**
生活用燃料零售	11	1	318	104746	
其他未列明零售业	8	2	254	37958	4178
按登记注册类型分					
内资企业	**759**	**2**	**56583**	**9647380**	**468914**
国有企业	11	1	725	32159	
集体企业	10		443	38886	
股份合作企业	1		14	6145	
联营企业	1		60	1610	
其他联营企业	1		60	1610	
有限责任公司	460	1	40533	6733503	312184
国有独资公司	4		185	124318	
其他有限责任公司	456	1	40348	6609186	312184
股份有限公司	19		2274	462193	50681
私营企业	254		12474	2366328	106049
私营独资企业	4		47	11111	
私营合伙企业	1		105	3612	
私营有限责任公司	240		11909	2287642	105345
私营股份有限公司	9		413	63964	704
其他企业	3		60	6555	
港、澳、台商投资企业	**9**		**4890**	**584127**	
与港澳台商合资经营企业	3		680	246638	

单位:万元

商品销售额	#通过公共网络实现的商品销售额	#使用银行卡支付的商品销售额	批发额	出口	零售额	#通过公共网络实现的商品零售额	期末商品库存额	年末零售营业面积（万平方米）
7425709	**82846**	**1522167**	**225308**	**798**	**7200401**	**155188**	**842216**	**78.41**
6949543	80501	1503268	186994	30	6762550	149429	809188	69.53
129396	2345	4617	15359	768	114037	4300	20223	2.17
26866			10901		15965		1385	0.41
319904		14282	12055		307850	1460	11421	6.30
1249718	**20713**	**272271**	**203528**		**1046190**	**20713**	**121078**	**27.38**
90076		6468	26		90050		8674	2.35
624666	20690	131500	49388		575278	20690	69726	20.56
265000		4975	41065		223936		25834	1.56
223039	23	117908	105604		117435	23	13867	2.56
46937		11422	7446		39491		2977	0.35
223370	**11**	**14732**	**31679**	**2211**	**191692**	**11**	**10646**	**9.89**
79092	11	4305	13641		65451	11	4463	1.83
26988		8337	9856		17132		406	0.38
85380		1705	7508	2211	77872		4884	6.52
858		125			858		7	0.07
10105		261			10105		136	0.43
20948			674		20275		749	0.66
146269		**1758**	**4603**		**141666**		**2484**	**3.94**
108004		127	2212		105792		677	1.47
38265		1631	2391		35874		1807	2.48
10658117	**80893**	**1882631**	**597373**	**3009**	**10060745**	**169704**	**1205816**	**221.22**
36951		2380	3466		33485		2532	1.42
43251		12	954		42296		4111	1.10
6144			6125		19		0	0.35
1890					1890		98	0.20
1890					1890		98	0.20
7430841	53805	1690167	435819	30	6995022	143599	868069	175.34
128571		18	2692		125879		2228	1.35
7302270	53805	1690150	433127	30	6869144	143599	865842	173.99
566182		20223	10367		555815		45919	11.69
2566278	27088	169724	139262	2979	2427017	26105	284968	28.67
9039		245	1630		7410		2146	0.26
3520			3010		510		1026	0.02
2490364	27088	165775	134622	2979	2355742	26105	275836	27.41
63355		3703			63355		5960	0.98
6581		125	1380		5201		118	2.45
1245094	**1907**	**90306**			**1245094**	**1907**	**61158**	**20.24**
261800	1907	75146			261800	1907	30774	0.92

11-3　续表 4　　(2014 年)

指　　标	法人企业数（个）	个体（产业）单位数（个）	从业人员期末人数（人）	商品购进额	进口
港澳台商独资企业	5		4098	329142	
港澳台商投资股份有限公司	1		112	8347	
外商投资企业	**15**		**3391**	**510947**	**18126**
中外合资经营企业	4		844	94667	17757
外资企业	6		1933	188627	
外商投资股份有限公司	4		529	217706	369
其他外商投资企业	1		85	9948	
按控股情况分					
国有控股	30		2358	539013	55973
集体控股	22		1365	189713	
私人控股	575		40347	6499398	323684
港澳台商控股	7		4520	474439	
外商控股	16		3433	518823	18126
其他	133		12801	2519023	89256
按经营形式分					
独立门店	653	415	51345	9883395	482492
连锁总店	27		14030	1229220	10
连锁门店	11	6	4877	287727	
其他	92	9	3499	607667	4538
按单位规模分					
大型	27		23148	2525112	
中型	272		31659	6482108	466893
小型	370		8737	1566248	16125
微型	114		1280	166941	4022
按零售业态分					
有店铺零售	**769**	**430**	**73455**	**11873441**	**487040**
食杂店	3		33	5451	
便利店	10	62	1746	215635	
折扣店	1		10	794	
超市	35	64	3702	236138	10
大型超市	18	2	16027	913489	
仓储会员店	1		15	907	
百货店	59	66	8999	1406480	7117
专业店	444	140	26755	5579712	276733
专卖店	161	66	13710	3288984	202476
家居建材商店	3	23	348	36465	
购物中心	5		271	28703	
厂家直销中心	29	7	1839	160684	704
无店铺零售	**14**		**296**	**134567**	

单位:万元

商品销售额	#通过公共网络实现的商品销售额	#使用银行卡支付的商品销售额	批发额	出口	零售额	#通过公共网络实现的商品零售额	期末商品库存额	年末零售营业面积（万平方米）
973328		15160			973328		30312	18.32
9966					9966		72	1.00
570706	**21534**	**174191**	**8124**		**562582**		**66938**	**21.85**
132343		43594			132343		18789	2.78
208793		80352	1383		207409		20621	16.26
219981	21534	50246	6741		213240		26102	2.67
9590					9590		1427	0.14
580644		116946	8836		571808		72608	9.00
271384		2742	3953		267431		11685	5.54
7178935	39897	1327905	282932	3009	6896002	93922	791821	137.22
1135917		15160			1135917		47134	19.97
577631	21534	181116	8124		569507		68654	21.97
2726875	42903	503180	301652		2425224	77688	338971	69.44
10827642	85682	1857827	701545	3009	10126097	158693	1161675	206.83
1901260	22597	186894	389		1900871	22597	149221	55.51
358680		9212	29516		329164		29196	28.80
722144	1360	135351	53206		668937	360	65351	8.74
3405640	20700	256221	23606		3382034	20700	323949	107.26
7181093	81199	1594897	369004		6812089	144993	809523	108.47
1689724	2435	283898	194132	3009	1495592	4310	177525	41.52
194929		12032	18756		176173	1607	19875	5.87
13668194	**109640**	**2189283**	**770622**	**3009**	**12897572**	**181651**	**1403251**	**299.47**
6703			4299		2404		268	0.05
227675	231	2668	26347		201328		9314	5.46
774			774				59	0.01
263300	2921	14428	26760		236540	2754	25744	8.32
1714275	10	82954	7120		1707154	10	102246	85.44
986			591		394		583	0.05
1551871	2905	148559	135068	768	1416803	4860	131204	58.38
6123936	64998	1182587	308566	2241	5815369	95482	708315	91.65
3539537	38575	709484	250933		3288604	78545	402437	42.94
43217		612	5621		37596		3841	2.54
32933		15160	928		32006		4173	1.02
162989		32832	3616		159373		15068	3.59
141532			**14034**		**127499**		**2192**	**0.41**

11-4　分县(市)区限额以上批发和零售业商品购销存总额

(2014 年)

单位:万元

县(市)区	商品购进额	进口	商品销售额	#通过公共网络实现的商品销售额	#使用银行卡支付的商品销售额	批发额	出口	零售额	#通过公共网络实现的商品零售额	期末商品库存总额
中原区	1470417	32673	1560641	753	185860	900004	15144	660637	673	102825
二七区	2359898	921	2421594	22970	367443	857559	8352	1564035	57755	225655
管城区	3791153	7267	4064223	18533	273298	2393101		1671122	18971	277990
金水区	7382455	694354	9057684	45342	1064935	4335012	270134	4722672	57302	788907
上街区	238940		271802		37416	226563	16194	45240		4284
惠济区	3287617	78067	3211196	51706	295310	2284406		926790	30172	379532
中牟县	3397831	80	3517314	962645	34285	3279272	3575	238043		30301
巩义市	302242		364488	8857	7995	118550	30	245937	9743	25645
荥阳市	833322	2153	849903	11	23846	571015		278888	11	49989
新密市	1104555		1174106	231	16391	813798		360309		34437
新郑市	2960973	13351	3031520		165534	2542082		489438		73440
登封市	1029433		1269979		6441	705138		564841	1460	48990
经开区	5866231	155722	7497616	935815	1115807	6455508	45791	1042109		417342
高新区	1125160		1159651	8823	50254	783910	8823	375741		79960
郑东新区	3333894	183988	3454342	54276	293168	1795877	157305	1658466	16056	270763
航空港实验区	171417	773	174762		9676	146090	3086	28672		5676

11-5 分县(市)区限额以上批发和零售企业主要经济指标

(2014 年)

单位:万元

县(市)区	流动资产合计	#存货	固定资产原价	资产总计	所有者权益	#实收资本	主营业务收入
中原区	567062	108750	31956	699034	113523	41295	1292094
二七区	590000	115799	79852	706393	60583	118618	1880907
管城区	909291	241796	179903	1178117	239752	161419	3458728
金水区	3756594	758068	516236	4716412	906866	741640	7859022
上街区	47655	6127	2649	50445	20345	20997	223217
惠济区	1446510	342801	48628	1511157	108496	53316	2705414
中牟县	138907	16514	87492	242858	86951	68905	3249285
巩义市	50948	13169	19074	74976	25858	21486	215950
荥阳市	353270	30739	53504	455067	108755	63326	500224
新密市	307623	87397	107580	473695	224040	90894	852795
新郑市	235113	44430	34903	300316	49850	67221	2254664
登封市	283127	26324	95693	699004	295225	90123	856130
经开区	3029290	376411	163980	3308667	683078	262529	6307401
高新区	213522	74147	60451	316671	113476	67326	1117317
郑东新区	1164748	211635	157647	1658226	556537	285682	3061577
航空港实验区	204272	4720	24198	236447	5851	15627	144684

11-5 续表

(2014 年)

单位:万元

县(市)区	主营业务成本	主营业务税金及附加	管理费用	#税金	利润总额	应付职工薪酬	应缴增值税
中原区	1234056	1560	24806	706	33436	17560	9631
二七区	1705071	6884	63969	856	3119	57455	21032
管城区	3202532	5415	41722	1642	74716	48088	33719
金水区	7340273	15223	216530	4744	108194	125303	59804
上街区	216288	495	1966	196	1147	1545	1251
惠济区	2602015	2429	20456	642	47618	20255	18642
中牟县	2824775	6903	14721	487	290077	9218	7515
巩义市	187131	2754	6791	407	12702	8849	3505
荥阳市	421980	1496	13080	864	6778	9803	8912
新密市	643744	20196	24647	1134	134507	17890	18044
新郑市	2207479	715	15531	1117	-8920	20407	5000
登封市	697288	12619	9610	2260	95612	10711	10723
经开区	5755972	66779	105332	2902	219914	91010	99838
高新区	1052655	4372	20903	550	-2044	17167	16925
郑东新区	2885462	2840	46116	1504	28389	41918	21631
航空港实验区	141026	64	3916	135	-4906	1090	222

11-6 限额以上批发和零售业法人企业财务状况

(2014 年)

单位:万元

指标	法人企业数(个)	执行《2006年企业会计准则》企业数(个)	年初存货	流动资产合计	应收帐款	存货	固定资产合计	固定资产原价
总计	**1512**	**1309**	**2208701**	**13297930**	**2884213**	**2458826**	**1149384**	**1663745**
批发业	**729**	**640**	**1305021**	**8902700**	**2434542**	**1393571**	**594667**	**851831**
按批发行业小类分								
农、林、牧产品批发	**40**	**33**	**122862**	**515663**	**93954**	**140445**	**36999**	**72447**
谷物、豆及薯类批发	6	6	25573	74414	7533	41104	3118	5415
种子批发	10	10	54054	107909	6365	55738	20796	29044
饲料批发	11	7	2705	20044	3757	4177	4822	5307
棉、麻批发	5	4	11630	98537	7904	10957	4167	27526
牲畜批发	2	2	462	23555	528		2013	2484
其他农牧产品批发	6	4	28437	191205	67868	28470	2082	2672
食品、饮料及烟草制品批发	**52**	**41**	**151135**	**603818**	**82795**	**130455**	**147086**	**187014**
米、面制品及食用油批发	14	12	58447	131381	11746	59063	30416	30962
糕点、糖果及糖批发	3	3	14146	41257	4364	11231	5851	7254
果品、蔬菜批发	6	3	1299	35678	28274	1043	66911	69487
肉、禽、蛋、奶及水产品批发	5	3	2053	9362	1239	2196	719	1038
盐及调味品批发	6	4	16712	12838	1670	1179	4805	6264
酒、饮料及茶叶批发	11	10	13157	32551	4386	10590	2463	3024
烟草制品批发	2	1	43103	301035	28462	42831	35746	68579
其他食品批发	5	5	2218	39717	2656	2322	177	407
纺织、服装及家庭用品批发	**54**	**47**	**232007**	**1399648**	**80826**	**283506**	**16449**	**25211**
纺织品、针织品及原料批发	16	14	8555	57401	12148	7492	8027	12202
服装批发	23	19	43738	131286	55475	38171	3507	5595
化妆品及卫生用品批发	4	4	12484	36468	4833	11943	233	794
家用电器批发	8	8	165937	1158609	4646	223236	248	465
其他家庭用品批发	3	2	1293	15884	3723	2663	4434	6155
文化、体育用品及器材批发	**19**	**18**	**93566**	**340940**	**60086**	**55171**	**23273**	**35066**
文具用品批发	5	4	8662	70806	17039	8825	491	958
体育用品及器材批发	1	1	118	4533		3300	87	388
图书批发	3	3	8684	150475	21736	5892	19838	28461
首饰、工艺品及收藏品批发	3	3	64790	64042	5557	28337	1059	1755
其他文化用品批发	7	7	11313	51084	15754	8817	1798	3505
医药及医疗器材批发	**65**	**58**	**244871**	**2335809**	**1269273**	**303648**	**38621**	**52566**
西药批发	25	23	86894	718420	385441	104623	11733	16451
中药批发	25	20	115524	1246696	689515	142101	22236	29169
医疗用品及器材批发	15	15	42453	370693	194317	56923	4653	6946
矿产品、建材及化工产品批发	**304**	**272**	**224841**	**2238424**	**395963**	**247107**	**288053**	**403138**
煤炭及制品批发	75	67	31892	601863	108341	56862	64599	80478
石油及制品批发	24	20	40823	405807	43660	29742	128169	192639
非金属矿及制品批发	18	17	4730	32196	7201	4815	19029	23271
金属及金属矿批发	81	74	62810	638476	122487	84907	34003	50880
建材批发	52	47	34679	324207	86273	24903	28708	36549
化肥批发	5	4	20335	88110	1335	11679	6216	7596
农药批发	3	2	2155	9681	883	2697	971	1276
其他化工产品批发	46	41	27418	138084	25783	31504	6360	10449
机械设备、五金产品及电子产品批发	**167**	**149**	**191293**	**1240144**	**414680**	**176413**	**33864**	**61115**
农业机械批发	6	5	1644	6291	2537	2288	1405	1776
汽车批发	19	15	21215	371314	52646	19956	3295	5859
汽车零配件批发	17	17	17413	32979	5385	14507	1068	2237
摩托车及零配件批发	7	7	19391	42579	6038	18682	656	2544

11-6 续表 1 （2014 年） 单位：万元

指标	法人企业数（个）	执行《2006年企业会计准则》企业数（个）	年初存货	流动资产合计			固定资产合计	固定资产原价
					应收帐款	存货		
五金产品批发	17	16	5176	142241	97771	7383	3585	4336
电气设备批发	8	7	5194	40138	15045	5262	4128	4994
计算机、软件及辅助设备批发	21	16	11711	55971	15691	14494	2152	3431
通讯及广播电视设备批发	8	8	7624	51161	10113	8013	259	720
其他机械设备及电子产品批发	64	58	101926	497472	209455	85828	17316	35220
贸易经纪与代理	**2**	**1**	**597**	**11682**	**6053**	**436**	**18**	**48**
贸易代理	1		597	1019		393	18	48
其他贸易经纪与代理	1	1		10662	6053	44		
其他批发业	**26**	**21**	**43851**	**216573**	**30913**	**56390**	**10304**	**15226**
再生物资回收与批发	12	11	3221	11858	3084	1900	4819	6961
其他未列明批发业	14	10	40629	204715	27829	54491	5485	8265
按登记注册类型分								
内资企业	**724**	**635**	**1301476**	**8820920**	**2420236**	**1390026**	**593814**	**850373**
国有企业	13	10	72483	321573	23792	35464	57486	85432
集体企业	4	4	859	9940	87		1420	1437
股份合作企业	1	1	33	955	550	87	124	432
有限责任公司	456	404	881187	6188704	1592672	994045	341883	486979
国有独资公司	15	13	88689	659012	159510	115927	55150	91639
其他有限责任公司	441	391	792497	5529691	1433162	878119	286734	395339
股份有限公司	18	15	109651	902572	457659	122473	116179	160508
私营企业	230	199	237231	1397032	345476	237901	76548	115384
私营独资企业	1	1	21	421	93	81	573	615
私营有限责任公司	224	193	223687	1330156	339877	225323	72413	108816
私营股份有限公司	5	5	13524	66456	5506	12497	3562	5953
其他企业	2	2	33	145		55	174	202
港、澳、台商投资企业	**2**	**2**		**23500**	**1235**		**794**	**1162**
港澳台商独资企业	2	2		23500	1235		794	1162
外商投资企业	**3**	**3**	**3545**	**58280**	**13072**	**3545**	**59**	**296**
中外合资经营企业	2	2	3545	58029	12842	3545	54	281
外资企业	1	1		251	230		5	15
按控股情况分								
国有控股	70	64	396609	2601599	994085	368667	246082	365129
集体控股	9	9	37581	250772	73810	32499	3661	5289
私人控股	513	440	542858	3585877	968968	583936	293955	388529
港澳台商控股	2	2		23500	1235		794	1162
外商控股	3	3	2744	23536	4504	2678	17	137
其他	132	122	325229	2417417	391940	405791	50158	91586
按经营形式分								
独立门店	492	422	792295	4443120	813329	837504	382927	547405
连锁总店	2	2	850	4626	520	779	383	547
连锁门店	5	5	6686	31532	6969	5000	130	447
其他	230	211	505190	4423422	1613724	550288	211226	303432
按单位规模分								
大型	22	19	341040	2718965	1033096	327206	215464	308751
中型	256	231	750052	4760152	1115269	820391	228405	325877
小型	389	334	163337	1172388	265183	199148	134181	195695
微型	62	56	50592	251196	20995	46826	16618	21508
零售业	**783**	**669**	**903680**	**4395230**	**449671**	**1065255**	**554717**	**811913**
按零售行业小类分								
综合零售	**87**	**76**	**99629**	**969341**	**140906**	**90807**	**259805**	**372670**
百货零售	54	46	54959	816473	125375	43988	213200	294607
超级市场零售	24	22	43544	148833	14964	44953	44547	75689
其他综合零售	9	8	1126	4035	568	1866	2058	2374

11-6 续表 2 （2014 年） 单位:万元

指标	法人企业数（个）	执行《2006年企业会计准则》企业数（个）	年初存货	流动资产合计			固定资产合计	固定资产原价
					应收帐款	存货		
食品、饮料及烟草制品专门零售	**56**	**48**	**20537**	**93599**	**11524**	**27703**	**22116**	**25489**
粮油零售	5	2	2189	6507	2675	2779	638	659
糕点、面包零售	2	1	618	1418	311	815	31	178
果品、蔬菜零售	7	7	538	7166	718	586	5862	6754
肉、禽、蛋、奶及水产品零售	13	12	1885	32531	2009	5127	10103	11439
酒、饮料及茶叶零售	10	8	9606	24769	1771	12159	4384	5185
其他食品零售	19	18	5701	21208	4039	6236	1098	1275
纺织、服装及日用品专门零售	**50**	**41**	**40245**	**133945**	**16824**	**41021**	**12537**	**16454**
纺织品及针织品零售	8	6	6096	14779	1434	6261	313	755
服装零售	20	16	15408	64680	8548	17491	10461	12653
鞋帽零售	6	6	1461	4840	1240	1455	369	549
化妆品及卫生用品零售	5	3	7658	15841	521	7562	375	572
钟表、眼镜零售	1	1	5458	10138	3230	3522	307	706
其他日用品零售	10	9	4164	23667	1852	4731	712	1219
文化、体育用品及器材专门零售	**42**	**36**	**46493**	**120653**	**19242**	**50615**	**18355**	**25634**
文具用品零售	3	2	274	1208	218	561	84	161
体育用品及器材零售	4	2	9306	14675	2960	10934	192	498
图书、报刊零售	15	14	11948	40605	9356	12607	10900	15292
珠宝首饰零售	8	8	13810	35115	4905	11470	6754	8458
工艺美术品及收藏品零售	4	4	8860	15645	1185	8012	205	579
乐器零售	1	1	210	1393	25	246	6	9
照相器材零售	6	4	1502	10905	339	6203	196	598
其他文化用品零售	1	1	584	1107	255	583	18	39
医药及医疗器材专门零售	**28**	**21**	**22076**	**87607**	**36812**	**23914**	**19326**	**44965**
药品零售	23	19	20421	77228	32299	21780	18992	44322
医疗用品及器材零售	5	2	1654	10379	4514	2134	334	643
汽车、摩托车、燃料及零配件专门零售	**306**	**261**	**586920**	**2468476**	**125084**	**740055**	**188453**	**279240**
汽车零售	249	214	567453	2391429	112646	716611	165934	250434
汽车零配件零售	14	12	11437	38182	5706	14475	7784	8958
摩托车及零配件零售	3	1	2162	6515	1354	2067	721	919
机动车燃料零售	40	34	5867	32350	5379	6902	14014	18930
家用电器及电子产品专门零售	**156**	**135**	**78117**	**394882**	**67978**	**80687**	**17554**	**23690**
家用视听设备零售	26	23	7194	19896	1961	10758	4973	5828
日用家电设备零售	26	22	36171	186843	13989	32883	6609	9181
计算机、软件及辅助设备零售	74	64	20677	121212	37154	22195	2395	3868
通信设备零售	12	11	10668	47809	8195	10906	1172	2198
其他电子产品零售	18	15	3406	19122	6679	3945	2404	2615
五金、家具及室内装饰材料专门零售	**39**	**34**	**6611**	**82205**	**14451**	**7428**	**4278**	**8085**
五金零售	24	21	4888	27492	12022	6256	1612	3468
家具零售	12	10	1598	53754	2171	900	2632	4517
陶瓷、石材装饰材料零售	1	1	11	40		5	34	41
其他室内装饰材料零售	2	2	115	918	258	267	1	60
货摊、无店铺及其他零售业	**19**	**17**	**3053**	**44523**	**16849**	**3025**	**12294**	**15688**
生活用燃料零售	11	10	1440	37178	13548	1168	12059	14961
其他未列明零售业	8	7	1613	7345	3301	1857	235	727
按登记注册类型分								
内资企业	**759**	**647**	**803294**	**3692693**	**340255**	**960882**	**340577**	**513505**
国有企业	11	11	1200	4883	1088	1018	6676	8738
集体企业	10	8	2957	8808	1448	3681	1426	2163
股份合作企业	1		5	40		5	162	204
联营企业	1	1	123	161				
其他联营企业	1	1	123	161				
有限责任公司	460	403	537801	2224683	221341	664671	221833	329248

11-6 续表3 （2014年） 单位:万元

指标	法人企业数（个）	执行《2006年企业会计准则》企业数（个）	年初存货	流动资产合计	应收帐款	存货	固定资产合计	固定资产原价
国有独资公司	4	4	2105	30207	10052	1789	898	1279
其他有限责任公司	456	399	535697	2194476	211289	662882	220935	327969
股份有限公司	19	18	32678	392289	13292	37321	38118	59767
私营企业	254	203	228477	1061628	103052	254144	71312	112322
私营独资企业	4	3	47	1863	344	106	1773	2395
私营合伙企业	1	1	1682	16914	181	1686	5	9
私营有限责任公司	240	191	222466	1019575	99621	243818	65238	104946
私营股份有限公司	9	8	4282	23276	2906	8534	4297	4972
其他企业	3	3	52	200	35	41	1050	1061
港、澳、台商投资企业	**9**	**8**	**40861**	**581141**	**105842**	**45651**	**193735**	**250168**
与港澳台商合资经营企业	3	2	19830	45256	2800	26323	24690	29019
港澳台商独资企业	5	5	20970	532851	105247	19256	168941	220780
港澳台商投资股份有限公司	1	1	61	3034	-2205	72	104	368
外商投资企业	**15**	**14**	**59525**	**121396**	**3574**	**58722**	**20405**	**48240**
中外合资经营企业	4	4	17070	26381	725	15881	9579	28045
外资企业	6	6	20146	40539	727	17255	7269	13444
外商投资股份有限公司	4	3	20470	51507	2057	23956	2975	5758
其他外商投资企业	1	1	1840	2969	65	1630	582	993
按控股情况分								
国有控股	30	29	50867	161617	18167	61640	41833	59041
集体控股	22	19	6620	33192	1844	6253	4735	8681
私人控股	575	477	590312	2510408	228850	692824	223999	346237
港澳台商控股	7	6	33064	559167	105184	33644	175365	229520
外商控股	16	15	60341	124037	3778	59433	20490	48360
其他	133	123	162477	1006809	91847	211462	88295	120074
按经营形式分								
独立门店	653	553	733050	3224182	246016	881231	338069	487555
连锁总店	27	25	88858	820547	136847	89852	185599	264952
连锁门店	11	10	33322	81999	1603	30668	14218	36389
其他	92	81	48450	268502	65205	63504	16830	23017
按单位规模分								
大型	27	26	153319	1286820	166683	160663	241821	370032
中型	275	243	589324	2359027	159035	718073	218241	323317
小型	370	307	148451	685873	111610	169453	86620	107884
微型	111	93	12586	63509	12343	17066	8035	10681
按零售业态分								
有店铺零售	769	659	900692	4340303	435002	1060633	553989	810436
食杂店	3	3	178	287	20	155	322	349
便利店	10	9	2559	5228	307	2690	1350	1679
折扣店	1		49	420	170	59		
超市	35	29	12218	32355	5012	11770	14710	16332
大型超市	18	16	75649	706379	119623	73025	203217	289089
仓储会员店	1	1	584	1107	255	583	18	39
百货店	59	54	21197	261069	24096	14216	49674	76351
专业店	444	385	490721	1969037	186665	599490	149858	226610
专卖店	161	130	279715	1276677	84558	336184	119841	179093
家居建材商店	3	1	701	1364	2	296	141	707
购物中心	5	5	3272	8976	2287	3799	2611	3286
厂家直销中心	29	26	13849	77406	12009	18366	12247	16903
无店铺零售	14	10	2988	54927	14669	4622	728	1478

11-6 续表 4　　（2014 年）　　单位：万元

指标	期末资产负债							
	累计折旧	本年折旧	在建工程	资产总计	流动负债合计	应付帐款	非流动负债合计	负债合计
总计	**524213**	**115666**	**281526**	**16627483**	**12512171**	**2888625**	**651986**	**13161351**
批发业	**265205**	**41338**	**64826**	**10917997**	**8138066**	**2170766**	**347565**	**8482213**
按批发行业小类分								
农、林、牧产品批发	**35447**	**2914**	**5623**	**714800**	**414790**	**15538**	**13273**	**428064**
谷物、豆及薯类批发	2296	255	14	94448	70448	2482	7887	78335
种子批发	8248	2052	2194	180709	63631	8732	688	64319
饲料批发	485	118	1748	31254	15870	1491	2080	17951
棉、麻批发	23359	164	1668	166580	95763	2321	2618	98382
牲畜批发	470	113		42932	1208	209		1208
其他农牧产品批发	589	211		198878	167870	304		167870
食品、饮料及烟草制品批发	**47180**	**7251**	**1070**	**787193**	**302253**	**71471**	**36010**	**338262**
米、面制品及食用油批发	7507	1036	509	175088	132338	14949	13859	146197
糕点、糖果及糖批发	1403	179		49544	29679	5187	1785	31464
果品、蔬菜批发	2576	1489	61	109577	25489	18322	20145	45634
肉、禽、蛋、奶及水产品批发	319	119		10745	4187	1752		4187
盐及调味品批发	1751	323	292	19577	6141	2736	177	6318
酒、饮料及茶叶批发	561	193	21	36624	30813	1257	43	30857
烟草制品批发	32833	3882	188	345830	34542	22273		34542
其他食品批发	231	29		40209	39064	4996		39064
纺织、服装及家庭用品批发	**8762**	**1293**		**1462503**	**1331591**	**78524**	**6607**	**1338198**
纺织品、针织品及原料批发	4175	617		92977	38151	8224	5471	43622
服装批发	2088	297		136348	126000	43234	136	126136
化妆品及卫生用品批发	560	78		36801	19473	12396		19473
家用电器批发	218	80		1175304	1129641	9640		1129641
其他家庭用品批发	1722	222		21072	18326	5031	1000	19326
文化、体育用品及器材批发	**11794**	**415**	**58**	**589766**	**295167**	**151257**	**8**	**295175**
文具用品批发	466	38	24	73034	63502	24170		63502
体育用品及器材批发	301	50		4626	1593	6		1593
图书批发	8623	34	19	375764	143261	91898		143261
首饰、工艺品及收藏品批发	696	92		67967	44213	22879		44213
其他文化用品批发	1707	200	16	68375	42598	12303	8	42606
医药及医疗器材批发	**13945**	**6544**	**11057**	**2430229**	**2086950**	**1104202**	**15723**	**2102673**
西药批发	4718	1564	272	734010	637161	337597	508	637669
中药批发	6934	4452	9272	1306167	1129069	587941	4744	1133813
医疗用品及器材批发	2293	528	1514	390052	320720	178665	10471	331191
矿产品、建材及化工产品批发	**115780**	**16106**	**40312**	**3258515**	**2374053**	**305373**	**260197**	**2630832**
煤炭及制品批发	16479	3904	675	1072183	562425	61277	161182	723262
石油及制品批发	64516	6349	21441	670620	690130	14598	52856	739930
非金属矿及制品批发	4196	585		58770	31800	4997	408	32208
金属及金属矿批发	16972	2598	6617	749392	624553	73144	23111	647646
建材批发	7843	1464	11	425814	262017	90525	22612	284629
化肥批发	1380	296	243	103109	89416	38131	12	89429
农药批发	305	69		10909	3579	389	5	3584
其他化工产品批发	4089	841	11325	167719	110134	22311	11	110145
机械设备、五金产品及电子产品批发	**27345**	**5649**	**5560**	**1382439**	**1106054**	**434113**	**15425**	**1121480**
农业机械批发	371	76		7810	5084	2903		5084
汽车批发	2563	972	1187	384900	347849	105834	4750	352598
汽车零配件批发	1170	156		35621	24891	6160	375	25266
摩托车及零配件批发	1888	202		43570	34175	7966	3000	37175
五金产品批发	750	163	30	186897	117314	41769	389	117702
电气设备批发	866	101		46236	30458	12253		30458

11-6 续表5 （2014年） 单位：万元

指标	期末资产负债							
	累计折旧	本年折旧	在建工程	资产总计	流动负债合计	应付帐款	非流动负债合计	负债合计
计算机、软件及辅助设备批发	1372	146	84	85017	59696	15075	510	60206
通讯及广播电视设备批发	461	68		53434	41378	4521	127	41505
其他机械设备及电子产品批发	17904	3766	4259	538954	445210	237633	6275	451485
贸易经纪与代理	**30**	**6**		**12082**	**8602**	**7593**		**8602**
贸易代理	30	6		1037	1000			1000
其他贸易经纪与代理				11045	7602	7593		7602
其他批发业	**4922**	**1161**	**1146**	**280471**	**218606**	**2695**	**322**	**218927**
再生物资回收与批发	2142	429	4	19751	12922	2204	156	13079
其他未列明批发业	2780	732	1142	260720	205684	491	165	205849
按登记注册类型分								
内资企业	**264599**	**41255**	**64826**	**10818331**	**8096511**	**2156929**	**347565**	**8440658**
国有企业	35198	4270	316	422791	73885	27637	5330	76154
集体企业	17	8		18981	829		1659	2488
股份合作企业	309	14		1360	1765	670	1	1767
有限责任公司	145112	24844	23438	7513273	5825307	1463522	253164	6078108
国有独资公司	36490	3104	685	1077726	740947	190573	29836	770782
其他有限责任公司	108622	21740	22753	6435547	5084360	1272949	223328	5307326
股份有限公司	44328	5843	25037	1198787	953602	389985	38826	992428
私营企业	39607	6268	16035	1662784	1241097	275116	48397	1289499
私营独资企业	42	3		994	93	81	27	120
私营有限责任公司	37175	5884	16035	1550980	1167147	269850	48369	1215521
私营股份有限公司	2391	382		110811	73857	5185		73857
其他企业	28	7		354	26		188	214
港、澳、台商投资企业	**368**	**67**		**41228**	**1032**	**904**		**1032**
港澳台商独资企业	368	67		41228	1032	904		1032
外商投资企业	**237**	**16**		**58438**	**40523**	**12933**		**40523**
中外合资经营企业	227	13		58182	40373	12885		40373
外资企业	10	4		256	150	48		150
按控股情况分								
国有控股	126299	14704	26016	3462330	2388530	882052	70515	2455640
集体控股	1628	305		266785	212062	24595	1659	213721
私人控股	95408	20659	33547	4562566	3262512	929100	269008	3531507
港澳台商控股	368	67		41228	1032	904		1032
外商控股	120	15		23653	7500	5527		7500
其他	41381	5588	5264	2561436	2266430	328588	6383	2272813
按经营形式分								
独立门店	172517	20707	36845	5823058	4273511	815805	257197	4527290
连锁总店	164	69		5779	511	58		511
连锁门店	317	32		31762	15388	8568		15388
其他	92207	20530	27982	5057398	3848656	1346336	90368	3939024
按单位规模分								
大型	93288	12188	22123	3412850	2567832	1024386	60120	2627951
中型	104756	20994	34901	5654468	4279320	886036	266657	4542571
小型	61694	7391	6776	1456767	984988	260937	17442	1002418
微型	5467	765	1026	393912	305926	-592	3347	309273
零售业	**259008**	**74328**	**216700**	**5709487**	**4374105**	**717859**	**304421**	**4679138**
按零售行业小类分								
综合零售	**112876**	**26221**	**186900**	**1585370**	**1204124**	**420096**	**161562**	**1365635**
百货零售	81362	19571	185543	1348183	1035233	354328	80491	1115672
超级市场零售	31142	6569	732	228837	163984	63380	80023	244007
其他综合零售	372	81	626	8350	4907	2389	1049	5955

11-6 续表 6　　(2014 年)　　单位:万元

指标	期末资产负债							
	累计折旧	本年折旧	在建工程	资产总计	流动负债合计	应付帐款	非流动负债合计	负债合计
食品、饮料及烟草制品专门零售	**3662**	**925**	**12649**	**139165**	**73736**	**15245**	**9793**	**83826**
粮油零售	17	6		7599	6124	2072	33	6158
糕点、面包零售	147	14		1450	1742	832		1742
果品、蔬菜零售	892	321	5812	21201	6701	62	163	6864
肉、禽、蛋、奶及水产品零售	1570	309	1442	53785	27279	1841	5349	32629
酒、饮料及茶叶零售	837	211	75	31306	20031	5814	20	20349
其他食品零售	199	64	5320	23824	11858	4624	4227	16085
纺织、服装及日用品专门零售	**3937**	**1276**	**193**	**151730**	**126886**	**21237**	**1863**	**128749**
纺织品及针织品零售	442	59		15271	13221	5241	1552	14773
服装零售	2192	695	193	78465	69025	8760	215	69239
鞋帽零售	200	77		5281	3538	674	79	3617
化妆品及卫生用品零售	197	76		16418	12791	530		12791
钟表、眼镜零售	399	59		11423	5849	3487		5849
其他日用品零售	507	309		24871	22463	2546	17	22480
文化、体育用品及器材专门零售	**7278**	**980**	**70**	**160373**	**127488**	**30818**	**317**	**127805**
文具用品零售	77	26		1296	316		25	341
体育用品及器材零售	306	59		15394	16670	1449	3	16673
图书、报刊零售	4392	159	70	59909	39399	20248	165	39565
珠宝首饰零售	1705	473		49151	45249	7246	97	45346
工艺美术品及收藏品零售	374	236		18618	14953	680		14953
乐器零售	3	1		1399	402	400		402
照相器材零售	402	25		13477	10374	771	28	10401
其他文化用品零售	20	1		1131	125	24		125
医药及医疗器材专门零售	**25815**	**12791**	**502**	**114165**	**84741**	**20091**	**676**	**85416**
药品零售	25505	12704	502	103452	78450	18123	676	79125
医疗用品及器材零售	309	88		10713	6291	1968		6291
汽车、摩托车、燃料及零配件专门零售	**91604**	**28418**	**14492**	**2952236**	**2325778**	**127523**	**127275**	**2453345**
汽车零售	85316	27435	14438	2820681	2262497	113210	126835	2389624
汽车零配件零售	1174	318		46858	27832	5902	73	27906
摩托车及零配件零售	197	42		7236	5030	574		5030
机动车燃料零售	4916	622	55	77460	30419	7837	367	30786
家用电器及电子产品专门零售	**6646**	**1554**	**125**	**435104**	**297415**	**67816**	**2304**	**299793**
家用视听设备零售	857	132		28401	12742	1799	371	13112
日用家电设备零售	3074	769	125	200083	170020	36452	194	170217
计算机、软件及辅助设备零售	1479	306		133466	57988	14598	1416	59474
通信设备零售	1025	309		51467	47805	12784	10	47815
其他电子产品零售	211	38		21687	8860	2183	314	9174
五金、家具及室内装饰材料专门零售	**3807**	**704**		**106977**	**89195**	**-2571**	**630**	**89824**
五金零售	1856	289		37554	22782	5550	425	23208
家具零售	1885	412		68430	66025	-8382	205	66230
陶瓷、石材装饰材料零售	6	2		74	9			9
其他室内装饰材料零售	60	1		919	378	260		378
货摊、无店铺及其他零售业	**3384**	**1462**	**1769**	**64368**	**44744**	**17605**	**1**	**44745**
生活用燃料零售	2892	1418	1769	56737	40187	14008		40187
其他未列明零售业	493	44		7631	4558	3597	1	4558
按登记注册类型分								
内资企业	**175539**	**51960**	**31802**	**4505997**	**3474610**	**388597**	**302307**	**3777530**
国有企业	2062	156	422	13323	6838	1829	994	7832
集体企业	794	68	626	18329	6901	1845	5772	12673
股份合作企业	42			215	192		28	220
联营企业				161	19		5	24

11-6 续表 7 （2014 年） 单位：万元

指标	期末资产负债							
	累计折旧	本年折旧	在建工程	资产总计	流动负债合计	应付帐款	非流动负债合计	负债合计
其他联营企业				161	19		5	24
有限责任公司	109434	39652	12094	2699969	2216005	303076	103490	2319740
国有独资公司	381	51		38434	25402	11651		25402
其他有限责任公司	109053	39601	12094	2661535	2190603	291425	103490	2294339
股份有限公司	21650	2918	2526	535007	268997	16958	150126	419123
私营企业	41546	9165	16135	1237736	975451	64844	41892	1017709
私营独资企业	622	131		6954	308	222	17	325
私营合伙企业	4	2		16919	15918	669		15918
私营有限责任公司	40103	8828	16135	1186136	938407	63843	38711	977483
私营股份有限公司	817	204		27726	20818	109	3165	23983
其他企业	11	2		1258	208	46		208
港、澳、台商投资企业	**56182**	**18212**	**182207**	**1043379**	**753607**	**310567**		**753607**
与港澳台商合资经营企业	4330	1761	193	72126	56891	11740		56891
港澳台商独资企业	51588	16399	181997	967523	694080	297437		694080
港澳台商投资股份有限公司	264	52	17	3730	2636	1391		2636
外商投资企业	**27288**	**4156**	**2691**	**160111**	**145888**	**18694**	**2113**	**148001**
中外合资经营企业	18466	2413	2538	41324	37769	8237		37769
外资企业	5628	1424	152	56672	67022	9787	2113	69136
外商投资股份有限公司	2783	239	2	58429	38671	558		38671
其他外商投资企业	411	80		3687	2426	113		2426
按控股情况分								
国有控股	17208	2218	2512	249184	158497	40728	21986	180484
集体控股	4294	444	626	47992	42603	13109	14379	56982
私人控股	124503	40873	24201	2967894	2345783	236051	126523	2472917
港澳台商控股	53903	17393	182014	1000855	718190	305551		718190
外商控股	27323	4191	2691	162838	148314	18695	2113	150427
其他	31778	9209	4656	1280724	960719	103725	139419	1100138
按经营形式分								
独立门店	150589	38357	24101	3991067	3119550	258557	218863	3339023
连锁总店	79713	31375	182338	1289323	952666	366186	7460	960126
连锁门店	22462	2725	5999	119071	92488	41951	77681	170169
其他	6244	1872	4262	310025	209402	51165	417	209821
按单位规模分								
大型	128227	38124	184291	1938147	1418807	452897	151627	1570435
中型	106265	29874	30549	2838640	2353192	169055	116183	2469371
小型	21700	5566	1829	855894	555493	86153	33636	589739
微型	2816	764	31	76805	46613	9755	2975	49592
按零售业态分								
有店铺零售	258259	74166	216700	5652508	4335820	704434	303655	4640087
食杂店	27	14		860	337			337
便利店	385	59	626	7360	5308	1621	179	5487
折扣店				420	322	322		322
超市	1814	409		51311	28010	12255	1284	29293
大型超市	85380	23649	182713	1213209	893991	362200	85962	979953
仓储会员店	20	1		1131	125	24		125
百货店	27124	2650	3561	362589	313318	56533	74684	387950
专业店	78181	20854	7878	2331978	1818374	179667	34002	1852744
专卖店	59431	24876	15018	1560792	1196326	74009	97111	1293732
家居建材商店	566	159		8450	8429	674	69	8498
购物中心	674	167		11990	8268	1903		8268
厂家直销中心	4655	1327	6904	102419	63014	15227	10366	73380
无店铺零售	750	163		56979	38285	13425	766	39051

11-6 续表 8 (2014 年) 单位:万元

指标	所有者权益合计	实收资本						
			国家资本	集体资本	法人资本	个人资本	港澳台资本	外商资本
总计	**3587482**	**2170405**	**350890**	**56435**	**692162**	**944630**	**99953**	**26335**
批发业	**2557133**	**1348272**	**310776**	**47174**	**406609**	**545365**	**36016**	**2331**
按批发行业小类分								
农、林、牧产品批发	**286736**	**238223**	**25698**	**42188**	**51039**	**84296**	**35003**	
谷物、豆及薯类批发	16113	13913	9403	300	3710	500		
种子批发	116390	51651	16086		5038	30527		
饲料批发	13303	6546	9	9	3917	2609	3	
棉、麻批发	68199	87277			37277	50000		
牲畜批发	41724	35500				500	35000	
其他农牧产品批发	31008	43337	200	41879	1098	160		
食品、饮料及烟草制品批发	**448931**	**118784**	**43996**	**35**	**57982**	**16771**		
米、面制品及食用油批发	28891	43003	30125	35	6731	6113		
糕点、糖果及糖批发	18080	2600	700			1900		
果品、蔬菜批发	63942	46223			38723	7500		
肉、禽、蛋、奶及水产品批发	6558	5881			5362	519		
盐及调味品批发	13259	5385	5285		50	50		
酒、饮料及茶叶批发	5767	5138			4651	487		
烟草制品批发	311288	7886	7886					
其他食品批发	1146	2668			2466	202		
纺织、服装及家庭用品批发	**124305**	**59462**	**7905**	**300**	**20094**	**31162**		
纺织品、针织品及原料批发	49355	27304	4492	300	625	21888		
服装批发	10212	7779	346		379	7053		
化妆品及卫生用品批发	17328	16810			16390	420		
家用电器批发	45663	3500			2200	1300		
其他家庭用品批发	1746	4069	3068		500	501		
文化、体育用品及器材批发	**294591**	**55907**	**27400**		**5879**	**22110**		**518**
文具用品批发	9532	8315			1654	6143		518
体育用品及器材批发	3033	500			500			
图书批发	232503	15200	14700			500		
首饰、工艺品及收藏品批发	23754	15266			300	14966		
其他文化用品批发	25769	16625	12700		3424	501		
医药及医疗器材批发	**327556**	**229220**	**61023**		**92467**	**75731**		
西药批发	96341	86178	72		59720	26386		
中药批发	172354	91129	15000		30522	45607		
医疗用品及器材批发	58861	51914	45952		2225	3738		
矿产品、建材及化工产品批发	**749032**	**405449**	**85701**	**4064**	**121017**	**193642**	**1014**	**13**
煤炭及制品批发	348921	115918	13105	840	24524	77448		
石油及制品批发	52039	79932	37545		32200	10187		
非金属矿及制品批发	26562	16660	1210	14	3716	11695	14	13
金属及金属矿批发	101746	74103	22305		18259	32539	1000	
建材批发	141185	47415	5000		19562	22853		
化肥批发	13680	18800	5000	2970	4656	6174		
农药批发	7325	7106			1000	6106		
其他化工产品批发	57574	45516	1536	240	17100	26640		
机械设备、五金产品及电子产品批发	**260959**	**206440**	**38934**	**50**	**49264**	**116391**		**1800**
农业机械批发	2726	2024			500	1524		
汽车批发	32302	41088			16488	24600		
汽车零配件批发	10355	4526			858	3668		
摩托车及零配件批发	6395	3655			800	2855		
五金产品批发	69195	63417	34750		89	28578		
电气设备批发	15778	9573	800		1111	7662		

11-6 续表9　　　　（2014年）　　　　单位：万元

指标	所有者权益合计	实收资本						
			国家资本	集体资本	法人资本	个人资本	港澳台资本	外商资本
计算机、软件及辅助设备批发	24810	27039	2000		10055	14985		
通讯及广播电视设备批发	11930	7017			6107	910		
其他机械设备及电子产品批发	87469	48101	1384	50	13257	31611		1800
贸易经纪与代理	**3480**	**461**				**461**		
贸易代理	38	100				100		
其他贸易经纪与代理	3442	361				361		
其他批发业	**61543**	**34326**	**20120**	**537**	**8868**	**4801**		
再生物资回收与批发	6672	3404		537	2574	293		
其他未列明批发业	54871	30922	20120		6294	4508		
按登记注册类型分								
内资企业	**2499022**	**1295175**	**310776**	**47174**	**389030**	**545365**	**1016**	**1813**
国有企业	346637	62487	57167	35	5235	50		
集体企业	16493	14021		2679	11342			
股份合作企业	-407	92	72			20		
有限责任公司	1556514	833401	220686	44451	293684	272754	14	1813
国有独资公司	428293	94052	85452		8600			
其他有限责任公司	1128221	739350	135234	44451	285084	272754	14	1813
股份有限公司	206360	68744	32812		16001	19931		
私营企业	373285	316304	30		62760	252514	1000	
私营独资企业	873	280				280		
私营有限责任公司	335458	260528	30		62760	196738	1000	
私营股份有限公司	36954	55496				55496		
其他企业	140	126	9	9	9	97	3	
港、澳、台商投资企业	**40196**	**35000**					**35000**	
港澳台商独资企业	40196	35000					35000	
外商投资企业	**17915**	**18097**			**17579**			**518**
中外合资经营企业	17809	18033			17515			518
外资企业	107	65			65			
按控股情况分								
国有控股	1128039	348805	302595	35	35477	10698		
集体控股	53064	65321		45829	15342	4150		
私人控股	1031059	670180	1356	900	202885	464009	1016	13
港澳台商控股	40196	35000					35000	
外商控股	16153	16075			16075			
其他	288623	212890	6825	410	136830	66508		2318
按经营形式分								
独立门店	1417117	741393	117042	6634	250348	366339	1016	13
连锁总店	5268	5063	3		5010	50		
连锁门店	16375	17410			16010	1400		
其他	1118373	584405	193731	40540	135241	177575	35000	2318
按单位规模分								
大型	906248	213359	106810		105049	1500		
中型	1111897	712529	162000	42414	164948	307650	35000	518
小型	454350	344971	21304	4211	123898	193732	14	1813
微型	84639	77412	20663	549	12715	42483	1003	
零售业	**1030349**	**822133**	**40114**	**9262**	**285552**	**399265**	**63937**	**24004**
按零售行业小类分								
综合零售	**219735**	**157502**	**5713**	**723**	**39184**	**32827**	**61106**	**17950**
百货零售	232510	114974	4459	615	24046	12861	59760	13233
超级市场零售	-15170	40612			14804	19746	1345	4717
其他综合零售	2395	1916	1254	109	333	220		

11-6 续表 10 （2014 年） 单位：万元

指标	所有者权益合计	实收资本	国家资本	集体资本	法人资本	个人资本	港澳台资本	外商资本
食品、饮料及烟草制品专门零售	**55339**	**28031**	**1569**	**2264**	**11892**	**10961**	**60**	**1284**
粮油零售	1441	1025	860			165		
糕点、面包零售	−292	138				138		
果品、蔬菜零售	14337	7278	263	161	1789	3721	60	1284
肉、禽、蛋、奶及水产品零售	21157	10229	136	1953	3702	4438		
酒、饮料及茶叶零售	10957	2270	5		1252	1013		
其他食品零售	7740	7090	305	150	5149	1486		
纺织、服装及日用品专门零售	**22981**	**19542**		**2286**	**9557**	**6806**	**893**	
纺织品及针织品零售	498	391			116	275		
服装零售	9226	7081			2089	4100	893	
鞋帽零售	1665	1502			1202	300		
化妆品及卫生用品零售	3628	5560			5000	560		
钟表、眼镜零售	5573	3000		2100	900			
其他日用品零售	2392	2008		186	250	1572		
文化、体育用品及器材专门零售	**32568**	**37592**	**2800**	**452**	**18757**	**15583**		
文具用品零售	955	601				601		
体育用品及器材零售	−1279	941			341	600		
图书、报刊零售	20344	8076	2800	132	2403	2742		
珠宝首饰零售	3805	21807		321	12807	8679		
工艺美术品及收藏品零售	3665	1171			818	353		
乐器零售	997	1000			1000			
照相器材零售	3076	2990			1387	1603		
其他文化用品零售	1006	1006				1006		
医药及医疗器材专门零售	**28749**	**25251**	**849**		**16543**	**7859**		
药品零售	24327	20637	849		15733	4055		
医疗用品及器材零售	4422	4614			810	3804		
汽车、摩托车、燃料及零配件专门零售	**498891**	**413133**	**24370**	**2931**	**136386**	**243014**	**1750**	**4681**
汽车零售	431057	370740	11210	2911	132417	217771	1750	4681
汽车零配件零售	18953	14484			2100	12384		
摩托车及零配件零售	2207	200			50	150		
机动车燃料零售	46675	27709	13160	20	1819	12709		
家用电器及电子产品专门零售	**135311**	**109127**	**55**	**55**	**45140**	**63877**		
家用视听设备零售	15289	10959	5	5	5911	5039		
日用家电设备零售	29865	14513			12203	2310		
计算机、软件及辅助设备零售	73992	68347			22111	46236		
通信设备零售	3652	7039			2950	4089		
其他电子产品零售	12513	8271	50	50	1965	6205		
五金、家具及室内装饰材料专门零售	**17152**	**20538**	**758**	**500**	**4722**	**14341**	**128**	**89**
五金零售	14346	8680	600	186	2451	5443		
家具零售	2200	11253	158	314	1720	8844	128	89
陶瓷、石材装饰材料零售	66	54				54		
其他室内装饰材料零售	540	551			551			
货摊、无店铺及其他零售业	**19623**	**11418**	**4000**	**50**	**3372**	**3997**		
生活用燃料零售	16550	8600	3000	50	3300	2250		
其他未列明零售业	3073	2819	1000		72	1747		
按登记注册类型分								
内资企业	**728467**	**712656**	**40114**	**9262**	**265191**	**397767**	**193**	**130**
国有企业	5491	6492	6412		80			
集体企业	5656	3283	600	2482	79	121		
股份合作企业	−5	78				78		
联营企业	138	132		132				

11-6 续表 11　　　　（2014 年）　　　　单位:万元

指标	所有者权益合计	实收资本	国家资本	集体资本	法人资本	个人资本	港澳台资本	外商资本
其他联营企业	138	132		132				
有限责任公司	380229	386758	32256	6377	187021	160781	193	130
国有独资公司	13032	11300	11300					
其他有限责任公司	367197	375458	20956	6377	187021	160781	193	130
股份有限公司	115883	112871	846	271	5191	106563		
私营企业	220027	202300			72809	129491		
私营独资企业	6630	1393			236	1157		
私营合伙企业	1001	1001				1001		
私营有限责任公司	208653	193524			71443	122082		
私营股份有限公司	3743	6382			1130	5252		
其他企业	1049	742			10	732		
港、澳、台商投资企业	**289772**	**72816**			**7480**	**700**	**63744**	**892**
与港澳台商合资经营企业	15235	4345			2480		1865	
港澳台商独资企业	273443	63471				700	61879	892
港澳台商投资股份有限公司	1094	5000			5000			
外商投资企业	**12110**	**36661**			**12882**	**798**		**22982**
中外合资经营企业	3555	12262			5628			6635
外资企业	-12463	19333			4000			15333
外商投资股份有限公司	19757	4566			2754	798		1014
其他外商投资企业	1261	500			500			
按控股情况分								
国有控股	68700	50284	36518		7661	6105		
集体控股	-8989	6676	600	3588	2289	199		
私人控股	494977	436202	2966	3128	185693	244092	193	130
港澳台商控股	282665	70471			5800	700	63079	892
外商控股	12410	36961			13122	858		22982
其他	180587	221539	30	2546	70988	147311	665	
按经营形式分								
独立门店	652044	617968	31014	9192	206561	341876	11746	17580
连锁总店	329198	92159	500		26193	13276	52190	
连锁门店	-51097	23289	5000	10	11806	50		6424
其他	100204	88716	3600	60	40993	44064		
按单位规模分								
大型	367713	238359	1000	2100	44446	113611	60960	16242
中型	369269	318761	24622	4991	153414	126673	2198	6864
小型	266154	239554	14412	1650	79057	142759	778	897
微型	27213	25459	80	521	8636	16223		
按零售业态分								
有店铺零售	1012421	801729	37114	9262	278195	389217	63937	24004
食杂店	523	350		150	150	50		
便利店	1873	1495	285	41	1009	160		
折扣店	98	100			100			
超市	22018	23310	263	228	5945	16778	60	36
大型超市	233256	109202			19721	10426	61106	17950
仓储会员店	1006	1006				1006		
百货店	-25362	48168	5428	615	26220	15906		
专业店	479235	359515	22810	5945	158188	168355	550	3667
专卖店	267060	231129	7200	2101	60730	158764	1320	1014
家居建材商店	-48	2783	128	182	1120	1136	128	89
购物中心	3723	2173				1400	773	
厂家直销中心	29039	22497	1000		5012	15237		1248
无店铺零售	17928	20405	3000		7357	10048		

11-6 续表 12 （2014 年） 单位:万元

指标	营业收入	主营业务收入	营业成本	主营业务成本	营业税金及附加	主营业务税金及附加	其他业务利润
总计	**36353954**	**35979407**	**33350121**	**33117747**	**156846**	**150742**	**238814**
批发业	**25771302**	**25688036**	**23873497**	**23758555**	**119700**	**116554**	**58222**
按批发行业小类分							
农、林、牧产品批发	**828429**	**823909**	**787245**	**782482**	**567**	**516**	**16248**
谷物、豆及薯类批发	92268	92020	75393	75393	111	111	15348
种子批发	94343	94287	70228	70018	16	4	11
饲料批发	40578	40578	35785	35785	66	66	
棉、麻批发	81824	77985	78586	74078	104	82	572
牲畜批发	59174	58873	57717	57672	169	152	242
其他农牧产品批发	460242	460166	469536	469536	102	102	76
食品、饮料及烟草制品批发	**3802464**	**3794666**	**3173475**	**3167485**	**68315**	**68306**	**4331**
米、面制品及食用油批发	227028	222705	210199	207001	414	414	307
糕点、糖果及糖批发	65828	65512	64171	64171	121	121	
果品、蔬菜批发	2297056	2297036	1972156	1972121	5900	5900	-15
肉、禽、蛋、奶及水产品批发	31814	29920	27964	26963	183	183	
盐及调味品批发	31125	31107	21752	21752	445	445	133
酒、饮料及茶叶批发	51339	51290	46466	45194	121	121	
烟草制品批发	1014404	1014118	757009	757008	60969	60969	456
其他食品批发	83871	82978	73759	73275	162	153	3450
纺织、服装及家庭用品批发	**2552244**	**2548465**	**2416755**	**2413814**	**2804**	**2804**	**1983**
纺织品、针织品及原料批发	257902	257629	232950	232881	66	66	138
服装批发	160098	160078	142164	141905	523	523	2002
化妆品及卫生用品批发	129100	126631	97274	95834	620	620	
家用电器批发	1972199	1971184	1914257	1913085	1586	1586	-157
其他家庭用品批发	32945	32945	30109	30109	10	10	
文化、体育用品及器材批发	**856181**	**852785**	**805983**	**805263**	**816**	**816**	**2619**
文具用品批发	120084	120084	115338	115338	46	46	
体育用品及器材批发	31367	31301	29338	29262	41	41	
图书批发	327214	325295	299648	299213	276	276	1364
首饰、工艺品及收藏品批发	155920	155920	149065	149065	65	65	51
其他文化用品批发	221595	220184	212594	212387	389	389	1204
医药及医疗器材批发	**4598468**	**4593212**	**4322553**	**4322233**	**4635**	**4634**	**6211**
西药批发	1510418	1509746	1450995	1450903	1205	1205	1475
中药批发	2413061	2410480	2245280	2245051	2647	2646	3562
医疗用品及器材批发	674989	672986	626279	626279	783	783	1174
矿产品、建材及化工产品批发	**10108649**	**10084060**	**9587796**	**9565446**	**35795**	**32803**	**19375**
煤炭及制品批发	1258355	1256395	1062859	1062499	16614	16602	2118
石油及制品批发	4350198	4332520	4207934	4192919	6077	6038	11303
非金属矿及制品批发	199856	199840	188828	188828	2017	1921	1371
金属及金属矿批发	2346717	2343997	2269339	2264187	4896	4143	2576
建材批发	453087	452037	398282	397447	4643	2659	696
化肥批发	719047	718369	713490	713152	174	168	678
农药批发	16534	16534	14955	14955	12	12	9
其他化工产品批发	764856	764368	732110	731459	1362	1261	624
机械设备、五金产品及电子产品批发	**2751928**	**2718732**	**2528603**	**2450857**	**5979**	**5896**	**7024**
农业机械批发	17288	17288	13605	13605	426	426	
汽车批发	1476916	1468459	1402225	1342429	1620	1612	3711
汽车零配件批发	69905	69902	61229	60673	262	255	224
摩托车及零配件批发	84299	84299	76238	76238	105	105	
五金产品批发	94187	93522	84940	84528	198	139	182
电气设备批发	93652	93464	85250	85193	141	141	

11-6 续表13 （2014年） 单位:万元

指标	营业收入	主营业务收入	营业成本	主营业务成本	营业税金及附加	主营业务税金及附加	其他业务利润
计算机、软件及辅助设备批发	175622	175507	167160	167147	130	130	171
通讯及广播电视设备批发	143450	128622	137085	123843	192	192	72
其他机械设备及电子产品批发	596608	587669	500872	497201	2907	2897	2664
贸易经纪与代理	**14635**	**14635**	**13756**	**13756**			
贸易代理	9575	9575	8862	8862			
其他贸易经纪与代理	5061	5061	4894	4894			
其他批发业	**258305**	**257573**	**237332**	**237219**	**788**	**779**	**431**
再生物资回收与批发	64814	64814	54467	54461	724	723	
其他未列明批发业	193492	192759	182865	182758	64	56	431
按登记注册类型分							
内资企业	**25530887**	**25447908**	**23668253**	**23553356**	**119043**	**115913**	**57981**
国有企业	1192396	1187738	918886	918537	61362	61309	1744
集体企业	55646	52454	50534	46088	255	232	
股份合作企业	3667	3622	3481	3481	3	3	45
有限责任公司	18518110	18464859	17386730	17290677	37861	35524	54359
国有独资公司	1673753	1661137	1597005	1582430	2996	1059	2797
其他有限责任公司	16844358	16803722	15789725	15708247	34865	34464	51562
股份有限公司	2867595	2857617	2677828	2669762	6916	6904	-2498
私营企业	2891655	2879799	2629783	2623800	12527	11822	4331
私营独资企业	8555	8555	5318	5318	27	27	
私营有限责任公司	2823441	2811656	2567973	2561991	12335	11630	4331
私营股份有限公司	59659	59588	56491	56491	165	165	
其他企业	1820	1820	1012	1012	119	119	
港、澳、台商投资企业	**63796**	**63509**	**62109**	**62064**	**30**	**14**	**242**
港澳台商独资企业	63796	63509	62109	62064	30	14	242
外商投资企业	**176619**	**176619**	**143135**	**143135**	**628**	**628**	
中外合资经营企业	170963	170963	137632	137632	628	628	
外资企业	5656	5656	5503	5503			
按控股情况分							
国有控股	10665417	10627720	9940633	9858708	73665	71641	31547
集体控股	609724	606307	611282	606836	426	403	76
私人控股	9478670	9456422	8540049	8527383	38340	37306	12124
港澳台商控股	63796	63509	62109	62064	30	14	242
外商控股	103862	103862	73549	73549	598	598	
其他	4849835	4830216	4645876	4630014	6641	6592	14234
按经营形式分							
独立门店	16066115	16007121	14968379	14865499	39758	39266	32759
连锁总店	14782	12889	12569	11569	121	121	
连锁门店	124046	124046	93114	93114	627	627	
其他	9566359	9543980	8799435	8788373	79195	76540	25463
按单位规模分							
大型	11153509	11125255	10092452	10016483	80397	78444	15189
中型	11283418	11240008	10689434	10658762	20577	19831	36242
小型	3025409	3014105	2789790	2781591	18291	17999	6567
微型	308967	308669	301821	301718	436	280	224
零售业	**10582652**	**10291371**	**9476624**	**9359193**	**37146**	**34188**	**180592**
按零售行业小类分							
综合零售	**2047203**	**1886012**	**1609960**	**1592107**	**16175**	**14269**	**131597**
百货零售	1540862	1420925	1220150	1210839	12967	11514	95754
超级市场零售	485848	444756	373491	365208	2878	2452	35768
其他综合零售	20494	20332	16319	16060	330	304	75

11-6 续表 14 （2014 年） 单位:万元

指标	营业收入	主营业务收入	营业成本	主营业务成本	营业税金及附加	主营业务税金及附加	其他业务利润
食品、饮料及烟草制品专门零售	**169871**	**165538**	**148557**	**143866**	**1027**	**966**	**326**
粮油零售	21557	21034	20702	20085	8	2	7
糕点、面包零售	1274	1274	992	992	2	2	
果品、蔬菜零售	8869	8861	5792	5792	128	128	
肉、禽、蛋、奶及水产品零售	61155	57353	52359	48386	504	460	95
酒、饮料及茶叶零售	31921	31921	28432	28432	150	150	
其他食品零售	45095	45095	40279	40179	235	224	225
纺织、服装及日用品专门零售	**252272**	**249843**	**212629**	**211957**	**1099**	**1035**	**2617**
纺织品及针织品零售	28523	28523	25501	25501	66	66	
服装零售	136121	135084	113150	113150	634	631	2043
鞋帽零售	12898	12631	11345	11176	33	25	
化妆品及卫生用品零售	25252	24126	21966	21462	100	51	573
钟表、眼镜零售	31443	31443	25651	25651	154	154	
其他日用品零售	18036	18036	15017	15017	113	107	1
文化、体育用品及器材专门零售	**206110**	**201733**	**175404**	**172236**	**1899**	**1855**	**1838**
文具用品零售	5047	5047	4650	4650	9	9	
体育用品及器材零售	38772	38646	32787	32694	136	136	122
图书、报刊零售	65506	62644	53507	51984	207	194	555
珠宝首饰零售	40686	39336	33288	31743	1457	1427	1161
工艺美术品及收藏品零售	44108	44101	40094	40094	22	22	
乐器零售	948	948	847	847	1	1	
照相器材零售	10058	10057	9327	9326	66	66	
其他文化用品零售	986	955	903	898	1	1	
医药及医疗器材专门零售	**214925**	**200026**	**168351**	**157909**	**1082**	**1072**	**1742**
药品零售	197858	182959	153187	142744	1047	1038	1459
医疗用品及器材零售	17067	17067	15165	15165	35	35	283
汽车、摩托车、燃料及零配件专门零售	**6459002**	**6371483**	**6070095**	**5995183**	**9733**	**9260**	**28777**
汽车零售	6063041	5982016	5726962	5656776	7113	6687	25935
汽车零配件零售	108704	108654	100751	100749	301	301	52
摩托车及零配件零售	11865	11800	11164	11164	38	38	65
机动车燃料零售	275391	269014	231218	226494	2281	2234	2724
家用电器及电子产品专门零售	**1046924**	**1031324**	**933121**	**929411**	**4301**	**3908**	**12790**
家用视听设备零售	71698	71195	58161	57624	952	778	240
日用家电设备零售	480503	476272	417850	417799	1714	1714	3810
计算机、软件及辅助设备零售	232666	230862	217449	215950	469	455	737
通信设备零售	220019	212026	202985	202330	802	651	7994
其他电子产品零售	42038	40970	36675	35707	364	310	9
五金、家具及室内装饰材料专门零售	**79782**	**79212**	**59088**	**58985**	**1695**	**1693**	**666**
五金零售	36592	36110	29606	29525	354	352	603
家具零售	40511	40423	27349	27327	1304	1304	64
陶瓷、石材装饰材料零售	857	857	480	480	36	36	
其他室内装饰材料零售	1822	1822	1654	1654	1	1	
货摊、无店铺及其他零售业	**106565**	**106199**	**99420**	**97540**	**134**	**131**	**238**
生活用燃料零售	93223	93110	87890	86024	103	100	
其他未列明零售业	13342	13090	11530	11516	31	31	238
按登记注册类型分							
内资企业	**9017455**	**8795943**	**8169319**	**8052194**	**29836**	**27342**	**112877**
国有企业	38784	37613	32207	30988	233	201	371
集体企业	42695	40289	38431	34685	521	503	
股份合作企业	5575	5566	5468	5468	58	58	
联营企业	6650	6650	4800	4800	81	81	

11-6 续表 15 (2014 年) 单位:万元

指标	营业收入	主营业务收入	营业成本	主营业务成本	营业税金及附加	主营业务税金及附加	其他业务利润
其他联营企业	6650	6650	4800	4800	81	81	
有限责任公司	6180490	6007688	5531293	5452037	21116	19265	88474
国有独资公司	111426	111363	107170	107156	99	99	48
其他有限责任公司	6069065	5896325	5424123	5344882	21017	19166	88426
股份有限公司	522547	504733	484131	471275	1801	1738	10590
私营企业	2214920	2187609	2067735	2047986	6013	5483	13443
私营独资企业	8270	8270	5983	5983	81	81	790
私营合伙企业	3920	3920	3463	3463	5	5	
私营有限责任公司	2148035	2121115	2009267	1989787	5703	5234	12653
私营股份有限公司	54695	54305	49022	48752	225	163	
其他企业	5794	5794	5255	4955	13	13	
港、澳、台商投资企业	**1085326**	**1020497**	**872644**	**872357**	**6232**	**5971**	**60885**
与港澳台商合资经营企业	231036	229880	208274	207987	520	496	342
港澳台商独资企业	842696	782099	657838	657838	5518	5357	60543
港澳台商投资股份有限公司	11594	8518	6532	6532	195	119	
外商投资企业	**479872**	**474931**	**434660**	**434641**	**1077**	**875**	**6831**
中外合资经营企业	115351	115280	104795	104794	244	236	3161
外资企业	168188	163434	141394	141394	692	521	3522
外商投资股份有限公司	188137	188048	180900	180900	113	93	146
其他外商投资企业	8197	8169	7573	7554	28	26	1
按控股情况分							
国有控股	514856	506269	456127	451798	1267	1166	3436
集体控股	226046	214287	192488	188567	2389	2299	10124
私人控股	6165065	6029683	5613301	5521425	18172	17003	65269
港澳台商控股	985202	921064	782928	782687	6047	5809	60885
外商控股	486434	481473	441094	441075	1078	876	6851
其他	2205050	2138595	1990687	1973641	8194	7035	34028
按经营形式分							
独立门店	8039751	7864023	7359918	7258327	24495	21653	97078
连锁总店	1633351	1535858	1309313	1298208	9314	9308	63711
连锁门店	279163	268785	223952	223952	1383	1329	14760
其他	630387	622706	583441	578707	1954	1899	5043
按单位规模分							
大型	2603855	2436107	2121118	2093029	13954	12924	121038
中型	6309155	6198513	5837339	5758505	15629	14367	52984
小型	1525036	1513115	1391093	1381159	6454	5856	5833
微型	144606	143636	127073	126500	1109	1041	738
按零售业态分							
有店铺零售	10460968	10170075	9360260	9242947	37043	34091	179717
食杂店	7749	7749	6585	6585	67	56	
便利店	16649	16625	14176	14176	155	155	
折扣店	774	774	723	723	1	1	
超市	99687	96614	82057	79241	982	625	1287
大型超市	1386767	1272222	1069663	1062657	8764	8499	93601
仓储会员店	986	955	903	898	1	1	
百货店	616899	572598	506378	498034	6961	5627	36940
专业店	5181648	5100678	4760183	4680875	14660	13736	29805
专卖店	2974636	2934191	2771213	2754900	4838	4791	15247
家居建材商店	4889	4809	3665	3648	200	200	64
购物中心	31702	30659	27032	26711	113	109	758
厂家直销中心	138583	132202	117682	114500	302	292	2016
无店铺零售	121684	121296	116364	116246	102	98	876

11-6 续表 16　　(2014 年)　　单位:万元

指标	损益及分配							
	销售费用	管理费用	税金	财务费用	利息收入	利息支出	资产减值损失	公允价值变动收益
总计	**1068175**	**630096**	**20145**	**213508**	**46989**	**157668**	**8667**	**714**
批发业	**578460**	**313015**	**12643**	**126106**	**38039**	**91695**	**7624**	**231**
按批发行业小类分								
农、林、牧产品批发	**17112**	**19193**	**700**	**8943**	**3949**	**10277**	**-13**	**16**
谷物、豆及薯类批发	1279	1484	39	1966	131	1084		
种子批发	7818	11450	91	1419	40	654	-29	16
饲料批发	1464	1864	379	851	28	112	3	
棉、麻批发	706	1668	28	4166	56	4172		
牲畜批发	671	850	7	-121	45			
其他农牧产品批发	5175	1877	157	662	3650	4257	13	
食品、饮料及烟草制品批发	**99417**	**75229**	**1826**	**6515**	**6318**	**2817**	**72**	
米、面制品及食用油批发	21421	7493	55	3305	290	2063	-7	
糕点、糖果及糖批发	1141	2150	27	261	142	335	13	
果品、蔬菜批发	46377	9818	10	7619	2	136		
肉、禽、蛋、奶及水产品批发	1924	659	10	-49	121	62	15	
盐及调味品批发	2841	3592	123	19	14	21		
酒、饮料及茶叶批发	4231	1762	27	262	172	206	50	
烟草制品批发	15124	49083	1506	-4896	5395	-105		
其他食品批发	6357	673	68	-6	182	98		
纺织、服装及家庭用品批发	**49063**	**15486**	**363**	**-3204**	**10661**	**6514**	**168**	
纺织品、针织品及原料批发	8992	6394	130	1123	386	1236		
服装批发	8621	4258	59	2273	70	2125		
化妆品及卫生用品批发	14209	1307	45	94	2	94		
家用电器批发	15941	2172	122	-6806	10153	2900	168	
其他家庭用品批发	1301	1356	7	112	50	159		
文化、体育用品及器材批发	**23062**	**14668**	**763**	**2335**	**1190**	**1406**	**1313**	
文具用品批发	3843	916	47	131	196	144		
体育用品及器材批发	1229	525	27	-15	17			
图书批发	10673	8441	477	990	901	198	897	
首饰、工艺品及收藏品批发	4461	1896	31	324	20	313		
其他文化用品批发	2856	2890	181	905	56	751	416	
医药及医疗器材批发	**61308**	**53112**	**881**	**41179**	**3030**	**28745**	**2863**	
西药批发	20718	15590	383	7897	-432	5026	794	
中药批发	30921	28387	417	25493	3271	21880	1805	
医疗用品及器材批发	9669	9135	81	7789	191	1839	264	
矿产品、建材及化工产品批发	**195479**	**87997**	**6679**	**55880**	**9904**	**31785**	**1889**	**98**
煤炭及制品批发	50597	16356	1312	11277	821	4110	293	57
石油及制品批发	82419	29728	2242	15803	5012	8579	25	72
非金属矿及制品批发	2874	2401	346	663	8	210		
金属及金属矿批发	33703	14664	1378	16305	2710	8465	222	-33
建材批发	9207	14344	814	7734	384	6592	1364	2
化肥批发	2273	1557	178	1646	791	2408	-42	
农药批发	658	970	8	58	1	57	9	
其他化工产品批发	13748	7977	401	2397	178	1363	19	
机械设备、五金产品及电子产品批发	**127328**	**42279**	**1239**	**10840**	**2831**	**8597**	**1315**	**117**
农业机械批发	718	1008	37	13	9	5		
汽车批发	61980	4236	311	-700	1406	332	893	
汽车零配件批发	2863	1554	33	277	21	-10	138	
摩托车及零配件批发	3996	2963	19	610	157	418	39	
五金产品批发	2322	2082	126	533	107	397	15	26
电气设备批发	3758	3226	40	215	1	53	71	

11-6 续表 17 （2014 年） 单位：万元

指标	损益及分配							
	销售费用	管理费用		财务费用			资产减值损失	公允价值变动收益
			税金		利息收入	利息支出		
计算机、软件及辅助设备批发	2624	4000	84	702	155	551	5	
通讯及广播电视设备批发	3105	1648	52	917	222	48		23
其他机械设备及电子产品批发	45963	21563	537	8274	754	6805	155	67
贸易经纪与代理	**655**	**207**	**2**	**2**				
贸易代理	599	110		4				
其他贸易经纪与代理	56	97	2	-2				
其他批发业	**5037**	**4845**	**191**	**3615**	**155**	**1554**	**18**	
再生物资回收与批发	1317	1179	56	425	2	232		
其他未列明批发业	3720	3666	135	3189	153	1321	18	
按登记注册类型分								
内资企业	**561303**	**311226**	**12570**	**126344**	**37813**	**91692**	**7624**	**231**
国有企业	18325	54896	1731	-4201	5511	602	53	
集体企业	3	685	56	148				
股份合作企业	20	195		11		11		
有限责任公司	369246	164777	7730	78898	24694	58532	6336	158
国有独资公司	51492	26086	881	11278	1793	8720	2700	
其他有限责任公司	317753	138691	6849	67620	22901	49812	3636	158
股份有限公司	72937	44186	1213	18489	6110	21774	1180	16
私营企业	100636	46357	1839	32880	1498	10773	55	57
私营独资企业	33	66	10	113				
私营有限责任公司	98467	45116	1817	29007	1450	7019	55	57
私营股份有限公司	2135	1175	12	3759	48	3755		
其他企业	137	131	2	121				
港、澳、台商投资企业	**664**	**840**	**8**	**-121**	**45**			
港澳台商独资企业	664	840	8	-121	45			
外商投资企业	**16493**	**949**	**64**	**-118**	**181**	**4**		
中外合资经营企业	16417	912	64	-118	181	4		
外资企业	76	36		1				
按控股情况分								
国有控股	202727	142830	5533	38448	14362	35243	5777	
集体控股	7688	3610	187	1209	3829	4897		
私人控股	279044	128634	5400	74898	5915	35602	608	52
港澳台商控股	664	840	8	-121	45			
外商控股	13385	781	37	-4	1			
其他	74951	36320	1478	11676	13888	15955	1238	179
按经营形式分								
独立门店	299631	152938	8487	57426	17574	41598	3229	213
连锁总店	1323	525	19	-99	120	10	15	
连锁门店	13595	797	40	-61	1			
其他	263910	158755	4097	68840	20344	50087	4380	18
按单位规模分								
大型	265202	125523	3776	39698	14105	30297	6090	
中型	254147	132204	5161	62721	20778	44534	1183	69
小型	55122	51158	3395	19376	2385	14698	328	145
微型	3989	4129	311	4311	771	2166	22	17
零售业	**489715**	**317082**	**7502**	**87402**	**8950**	**65972**	**1043**	**484**
按零售行业小类分								
综合零售	**175325**	**151557**	**2865**	**13620**	**1732**	**10672**	**86**	**135**
百货零售	94632	128025	2500	13207	1244	10345	21	15
超级市场零售	79889	22621	332	356	483	305	64	118
其他综合零售	804	910	34	57	6	21	1	2

11-6 续表 18 (2014 年) 单位:万元

指标	损益及分配							
	销售费用	管理费用	税金	财务费用	利息收入	利息支出	资产减值损失	公允价值变动收益
食品、饮料及烟草制品专门零售	**6654**	**5668**	**115**	**1688**	**82**	**1010**	**53**	**49**
粮油零售	124	153	11	89		79		
糕点、面包零售	164	165						
果品、蔬菜零售	350	1161	1	208	3	37		
肉、禽、蛋、奶及水产品零售	3183	1570	39	617	21	324	53	43
酒、饮料及茶叶零售	1286	927	27	196	19	164		6
其他食品零售	1548	1691	37	577	38	405		
纺织、服装及日用品专门零售	**26763**	**7776**	**220**	**1497**	**115**	**1229**		
纺织品及针织品零售	2192	791	17	55		36		
服装零售	16306	4374	173	1118	68	772		
鞋帽零售	621	487	7	115	4	31		
化妆品及卫生用品零售	3129	901	4	-112	-111	2		
钟表、眼镜零售	3717	147	10	64	15	78		
其他日用品零售	798	1075	9	255	139	311		
文化、体育用品及器材专门零售	**12644**	**10026**	**272**	**2694**	**177**	**2301**	**175**	**42**
文具用品零售	38	137	9	12		11		
体育用品及器材零售	3898	933	29	236	1	229	65	39
图书、报刊零售	4412	5405	48	101	-11	44	97	
珠宝首饰零售	3891	1637	177	1960	187	2013	10	
工艺美术品及收藏品零售	94	1552	1	358			4	3
乐器零售	46	55	1	4				
照相器材零售	227	280	7	23	1	3		
其他文化用品零售	40	28						
医药及医疗器材专门零售	**27212**	**9838**	**348**	**1527**	**446**	**935**	**22**	
药品零售	26383	9090	339	1510	441	934	22	
医疗用品及器材零售	830	748	9	17	5	1		
汽车、摩托车、燃料及零配件专门零售	**167337**	**98190**	**2925**	**62077**	**5880**	**47164**	**188**	**38**
汽车零售	152825	92396	2506	60602	5856	46801	172	
汽车零配件零售	3259	2659	98	562	14	273		
摩托车及零配件零售	217	299	5	13				
机动车燃料零售	11036	2836	317	900	9	89	16	38
家用电器及电子产品专门零售	**65586**	**27196**	**540**	**2395**	**372**	**1084**	**118**	**219**
家用视听设备零售	1598	1355	92	277		109	32	199
日用家电设备零售	45595	12903	152	403	314	220	80	
计算机、软件及辅助设备零售	3720	8066	156	925	20	601	1	5
通信设备零售	13862	3729	108	687	37	136		
其他电子产品零售	812	1142	33	103	2	20	5	15
五金、家具及室内装饰材料专门零售	**6646**	**4973**	**123**	**1317**	**52**	**1083**		
五金零售	3350	1897	73	234	5	131		
家具零售	3161	2891	48	1050	46	952		
陶瓷、石材装饰材料零售	50	127		33				
其他室内装饰材料零售	84	57	1					
货摊、无店铺及其他零售业	**1549**	**1858**	**95**	**588**	**94**	**495**	**401**	**1**
生活用燃料零售	739	1040	60	610	90	516	401	1
其他未列明零售业	810	818	35	-23	3	-22		
按登记注册类型分								
内资企业	**399257**	**244368**	**5215**	**82727**	**7349**	**60416**	**886**	**484**
国有企业	1299	1601	68	267	7	89	11	18
集体企业	485	571	47	63		7		
股份合作企业	46	40						
联营企业	23	173						

11-6 续表 19 （2014 年） 单位：万元

指标	损益及分配							
	销售费用	管理费用		财务费用			资产减值损失	公允价值变动收益
			税金		利息收入	利息支出		
其他联营企业	23	173						
有限责任公司	327023	180288	3368	44477	4634	32533	722	360
国有独资公司	1017	1242	37	469	5	483	454	
其他有限责任公司	326005	179046	3331	44008	4629	32049	268	360
股份有限公司	12969	13743	260	8278	772	5918		
私营企业	57352	47851	1468	29637	1936	21870	153	105
私营独资企业	77	55	14	17	6	6		
私营合伙企业	88	222		170	76	246		
私营有限责任公司	56148	45672	1401	28573	1820	20813	131	83
私营股份有限公司	1039	1902	53	877	34	805	21	23
其他企业	61	101	4	5				
港、澳、台商投资企业	**49730**	**67542**	**2138**	**3579**	**1085**	**4510**	**5**	
与港澳台商合资经营企业	9363	3831	144	1147	98	1206	5	
港澳台商独资企业	37668	62605	1989	2473	987	3304		
港澳台商投资股份有限公司	2699	1106	5	-41				
外商投资企业	**40728**	**5172**	**150**	**1097**	**516**	**1047**	**153**	
中外合资经营企业	9692	1526	55	207	113	224		
外资企业	27624	2310	56	931	270	803	51	
外商投资股份有限公司	3099	1187	37	-28	133	33	101	
其他外商投资企业	312	149	2	-13		-13		
按控股情况分								
国有控股	24209	12854	279	3932	-30	3724	508	18
集体控股	6801	11993	123	87	562	207	44	
私人控股	276996	133509	3753	56315	4831	39351	306	464
港澳台商控股	43908	65178	2033	2630	1005	3521		
外商控股	40825	5284	150	1103	516	1047	153	
其他	96976	88265	1165	23336	2065	18123	33	1
按经营形式分								
独立门店	300199	184763	4675	79239	7168	58004	472	484
连锁总店	132028	98868	2357	3888	1322	4213	121	
连锁门店	34698	18541	143	575	43	313	36	
其他	22790	14909	327	3700	417	3443	415	
按单位规模分								
大型	212901	155664	2620	13650	1743	9638	124	
中型	225706	123132	3340	64861	6860	51235	337	120
小型	46614	33570	1429	8042	338	4939	583	363
微型	4494	4716	114	849	10	159		
按零售业态分								
有店铺零售	486469	315373	7458	86842	9052	65300	644	484
食杂店	74	114	9	6				
便利店	682	1043	13	41		8		
折扣店	24	34						
超市	8276	4491	190	282	25	95	74	161
大型超市	129969	97145	2223	3562	1439	4329	4	
仓储会员店	40	28						
百货店	44945	51830	524	10312	423	6751	61	17
专业店	186128	102624	2706	38509	4363	26938	450	305
专卖店	105533	50126	1665	32060	2746	26160	55	
家居建材商店	886	176	3	-1	1			
购物中心	2822	1013	37	224	10	151		
厂家直销中心	7090	6749	89	1848	46	867		
无店铺零售	3246	1709	44	560	-102	673	400	

11-6 续表 20 （2014 年） 单位:万元

指标	投资收益	营业利润	营业外收入	补贴收入	利润总额	应交所得税	人工成本及增值税		从事批发和零售业活动的从业人员平均人数(人)
							应付职工薪酬	应交增值税	
总计	**45831**	**1033164**	**90926**	**6114**	**1040339**	**184283**	**498269**	**336394**	**102975**
批发业	**42652**	**845158**	**28091**	**5467**	**858095**	**137216**	**243506**	**219624**	**39476**
按批发行业小类分									
农、林、牧产品批发	**1915**	**-2634**	**6716**	**90**	**2113**	**380**	**9541**	**304**	**1613**
谷物、豆及薯类批发	-17	12019	908		12927	2	715	37	120
种子批发	-51	3407	1143	90	4427	230	5428		788
饲料批发		546			507	135	1052	120	337
棉、麻批发	-73	-3406	4578		-789	11	612	123	116
牲畜批发	1308	1197	86		1435		1094		105
其他农牧产品批发	748	-16396			-16394	2	641	24	147
食品、饮料及烟草制品批发	**549**	**379084**	**9410**	**4042**	**391211**	**38220**	**70498**	**52665**	**6334**
米、面制品及食用油批发	111	-17871	6555	3472	-8755	441	10625	1183	1741
糕点、糖果及糖批发	111	-1918	1985	4	59	35	1004	872	216
果品、蔬菜批发	80	255267	556	478	255763	130	3324	5	1040
肉、禽、蛋、奶及水产品批发		996	1		1164	317	739	188	388
盐及调味品批发	10	2615	14		2631	656	2977	1286	580
酒、饮料及茶叶批发		-282	130	41	-294	401	2139	805	597
烟草制品批发	238	137352	170	46	137720	36135	46315	45565	940
其他食品批发		2926	1		2922	104	3376	2761	832
纺织、服装及家庭用品批发	**1750**	**73215**	**1101**	**64**	**73598**	**19032**	**15404**	**24916**	**3113**
纺织品、针织品及原料批发	1642	10018	898	21	10271	2917	3096	621	534
服装批发	59	2578	51	43	2628	506	3544	5162	1308
化妆品及卫生用品批发		15597	2		15597	3901	1849	5831	551
家用电器批发	50	44964	150		45067	11676	6520	13221	651
其他家庭用品批发		58			36	33	395	81	69
文化、体育用品及器材批发	**669**	**8723**	**962**		**9526**	**883**	**12453**	**2884**	**1663**
文具用品批发		-189	144		-153	17	823	403	136
体育用品及器材批发	231	479			479	120	533	345	142
图书批发	16	6305	592		6843	23	5089	55	581
首饰、工艺品及收藏品批发	340	501			501	128	390	104	195
其他文化用品批发	82	1628	226		1856	596	5619	1978	609
医药及医疗器材批发	**85**	**113013**	**1242**	**376**	**113324**	**20207**	**32047**	**34042**	**7561**
西药批发	4	13250	308	4	13107	4036	12195	9700	2833
中药批发	81	78691	770	372	79201	11165	17313	18017	3878
医疗用品及器材批发		21071	164		21017	5006	2538	6325	850
矿产品、建材及化工产品批发	**37228**	**201610**	**5044**	**678**	**197499**	**49925**	**63542**	**71430**	**10859**
煤炭及制品批发	1591	101957	150	8	102209	17008	14452	17921	1962
石油及制品批发	1120	8340	3664		7230	9115	24586	29585	3314
非金属矿及制品批发	2	3076	38	30	3794	1044	1617	1156	483
金属及金属矿批发	93	28872	644	242	29069	8445	7097	7003	1624
建材批发	34422	51311	52		45448	11938	10107	10975	2237
化肥批发		288	388	388	678	324	292	8	54
农药批发		-128			-130	23	650	100	200
其他化工产品批发		7895	107	10	9200	2028	4741	4683	985
机械设备、五金产品及电子产品批发	**456**	**65405**	**3495**	**209**	**65387**	**6878**	**35609**	**27763**	**7463**
农业机械批发		1518	16	8	1535	126	354	414	118
汽车批发	16	35807	431	24	35555	438	5677	11966	1485
汽车零配件批发		3583	87	54	2690	544	1335	637	426
摩托车及零配件批发		348	9	2	350	159	777	386	330
五金产品批发	27	4152	18	18	4057	414	1471	425	360
电气设备批发		1083	126		952	170	1243	537	330

11-6 续表21 （2014年） 单位：万元

指标	投资收益	营业利润	营业外收入	补贴收入	利润总额	应交所得税	人工成本及增值税 应付职工薪酬	应交增值税	从事批发和零售业活动的从业人员平均人数（人）
计算机、软件及辅助设备批发	409	1411	75	38	1435	209	2830	726	674
通讯及广播电视设备批发		526	14		524	149	1294	363	279
其他机械设备及电子产品批发	4	16976	2720	65	18290	4670	20628	12310	3461
贸易经纪与代理		16	8	8	24	4	76		23
贸易代理			4	4	4	1	46		12
其他贸易经纪与代理		16	4	4	20	3	30		11
其他批发业		**6726**	**113**		**5413**	**1687**	**4338**	**5619**	**847**
再生物资回收与批发		6702			5490	1286	691	685	188
其他未列明批发业		24	113		-77	401	3648	4935	659
按登记注册类型分									
内资企业	**41344**	**828044**	**27998**	**5467**	**840985**	**133332**	**240656**	**213547**	**39031**
国有企业	10	139964	1292	58	140759	37200	50032	47386	1653
集体企业		4021			858		123	41	40
股份合作企业		-44			-44	4	266	29	132
有限责任公司	37313	564796	13686	4912	571911	59284	134957	95078	25764
国有独资公司	34496	38007	5180	3460	46104	9376	21824	4459	3219
其他有限责任公司	2818	526789	8506	1452	525807	49908	113133	90619	22545
股份有限公司	1070	47145	4893	342	47333	16660	28723	37405	4066
私营企业	2952	71861	8128	155	79869	20109	26521	33549	7342
私营独资企业		2998			2998		83	195	26
私营有限责任公司	2952	72931	3555	155	76365	20012	26035	32821	7228
私营股份有限公司		-4067	4573		506	97	404	533	88
其他企业		301			300	75	34	58	34
港、澳、台商投资企业	**1308**	**1581**	**86**		**1667**	**22**	**2197**	**113**	**377**
港澳台商独资企业	1308	1581	86		1667	22	2197	113	377
外商投资企业		**15533**	**6**		**15442**	**3862**	**653**	**5964**	**68**
中外合资经营企业		15493	2		15397	3862	631	5964	64
外资企业		41	4		45		21		4
按控股情况分									
国有控股	36775	345552	12607	3917	356030	73943	112920	106610	10639
集体控股	635	-13783			-16974	13	1700	97	251
私人控股	3111	421142	13179	1132	435530	37903	81796	73368	20359
港澳台商控股	1308	1581	86		1667	22	2197	113	377
外商控股		15554	6		15559	3872	194	5683	32
其他	824	75112	2214	417	66282	21463	44698	33754	7818
按经营形式分									
独立门店	4909	577753	17974	2529	585861	55205	110673	91637	23698
连锁总店		328			328	121	629	125	428
连锁门店		15975	2		15977	3891	1739	5845	441
其他	37743	251103	10114	2938	255930	77999	130465	122016	14909
按单位规模分									
大型	35476	608751	5157	434	608141	78245	112672	119923	12329
中型	5478	148292	13814	2967	165330	32920	91476	69554	18076
小型	311	92556	8442	2056	86570	25913	36985	29614	8241
微型	1388	-4440	677	10	-1947	137	2374	533	830
零售业	**3179**	**188006**	**62835**	**647**	**182245**	**47067**	**254763**	**116770**	**63499**
按零售行业小类分									
综合零售	**284**	**85573**	**2141**	**24**	**89296**	**22927**	**77959**	**34396**	**23434**
百货零售	47	73569	1373	24	79004	22257	42400	27380	12322
超级市场零售	181	9873	768		8390	263	34610	6860	10679
其他综合零售	57	2131			1902	407	949	155	433

11-6 续表 22　　（2014 年）　　单位：万元

指标	投资收益	营业利润	营业外收入	补贴收入	利润总额	应交所得税	人工成本及增值税 应付职工薪酬	应交增值税	从事批发和零售业活动的从业人员平均人数(人)
食品、饮料及烟草制品专门零售	**40**	**6500**	**372**	**304**	**5346**	**683**	**7067**	**1368**	**1900**
粮油零售		487	4	2	34	1	168	65	79
糕点、面包零售		−77	9		−68	3	228	19	82
果品、蔬菜零售		1230	306	285	1659		1964	179	482
肉、禽、蛋、奶及水产品零售	21	2964	33	18	1355	144	2788	96	649
酒、饮料及茶叶零售	19	1132	9		1133	339	1074	752	297
其他食品零售		765	11		1233	196	846	256	311
纺织、服装及日用品专门零售		**2707**	**60**	**16**	**3099**	**1274**	**10180**	**6389**	**3120**
纺织品及针织品零售		115	2		4	76	1123	281	391
服装零售		539	37		1265	548	4175	3323	1287
鞋帽零售		297			68	17	654	222	305
化妆品及卫生用品零售		−733	10	8	−726	2	1924	1023	453
钟表、眼镜零售		1710	1		1710	437	1388	1288	332
其他日用品零售		779	11	8	777	194	917	254	352
文化、体育用品及器材专门零售	**206**	**5160**	**198**	**147**	**3818**	**504**	**9273**	**1814**	**2272**
文具用品零售		200			200	12	82	219	29
体育用品及器材零售	26	791	113	93	894	34	1925	922	638
图书、报刊零售	20	1805	47	35	1834	51	5003	111	924
珠宝首饰零售	10	81	18	8	−212	358	1199	360	368
工艺美术品及收藏品零售	150	2139	12	8	923	42	618	146	182
乐器零售		−5	8	3		1	48	8	18
照相器材零售		135			164	4	380	36	98
其他文化用品零售		14			14	3	19	11	15
医药及医疗器材专门零售	**43**	**6935**	**226**		**6755**	**469**	**10243**	**6470**	**3343**
药品零售	43	6663	223		6500	392	9897	6334	3258
医疗用品及器材零售		272	2		255	77	345	136	85
汽车、摩托车、燃料及零配件专门零售	**2616**	**53641**	**57146**	**61**	**55249**	**16380**	**102349**	**53126**	**21447**
汽车零售	2559	25159	56847	55	30236	11064	95475	47003	19800
汽车零配件零售		1176	125		1262	306	2833	671	645
摩托车及零配件零售		134			134	34	312	42	69
机动车燃料零售	57	27173	174	7	23617	4977	3730	5411	933
家用电器及电子产品专门零售	**−18**	**18882**	**1299**	**92**	**12435**	**3961**	**32039**	**11403**	**6335**
家用视听设备零售	13	9542	13		9151	2304	1458	1308	460
日用家电设备零售	12	2247	389		2199	651	17872	7002	2553
计算机、软件及辅助设备零售	2	1978	656	92	2238	466	6167	1274	1575
通信设备零售	−75	2134	232		−1921	372	5415	1451	1343
其他电子产品零售	30	2981	8		768	167	1128	367	404
五金、家具及室内装饰材料专门零售		**5985**	**1302**	**3**	**5043**	**491**	**4074**	**1508**	**1255**
五金零售		1224	19	3	981	303	2247	1018	707
家具零售		4605	1283		3907	152	1782	449	530
陶瓷、石材装饰材料零售		131			131	33	23	30	6
其他室内装饰材料零售		24			24	3	22	12	12
货摊、无店铺及其他零售业	**7**	**2623**	**92**		**1205**	**378**	**1580**	**298**	**393**
生活用燃料零售	7	2448	87		1034	332	1084	108	280
其他未列明零售业		175	5		170	46	496	190	113
按登记注册类型分									
内资企业	**2174**	**101332**	**62241**	**617**	**94902**	**24201**	**221922**	**87378**	**55400**
国有企业	82	3267			2563	117	1177	306	582
集体企业		2624			964	196	1164	112	427
股份合作企业		−8			−8	1	86	4	14
联营企业		1573			1573		163	18	58

11-6 续表 23 （2014 年） 单位：万元

指标	投资收益	营业利润	营业外收入	补贴收入	利润总额	应交所得税	人工成本及增值税		从事批发和零售业活动的从业人员平均人数(人)
							应付职工薪酬	应交增值税	
其他联营企业		1573			1573		163	18	58
有限责任公司	5	80702	59685	221	74126	19353	168148	70554	39481
国有独资公司		974	4		976	213	1333	794	185
其他有限责任公司	5	79728	59681	221	73150	19140	166814	69760	39296
股份有限公司	929	4157	436		4488	831	7245	4429	2157
私营企业	1159	8657	2119	396	10836	3701	43838	11955	12621
私营独资企业		2057			2671	1	190	208	47
私营合伙企业		-28			-28	15	220		110
私营有限责任公司	1122	4961	2116	396	6611	3611	42065	11509	12055
私营股份有限公司	36	1667	3		1582	74	1364	238	409
其他企业		360			360	2	103	1	60
港、澳、台商投资企业	**982**	**86599**	**441**	**30**	**87500**	**21946**	**18066**	**13006**	**4660**
与港澳台商合资经营企业	982	8878	84	30	8993	2032	5394	4159	722
港澳台商独资企业		76618	347		77464	19914	11800	8605	3816
港澳台商投资股份有限公司		1103	11		1044		872	242	122
外商投资企业	**22**	**75**	**153**		**-158**	**920**	**14775**	**16386**	**3439**
中外合资经营企业		1910	35		2061	82	1352	12910	850
外资企业		-4768	105		-6460	103	9119	2507	1978
外商投资股份有限公司	22	2786	9		2817	705	3962	970	532
其他外商投资企业		148	3		1424	29	342		79
按控股情况分									
国有控股	82	16076	135	2	15410	3270	12124	6462	2471
集体控股		12249	85		10618	704	5357	13092	1393
私人控股	1237	71188	6661	501	66480	14761	150492	48509	39612
港澳台商控股		84535	388	30	85470	21657	16232	11634	4244
外商控股	22	-12	154		-244	920	14895	16390	3441
其他	1838	3970	55413	114	4511	5756	55663	20684	12338
按经营形式分									
独立门店	3064	101665	60199	261	93479	24013	172283	84995	42174
连锁总店	55	80122	1145	5	80041	21151	53959	25052	13308
连锁门店		3005	591		3505	183	14433	2418	4429
其他	60	3214	900	381	5220	1721	14089	4306	3588
按单位规模分									
大型	865	89620	2329	123	95912	23389	88303	44931	21919
中型	2042	50574	59227	390	45103	15400	134057	58403	30997
小型	272	41441	1219	103	34884	7069	29973	11546	9280
微型		6371	60	31	6346	1209	2431	1890	1303
按零售业态分									
有店铺零售	3159	187054	62832	647	181298	46997	252333	115301	62977
食杂店		903			903	85	119	55	28
便利店		551	16	8	569	45	1204	196	458
折扣店					-9	1		8	7
超市	202	3889	46	35	2309	418	6653	1220	2369
大型超市		80688	1242		78956	20074	52526	15905	15953
仓储会员店		14			14	3	19	11	15
百货店	104	-1820	903	32	5077	2318	22204	18268	5951
专业店	2249	80956	4370	216	73492	17137	106965	54461	24694
专卖店	577	16576	54516	59	13880	6112	56256	23981	11831
家居建材商店		-115	1291		-288		578	42	148
购物中心		498	20		1042	41	686	227	269
厂家直销中心	28	4914	429	298	5352	763	5125	926	1254
无店铺零售	20	951	3		947	70	2430	1470	522

11-7 限额以上住宿和餐饮业法人企业财务状况

（2014 年）

单位：万元

指标	法人企业数（个）	执行《2006年企业会计准则》企业数（个）	年初存货	流动资产合计	应收帐款	存货	固定资产合计	固定资产原价
总计	**392**	**311**	**37041**	**761515**	**101194**	**35467**	**429441**	**807528**
住宿业	**207**	**170**	**25666**	**542047**	**83126**	**23706**	**314332**	**640602**
按住宿业行业小类分								
旅游饭店	120	95	16899	484041	78683	14711	245968	523432
一般旅馆	78	69	8706	56321	4196	8938	66899	115242
其他住宿业	9	6	61	1685	248	58	1465	1927
按登记注册类型分								
内资企业	**201**	**164**	**18598**	**358480**	**82133**	**16832**	**274151**	**541274**
国有企业	27	20	3988	43752	3480	4048	76306	164467
集体企业	4	3	774	9598	1028	735	7369	17623
有限责任公司	111	91	9934	213060	67228	8715	135972	252031
国有独资公司	5	3	595	8850	474	528	24237	42165
其他有限责任公司	106	88	9340	204210	66753	8187	111736	209866
股份有限公司	8	7	160	36513	1264	81	9154	27663
私营企业	51	43	3741	55558	9133	3254	45350	79492
私营独资企业	1		19	26	3	21	68	
私营有限责任公司	49	42	3705	55484	9131	3221	45245	79027
私营股份有限公司	1	1	17	48		11	36	464
港、澳、台商投资企业	**6**	**6**	**7068**	**183567**	**993**	**6874**	**40181**	**99327**
与港澳台商合资经营企业	5	5	6833	169657	987	6641	37918	80497
与港澳台商合作经营企业	1	1	235	13910	6	232	2263	18830
按控股情况分								
国有控股	53	41	6711	88241	6795	6349	144082	304358
集体控股	8	5	952	10552	1376	845	10480	24286
私人控股	116	96	8440	224115	72025	7723	101796	176553
港澳台商控股	5	5	7057	182756	933	6866	39965	97236
其他	25	23	2507	36382	1997	1923	18009	38168
按经营形式分								
独立门店	195	159	25348	535835	83257	22528	309760	625831
连锁总店	1	1	82	2362	2	77	570	7878
连锁门店	7	6	102	2654	−250	924	2224	4377
其他	4	4	134	1197	118	178	1778	2516
按单位规模分								
大型	3	3	2697	206537	58648	2493	45759	85321
中型	48	41	15181	221507	13045	14135	181240	377862
小型	147	118	7287	98614	11107	6665	81628	153021
微型	9	8	501	15389	326	413	5705	24398
按星级分								
五星	14	13	4152	280156	60154	3603	97453	192778
四星	27	23	9768	107376	6375	9335	62038	141126
三星	40	32	3446	44731	5489	2942	52523	125120

11-7 续表1 (2014年) 单位:万元

指标	法人企业数(个)	执行《2006年企业会计准则》企业数(个)	年初存货	流动资产合计	应收帐款	存货	固定资产合计	固定资产原价
二星	9	6	426	3494	145	471	9168	15530
其他	117	96	7875	106290	10963	7354	93150	166048
餐饮业	**185**	**141**	**11375**	**219468**	**18068**	**11761**	**115109**	**166927**
按餐饮业行业小类分								
正餐服务	172	130	7102	192090	12025	7929	77631	111356
快餐服务	8	6	3465	17172	3984	3232	27886	40264
其他餐饮业	5	5	808	10205	2058	601	9592	15307
餐饮配送服务	1	1	127	3508	1714	104	2218	3183
其他未列明餐饮业	4	4	682	6698	345	497	7375	12124
按登记注册类型分								
内资企业	**179**	**137**	**7799**	**199945**	**13894**	**8462**	**87336**	**125689**
集体企业	1		56	527	1	35	2459	2803
股份合作企业	1	1	5	26		5	539	808
有限责任公司	96	77	5019	152441	5960	5277	52099	78728
其他有限责任公司	96	77	5019	152441	5960	5277	52099	78728
股份有限公司	3	3	247	1436	484	295	1112	1507
私营企业	78	56	2472	45515	7449	2849	31126	41843
私营独资企业	7	5	193	4258	2810	96	5872	7464
私营合伙企业	1			45			4	4
私营有限责任公司	66	47	2175	40327	4464	2630	23358	32356
私营股份有限公司	4	4	104	885	174	124	1893	2019
港、澳、台商投资企业	**2**	**2**	**396**	**1606**		**373**	**5217**	**7330**
与港澳台商合作经营企业	1	1	396	1606		373	5217	7330
港澳台商独资企业	1	1						
外商投资企业	**4**	**2**	**3179**	**17916**	**4174**	**2927**	**22555**	**33908**
外资企业	4	2	3179	17916	4174	2927	22555	33908
按控股情况分								
国有控股	1	1	304	315	-6	238	128	596
集体控股	1		56	527	1	35	2459	2803
私人控股	151	117	5074	136994	11526	6173	68636	96980
港澳台商控股	2	2	396	1606		373	5217	7330
外商控股	4	2	3179	17916	4174	2927	22555	33908
其他	26	19	2365	62110	2373	2016	16114	25311
按经营形式分								
独立门店	164	126	7081	178451	12903	7834	83806	121325
连锁总店	4	3	3698	35374	4032	3435	28737	41728
连锁门店	9	6	96	1612	39	135	477	1057
其他	8	6	500	4030	1094	358	2089	2817
按单位规模分								
大型	2	2	2808	6144		2956	13527	19684
中型	18	12	2971	130786	10753	2501	44684	71593
小型	150	118	5553	81581	6614	6239	56793	75496
微型	15	9	43	957	702	64	105	153

11-7 续表 2 （2014 年） 单位:万元

指标	期末资产负债							
	累计折旧	本年折旧	在建工程	资产总计	流动负债合计	应付帐款	非流动负债合计	负债合计
总计	**382657**	**59343**	**92238**	**1561494**	**1028409**	**71402**	**238499**	**1266908**
住宿业	**329166**	**47206**	**58720**	**1128208**	**722969**	**46236**	**178559**	**901528**
按住宿业行业小类分								
旅游饭店	279210	33298	41372	955519	617731	33325	147400	765131
一般旅馆	49426	13804	17348	168944	103540	12435	31153	134693
其他住宿业	530	104		3745	1699	477	5	1704
按登记注册类型分								
内资企业	**271515**	**39477**	**36666**	**865839**	**531073**	**38155**	**127948**	**659021**
国有企业	89623	7938	9295	136572	54254	7737	17989	72243
集体企业	10253	159		19510	12485	107	2593	15077
有限责任公司	117567	23496	24517	445535	258857	19493	75791	334648
国有独资公司	18973	5049	835	41070	25747	1263	256	26003
其他有限责任公司	98594	18447	23682	404465	233110	18231	75535	308645
股份有限公司	18675	1291	188	54090	19967	578	1283	21250
私营企业	35398	6594	2666	210133	185510	10239	30293	215803
私营独资企业				600	327	23		327
私营有限责任公司	34970	6555	2666	209363	185134	10196	30184	215318
私营股份有限公司	428	39		170	49	21	108	157
港、澳、台商投资企业	**57650**	**7729**	**22054**	**262369**	**191897**	**8081**	**50610**	**242507**
与港澳台商合资经营企业	42062	8441	18095	241290	188160	7595	37657	225817
与港澳台商合作经营企业	15588	−712	3959	21079	3736	487	12953	16690
按控股情况分								
国有控股	162796	21409	21251	276667	129382	13010	30089	159471
集体控股	14011	463		23725	13735	258	2740	16475
私人控股	76293	13307	15070	497448	343138	22523	77995	421134
港澳台商控股	55775	7722	22049	261337	191780	8010	50610	242390
其他	20291	4305	350	69032	44934	2435	17124	62058
按经营形式分								
独立门店	318967	46183	58430	1111359	716331	45025	177920	894251
连锁总店	7308	537		3428	333		639	972
连锁门店	2153	402	290	10045	5222	1148		5222
其他	738	84		3376	1084	63		1084
按单位规模分								
大型	39562	2764	6551	275012	178777	5112	42632	221409
中型	196466	32658	44023	583228	382459	21219	92361	474819
小型	75338	12347	4141	242236	154119	18752	29699	183818
微型	17799	−563	4005	27733	7615	1154	13867	21482
按星级分								
五星	93829	15595	8629	507928	362342	8441	104463	466805
四星	78834	9692	20050	206864	119289	12267	29847	149136
三星	73561	11163	1286	119974	57085	5534	23547	80633
二星	8894	711	1318	14494	6938	1657	4425	11363

11-7　续表 3　　　　(2014 年)　　　　单位:万元

指标	期末资产负债							
	累计折旧	本年折旧	在建工程	资产总计	流动负债合计	应付帐款	非流动负债合计	负债合计
其他	74049	10045	27438	278948	177315	18337	16277	193591
餐饮业	**53491**	**12137**	**33519**	**433286**	**305439**	**25166**	**59940**	**365380**
按餐饮业行业小类分								
正餐服务	35399	8246	31624	338960	226654	14060	48872	275526
快餐服务	12378	2607	1584	71947	59482	9663	10668	70150
其他餐饮业	5715	1285	311	22380	19303	1442	400	19703
餐饮配送服务	965	541		6397	1437	750		1437
其他未列明餐饮业	4750	743	311	15983	17866	692	400	18266
按登记注册类型分								
内资企业	40025	9393	31934	357659	242410	14973	48768	291178
集体企业	344	344	2225	5216	1786	509		1786
股份合作企业	268	19		842	697			697
有限责任公司	26806	5996	25771	254830	173852	9125	45717	219569
其他有限责任公司	26806	5996	25771	254830	173852	9125	45717	219569
股份有限公司	394	171		4814	2801	199		2801
私营企业	12213	2863	3939	91958	63273	5139	3051	66324
私营独资企业	1593	904		12969	6041	449	445	6486
私营合伙企业				49	14			14
私营有限责任公司	10495	1835	2344	75611	54419	4524	2606	57025
私营股份有限公司	126	124	1595	3329	2799	167		2799
港、澳、台商投资企业	**2112**	**65**		**12388**	**17507**		**552**	**18059**
与港澳台商合作经营企业	2112	65		12388	17507		552	18059
港澳台商独资企业								
外商投资企业	**11353**	**2679**	**1584**	**63239**	**45523**	**10193**	**10620**	**56143**
外资企业	11353	2679	1584	63239	45523	10193	10620	56143
按控股情况分								
国有控股	468	113		1977	2774	158		2774
集体控股	344	344	2225	5216	1786	509		1786
私人控股	30017	7151	23669	258296	163982	10213	35380	199362
港澳台商控股	2112	65		12388	17507		552	18059
外商控股	11353	2679	1584	63239	45523	10193	10620	56143
其他	9196	1785	6040	92170	73868	4093	13388	87256
按经营形式分								
独立门店	39192	8886	30108	326861	207942	12214	48761	256703
连锁总店	12991	2922	1584	96201	90380	11974	10654	101034
连锁门店	580	167		2147	800	99	7	807
其他	728	162	1826	8077	6318	878	518	6836
按单位规模分								
大型	6157	65	1570	43642	45924	2247	2616	48541
中型	27761	7137	22418	217404	163870	13997	22658	186528
小型	19520	4922	9530	171102	94970	8889	34665	129636
微型	53	13		1139	675	32		675

11-7 续表 4　　(2014 年)　　单位:万元

指标	所有者权益合计	实收资本						
			国家资本	集体资本	法人资本	个人资本	港澳台资本	外商资本
总计	**294587**	**384820**	**111690**	**6867**	**127909**	**85201**	**49748**	**3404**
住宿业	**226680**	**310214**	**110648**	**6048**	**101680**	**44162**	**47676**	**1**
按住宿业行业小类分								
旅游饭店	190388	253606	103027	4643	75363	32936	37637	
一般旅馆	34252	54920	7594	1405	25826	10055	10039	1
其他住宿业	2041	1688	27		492	1170		
按登记注册类型分								
内资企业	**206818**	**231356**	**91695**	**5661**	**89837**	**44162**	**1**	**1**
国有企业	64329	72467	58550		13917			
集体企业	4433	4076	626	2996	453			
有限责任公司	110886	118578	32478	2214	56986	26899	1	1
国有独资公司	15067	27775	22775		5000			
其他有限责任公司	95820	90804	9704	2214	51986	26899	1	1
股份有限公司	32840	10723		419	5920	4384		
私营企业	-5670	25512	41	32	12561	12879		
私营独资企业	273	260			260			
私营有限责任公司	-5956	25242	41	32	12301	12869		
私营股份有限公司	13	10				10		
港、澳、台商投资企业	**19862**	**78858**	**18952**	**386**	**11843**		**47676**	
与港澳台商合资经营企业	15472	65490	10238	386	11843		43023	
与港澳台商合作经营企业	4390	13367	8714				4653	
按控股情况分								
国有控股	117196	135361	90640	76	44220	425		
集体控股	7250	7404	626	5034	1653	90		
私人控股	76315	77634	42	451	33661	43480	1	1
港澳台商控股	18947	75345	18952	386	10262		45744	
其他	6973	14470	388	100	11883	167	1932	
按经营形式分								
独立门店	217108	303002	110373	5840	99349	39764	47676	1
连锁总店	2457	500	75			425		
连锁门店	4824	4604			1131	3473		
其他	2292	2108	200	208	1200	500		
按单位规模分								
大型	53603	74120	24572		10262	10000	29286	
中型	108409	134099	53758	2575	57014	8948	11804	
小型	58418	86797	23604	3054	34399	23807	1933	1
微型	6251	15197	8714	419	4	1408	4653	
按星级分								
五星	41123	103869	36574	386	11542	12320	43047	
四星	57728	72213	28982		34907	5628	2697	
三星	39342	51989	15250	2070	27013	5725	1932	
二星	3130	8941	2339	450	4551	1601		

11-7 续表5 （2014年） 单位:万元

指标	所有者权益合计	实收资本	国家资本	集体资本	法人资本	个人资本	港澳台资本	外商资本
其他	85357	73201	27504	3141	23667	18888	1	1
餐饮业	**67907**	**74606**	**1043**	**820**	**26229**	**41040**	**2072**	**3404**
按餐饮业行业小类分								
正餐服务	63433	62565	1043	820	24125	35573	2	1002
快餐服务	1797	4841			104	265	2070	2402
其他餐饮业	2676	7201			2000	5201		
餐饮配送服务	4960	4100				4100		
其他未列明餐饮业	-2284	3101			2000	1101		
按登记注册类型分								
内资企业	66481	69135	1043	820	26229	41040	2	2
集体企业	3430	1000			500	500		
股份合作企业	145	78				78		
有限责任公司	35261	49477	1041	819	18856	28758	1	2
其他有限责任公司	35261	49477	1041	819	18856	28758	1	2
股份有限公司	2013	1050			50	1000		
私营企业	25634	17530	2	1	6823	10703		
私营独资企业	6483	1576	2	1	633	940		
私营合伙企业	34	30				30		
私营有限责任公司	18587	15713			6160	9552		
私营股份有限公司	530	211			30	181		
港、澳、台商投资企业	**-5670**	**2070**					**2070**	
与港澳台商合作经营企业	-5670	2070					2070	
港澳台商独资企业								
外商投资企业	**7096**	**3402**						**3402**
外资企业	7096	3402						3402
按控股情况分								
国有控股	-797	1000	1000					
集体控股	3430	1000			500	500		
私人控股	58934	53834	43	5	16504	37279	2	2
港澳台商控股	-5670	2070					2070	
外商控股	7096	3402						3402
其他	4914	13301		815	9225	3261		
按经营形式分								
独立门店	70159	66786	1043	820	23147	40773	2	1002
连锁总店	-4833	4671			200		2070	2402
连锁门店	1340	1238			1171	67		
其他	1241	1911			1711	200		
按单位规模分								
大型	-4899	3808					2070	1738
中型	30875	24240	32		7434	16110		663
小型	41466	46325	1011	820	18655	24835	2	1002
微型	464	234			139	95		

11-7 续表 6 （2014 年） 单位:万元

指标	营业收入	主营业务收入	营业成本	主营业务成本	营业税金及附加	主营业务税金及附加	其他业务利润
总计	**673680**	**667751**	**266092**	**261702**	**37174**	**36653**	**17993**
住宿业	**372653**	**367148**	**118021**	**115362**	**21540**	**21244**	**7608**
按住宿业行业小类分							
旅游饭店	284755	279994	88341	86043	16425	16146	5954
一般旅馆	83360	82620	28029	27669	4833	4817	1654
其他住宿业	4537	4533	1651	1649	282	280	
按登记注册类型分							
内资企业	**341000**	**336100**	**111142**	**108507**	**19873**	**19577**	**7026**
国有企业	71990	69791	29437	27548	3855	3813	2967
集体企业	6583	6583	1773	1773	333	333	
有限责任公司	186327	184592	56576	55983	11316	11173	3451
国有独资公司	11917	11917	2087	2087	672	672	235
其他有限责任公司	174410	172675	54488	53896	10644	10501	3217
股份有限公司	18698	18698	4258	4258	1085	1085	61
私营企业	57403	56437	19099	18945	3284	3173	548
私营独资企业	600	600	222	222	59	59	
私营有限责任公司	56435	55469	18760	18606	3205	3094	548
私营股份有限公司	368	368	116	116	21	21	
港、澳、台商投资企业	**31653**	**31048**	**6879**	**6855**	**1667**	**1667**	**582**
与港澳台商合资经营企业	26880	26275	6348	6324	1416	1416	582
与港澳台商合作经营企业	4773	4773	531	531	251	251	
按控股情况分							
国有控股	143671	140643	54162	52172	8322	8158	4176
集体控股	11890	11890	4326	4326	589	589	
私人控股	151329	149460	45217	44572	8961	8828	2850
港澳台商控股	31456	30850	6871	6847	1655	1655	582
其他	34308	34305	7446	7446	2013	2013	
按经营形式分							
独立门店	356801	351387	114877	112236	20671	20380	7581
连锁总店	5441	5441	234	234	305	305	
连锁门店	6939	6851	1154	1135	431	425	27
其他	3472	3469	1758	1758	134	134	
按单位规模分							
大型	37745	36138	9556	8559	2115	2115	611
中型	195890	193950	59206	58246	11563	11399	2952
小型	131753	130842	48164	47652	7449	7428	3492
微型	7265	6220	1096	905	413	302	552
按星级分							
五星	68148	67818	14064	14041	3771	3771	300
四星	89377	89071	35108	34971	5249	5237	1286
三星	75049	72612	27593	26694	4764	4503	2594
二星	9257	9257	3259	3169	415	415	1684

11-7 续表 7 （2014 年） 单位：万元

指标	营业收入	主营业务收入	营业成本	主营业务成本	营业税金及附加	主营业务税金及附加	其他业务利润
其他	130822	128390	37997	36486	7341	7318	1745
餐饮业	**301027**	**300603**	**148071**	**146340**	**15634**	**15409**	**10385**
按餐饮业行业小类分							
正餐服务	188373	187948	93915	92184	9768	9543	479
快餐服务	98510	98510	47046	47046	5354	5354	9792
其他餐饮业	14144	14144	7111	7111	512	512	114
餐饮配送服务	6254	6254	4827	4827	72	72	104
其他未列明餐饮业	7890	7890	2284	2284	441	441	10
按登记注册类型分							
内资企业	**201282**	**200858**	**101146**	**99416**	**10145**	**9920**	**593**
集体企业	850	850	524	524	38	38	
股份合作企业	1242	1242	1081	1081	10	10	6
有限责任公司	107778	107515	52616	51948	5297	5208	395
其他有限责任公司	107778	107515	52616	51948	5297	5208	395
股份有限公司	2729	2729	1271	1271	165	165	
私营企业	88684	88523	45654	44592	4635	4499	193
私营独资企业	9961	9861	5308	5308	609	579	12
私营合伙企业	516	516	182	182	29	29	
私营有限责任公司	76405	76344	39217	38155	3929	3823	147
私营股份有限公司	1802	1802	947	947	69	69	34
港、澳、台商投资企业	**20085**	**20085**	**7304**	**7304**	**1067**	**1067**	
与港澳台商合作经营企业	20085	20085	7304	7304	1067	1067	
港澳台商独资企业							
外商投资企业	**79660**	**79660**	**39621**	**39621**	**4422**	**4422**	**9792**
外资企业	79660	79660	39621	39621	4422	4422	9792
按控股情况分							
国有控股	1119	1119	659	659	68	68	
集体控股	850	850	524	524	38	38	
私人控股	166190	165766	85305	84123	8240	8076	425
港澳台商控股	20085	20085	7304	7304	1067	1067	
外商控股	79660	79660	39621	39621	4422	4422	9792
其他	33123	33123	14659	14109	1799	1738	168
按经营形式分							
独立门店	184754	184331	91832	90102	9226	9001	397
连锁总店	103188	103188	48581	48581	5685	5685	9792
连锁门店	4510	4510	2403	2403	256	256	
其他	8575	8574	5254	5254	468	468	196
按单位规模分							
大型	88220	88220	42364	42364	4834	4834	
中型	83572	83364	34088	33088	4138	4135	10022
小型	126937	126720	70234	69566	6527	6305	362
微型	2298	2298	1385	1323	136	136	

11-7　续表 8　　（2014 年）　　单位:万元

指标	损益及分配							
	销售费用	管理费用	税金	财务费用	利息收入	利息支出	资产减值损失	公允价值变动收益
总计	**223629**	**161210**	**6063**	**25266**	**984**	**11982**	**379**	**44**
住宿业	**128651**	**117531**	**4672**	**18919**	**1072**	**7212**	**265**	**25**
按住宿业行业小类分								
旅游饭店	98124	96084	3582	15239	972	6305	186	23
一般旅馆	29377	20529	1069	3621	100	904	22	1
其他住宿业	1151	918	21	59		3	57	1
按登记注册类型分								
内资企业	**114069**	**100957**	**4200**	**15240**	**291**	**4568**	**265**	**25**
国有企业	23603	20727	557	409	138	280	11	
集体企业	2345	1587	228	405	11	391		
有限责任公司	62348	57588	2469	9313	134	2002	254	5
国有独资公司	3668	5438	383	1090	79	1102	2	
其他有限责任公司	58680	52150	2086	8223	55	900	253	5
股份有限公司	6302	4461	507	−759		−788		
私营企业	19472	16595	439	5872	8	2682		20
私营独资企业	30	47		18				
私营有限责任公司	19251	16486	435	5853	8	2682		20
私营股份有限公司	191	63	5	2				
港、澳、台商投资企业	**14582**	**16573**	**472**	**3679**	**781**	**2644**		
与港澳台商合资经营企业	11430	14955	392	2622	781	2644		
与港澳台商合作经营企业	3152	1618	80	1057				
按控股情况分								
国有控股	45145	41531	1633	2053	234	1861	186	3
集体控股	3461	2569	258	450	17	395		
私人控股	51576	45181	1627	11057	33	2249	75	22
港澳台商控股	14508	16394	472	3679	781	2644		
其他	13961	11856	681	1680	7	63	5	
按经营形式分								
独立门店	119474	115508	4515	18562	1071	6958	264	25
连锁总店	4388	369		246		246		
连锁门店	3991	1473	148	96	1	5		
其他	798	180	8	16		3	1	
按单位规模分								
大型	11795	21449	38	7203	645	2760		
中型	66459	58810	3099	6945	345	3537	176	3
小型	46162	35146	1413	3543	81	743	90	22
微型	4235	2126	122	1229	1	172		
按星级分								
五星	27045	33721	947	12733	794	5750		
四星	27633	23017	1208	1878	91	−512	15	
三星	23339	19927	1080	978	69	745	29	3
二星	3158	1901	56	21	32	22		20

11-7 续表9 （2014年） 单位:万元

指标	损益及分配							
	销售费用	管理费用	税金	财务费用	利息收入	利息支出	资产减值损失	公允价值变动收益
其他	47475	38965	1381	3310	87	1206	221	2
餐饮业	**94978**	**43680**	**1392**	**6347**	**-88**	**4770**	**114**	**20**
按餐饮业行业小类分								
正餐服务	52796	26858	1320	5397	42	3694	111	20
快餐服务	38551	14253	69	492	-136	623	3	
其他餐饮业	3631	2568	3	457	5	454		
餐饮配送服务	273	424		-4	4			
其他未列明餐饮业	3359	2144	3	461	1	454		
按登记注册类型分								
内资企业	**54390**	**29385**	**1326**	**5834**	**47**	**4147**	**111**	**20**
集体企业	65	59		9			1	2
股份合作企业	5	150	7					
有限责任公司	29837	18090	947	4625	71	4018	70	9
其他有限责任公司	29837	18090	947	4625	71	4018	70	9
股份有限公司	728	235	3	230				
私营企业	23757	10851	369	970	-24	129	40	8
私营独资企业	1349	993	43	272		1	16	7
私营合伙企业	179	122						
私营有限责任公司	21790	9474	316	669	-24	113	25	1
私营股份有限公司	439	262	10	30		15		
港、澳、台商投资企业	**12593**	**767**		**1**				
与港澳台商合作经营企业	12593	767		1				
港澳台商独资企业								
外商投资企业	**27995**	**13528**	**65**	**512**	**-135**	**623**	**3**	
外资企业	27995	13528	65	512	-135	623	3	
按控股情况分								
国有控股	812	255		9				
集体控股	65	59		9			1	2
私人控股	41200	24568	1276	4325	45	2864	114	22
港澳台商控股	12593	767		1				
外商控股	27995	13528	65	512	-135	623	3	
其他	12314	4502	50	1491	2	1283	-4	-5
按经营形式分								
独立门店	47314	28088	1131	5746	47	4132	120	20
连锁总店	43940	14355	66	536	-136	623	-6	
连锁门店	1416	645	20	29				
其他	2309	592	175	36	1	16		
按单位规模分								
大型	33806	7629		622		621	3	
中型	32330	17057	352	2807	-158	2694	-9	
小型	28639	18702	1036	2886	70	1456	117	24
微型	203	293	4	32			3	-5

11-7 续表 10 （2014 年） 单位:万元

指标	投资收益	营业利润	营业外收入	补贴收入	利润总额	应交所得税	人工成本 应付职工薪酬
总计	**1298**	**-27155**	**5363**	**104**	**-30921**	**5962**	**147168**
住宿业	**982**	**-30650**	**3265**	**20**	**-30492**	**3124**	**88468**
按住宿业行业小类分							
旅游饭店	675	-28321	2995	9	-28082	2193	72916
一般旅馆	306	-2751	267	7	-2606	878	14543
其他住宿业	1	422	4	4	196	53	1010
按登记注册类型分							
内资企业	**982**	**-18913**	**2422**	**20**	**-19557**	**3009**	**80925**
国有企业	116	-5711	1086	8	-4633	220	22210
集体企业		139	1		139	94	2676
有限责任公司	794	-9781	430	3	-11051	1241	41547
国有独资公司		-805	5		-813	18	2874
其他有限责任公司	794	-8977	425	3	-10237	1223	38673
股份有限公司	72	3423	708		4131	1165	3236
私营企业		-6983	197	8	-8144	289	11256
私营独资企业		225			3	1	120
私营有限责任公司		-7183	197	8	-8121	288	11035
私营股份有限公司		-25			-25		101
港、澳、台商投资企业		**-11737**	**844**		**-10935**	**115**	**7544**
与港澳台商合资经营企业		-9901	843		-9099	115	6352
与港澳台商合作经营企业		-1836	1		-1836		1192
按控股情况分							
国有控股	739	-6444	1227	11	-5767	514	40203
集体控股		495	1		495	97	3608
私人控股	107	-10525	1025	9	-12049	2243	29864
港澳台商控股		-11662	844		-10859	115	7412
其他	136	-2513	169		-2311	155	7381
按经营形式分							
独立门店	680	-30930	3237	20	-31100	2930	86115
连锁总店	302	-101	10		209	9	1049
连锁门店		-204	9		-196	73	739
其他		586	9		595	112	566
按单位规模分							
大型		-14373	1030		-13573		11148
中型	752	-6600	1903	8	-4983	1904	46792
小型	171	-7900	309	11	-9603	1212	28672
微型	58	-1777	23		-2333	7	1856
按星级分							
五星	30	-23153	809		-22489	160	14689
四星	242	-3039	1017	8	-1482	1393	21846
三星	344	-1037	329	3	-2150	332	18817
二星	58	581	13		-645	98	2431

11-7 续表 11 （2014 年） 单位：万元

指标	投资收益	营业利润	营业外收入	补贴收入	利润总额	应交所得税	人工成本 应付职工薪酬
其他	307	-4003	1097	9	-3726	1141	30685
餐饮业	**316**	**3495**	**2097**	**85**	**-430**	**2838**	**58699**
按餐饮业行业小类分							
正餐服务	316	658	810	85	-788	1698	40276
快餐服务		2603	1140		111	849	15821
其他餐饮业		235	148		248	292	2602
餐饮配送服务		664	12		723	227	1110
其他未列明餐饮业		-429	136		-476	65	1492
按登记注册类型分							
内资企业	**316**	**1771**	**951**	**85**	**334**	**2008**	**42283**
集体企业	3	159			2680		296
股份合作企业		-4			-4		268
有限责任公司	8	-2928	374	62	-4455	1146	23065
其他有限责任公司	8	-2928	374	62	-4455	1146	23065
股份有限公司		100	133		221	21	507
私营企业	305	4444	444	23	1893	841	18147
私营独资企业	4	1797	1		301	71	1723
私营合伙企业		4			4		130
私营有限责任公司	300	2587	442	23	1532	756	15685
私营股份有限公司		56			56	13	609
港、澳、台商投资企业		**-1647**	**8**		**-3122**		**2880**
与港澳台商合作经营企业		-1647	8		-3122		2880
港澳台商独资企业							
外商投资企业		**3371**	**1138**		**2358**	**831**	**13536**
外资企业		3371	1138		2358	831	13536
按控股情况分							
国有控股		-685			-685	28	444
集体控股	3	159			2680		296
私人控股	315	3998	757	32	-60	1609	34871
港澳台商控股		-1647	8		-3122		2880
外商控股		3371	1138		2358	831	13536
其他	-2	-1701	194	53	-1601	371	6671
按经营形式分							
独立门店	316	3559	934	85	2147	1862	39425
连锁总店		-112	1160		-2633	831	17275
连锁门店		132	1		141	77	958
其他		-84	2		-85	70	1041
按单位规模分							
大型		-1036	866		-3773		12090
中型	239	3572	785	46	4240	1649	19765
小型	79	740	442	39	-1112	1131	26605
微型	-2	219	4		215	58	238

11-8 限额以上住宿和餐饮业

（2014 年）

指　　标	法人企业数(个)	个体(产业)单位数(个)	从业人员期末人数(人)	营业额	#使用银行卡支付的营业额	客房收入	#通过公共网络实现的客房收入
总计	**392**	**670**	**63572**	**1263666**	**199288**	**280363**	**13993**
住宿业	**207**	**81**	**26194**	**446539**	**98203**	**246921**	**13007**
按住宿业行业小类分							
旅游饭店	120	25	19627	320624	66656	158490	6319
一般旅馆	78	54	6239	120470	29253	83627	6668
其他住宿业	9	2	328	5445	2295	4804	19
按登记注册类型分							
内资企业	**201**	**7**	**22866**	**352793**	**84064**	**182271**	**10596**
国有企业	27	3	5109	74394	18520	30631	441
集体企业	4		520	6628	938	2245	291
有限责任公司	111	2	12646	191894	47146	105373	5577
国有独资公司	5		802	12060	553	6722	490
其他有限责任公司	106	2	11844	179834	46594	98651	5087
股份有限公司	8	1	911	20958	2160	7506	621
私营企业	51		3622	58175	14810	35822	3666
私营独资企业	1		30	1086	611	1009	
私营有限责任公司	49		3552	56722	14199	34482	3666
私营股份有限公司	1		40	368		332	
其他企业		1	58	745	491	696	
港、澳、台商投资企业	**6**		**1621**	**31375**	**7164**	**12222**	**405**
与港澳台商合资经营企业	5		1621	26602	7164	10044	405
与港澳台商合作经营企业	1			4773		2179	
按控股情况分							
国有控股	53		10113	144288	31392	64680	1642
集体控股	8		802	11935	1145	5607	291
私人控股	116		9195	153686	42794	87626	7349
港澳台商控股	5		1596	31178	7112	12109	371
其他	25		2372	35424	4907	20107	675
按经营形式分							
独立门店	195	78	25146	428877	91741	232721	10707
连锁总店	1		385	5075	2030	4730	240
连锁门店	7	2	459	8717	4179	6845	2060
其他	4	1	204	3870	253	2626	
按单位规模分							
大型	3		2403	36163	19918	14063	1117
中型	48		12008	197014	28671	90524	1930
小型	147		9551	135993	38674	82334	7281
微型	9		116	7340	88	3207	1
按星级分							
五星	14	1	3735	69064	20139	29803	1593
四星	27		5710	89654	22350	38945	1135
三星	40	2	5646	78357	10804	31050	500
二星	9	14	875	30735	1002	23482	307
一星		4	93	2429		2236	2

经营情况

单位:万元

餐费收入	#通过公共网络实现的餐费收入	商品销售额收入	其他收入	客房数(间)	床位数(个)	餐位数(位)	年末餐饮营业面积(万平方米)
854949	**24083**	**60205**	**68150**	**42750**	**75037**	**270362**	**124.29**
141778	**3228**	**18655**	**39185**	**37133**	**63843**	**74134**	**45.15**
112944	1795	16010	33180	22575	38312	54451	29.79
28307	1433	2563	5973	13438	23563	19298	14.63
527		82	33	1120	1968	385	0.72
120783	**2320**	**15446**	**34292**	**30973**	**52764**	**67161**	**42.11**
25467	26	6925	11372	5076	9473	12667	6.82
2112	216	94	2177	512	815	1072	1.01
65266	1010	5317	15938	16935	28434	39730	24.55
3579	30	313	1446	879	1443	3910	1.24
61687	979	5004	14492	16056	26991	35820	23.32
8949	791	1860	2643	1545	2603	3130	2.39
18989	276	1202	2162	6825	11264	10562	7.34
41		18	18	142	253	35	0.01
18948	276	1166	2126	6543	10733	10527	7.33
		17	19	140	278		
		49		80	175		
13996	**7**	**1475**	**3682**	**1298**	**2021**	**3994**	**1.14**
12024	7	1374	3160	1224	1936	2474	0.88
1972		101	522	74	85	1520	0.26
48282	124	9505	21822	10663	18951	27019	12.40
3251	216	340	2737	991	1838	2072	1.98
54253	1019	4246	7561	15133	24713	28479	22.64
13984	5	1474	3610	1258	1959	3734	0.76
12152	173	1029	2136	3437	5898	8541	4.43
139133	3161	18242	38781	34280	59256	72551	43.01
198		47	101	1261	2010	240	0.22
1355	67	231	287	1173	1681	727	1.01
1092		136	16	419	896	616	0.92
18158	11	1364	2578	1306	1998	2097	1.41
67628	285	11505	27356	13146	22575	32547	15.30
43621	1239	3427	6611	16290	27471	32299	23.57
2514	2	298	1320	740	1315	2902	1.93
30576	30	2984	5700	3248	5087	8022	5.50
33524	306	5651	11534	5846	10110	16717	9.35
31081	307	4967	11258	6322	11589	17707	8.04
6159	19	727	367	1720	3032	3457	2.23
		99	94	206	392		

11-8 续表 (2014 年)

指 标	法人企业数(个)	个体(产业)单位数(个)	从业人员期末人数(人)	营业额	#使用银行卡支付的营业额	客房收入	#通过公共网络实现的客房收入
其他	117	60	10135	176300	43908	121405	9469
餐饮业	**185**	**589**	**37378**	**817127**	**101085**	**33442**	**986**
按餐饮业行业小类分							
正餐服务	172	568	30269	669203	95319	32435	914
快餐服务	8	9	5901	121314	787		
饮料及冷饮服务		7	168	4812	392		
茶馆服务		2	60	1459			
咖啡馆服务		5	108	3352	392		
其他餐饮业	5	5	1040	21798	4587	1007	72
小吃服务		3	30	4497			
餐饮配送服务	1	1	466	9113	1658		
其他未列明餐饮业	4	1	544	8188	2929	1007	72
按登记注册类型分							
内资企业	179	1	12889	206156	50776	23014	977
国有企业		1	156	2755	1658		
集体企业	1		110	850	475	578	10
股份合作企业	1		100	1242			
有限责任公司	96		6921	108525	26263	13059	374
其他有限责任公司	96		6921	108525	26263	13059	374
股份有限公司	3		177	2728	1309	899	2
私营企业	78		5425	90056	21072	8477	591
私营独资企业	7		487	9594	828	908	
私营合伙企业	1		33	516	102		
私营有限责任公司	66		4706	78027	20007	7379	591
私营股份有限公司	4		199	1919	135	191	
港、澳、台商投资企业	**2**		**615**	**21557**			
与港澳台商合作经营企业	1		615	21557			
港澳台商独资企业	1						
外商投资企业	**4**		**5210**	**95211**	**1518**		
外资企业	4		5210	95211	1518		
按控股情况分							
国有控股	1		105	1119	761		
集体控股	1		110	850	475	578	10
私人控股	151		10567	168175	40271	18708	899
港澳台商控股	2		615	21557			
外商控股	4		5210	95211	1518		
其他	26		1951	33258	7611	3727	69
按经营形式分							
独立门店	164	563	29903	663076	94241	32985	986
连锁总店	4	1	5802	120500	3684		
连锁门店	9	16	819	18342	1584		
其他	8	9	854	15209	1575	457	
按单位规模分							
大型	2		4820	89692			
中型	18		5076	101050	18381	12313	831
小型	150		8592	127128	32206	10701	146
微型	15		70	2298	48		

单位:万元

餐费收入	#通过公共网络实现的餐费收入	商品销售额收入	其他收入	客房数(间)	床位数(个)	餐位数(位)	年末餐饮营业面积(万平方米)
40437	2566	4226	10232	19791	33633	28231	20.03
713171	**20855**	**41550**	**28964**	**5617**	**11194**	**196228**	**79.14**
588237	17976	37007	11524	5558	11110	175622	71.67
103348	2798	2414	15551			17834	4.60
3828		984				857	0.49
1390		69				235	0.18
2438		915				622	0.31
17758	82	1145	1889	59	84	1915	2.38
3981		515				550	0.14
8786		327					0.27
4990	82	303	1889	59	84	1365	1.97
163199	5377	9171	10773	4692	9497	62020	29.38
2532		223					0.20
271				100	168	400	0.05
44		1042	157			150	0.02
85286	1365	4781	5399	2666	5934	37981	18.25
85286	1365	4781	5399	2666	5934	37981	18.25
1768	1	62		357	700	1206	0.27
73298	4011	3063	5217	1569	2695	22283	10.59
8454		226	6	141	239	3056	0.95
516						53	0.05
62622	4011	2823	5204	1362	2350	18419	8.94
1706		14	7	66	106	755	0.66
19595		**1962**				**6720**	**1.56**
19595		1962				6720	1.41
							0.15
79576	**2032**	**64**	**15571**			**10800**	**3.54**
79576	2032	64	15571			10800	3.54
1119						200	0.24
271				100	168	400	0.05
134282	4857	6146	9038	3449	6860	49643	23.20
19595		1962				6720	1.56
79576	2032	64	15571			10800	3.54
24995	520	2801	1735	1143	2469	11777	5.70
577759	17827	39046	13286	5431	10890	171764	69.53
102871	2158	2078	15551			18018	5.05
17958	556	281	103			3781	1.87
14583	315	146	24	186	304	2665	2.69
87730	2032	1962				16070	3.96
60916	434	2830	24992	1436	2599	13833	7.82
108959	4651	6117	1351	3256	6898	47812	21.03
2234	293	65				1825	1.47

11-9 分县(市)区限额以上住宿和餐饮业法人财务状况

(2014 年)

单位:万元

县(市)区	流动资产合计	存货	固定资产原价	资产合计	所有者权益	实收资本	主营业务收入
中原区	146127	2490	56367	196015	24016	57291	38578
二七区	72313	7365	121632	163692	6917	46273	79685
管城区	3778	227	15437	22888	10129	10719	10935
金水区	225700	11806	276163	448916	79224	117379	280865
上街区	1436	98	1963	3133	1994	1302	3595
惠济区	67643	1799	91340	147620	52861	36172	24758
中牟县	9872	1449	25884	40211	1981	7934	13505
巩义市	6154	1479	23768	31492	13606	8194	15700
荥阳市	14702	259	25766	44208	27009	2722	16706
新密市	14982	394	30604	113688	-4754	9347	14380
新郑市	2999	565	5205	16421	6049	5470	7457
登封市	47067	2197	64737	100634	29001	27439	51182
经开区	7644	515	6570	14646	8648	10390	8986
高新区	2461	215	10926	8989	4687	5000	4859
郑东新区	127241	3801	24065	175544	20763	28306	74661
航空港实验区	11395	809	27103	33400	12457	10882	21899

11-9 续表

(2014 年)

单位:万元

县(市)区	主营业务成本	主营业务税金及附加	营业费用	管理费用	税金	营业利润	利润总额	应付职工薪酬
中原区	14830	2029	12975	15826	190	-9166	-8889	11286
二七区	37497	3623	21369	18938	1112	-3303	-3300	14910
管城区	4229	560	4307	2387	128	-742	-762	2535
金水区	108598	15934	115191	61750	2100	-12821	-13282	61500
上街区	2131	145	467	838	14	-62	-63	933
惠济区	6132	1382	10186	8459	77	-3474	-2628	8629
中牟县	4972	647	3696	2781	560	-131	-88	2684
巩义市	8616	612	2718	2210	307	1432	1543	3168
荥阳市	4400	758	7541	2452	37	1330	1381	4335
新密市	4859	857	2784	2491	138	1274	1273	3298
新郑市	3134	391	2208	2072	73	-515	-544	1656
登封市	25633	3366	7957	4470	473	7991	3249	8166
经开区	2581	551	3384	3136	139	-762	-749	1292
高新区	1501	311	1344	1440	118	57	67	1215
郑东新区	21152	4553	23668	27405	453	-9244	-9213	18533
航空港实验区	11439	933	3834	4556	143	980	1084	3029

11-10 分县(市)区限额以上住宿和餐饮业经营情况

(2014 年)

单位:万元

县(市)区	营业额	#使用银行卡支付的营业额	客房收入	#通过公共网络实现的客房收入	餐费收入	#通过公共网络实现的餐费收入	商品销额收入	其他收入
中原区	76193	14428	14789	1449	53705	1238	5703	1996
二七区	155870	65932	35216	4400	103364	13136	7464	9826
管城区	24567	4689	8445	36	15930	906	177	13
金水区	345412	43327	71582	4388	226578	3145	9928	37324
上街区	14445	5051	2522	309	9996	1427	1747	180
惠济区	58985	6895	8485	107	42628	352	4207	3666
中牟县	20142	3149	4735	3	13628	210	799	981
巩义市	68615	793	14474	25	51013	247	2100	1028
荥阳市	69194	3504	12249	1	46535	3	4769	5642
新密市	53284	7174	8817	137	37295	617	5912	1260
新郑市	101155	4693	5689	9	86710	258	8485	271
登封市	145064	3177	40665	322	96135	245	6128	2136
经开区	13427	3448	7133	326	5313	773	289	693
高新区	4859	2998	1869	9	1834	8	115	1042
郑东新区	84321	26895	35615	1843	45343	1517	1698	1666
航空港实验区	28134	3135	8081	631	18944		685	425

11-11 限额以上批法、零售贸易业商品销售类值

（2014 年）

单位：万元

指　　标	批发业				零售业			
	销售额		零售额		销售额		零售额	
	2014 年	2013 年	2014 年	2013 年	2014 年	2013 年	2014 年	2013 年
总计	**27717605**	**23416205**	**1687094**	**1386738**	**12920170**	**11489004**	**12544912**	**11096945**
食品、饮料、烟酒类	4332982	1825454	89243	19131	1265859	1019446	1253433	1008794
食品类	3002179	601660	57982	3190	913732	723215	909303	719322
#粮油类	365563	266178	22293	412	145584	121781	143522	120207
肉禽蛋类	162304	169662	78	71	206879	142321	206118	141727
水产品类	1877	10524		76	18983	14471	18983	14461
蔬菜类	1422892	11942	19350	65	57235	40902	57215	40869
干鲜果品类	954662	29186	13360	295	163495	107150	160911	103507
饮料类	4040	4093	694	584	162284	133947	160138	132219
烟酒类	1326763	1219701	30567	15357	189843	162284	183992	157253
服装、鞋帽、针纺织品类	333976	425230	15383	11059	1435265	1281192	1416638	1269646
服装类	206330	235248	13965	8257	1097591	983367	1082016	973582
鞋帽类	33204	34746	766	2516	232276	203756	231267	203405
针、纺织品类	94442	155236	652	286	105398	94069	103355	92660
化妆品类	193	5124	191	168	240284	210734	239984	210684
金银珠宝类	32536	27936	669		301866	249285	293534	242864
日用品类	179504	169337	48324	26573	536952	476050	535600	475145
#洗涤用品类	529	254	307	242	84338	69352	83604	69264
儿童玩具类	3	521			21365	14025	21354	13990
五金、电料类	48916	57615	4316	6419	124500	112268	123407	111113
体育、娱乐用品类	2979	3461	179	774	42008	41003	41888	40980
书报杂志类	370278	276294	10130	6373	58511	51110	57091	48073
电子出版物及音像制品类	657	783	185	126	12604	10098	12604	10044
家用电器和音像器材类	2421822	2001780	4243	3294	782327	701154	780470	700351
中西药品类	4853208	3508382	81963	35661	348924	323887	265334	228305
#西药类	2975139	2228372	41819	10630	111773	88411	111630	88280
中草药及中成药类	672078	298785	50	76	30738	21106	30598	20976
文化办公用品类	403925	386270	8876	7325	315470	319658	297762	272442
家具类	2284	2563			97207	65028	95231	63257
通讯器材类	153847	164875	10075	11381	170700	199692	169022	199199
煤炭及制品类	1461254	1466745	35644	19785				
木材及制品类	17295	30339						
石油及制品类	4804884	4749159	1080054	1021193	277340	184826	274866	182858
化工材料及制品类	1729941	1549451			60647	57380		
#化肥类	769746	685053			44159	47161		
金属材料类	2140411	2455414			47577	2362		
建筑及装潢材料类	170673	128525	2803	1708	63970	54960	60248	52717
机电产品及设备类	926272	905367	21754	17094	48628	42282	31641	21564
#农机类	10393	60202			710	609		
汽车类	1873488	1684245	266652	191813	6517291	5928161	6439897	5833586
种子饲料类	527462	674489			12047	10594		
棉麻类	210653	333893			1213	1433	1153	1430
其他类	718168	583475	6411	6860	158981	146402	155109	123893

11-12 全市批发、零售贸易企业年销售额前50名排序

(2014年)

单位:万元

序号	批发企业		零售企业	
	单位名称	销售额	单位名称	销售额
1	郑州亿人万邦农产品有限公司	2032648	郑州丹尼斯百货有限公司	915025
2	河南延长石油销售有限公司	2005659	大商集团郑州新玛特购物广场有限公司	316061
3	国药控股河南股份有限公司	1268416	郑州之星汽车销售服务有限公司	217655
4	河南省烟草公司郑州市公司	1165212	河南威佳汽车贸易集团有限公司	177161
5	中国石油化工股份有限公司河南郑州石油分公司	1157922	河南豫海汽车销售有限公司	173345
6	河南盛世欣兴格力贸易有限公司	1106407	郑州郑德宝汽车销售服务有限公司	171480
7	河南弘力环保科技有限公司	1052113	河南永乐生活电器有限公司	166767
8	郑州日产汽车销售有限公司	963245	河南省国美电器有限公司	159187
9	中国石油天然气股份有限公司河南销售分公司	653712	郑州利星汽车有限公司	152623
10	海马汽车销售有限公司	620072	河南世纪联华超市有限公司	152239
11	华润河南医药有限公司	589852	河南得佳汽车销售服务有限公司	152064
12	河南九州通医药有限公司	547182	大商集团(郑州)商贸有限公司	150072
13	中国石油天然气股份有限公司河南郑州销售分公司	467529	河南中德宝汽车销售服务有限公司	149302
14	河南惠泽物资供销有限公司	457846	河南丰之元汽车销售服务有限公司	141390
15	河南阳光国际贸易有限公司	448748	郑州宝莲祥汽车销售服务有限公司	131359
16	河南裕隆金属材料有限公司	446791	河南中油联合石油天然气销售有限公司	121927
17	河南省新华书店发行集团有限公司	440489	河南省奥鑫汽车销售有限公司	119534
18	天脊集团河南农资有限公司	429646	永辉超市河南有限公司	118078
19	河南省医药有限公司	289384	河南裕华江南汽车销售有限公司	114857
20	郑州煤炭工业(集团)正运煤炭销售有限公司	243684	河南迪信通商贸有限公司	114385
21	郑州汇金万邦农副产品有限公司	243218	河南国际汽车贸易有限公司	104814
22	河南省普众康医药有限公司	221230	人商集团河南超市连锁发展有限公司	100859
23	中原裕阔商贸有限公司	215651	河南昌河汽车实业有限责任公司	98585
24	河南康信医药有限公司	213466	河南安吉汽车销售有限公司	95319
25	河南汇通甲醇有限公司	207528	河南苏宁云商销售有限公司	94148
26	郑州煤矿机械集团物资供销有限公司	201694	河南泰菱实业有限公司	91661
27	河南现代农业生产资料有限公司	187005	郑州聚龙实业发展有限公司	91385
28	郑州铁路煤炭运销有限公司	176742	郑州保福利汽车销售有限公司	88407
29	河南省国药医药开发有限公司	172356	河南天道汽车贸易服务有限公司	86191
30	河南金汇国际贸易有限公司	168367	河南通孚祥汽车销售服务有限公司	85844
31	河南华丰集团有限公司	163604	河南华润万家生活超市有限公司	84508
32	中铁七局集团物资贸易有限公司	163387	河南张仲景大药房股份有限公司	83202
33	河南亚立石油化工有限公司	161956	郑州北环汽车贸易有限公司	81974
34	河南欣豫国际浆纸有限公司	157341	河南合众汇金实业有限公司	81271
35	河南中油高速公路油品股份有限公司	152344	郑州市易初莲花连锁超市有限公司	76964
36	郑州煤电物资供销有限公司	139591	上海大众汽车河南豫港销售服务有限公司	74572
37	郑州邦正医药有限公司	135759	河南万通一汽贸易有限公司	73234
38	河南同舟棉业有限公司	132016	河南裕华金阳光汽车销售服务有限公司	71780
39	河南省永联民爆器材股份有限公司	131673	郑州世纪鸿图丰田汽车销售服务有限公司	71750
40	河南华益药业有限责任公司	131383	河南裕华上联汽车销售有限公司	71667
41	郑州市钢联商贸有限公司	130384	郑州永达和谐汽车销售服务有限公司	70990
42	河南新华物资集团有限公司	128828	河南天行健汽车服务有限公司	70862
43	中铝河南国际贸易有限公司	128146	河南长江汽车销售服务有限公司	70751
44	河南省金利福珠宝有限公司	126109	郑州新纪元汽车销售有限公司	68536
45	河南国润药业有限公司	122180	河南新纪元汽车销售服务有限公司	68273
46	河南省顺康医药有限责任公司	113002	河南万佳捷泰汽车贸易有限公司	67080
47	河南省万隆医药有限公司	111745	郑州裕达国际贸易有限公司	65681
48	登封颍源铝矾土有限公司	109014	郑州市豫北机电设备有限公司	62219
49	完美(中国)用品有限公司河南分公司	103172	河南中豫汽车贸易有限公司	61466
50	郑州发祥实业有限公司	103121	河南五星电器有限公司	58257

主要统计指标解释

社会消费品零售总额 指企业(单位、个体户)通过交易直接售给个人、社会集团非生产、非经营用的实物商品金额,以及提供餐饮服务所取得的收入金额。个人包括城乡居民和入境人员,社会集团包括机关、社会团体、部队、学校、企事业单位、居委会或村委会等。

商品购进额 指从本企业以外的单位和个人购进(包括从国外直接进口)作为转卖或加工后转卖的商品金额(含增值税)。本指标反映批发和零售业从国内外市场上购进商品的总价。

商品购进包括:(1)从工农业生产者、批发和零售业企业、住宿和餐饮业企业、出版社或报社的出版发行部门和其他服务业企业购进的商品;(2)从机关团体、事业单位购进的商品;(3)从海关、市场管理部门购进的缉私和没收的商品;(4)从居民收购的废旧商品等。

不包括:(1)企业为本单位自身经营用,不是作为转卖而购进的商品,如材料物资、包装物、低值易耗品、办公用品等;(2)未通过买卖行为而收入的商品,如接受其他部门移交的商品、借入的商品、收入代其他单位保管的商品、其他单位赠送的样品、加工回收的成品等;(3)经本单位介绍,由买卖双方直接结算,本单位只收取手续费的业务;(4)销售退回和买方拒付货款的商品;(5)商品溢余。

商品销售额 指对本单位以外的单位和个人出售的商品金额(包括售给本单位消费用的商品,含增值税),本指标反映批发和零售业在国内市场上销售商品以及出口商品的总量。

商品销售包括:(1)售给城乡居民和社会集团消费用的商品;(2)售给农业、工业、建筑业、运输邮电业、服务业、公用事业等国民经济各行业用于生产、经营用的商品,包括售予批发和零售业作为转卖或加工后转卖的商品;(3)对国(境)外直接出口的商品。

商品销售不包括:(1)未通过买卖行为付出的商品,如随机构变动移交给其他企业单位的商品、借出的商品、归还受其他单位委托代保管的商品、付出的加工原料和赠送给其他单位的样品等;(2)经本单位介绍,由买卖双方直接结算,本单位只收取手续费的业务;(3)购货退回的商品;(4)商品损耗和损失;(5)出售本单位自用的废旧物资。

期末商品库存额 对于批发和零售业法人单位和个体经营户,是指取得所有权的全部商品金额(含增值税);对于批发和零售业产业活动单位,是指期末实际在库且归属法人具有所有权的全部商品金额(含增值税)。这个指标反映批发和零售业的商品库存情况,以及对市场商品供应的保证程度。

库存商品包括:(1)存放在本单位(如门市部、批发站、采购站、经营处)的仓库、货场、货柜和货架中的商品;(2)挑选、整理、包装中的商品;(3)已记入购进而尚未运到本单位的商品,即发货单或银行承兑凭证已到而货未到的商品;(4)寄放他处的商品,如因购货方拒绝付款而暂时存在购货方的商品;(5)委托其他单位代销(未作销售或调出)尚未售出的商品;(6)代其他单位购进尚未交付的商品。

库存商品不包括:(1)所有权不属于本单位的商品,如商品已作销售但买方尚未取走的商品,代替他人保管、运输、加工的商品,代其他单位销售(未做购进或调入)而未售出的商品;(2)委托外单位加工的商品(包括本单位所属加工厂和其他生产单位加工生产尚未收回成品的商品);(3)外贸企业代理其他单位从国外进口,尚未付给订货单位的商品;(4)代国家储备部门保管的商品。

连锁总店(总部) 负责连锁企业资源(商号、商誉、经营模式、服务标准、管理模式等等)的开发、配置、控制或使用等功能的企业核心管理机构。连锁经营是指经营同类商品或服务,使用统一商号的若干店铺,在同一总店(总部)的管理下,采取统一采购或特许经营等方式,实现规模效益的组织形式,包括直营连锁、特许连锁和自愿连锁三种形式。

十二、对外经济贸易和旅游

12-1 对外经济贸易

单位:万美元

项　　目	2013 年	2014 年	2014 年比 2013 年±%
全市进出口总值	**4274948**	**4643090**	**8.6**
#全市进口总值	1768328	1977380	11.9
全市出口总值	2506620	2665710	6.4
#国内企业	438284	458162	4.6
外资企业	2068154	2207548	6.7
新批外资企业	60	66	12.0
合同外资额	183710	144557	-26.9
实际利用外商直接投资	332178	363002	9.3
国外经济合作营业额	164143	193212	17.7

12-2 分县(市)、区出口总值

单位:万美元

县(市)区	2013 年	2014 年	2014 年比 2013 年±%
合　计	**2506620**	**2665710**	**6.4**
中原区	34871	26460	-24.1
二七区	15628	11215	-28.2
管城区	57829	73694	27.4
金水区	125550	142548	13.5
上街区	9894	4854	-50.9
惠济区	8426	5782	-31.4
中牟县	20758	10883	-47.6
巩义市	18748	36259	93.4
荥阳市	9743	8852	-9.1
新密市	13791	6942	-49.7
新郑市	8636	7201	-16.6
登封市	7774	6998	-10.0
经开区	94735	134234	41.7
高新区	40340	56119	39.1
郑东新区	71092	86473	21.6
航空港实验区	1939559	2041886	5.3

12-3 分县(市)、区实际利用外资表

单位:万美元

名　　称	2013 年	2014 年	2014 年比 2013 年±%
合　计	**332178**	**363002**	**9.3**
中原区	31541	12646	-59.9
二七区	20495	23185	13.1
管城区	11746	8348	-28.9
金水区	23468	27268	16.2
上街区	7788	9198	18.1
惠济区	10855	12878	18.6
中牟县	4650	5235	12.6
巩义市	21800	27774	27.4
荥阳市	11141	14752	32.4
新密市	17268	20009	15.9
新郑市	20124	21140	5.0
登封市	9945	6902	-30.6
经开区	42806	48069	12.3
高新区	20762	25489	22.8
郑东新区	35789	42141	17.7
航空港实验区	42000	57968	38.0

12-4 向各大洲出口总额

单位:万美元

地　　区	2013 年	2014 年	2014 年比 2013 年±%
直接出口总值	**2506620**	**2665710**	**6.4**
亚洲	632418	755272	19.4
非洲	63426	60306	-4.9
欧洲	682633	506919	-25.7
拉丁美洲	121407	140681	15.9
北美洲	976386	1162516	19.1
大洋洲	30164	40016	32.7

12-5 出口总额分类

单位:万美元

类　　别	2013 年	2014 年	2014 年比 2013 年±%
总计	**2506620**	**2665710**	**6.4**
动物类	9224	10507	13.9
植物类	280	46	-83.6
食品、饮料、烟草及制品	7858	10115	28.7
矿产品	5132	5155	0.4
化学工业及相关工业的产品	35920	41381	15.2
塑料、橡胶及其制品	1116	1433	28.4
皮革制品	694	529	-23.8
木及木制品	7549	4946	-34.5
木浆及其制品	1461	1355	-7.3
纺织原料及纺织制品	40083	62257	55.3
鞋、帽、羽毛及其制品	66288	79245	19.5
贱金属及其制品	91077	120311	32.1
机械、电气、图象、声音录放设备	93042	93294	0.3
交通运输设备	58709	83910	42.9
光学、计量、医疗设备、精密仪器	2307	7565	228.0
杂制品	6879	6070	-11.8

12-6 与郑州市建立友好关系的城市

国　　家	城　　市	建立时间
日本	埼玉市	1981.10
美国	里士满市	1994.9
罗马尼亚	克卢日·纳波卡市	1995.5
韩国	晋州市	2000.7
俄罗斯	萨马拉市	2000.8
纳米比亚	马林塔尔市	2001.8
约旦	伊尔比德市	2002.2
巴西	若茵维莱市	2003.11
德国	什未林市	2006.4
保加利亚	舒门市	2007.4
白俄罗斯	莫吉廖夫市	2014.6

12-7 旅　游

指　　标	单位	2013 年	2014 年	2014 年比 2013 年±%
海内外游客	**万人次**	**7019.6**	**7766.0**	**10.6**
#国际旅游人数	万人次	43.8	45.1	2.7
国内旅游人数	万人次	6975.8	7720.9	10.7
旅游外汇收入	亿美元	1.7	1.7	3.6
国内旅游收入	亿元	791.0	810.8	11.3
旅游总收入	亿元	801.0	892.6	11.4
国际国内旅行社	家	219	214	-2.2
星级宾馆	个	48	45	-6.0

注:旅游外汇收入和国内旅游收入为不含巩义数据,其余均含。

12-8 郑州市出口企业30强

（2014年） 单位:万美元

序号	企 业 名 称	出口额	比上年±%
1	鸿富锦精密电子郑州有限公司	2131538	6.5
2	郑州宇通客车股份有限公司	77215	58
3	河南明泰铝业有限公司	19089	108.5
4	河南哈迪进出口有限公司	16457	6.8
5	河南省宏基进出口贸易有限公司	16199	41.7
6	中平能化国际贸易有限公司	15521	-21.5
7	郑州明泰实业有限公司	15148	12.4
8	华润肉类食品（河南）有限公司	9467	23.3
9	河南省国贸招标有限公司	6551	86.6
10	河南方正博研实业有限公司	6164	124.7
11	郑州日产汽车有限公司	5205	-26.1
12	河南省通用机械进出口有限公司	5023	-1.6
13	中国河南国际合作集团有限公司	5017	-7.9
14	富泰华精密电子（郑州）有限公司	4687	26040787.2
15	河南浩丰化工有限公司	4622	479.1
16	河南万达铝业有限公司	4581	84.6
17	富鼎精密工业（郑州）有限公司	4564	-12.1
18	河南新华物资集团有限公司	4260	-34.3
19	杜邦郑州蛋白有限公司	4028	6
20	河南东方丝绸进出口有限公司	3905	-7.4
21	郑州煤矿机械集团股份有限公司	3767	38.3
22	郑州喜万年食品有限公司	3641	88.6
23	郑州名扬窗饰材料有限公司	3497	40.2
24	郑州市联钢实业有限公司	3457	-10.8
25	河南省工艺品进出口有限公司	3254	-7.5
26	河南嵩岳碳素有限公司	3193	-20.1
27	河南中艺进出口有限公司	3176	-17.3
28	河南众成纺织品有限公司	2989	21.9
29	郑州宇通重工有限公司	2964	545.2
30	中铁七局集团有限公司	2943	14.5

主要统计指标解释

进出口总额 海关进出口总额指实际进出我国国境的货物总金额。包括对外贸易实际进出口货物，来料加工装配进出口货物，国家间、联合国及国际组织无偿援助的物资和赠送品，华侨、港澳台同胞、外籍华人的捐赠品的金额。租赁期满归承租人所有的租赁货物，进料加工进出口货物，边境地方贸易及边境地区小额贸易进出口货物（边民互市贸易除外），中外合资企业、中外合作经营企业、外商独资经营企业进出口货物和公用物品，到、离岸价格在规定限额以上的进出口货样和广告品（无商业价值、无使用价值和免费提供出口的除外），从保税仓库提取在中国境内销售的进口货物，以及其他进出口货物。进出口总额用以观察一个国家在对外贸易方面的总规模。我国规定出口货物按离岸价格统计，进口货物按到岸价格统计。

出口总值 指在对外贸易中实际离开我国口岸或边境直接出口或转口的商品，包括来料加工装配（工缴费）和补偿贸易出口。

进口总值 指在对外贸易中实际到达我国口岸或边境的进口商品。

利用外资 是指我国各级政府、部门、企业、中国银行和其他单位通过对外借款、吸收外商直接投资和外商其他投资方式，从国外和港澳台地区筹措的资金。

利用外资协议金额 是指在一定时期内，经主管部门批准的与境外政府、部门、银行、企业和国际组织新签订的借款或投资协议（合同）资金总额。包括大陆与港、澳、台同胞及华侨签订的协议金额。它是反映全国及各地区、各部门同境外发生借贷关系和利用外资规模、方式、来源、用途及其效益的重要统计指标。利用外资金额包括我国各级政府、部门、企业和其他经济组织的对外借款（政府贷款、国际金融组织贷款、出口信贷、外国银行商业贷款、对外发行债券股票），吸收外商直接投资（合资、合作、外商独资经营和合作开发），以及外商补偿贸易、加工装配、国际租赁等其他境外现汇、设备、技术投资。其计量单位都折算成美元统计。

外商直接投资 是指外国企业和经济组织或个人（包括华侨、港澳台胞以及我国在境外注册的企业）按我国有关政策、法规，用现汇、实物、技术等在我国境内开办外商独资企业、与我国境内的企业或经济组织共同举办中外合资经营企业、合作经营企业或合作开发资源的投资（包括外商投资收益的再投资）以及经政府有关部门批准的项目投资总额内，企业从境外借入的资金。

对外承包工程 指各对外承包公司以招标议标承包方式承揽的下列业务：1. 承包国外工程建设项目；2. 承包我国对外经援项目；3. 承包我国驻外机构的工程建设项目；4. 承包我国境内利用外资进行建设的工程项目；5. 与外国承包公司合营或联合承包工程项目时我国公司分包部分；6. 对外承包兼营的房屋开发业务。对外承包工程的营业额是以货币表现的本期内完成的对外承包工程的工作量，包括以前年度签订的合同和本年度新签订的合同在报告期内完成的工作量。

旅游人数 包括入境国际旅游者人数、出境居民人数和国内旅游者人数。1. 入境国际旅游者人数：指来我国参观、访问、旅行、探亲、访友、休养、考察、参加会议和从事经济、科技、文化、教育、体育、宗教等活动的外国人、华侨、港澳和台湾同胞的人数。不包括外国在我国的常驻机构，如使领馆、通讯社、企业办事处的工作人员；来我国常住的外国专家、留学生以及在岸逗留不过夜人员。2. 出境居民人数：指大陆居民因公务活动或私人事务短期出境的人数。公务活动出境居民人数包括在国际交通工具上的中国服务员工，因私出境居民人数不包括在国际交通工具上的中国服务员工，因私出境居民人数不包括在国际交通工具上的中国服务员工。3. 国内旅游者人数：指我国大陆居民和在我国常住 1 年以上的外国人、华侨、港澳台同胞离开常住地在境内其他地方的旅游设施内至少停留一夜，最长不超过 6 个月的人数。

旅游外汇收入 指国内各部门为来我国旅游的外国人、华侨、港澳和台湾同胞提供商品和劳务而获得的外汇收入。包括供应商品、饮食和提供住宿、交通、邮电文化娱乐、导游等各项服务所得到的全部外汇收入。

对外借款 指通过对外正式签订借款协议，从境外筹措的资金，包括外国政府贷款、国际金融组织贷款、外国银行商业贷款、出口信贷以及对外发行债券等。1996 年及以前还包括对外发行股票。该指标是我国利用外资的重要部分。

十三、财政金融

13-1 金融机构信贷收支

（2014 年底）

单位：万元

项目	合计	2014 年比年初	2014年比年初±%	市区	中牟县	巩义市	荥阳市	新密市	新郑市	登封市	上街区
各项存款	**139555891**	**15051319**	**12.09**	**121821479**	**2726862**	**3112113**	**2320111**	**3173583**	**3858561**	**2543182**	**1099727**
单位存款	83140496	11286532	15.71	77440315	870040	1006297	630648	768382	1745784	679029	358182
#活期存款	37156246	5508271	17.40	33446662	681596	383881	438327	544026	1344334	317420	247267
定期存款	19699568	1172490	6.33	18915419	82365	183343	119042	104560	166019	128820	85058
通知存款	2014759	58043	2.97	1933813	12448	20240		621	43137	4500	
保证金存款	14075106	2348934	20.03	13319175	64981	343801	59760	96061	82347	108981	22882
个人存款	51206930	4364497	9.32	39437895	1835652	2075558	1636455	2365145	2039570	1816656	739876
储蓄存款	48392619	3639386	8.13	36699503	1833036	2056234	1623780	2341464	2030928	1807674	718876
保证金存款	36543	9272	34.00	34089	1	2390	2	31	28	2	559
结构性存款	2777768	715838	34.72	2704303	2615	16934	12672	23650	8614	8980	20441
财政性存款	2722505	1072168	64.97	2563766	21045	27139	52292	6178	40363	11721	658
临时性存款	271417	-93762	-25.68	261238	71	2474	715	3963	2954	2	10
委托存款	-219920	-1332675	-119.76	-220763	53	641		124	52	-27	
其他存款	2434463	-245440	-9.16	2339029	1	4		29791	29837	35801	1000
各项贷款	**108683497**	**15260359**	**16.33**	**98946360**	**1485753**	**1693625**	**1380964**	**1747177**	**2354192**	**1075426**	**509010**
境内贷款	108677884	15259344	16.33	98940765	1485740	1693620	1380964	1747177	2354192	1075426	509010
短期贷款	36166823	2320463	6.86	30496585	975605	1116041	728196	939131	1334070	577195	192704
个人贷款及透支	8730344	1851284	26.91	7573844	312403	123700	143640	179799	334130	62827	19437
#个人消费贷款	2392896	607698	34.04	2324854	10088	11517	9739	9799	17299	9599	3258
单位贷款及透支	25895754	426993	1.68	21494899	663202	969907	583407	756832	988939	438568	173267
#经营贷款	25454332	757588	3.07	21082296	660262	967907	581527	734832	988939	438568	169091
固定资产贷款	415063	-289054	-41.05	386243	2940	2000	1880	22000			4176
银团贷款	271420	127432	88.50	259420		4000			8000		
贸易融资	1249805	-104746	-7.73	1148922		18435	1148	2500	3000	75800	
中长期贷款	70357632	12317156	21.22	66320543	510135	567385	652468	807896	1017922	481281	315506
个人贷款	20017415	4858477	32.05	18340035	340206	174547	311406	163203	554944	133073	209746
#个人消费贷款	17067098	4045112	31.06	15677038	261602	156054	265293	143716	475937	87457	195898
单位贷款	41687866	6144283	17.29	39547138	157929	335238	341062	527313	452978	326208	105760
#经营贷款	6572223	-638436	-8.85	6140735	31500	76948	9328	123623	35927	154162	9390
固定资产贷款	35115644	6782718	23.94	33406403	126429	258290	331734	403690	417051	172046	96370
普通并购贷款	122228	23758	24.13	91628		12600				18000	
银团贷款	8392588	1225893	17.11	8204208	12000	45000		117380	10000	4000	
贸易融资	137534	64746	88.95	137534							
融资租赁	800	-1500	-65.22	800							
票据融资	2009993	559223	38.55	1982976		7717		150	2200	16950	
#贴现	2009993	564223	39.03	1982976		7717		150	2200	16950	
各项垫款	142636	64001	81.39	139861		2476	300				800
境外贷款	5613	1015	22.09	5595	13	5					

13-2　中资全国性四家行信贷收支

（2014 年底）

单位：万元

项　　目	合　计	市　区	中牟县	巩义市	荥阳市	新密市	新郑市	登封市	上街区
各项存款	**44889693**	**37508609**	**776063**	**1553998**	**937127**	**1487802**	**1420155**	**1205939**	**642080**
单位存款	21698501	19337671	306928	511396	260224	294153	679186	308942	188346
#活期存款	10341832	8950252	247174	170045	195936	181206	442941	154276	155754
定期存款	6121832	5751211	17110	93946	30864	56781	110301	61620	17879
通知存款	398419	322044	10948	17990			42937	4500	
保证金存款	1432217	1071874	9275	204383	21249	33137	23059	69239	11738
个人存款	21904621	16982599	469133	1039975	676799	1163850	711071	861196	452724
储蓄存款	21475163	16590474	466517	1032384	672100	1150801	706957	855929	442771
保证金存款	4993	4954	1	3	2	3	28	2	559
结构性存款	424465	387170	2615	7588	4696	13045	4086	5265	9393
临时性存款	124650	123853	1	622	104	8	61	0.4	10
其他存款	1161921	1064487	1	2004	0.01	29791	29837	35801	1000
各项贷款	**32157010**	**28372944**	**345638**	**777314**	**564924**	**807057**	**912257**	**376875**	**331012**
境内贷款	32156010	28371962	345625	777309	564924	807057	912257	376875	331012
短期贷款	4815782	3869502	35572	379523	76224	188259	149213	117489	109318
个人贷款及透支	1287243	1173291	15956	15351	13626	28298	26487	14234	4666
#个人消费贷款	741458	692493	6145	7166	8427	8392	12245	6589	2292
单位普通贷款及透支	2930658	2131313	19616	350638	62450	159960	121727	84955	104652
#经营贷款	2879950	2080604	19616	350638	62450	159960	121727	84955	104652
银团贷款	145000	145000							
贸易融资	452881	419898		13535	148		1000	18300	
中长期贷款	26314702	23487751	310053	390069	488400	618648	760844	258936	221695
个人贷款	9631428	8539013	201424	143939	196916	92258	391888	65990	146925
#个人消费贷款	9107158	8082740	198848	136907	194933	88880	340240	64610	137961
单位普通贷款	14487508	12945953	108629	188530	291484	409010	368956	174946	74770
#经营贷款	1746177	1591057	23500	300		66320	15000	50000	
固定资产贷款	12741331	11354896	85129	188230	291484	342690	353956	124946	74770
普通并购贷款	70120	39520		12600				18000	
银团贷款	2074392	1912012		45000		117380			
贸易融资	51254	51254							
票据融资	1006422	995905		7717		150	2200	450	
#贴现	1006422	995905		7717		150	2200	450	
各项垫款	19104	18804			300				
境外贷款	1000	982	13	5					

13-3　农村合作金融机构（农信、农商）信贷收支表

（2014 年底）

单位：万元

项　　目	合　计	市　区	中牟县	巩义市	荥阳市	新密市	新郑市	登封市	上街区
各项存款	**10331934**	**4560936**	**1063824**	**806864**	**677886**	**815016**	**1660953**	**746455**	**69620**
单位存款	2456947	1164498	214577	142198	98410	190606	602307	44351	27856
#活期存款	2119736	986365	196381	72736	88849	156037	591847	27521	16421
定期存款	246460	167765	13314	35371	9460	5013	4377	11160	11328
保证金存款	90751	10368	4882	34091	101	29556	6083	5670	107
储蓄存款	7865526	3396309	849232	661939	579476	620654	1055813	702103	41764
保证金存款	2387			2387					
临时性存款	7074	129	15	340		3756	2833	1	
各项贷款	**5451029**	**2075610**	**614632**	**545551**	**437957**	**510207**	**780980**	**486092**	**48413**
境内贷款	5451029	2075610	614632	545551	437957	510207	780980	486092	48413
短期贷款	4667190	1839721	512109	463729	394587	466347	665150	325547	48006
个人贷款及透支	1423558	760898	119461	70459	102063	109566	227884	33227	4268
#个人消费贷款	22743	18791		3421				531	421
单位普通贷款及透支	3217212	1064403	392648	389270	292524	356781	429266	292320	43738
中长期贷款	783039	235089	102523	81822	43370	43860	115830	160545	407
个人贷款	440756	137637	90523	12509	34744	18057	94903	52383	407
#个人消费贷款	211582	74592	27021	7239	2194	9270	77049	14217	228
单位普通贷款	293813	74982		69313	8626	25803	10927	104162	
银团贷款	48470	22470	12000				10000	4000	
各项垫款	800	800							

注：新郑市为农村商业银行。

13-4 财　政

（2014 年）

单　　位	郑州市	市本级	中原区	二七区	管城区	金水区	上街区	惠济区
公共财政收入	**8338761**	**4852042**	**278288**	**283898**	**217963**	**517700**	**110850**	**116286**
税收收入	**6262045**	**3624292**	**259339**	**269453**	**189285**	**501116**	**84965**	**94185**
增值税	614043	296445	27105	24399	23087	57436	8720	9589
国内增值税	413192	184579	17271	9467	18319	22679	6704	6389
国有企业增值税	37571	17002	6804	368	240	1501	165	108
集体企业增值税	3679	1054	26	182	441	193	127	67
股份制企业增值税	275533	117179	7531	5278	10372	15158	3949	3300
联营企业增值税	25	8			2	4		
港澳台和外商投资企业增值税	55333	27512	1580	2421	1517	3004	422	1610
私营企业增值税	8723	3845	10	88	43	38	782	46
其他增值税	36580	18338	968	1318	1960	4361	1140	1263
增值税税款滞纳金、罚款收入	855	358	11	30	38	62	8	15
福利企业增值税退税	-8498	-1685	-199	-412	-40	-961	-300	-39
软件增值税退税	-4462	-4320	-1	-4		-137		
宣传文化单位增值税退税	-1636	-1068		-16		-552		
资源综合利用增值税退税	-3986	-188				-12	-35	
其他增值税退税	-877	-201	-6	-5	-3	-52		
免抵调增增值税	14354	6747	547	219	3749	72	446	19
成品油价格和税费改革增值税划出	-2	-2						
改征增值税（项）	200851	111866	9834	14932	4768	34757	2016	3200
改征增值税（目）	202874	112938	9833	14931	4767	35610	2015	3200
改征增值税税款滞纳金、罚款收入	32	16	1	1	1	5	1	
改征增值税国内退税	-2055	-1088				-858		
营业税	2235641	1442256	90765	82776	48974	133626	26551	28917
金融保险业营业税（地方）	530815	499054	16	167	26	409	1734	1
一般营业税	1700232	940763	90618	82529	48629	133114	24813	28885
企业所得税	938874	620929	31594	25689	26994	68306	8526	12137
个人所得税（款）	275086	194564	12174	10973	6342	20897	1254	2493
个人所得税（项）	274660	194372	12170	10971	6340	20870	1252	2490
储蓄存款利息所得税	26	24						
其他个人所得税	274634	194348	12170	10971	6340	20870	1252	2490
个人所得税税款滞纳金、罚款收入	426	192	4	2	2	27	2	3
资源税	34175			373		2	935	
城市维护建设税	328197	141099	23313	19211	17497	37416	4628	8075
房产税	159578	54574	13003	20429	12384	35777	2963	3453
印花税	105933	49708	7495	7362	4609	15850	2192	2518
城镇土地使用税	190766	56709	9164	12257	13282	17414	6678	7396
土地增值税	622363	265409	40608	60372	23091	113227	5249	16570
车船税（款）	73868	47012					3704	
耕地占用税（款）	169194	69227	4118	5612	13025	1165	5270	3037
契税（款）	514169	386360					8295	
烟叶税（款）	158							
非税收入	**2076716**	**1227750**	**18949**	**14445**	**28678**	**16584**	**25885**	**22101**
专项收入	188151	127900		27			2770	
排污费收入（项）	9469	2285					481	
水资源费收入	4949	1632					142	
教育费附加收入（项）	148558	105964					2055	
矿产资源专项收入	6331	16		27				

收 入

单位:万元

经开区	高新区	郑东新区	航空港实验区	中牟县	巩义市	荥阳市	新密市	新郑市	登封市
230610	**254688**	**682183**	**211666**	**316544**	**318355**	**264803**	**300088**	**501299**	**260645**
211918	**234226**	**624823**	**162821**	**212615**	**149398**	**191500**	**163227**	**378782**	**143888**
26551	26318	10061	6562	19786	34528	16871	37693	23919	34465
22165	21565	5293	2979	16438	30812	14667	34260	20068	31539
3116	414	87		896	2238	1732	3355	1403	1759
29	42	1		21	308	521	213	403	123
13628	18188	3502	550	10869	22674	11735	31220	16550	19718
						6			5
2436	2217	721	2188	4572	861	654	406	721	10053
5	1119	685	1	53	3465	114	170	33	36
2975	478	517	240	251	1808	812	692	1367	2302
10	78	12	1	9	96	64	93	26	45
-19			-1	-91	-1521	-159	-2114	-711	-266
-23	-2020	-45							
		-133							
				-157		-1180	-82		-2332
	-13	-54			-337		-187	-86	
8	1063			15	1220	368	494	362	96
	-1								
4386	4753	4768	3583	3348	3716	2204	3433	3851	2926
4386	4867	4767	3582	3347	3716	2204	3537	3851	2925
	1	1	1	1			5		1
	-115						-109		
31557	50668	221146	37899	63680	32803	62518	41387	147822	33566
7		84042	9	4127	5314	3535	6119	6130	4183
31548	50523	136901	37792	58901	27283	58953	34891	141510	29343
25506	27192	62732	21012	26370	11595	19633	16083	42276	28742
4678	21637	17097	2866	5169	3390	2814	3918	7315	3783
4677	21635	17077	2866	5150	3372	2810	3916	7312	3635
						1			1
4677	21635	17077	2866	5150	3372	2809	3916	7312	3634
1	2	20		19	18	4	2	3	148
					8588	3374	6918	1710	12275
29893	20247	24750	7628	7949	9291	7532	8160	35698	8328
10069	7585	14565	6363	2647	5072	2130	2294	3603	1249
7030	5024	9119	14131	2614	4281	2152	1861	4017	1274
16479	12783	16498	6142	14575	12839	11920	12272	12264	3996
11948	34392	145334	37583	19187	6681	14981	7192	46280	3516
				1211	11538	993	6322	1163	1925
31769	3635	28542	5281	22440	2078	13229	11571	12482	5940
16438	24745	74979	17354	26987	6714	33353	7556	40233	4671
									158
18692	**20462**	**57360**	**48845**	**103929**	**168957**	**73303**	**136861**	**122517**	**116757**
12632	8550	9554	3379	5916	7147	5574	9621	19020	10176
			112	674	1310	848	1421	624	1826
				480	307	212	778	700	698
12632	8550	9554	3267	4762	4881	3677	5364	16731	5124
					649	837	2058	965	1779

13-4　续表 1　　（2014 年）

单　　位	郑州市	市本级	中原区	二七区	管城区	金水区	上街区	惠济区
其他专项收入(项)	18844	18003					92	
行政事业性收费收入	481442	197380	12988	3445	8003	6300	8035	6964
公安行政事业性收费收入	33266	32286					13	
法院行政事业性收费收入	29846	13603	2359	1237	2403	4047	394	729
司法行政事业性收费收入	2897	1608	471		88			298
外交行政事业性收费收入	9	9						
工商行政事业性收费收入	128							
商贸行政事业性收费收入	370	370						
财政行政事业性收费收入	2067	1597	66	19	17		27	8
人口和计划生育行政事业性收费收入	22107	9537	721	281	468	1744	21	2411
安全生产行政事业性收费收入	2760	339						
档案行政事业性收费收入	11	11						
人防办行政事业性收费收入	26516	15100	3				1532	
文化行政事业性收费收入	62	34	1					
教育行政事业性收费收入	85068	63721	1448	212	713		1	210
发展与改革(物价)行政事业性收费收入	20330	14060	17					
国土资源行政事业性收费收入	80894	674	275	39	135		5035	1506
建设行政事业性收费收入	69987	33611	1517	18	94	509	696	33
环保行政事业性收费收入	1976	633					50	
交通运输行政事业性收费收入	599	300	16				11	
农业行政事业性收费收入	959	171	2		4		8	2
林业行政事业性收费收入	439	9	2		52			77
水利行政事业性收费收入	588							
卫生行政事业性收费收入	83050	886	2904	1228	3239		232	1653
民政行政事业性收费收入	1048	28	20	8	8		4	4
人力资源和社会保障行政事业性收费收入	6197	5553	50	49	49		11	33
仲裁委行政事业性收费收入	1700	1700						
党校行政事业性收费收入	967	899		6	6			
其他行政事业性收费收入	7589	629	3116	348	727			
罚没收入	109749	54518	3002	1652	587	1100	1465	1883
一般罚没收入	109749	54518	3002	1652	587	1100	1465	1883
公安罚没收入	47690	32177					1077	
检察院罚没收入	7874	625	739	396	204		30	72
法院罚没收入	3297	178	161	263	138		61	163
新闻出版罚没收入	30						14	
海关罚没收入	104	104						
食品药品监督罚没收入	328	68		33	13		3	5
卫生罚没收入	304	54	75	6	9		5	12
检验检疫罚没收入	49							
交通罚没收入	3555	792			3		93	2
审计罚没收入	1952	21	60					
物价罚没收入	355	130	48	2				5
其他一般罚没收入	44211	20369	1919	952	220	1100	182	1624
国有资本经营收入	690426	644112	421			321	691	1034
利润收入	27071	3000						
股利、股息收入	14172	13060	421				691	

单位:万元

经开区	高新区	郑东新区	航空港实验区	中牟县	巩义市	荥阳市	新密市	新郑市	登封市
									749
5441	4811	5821	4727	73594	7794	61167	34778	35619	25375
				111	329	125	18	111	273
461	830			616	978	446	1557	922	555
				165	50	83	9	87	38
				128					
	1	4	2	127	61		49	58	38
2344	746	4519	1928	3790	492	484	884	846	428
				2	68	1385	888	78	
	11								
2249	1274		1903	4790	337	1648	882	2113	111
						5	22		
	1700	510	230	2200	2063	6096	4090	2984	1330
				2684		3569			
			384	40242	1372	10023	1046	-64	20611
385	176	782	2	1759	1030	1327	6757	21770	866
	41			49	216	180	321	37	490
				16	21	4	5	120	106
			13	184	83	115	109	185	96
	5			25	1	235	38		
				2	11	171	285		119
				15921	140	35022	15483	6176	166
2	2	5		239	343	194	73	119	8
	25	1		78	199	51	7	64	53
						4	2		50
			265	466			2253	13	37
533	265	2412	1019	10171	5108	4609	6754	12598	6302
533	265	2412	1019	10171	5108	4609	6754	12598	6302
				1988	1831	543	2137	5523	2414
			625		677	57		5048	26
	89			240	464	97	414	473	645
					16				
			48						
20	7	38			42	20	97	47	
				26	39	31	5	21	21
						44	5		
				165	371	350	297	282	1200
			21	234	43	1407	159	4	24
				117			37		16
513	169	2374	325	7401	1625	2060	3603	1200	1956
		8530			17667	281	6		25893
		3000							24071

13-4 续表 2 (2014 年)

单 位	郑州市	市本级	中原区	二七区	管城区	金水区	上街区	惠济区
产权转让收入	636681	622443						
其他国有资本经营收入	12502	5609				321		1034
国有资源(资产)有偿使用收入	409801	156569	2538	7650	7504	8862	12123	10800
利息收入	27874	19727	336	91	158	695	184	80
国库存款利息收入	4152	3250	52	91	32	166	33	76
财政专户存款利息收入	4675	1615				529		
其他利息收入	19047	14862	284		126		151	4
非经营性国有资产收入	89456	62032	2202	7559	4244	8167	2744	371
行政单位国有资产出租、出借收入	2852	597		131		1075	170	371
行政单位国有资产处置收入	7463	628	2202	2142	1498		414	
事业单位国有资产处置收入	6809	2854			2746		1080	
其他非经营性国有资产收入	72332	57953		5286		7092	1080	
出租车经营权有偿出让和转让收入	4749	4749						
其他国有资源(资产)有偿使用收入	287722	70061			3102		9195	10349
其他收入(款)	197147	47271		1671	12584	1	801	1420
捐赠收入	8614	2314		1494	784	1		887
国内捐赠收入	8614	2314		1494	784	1		887
其他收入(项)	188477	44957		177	11800		801	477
政府性基金收入	**5352942**	**3729469**	**69**	**143**	**59**	**2169**	**123878**	**13**
地方教育附加收入	50180	36003					681	
文化事业建设费收入	2617	134	69	139	58	1939	15	7
残疾人就业保障金收入	14061	10546					310	
政府住房基金收入	34339	30267		1		140		
上缴管理费用	5663	5598						
计提廉租住房资金	19592	19592						
廉租住房租金收入	10	6						
公共租赁住房租金收入	5091	5071		1				
其他政府住房基金收入	3983					140		
国有土地使用权出让收入	4547075	3054285					119818	
土地出让价款收入	3553079	2164076					122792	
补缴的土地价款	937672	838153						
划拨土地收入	46203	22877						
教育资金收入	90910	85788					100	
农田水利建设资金收入	68793	60051					100	
缴纳新增建设用地土地有偿使用费	-153516	-120461					-3174	
其他土地出让收入	3934	3801						
城市公用事业附加收入	33134	19349						
国有土地收益基金收入	177443	153270						
农业土地开发资金收入	31771	20535						
城市基础设施配套费收入	448567	402801					3054	
育林基金收入	734	35		3		90		6
森林植被恢复费	336	94			1			
散装水泥专项资金收入	2039	341						
新型墙体材料专项基金收入	9429	1809						
其他政府性基金收入	374							

单位:万元

经开区	高新区	郑东新区	航空港实验区	中牟县	巩义市	荥阳市	新密市	新郑市	登封市
					13998	234	6		
		5530			3669	47			1822
52	6681	30810	34985	12076	117218	988	719	50251	22503
51	980	12913	1201	826	2818	419	247	1687	606
51	81	712	325	55	67	107	57	111	55
					2495		19		17
	899	12201	876	771	256	312	171	1576	534
1	1800	2721	20000		52		472	592	1021
		597			1				507
		281			45			22	512
1		70			6			121	2
	1800	1773	20000				472	449	
	3901	15176	13784	11250	114348	569		47972	20876
34	155	233	4735	2172	14023	684	84983	5029	26508
		111	291	8	96		1311	144	1575
		111	291	8	96		1311	144	1575
34	155	122	4444	2164	13927	684	83672	4885	24933
50272	**43613**	**52871**	**32123**	**376893**	**88565**	**458461**	**130811**	**377407**	**65005**
5		7		1581	1619	1217	1794	5565	1720
39	13	43		122	23	7	6	26	72
				369	508	441	684	911	292
6		319	4752	22	66		3843		
					65				
6				3	1				
		319	4752	19					
							3843		
			1909	355222	75570	419975	116703	350800	54702
				307400	28627	414748	113166	352729	49541
				42136	47229	5147	1888	879	2240
				17584	497	278	698		4269
				1990	541	41	2450		
				1592	433	4657	1960		
				-15480	-1772	-4896	-3459	-2916	-1358
			1909		15			108	10
	600			80	4749	3260	900	3936	860
				1965	638	8371	3102	8809	1288
				1171	635	3434	1711	3396	889
50222	43000	52227	25462	15007	3905	18416	1372		4012
				164	73	44	96	106	117
				200		22			19
		25		345	75	517	95	599	67
		250		600	375	2757	505	3259	124
				45	329				

13-5 财 政

（2014 年）

单 位	郑州市	市本级	中原区	二七区	管城区	金水区	上街区	惠济区
公共财政支出	**9185111**	**5125949**	**254733**	**258233**	**207681**	**406696**	**126776**	**138914**
一般公共服务支出	794515	248473	52986	42711	50214	56846	19725	24707
人大事务	9905	2728	897	512	467	864	407	472
政协事务	9121	2931	700	663	514	798	407	365
政府办公厅（室）及相关机构事务	341529	97030	18698	24339	34665	30362	8905	11836
发展与改革事务	16083	8847	429	264	526	283	269	195
统计信息事务	10721	2824	1188	701	257	956	116	656
财政事务	34378	7247	1775	1659	1570	1802	1123	880
税收事务	6553	2008					1288	44
审计事务	10203	3510	171	687	246	542	173	265
人力资源事务	15053	7148	1088	673	220	1531	79	255
纪检监察事务	12848	4416	643	773	737	1016	238	711
商贸事务	26674	14910	1384	855	906	498	1317	1102
知识产权事务	2004	1933				5	3	
工商行政管理事务	2662	1707					5	
质量技术监督与检验检疫事务	1298	1035					10	15
民族事务	1055	612	87	27	6		29	54
宗教事务	1097	43	16	91	283	186	14	40
港澳台侨事务	183	93					25	
档案事务	3369	1184	177	160	284	195	80	180
民主党派及工商联事务	1566	793	12	76	70	91	47	67
群众团体事务	11219	4573	456	607	736	1261	302	340
党委办公厅（室）及相关机构事务	28959	7652	967	769	899	1649	545	3375
组织事务	11608	1527	1021	881	850	2198	380	514
宣传事务	10568	4354	538	1074	344	315	651	392
统战事务	2694	560	198	289	236	312	105	173
其他共产党事务支出（款）	18554	2972	3358	1723	4467	3753	1122	
其他一般公共服务支出（款）	204611	65836	19183	5888	1931	8229	2085	2776
国防支出	12194	1606	453	14	235	70	16	238
国防动员	11298	1606	423	14	6	70	16	238
其他国防支出（款）	896		30		229			
公共安全支出	363499	200724	6893	7008	7995	11556	7339	5088
武装警察	14764	7043	470		526	1027	453	776
公安	235922	154197				1586	5290	4
国家安全	282	282						
检察	37605	11363	2327	2380	2373	2498	514	1274
法院	46670	14427	2656	4052	4053	4738	699	1733
司法	18705	5152	1440	576	1043	1707	383	1054
监狱	3428	3428						
强制隔离戒毒	4832	4832						
其他公共安全支出（款）	1291							247

支 出

单位:万元

经开区	高新区	郑东新区	航空港实验区	中牟县	巩义市	荥阳市	新密市	新郑市	登封市
204777	**248006**	**434493**	**625385**	**507136**	**458931**	**322099**	**432405**	**558576**	**386982**
27264	22151	33019	36229	38222	67743	32457	49944	58339	52148
21	40	10		593	611	480	684	611	579
				521	532	505	451	386	348
19721	9693	22556	20563	22974	14379	15008	16718	29974	16641
753	366		273	844	613	1029	956	817	1011
670	120	159	5	705	724	884	509	743	458
721	561	589	429	3104	2649	3473	4258	3202	1636
		881	392	958	19		2161		75
		560	1	1174	445	1011	603	951	425
25	556	430	2	414	1918	345	210	955	217
83	345	980	164	563	734	535	720	1162	600
619	6208	2648	2657	344	905	2612	556	886	399
	12	1013			63				
		90	65	107		177			666
		200	90	141		57	5		35
	12	12		31		156	10		43
		25		139	7		64	76	138
						48	17		
				182	128	196	186	262	155
				10	80	70	27	180	43
110	249	603	5	432	289	327	602	643	651
4	636	1710	765	1321	3555	1738	959	2637	2893
		15		1430	187	719	775	468	658
4	2	2		604	105	527	405	679	580
				112	96	120	70	232	191
203				137			1022		
4330	3351	536	10818	1382	39704	2440	17976	13475	23706
130		47		314	1042	512	880	6429	385
130		47		314	878	512	880	6031	310
					164			398	75
6837	5672	5393	4451	23521	17828	18215	18772	21911	16649
3388		765	1501	1368	361	258	740	1352	390
1062		3521	2172	17582	9867	12005	11315	13261	10815
900	1847	650	250	1370	3454	2313	3027	3138	1574
1445	3807	457	216	2143	2688	2373	2734	2423	1951
42	18		312	1011	892	1204	956	1737	1550
				47	566	62			369

13-5 续表 1 （2014 年）

单　　位	郑州市	市本级	中原区	二七区	管城区	金水区	上街区	惠济区
教育支出	1244086	582703	36119	36109	32770	70474	25275	23459
教育管理事务	14859	5858	472	162	677	139	339	945
普通教育	872482	335487	31917	31799	30781	60605	13326	19419
职业教育	128686	101353		147	681		8992	202
成人教育	1374	982		5	5	10		150
广播电视教育	2308	1890						
特殊教育	6445	4490		221	212	262		
进修及培训	12298	5545	500	86	181	184	78	496
教育费附加安排的支出	93947	46672	1044	3563	233	4712	2095	1789
其他教育支出(款)	111687	80426	2186	126		4562	445	458
科学技术支出	144942	92979	2723	1608	2864	11833	2607	876
科学技术管理事务	5587	1881	203	179	417	197	152	104
基础研究	1218	1169				39		
应用研究	475	331						
技术研究与开发	84197	39799	2427	1308	2379	10822	2420	716
科技条件与服务	770	660						
社会科学	104	98						
科学技术普及	3157	1488	93	121	68	199	35	54
科技交流与合作	80	80						
科技重大专项(款)	1200	600						
其他科学技术支出(款)	48154	46873				576		2
文化体育与传媒支出	141893	99749	1027	1113	1499	1085	949	440
文化	84697	69057	760	881	545	883	292	296
行政运行	2043	78	2	166	538	37		144
一般行政管理事务	208	6			3		1	4
机关服务	1062			342				
图书馆	4972	4246	190	29		76	51	
文化展示及纪念机构	382	323						
艺术表演场所	581	375						
艺术表演团体	5150	4160	2	2				2
文化活动	2664	2375						36
群众文化	6300	1601	271	171	4		93	64
文化交流与合作	287	152						
文化创作与保护	8110	8013					2	
文化市场管理	1737	556	257	109			135	
其他文化支出	51201	47172	38	62		770	10	46
文物	22221	11053	87	35	912		143	
行政运行	1503	711			276			
一般行政管理事务	3						3	
机关服务	222							
文物保护	13802	6575	87	35	32		140	
博物馆	3885	3196						

单位:万元

经开区	高新区	郑东新区	航空港实验区	中牟县	巩义市	荥阳市	新密市	新郑市	登封市
26433	26430	37619	12692	88506	64656	61335	63455	89144	70081
1526	587	133	235	1384	798	739	840	1756	750
11680	17094	28444	11182	80182	55740	51596	55872	55380	50378
				2473	2203	5026	3134	2753	1722
	50			10	147	10	30	10	15
						418			
				190	104	209	233	346	178
	24		64	952	544	1380	1198	624	530
12860	8548	6054	550	3295	4907	1436	2108	16757	5336
367	127	2988	661	20	213	521	40	11518	11172
10095	24011	3216	6845	5403	7543	4497	2094	6602	3313
305	119		1	229	207	128	363	1527	
	42							10	
	20					144			
4620	13414	3210	6753	4918	6039	3909	1626	4881	2953
200				100	10				
							6		
				138	104	306	87	111	353
					600				
4970	10416	6	91	18	583	10	12	73	7
848	388	200	394	1894	11025	5579	3863	7858	5812
725	277	37	20	804	4345	1250	664	2875	2045
3	75			133	70	201	114	356	204
	6				92	2		100	
						587	133		
361				73	78	11	22	164	32
							59		
					38			168	
				146	128	47	119	414	130
					4	34		19	196
340	45			257	3345	72	90	149	183
						5			130
	100				60	35			
				40	156	2	2	332	148
21	51	37	20	155	374	254	125	1173	1022
26	15		374	190	4709	393	1158	1484	2057
					40				476
						222			
26	15		72	185	4220	121	211	1262	934
					437	20		222	10

13-5 续表 2 （2014 年）

单 位	郑州市	市本级	中原区	二七区	管城区	金水区	上街区	惠济区
历史名城与古迹	1591	17						
其他文物支出	1215	554			604			
体育	4796	2195		5		20	20	42
行政运行	530	321						
一般行政管理事务	60	33				20		
机关服务	145	111						
运动项目管理	391	53						
体育竞赛	513	267						42
体育训练	64	64						
体育场馆	1921	727		5				
群众体育	635	556						
体育交流与合作	4	4						
其他体育支出	533	59					20	
广播影视	22800	13506		66		72	294	
行政运行	442						99	
一般行政管理事务	10059	10001					20	
机关服务	358	207						
广播	3966	953						
电视	6868	2274					32	
电影	214	8					59	
广播电视监控	63	63						
其他广播影视支出	830			66		72	84	
新闻出版	509	171	31	6		40		
其他文化体育与传媒支出(款)	6870	3767	149	120	42	70	200	102
社会保障和就业支出	624200	318695	17933	22446	12111	29132	10583	9478
人力资源和社会保障管理事务	99988	84483	229	506	1440	1059	2272	920
行政运行	8136	4663	5	3	615		210	688
一般行政管理事务	6366	6024		50			31	149
机关服务	1656							
综合业务管理	406	392		14				
劳动保障监察	3145	1877		233	680		49	68
就业管理事务	3242	2988		70			63	
社会保险业务管理事务	480	86	1				5	
信息化建设	384	362					1	
社会保险经办机构	10451	6563	101	119	145	165	652	15
劳动关系和维权	282	244					38	
公共就业服务和职业技能鉴定机构	448	373					19	
劳动人事争议调解仲裁	10							
其他人力资源和社会保障管理事务支出	64982	60911	122	17		894	1204	
民政管理事务	34019	10563	4101	4527	2097	3510	891	1317
行政运行	6918	2174	406	130	1926	326	275	479
一般行政管理事务	992	119				5	210	630

单位:万元

经开区	高新区	郑东新区	航空港实验区	中牟县	巩义市	荥阳市	新密市	新郑市	登封市
							937		637
			302	5	12	30	10		
89	42			168	172	1112	391	186	485
								133	76
33				7					
							34		
						338			
				111			93		
				50	101	774	264		
20	19				69				10
36	23				2			53	399
8				387	1204	2465	1145	2942	719
				162	65	112		4	
							38		
						147	4		
					206	149	39	2619	
				208	771	2047	829		707
8					147				
				17	15	10	235	319	12
					196		65		
	54	163		345	399	359	440	371	506
2327	5784	14988	11167	35451	40447	24280	36028	30908	36708
547	133	1172	517	1333	779	2370	1980	1277	1340
	70		34	167		406	182	340	857
76	63		130		21		63	8	20
						1609	47		
336									
93		477	5	161		23	49		5
				67		54			
				146	35	79	31	97	
					3		12		6
				792	688	15	783		413
					27	23			6
							10		
42		695	348		5	161	803	832	33
125	997	4360	147	1375	362	1309	952	2263	752
		394		385	92	213	88	193	231
101				5	10		13		

13-5 续表 3 （2014 年）

单　　位	郑州市	市本级	中原区	二七区	管城区	金水区	上街区	惠济区
机关服务	1360			585				
拥军优属	2216	1139	117	86	12	125	84	73
老龄事务	437	16	2	28	60	30	49	12
民间组织管理	420	386				32	2	
行政区划和地名管理	68		2	8		5		2
基层政权和社区建设	12936	2414	3457	3582	99	2130	122	95
部队供应	1090	1090						
其他民政管理事务支出	7582	3225	117	108		857	149	26
财政对社会保险基金的补助	133429	54657	1011	2126	1325	12470	602	2094
财政对基本养老保险基金的补助	31044	24700				4990		
财政对失业保险基金的补助	887					322		14
财政对基本医疗保险基金的补助	6164	1970						
财政对工伤保险基金的补助	1158	1						10
财政对生育保险基金的补助	311							44
财政对城乡居民社会养老保险基金的补助	82524	22281	1011	1386	1325	2262	602	2026
财政对其他社会保险基金的补助	11341	5705		740		4896		
行政事业单位离退休	130859	62311	6160	7884	2612		4947	2200
企业改革补助	7987	7795						
就业补助	39771	26811	130	50	150	493	622	416
扶持公共就业服务	358	128	30					
职业培训补贴	855			50	150			
职业介绍补贴	10							
社会保险补贴	160							
公益性岗位补贴	359							
小额担保贷款贴息	7347	1630	50			293	454	266
补充小额贷款担保基金	574	384					20	
其他就业补助支出	30090	24659	50			200	148	150
抚恤	36499	4820	3020	2946	1035	4261	437	1269
退役安置	53982	40612	964	1571	612	4224	86	214
社会福利	17862	11508	177	112	7	41	155	23
残疾人事业	3022	564	195	295	169	370	205	139
城市居民最低生活保障	12298	109	1119	1630	1767	1335	320	521
其他城市生活救助	3224	1836	13	348	505	121	9	34
自然灾害生活救助	1636	84	14	12	7	6	10	11
红十字事业	2007	1075	80	83	105	90		53
农村最低生活保障	25229	1694			24			41
其他农村生活救助	8496	268	40	139	115	42	24	216
其他社会保障和就业支出(款)	13892	9505	680	217	141	1110	3	10
医疗卫生与计划生育支出	702479	220149	20248	24466	16889	35420	12661	13942
医疗卫生管理事务	12321	2726	914	566	1157	874	185	462
公立医院	150633	48075	5		49	11079	6218	191
基层医疗卫生机构	72308	5960	2195	2613	3050	2092	732	2016

单位:万元

经开区	高新区	郑东新区	航空港实验区	中牟县	巩义市	荥阳市	新密市	新郑市	登封市
				35		739	1		
			20	152	50	109	6	166	97
				164	7	37	13	8	11
				28	3			10	10
	46	2168		219	25	50	160	390	193
24	951	1798	127	387	175	161	671	1496	210
682	204	533	7140	11614	19911	8575	3652	8072	7320
	25		5481	131	900		323		
				491			10	30	20
49	179	84	1658		2800		1394		
			1	215	590		102	140	100
							176	61	30
633		274		10777	15621	8575	1647	7841	7170
		175							
42			67	8401	5680	703	16430	6692	6839
	30						12		180
72	126	1817	781	1143	2308	1085	1083	2578	2902
72				200					
				140	500		15		
							10		
				145			15		
				349			10		
	50			286	602	125	413	998	2230
				11	39	60		30	30
	76	1817	781	4	1167	900	620	1550	642
365	476	884	613	3232	3649	2639	3219	2979	2993
46	91	152		443	770	636	1280	725	1845
		1990	1	1030	755	549	820	919	1766
34	2	136	7	210	324	149	160	180	62
6	12	18	73	697	795	498	508	1338	1661
	24	28		104	48	63	38	71	34
9				79	276	146	238	435	318
1		3		26	20	42	39	235	159
285	33	15	1361	3676	3633	4009	3549	2198	6405
79		22	167	1931	737	1346	1399	739	1500
34	3656	3858	293	157	400	161	669	207	632
5946	6444	12461	8392	64546	82857	69638	56553	46525	38585
13	389	20	640	955	313	1085	241	2361	482
				12877	34474	28331	6824	144	2366
	371	1963	3289	15793	11019	8545	8162	8545	1586

13-5 续表 4 （2014 年）

单　　位	郑州市	市本级	中原区	二七区	管城区	金水区	上街区	惠济区
公共卫生	65841	13829	2903	4591	2816	4723	964	1658
疾病预防控制机构	14449	5368	385	729	357	788	369	241
卫生监督机构	2771	550	293	322	310	542	8	105
妇幼保健机构	4879	37	187	166	504	333	95	80
应急救治机构	1163	833						
采供血机构	220							
其他专业公共卫生机构	151						13	
基本公共卫生服务	26600	2886	1683	2880	1374	2277	368	869
重大公共卫生专项	12620	3599	253	413	271	705	76	363
突发公共卫生事件应急处理	213	30	13	5		50		
其他公共卫生支出	2775	526	89	76		28	35	
医疗保障	316520	123015	8004	11902	6834	9986	3134	6980
行政单位医疗	19287	6112	942	1426	879	673	682	1451
事业单位医疗	24502	7357	1206	2422	995	4092	617	430
公务员医疗补助	9278	5570	1576	1662	425			45
优抚对象医疗补助	716	136	42	42		106	17	27
新型农村合作医疗	147945	17644	2572	3585	2555	2173	1697	4731
城镇居民基本医疗保险	51836	36081	645	627	458		80	
城乡医疗救助	3660	139	29	127	18	190	9	8
疾病应急救助	1012	1012						
其他医疗保障支出	58284	48964	992	2011	1504	2752	32	288
中医药	458	143	4	19	70		3	5
人口与计划生育事务	57125	8339	4936	4707	2680	6052	998	2544
食品和药品监督管理事务	9315	5333	717	38	223	228	93	63
其他医疗卫生与计划生育支出(款)	17958	12729	570	30	10	386	334	23
节能环保支出	281483	217406	930	3065	999	2799	1224	951
环境保护管理事务	18315	5576	408	451	495	556	338	237
环境监测与监察	1578	59						4
污染防治	37460	10667	442	2428	504	2089	810	636
自然生态保护	5700	547		95		154	70	40
天然林保护								
退耕还林	3037						6	25
能源节约利用(款)	199587	197374	80	91				
污染减排	8871	877						9
可再生能源(款)	1863	1075						
资源综合利用(款)	4480	800						
其他节能环保支出(款)	586	431						
城乡社区支出	2254438	1498338	73600	67198	21267	145702	28497	22753
城乡社区管理事务	157230	66510	4331	8746	9108	19838	11832	4853
城乡社区规划与管理(款)	14906	4276	114		1265		5513	696
城乡社区公共设施	1744163	1325970	1354	14758	1533	82603	1743	15206
城乡社区环境卫生(款)	138675	34692	11583	13421	6345	36144	4148	1895

单位:万元

经开区	高新区	郑东新区	航空港实验区	中牟县	巩义市	荥阳市	新密市	新郑市	登封市
45	1169	1596	693	5325	8191	3656	8069	4066	5050
		50	31	334	2282	554	2750	55	237
19		8		114	337	25	5	53	107
		4		69	1756	17	1223	234	178
					25	5	267	26	7
							220		
							138		
	889	1368	629	2108	3073	1878	2545	2395	2264
7	103	74	1	1294	708	1155	844	1011	1928
				65		20	10		20
19	177	92	32	1341	10	2	67	292	309
3830	3285	6352	2409	22694	24339	21776	28044	25048	24764
				1681	807	847	814	1248	1725
		4			274	1296	3164	2309	340
5			131	99	105		22	113	7
3748	3285	6348	2120	18589	21424	17980	21344	15152	18499
41				1095	1156	1406	2085	5113	3090
			85	318	320	247	615	549	1091
36			73	912	253			564	12
				85	1	103		15	10
2056	1123	2223	928	4841	4211	3815	4698	5303	4001
	107	185	170	244	287	531	505	742	311
2		122	263	1732	22	1796	10	301	15
68	954	87	3891	3218	7515	7383	14961	8980	12052
39	145		73	586	939	2015	2755	2521	1438
			28	593	398		470		54
	422	87	3746	1187	2101	3923	6531	2239	3903
				422	782	974	1750	223	643
				331	438	223	338	557	1119
21					356	177	1357	25	127
8				78	2050	71	1100	2425	2261
					121		370		297
					330		290	990	2070
	387		44	15					140
40969	112646	289023	351857	90305	46258	24125	93723	104451	38221
551	11129	14182	735	4285	2506	5916	1858	14077	3370
125	529	43	413	834	890	371	493		454
34545	55634	256333	346647	73748	33223	7714	81367	84297	20647
5604	1479	3598	4057	7719	8039	2132	8989	939	2629

13-5 续表 5 (2014 年)

单 位	郑州市	市本级	中原区	二七区	管城区	金水区	上街区	惠济区
建设市场管理与监督(款)	207			28				20
其他城乡社区支出(款)	199257	66890	56218	30245	3016	7117	5261	83
农林水支出	541153	172642	3443	4918	3942	5420	6897	11148
农业	184914	45385	1331	2093	2628	2379	841	7388
行政运行	7655	2143	559	148	1446	112	350	522
一般行政管理事务	1222	36	43		30		12	860
机关服务	2194							
事业运行	15458	3482		337		649		432
农垦运行	25							
技术推广	6782	2415	8		108	46	5	130
病虫害控制	2532	915	19	6	20	17	21	119
农产品质量安全	7254	5901	14	13	5	346	47	254
执法监管	683	459					15	10
统计监测与信息服务	176	161					2	
农业行业业务管理	159	136						5
对外交流与合作	20	20						
灾害救助	2041	195	12		17	9	8	19
稳定农民收入补贴	13							
农业结构调整补贴	5288	430						1072
农业生产资料与技术补贴	16057	860	31	8	76	86		234
农业生产保险补贴	1540							
农业组织化与产业化经营	5554	282	10	52	181	733	45	1633
农产品加工与促销	1054	69			400		15	50
农村公益事业	3128	200						90
农业资源保护与利用	2551	97						190
农村道路建设	13054	692	41	1045			107	
农资综合补贴	27111	2475	389	451	259	275		863
石油价格改革对渔业的补贴	34					2		
对高校毕业生到基层任职补助	2229	139	13		20	38	3	283
其他农业支出	61100	24278	192	33	66	66	211	622
林业	139318	73124	3	278	614	1839	343	2211
行政运行	3197	835						647
一般行政管理事务	688	67			2	3		109
机关服务	362							
林业事业机构	9293	6887		35				
森林培育	21852	851			202	5	17	565
林业技术推广	545	465						18
森林资源管理	1300	1300						
森林资源监测	12	10	1		1			
森林生态效益补偿	1336	30						24
林业自然保护区	9							
动植物保护	81	46						2

单位:万元

经开区	高新区	郑东新区	航空港实验区	中牟县	巩义市	荥阳市	新密市	新郑市	登封市
					159				
144	43875	14867	5	3719	1441	7992	1016	5138	11121
5720	3952	11269	6205	59221	43044	38814	60532	78680	52452
973	1202	3129	596	22625	15839	17839	28032	23429	15105
		30		276	158	286	184	567	904
20					22		40	40	139
				14			2180		
		57		2538	1999	1827	2076	2118	
								25	
	325			1436	375	432	527	969	331
28	5	2		224	296	281	94	335	185
				149	78	131	207	54	55
				156		16	2	8	17
					6		2		5
				10					8
27	23	39	86	130	280	301	402	335	333
				13					
	60			2100		192	414	913	167
144	124	19	233	3722	1285	2563	2263	2776	2153
				23	178	362	204	440	333
41	111		45	1715	55	248	81	475	44
				265		30	200	15	10
		47	88	370	70	1833	295	70	200
				448	32	15	452	1000	317
		692			3753		6402		1014
705	514	1256			3744	5126	4478	4918	4133
				13		4			15
			139		202	387	320	298	526
8	40	987	5	9023	3306	3805	7209	8073	4216
3109	11	7098	1805	5085	4267	2306	13775	27436	8037
				154	67	275	140	137	942
14				95	88	18	39	21	246
							362		
		3182		339	545	557	361	569	
		285		1049	951	549	434	15609	1620
					26	22			14
				13	339	147	13	59	711
					9				
				4		4		19	6

13-5 续表 6 (2014 年)

单 位	郑州市	市本级	中原区	二七区	管城区	金水区	上街区	惠济区
湿地保护	331	199						
林业执法与监督	342	140						
林业检疫检测	10							
防沙治沙	30							
林业工程与项目管理	59764	55904			259	1528		499
林业对外合作与交流	286	286						
林业产业化	81							
林业政策制定与宣传	30	30						
林区公共支出	20							
林业贷款贴息	2678	2557				121		
石油价格改革对林业的补贴	157	52						
林业防灾减灾	2770	332	1	1		7	8	147
其他林业支出	34144	3133	1	242	150	175	318	200
水利	112344	34255	64	57	137	346	672	539
行政运行	4415	2276						347
一般行政管理事务	297	19					8	
机关服务	1193							
水利行业业务管理	775	155		17				
水利工程建设	41326	2234					6	
水利工程运行与维护	8408	7810				91	77	
水利前期工作	800	176						
水利执法监督	131							
水土保持	1487	60					20	30
水资源节约管理与保护	1151	762						
防汛	2898	941	31	15	30	15	25	38
抗旱	2217	194			27	10	39	
农田水利	9757	5		5	69	226	68	71
水利技术推广	83							
大中型水库移民后期扶持专项支出	2584	186					8	
水资源费安排的支出	4247	1522			11	4	31	53
农村人畜饮水	6978	12	33				150	
其他水利支出	23597	17903		20			240	
南水北调	19668	13048	159	1628	183		31	
扶贫	28022	540				40	3060	8
农业综合开发	10540	230		11	267	225	1475	686
农村综合改革	35292	2411	757	585	113	591	475	316
促进金融支农支出	4278							
其他农林水支出(款)	6777	3649	1129	266				
交通运输支出	478197	360418	523	1028	469	2218	1397	971
公路水路运输	165857	61457	478	1008	382	638	971	945
行政运行	4367	1254	278	122	174	58	130	369
一般行政管理事务	920	252					569	89

单位:万元

经开区	高新区	郑东新区	航空港实验区	中牟县	巩义市	荥阳市	新密市	新郑市	登封市
						132			
				43	52	29	20	23	35
				10					
				30					
3080		2690	1740	1574					
						40			41
					10		5		5
				35	13	2	3		52
15				179	1591	10	123	124	247
	11	941	65	1560	576	521	12275	10875	4118
26	8	167	152	21878	11909	5560	7933	16363	12631
				463	96	283	81	114	755
			4		15			205	50
						912	281		
							603		
				12328	8585	1861	2754	9324	4234
					49		371		10
					8				616
							131		
					290	99	474	369	145
							389		
			98	491	207	139	150	223	593
		20	50	190	438	310	190	405	414
5				5057	133	25	697	944	2457
					83				
				265	119	618	284	171	933
9	8	6		428	309	236	288	800	565
12				1598	734	975	1228	941	1307
		141		1058	843	102	12	2867	552
			2963	358		2491		1770	
				2755	791	5149	1935	2623	11121
				1583	1238	1417	1357	1375	676
425	427	875	671	4730	6311	4006	6331	3979	4687
				141	2189	46	604	1103	195
1187	2304		18	66	500		565	602	
21186	38	113	31327	52334	8566	5665	9008	29172	6428
34		109		51498	4499	5008	7451	26462	5060
				486	123	200	63	173	937
21									10

13-5 续表 7 (2014 年)

单 位	郑州市	市本级	中原区	二七区	管城区	金水区	上街区	惠济区
机关服务	450			111				
公路新建	21778	370		70				
公路改建	44062	31873				36		
公路养护	37127	5554	75	421	173	213	12	266
公路路政管理	1655	25					132	
公路和运输安全	459							
公路运输管理	6016		107	240		251		81
公路客货运站(场)建设	40							
航务管理	8	8						
海事管理	306	251				9		5
取消政府还贷二级公路收费专项支出	2795	1445						
其他公路水路运输支出	45874	20425	18	44	35	71	128	135
铁路运输	49573	49489						
民用航空运输	55949	55949						
石油价格改革对交通运输的补贴	33343	27632			87		393	
对城市公交的补贴	19415	18252					274	
对农村道路客运的补贴	2703	28					20	
对出租车的补贴	10885	9352					99	
石油价格改革补贴其他支出	340				87			
车辆购置税支出	46061	42935					33	26
车辆购置税用于公路等基础设施建设支出	45409	42897						
车辆购置税用于农村公路建设支出	652	38					33	26
其他交通运输支出(款)	127378	122956	45			1580		
资源勘探信息等支出	328515	216567	6083	2857	2043	4762	3904	1779
资源勘探开发	12068	6	1700					
制造业	56164	52268	489	55	52	600	80	
建筑业	386	386						
工业和信息产业监管	52909	43193	1276	1014	675	1573	418	277
安全生产监管	14680	4877	815	763	650	877	198	424
国有资产监管	5138	4239						
支持中小企业发展和管理支出	106421	61751	1273	825	336	1374	3154	673
其他资源勘探信息等支出(款)	80749	49847	530	200	330	338	54	405
商业服务业等支出	58098	35482	20	739	287	865	3	856
商业流通事务	16638	10987	3	629	260	562	3	500
其他商业流通事务支出	13637	9257	3	629	260	562	3	500
旅游业管理与服务支出	17275	2626	7	60	27	199		356
涉外发展服务支出	10916	8910	10	50				
其他商业服务业等支出(款)	13269	12959				104		
金融支出	72110	70407		816			66	
国土海洋气象等支出	50824	10523	1171	1008	520	7077	728	2643
国土资源事务	49420	9648	1171	1008	520	7077	709	2638
住房保障支出	317284	143141	29502	29986	15426	19024	3708	15826
保障性安居工程支出	243384	115480	24655	25536	12985	15175	1921	14459

单位:万元

经开区	高新区	郑东新区	航空港实验区	中牟县	巩义市	荥阳市	新密市	新郑市	登封市
				6		333			
				19597	156			1233	352
				340	1046	1700	1695	7108	264
13		109		25551	20	1154	1932	1209	547
				736	438		72		252
									459
				4440		285	314		298
				20	20				
					31				10
							21		1329
				322	2665	1336	3354	16739	602
21152									84
			31313						
				685	859	653	1357	933	744
				159	203	170	222	23	112
				265	315	296	654	717	408
				261	341	187	228	193	224
							253		
	38				2551		200	136	180
					2512				
	38				39		200	136	180
		4	14	135	657	4		1641	360
47940	17447	17281	38461	5057	24288	5735	9756	14736	30948
6					2117	181	6994		1070
2300	2229			200	2300				120
732	4705		30854	1879	29	1681	190	100	604
112	128	510		293	957	1727	649	902	1548
42						299	402		198
33159	4819	16422	5500	2385	18570	915	1271	12824	1070
11589	5566	349	2107	300	315	932	250	910	26338
650	1502	282	680	1326	11082	995	573	4996	874
	1502		300	1124	791	630	488	411	250
	1502		300	807	557	306	394	307	52
		102		41	8556	359	85	4335	624
				161	1735			50	
650		180	380			6		200	
		200		228	246	110	125	112	
966	1568	468	366	14511	1706	1434	1260	4222	4021
966	1568	468	366	14452	1660	1276	1183	4128	3950
6290	18522	7635	39878	3392	9490	14787	9976	8474	14552
6274	16160	5405	38120	1301	2019	11718	3894	2700	11541

13-5 续表 8 (2014 年)

单 位	郑州市	市本级	中原区	二七区	管城区	金水区	上街区	惠济区
住房改革支出	72075	27553	3479	4450	2441	3849	1774	1367
城乡社区住宅	1825	108	1368				13	
粮油物资储备支出	21385	11177	745	868	1037	1161	135	498
粮油事务	6161	1138	166	172	477	1061	135	498
物资事务	202	40			60			
粮油储备	14028	9005	579	696	500	100		
国债还本付息支出	593350	552658						3018
国内债务付息	44785	5461						3017
国外债务付息	314	294						1
补充还贷准备金	531198	531198						
地方政府债券付息	17053	15705						
其他支出(类)	157999	71748	334	10275	37114	1252	892	
政府性基金支出	**4806771**	**2135851**	**60207**	**451951**	**176024**	**25950**	**124191**	**275194**
教育支出	15606	2420	195	83	149	116	460	35
地方教育附加安排的支出	15606	2420	195	83	149	116	460	35
文化体育与传媒支出	2957	90	108	509		1581	34	11
文化事业建设费安排的支出	1675	90	108	179		985	34	11
国家电影事业发展专项资金支出	1282			330		596		
社会保障和就业支出	18902	8723	71	109	40	398	961	151
大中型水库移民后期扶持基金支出	4320	525	3	38				
小型水库移民扶助基金支出	541	21	2				16	
残疾人就业保障金支出	14041	8177	66	71	40	398	945	151
城乡社区支出	4718963	2110678	59353	450867	175605	22550	122451	273707
政府住房基金支出	5889	5854						
国有土地使用权出让收入安排的支出	4310652	1796020	59353	450867	175605	22545	119719	271114
城市公用事业附加安排的支出	40139	26800						
国有土地收益基金支出	37109	15415						
农业土地开发资金支出	20799	99					91	2588
新增建设用地土地有偿使用费安排的支出	2311	5				5		5
城市基础设施配套费安排的支出	302064	266485					2641	
农林水支出	20166	1766	14	77	66	200		785
育林基金支出	521	7						6
森林植被恢复费安排的支出	11660	1659	14	30	66	200		779
中央水利建设基金支出	659	100						
地方水利建设基金支出	7043							
大中型水库库区基金支出	283			47				
资源勘探信息等支出	8977	1590					15	
散装水泥专项资金支出	1340	289						
新型墙体材料专项基金支出	7637	1301					15	
其他支出	21200	10584	466	306	164	1105	270	505
彩票公益金安排的支出	21153	10581	466	291	164	1105	270	505
其他政府性基金支出	47	3		15				

单位:万元

经开区	高新区	郑东新区	航空港实验区	中牟县	巩义市	荥阳市	新密市	新郑市	登封市
	2362	2230	1758	2091	7135	3069	6082	5774	3011
16					336				
	289			1202	1283	545	844	786	1104
				516	266	222	769	230	511
	40							102	
	249			686	1017	323	75	454	593
			4360	606	666	1587	8	34805	2
						1568		34739	
						19			
			4360	606	666		8	66	2
1108	208	828	68190	17879	11156	4109	50	1446	1744
323186	**269266**	**636485**	**124892**	**406226**	**89156**	**475214**	**111011**	**404373**	**71423**
14	56	34	34	903	731	1220	1399	7100	795
14	56	34	34	903	731	1220	1399	7100	795
				35	183	30	32	174	170
				35	47	30	20	26	110
					136		12	148	60
	7	89	32	713	592	2347	1257	1807	1733
		78		561	195	999	400	433	1166
					4		153	345	
	7	11	32	152	393	1348	704	1029	567
323102	268970	636306	124695	399722	81890	462814	105549	391613	62164
					35				
282201	225380	599778	104385	387273	75387	425483	98045	372229	57012
	600				4628	3260	900	4069	482
		7000	6315	1661		8399	2837	8797	
				1137	871	6825	1968	6170	1050
			5	344	269	204	924	348	207
40901	42990	29528	13990	9307	700	18643	875		3413
13	50		35	2380	4625	1345	1064	2030	5814
				153	10		73	97	175
13	50		35	1703	294	749	294	1434	4438
				30	56	170	168	35	100
				469	4265	426	469	313	1101
				25			60	151	
				39	40	5989	729	575	
				34		921	96		
				5	40	5068	633	575	
57	183	56	96	2434	1095	1469	981	1074	747
57	183	56	93	2431	1095	1469	981	1053	742
			3	3				21	5

主要统计指标解释

财政收入 国家财政参与社会产品分配所取得的收入，是实现国家职能的财力保证。财政收入所包括的内容几经变化，目前主要包括：增值税、营业税、企业所得税、企业所得税退税、外商投资企业和外国企业所得税、个人所得税、资源税、固定资产投资方向调节税、城市维护建设税、房产税、印花税、城镇土地使用税、土地增值税、车船使用税、屠宰税、筵席税、农业税、农业特产税、牧业税、耕地占用税、契税、国有资产经营收益、国有企业计划亏损补贴、行政性收费收入、罚没收入、土地和海域有偿使用收入、专项收入、其他收入。

财政支出 国家财政将筹集起来的资金进行分配使用，以满足经济建设和各项事业的需要，主要包括：基本建设支出、企业挖潜改造资金、简易建筑费、地质勘探费、科技三项费用、流动资金、支援农村生产支出、农业综合开发支出、农林水利气象等部门的事业费、工业交通等部门的事业费、流通部门事业费、文体广播事业费、教育事业费、科学事业费、卫生经费、税务统计财政审计等部门的事业费、抚恤和社会福利救济费、行政事业单位离退休经费、社会保障补助支出、国防支出、行政管理费、外交外事支出、武装警察部队支出、公检法司支出、城市维护费、政策性补贴支出、支援不发达地区支出、土地和海域开发建设支出、专项支出、其他支出、总预备费。

中央财政收入和地方财政收入 按财政体制划分的中央本级收入和地方本级收入。1994 年分税制财政体制以后，属于中央财政的收入包括关税、海关代征消费税和增值税，消费税，中央企业所得税，地方银行和外资银行及非银行金融企业所得税，铁道、银行总行、保险总公司等集中缴纳的营业税、所得税、利润和城市维护建设税，增值税的 75% 部分，海洋石油资源税和证券(印花)税 50% 部分。属于地方财政的收入包括营业税，地方企业所得税，个人所得税，城镇土地使用税，固定资产投资方向调节税，城镇维护建设税，房产税，车船使用税，印花税，屠宰税，农牧业税，农业特产税，耕地占用税，契税，增值税 25% 部分，证券交易税(印花税)的 50% 部分和除海洋石油资源税以外的其他资源税。

中央财政支出和地方财政支出 根据政府在经济和社会活动中的不同职责，划分中央和地方政府的责权，按照政府的责权划分确定的支出。中央财政支出包括国防支出，武装警察部队支出，中央级行政管理费和各项事业费，重点建设支出以及中央政府调整国民经济结构、协调地区发展，实施宏观调控的支出。地方财政支出主要包括地方行政管理和各项事业费，地方统筹的基本建设、技术改造支出，支援农村生产支出，城市维护和建设经费，价格补贴支出等。

信贷资金 国家银行用于发放贷款的资金叫信贷资金。中国人民银行信贷资金的来源有各项存款、对国际金融机构负债、流通中货币、银行自有资金及当年结益等。信贷资金的运用有各项贷款、黄金占款、外汇占款、财政借款及在国际金融机构中的资产等。

各项存款 企业、机关、团体或居民根据可以收回的原则，把货币资金存入银行或其他信用机构保管并取得一定利息的一种信用活动形式。根据存款对象的不同可划分为企业存款、财政存款、机关团体存款、基本建设存款，城镇储蓄存款、农村存款等科目。它是银行信贷资金的主要来源。

贷款 银行或其他信用机构根据必须归还的原则，按一定利率，为企业、个人等提供资金的一种信用活动形式。我国银行贷款分为流动资金贷款、固定资产贷款、城乡个体工商户贷款以及农业贷款等科目。

十四、教育、文化、卫生、体育和科技

14-1 教育事业主要综合指标

(2014 年)

单位:所、人

指　　标	数　值	指　　标	数　值
平均每万人拥有各类学校数(个)	**1.69**	**小学五年巩固率(%)**	**98.40**
高等学校	0.07	**小学学生缀学率(%)**	**0.66**
中等职业学校	0.14	**初中学生毛入学率(%)**	**110.40**
技工学校	0.04	**初中三年巩固率(%)**	**95.3**
普通中学	0.43	**初中学生缀学率(%)**	**3.10**
普通小学	1.01	**初中毕业生升学率(%)**	**106.60**
平均每万人各类学校在校生数(人)	**2800.86**	**平均每万人各类学校教职工数(人)**	**208.94**
高等学校	1064.94	#专任教师	157.82
中等职业学校	277.93	#高等学校	43.89
技工学校	116.03	中等职业学校	11.58
普通中学	531.55	技工学校	3.60
普通小学	809.10	普通中学	37.91
小学适龄儿童净入学率(%)	**100.00**	普通小学	37.35

14-2　学校教育基本情况

(2014 年)

单位:所、人

项　　目	全市	市区	县(市)	中牟县	巩义市	荥阳市	新密市	新郑市	登封市
各类学校教育合计数									
学校数	1573	675	892	170	114	87	168	166	190
毕业生数	713020	525682	175654	24365	23686	27252	29801	40669	29881
招生数	690379	502110	173506	30907	24782	26096	26567	34771	30383
在校学生数	2600457	1838551	729360	126960	92408	98565	118134	147422	145871
教职工数	193993	104330	48734	7631	7559	7228	8625	8988	8703
#专任教师	146525	80851	43486	6951	7014	6570	7779	7720	7452
高等学校									
学校数	63	63							
#普通本专科学校	56	56							
成人本专科学校	7	7							
毕业生数	255207	255207							
#普通本专科学校	194671	194671							
成人本专科学校	41217	41217							
招生数	334040	334040							
#普通本专科学校	241079	241079							
成人本专科学校	51195	51195							
在校学生数	988741	988741							
#普通本专科学校	783240	783240							
成人本专科学校	104056	104056							
教职工数	55769	55769							
#专任教师	40748	40748							
中等职业学校									
学校数	131	84	47	11	4	5	10	9	11
毕业生数	85724	64666	21058	2403	1421	2853	2183	7211	4987
招生数	103782	75809	27973	2333	1146	2401	2176	12250	7667
在校学生数	258041	193186	64855	6453	3459	7500	6559	24752	16132
教职工数	14794	10544	4250	539	346	753	644	1064	904
#专任教师	10747	7320	3427	467	313	605	525	734	783
技工学校									
学校数	35	23	6	1	1	1		3	
毕业生数	39963	16595	11684		660	5846		5178	
招生数	48088	18562	14763		2371	7845		4547	
在校学生数	107727	42635	32546		725	17015		14806	
教职工数	4626	2216	1205	14	146	737		308	
#专任教师	3344	1486	929		133	538		258	
普通中学									
学校数	397	188	209	22	37	25	38	34	53
#高中	106	68	38	3	8	4	6	8	9
初中	291	120	171	19	29	21	32	26	44

14-2 续表 （2014 年） 单位：所、人

项目	全市	市区	县(市)	中牟县	巩义市	荥阳市	新密市	新郑市	登封市
毕业生数	145137	73665	71472	9933	11973	10051	14986	13381	11148
#高中	54866	24907	29959	3980	5006	3886	6335	6615	4137
初中	90271	48758	41513	5953	6967	6165	8651	6766	7011
招生数	168193	83380	84813	13347	12740	10283	15489	15399	17555
#高中	60379	31117	29262	4190	4413	3810	5649	6327	4873
初中	107814	52263	55551	9157	8327	6473	9840	9072	12682
在校学生数	493519	253894	239625	31287	37520	31342	44910	40517	54049
#高中	177314	89290	88024	12142	14054	12015	17007	18599	14207
#初中	316205	164604	151601	19145	23466	19327	27903	21918	39842
教职工数	41187	18841	22346	3150	3747	3151	3786	4240	4272
#专任教师	35201	15812	19389	2719	3457	2924	3414	3467	3408
小学									
学校数	935	311	624	135	71	55	119	119	125
毕业生数	101140	50824	50316	9626	8175	5649	10432	7675	8759
招生数	139892	66044	73848	17550	9655	7953	11063	14811	12816
在校学生数	751208	359462	391746	89125	50647	42598	66507	67277	75592
教职工数	37474	16742	20732	3903	3300	2554	4145	3335	3495
#专任教师	34680	15299	19561	3741	3097	2470	3799	3223	3231
特殊教育学校									
学校数	11	5	6	1	1	1	1	1	1
毕业生数	122	56	66		36		17	13	
招生数	149	67	82	10	16	15	15	14	12
在校学生数	1101	513	588	95	57	110	158	70	98
教职工数	388	187	201	25	20	33	50	41	32
#专任教师	345	165	180	24	14	33	41	38	30
工读学校									
学校数	1	1							
毕业生数	3	3							
招生数	17	17							
在校学生数	120	120							
教职工数	31	31							
#专任教师	21	21							
幼儿园									
幼儿园数	(1428)	(606)	(822)	(130)	(112)	(100)	(167)	(149)	(164)
入园幼儿数	(154887)	(58887)	(96000)	(22716)	(15096)	(6313)	(15604)	(21043)	(15228)
在园幼儿数	(342851)	(149340)	(193511)	(35105)	(28730)	(21433)	(35145)	(36723)	(36375)
教职工数	39724	19757	19967	2182	3368	2571	4288	3770	3788
#专任教师	21439	10815	10624	1376	1772	1304	2155	2076	1941

注：1. 标注“( )”为不计合计数中。
2. 高等教育为省教育厅反馈数据，只有合计数。

14-3 全市教育部门

(2014 年)

类　别	总计	国家财政性教育经费	公共财政预算安排的教育经费	公共财政教育支出	教育事业费	基本建设经费	教育附加
总计	**10876566**	**10166205**	**9989927**	**8317625**	**7157109**	**324731**	**835785**
普通高等学校	**861883**	**621286**	**618149**	**554945**	**393710**	**159881**	**1354**
中等职业学校	**691055**	**677284**	**659149**	**565522**	**468977**	**9662**	**86883**
中等专业学校	197299	194193	189032	183199	124539	7648	51012
职业高中	425850	415983	403009	344278	306589	2014	35675
成人中等专业学校	67905	67108	67108	38044	37848		196
普通中学	**4436980**	**4270529**	**4193553**	**3505709**	**2999781**	**96445**	**409483**
普通高中	1797622	1638602	1603073	1350510	1154953	46031	149526
普通初中	2639357	2631927	2590481	2155199	1844828	50414	259957
普通小学	**3848036**	**3816970**	**3767096**	**3036068**	**2710543**	**53702**	**271823**
特殊教育学校	**42683**	**41822**	**41822**	**32834**	**32787**		**48**
幼儿园	**696335**	**458268**	**431984**	**385708**	**319128**	**5040**	**61539**
教育行政单位	**90531**	**87094**	**85844**	**73409**	**72680**		**729**
教育事业单位	**201410**	**185491**	**184867**	**156805**	**153026**		**3778**
其他	**1942**	**1942**	**1942**	**1942**	**1942**		

教育经费总收入

单位:千元

政府性基金预算安排的教育经费	地方教育附加	校办产业和社会服务收入中用于教育的经费	捐赠收入	事业收入	其他教育经费
175392	**148945**	**886**	**7287**	**670392**	**32055**
3137	**3137**		**5621**	**232896**	**2081**
18135	**18135**			**13764**	**7**
5161	5161			3106	
12974	12974			9861	7
				798	
76094	**62624**	**880**	**145**	**155135**	**11171**
35529	32416			151538	7484
40565	30209	880	145	3597	3688
49867	**39641**	**6**	**1389**	**13098**	**16579**
			82	**351**	**428**
26284	**23534**		**50**	**236984**	**406**
1250	**1250**			**3437**	
624	**624**			**14538**	**1382**

14-4 分县(市)区教育部门

(2014 年)

类别	总计	国家财政性教育经费	公共财政预算安排的教育经费	公共财政教育支出	教育事业费	基本建设经费	教育附加
总计	**10876566**	**10166205**	**9989927**	**8317625**	**7157109**	**324731**	**835785**
市本级	2920448	2537830	2518448	2176278	1834649	244671	96958
中原区	339449	338101	337411	243412	241504		1908
二七区	432630	427609	426589	329208	293579		35629
管城区	325032	314846	311786	253383	211895	39160	2328
金水区	614053	604828	603092	532261	485194		47067
上街区	211369	201767	196158	142147	121197		20949
惠济区	225991	224197	223159	186320	145437	28080	12802
中牟县	888872	867252	849210	617508	584560		32947
巩义市	770987	653872	646564	561441	512368		49073
荥阳市	626519	598206	580906	474940	460577		14363
新密市	772935	730986	714649	569539	548455		21084
新郑市	971647	952807	878861	760860	588247	5040	167572
登封市	706432	672731	664071	551596	498240		53357
经开区	264177	263096	262846	235370	106770		128600
高新区	279309	275905	274435	236244	150760		85484
郑东新区	397254	374911	374823	325412	265248		60163
航空港实验区	129464	127260	126920	121708	108428	7780	5500

教育经费收入

单位:千元

政府性基金预算安排的教育经费	地方教育附加	校办产业和社会服务收入中用于教育的经费	捐赠收入	事业收入	其他教育经费
175392	**148945**	**886**	**7287**	**670392**	**32055**
19381	19381		5621	374270	2729
690	490			1347	
1020	830			4971	50
3060	1490		327	7764	2094
1737	98			5824	3401
5609	4349		1050	4817	3734
1038	350			1793	
18042	9030			21601	19
7308	7308			116488	
17300	12200			28313	0.2
16338	13988			41948	
73061	70831	886	289	17567	983
8660	7950			26914	6787
250	140			1082	
1470	170			2773	631
88				10715	11627
340	340			2204	

14-5　全市教育部门

（2014 年）

类　别	总计	事业性经费支出	工资福利支出	对个人和家庭的补助支出
总计	**10743960**	**10741502**	**4578466**	**1424092**
普通高等学校	**859907**	**858696**	**228264**	**86330**
中等职业学校	**685039**	**685039**	**214407**	**106680**
中等专业学校	197219	197219	20128	52945
职业高中	426617	426617	174804	46926
成人中等专业学校	61203	61203	19475	6809
普通中学	**4388884**	**4388884**	**1865837**	**575666**
普通高中	1798450	1798450	674513	201753
普通初中	2590434	2590434	1191324	373913
普通小学	**3785658**	**3492440**	**1741301**	**518013**
特殊教育学校	**48154**	**42443**	**23921**	**7115**
幼儿园	**675275**	**675275**	**267013**	**48316**
教育行政单位	**93896**	**93896**	**23114**	**9347**
教育事业单位	**205205**	**203959**	**2219**	**20674**
其他	**1942**	**1942**	**1098**	

教育经费支出

单位:千元

商品和服务支出	其他资本性支出	专项公用支出	专项项目支出	基本建设支出
2371607	**2042605**	**949931**	**1092674**	**324731**
246023	**138197**	**123325**	**14873**	**159881**
145111	**209179**	**121823**	**87357**	**9662**
22775	93722	38264	55458	7648
111941	90933	82632	8301	2014
10397	24523	926	23598	118
977206	**873730**	**393493**	**480237**	**96445**
516392	359837	212054	147783	45954
460814	513893	181439	332454	50491
587869	**591555**	**199787**	**391768**	**53702**
8671	**2736**	**2736**		
192765	**162141**	**52345**	**109795**	**5040**
49759	**11675**	**8473**	**3202**	
86424	**30980**	**25537**	**5443**	

14-6 分县(市)区教育部门

(2014 年)

类 别	总计	事业性经费支出		
			工资福利支出	对个人和家庭的补助支出
总计	**10743960**	**10741502**	**4578466**	**1424092**
市本级	2914384	2911926	871885	344173
中原区	339449	339449	211362	64541
二七区	438086	438086	240587	65051
管城区	354639	354639	150230	48178
金水区	548942	548942	290023	30454
上街区	209240	209240	99266	39728
惠济区	226552	226552	97177	25255
中牟县	841145	841145	333633	128761
巩义市	770936	770936	363416	123676
荥阳市	628105	628105	388773	47378
新密市	772801	772801	376430	177718
新郑市	967781	967781	375318	140749
登封市	706994	706994	348844	103963
经开区	264477	264477	73285	20277
高新区	278409	278409	101863	27238
郑东新区	352570	352570	171507	28211
航空港实验区	129450	129450	84866	8741

教育经费支出

单位：千元

商品和服务支出	其他资本性支出	专项公用支出	专项项目支出	基本建设支出
2371607	**2042605**	**949931**	**1092674**	**324731**
877693	573504	436487	137016	244671
57076	6470	4310	2159	
79453	52995	35278	17718	
69765	47305	28884	18421	39160
78806	149659	39428	110232	
42274	27972	9287	18685	
54269	21771	17149	4622	28080
125434	253317	48469	204848	
217275	66569	52284	14285	
85623	106331	58357	47974	
108622	110031	25712	84318	
238763	207911	92187	115724	5040
165507	88680	18303	70377	
33731	137185	8319	128866	
51136	98173	23960	74213	
66881	85971	43648	42323	
19300	8763	7869	895	7780

14-7　艺术表演团体情况

(2014 年)

县(市)区	机构数(个)	从业人员(人)	#专业技术人员	演出场次(场)	国内演出场次	农村演出场次	国内演出观众人次(千人次)	本年收入(千元)	本年支出(千元)
总　计	**16**	**1664**	**1170**	**4137**	**4104**	**2607**	**4597**	**200393**	**267749**
省本级	5	1026	798	1539	1506	883	2019	142583	210468
郑州市	11	638	372	2598	2598	1724	2578	57810	57281
市本级	4	347	267	343	343	186	448	44056	43388
中牟县	1	51	4	170	170	130	40	928	928
巩义市	1	40	29	230	230	195	340	2360	2360
荥阳市	1	34	22	465	465	143	755	2575	2575
新密市	2	50	28	420	420	420	260	1500	1500
新郑市	1	63	21	470	470	350	360	4082	4302
登封市	1	53	1	500	500	300	375	2309	2228

14-8　艺术表演场馆基本情况

(2014 年)

县(市)区	机构数(个)	从业人员(个)	#专业技术人员	座席数(个)	演(映)出场次(场)	艺术演出场次	观众人次(千人次)	艺术演出观众人次	实际使用建筑面积(平方米)	演(映)出业务用房	本年收入(千元)	本年支出(千元)
总　计	**12**	**434**	**43**	**8678**	**643**	**193**	**470**	**225**	**49058**	**15921**	**53686**	**52733**
省本级	2	196	14	4054	389	159	329	199	17263	7658	41325	39647
郑州市	10	238	29	4624	254	34	141	26	31795	8263	12361	13086
市本级	7	161	20	1724	40	5	40	5	21906	5063	8198	9566
巩义市	1	19	4								461	461
新密市	1	17		1700	212	27	100	20	1500	1500	965	965
新郑市	1	41	5	1200	2	2	1	1	8389	1700	2737	2094

14-9 公共图书馆情况

（2014 年）

县(市)区	机构数（个）	从业人员（个）		年末总藏量（千册）		书刊文献外借（千册次）	总流通人次（千人次）	为读者举办各种活动（次）			实际使用公用房屋建筑面积（平方米）		阅览室坐席数（个）
			#专业技术人员		图书			举办展览	组织各类讲座	举办培训班		阅览室面积	
总　计	**15**	**539**	**291**	**6036**	**4722**	**2801**	**5205**	**120**	**237**	**350**	**155560**	**36926**	**8490**
省本级	2	184	152	3474	2641	1223	1529	57	63	258	38864	14606	2074
郑州市	13	355	139	2562	2081	1578	3676	63	174	92	116696	22320	6416
市本级	1	199	95	1122	897	420	2167	7	59	26	83016	13708	3544
中原区	1	15	3	103	100	92	113	6	10	8	2000	500	240
二七区	1	8		50	50	166	86	2	10		1146	1000	180
管城区	1	6	3	84	82	26	156	4	6		2500	460	120
金水区	1	20	6	87	84	285	309	5	12	10	2000	900	379
上街区	1	13		186	162	204	203	12	18	23	3000	720	300
惠济区	1	7	1	76	74	80	84	3	11	4	1500	520	180
中牟县	1	8	1	90	73	35	136		6	2	1670	520	260
巩义市	1	13	4	146	101	36	71	5	10	8	11700	1330	333
荥阳市	1	27	13	158	107	12	36	2	3		2100	300	300
新密市	1	12	2	219	158	89	140	7	9	2	2000	700	180
新郑市	1	20	8	166	138	113	165	6	15	7	3258	1758	300
登封市	1	7	3	75	55	20	10	4	5	2	806	144	100

14-10 群众艺术馆、文化馆基本情况

（2014 年）

县(市)区	机构数（个）	从业人员（个）		举办展览个数（个）	举办训练班次（次）		组织文艺活动（次）	
			#专业技术人员			培训人次（千人次）		参加人次（千人次）
合　计	**14**	**342**	**162**	**120**	**1349**	**56.7**	**1271**	**713**
群众艺术馆	**2**	**99**	**83**	**22**	**111**	**16.6**	**205**	**115**
省本级	1	51	39	9	6	0.6	103	60
市本级	1	48	44	13	105	16.0	102	55
文化馆	**12**	**243**	**79**	**98**	**1238**	**40.1**	**1066**	**598**
中原区	1	23	2	10	3	5.0	40	8
二七区	1	18	14	26	70	6.0	130	189
管城区	1	43	5	19	400	10.0	350	120
金水区	1	20	3	4	233	5.8	240	3
上街区	1	8	7	1	48	2.5	65	4
惠济区	1	18	7	2	15	0.5	11	3
中牟县	1	16	2	4	4	0.4	2	1
巩义市	1	31	15	5	15	0.5	146	200
荥阳市	1	27	5	4	120	6.1	9	28
新密市	1	11	7	4	6	0.3	10	4
新郑市	1	20	12	12	24	2.5	50	30
登封市	1	8		3	3	0.5	13	9

14-11 文物事业基本情况

(2014 年底)

县(市)区	机构数(个)	从业人员(个)	藏品数(件)	#一级品	展览(次)	参观人次(千人次)
总 计	**41**	**1574**	**253584**	**723**	**148**	**7065**
博物馆	31	1149	238631	718	147	5819
#市区	18	419	23016	73	72	2629
文物保护管理单位	10	425	14953	5	1	1246
#各县(市)合计	8	389	14845	5		871
中牟县	1	7	716	2		
巩义市	4	326	2027			871
荥阳市	1	32	12000	3		
新密市	2	24	102			

注:博物馆统计包含民办博物馆。

14-12 等级运动员、社会体育指导员人数

(2014 年底)

单位:人

人员分类	2013 年	#女	2014 年	#女
等级运动员				
二级运动员	868	252	370	93
社会体育指导员	**14152**		**15056**	
当年发展人数	3806		3768	

14-13 体育彩票发行情况

(2014 年底)

项 目	单位	2013 年	2014 年
体育彩票销售点	个	1460	1629
体育彩票销售收入	万元	144192	199163

14-14 卫生事业基本情况

（2014 年）

指 标	机构数（个）	实有床位数（个）	人员数（人）	卫生技术人员	执业（助理）医师	执业医师	注册护士	药师（士）	技师（士）	其他	其他技术人员	管理人员	工勤人员
总 计	**3848**	**73865**	**102822**	**80831**	**28912**	**25447**	**37790**	**3463**	**4188**	**6478**	**4511**	**5074**	**7079**
市区	1290	55848	74012	61057	21451	20082	29761	2485	2991	4369	3476	3750	5122
六县（市）	2558	18017	28810	19774	7461	5365	8029	978	1197	2109	1035	1324	1957
中牟县	373	3016	3433	2150	897	644	814	129	151	159	194	95	430
巩义市	657	2856	5722	4347	1728	1213	1868	206	232	313	107	163	322
荥阳市	383	2209	4401	2938	980	634	1127	143	164	524	112	295	432
新密市	392	3926	5624	3837	1406	1068	1611	214	250	356	185	300	230
新郑市	337	3189	4960	3339	1271	968	1267	131	168	502	226	290	340
登封市	416	2821	4670	3163	1179	838	1342	155	232	255	211	181	203
医 院	**213**	**64788**	**74603**	**62381**	**20901**	**19600**	**31243**	**2720**	**3148**	**4369**	**3229**	**3951**	**5042**
综合医院	103	40784	46262	39216	12863	12119	20090	1606	2003	2654	1954	2356	2736
中医医院	50	11059	13295	11062	4179	3855	4819	655	520	889	521	602	1110
中西医结合医院	3	305	312	258	190	135	49	11	8		9	14	31
专科医院	57	12640	14734	11845	3669	3491	6285	448	617	826	745	979	1165
口腔医院	3	40	293	208	123	117	63	3	3	16	15	40	30
眼科医院	6	532	545	347	149	142	139	16	14	29	80	52	66
耳鼻喉科医院	2	180	214	160	47	42	98	5	8	2	35	11	8
肿瘤医院	2	3103	2866	2579	716	715	1587	64	125	87	138	43	106
心血管病医院	3	1275	1706	1403	425	412	701	44	58	175	59	178	66
胸科医院	1	1012	1178	1021	315	301	602	41	30	33	76	38	43
妇产（科）医院	3	106	581	301	112	95	156	9	15	9	10	53	217
儿童医院	1	1853	2664	2272	588	582	1255	88	151	190	33	159	200
精神病医院	3	678	557	436	120	117	220	20	28	48	50	39	32
传染病医院	2	1125	893	745	256	244	354	34	40	61	24	89	35
皮肤病医院	3	115	159	126	43	35	64	12	7		8	8	17
骨科医院	8	1294	1300	1022	394	362	443	50	50	85	67	67	144
康复医院	4	742	665	519	168	145	226	27	39	59	56	32	58
整形外科医院	1	25	106	42	11	11	25	2	2	2	21	15	28
美容医院	4	90	285	109	41	34	51	6	8	3	39	78	59
其他专科医院	11	470	722	555	161	137	301	27	39	27	34	77	56
基层医疗卫生机构	**3466**	**5839**	**19023**	**12222**	**5900**	**3953**	**4173**	**570**	**506**	**1073**	**457**	**284**	**733**
社区卫生服务中心（站）	217	1218	3948	3438	1397	1161	1347	195	178	321	123	171	216
卫生院	94	4491	5045	4265	1705	859	1374	264	253	669	334	113	333
村卫生室	2320		6604	1277	955	299	322						
门诊部	35	130	677	559	269	234	196	28	48	18			118
诊所、卫生所、医务室	800		2749	2683	1574	1400	934	83	27	65			66
专业公共卫生机构	**140**	**3238**	**8175**	**5964**	**2033**	**1845**	**2342**	**164**	**447**	**978**	**658**	**642**	**911**
疾病预防控制中心	16		1646	1010	529	463	91	23	133	234	158	216	262
专科疾病防治院（所、站）	3	117	293	219	93	91	29	4	39	54	21	28	25
健康教育所（站、中心）	3		30	8	3	2	2			3	4	11	7
妇幼保健院（所、站）	14	3121	4142	3532	1160	1102	1916	119	216	121	197	122	291
采供血机构	1		412	263	29	29	131	1	33	69	42	16	91
卫生监督所（中心）	17		597	445						445	25	83	44
计划生育技术服务机构	83		954	429	206	146	134	17	26	46	201	144	180
其他卫生机构	**29**		**1021**	**264**	**78**	**49**	**32**	**9**	**87**	**58**	**167**	**197**	**393**

14-15 门诊部、诊所、卫生所、

（2014 年）

指标名称	合计	按管理类别分		按经济类型分				
		非营利性	营利性	国有	集体办	联营	私营	其他
机构总数(个)	**835**	**138**	**697**	**95**	**31**	**3**	**629**	**77**
总人员数(人)	**3426**	**961**	**2465**	**631**	**230**	**8**	**2204**	**353**
卫生技术人员	3242	872	2370	593	201	8	2127	313
执业医师	1634	468	1166	324	104	5	1040	161
执业助理医师	209	37	172	15	14		155	25
注册护士	1130	271	859	183	62	2	778	105
药剂师(士)	111	37	74	29	7	1	66	8
技师(士)	75	32	43	21	9		34	11
其他卫生技术人员	83	27	56	21	5		54	3
工勤技能人员	184	89	95	38	29		77	40
床位数(门诊部)	**130**	**126**	**4**	**126**				**4**
房屋建筑面积(㎡)	**122558**	**35657**	**86901**	**26913**	**6356**	**165**	**74132**	**14992**
总收入(万元)	**17420.0**	**7192.5**	**10227.5**	**5663.0**	**640.4**	**18.0**	**9528.6**	**1570.0**
#医疗收入	13021.4	4534.4	8487.0	3347.5	522.4	12.0	7664.3	1475.2
#药品收入	7072.6	2702.5	4370.1	2198.6	156.2	6.0	3953.0	758.8
总支出(万元)	**15753.2**	**6737.2**	**9016.0**	**5425.2**	**577.6**	**17.5**	**8324.5**	**1408.4**
#人员经费	7647.2	2983.0	4664.2	2168.0	421.8	10.0	4301.8	745.6
药品支出	6157.8	2458.1	3699.7	1975.4	141.9	7.5	3516.6	516.4
诊疗人次数	**4282487**	**668766**	**3613721**	**439211**	**154679**	**6950**	**3158868**	**522779**
#出诊人次数	81324	6895	74429	4269	2436		69460	5159

医务室基本情况

按设置/主办单位分			按诊所类别分				
政府办	社会办	私人办	普通	中医	中西医结合	口腔	其他
12	**137**	**686**	**432**	**124**	**22**	**80**	**142**
82	**892**	**2452**	**1391**	**319**	**77**	**324**	**638**
74	824	2344	1360	315	77	315	616
36	446	1152	715	170	37	138	340
5	39	165	71	15	6	54	28
22	255	853	513	89	26	110	196
4	33	74	28	29	7		19
2	30	43	15			2	10
5	21	57	18	12	1	11	23
8	68	108	31	4		9	22
	126	**4**					
3304	**33910**	**85344**	**44115**	**12114**	**2733**	**8477**	**23926**
118.4	**6693.7**	**10607.9**	**5586.0**	**1423.5**	**283.5**	**1084.7**	**1799.6**
84.9	4249.3	8687.2	4366.1	1225.2	233.3	938.3	1410.0
44.3	2488.7	4539.6	2755.1	781.9	128.4	344.4	903.1
102.9	**6372.3**	**9278.0**	**4889.7**	**1267.3**	**258.6**	**917.2**	**1694.6**
49.6	2841.8	4755.8	2383.8	560.8	114.4	535.9	851.7
38.2	2242.4	3877.2	2162.0	609.7	125.8	298.5	749.7
52860	**658333**	**3571294**	**2450972**	**529883**	**117866**	**264355**	**567305**
	6895	74429	16712	4528	2730	200	1804

14-16 医疗卫生机构门诊服务情况

(2014 年)

类别	机构数(个)	总诊疗人次数(人次)	门、急诊人次	门诊人次	急诊人次	死亡人数	观察室留观病例数	死亡人数	健康检查人数(人)	急诊抢救成功率(%)	急诊病死率(%)
总　计	**3821**	**71563913**	**66314507**	**63432727**	**2881780**	**1803**	**532860**	**77**	**3185612**	**0.06**	**0.01**
医　院	**213**	**36081436**	**33388048**	**31266788**	**2121260**	**1689**	**428520**	**75**	**1547326**	**0.08**	**0.02**
综合医院	103	24336524	22005849	20669193	1336656	1004	233843	8	1062762	0.08	
中医医院	50	7008760	6898112	6576591	321521	567	77938	67	214325	0.18	0.09
中西医结合医院	3	101669	101669	93326	8343						
专科医院	57	4634483	4382418	3927678	454740	118	116739		270239	0.03	
口腔医院	3	164926	164926	164926							
眼科医院	6	368951	368334	363036	5298						
耳鼻喉科医院	2	43513	43513	43513							
肿瘤医院	2	394383	383839	383834	5				9473		
心血管病医院	3	706051	624530	488040	136490	106			32722	0.08	
胸科医院	1	80192	80192	80192							
妇产(科)医院	3	144873	144604	144604					15171		
儿童医院	1	1251498	1251498	997918	253580		102698				
精神病医院	3	239601	239601	233391	6210						
传染病医院	2	293125	291289	272193	19096	1	13445		167045	0.01	
皮肤病医院	3	73899	73533	73533							
骨科医院	8	379032	378433	364924	13509	10	150		2771	0.07	
康复医院	4	361508	221453	210082	11371		123		39326		
整形外科医院	1	7336	7336	7336			36				
美容医院	4	31312	31312	31312							
其他专科医院	11	94283	78025	68844	9181	1	287		3731	0.01	
基层医疗卫生机构	**3466**	**32055473**	**29855566**	**29437537**	**418029**	**48**	**94377**	**2**	**1369077**	**0.01**	
社区卫生服务中心(站)	217	5490015	5012458	4827608	184850	17	30809	2	547438	0.01	0.01
社区卫生服务中心	70	3751376	3330372	3182562	147810	12	20503	1	462358	0.01	
社区卫生服务站	147	1738639	1682086	1645046	37040	5	10306	1	85080	0.01	0.01
卫生院	94	6870554	6758997	6525818	233179	31	63568		821639	0.01	
中心卫生院	26	2154015	2082258	2007321	74937	4	26148		302646	0.01	
乡卫生院	68	4716539	4676739	4518497	158242	27	37420		518993	0.02	
村卫生室	2320	15412417	13882948	13882948							
门诊部	35	352106	296756	296756							
诊所、卫生所、医务室	800	3930381	3904407	3904407							
专业公共卫生机构	**140**	**3312004**	**2955893**	**2613402**	**342491**	**66**	**9963**		**269209**	**0.02**	
专科疾病防治院(所、站)	16	185977	18689	18689					180579		
妇幼保健院(所、站)	14	2974737	2785914	2594713	191201	66	9963		88630	0.03	
其他机构	**2**	**115000**	**115000**	**115000**							

14-17 医疗卫生机构住院服务情况

（2014年）

机构分类	入院人数	出院人数	死亡	住院病人手术人次数	每百门急诊的入院人数	死亡率（%）
总　计	**2284976**	**2276107**	**6464**	**620438**	**4.75**	**0.28**
医　院	**1992021**	**1984190**	**6317**	**563151**	**5.97**	**0.32**
综合医院	1384899	1383115	5026	422151	6.29	0.36
中医医院	280707	278390	751	47441	4.07	0.27
中西医结合医院	8083	5836		2345	7.95	
专科医院	318332	316849	540	91214	7.26	0.17
口腔医院	30	30		30	0.02	
眼科医院	19880	19963		17895	5.40	
耳鼻喉科医院	4213	4162		3917	9.68	
肿瘤医院	100683	100955	154	20807	26.23	0.15
心血管病医院	30170	30151	130	956	4.83	0.43
胸科医院	20014	19905	63	3880	24.96	0.32
妇产（科）医院	4117	4097		2108	2.85	
儿童医院	55473	55311	59	9305	4.43	0.11
精神病医院	7990	7992	1		3.33	0.01
传染病医院	18977	19074	122	1850	6.51	0.64
皮肤病医院	1373	1335			1.87	
骨科医院	30269	28966		19783	8.00	
康复医院	9434	9416	11	544	4.26	0.12
整形外科医院	279	279		279	3.80	
美容医院	1884	1884		1224	6.02	
其他专科医院	13546	13329		8636	17.36	
基层医疗卫生机构	**146914**	**145768**	**23**		**1.24**	**0.02**
社区卫生服务中心（站）	20828	20612	10		0.42	0.05
卫生院	125077	124147	13		1.85	0.01
中心卫生院	48875	48297	4		2.35	0.01
乡卫生院	76202	75850	9		1.63	0.01
门诊部	1009	1009				
专业公共卫生机构	**146041**	**146149**	**124**	**57287**	**5.21**	**0.08**
专科疾病防治院（所、站）	660	637		328	3.53	
妇幼保健院（所、站）	145381	145512	124	56959	5.22	0.09

14-18 医疗卫生机构病床使用情况

（2014 年）

机构分类	实有床位（张）	实际开放总床位（床日）	平均开放病床数（张）	实际占用总床日数（床日）	出院者占用总床日数	病床周转次数	病床工作日（日）	病床使用率（%）	出院者平均住院日
总　计	**73865**	**25533448**	**69955**	**24770724**	**24518979**	**32.5**	**354.1**	**97.01**	**10.8**
医　院	**64788**	**22390190**	**61343**	**22444505**	**22314881**	**32.3**	**365.9**	**100.24**	**11.2**
综合医院	40784	14345856	39304	14398836	14386800	35.2	366.3	100.37	10.4
中医医院	11059	3690028	10110	3577743	3470263	27.5	353.9	96.96	12.5
中西医结合医院	305	99289	272	96421	95238	21.5	354.5	97.11	16.3
专科医院	12640	4255017	11658	4371505	4362580	27.2	375.0	102.74	13.8
口腔医院	40	14600	40	780	780	0.8	19.5	5.34	26.0
眼科医院	532	193793	531	79454	76766	37.6	149.6	41.00	3.8
耳鼻喉科医院	180	65700	180	30790	30753	23.1	171.1	46.86	7.4
肿瘤医院	3103	1101359	3017	1470777	1488763	33.5	487.4	133.54	14.7
心血管病医院	1275	417990	1145	313541	314437	26.3	273.8	75.01	10.4
胸科医院	1012	341630	936	400122	395173	21.3	427.5	117.12	19.9
妇产(科)医院	106	38390	105	20177	20061	39.0	191.8	52.56	4.9
儿童医院	1853	538082	1474	556290	563086	37.5	377.4	103.38	10.2
精神病医院	678	232870	638	280878	277671	12.5	440.2	120.62	34.7
传染病医院	1125	397149	1088	368783	382384	17.5	338.9	92.86	20.0
皮肤病医院	115	41975	115	29585	27818	11.6	257.3	70.48	20.8
骨科医院	1294	413345	1132	459335	444566	25.6	405.6	111.13	15.3
康复医院	742	254600	698	213455	199938	13.5	306.0	83.84	21.2
整形外科医院	25	8820	24	3150	3150	11.5	130.4	35.71	11.3
美容医院	90	32550	89	20383	20231	21.1	228.6	62.62	10.7
其他专科医院	470	162164	444	124005	117003	30.0	279.1	76.47	8.8
基层医疗卫生机构	**5839**	**1996414**	**5470**	**1215751**	**1092920**	**26.7**	**222.3**	**60.90**	**7.5**
社区卫生服务中心(站)	1218	421571	1155	255658	207584	17.8	221.4	60.64	10.1
卫生院	4491	1574843	4315	960093	885336	28.8	222.5	60.96	7.1
中心卫生院	1556	546275	1497	341439	318732	32.3	228.1	62.50	6.6
乡卫生院	2935	1028568	2818	618654	566604	26.9	219.5	60.15	7.5
专业公共卫生机构	**3238**	**1146844**	**3142**	**1110468**	**1111178**	**46.5**	**353.4**	**96.83**	**7.6**
专科疾病防治院(所、站)	117	42705	117	26720	23912	5.4	228.4	62.57	37.5
妇幼保健院(所、站)	3121	1104139	3025	1083748	1087266	48.1	358.3	98.15	7.5

14-19 医疗卫生机构收入与支出

（2014 年）

单位：万元

类　别	总收入	财政补助收入	科教项目收入	上级补助收入	医疗收入/事业收入	总支出	医疗业务成本/医疗支出/事业支出	公共卫生支出	科教项目支出	管理费用	财政项目补助支出	总支出中:人员支出
总　计	**3783310**	**279911**	**6356**	**11385**	**3402782**	**3552667**	**2945859**	**25315**	**4819**	**318366**	**151807**	**896381**
医　院	**3286330**	**162236**	**6269**		**3079890**	**3108806**	**2646811**		**4714**	**303963**	**99984**	**759334**
综合医院	2269329	110197	2964		2133061	2148415	1844647		2078	203004	72027	528481
中医医院	412944	23588	2183		378144	384752	318711		1978	48129	5377	102081
中西医结合医院	3245				3104	2304	2090			199		1527
专科医院	600813	28452	1122		565581	573334	481364		659	52630	22580	127245
口腔医院	4099				3633	4455	3499			143		1759
眼科医院	23455	708			22587	14780	5820			2286	258	2264
耳鼻喉科医院	3931				3931	4220	2977			935		914
肿瘤医院	218841	8164	49		209059	199995	176217		78	15441	8206	40894
心血管病医院	53733	853	107		52612	69495	64422			4435	383	14162
胸科医院	51644	2322	317		48796	51633	45348		47	4874	1349	13134
妇产(科)医院	10173				10166	10618	3812			4065		1337
儿童医院	81729	4661	75		74905	76628	68503		18	3946	3707	21615
精神病医院	13110	1175			11910	12123	9946		4	1808	141	5754
传染病医院	37959	6163	547		30987	36258	25403		495	4689	5442	9291
皮肤病医院	4434				4434	3224	1495		5	1700		953
骨科医院	70758	4018	27		66069	67318	58866		6	5458	2706	8994
康复医院	14039	388			13587	10949	7257		5	519	388	3169
整形外科医院	1060				1060	1446	958					843

14-19 续表 （2014 年） 单位:万元

类　别	总收入	财政补助收入	科教项目收入	上级补助收入	医疗收入/事业收入	总支出	医疗业务成本/医疗支出/事业支出	公共卫生支出	科教项目支出	管理费用	财政项目补助支出	总支出中:人员支出
美容医院	3144				3144	2182	1542			416		429
其他专科医院	8707				8701	8012	5300			1916		1732
基层医疗卫生机构	**175642**	**38099**		**6979**	**123525**	**166678**	**121833**	**25315**			**2275**	**59291**
社区卫生服务中心(站)	47759	14079		615	32590	46264	44257	12516			378	16620
社区卫生服务中心	40924	13160		565	26824	39806	37982	11618			359	14401
社区卫生服务站	6836	919		51	5766	6458	6274	899			20	2219
卫生院	87974	24020		1386	61882	82692	77577	12799			1896	28080
中心卫生院	28372	7738		305	20141	27117	25796	4549			764	10369
乡卫生院	59602	16282		1081	41742	55575	51781	8250			1133	17710
门诊部	7243				4849	6726						3201
诊所.卫生所.医务室	10177				8173	9027						4447
诊所	8822				7115	7745						3824
卫生所、医务室	1355				1058	1282						623
专业公共卫生机构	**292336**	**67761**	**87**	**4151**	**182668**	**253141**	**166515**		**105**	**13826**	**42081**	**72157**
专科疾病防治院(所、站)	5608	1190			4401	5305	4681			603	21	579
妇幼保健院(所、站)	175537	14373	87		157408	140388	116776		105	13224	7685	36177
妇幼保健院	173629	13065	87		157021	138636	116295		105	13087	6943	35491
急救中心(站)	1269	1135		1	79	1229	1087					576
其他卫生机构	**29002**	**11815**		**256**	**16699**	**24042**	**10700**			**577**	**7468**	**5599**
临床检验中心	16056				16056	14567	9334			577		3252

14-20 村卫生室基本情况

（2014 年）

类　别	合计	按设置/主办单位分					按行医方式分		
		村办	乡医院设点	联合办	私人办	其他	中医为主	西医为主	中西医结合
机构数(个)	2320	1457	100	210	266	287	59	1569	692
执业(助理)医师(人)	955	580		91	144	140	18	579	358
注册护士(人)	322	169		41	64	48	6	193	123
乡村医生和卫生员(人)	5327	3438	218	485	537	649	130	3355	1842
乡村医生	5006	3294	200	438	457	617	121	3147	1738
卫生员	321	144	18	47	80	32	9	208	104
总收入(万元)	22489.1	14533.1	1109.7	1652.7	1875.0	3318.5	452.4	13874.7	8162.0
#上级补助收入	4977.5	3535.1	189.0	514.2	206.7	532.4	101.3	3043.1	1833.1
医疗收入	16030.8	9993.1	870.7	1114.2	1512.0	2540.8	316.3	9797.0	5917.5
药品收入	11855.6	8018.9	760.7	745.8	918.7	1411.6	261.9	7315.7	4278.1
总支出(万元)	21968.8	14884.3	1062.3	1510.5	1473.5	3038.2	417.5	12805.7	8745.6
#人员经费	6944.9	4773.4	296.4	615.5	525.5	734.1	126.8	4375.1	2443.0
药品支出	12392.5	8209.9	736.7	865.8	925.7	1654.3	266.9	7753.8	4371.8
诊疗人次数	15412417	10377131	627989	1086381	1242280	2078636	384460	10140933	4887024
#出诊人次数	1529469	1200274	35013	94227	106424	93531	142759	988617	398093

14-21 分县(市)区医疗机构收入与支出

(2014 年)

单位:万元

类　别	总收入	财政补助收入	上级补助收入	业务事业收入	总支出	业务事业支出	财政专项支出	总支出中:人员经费支出	科教项目支出	管理费用	财政项目补助支出	总支出中:人员经费支出
总　计	**3783310**	**279911**	**6356**	**11385**	**3402782**	**3552667**	**2945859**	**25315**	**4819**	**318366**	**151807**	**896381**
中原区	274903	20653	225	195	233626	276663	220096	1800	147	29694	14970	68497
二七区	1162005	49027	2143	420	1100321	1063692	962562	2633	1624	68440	22633	248992
管城区	233301	14843	130	467	216169	228147	177895	1887	16	31522	7449	61527
金水区	1569094	129920	3825	1058	1398433	1467511	1182176	5400	2975	149709	91997	355929
上街区	19604	466		149	18241	18916	15581	106		2163	124	1204
惠济区	47517	8476		2793	30686	45210	22570	767	4	3462	1249	23379
中牟县	74806	13224		554	60256	66400	55110	1749	10	4063	3424	20228
巩义市	81407	8609		1577	69078	78116	61982	2080		5553	2912	24871
荥阳市	65576	8831	11	1216	54287	62428	49618	2382		4615	2549	19732
新密市	92134	7380		1071	82382	89325	72589	2281		4069	1372	26253
新郑市	98290	10461		1027	84317	96046	79027	2268		8386	2117	25977
登封市	64675	8021	22	858	54987	60214	46654	1961	43	6691	1011	19792

14-22 规模以上工业企业 R&D 人员情况

(2014 年)

类　别	有 R&D 活动企业个数(个)	有科技机构企业个数(个)	R&D 人员合计(人)	#参加项目人员	管理和服务人员	#女性	#研究人员
总计	**452**	**283**	**39905**	**36690**	**3215**	**7012**	**14896**
按企业规模分组							
大型	46	36	20484	18922	1562	3069	9133
中型	166	111	11775	10798	977	2460	3467
小型	238	136	7628	6954	674	1481	2288
微型	2		18	16	2	2	8
按隶属关系分组							
中央	20	14	3614	3154	460	853	1594
省(自治区、直辖市)	12	12	4527	4327	200	501	2396
地(区、市、州、盟)	35	28	5392	4737	655	1214	1030
县(区、市、旗)	37	27	3474	3121	353	684	1722
街道	1	1	35	33	2	7	19
镇	16	8	1299	1267	32	157	133
乡	2		40	35	5	5	8
村委会	7	5	206	197	9	34	59
其他	322	188	21318	19819	1499	3557	7935
按登记注册类型分组							
内资企业	418	262	31508	28854	2654	5471	10172
国有企业	9	8	2036	1773	263	578	926
集体企业	4	3	181	176	5	24	56
有限责任公司	250	149	16641	15334	1307	2555	5968
国有独资公司	6	5	400	357	43	129	280
其他有限责任公司	244	144	16241	14977	1264	2426	5688
股份有限公司	55	43	8993	8193	800	1568	2247
私营企业	100	59	3657	3378	279	746	975
私营独资企业	7	6	136	129	7	22	31
私营有限责任公司	83	46	2900	2695	205	586	777
私营股份有限公司	10	7	621	554	67	138	167
港、澳、台商投资企业	18	8	5026	4954	72	729	3195
合资经营企业(港或澳、台资)	7	3	564	533	31	122	135
港、澳、台商独资经营企业	9	4	4373	4338	35	599	3019
港、澳、台商投资股份有限公司	1		47	43	4	3	27

14-22 续表1 （2014 年）

类 别	有 R&D 活动企业个数(个)	有科技机构企业个数(个)	R&D 人员合计(人)	#参加项目人员	管理和服务人员	#女性	#研究人员
其他港澳台投资企业	1	1	42	40	2	5	14
外商投资企业	16	13	3371	2882	489	812	1529
中外合资经营企业	9	7	1945	1818	127	520	1296
外资企业	4	3	814	558	256	105	133
外商投资股份有限公司	1	2	438	348	90	157	41
其他外商投资企业	2	1	174	158	16	30	59
按国民经济行业大类分组							
采矿业	3	1	2698	2563	135	26	1675
煤炭开采和洗选业	3	1	2698	2563	135	26	1675
制造业	443	278	36157	33166	2991	6834	12611
农副食品加工业	14	16	571	540	31	93	104
食品制造业	17	14	1883	1593	290	644	282
酒、饮料和精制茶制造业	4	1	290	275	15	80	120
烟草制品业	2	2	539	525	14	46	97
纺织业	6	4	215	200	15	86	84
纺织服装、服饰业	7	5	443	433	10	273	105
家具制造业	1	1	33	30	3	2	24
造纸和纸制品业	6	2	169	165	4	35	27
印刷和记录媒介复制业	8	3	202	186	16	36	95
文教、工美、体育和娱乐用品制造业	3	2	121	114	7	10	14
化学原料和化学制品制造业	28	17	1246	1125	121	274	409
医药制造业	22	11	1463	1392	71	685	258
橡胶和塑料制品业	9	7	332	263	69	38	142
非金属矿物制品业	101	62	3853	3546	307	623	1180
黑色金属冶炼和压延加工业	8	4	380	354	26	38	93
有色金属冶炼和压延加工业	13	9	2182	1922	260	329	1371
金属制品业	13	7	1084	1008	76	179	303
通用设备制造业	37	22	3148	2811	337	479	956
专用设备制造业	55	30	4225	3838	387	691	1666
汽车制造业	20	10	4323	3919	404	516	961
铁路、船舶、航空航天和其他运输设备制造业	6	6	787	661	126	327	204
电气机械和器材制造业	27	21	1643	1528	115	343	343
计算机、通信和其他电子设备制造业	14	9	5465	5328	137	773	3429

14-22 续表 2 （2014 年）

类　别	有 R&D 活动企业个数(个)	有科技机构企业个数(个)	R&D 人员合计(人)	#参加项目人员	管理和服务人员	#女性	#研究人员
仪器仪表制造业	21	12	1533	1398	135	233	317
废弃资源综合利用业	1	1	27	12	15	1	27
电力、热力、燃气及水生产和供应业	6	4	1050	961	89	152	610
电力、热力生产和供应业	4	2	1009	922	87	140	578
燃气生产和供应业	1	1	16	16		1	7
水的生产和供应业	1	1	25	23	2	11	25
按经济成分分组							
公有经济	64	48	10906	10053	853	1900	4971
非公有经济	388	235	28999	26637	2362	5112	9925
按企业控股情况分组							
国有控股	53	40	10498	9664	834	1844	4837
集体控股	11	8	408	389	19	56	134
私人控股	323	193	18375	16878	1497	3223	4592
港澳台商控股	15	8	4776	4709	67	645	3161
外商控股	11	9	2423	1981	442	501	1154
其他	39	25	3425	3069	356	743	1018
按全国地区分组							
中原区	22	16	4428	4233	195	560	2201
二七区	15	13	1711	1527	184	475	738
管城区	6	5	2899	2598	301	440	624
金水区	10	10	754	585	169	130	123
上街区	19	13	1383	1196	187	246	482
惠济区	6	5	611	513	98	180	93
中牟县	17	10	770	739	31	169	348
巩义市	34	27	2547	2318	229	418	1315
荥阳市	32	23	2054	1915	139	279	350
新密市	53	33	1922	1835	87	264	506
新郑市	63	38	2689	2524	165	642	784
登封市	42	17	1843	1636	207	295	632
经开区	33	18	5504	5261	243	1193	3500
高新区	81	39	7673	6807	866	1416	2220
郑东新区	3	3	1143	1118	25	87	184
航空港实验区	16	13	1974	1885	89	218	796

14-22 续表 3 （2014 年）

类　别	#全时人员	非全时人员	R&D 人员折合全时当量合计（人年）	#研究人员	应用研究人员	试验发展人员
总计	**24603**	**15302**	**29714.8**	**10903.3**	**35.4**	**29679.4**
按企业规模分组						
大型	12739	7745	15527.1	6685.7	14.5	15512.5
中型	7902	3873	8716.4	2576.1	20.8	8695.5
小型	3952	3676	5460.0	1636.1		5460.0
微型	10	8	11.4	5.5		11.4
按隶属关系分组						
中央	2629	985	2792.1	1258.8	1.7	2790.4
省（自治区、直辖市）	976	3551	3373.2	1832.6		3373.2
地（区、市、州、盟）	4108	1284	4635.2	842.1		4635.2
县（区、市、旗）	1974	1500	2407.2	1233.4		2407.2
街道	22	13	14.2	7.7		14.2
镇	644	655	847.3	108.0		847.3
乡	36	4	31.0	7.2		31.0
村委会	53	153	116.4	33.8		116.4
其他	14161	7157	15498.2	5579.8	33.7	15464.5
按登记注册类型分组						
内资企业	18283	13225	23649.1	7749.8	22.5	23626.6
国有企业	1342	694	1580.2	642.1		1580.2
集体企业	97	84	157.8	49.6		157.8
有限责任公司	8442	8199	12239.4	4518.2	22.5	12216.9
国有独资公司	179	221	304.6	215.7		304.6
其他有限责任公司	8263	7978	11934.8	4302.6	22.5	11912.3
股份有限公司	6256	2737	7183.4	1834.9		7183.4
私营企业	2146	1511	2488.4	705.0		2488.4
私营独资企业	98	38	103.9	26.6		103.9
私营有限责任公司	1655	1245	2058.7	583.0		2058.7
私营股份有限公司	393	228	325.8	95.4		325.8
港、澳、台商投资企业	3889	1137	3209.5	1975.5		3209.5
合资经营企业（港或澳、台资）	184	380	409.3	114.2		409.3
港、澳、台商独资经营企业	3638	735	2759.4	1843.8		2759.4
港、澳、台商投资股份有限公司	28	19	16.0	9.2		16.0

14-22 续表4 （2014 年）

类　别	#全时人员	非全时人员	R&D 人员折合全时当量合计（人年）	#研究人员	应用研究人员	试验发展人员
其他港澳台投资企业	39	3	24.9	8.3		24.9
外商投资企业	2431	940	2856.1	1178.0	12.9	2843.3
中外合资经营企业	1385	560	1517.1	961.2		1517.1
外资企业	459	355	770.3	124.1	12.9	757.4
外商投资股份有限公司	423	15	405.4	38.0		405.4
其他外商投资企业	164	10	163.3	54.7		163.3
按国民经济行业大类分组						
采矿业	290	2408	2239.6	1407.8		2239.6
煤炭开采和洗选业	290	2408	2239.6	1407.8		2239.6
制造业	23931	12226	26936.6	9180.4	35.4	26901.2
农副食品加工业	344	227	434.7	79.5		434.7
食品制造业	1115	768	1712.6	247.8	12.9	1699.8
酒、饮料和精制茶制造业	50	240	158.4	40.2		158.4
烟草制品业	83	456	376.8	66.1	1.7	375.1
纺织业	52	163	186.6	70.2		186.6
纺织服装、服饰业	215	228	176.2	38.5		176.2
家具制造业		33	33.0	24.0		33.0
造纸和纸制品业	94	75	106.7	19.8		106.7
印刷和记录媒介复制业	122	80	167.6	86.4		167.6
文教、工美、体育和娱乐用品制造业	75	46	62.6	7.1		62.6
化学原料和化学制品制造业	859	387	1036.0	335.2		1036.0
医药制造业	1051	412	1171.7	178.2		1171.7
橡胶和塑料制品业	244	88	292.0	127.1		292.0
非金属矿物制品业	1638	2215	2805.4	853.4		2805.4
黑色金属冶炼和压延加工业	145	235	273.5	65.1		273.5
有色金属冶炼和压延加工业	1294	888	1369.5	958.2		1369.5
金属制品业	462	622	816.7	222.3		816.7
通用设备制造业	2305	843	2349.5	707.6		2349.5
专用设备制造业	2706	1519	3342.2	1416.3		3342.2
汽车制造业	3329	994	3393.9	774.6		3393.9
铁路、船舶、航空航天和其他运输设备制造业	736	51	739.1	193.5		739.1
电气机械和器材制造业	1266	377	1103.4	226.4	20.8	1082.6
计算机、通信和其他电子设备制造业	4678	787	3558.4	2171.5		3558.4

14-22 续表 5 （2014 年）

类别	#全时人员	非全时人员	R&D 人员折合全时当量合计（人年）	#研究人员	应用研究人员	试验发展人员
仪器仪表制造业	1063	470	1243.2	244.3		1243.2
废弃资源综合利用业	5	22	27.0	27.0		27.0
电力、热力、燃气及水生产和供应业	382	668	538.6	315.1		538.6
电力、热力生产和供应业	355	654	502.7	288.2		502.7
燃气生产和供应业	16		16.0	7.0		16.0
水的生产和供应业	11	14	19.9	19.9		19.9
按经济成分分组						
公有经济	5294	5612	8025.2	3728.9	22.5	8002.7
非公有经济	19309	9690	21689.6	7174.4	12.9	21676.7
按企业控股情况分组						
国有控股	5041	5457	7714.2	3629.8	22.5	7691.7
集体控股	253	155	311.1	99.1		311.1
私人控股	11645	6730	13577.2	3384.8		13577.2
港澳台商控股	3877	899	3006.1	1938.2		3006.1
外商控股	1599	824	2039.6	905.7	12.9	2026.8
其他	2188	1237	3066.7	945.6		3066.7
按全国地区分组						
中原区	1317	3111	3217.0	1719.4		3217.0
二七区	1099	612	1325.6	521.8		1325.6
管城区	2110	789	2411.5	484.0		2411.5
金水区	359	395	676.6	109.6	12.9	663.7
上街区	923	460	941.0	323.3		941.0
惠济区	533	78	527.5	76.7		527.5
中牟县	573	197	540.3	227.4		540.3
巩义市	1448	1099	1902.3	972.3		1902.3
荥阳市	963	1091	1319.9	266.9		1319.9
新密市	444	1478	1399.0	367.3		1399.0
新郑市	1315	1374	1980.5	553.7		1980.5
登封市	996	847	1095.7	376.7		1095.7
经开区	4609	895	4067.9	2429.0		4067.9
高新区	6016	1657	6046.1	1763.1	20.8	6025.3
郑东新区	107	1036	772.0	135.6	1.7	770.3
航空港实验区	1791	183	1491.9	576.5		1491.9

14-23 规模以上工业企业全部R&D项目情况

(2014年)

类　　别	项目数(项)	参加项目人员(人)	项目人员折合全时当量(人年)	全部项目经费内部支出(万元)
总计	**3284**	**36690**	**27193.4**	**726226.8**
按企业规模分组				
大型	1380	18922	14249.1	436514.6
中型	970	10798	7984.1	176834.3
小型	932	6954	4950	112841.9
微型	2	16	10.2	36
按隶属关系分组				
中央	563	3154	2437.6	55973.4
省(自治区、直辖市)	259	4327	3224.9	91444.7
地(区、市、州、盟)	509	4737	4053.3	125182.1
县(区、市、旗)	345	3121	2157	77626.7
街道	6	33	13.4	410
镇	74	1267	827.9	13206.2
乡	6	35	26.9	792.8
村委会	12	197	111.3	3310.1
其他	1510	19819	14341.2	358280.8
按登记注册类型分组				
内资企业	2771	28854	21614.7	586550.6
国有企业	271	1773	1365.3	31896.7
集体企业	12	176	154.9	2309
有限责任公司	1539	15334	11305.2	312172.9
国有独资公司	80	357	272.1	6576.6
其他有限责任公司	1459	14977	11033.1	305596.3
股份有限公司	588	8193	6516.9	178259.4
私营企业	361	3378	2272.5	61912.6
私营独资企业	19	129	98.6	2381.9
私营有限责任公司	285	2695	1904.7	46672.8
私营股份有限公司	57	554	269.1	12857.9
港、澳、台商投资企业	136	4954	3165.7	46368.7
合资经营企业(港或澳、台资)	37	533	391.6	4078.4
港、澳、台商独资经营企业	88	4338	2735.8	38363.7
港、澳、台商投资股份有限公司	6	43	14.6	244.7

14-23 续表 1 (2014 年)

类 别	项目数（项）	参加项目人员（人）	项目人员折合全时当量（人年）	全部项目经费内部支出（万元）
其他港澳台投资企业	5	40	23.7	3681.9
外商投资企业	377	2882	2413	93307.5
中外合资经营企业	230	1818	1418.3	60593.8
外资企业	97	558	524.3	17747.1
外商投资股份有限公司	42	348	322.1	10910.5
其他外商投资企业	8	158	148.2	4056.1
按国民经济行业大类分组				
采矿业	86	2563	2131.7	65264.5
煤炭开采和洗选业	86	2563	2131.7	65264.5
制造业	3058	33166	24568.5	641742.7
农副食品加工业	52	540	411.1	9697.1
食品制造业	189	1593	1445.1	36140.5
酒、饮料和精制茶制造业	20	275	152.9	1809.8
烟草制品业	224	525	367.2	6570.3
纺织业	44	200	173	2408.5
纺织服装、服饰业	14	433	170.3	2522
家具制造业	1	30	30	293.8
造纸和纸制品业	13	165	103.2	6851.7
印刷和记录媒介复制业	33	186	153.1	2812.3
文教、工美、体育和娱乐用品制造业	51	114	59	484.8
化学原料和化学制品制造业	110	1125	933.4	26227.4
医药制造业	305	1392	1128.5	15006.2
橡胶和塑料制品业	53	263	229.7	4365
非金属矿物制品业	319	3546	2597.4	75461.8
黑色金属冶炼和压延加工业	25	354	257.7	8187.9
有色金属冶炼和压延加工业	66	1922	1194.9	56333.8
金属制品业	96	1008	764.8	11817.5
通用设备制造业	272	2811	2118.9	69988.3
专用设备制造业	320	3838	3000.2	66235.6
汽车制造业	218	3919	3054.8	136773.4
铁路、船舶、航空航天和其他运输设备制造业	164	661	618.7	15598.6
电气机械和器材制造业	169	1528	1016.6	21819.3
计算机、通信和其他电子设备制造业	125	5328	3451.9	46554.1

14-23 续表 2 （2014 年）

类　别	项目数（项）	参加项目人员（人）	项目人员折合全时当量（人年）	全部项目经费内部支出（万元）
仪器仪表制造业	173	1398	1124.1	17536
废弃资源综合利用业	2	12	12	247
电力、热力、燃气及水生产和供应业	140	961	493.2	19219.6
电力、热力生产和供应业	130	922	458.9	18760.4
燃气生产和供应业	5	16	16	280.6
水的生产和供应业	5	23	18.3	178.6
按经济成分分组				
公有经济	1112	10053	7400.9	206375.4
非公有经济	2172	26637	19792.5	519851.4
按企业控股情况分组				
国有控股	1072	9664	7100.3	199934.5
集体控股	40	389	300.6	6440.9
私人控股	1500	16878	12433.8	344940.3
港澳台商控股	111	4709	2963.7	45814.3
外商控股	191	1981	1642.8	63029.8
其他	370	3069	2752.2	66067
按全国地区分组				
中原区	273	4233	3071.3	89547.1
二七区	224	1527	1167.4	26756.5
管城区	109	2598	2150.6	86797.1
金水区	114	585	517.7	18209.4
上街区	93	1196	816.2	17262.9
惠济区	66	513	439.4	12960.3
中牟县	74	739	517.9	28399.1
巩义市	128	2318	1731.4	63283.4
荥阳市	171	1915	1219.9	26043.6
新密市	105	1835	1348.3	38091.1
新郑市	285	2524	1861.3	42324.7
登封市	139	1636	966.1	54909.7
经开区	420	5261	3868.7	71992.6
高新区	718	6807	5351.2	120155.8
郑东新区	249	1118	753.9	7940.4
航空港实验区	116	1885	1412.2	21553.1

14-24 规模以上工业企业

（2014 年）

类别	R&D 经费内部支出合计	按活动类型分组		按支出用途分组			
		应用研究支出	试验发展支出	经常费支出	#人员劳务费	资产性支出	#土建工程
总计	**808560.7**	**1346.7**	**807214**	**692078.3**	**229846.3**	**116482.4**	**1543.8**
按企业规模分组							
大型	480982.4	474.9	480507.5	419789.6	151115.9	61192.8	767.8
中型	201745.1	871.8	200873.3	169276.4	47852.4	32468.7	348
小型	125785.7		125785.7	102976.8	30859	22808.9	428
微型	47.5		47.5	35.5	19	12	
按隶属关系分组							
中央	83110.2	39.7	83070.5	68466.6	25464.3	14643.6	76.1
省（自治区、直辖市）	105959.3		105959.3	81595.3	28962.6	24364	262.1
地（区、市、州、盟）	132279.2		132279.2	126903.2	48561.2	5376	142.7
县（区、市、旗）	79895.1		79895.1	68211.9	15226.6	11683.2	222.2
街道	413.8		413.8	293	125.5	120.8	
镇	13641.1		13641.1	11919.7	3499.2	1721.4	
乡	1094.8		1094.8	782.8	114	312	12
村委会	3356.7		3356.7	2311	734.9	1045.7	
其他	388810.5	1307	387503.5	331594.8	107158	57215.7	828.7
按登记注册类型分组							
内资企业	663865.4	911.5	662953.9	556727.8	182102.4	107137.6	1183.5
国有企业	47401.9		47401.9	36596.6	8472.1	10805.3	
集体企业	2369.3		2369.3	1888.6	608.6	480.7	
有限责任公司	353247.5	911.5	352336	283479.2	93295.5	69768.3	809.6
国有独资公司	6959.7		6959.7	6510.8	2046.2	448.9	1.3
其他有限责任公司	346287.8	911.5	345376.3	276968.4	91249.3	69319.4	808.3
股份有限公司	191902.6		191902.6	179385.4	64441.2	12517.2	201.9
私营企业	68944.1		68944.1	55378	15285	13566.1	172
私营独资企业	2772.4		2772.4	2249.6	489.4	522.8	1.7
私营有限责任公司	51606		51606	41281	10649.3	10325	97.7
私营股份有限公司	14565.7		14565.7	11847.4	4146.3	2718.3	72.6
港、澳、台商投资企业	47497.1		47497.1	46282	23094.5	1215.1	2.3
合资经营企业（港或澳、台资）	5073.6		5073.6	4472.3	2580.4	601.3	2.3
港、澳、台商独资经营企业	38404.5		38404.5	38078	20356.2	326.5	

R&D 经费情况

单位:万元

仪器设备	按资金来源分组				R&D 经费外部支出			
	政府资金	企业资金	境外资金	其他资金		#对境内研究机构支出	对境内高等学校支出	对境外支出
114938.6	**28621**	**773448.1**	**648.5**	**5843.1**	**17407.1**	**7900.8**	**7180.9**	**830.2**
60425	12886.3	468096.1			9439.6	4990.8	4445.4	
32120.7	11398.9	185839	307.5	4199.7	4689.2	2166.4	1733.9	
22380.9	4335.8	119465.5	341	1643.4	3278.3	743.6	1001.6	830.2
12		47.5						
14567.5	10184.4	72290.5		635.3	2800.7	695.9	2087.9	
24101.9	184	105775.3			2928.3	1226.9	1701.4	
5233.3	7711.6	124501		66.6	1432.7	552.6	796.3	
11461	1401.1	78186.5	307.5		852.5	571.4	231.6	
120.8		206.9		206.9				
1721.4	252	12916.1		473	37	37		
300		1094.8						
1045.7	20	3336.7			142.5		47.2	
56387	8867.9	375140.3	341	4461.3	9213.4	4817	2316.5	830.2
105954.1	27023.5	630350.3	648.5	5843.1	13830.5	5184.2	7016.3	134.8
10805.3	8223.8	39178.1			1561.9	690.2	871.7	
480.7	40	2329.3			4.4	1.3	1.9	
68958.7	6778.4	344259.4	648.5	1561.2	7523.8	2227.2	4456	134.8
447.6	609.4	6350.3			7.4	7.4		
68511.1	6169	337909.1	648.5	1561.2	7516.4	2219.8	4456	134.8
12315.3	10674.2	179783.2		1445.2	3424	2059.9	1364.1	
13394.1	1307.1	64800.3		2836.7	1316.4	205.6	322.6	
521.1	32.4	2060.2		679.8	32.8	32.8		
10227.3	1255	48487.2		1863.8	735.9	172.8	312.6	
2645.7	19.7	14252.9		293.1	547.7		10	
1212.8	226.5	47270.6			108.2	108.2		
599	20	5053.6						
326.5	30	38374.5			81.6	81.6		

14-24 续表 1 （2014 年）

类别	R&D经费内部支出合计	按活动类型分组		按支出用途分组			
		应用研究支出	试验发展支出	经常费支出	#人员劳务费	资产性支出	#土建工程
港、澳、台商投资股份有限公司	244.7		244.7	244.7	79.9		
其他港澳台投资企业	3774.3		3774.3	3487	78	287.3	
外商投资企业	97198.2	435.2	96763	89068.5	24649.4	8129.7	358
中外合资经营企业	62348.7		62348.7	57472.1	17459.2	4876.6	1.8
外资企业	19064.6	435.2	18629.4	16395.8	4282	2668.8	155
外商投资股份有限公司	11227.7		11227.7	10948.8	1582.8	278.9	128.4
其他外商投资企业	4557.2		4557.2	4251.8	1325.4	305.4	72.8
按国民经济行业大类分组							
采矿业	78206		78206	54947	23270.5	23259	211.2
煤炭开采和洗选业	78206		78206	54947	23270.5	23259	211.2
制造业	710707.5	1346.7	709360.8	621567.7	203013	89139.8	1210.5
农副食品加工业	10279.5		10279.5	8347.4	1934.8	1932.1	8.9
食品制造业	39042	435.2	38606.8	34475.7	8257.9	4566.3	231.8
酒、饮料和精制茶制造业	1906.5		1906.5	1518.8	663.2	387.7	3.4
烟草制品业	14283.3	39.7	14243.6	12340.4	9573.8	1942.9	
纺织业	2630		2630	2155.9	661.3	474.1	
纺织服装、服饰业	2654.5		2654.5	2583.4	1640.6	71.1	3
家具制造业	679.6		679.6	287.6	156	392	
造纸和纸制品业	7101		7101	3264.7	360.2	3836.3	59.8
印刷和记录媒介复制业	3252.3		3252.3	2582.1	943.8	670.2	3.7
文教、工美、体育和娱乐用品制造业	604.9		604.9	569.9	310.8	35	1
化学原料和化学制品制造业	27752.7		27752.7	23443.2	5827.2	4309.5	71.2
医药制造业	15974.4		15974.4	13698.4	4793.5	2276	5.4
橡胶和塑料制品业	5198.7		5198.7	4163.4	1385.4	1035.3	36.7
非金属矿物制品业	83185.4		83185.4	63536.2	13708.8	19649.2	283.2
黑色金属冶炼和压延加工业	8327		8327	7225.7	1012.9	1101.3	1.5
有色金属冶炼和压延加工业	60046.1		60046.1	51270.8	11492.8	8775.3	96.1
金属制品业	14008.1		14008.1	11069.8	3606.8	2938.3	34.7
通用设备制造业	75330.8		75330.8	69797.9	18978.5	5532.9	41.7
专用设备制造业	69499.1		69499.1	64668.4	18764	4830.7	223.1
汽车制造业	143759.9		143759.9	138946	53258.8	4813.9	34.6
铁路、船舶、航空航天和其他运输设备制造业	28414		28414	19172	4721.4	9242	
电气机械和器材制造业	26684.2	871.8	25812.4	19894.6	6081.2	6789.6	39.8

单位:万元

仪器设备	按资金来源分组				R&D经费外部支出	#对境内研究机构支出	对境内高等学校支出	对境外支出
	政府资金	企业资金	境外资金	其他资金				
		244.7			11	11		
287.3	176.5	3597.8			15.6	15.6		
7771.7	1371	95827.2			3468.4	2608.4	164.6	695.4
4874.8	543.3	61805.4			2550.3	2550.3		
2513.8	20	19044.6			24.4	15.7	8.7	
150.5	399.8	10827.9			151.5	5.6	145.9	
232.6	407.9	4149.3			742.2	36.8	10	695.4
23047.8		78206			1815.7	699.7	1116	
23047.8		78206			1815.7	699.7	1116	
87929.3	28283.2	675932.7	648.5	5843.1	14567.5	6638.9	5603.2	830.2
1923.2	513.1	9733.3		33.1	222.9	60.4	67.2	
4334.5	831.1	38210.9			553.1	142.1	411	
384.3	95	1811.5			30.8	21.6	9.2	
1942.9	10	14273.3			2214.7	508.7	1704.8	
474.1	60	2570			10.8	6.5	4.4	
68.1	101.7	2552.8			52.9		52.9	
392	7	672.6						
3776.5	95	6912.1		93.9	80.4			
666.5	120.7	3131.6						
34	10	594.9			11.3	6	4	
4238.3	588.6	25051.3		2112.8	297.8	102.8	95	
2270.6	780.8	14674.7		518.9	934	770.8	163.2	
998.6	273.9	4661.2		263.6	180.5		140.5	
19366	2417.8	79281.2	230.8	1255.6	2595.3	987.7	1264.8	
1099.8	329.8	7997.2			26.8	23.8	3	
8679.2	815.8	59230.3			286.1	30	56.1	
2903.6	468.4	13539.7			6.3	6.3		
5491.2	4406.9	70923.9			681.8	103.9	561	
4607.6	2143.4	67217.8		137.9	1084.9	165.8	213.7	695.4
4779.3	7093.1	136152.4	307.5	206.9	3570.4	3036.5	530.5	
9242	4031	24383			234.3	143	62	
6749.8	824.7	25076.5		783	497.2	335.4	154.8	

14-24 续表2 (2014 年)

类　别	R&D经费内部支出合计	按活动类型分组		按支出用途分组			
		应用研究支出	试验发展支出	经常费支出	#人员劳务费	资产性支出	#土建工程
计算机、通信和其他电子设备制造业	48931.4		48931.4	47451	25722.5	1480.4	14.5
仪器仪表制造业	20708.5		20708.5	18801.8	9106.4	1906.7	15.4
废弃资源综合利用业	453.6		453.6	302.6	50.4	151	1
电力、热力、燃气及水生产和供应业	19647.2		19647.2	15563.6	3562.8	4083.6	122.1
电力、热力生产和供应业	19097.9		19097.9	15039.2	3298.6	4058.7	122.1
燃气生产和供应业	290.6		290.6	290.6	184		
水的生产和供应业	258.7		258.7	233.8	80.2	24.9	
按经济成分分组							
公有经济	253611.4	911.5	252699.9	204029.9	73845.6	49581.5	422.5
非公有经济	554949.3	435.2	554514.1	488048.4	156000.7	66900.9	1121.3
按企业控股情况分组							
国有控股	246690.5	911.5	245779	198196.9	72587	48493.6	422.5
集体控股	6920.9		6920.9	5833	1258.6	1087.9	
私人控股	373714.1		373714.1	323208.5	101562.4	50505.6	717.5
港澳台商控股	46724.9		46724.9	45544	21709.7	1180.9	72.8
外商控股	65624.6	435.2	65189.4	59050.7	11244.5	6573.9	287
其他	68885.7		68885.7	60245.2	21484.1	8640.5	44
按全国地区分组							
中原区	103116.7		103116.7	78960.6	29769.2	24156.1	219.7
二七区	42499.9		42499.9	31920.3	7424.6	10579.6	70.8
管城区	91025.2		91025.2	88346.5	35340.1	2678.7	1.4
金水区	19780.8	435.2	19345.6	17033.9	4300.3	2746.9	29.9
上街区	21273		21273	18618.2	6431.2	2654.8	62.8
惠济区	13635.6		13635.6	13002.2	2089.7	633.4	128.4
中牟县	30443.9		30443.9	28469	12170.7	1974.9	35.1
巩义市	64520.1		64520.1	54626	10697.5	9894.1	179.9
荥阳市	27983		27983	22466.6	6407.3	5516.4	141.3
新密市	39891.1		39891.1	26534.9	5465.4	13356.2	123.6
新郑市	46041.6		46041.6	36500.7	10759.2	9540.9	119.9
登封市	60094.6		60094.6	49560.7	7679.5	10533.9	245.4
经开区	77294.5		77294.5	72013.2	28808.4	5281.3	13.1
高新区	133032.7	871.8	132160.9	119427.2	42473.3	13605.5	103.4
郑东新区	15709.1	39.7	15669.4	13610.3	10118.8	2098.8	
航空港实验区	22218.9		22218.9	20988	9911.1	1230.9	69.1

单位:万元

	按资金来源分组				R&D经费外部支出	#对境内研究机构支出	对境内高等学校支出	对境外支出
仪器设备	政府资金	企业资金	境外资金	其他资金				
1465.9	957	47830.1		144.3	21.3	13.4	7.9	
1891.3	1268.4	19036.8	110.2	293.1	970.9	174.2	94.2	134.8
150	40	413.6			3		3	
3961.5	337.8	19309.4			1023.9	562.2	461.7	
3936.6	201	18896.9			1023.9	562.2	461.7	
	10	280.6						
24.9	126.8	131.9						
49159	11564.2	240872.3		1174.9	8364.4	4530.1	3816.2	
65779.6	17056.8	532575.8	648.5	4668.2	9042.7	3370.7	3364.7	830.2
48071.1	11509.2	234006.4		1174.9	8360	4528.8	3814.3	
1087.9	55	6865.9			4.4	1.3	1.9	
49788.1	15226	353171.4	648.5	4668.2	7521.4	3044.5	2955.8	134.8
1108.1	496.5	46228.4			197.4	187.4	10	
6286.9	440.6	65184			175.9	21.3	154.6	
8596.5	893.7	67992			1148	117.5	244.3	695.4
23936.4	502	101912.8		701.9	1982	707.1	1274.9	
10508.8	4638	37861.9			1584.2	774.1	810.1	
2677.3	6399.5	84625.7			878.2	328.5	549.7	
2717	578	19202.8			88.6	55.9	32.7	
2592	936.6	20276		60.4	337.1	316.6	20	
505	539.8	13095.8			231.9	5.6	145.9	
1939.8	488.8	29647.6	307.5		2764.6	2749.6	15	
9714.2	251.8	63971.8		296.5	292.9	61	202.7	
5375.1	363.7	27496		123.3	435.3	37	303	
13232.6	672.1	39194.4		24.6	111.3	20	0.5	
9421	1954.8	41446		2640.8	1444.1	763.4	662.5	
10288.5	1383	58386.9	230.8	93.9	1676.2	169.2	955.5	
5268.2	1486.4	75620.4	110.2	77.5	915.4	80.6	1.2	830.2
13502.1	7743	123465.5		1824.2	2030.6	1102.4	343.6	
2098.8	30	15679.1			2211.6	508.7	1702.9	
1161.8	653.5	21565.4			423.1	221.1	160.7	

14-25 规模以上工业企业办科技机构情况

(2014 年)

指标名称	机构数（个）	机构人员合计（人）	#博士毕业	硕士毕业	本科毕业	机构经费支出（万元）	仪器和设备原价（万元）	#进口	境外机构数（个）
总计	**370**	**24278**	**431**	**2217**	**14784**	**470518.7**	**365898.7**	**55922.9**	**3**
按企业规模分组									
大型	51	12960	146	1033	8813	316151	216460.3	35895.9	1
中型	141	7506	146	770	3999	100005.4	98526.3	14612.3	2
小型	178	3812	139	414	1972	54362.3	50912.1	5414.7	
按隶属关系分组									
中央	24	2682	19	337	1310	40323.4	40133.6	10753.3	1
省(自治区、直辖市)	15	1324	46	301	759	32361.9	39545.6	1772.6	
地(区、市、州、盟)	31	4570	62	505	3183	121530.9	98035.3	15377.2	
县(区、市、旗)	36	2422	63	156	991	44298.7	28378.2	348	
街道	1	26	2		19	326.2	120.8		
镇	11	569	7	18	236	9355.5	6231.5		
村委会	5	160	4	28	41	985.1	1036.1		
其他	247	12525	228	872	8245	221337	152417.6	27671.8	2
按登记注册类型分组									
内资企业	342	17814	372	1958	10051	349783.3	317655.6	36877.1	1
国有企业	14	1486	33	306	877	22991.9	28704	7122	
集体企业	3	79	1	7	31	1648.3	409.3		
有限责任公司	203	7657	178	835	3960	138554.1	172958.6	9257.3	1
国有独资公司	8	231	1	37	131	2922	4929.7	864.7	
其他有限责任公司	195	7426	177	798	3829	135632.1	168028.9	8392.6	1
股份有限公司	56	6577	92	623	4315	156483.2	91100.5	16536.8	
私营企业	66	2015	68	187	868	30105.8	24483.2	3961	
私营独资企业	6	128	8	9	44	2620	2546.3	29.5	
私营有限责任公司	53	1467	52	139	654	16761.4	16588.8	3851.8	
私营股份有限公司	7	420	8	39	170	10724.4	5348.1	79.7	
港、澳、台商投资企业	11	3716	10	37	3593	36500.6	17026.8	14410	
合资经营企业(港或澳、台资)	4	107	2	14	85	1518.4	2070.4		
港、澳、台商独资经营企业	6	3579	7	21	3494	34883.9	14813.9	14410	
其他港澳台投资企业	1	30	1	2	14	98.3	142.5		
外商投资企业	17	2748	49	222	1140	84234.8	31216.3	4635.8	2

14-25 续表1 (2014年)

指标	机构数（个）	机构人员合计（人）	#博士毕业	硕士毕业	本科毕业	机构经费支出（万元）	仪器和设备原价（万元）	#进口	境外机构数（个）
中外合资经营企业	9	2081	20	169	657	53896.9	14416.1	1680.1	
外资企业	4	459	15	24	364	18902.1	15740.2	2708.5	2
外商投资股份有限公司	3	122	9	16	61	11005.8	190	87.2	
其他外商投资企业	1	86	5	13	58	430	870	160	
按国民经济行业大类分组									
采矿业	2	103	10	28	48	1880	1138.7		
煤炭开采和洗选业	2	103	10	28	48	1880	1138.7		
制造业	363	23783	401	2075	14545	465138.3	362456.6	55782.9	3
农副食品加工业	18	445	25	69	243	10512.8	4895.9	718.4	
食品制造业	16	930	31	104	624	32232.9	17659.7	1144.1	1
酒、饮料和精制茶制造业	1	37	1	6	12	333.7	224.7		
烟草制品业	2	122	3	18	74	10215.4	7376.6	5037.3	
纺织业	4	111	7	12	46	1206.2	5090.6	3332.6	
纺织服装、服饰业	6	187	2	12	76	1963.3	1270.7		
家具制造业	1	26	2	11	13	168.6	82		
造纸和纸制品业	2	51	2	4	10	153.5	390		
印刷和记录媒介复制业	4	137		7	74	1695.4	2148.5	1006	
文教、工美、体育和娱乐用品制造业	2	66	1	3	13	159.9	772		
化学原料和化学制品制造业	26	901	30	101	461	15960.7	13480.3	170.7	
医药制造业	15	1043	24	139	554	9762.3	12339.9		
橡胶和塑料制品业	7	220	7	16	117	2359.9	1389.7	130	
非金属矿物制品业	77	2432	78	246	952	30147	30762.1	1176.3	
黑色金属冶炼和压延加工业	4	146	3	5	58	2648.6	4007.8	2310.5	1
有色金属冶炼和压延加工业	9	1616	32	67	337	38897	17948.4		
金属制品业	12	456	3	22	196	5556.3	7935.6	530	
通用设备制造业	28	1333	22	143	834	47037.1	47898.2	8305.7	
专用设备制造业	43	1706	26	274	1058	38794.8	37932.5	1083.7	1
汽车制造业	13	3920	34	415	2826	126146.7	84294.8	13720.2	
铁路、船舶、航空航天和其他运输设备制造业	7	966	9	111	638	17001.9	14410.2	1860	
电气机械和器材制造业	30	1652	13	61	581	18188.7	26458.7	1349.6	
计算机、通信和其他电子设备制造业	15	4643	39	139	4319	45358.3	20458.8	13797.7	
仪器仪表制造业	20	607	6	86	428	8599.3	3078.9	110.1	

14-25 续表 2 （2014 年）

指标	机构数（个）	机构人员合计（人）	#博士毕业	硕士毕业	本科毕业	机构经费支出（万元）	仪器和设备原价（万元）	#进口	境外机构数（个）
废弃资源综合利用业	1	30	1	4	1	38	150		
电力、热力、燃气及水生产和供应业	5	392	20	114	191	3500.4	2303.4	140	
电力、热力生产和供应业	2	360	20	105	172	3316.1	1147.3	140	
燃气生产和供应业	2	16		2	10	144.3	56.1		
水的生产和供应业	1	16		7	9	40	1100		
按经济成分分组									
公有经济	61	5674	82	765	2791	106692.1	102085.1	15518	1
非公有经济	309	18604	349	1452	11993	363826.6	263813.6	40404.9	2
按企业控股情况分组									
国有控股	53	5483	77	748	2719	102497.8	99938	15050.1	1
集体控股	8	191	5	17	72	4194.3	2147.1	467.9	
私人控股	256	11426	265	1110	6711	230437.7	142720.3	20650.7	
港澳台商控股	11	3740	15	39	3588	35602.1	16014.5	14570	
外商控股	12	1644	39	71	669	52859.9	24018.3	2975.7	2
其他	30	1794	30	232	1025	44926.9	81060.5	2208.5	
按全国地区分组									
中原区	19	1707	19	178	729	25299.7	41429.9	1087.2	
二七区	15	1261	41	247	733	21710.8	14317.4	2232.5	
管城区	5	2859	32	306	2148	86114.2	24966.5	13230.3	
金水区	12	512	17	41	358	18543.3	16739.8	1199.6	1
上街区	18	587	13	30	250	7421.2	8122.3	216.4	
惠济区	10	208	13	27	91	16541.8	960.8	122.2	
中牟县	10	697	6	100	331	27699.2	4881.3	1266.8	
巩义市	27	2414	53	93	568	53416.4	37045.6	5916.5	1
荥阳市	34	1001	23	75	517	17036	11202	93.3	
新密市	41	1111	20	67	335	8970.5	8276.8	247	
新郑市	39	1447	55	135	780	27651.4	21406.7	7367.9	
登封市	17	425	25	60	207	3065.6	3230.6	370	
经开区	23	4041	31	248	3372	48943.3	78547.3	8332.8	1
高新区	71	4014	51	468	2721	79324.7	69368.2	1368.9	
郑东新区	3	168	6	27	101	12408	9921.6	6378	
航空港实验区	26	1826	26	115	1543	16372.6	15481.9	6493.5	

14-26　规模以上工业企业自主知识产权保护情况

(2014 年)

类　　别	专利申请数(件)	#发明专利(件)	期末有效发明专利数(件)	#境外授权	#已被实施	专利所有权转让及许可数(项)	专利所有权转让与许可收入(万元)	发表科技论文(篇)	期末拥有注册商标数(件)	#境外注册	形成国家或行业标准数(项)
合计	**5800**	**1443**	**2720**	**7**	**1084**	**26**	**76**	**1791**	**3443**	**664**	**86**
按企业规模分组											
大型	2499	734	833	3	501	1		1432	2100	630	41
中型	1423	349	1226	4	361	9	76	240	597	10	31
小型	1878	360	661		222	16		119	746	24	14
按隶属关系分组											
中央	772	246	837	2	90	3	76	293	44	5	37
省(自治区、直辖市)	1018	473	446	2	364	6		920	22		1
地(区、市、州、盟)	787	220	155	1	122			92	1377	572	18
县(区、市、旗)	632	120	169		54	1		86	107	2	6
街道	14	6	14						1		
镇	97	1	18		9			11	123	28	4
乡	11										
村委会	1		20		14				6		
其他	2468	377	1061	2	431	16		389	1763	57	20
按登记注册类型分组											
内资企业	5459	1376	2483	6	1003	16	76	1590	2795	616	82
国有企业	1124	546	397		335			865	22		15
集体企业	1		1		1				1		
有限责任公司	2378	517	1037	1	379	16	76	493	800	28	26
国有独资公司	5	1	26		9			40	5	1	4
其他有限责任公司	2373	516	1011	1	370	16	76	453	795	27	22
股份有限公司	1133	228	803	3	205			200	1784	582	37
私营企业	823	85	245	2	83			32	188	6	4
私营独资企业	3	1	10		10				10		
私营有限责任公司	723	71	208	2	61			32	148	6	4
私营股份有限公司	97	13	27		12				30		
港、澳、台商投资企业	104	37	96		6	10		17	21	1	
合资经营企业(港或澳、台资)	68	18	54		6	10		5	19	1	
港、澳、台商独资经营企业	29	17	42						2		
港、澳、台商投资股份有限公司	7	2						12			
外商投资企业	237	30	141	1	75			184	627	47	4

14-26　续表 1　　　　　　　　　　　　　　（2014 年）

类　　别	专利申请数（件）	#发明专利(件)	期末有效发明专利数（件）	#境外授权	#已被实施	专利所有权转让及许可数（项）	专利所有权转让与许可收入（万元）	发表科技论文（篇）	期末拥有注册商标数（件）	#境外注册	形成国家或行业标准数（项）
中外合资经营企业	130	26	41	1	11			168	178	5	
外资企业	69	3	33		30			16	11		1
外商投资股份有限公司	36		19		19				429	42	
其他外商投资企业	2	1	48		15				9		3
按国民经济行业大类分组											
采矿业	13	1	4					120	1		
煤炭开采和洗选业	13	1	4					120	1		
制造业	4717	985	2387	7	782	25	76	874	3436	664	85
农副食品加工业	105	53	63		34			10	56		
食品制造业	174	12	69		44			16	1001	59	1
酒、饮料和精制茶制造业	28		15					88	67		
烟草制品业	388	72	51		13			111	16	4	6
纺织业	6		5		5			17	3		
纺织服装、服饰业	184							2	16		
家具制造业			12								
造纸和纸制品业	6	2									
印刷和记录媒介复制业	35	5	21						2		
文教、工美、体育和娱乐用品制造业	74		32		8				2		
化学原料和化学制品制造业	150	16	63		27			13	35		3
医药制造业	212	124	88	1	34			23	640	13	10
橡胶和塑料制品业	200	21	33		1			6	15		
非金属矿物制品业	547	146	199		96	10		38	149	3	19
黑色金属冶炼和压延加工业	3	2	6		6				5		
有色金属冶炼和压延加工业	113	48	510	1				77	1		3
金属制品业	204	26	74		5			22	34	8	4
通用设备制造业	355	49	99		45			108	82	1	8
专用设备制造业	475	94	281	5	95			86	72	2	10
汽车制造业	735	128	64		36			160	1034	563	9
铁路、船舶、航空航天和其他运输设备制造业	73	32	76		61			42	4		6
电气机械和器材制造业	249	65	258		19	9	76	10	58		2
计算机、通信和其他电子设备制造业	79	33	149		89	6		4	46		1

14-26 续表 2 （2014 年）

类　别	专利申请数（件）	#发明专利（件）	期末有效发明专利数（件）	#境外授权	#已被实施	专利所有权转让及许可数（项）	专利所有权转让与许可收入（万元）	发表科技论文（篇）	期末拥有注册商标数（件）	#境外注册	形成国家或行业标准数（项）
仪器仪表制造业	322	57	219		164			41	98	11	3
电力、热力、燃气及水生产和供应业	1070	457	329		302	1		797	6		1
电力、热力生产和供应业	1068	457	327		302	1		794	3		1
燃气生产和供应业	2		2						3		
水的生产和供应业								3			
按经济成分分组											
公有经济	2110	743	1335	4	525	10	76	1378	312	10	47
非公有经济	3690	700	1385	3	559	16		413	3131	654	39
按企业控股情况分组											
国有控股	2097	741	1330	4	524	10	76	1378	309	10	47
集体控股	13	2	5		1				3		
私人控股	3114	580	1020	2	441	10		280	2601	611	31
港澳台商控股	75	25	94		15			12	14		3
外商控股	145	13	71		49			68	446	42	1
其他	356	82	200	1	54	6		53	70	1	4
按全国地区分组											
中原区	330	24	280	4	46	3	76	150	50	3	2
二七区	1143	501	396		351			821	53		7
管城区	478	76	27		27			130	817	530	10
金水区	86	3	30		19			3	35		1
上街区	81	42	467	1	9			21	59		4
惠济区	48	8	31		18			4	435	42	
中牟县	143	13	5		2			111	173	5	
巩义市	142	26	136		42			52	52	5	8
荥阳市	279	43	88		78	6		27	77	28	4
新密市	121	25	126		61			7	27		5
新郑市	284	40	162		38			22	799	17	7
登封市	446	62	101		34	1		37	10		2
经开区	519	136	256	2	108	6		38	101	4	4
高新区	927	210	519		233	10		234	651	26	26
郑东新区	392	73	52		14			132	19	4	6
航空港实验区	381	161	44		4			2	85		

14-27 规模以上工业企业新产品开发、生产及销售

(2014 年)

类　　别	新产品开发项目数(项)	新产品开发经费支出(万元)	新产品产值(万元)	新产品销售收入(万元)	#出口
总计	**2889**	**680531.7**	**29032922.8**	**27900982.5**	**21545059.8**
按企业规模分组					
大型	998	350861.1	27298808.9	26201149	21480568.9
中型	948	200316.2	1050700.6	1006193.5	43469.5
小型	941	129306.9	683413.3	693640	21021.4
微型	2	47.5			
按隶属关系分组					
中央	388	69994.5	225906.8	204189.5	11777.5
省(自治区、直辖市)	150	55443.7	395153.3	400544.2	20349.7
地(区、市、州、盟)	564	128605.4	1960914.1	1964339.8	281853.1
县(区、市、旗)	277	43542.7	365310.1	359860.7	6314.5
街道	6	413.8	4970	4625.2	
镇	75	16651.1	153696.8	150365.5	2834.4
乡	5	332.8	3309.6	3309.6	218.6
村委会	12	2664	62258.4	64620.4	
其他	1412	362883.7	25861403.7	24749127.6	21221712
按登记注册类型分组					
内资企业	2393	593622	5850942.9	5763840.4	414054.9
国有企业	222	41796.8	126959.6	137766.1	1411.9
集体企业	11	1732.5			
有限责任公司	1296	309262.1	2799100	2753020.5	40628.4
国有独资公司	78	7140.7	18940.2	18829.4	963.7
其他有限责任公司	1218	302121.4	2780159.8	2734191.1	39664.7
股份有限公司	504	175221.1	2527963.5	2480700.7	360024.2
私营企业	360	65609.5	396919.8	392353.1	11990.4
私营独资企业	21	3269.7	27809.1	24676.6	5270
私营有限责任公司	288	47078.2	163159.6	159405.7	6702.5
私营股份有限公司	51	15261.6	205951.1	208270.8	17.9
港、澳、台商投资企业	88	17196.9	21993069.4	21092726.2	21032998.8
合资经营企业(港或澳、台资)	33	4489.9	40077.3	30649.4	9504.9
港、澳、台商独资经营企业	42	7706	21946874.3	21055959	21023493.9

14-27 续表1 (2014年)

类　别	新产品开发项目数(项)	新产品开发经费支出(万元)	新产品产值(万元)	新产品销售收入(万元)	#出口
港、澳、台商投资股份有限公司	6	244.7	6117.8	6117.8	
其他港澳台投资企业	7	4756.3			
外商投资企业	408	69712.8	1188910.5	1044415.9	98006.1
中外合资经营企业	278	41945.8	750164.7	747565.9	88632.4
外资企业	84	16341.8	251674.5	247730.1	7513.7
外商投资股份有限公司	35	6784.9	149914.5	13089.4	60
其他外商投资企业	11	4640.3	37156.8	36030.5	1800
按国民经济行业大类分组					
采矿业	31	25531.8	6500	7900	
煤炭开采和洗选业	31	25531.8	6500	7900	
制造业	2830	649081.1	28838052.5	27704712.2	21545059.8
农副食品加工业	62	16095.9	147424.4	156376.9	60
食品制造业	161	30473.1	396068.9	249059.9	10703.2
酒、饮料和精制茶制造业	14	1619.6	5507.1	6174.4	
烟草制品业	65	4897.5	21655.8	21655.8	10633.9
纺织业	46	2586.5	14750.9	14611.7	963.7
纺织服装、服饰业	36	4102.8	42445	36561.2	
家具制造业	1	679.6	2256	2368.6	
造纸和纸制品业	4	3322	3760	3760	
印刷和记录媒介复制业	35	3702.6	28945.7	28399.8	
文教、工美、体育和娱乐用品制造业	54	1343.1	4919.4	4788	1649.5
化学原料和化学制品制造业	103	19364.1	109145.6	106322.9	470
医药制造业	386	16889.4	86716.2	87422	
橡胶和塑料制品业	50	4607	27869.9	26984.7	1373.7
非金属矿物制品业	310	81982.4	314019.8	294980.3	29805.3
黑色金属冶炼和压延加工业	23	8575.3	6899.1	6881.1	533.5
有色金属冶炼和压延加工业	35	31075.6	213182.8	217184.3	
金属制品业	89	13525.4	37823.8	35962.7	2660.4
通用设备制造业	253	66720.6	1298002	1233211.3	65621.3
专用设备制造业	283	78840.2	813689.7	748388.9	36296.9
汽车制造业	210	159176	2694656.5	2766377.2	357123.2
铁路、船舶、航空航天和其他运输设备制造业	165	32102.9	143330.5	141359.6	

14-27 续表 2 （2014 年）

类 别	新产品开发项目数（项）	新产品开发经费支出（万元）	新产品产值（万元）	新产品销售收入（万元）	#出口
电气机械和器材制造业	172	26792.8	263269.7	252877	3165.5
计算机、通信和其他电子设备制造业	102	20599.5	22051624	21165274.5	21023457.8
仪器仪表制造业	171	20007.2	110089.7	97729.4	541.9
电力、热力、燃气及水生产和供应业	28	5918.8	188370.3	188370.3	
电力、热力生产和供应业	24	5669.4	185731	185731	
燃气生产和供应业	4	249.4	2639.3	2639.3	
公有经济	738	172232.5	1621578.8	1597686.5	119740.7
非公有经济	2151	508299.2	27411344	26303296	21425319.1
按企业控股情况分组					
国有控股	698	161683.4	1581087.9	1557000.2	119740.7
集体控股	40	10549.1	40490.9	40686.3	
私人控股	1491	382738.8	4360702	4116014.4	373862.8
港澳台商控股	65	16546.9	21981614.2	21089879.1	21025293.9
外商控股	140	37294.5	452995	313080.1	7573.7
其他	455	71719	616032.8	784322.4	18588.7
按全国地区分组					
中原区	181	48169.4	341797.9	340794.5	21216.7
二七区	189	40258.3	241209.3	236394.9	62562.1
管城区	105	91065.7	1641593.2	1605913.8	268078.2
金水区	104	17220.1	206630	204089.7	2107.4
上街区	87	12712.9	56436.1	53146	3729.3
惠济区	49	12995.9	168221.6	40197.5	
中牟县	67	34903.9	697247.6	693321.5	84510
巩义市	122	51413.3	372048.1	364521.4	12835.7
荥阳市	148	24634.7	356585.7	355748.3	10552.3
新密市	89	33836	198484.5	175130.5	4899
新郑市	269	35510.9	198794.6	192841.1	2536.6
登封市	62	43154.2	203756.3	203039.7	856.9
经开区	501	83333	1439334.8	1513802.4	724435.1
高新区	704	126291.4	1639200.7	1538451.5	22089.1
郑东新区	92	7690.4	31655	31583.1	11597.6
航空港实验区	120	17341.6	21239927.4	20352006.6	20313053.8

14-28　规模以上工业企业政府相关政策落实情况

(2014 年)　　单位:万元

类　　别	来自政府部门的科技活动资金	研究开发费用加计扣除减免税	高新技术企业减免税
总计	**32435.5**	**38713.9**	**74574.6**
按企业规模分组			
大型	13295.7	29742.8	55198.8
中型	13619	6986.1	13377.8
小型	5520.8	1985	5998
按隶属关系分组			
中央	11240.9	1612.9	4640.2
省(自治区、直辖市)	391	535.8	18476.1
地(区、市、州、盟)	8284.5	7968.1	33391.7
县(区、市、旗)	1741.2	618.1	742.7
镇	715		260.8
村委会	20		
其他	10042.9	27979	17063.1
按登记注册类型分组			
内资企业	30466.2	26037.7	70591.1
国有企业	8223.8	910.7	926.7
集体企业	40		
有限责任公司	8890.3	13932	18001
国有独资公司	779.5	61.7	16.1
其他有限责任公司	8110.8	13870.3	17984.9
股份有限公司	11702.9	10397	48699.8
私营企业	1609.2	798	2963.6
私营独资企业	33.4		
私营有限责任公司	1550.8	246.5	1474
私营股份有限公司	25	551.5	1489.6
港、澳、台商投资企业	256.5	502	1295.2
合资经营企业(港或澳、台资)	50	289.1	553.7
港、澳、台商独资经营企业	30	212.9	741.5
其他港澳台投资企业	176.5		
外商投资企业	1712.8	12174.2	2688.3

14-28 续表1 （2014年） 单位:万元

类　别	来自政府部门的科技活动资金	研究开发费用加计扣除减免税	高新技术企业减免税
中外合资经营企业	849.9	10995.1	1912
外资企业	20	102	562
外商投资股份有限公司	435	385	
其他外商投资企业	407.9	692.1	214.3
按国民经济行业大类分组			
制造业	32072.6	38310.5	74538.9
农副食品加工业	881.6		
食品制造业	930	408.8	40.7
酒、饮料和精制茶制造业	95		
烟草制品业	10		
纺织业	60	16	
纺织服装、服饰业	121.5		
家具制造业	7		
造纸和纸制品业	115		
印刷和记录媒介复制业	200	331	92.4
文教、工美、体育和娱乐用品制造业	44		16.7
化学原料和化学制品制造业	661.1	105.9	929.1
医药制造业	1022.8	1073.6	4473.5
橡胶和塑料制品业	320	66.8	126.3
非金属矿物制品业	3137.4	1101.2	1960.2
黑色金属冶炼和压延加工业	329.8		
有色金属冶炼和压延加工业	815.8		
金属制品业	573.7	518.9	672.2
通用设备制造业	4447.2	1289.3	2790.7
专用设备制造业	3130.7	6575.7	24985.3
汽车制造业	7150	23818.9	32382.3
铁路、船舶、航空航天和其他运输设备制造业	4431	349	995
电气机械和器材制造业	956.5	79.5	559.1
计算机、通信和其他电子设备制造业	1132.1	177.7	670.7
仪器仪表制造业	1460.4	2398.2	3844.7
废弃资源综合利用业	40		

14-28 续表 2 （2014 年） 单位:万元

类　　别	来自政府部门的科技活动资金	研究开发费用加计扣除减免税	高新技术企业减免税
电力、热力、燃气及水生产和供应业	362.9	403.4	35.7
电力、热力生产和供应业	201	267	
燃气生产和供应业	10	136.4	35.7
水的生产和供应业	151.9		
按经济成分分组			
公有经济	13325.3	13355.5	24050.7
非公有经济	19110.2	25358.4	50523.9
按企业控股情况分组			
国有控股	12781.8	13336.8	23923.1
集体控股	543.5	18.7	127.6
私人控股	16881.4	17915.3	36651
港澳台商控股	496.5	786.3	945.2
外商控股	475.8	508.9	707
其他	1256.5	6147.9	12220.7
按全国地区分组			
中原区	613	662.5	18401.6
二七区	4738.5	1030.1	632.9
管城区	6440	6045.1	25009.3
金水区	586		196.3
上街区	942.6		106.2
惠济区	695	522.3	53
中牟县	550	12224.5	320
巩义市	770.9	812.4	1173.2
荥阳市	372.2	571.9	786.1
新密市	702.1	55.6	147.3
新郑市	2093.3	1362.9	2268.3
登封市	1433	267	3.1
经开区	2948.3	11015.7	14524.8
高新区	8549	3964.4	10688.2
郑东新区	80		
航空港实验区	921.6	179.5	264.3

14-29 规模以上工业企业技术获取和技术改造情况

（2014 年）

单位:万元

类　　别	引进技术经费支出	消化吸收经费支出	购买国内技术经费支出	技术改造经费支出
总计	**6317.7**	**711.4**	**12499.2**	**111203.8**
按企业规模分组				
大型	4848.7	205.9	10984.7	95624.7
中型		160.5	1395	11033.4
小型	1469	345	119.5	4545.7
按隶属关系分组				
中央		7		27497.1
省(自治区、直辖市)		145.9	984.7	1026.4
地(区、市、州、盟)		95	49	52147.7
县(区、市、旗)				15246.4
街道				89.2
镇			1275	1053.8
村委会				37
其他	6317.7	463.5	10190.5	14106.2
按登记注册类型分组				
内资企业	1469	651.4	12499.2	100123.9
国有企业				3568.2
有限责任公司	233	298	10158	25812.5
国有独资公司		7		273.6
其他有限责任公司	233	291	10158	25538.9
股份有限公司		145.9	2259.7	69831.6
私营企业	1236	207.5	81.5	911.6
私营独资企业				27.5
私营有限责任公司	1236	207.5	81.5	884.1
港、澳、台商投资企业				760.6
合资经营企业(港或澳、台资)				760.6
外商投资企业	4848.7	60		10319.3
中外合资经营企业	4848.7			8536.5

14-29 续表1 (2014年) 单位:万元

类 别	引进技术经费支出	消化吸收经费支出	购买国内技术经费支出	技术改造经费支出
外资企业				813.6
外商投资股份有限公司		50		369.2
其他外商投资企业		10		600
按国民经济行业大类分组				
采矿业				3500
煤炭开采和洗选业				3500
制造业	6317.7	711.4	12499.2	98908.2
农副食品加工业		24.5		1575.2
食品制造业		50		1900.8
酒、饮料和精制茶制造业				178.3
烟草制品业				11688.5
纺织业	136	181		76.4
纺织服装、服饰业				447.1
文教、工美、体育和娱乐用品制造业	1100			148
化学原料和化学制品制造业				90.5
医药制造业			1275	22.2
橡胶和塑料制品业				20.4
非金属矿物制品业	206	230	71	4047.2
黑色金属冶炼和压延加工业				813.6
有色金属冶炼和压延加工业				11611.2
金属制品业				1057
通用设备制造业	27		10038	2583.8
专用设备制造业		180.9	1066.2	1094.2
汽车制造业	4848.7			59089.7
铁路、船舶、航空航天和其他运输设备制造业				1332.3
电气机械和器材制造业		4	49	605.3
计算机、通信和其他电子设备制造业				37
仪器仪表制造业		41		489.5
电力、热力、燃气及水生产和供应业				8795.6

14-29 续表2 （2014年） 单位:万元

类　别	引进技术经费支出	消化吸收经费支出	购买国内技术经费支出	技术改造经费支出
电力、热力生产和供应业				8795.6
按经济成分分组				
公有经济	4848.7	152.9	2259.7	48121.1
非公有经济	1469	558.5	10239.5	63082.7
按企业控股情况分组				
国有控股	4848.7	152.9	2259.7	44530.6
集体控股				3590.5
私人控股	1469	438.5	10190.5	58790.1
港澳台商控股		10		600
外商控股		110		2718.8
其他			49	973.8
按全国地区分组				
中原区		152.9	984.7	744.4
二七区				1320
管城区				51480.7
金水区		24.5		
上街区	27		38	11927
惠济区		50		364.2
中牟县	4848.7			7000.5
巩义市	1236	318	79.5	6707.9
荥阳市				3881.7
新密市		103	71	1283.6
新郑市		35		2948.2
登封市	206	24		8795.6
经开区			51	254.4
高新区			11275	2731.7
郑东新区				11688.5
航空港实验区		4		75.4

14-30 规模以上工业企业限额以上 R&D 项目情况

(2014 年)

类　别	项目数合计(个)	参加科技项目人员(人)	本年度项目经费内部支出(万元)	#政府资金
总计	**2505**	**32790**	**703936.3**	**23295.5**
按项目来源分组				
国家科技项目	60	1419	35325.1	9409.9
地方科技项目	134	1599	44316.9	5561.3
其他企业委托科技项目	34	356	3673.0	
本企业自选科技项目	2227	28632	610066.4	8203.5
来自境外的科技项目	4	79	845.4	60.0
其他科技项目	46	705	9709.5	60.8
按项目合作形式分组				
与境外机构合作	8	90	1131.1	60.0
与境内高校合作	306	5048	124386.8	7691.0
与境内独立研究院所合作	74	876	9873.4	566.4
与境内注册的外商独资企业合作	35	392	7295.8	50.0
与境内注册的其他企业合作	108	1514	34523.7	656.5
独立研究	1859	24149	510499.5	14249.5
其他	115	721	16226.0	22.1
按项目活动类型分组				
应用研究	6	52	670.7	
试验发展	2499	32738	703265.6	23295.5
按项目成果形式分组				
论文或专著	26	124	2655.3	124.0
自主研制的新产品原型或样机、样件、样品、配方、新装置	1226	14059	326765.7	16001.8
自主开发的新技术或新工艺、新工法	1168	17602	352368.0	6566.3
发明专利	70	859	21071.3	603.4
基础软件	15	146	1076.0	

14-30 续表 1 (2014 年)

类 别	项目数合计(个)	参加科技项目人员(人)	本年度项目经费内部支出(万元)	#政府资金
按项目技术经济目标分组				
科学原理的探索、发现	12	64	544.9	30.0
技术原理的研究	44	445	4504.8	257.0
开发全新产品	1071	13384	290675.4	14484.8
增加产品功能或提高性能	835	9430	237033.9	6745.5
提高劳动生产率	215	5837	91255.2	553.7
减少能源消耗或提高能源使用效率	124	1637	43245.7	899.1
节约原材料	56	997	20509.6	162.0
减少环境污染	142	721	14125.0	163.4
其他	6	275	2041.8	
按企业规模分组				
大型	982	17198	429070.1	12110.2
中型	743	9547	169483.7	7392.9
小型	778	6029	105346.5	3792.4
微型	2	16	36.0	
按隶属关系分组				
中央	378	2988	55534.7	6926.3
省(自治区、直辖市)	243	4110	90339.8	100.0
地(区、市、州、盟)	302	4353	123178.3	7306.1
县(区、市、旗)	194	2645	70168.0	1098.2
街道	6	33	410.0	
镇	69	1194	13142.6	240.0
乡	6	35	792.8	
村委会	12	195	3255.0	20.0
其他	1295	17237	347115.1	7604.9
按登记注册类型分组				
内资企业	2175	25842	565238.3	22246.8

14-30 续表 2 （2014 年）

类　　别	项目数合计(个)	参加科技项目人员(人)	本年度项目经费内部支出(万元)	#政府资金
国有企业	105	1731	31847.7	5474.1
集体企业	7	167	2267.2	40.0
有限责任公司	1241	13153	295642.5	5178.9
国有独资公司	44	299	5255.9	604.6
其他有限责任公司	1197	12854	290386.6	4574.3
股份有限公司	512	7674	176043.6	10330.5
私营企业	310	3117	59437.3	1223.3
私营独资企业	19	129	2363.1	31.4
私营有限责任公司	253	2463	45125.0	1176.9
私营股份有限公司	38	525	11949.2	15.0
港、澳、台商投资企业	126	4339	45786.5	200.0
合资经营企业(港或澳、台资)	36	481	4070.0	20.0
港、澳、台商独资经营企业	80	3775	37790.0	30.0
港、澳、台商投资股份有限公司	5	43	244.7	
其他港澳台投资企业	5	40	3681.8	150.0
外商投资企业	204	2609	92911.5	848.7
中外合资经营企业	87	1575	60560.6	70.8
外资企业	97	558	17741.8	20.0
外商投资股份有限公司	12	318	10553.0	350.0
其他外商投资企业	8	158	4056.1	407.9
按国民经济行业大类分组				
采矿业	72	2408	65119.7	
煤炭开采和洗选业	72	2408	65119.7	
制造业	2365	29695	625354.0	23131.5
农副食品加工业	46	522	9478.5	483.1
食品制造业	152	1489	34773.3	724.0
酒、饮料和精制茶制造业	10	273	1603.1	95.0

14-30 续表3 (2014年)

类 别	项目数合计(个)	参加科技项目人员(人)	本年度项目经费内部支出(万元)	#政府资金
烟草制品业	224	524	6564.1	10.0
纺织业	17	167	1465.3	60.0
纺织服装、服饰业	12	298	2310.7	85.0
家具制造业	1	30	293.8	7.0
造纸和纸制品业	13	157	6789.7	30.0
印刷和记录媒介复制业	33	162	2789.7	119.5
文教、工美、体育和娱乐用品制造业	9	63	269.8	10.0
化学原料和化学制品制造业	84	1051	25755.7	586.1
医药制造业	128	1227	14632.9	333.7
橡胶和塑料制品业	23	236	3432.9	222.0
非金属矿物制品业	261	3401	74207.1	2218.4
黑色金属冶炼和压延加工业	24	281	7967.8	303.3
有色金属冶炼和压延加工业	64	1919	56242.7	815.8
金属制品业	82	902	11733.7	429.7
通用设备制造业	222	2414	67097.7	1606.2
专用设备制造业	290	3206	64593.8	1668.3
汽车制造业	209	3643	135823.3	6830.0
铁路、船舶、航空航天和其他运输设备制造业	35	657	15252.9	4031.0
电气机械和器材制造业	146	1445	20725.8	805.0
计算机、通信和其他电子设备制造业	118	4441	44644.1	457.0
仪器仪表制造业	160	1175	16658.6	1161.4
废弃资源综合利用业	2	12	247.0	40.0
电力、热力、燃气及水生产和供应业	68	687	13462.6	164.0
电力、热力生产和供应业	59	648	13030.7	32.0
燃气生产和供应业	5	16	280.6	10.0
水的生产和供应业	4	23	151.3	122.0

14-30 续表4 （2014年）

类别	项目数合计（个）	参加科技项目人员（人）	本年度项目经费内部支出（万元）	#政府资金
按经济成分分组				
公有经济	795	9029	198066.3	7792.3
非公有经济	1710	23761	505870.0	15503.2
按企业控股情况分组				
国有控股	762	8662	191680.6	7737.3
集体控股	33	367	6385.7	55.0
私人控股	1226	15113	332724.5	14133.5
港澳台商控股	102	4146	45239.6	470.0
外商控股	154	1877	62280.3	390.8
其他	228	2625	65625.6	508.9
按全国地区分组				
中原区	226	3971	88030.0	454.1
二七区	78	1390	26203.2	4556.5
管城区	99	2432	86514.5	6380.0
金水区	113	563	18169.1	575.0
上街区	89	1188	16773.3	926.6
惠济区	36	473	12540.7	425.0
中牟县	67	556	28361.0	200.0
巩义市	128	2316	63050.0	244.9
荥阳市	153	1747	25535.3	299.8
新密市	104	1763	37374.9	533.1
新郑市	219	2385	40859.1	1875.3
登封市	62	1212	48200.8	1184.0
经开区	246	4585	69539.2	848.9
高新区	591	5915	115696.4	4293.2
郑东新区	224	621	7020.4	30.0
航空港实验区	70	1673	20068.4	469.1

主要统计指标解释

普通高等学校 指按照国家规定的设置标准和审批程序批准举办的,通过全国普通高等学校统一招生考试,招收高中毕业生为主要培养对象,实施高等教育的全日制大学、独立设置的学院和高等专科学校、高等职业学校和其他机构。

中等职业学校 指实施中等职业教育的学校,招生对象是初中毕业生和具有初中同等学历的人员,基本学制为三年制。

成人高等学校 指按照国家有关规定审批,招收通过全国成人高教统一招生考试的具有高中毕业或同等学历的在职从业人员,利用脱产、半脱产、业余或函授等多种形式对其实施高等学历教育,培养高等教育专科或本科毕业水平的专门人才,修业年限、课程设置和总学时数均按高等学历教育要求付诸实施的学校。

等级运动员人数 指经考核正式批准授予等级运动员称号的人数。运动员等级分为国际级运动健将、运动健将、一级运动员、二级运动员、三级运动员、少年级运动员。

文化事业机构 指从事专业文化工作和专业文化工作服务的独立建制的单位。不包括这些单位另外举办独立核算的其他机构和各部门的业余文化组织。

研究与试验发展(R&D) 指在科学技术领域,为增加知识总量,以及运用这些知识去创造新的应用进行的系统的创造性的活动,包括基础研究、应用研究、试验发展三类活动。国际上通常采用 R&D 活动的规模和强度指标反映一国的科技实力和核心竞争力。

R&D **人员** 指参与研究与试验发展项目研究、管理和辅助工作的人员,包括项目(课题)组人员,企业科技行政管理人员和直接为项目(课题)活动提供服务的辅助人员。反映投入从事拥有自主知识产权的研究开发活动的人力规模。

R&D **经费内部支出合计** 指调查单位用于内部开展 R&D 活动(基础研究、应用研究和试验发展)的实际支出。包括用于 R&D 项目(课题)活动的直接支出,以及间接用于 R&D 活动的管理费、服务费、与 R&D 有关的基本建设支出以及外协加工费等。不包括生产性活动支出、归还贷款支出以及外单位合作或委托外单位进行 R&D 活动而转拨给对方的经费支出。

艺术表演团体 指从事戏曲、音乐、舞蹈、杂技等专业艺术表演,有独立帐户,实行单独核算的团体,不包括半工半艺、半农半艺和民间职业剧团。

艺术表演场馆 指由各级文化主管部门、文化单位和其他部门(除部队系统处)举力的,具有观众厅设备,经常供专业艺术表演团体演出,并在工商、税务部门登记,公开售票的营业场所。

卫生机构 指从卫生、民政、工商行政、机构编制管理部门取得《医疗机构执业许可证》或法人单位登记证书,为社会提供医疗保健、疾病控制、卫生监督服务或从事医学科研和医学在职培训等工作的单位。

实有床位数 指年底固定实有床位数,包括正规床、简易床、监护床、超过半年加床、正在消毒和修理床位、因扩建或大修而停用床位。不包括产科新生儿床、接产室待产床、库存床、观察床、临时加床和病人家属陪侍床。

卫生技术人员 包括执业医师、执业助理医师、注册护士、药师(士)、检验及影像技师(士)、卫生监督员和见习医(药、护、技)师(士)等卫生专业人员。不包括从事管理工作的卫生技术人员(如院长、副院长、党委书记等)。

医院 包括综合医院、中医医院、中西医结合医院、民族医院、各类专科医院和护理院,不包括专科疾病防治院、妇幼保健院和疗养院。

R&D **经费内部支出中政府资金** 指 R&D 经费内容支出中来自政府部门的各类资金,包括财政科学技术拨款、科学基金、教育等部门事业费及政府部门预算外资金的实际支出。

R&D **经费内部支出中企业资金** 指 R&D 经费内部支出中来自本企业的自有资金和接受其他企业委托而获得的经费,以及科研院所、高校等事业单位从企业获得的资金的实际支出。

十五、统计工作大事记

元月

1 日，郑州市统计局组织 90 余名干部职工参加全市 2014 年元旦长跑活动。

3 日，郑州市经普办和郑州人民广播电台《新闻综合广播》联合在《百姓阳光热线》栏目进行了经济普查专题直播访谈，郑州市经普办主任、市统计局副局长江滨就经济普查的目的、内容、意义、特点等回答了记者的提问，为普查登记营造了良好社会氛围和舆论环境。

4 日，郑州市委召开十届六次全体（扩大）会议，郑州市统计局搜集整理了 2013 年全市、各县（市）区、全省各省辖市、全国 35 个大中城市、26 个省会城市和中部六省会城市的主要经济指标，并对 2014 年影响全市经济增长的主要因素做了重点说明，得到了省委常委、市委书记吴天君等领导的批示。

8 日，郑州市统计局首次编印出版《郑州市科技进步统计年鉴》。通过全面调查和抽样调查，系统收集基层单位科技创新信息和数据，客观反映郑州市科技创新能力，为全面了解全市科技活动的开展情况，科学的评价科技创新政策的实施效果提供依据。

8 日，省委常委、常务副省长李克在郑东新区视察第三次全国经济普查现场登记工作，先后到河南民航发展投资有限公司、交银康联人寿保险有限公司河南省分公司调研，看望慰问普查对象和普查人员。

9 日，河南省统计局服务业处处长赵德友、副处长王予荷、省发改委服务业处孙波等一行莅临郑州市，就郑州服务业发展状况进行调研。郑州市统计局总统计师张庆华等陪同调研。

20 日，郑州市统计局召开全市交通运输邮电业部门年报会议，市交通运输委员会、市公安局、市邮政管理局、市邮政局、中国电信等相关部门统计负责人参加会议。市统计局总统计师张庆华出席会议并讲话。

22 日，河南省第三次经济普查办公室常务副主任孙斌育莅临郑州调研三经普登记工作情况，与市、县（区）、乡镇（办事处）普查办工作人员和基层普查员进行座谈，并实地察看了普查登记现场。郑州市统计局局长李德耀、副局长江滨陪同调研。

22 日，郑州市统计局召开全市社会事业统计工作会议。主要通报了 2013 年全市社会事业统计工作情况，部署 2013—2014 年社会事业统计资料的收集整理工作。市教育局、市卫生局、市民政局、市人力资源和社会保障局等 33 个市直部门的统计人员参加了会议。

23 日，河南省统计局召开“第三产业联网直报单位财务统计年报数据质量管理”视频会议，郑州市统计局局长李德耀等领导及专业处收听收看了会议。总统计师张庆华通报了近期全市第三产业联网直报情况以及其中存在的问题，并对下阶段的工作做出了具体布署。

26 日，郑州市召开全市经济普查暨三产单位数据质量工作会议，贯彻落实全省经济普查办公室主任会议和三产单位数据质量工作会议精神，对全市经济普查入户登记工作再强调、再部署、再安排。郑州市统计局局长李德耀到会并讲话。

在新春佳节即将来临之际，郑州市统计局干部职工深入基层，开展了“献爱心送温暖”走访慰问和“一对一”帮扶活动，为贫困人员送去了党和政府的关怀和温暖，送去了节日的问候和春节的慰问品。

二月

7 日，郑州市统计局被评为 2013 年度政府环保目标考评先进单位。

8 号，郑州市统计局召开三经普和年报工作主要负责人会议，学习了省统计局《关于加强第三产业联网直报单位财务统计年报数据质量管理的通知》，并及时提出了具体的工作措施，组成两个督导小组，利用一周时间督导县（市）区第三产业联网直报单位财务统计年报数据质量情况。

12 日，河南省统计局总经济师宋才亮莅临郑州，调研农民外出务工情况。调研组先后到荥阳市产业集聚区、豫龙镇槐西村、高山镇冢岗村、高山镇竹川村，和部分企业负责人进行了座谈，详细了解了当前农村经济社会发展中存在的热点、难点问题和农民外出务工数量、就业结构、地域分布、务工期盼等情况。

13 日，郑州市统计局收听收看了全省第三产业联网直报单位财务统计年报工作视频会议。

17 日，郑州市统计局召开“关于做好三经普能耗报表上报工作的视频会议”，副局长江滨、赵广程和有关专业负责人及部分县（市）、区人员参加了会议。

19 日，郑州市统计局召开党组中心组扩大会议，专题传达学习国务院第二次廉政工作会议精神和市纪委十届四次全会精神。

21 日，郑州市统计局参加了全省服务业统计工作会议。在谈到各省辖市服务业统计工作时，赵德友处长重点表扬了郑州市服务业统计基础工作和开拓创新工作，对郑州市局编纂的《2012 年度服务业发展报告》等工作给予了充分肯定，并建议其他省辖市和直管县来郑州观摩学习。

24 日，郑州日报、郑州晚报刊登了“2014 郑州两会进行时”专题报告，郑州市统计局局长李德耀作为市人大代表，分别接受了郑州日报、晚报记者的采访，指出了全市统计部门的主要任务和职能，并提出“城乡居民收入与国内生产总值应同步增长”，强调了全市统计部门在以后的工作中，将进一步发挥职能，让数据全面客观反映全市经济发展和社会事业进步水平，为市委政府决策提供依据。

25 日，郑州市统计局召开专题会议，研究解决特殊行业财务统计数据质量问题。中储粮、省粮食厅系统、四大电信公司、部分在郑的企业总部、市公交总公司、典型的出租车公司等特殊行业企业参加了会议，重点研讨解决经济普查中出现的财务统计数据质量问题。

26 日，郑州市统计局召开全市统计工作会，学习贯彻省委、市委经济工作会精神，传达全国及省统计工作会议精神。各县(市、区)、开发区统计局局长及助手，市局领导和部门负责人参加了会议。

会前，市委常委、常务副市长孙金献听取了市统计局工作汇报，并为会议发来贺信。李德耀局长做了题为《锐意改革　奋发进取　着力构建现代化服务型统计》的工作报告，总结回顾了 2013 年工作，分析当前统计工作面临的形势，部署 2014 年全市主要统计工作任务。

三月

2 日，郑州市统计局再次被省委省政府命名为省级文明单位，这也是郑州市统计局连续三次获得省级文明单位称号。

4 日，郑州市统计局召开全市服务业统计工作会议，贯彻全省服务业统计工作会议精神，全面布置营业收入为 500—1000 万元服务业企业进入一套表联网直报统计平台工作。各县(市)、区统计局、开发区统计机构业务骨干参加了会议。

5 日，郑州市统计局组织“学雷锋志愿者”签名活动，全局干部职工参加了签名仪式。

根据中共郑州市委决定，万永生同志任郑州市统计局党组书记、局长，于 3 月 5 日正式上任。

6 日，郑州市政府召开 2012—2013 年全市民主评议政风行风工作电视电话会议，通报了参加评议的 44 个政府部门排名情况，郑州市统计局再创佳绩，排第 16 名，比 2010—2011 年的第 20 名前进 4 个位次。

7 日，郑州市经济普查办公室组织收听收看国家、省三经普现场登记紧急视频会议。市局领导，市经普办各组组长参会了视频会。

7 日，郑州市市直机关工委和郑州市妇联联合召开了关于表彰 2013 年度市直机关优秀妇委会和优秀妇委会干部大会。郑州市统计局被授予“优秀妇委会”光荣称号。

11 日，郑州市机构编制委员会办公室、郑州市人力资源和社会保障局联合召开全市编制工作先进集体及先进个人表彰大会。郑州市统计局荣获 2013 年度全市机构编制工作先进集体。

13 日，国家统计局农村司分析处调研员范小玉一行 2 人，在河南省统计局农业处处长乔西宏陪同下，莅临郑州市调研农业生产情况。

16 日，郑州市总工会和机关工委联合表彰了全市工会工作先进集体和先进个人，郑州市统计局机关工会被评为先进工会。

18 日—19 日，郑州市经普办召开全市经济普查登记工作促进会，传达贯彻省经济普查数据审核工作视频会议精神，通报全市经济普查登记进展情况，安排部署经济普查数据审核和质量控制工作。

29 日，郑州市统计局开展以“我们的节日 · 清明节”主题活动，组织全局 47 名干部职工参观了任长霞先进事迹纪念馆。

31 日，全省统计系统党风廉政建设工作会议暨政风行风建设表彰大会在郑州召开，郑州市统计局再次荣膺全省统计系统 2012——2013 年政风行风建设先进单位。这是继 2008、2009、2010—2011 年后，我局第四次连续获此殊荣。

四月

2 日—3 日，郑州市统计局召开全市经济普查数据审核阶段工作会议，传达了全省经济普查数据审核阶段工作会议精神，通报了全市普查登记整体工作进展情况。郑州市经普办主任、市统计局副局长江滨主持会议并讲话。

10 日，郑州市统计局召开全市 2014 年经济社会统计调查工作会议，全面贯彻落实省、市统计工作会议精神，总结全市2013年度经济社会统计调查工作，安排部署2014年各项工作。郑州市局局长万永生、市经济社会调查队队长孙玉平到会并做重要讲话。

16日，郑州市统计局召开全市健康服务业培训会议，传达了全省健康服务业工作会议精神，对各县（市、区）健康服务业统计人员进行了业务培训。

17日，全市产业集聚区暨重点项目建设观摩讲评会召开。市委常委、常务副市长孙金献对产业集聚区建设情况、重点项目建设情况和一季度经济运情况进行了点评。在对一季度经济运行点评的材料中，基本采用了郑州市统计局对一季度经济形势运行研判的观点，市政府主要领导对郑州市统计局准确判断一季度经济运行形势给予了高度评价。

20日，郑州市经普办召开经济普查重名重码单位联审会议，对经济普查611表跨县区的重名重码单位进行审核确认。各县（市、区）经普办主任、数据质量负责人、数据审核人员和市经普办各专业组负责人员参加了会议。市经普办主任江滨出席会议并讲话

21日，郑州市统计局完成了2013年度郑州市组团新区产业集聚区（工业园区）考核评价工作，为市委市政府目标考核工作提供了有力数据支撑和决策支持。

28日，河南省统计局巡视员陆洁一行9人到郑州中牟县调研现代农业园区建设工作。

29日，郑州市召开一季度工业统计数据联审会议。各县（市）、区统计局工业统计负责人和业务骨干共50余人参加了会议。

29日，郑州市统计局召开了一季度经济运行分析研讨会，通报了一季度全市和各专业经济运行情况，局领导和各专业处全体人员参加了会议，万永生局长主持会议。

30日，郑州市统计局工业处撰写统计分析《上半年郑州工业经济增长预计情况分析》。吴天君书记阅后对该文做出批示：“请跃华、马健认真组织推进工业发展。”马健副市长对该文批示：“请市工信委阅研，强投资、抓督导以及集群召商等重点工作要抓紧推进”。

五月

4日—5日，河南省统计局服务业副处长王予荷一行到郑州市中原区和荥阳市调研指导三经普基层表审核工作。郑州市统计局总统计师张庆华陪同调研。

7—8日，郑州市统计局副局长江滨一行4人，到安阳市统计局考察学习移动办公系统项目的建设情况。安阳市局数管中心主任胡前防参加座谈。

11日，郑州市召开全市统计局局长暨经济普查办公室主任工作会议，紧急部署全市经济普查基层表精细化审核工作，确保第三次经济普查基层表数据质量。郑州市统计局局长万永生出席会议并作重要讲话。各县（市、区）统计局局长、经普办主任，各开发区统计机构负责人及经普办主任，市经普办各专业组组长参加会议。

9日，郑州市政府召开2014年《郑州农村发展报告》编辑工作会议，对近年来编辑工作中涌现出的先进集体和个人进行了表彰，对2014年的编辑工作进行了安排。郑州市统计局局长万永生主持会议。

13日，武汉市统计局吴仲鸣副局长、应小莉副巡视员一行4人到郑州市统计局进行交流学习，郑州市统计局领导赵广程及综合处、办公室负责人参加座谈。

15日，国家统计局服务业司副司长孙庆国及服务业司资料处处长林云玉一行就产业集聚区统计工作来郑州进行调研，河南省统计局俞肖云副局长、服务业处赵德友处长、评价监测处赵杨处长、郑州市政府李国强副秘书长、郑州市统计局万永生局长和张庆华总统计师陪同调研。

21日，河南省统计局党组成员、地方经济调查队队长刘明宪一行6人，在郑州市统计局局长万永生、副局长赵广程的陪同下，分别对郑州经济技术开区、郑州航空港综合实验区进行了调研考察。

29日，郑州市召开了2014年度全市统计教育培训工作会议。对2013年全市教育培训工作进行了总结，安排部署了2014年统计教育培训工作任务。并对荣获2013年度全市统计教育培训工作的先进集体和个人进行了表彰。郑州市统计局总经济师芦珊参加了会议并讲话。

29日，郑州市经济普查办公室召开全市第三次全国经济普查办公室主任会议。传达贯彻省经济普查办公室主任会议精神，研究部署第三次经济普查事后质量抽查工作。郑州市经济普查办公室主任、统计局副局长江滨出席会议并讲话。各县（市、区）经普办主任和业务副主任以及市经普办有关人员参加会议。

六月

4 日，河南省统计局社科处处长李贵峰一行 7 人，莅临郑州市开展第三次全国经济普查事后质量抽查工作。郑州市经济普查领导小组副组长，市统计局局长万永生到会迎接并参加汇报座谈。

5 日，郑州市统计局综合处撰写的《标兵渐远　追兵渐近——郑州与中部六省会城市主要指标对比分析》一文，受到中共河南省委副书记、省长谢伏瞻批示。批示内容为："请天君、马懿同志参阅。关键是分析原因，查找差距，研究对策，采取有效措施，力争缩小差距。要学习借鉴兄弟市好的经验，发挥郑州的比较优势，提升郑州在全国的地位"。此后，中共河南省委常委、郑州市委书记吴天君，郑州市委副书记、市长马懿，市委常委、常务副市长孙金献均做出批示，要求市直有关部门采取有效措施，尽快落实谢伏瞻省长批示精神。

6 日，郑州市有三名普查员被评选为河南省第三次全国经济普查"最美普查员"。他们分别是管城区北下街办事处普查员尤爱叶、新密市大隗镇普查员张丽霞和新郑市梨河镇大高庄村普查员辛爱莲。

10 日，河南省统计局服务业处副处长王予荷莅临郑州市统计局，就郑州服务业发展状况进行调研。郑州局组织了公交、物流、投资集团、总部企业、旅行社等多个行业企业的座谈会。郑州市统计局总统计师张庆华陪同调研座谈。

10 日，郑州市统计局举办了公文理论知识培训，河南省经贸职业学院技术科学系党组书记、教授边勋主讲，全局五十余人参加了培训。

12 日，郑州市召开全市统计局局长暨经济普查办公室主任工作会议，传达贯彻全省经济普查办公室主任会议精神，通报省抽查组在郑开展经济普查事后质量抽查情况。市经济普查办公室主任、统计局副局长江滨出席会议并讲话。市经济普查办公室常务副主任、总统计师张庆华主持会议。各县(市、区)统计局局长、经普办主任，各开发区统计机构负责人及经普办主任，市经普办相关人员参加会议。

17 日，国家统计局党组成员、总工程师郑京平莅临郑州，核查经济普查登记情况和数据质量；郑州市人民政府副市长杨福平、中原区区长王鸿勋等到现场陪同。6 月 17 日—18 日以国家统计局固定资产投资司司长贾海为组长的国务院第三次全国经济普查河南事后质量抽查组一行 10 人，分三组赴郑州市中原区伊河路社区、西站东社区和郑密路社区进行经济普查事后质量抽查工作。河南省统计局副局长、经普办主任王世炎，郑州市统计局局长万永生，中原区副区长陈耀宗陪同。

17—18 日，国家统计局党组成员、总工程师郑京平一行 3 人在郑考察调研。听取了郑州市政府杨福平副市长、市统计局万永生局长和中原区主要领导有关工作和经济形势的汇报，并就当前经济形势、郑州经济的长远发展及"八项规定"实施以来对社会产生的深刻变化和影响与市、区党政领导和有关部门进行了交流座谈。实地考察了郑州宇通新能源客车、河南保税物流中心。在保税物流中心，就跨境贸易(E 贸易)的发展方向、存在问题与有关部门和人员进行座谈。

25 日，洛阳市政府副秘书长李文建和信用办主任李长兴一行来到郑州市社会信用服务中心，考察郑州市社会信用体系建设工作，重点了解郑州市社会信用信息平台构建和信用数据库建设情况。郑州市政府副秘书长李庆忠陪同考察。

27 日，河南省统计局社科处副处长王梦轩一行三人，来郑调研健康服务业统计工作。郑州市统计局万永生局长、韩彦北副局长出席了调研活动。

七月

1 日，郑州市统计局召开全市上半年经济运行分析会。各县(市、区)统计局主管经济形势分析的领导、局县处级领导干部、各部门(单位)负责人、调查队各处长、业务处室全体人员参加会议。市局局长万永生主持会议。

9 日，郑州市经济普查办公室召开上报第三次全国经济普查工作总结和技术总结工作会议，传达省经济普查办公室相关要求，安排布置郑州市经济普查工作总结和技术总结的撰写及上报工作。市经济普查办公室主任、市统计局副局长江滨主持会议并讲话，市经济普查办公室常务副主任、市统计局总统计师张庆华提出具体要求。

10 日，郑州市统计局总统计师张庆华一行 5 人赴武汉市、长沙市统计局考察学习。考察学习期间，与两市统计局有关部门就国民经济核算、服务业统计、贸易统计等相互关心的问题进行了广泛交流与座谈，武汉市统计局吴仲鸣副局长、长沙市统计局韦薇副局长分别参加座谈。

16 日，郑州市统计局组织召开了《2014 郑州文化及相关产业概览》编印工作部署会。市委宣传部、市文广新局、市文物局、市档案局、市旅游局、市会展办等相关部门统计人员参加会议。

23 日，省统计局总统计师赵德友三人就航空运输统计工作赴航空港经济综合实验区进行调研，郑州市统计局局长万永生、总统计师张庆华等陪同调研。

24 日，郑州市统计局召开上半年全市统计工作座谈会，各县（市、区）、经济技术开发区统计局局长、郑东新区、高新区、航空港区统计部门负责人，局中层正职以上人员参加。郑州市局局长万永生主持会议。各县（市、区）局局长针对本地区上半年重点和特色工作工作、下半年工作安排部署以及对市局的意见建议等方面进行了座谈交流。万永生局长做了《勇于担当、主动作为、推进全市统计工作上新台阶》的工作报告，传达了《河南省统计局关于平舆县和郸城县统计违法案件的通报》，介绍了两县在统计上弄虚作假案件存在的主要问题和处理情况。

25 日，河南省统计局局长胡五岳、监察室主任朱光建、办公室主任王贵斌、人事处处长蒋守业一行四人莅临郑州市统计局对政风行风建设工作进行督导检查。郑州市局局长万永生、新郑市统计局、中原区发展改革统计局局长和部分领导干部参加了座谈会。万永生局长就郑州市局政风行风建设工作情况做了汇报。

29 日，郑州市统计局召开全市科技统计人员业务培训会，各县（市）区科技统计业务骨干、省级产业集聚区科技统计人员和市级专业园区科技统计人员共 60 余人参加了会议。

29 日，郑州市工业数据联审会议顺利召开。传达学习了全国、全省上半年工业数据联审会议精神；通报了全市上半年工业统计数据审核及数据质量情况；总结了上半年工业统计工作，安排部署了下半年工作。市统计局副局长赵广程出席会议并讲话。各县（市）、区统计局主管工业统计工作的局领导、工业科主要负责人和业务骨干参加了会议。

30 日，郑州市统计局召开《〈周工作日志〉管理考核办法》动员会，进一步巩固教育实践活动成果，建立机关工作规范化管理长效机制。局机关全体工作人员、局属事业单位负责人参加会议。局党组书记、局长万永生参加会议并作动员讲话。

30 日，河南省首届统计建模比赛决赛于落下帷幕，郑州市统计局两只代表队从 16 只代表队中脱颖而出，以总分第一名和第四名的成绩分获比赛一、二等奖。省统计局局长胡五岳等领导为参赛选手颁奖。

八月

1 日，河南省地方社会经济调查队副队长朱怀安一行 4 人莅临郑州市，就郑州市信息化统计工作开展情况进行调研。郑州市经济社会调查队队长孙玉平陪同调研。

4 日，郑州市副市长杨福平听取了《郑州农村发展报告》近阶段的工作汇报，并对 2014 年的《报告》编辑工作提出了更新更高的要求：要加大“围绕都市型生态农业、田园城市方面”内容的篇幅，增加“外地经验、理论前沿”等栏目。

6 日，河南省统计局召开全省 2014 年统计基础规范化建设视频会议，郑州市统计局党组书记、局长万永生，各位局领导，各业务处、中心负责人，经济调查队相关人员收听收看了视频会议。

6 日，郑州市统计局召开规模以上服务业扩围工作业务培训会议，各县（市、区）统计局服务业统计负责人和业务骨干参加了会议。张庆华总统计师出席会议并讲话。

8 日，郑州市统计局向政府报送《1—7 月全市主要经济指标完成情况》，市委常委、常务副市长孙金献于 8 月 11 日批示：“请吴书记、马市长阅示；请云伟市长、跃华部长、马健市长阅研”。8 月 12 和 13 日，省委常委、市委书记吴天君、常务副市长又分别对该报告予以批示。吴书记批示“分析一下用电量结构及用电量与各行业的产出比，看有无优化”。孙市长批示：“请发改委牵头会统计局、工信委作比对分析”。

14 日，河南省统计局工业处方国根处长一行三人莅临郑州市，就郑州市集聚区工业的生产经营情况开展调研。郑州市统计局副局长赵广程、二七区统战部长王玉红等陪同调研。

14 日，郑州市统计局召开二季度全市能源统计工作会议。各县（市）、区统计局主管局长、能源科长参加了会议。郑州市统计局副局长赵广程出席会议并讲话。

18 日，郑州市统计局召开全市贸易主要数据联审会议。各县（市）、区统计局主管局长、贸易科长参加了会议。市统计局副局长江滨出席会议并讲话。

19 日，河南省统计局人口就业处处长孙斌育一行三人，来郑调研人口统计工作，郑州市统计局党组书记、局长万永生、副局长江滨参加了调研活动。

19 日,郑州市直机关工委下发《关于表彰 2013 年度市直机关先进基层党组织、优秀党务工作者和优秀共产党员的决定》(郑直〔2014〕41 号),郑州市统计局机关党委被评为“先进基层党组织”,孟繁丽、程胜先两名同志被评为“优秀共产党员”。郑州市统计局机关党委连续七年获此殊荣。

19 日,国家、省统计局召开了全国“一套表”联网直报工作中违法违规和不规范报送行为专项整治工作视频会议,国家统计局党组书记、局长马建堂作了重要讲话,省统计局局长胡五岳对全省开展专项整治工作提出了具体要求。郑州市统计局高度重视,印发了《郑州市统计局关于认真贯彻落实国家省视频会议精神的通知》,迅速开展专项整治工作。

20 日,郑州市统计局召开优质服务小组全体成员会议,就如何搞好统计优质服务、搭建服务平台、转变工作作风等问题进行了探讨和分析,这标志着郑州市局优质服务小组工作正式启动。万永生局长参加会议,赵广程局长主持座谈会。

22 日,郑州市统计局万永生局长、张庆华总统计师一行 6 人到郑州航空港经济综合实验区调研指导统计工作,郑州航空港经济综合实验区有关领导和统计中心的全体同志参加了座谈。航空港实验区经济发展改革局刘左军副主任介绍了航空港实验区统计工作的基本状况、存在的问题和下一步的工作计划。

25 日,《2014 年郑州农业农村统计概要》印刷出版。

九月

2 日,郑州市召开住宿设施普查工作会议,会上传达了省、市两级普查方案和近期工作。各县(市)、区分管局长及贸易负责人参加了会议。郑州市统计局副局长江滨与市旅游局副局长刘根成出席会议并讲话。各县(市)区主管领导与会人员针对本次普查工作中存在的疑问进行了现场交流和解答。

11 日,全国政协委员、国家统计局社科司司长贾楠、高级工程师孙福全,在河南省统计局副局长卢树祥、社科处副处长刘朝阳的陪同下,到郑州市金水区经八路办事处调研基层统计工作。郑州市统计局副局长韩彦北、金水区发展改革和统计局局长崔文修参加了调研。

15 日,郑州市文明办副主任姬月莲一行来郑州市统计局进行省级文明单位年度复查工作。郑州市局党组成员、纪检组长、文明办主任王停军及相关同志参加了汇报。

16 日起,郑州市统计局连续举办三期普查指导员和普查员培训会议,共培训 600 余人,为普查工作的顺利进行打下了坚实的基础。郑州市统计局江滨副局长、郑州市旅游局规划处张陆军处长、参加了此次培训会。

16 日,河南省地调队副队长梁修群、调研员赵起城一行到郑州市经济社会调查队进行“走基层察实情促整改”调研活动,与全队人员进行了面对面座谈,广泛听取统计调查人员的意见建议,指导郑州市队党的群众路线教育实践活动。

17 日,河南省统计局副局长冯文元,能源处处长常冬梅等一行四人对郑州市二七区、荥阳市企业“一套表”联网直报专项整治工作进行检查督导。郑州市统计局党组书记、局长万永生,总经济师芦珊等陪同。

19 日,郑州市统计系统在中心酒店举行第五届“中国统计开放日 · 统计人、统计情、统计梦”演讲比赛。郑州市统计局党组书记、局长万永生,党员成员、纪检组长王停军等有关领导及局各处室有关同志观看了比赛。来自 6 个县(市)区、经开区和市局的 11 名选手参加了比赛。

19 日,郑州市统计局举行 2014 郑州慈善日活动捐款仪式,市局党组书记、局长万永生作了动员讲话,希望全局干部职工能增强慈善意识,以实际行动救助更多的困难群众。

21 日,全国统计从业资格考试在全国范围内同时举行。郑州市分别在中原区伊河路小学等 3 个考点 22 个考场近千人参加了考试。河南省统计局统计培训中心副主任陈飞耀到我市考点巡视,郑州市统计局党组书记、局长万永生简要介绍了郑州市统计从业资格考试前期准备和考试组织安排情况。

22 日,郑州市统计局在新郑市召开了全市统计基础建设工作现场会,全市十五个县(市、区),开发区主管统计基础建设工作的主管领导和业务骨干四十余人参加了会议,新郑市常务副市长彭立到会并致欢迎词。

25—26 日,中部六省会统计局长联席会议在江城武汉召开,六省会城市的统计局长齐聚江城,郑州市统计局万永生局长和有关部门负责人参加会议。

十月

10 日,郑州市统计局组织召开了全市人口与城镇化抽样调查工作暨培训会议。传达了全省人口调查工作会议精神，布署了 2014 年全国 1‰人口变动情况抽样调查及省 3% 人口与城镇化抽样调查工作。郑州市局副局长江滨出席会议。

10 日，河南省统计局副局长王世炎、工业处处长方国根一行 4 人莅临郑州航空港经济综合实验区调研指导。调研组听取了郑州航空港实验区的基本状况和下一步发展规划，并到鸿福锦公司、天宇手机生产车间、蓝宝石器件产业园等企业进行了参观考察。

14 日，郑州市副市长张俊峰对郑州市统计局呈送的《郑州市重点房地产企业调查报告》做出批示："市统计局对当前热点问题跟踪调查很好！对正确把握取消限购后的趋势根据情况分析的很详细，有重要的参考价值，请市房管局德耀局长阅"。

14 日，郑州市直机关下发了《关于表彰 2013 年度市直机关先进基层党组织、优秀党务工作者和优秀共产党员的决定》，郑州市统计局被评为"先进基层党组织"。这是郑州市局连续七年获此殊荣。

15 日，郑州市统计局召开了全市统计信用体系建设工作会议。各县(市)区统计局负责法规、规范化建设、信用体系建设的领导和业务负责同志参加了会议。

21 日，郑州市统计局组织召开了本市部分汽车行业企业座谈会，进一步了解郑州市汽车行业的生产经营形势情况。宇通客车、东风日产、海马等近 20 余家郑州市汽车行业重点企业代表参加了座谈会。

21 日，郑州市召开市直机关第 26 届老年人运动会，郑州市统计局 30 余名离退休干部参加了乒乓球、麻将、激光射击、跳棋、一掷千金等多个项目的角逐。

23—24 日，郑州市统计局召开"四上"调查单位入库工作会议，确保符合条件的调查单位"应入尽入"。郑州市局局长万永生作重要讲话，副局长江滨、赵广程主持会议并作具体工作部署。

27 日，郑州市统计局召开全市社科文统计业务技术培训会议。交流讨论了社科文统计工作经验、工作思路和工作重点，就文化产业、健康服务业和科技等专业进行了培训。各县(市、区)统计局负责社科文统计工作的科长和业务骨干共 40 余人参加了会议。

28 日，郑州市统计局召开了全市规模以上服务业单位增减变动审核工作会议，进一步做好 2014 年年度规模以上服务业调查单位增减变动审核确认工作。

28 日，郑州市统计局召开了三季度建设领域数据联审暨投资方法制度改革工作会议。传达了全国、全省投资方法制度改革试点座谈会议精神，对全市四季度的投资运行情况进行了分析判断。

29 日，郑州市统计局召开全市工业统计数据联审暨业务培训会议，传达了三季度全国、全省工业统计数据联审会议精神，通报了全市工业统计数据质量情况。各县(市、区)统计局工业科负责人及业务骨干人员参加了会议。

30—31 日，郑州市统计局召开产业集聚区培训会议。各县(市)区统计局主管领导、负责监测评价考核工作的科长、数管中心负责"一套表"平台的工作人员及负责产业集聚区统计工作的同志参加了会议。

30 日，郑州市统计局召开全市统计系统第三季度经济形势分析会，分析研判前三季度全市经济形势。各县(市、区)统计局主管经济形势分析的副局长、市局县处级领导干部、各部门负责人及业务处室全体人员参加了会议。郑州市统计局副局长赵广程主持会议。

31 日，郑州市统计局召开全市统计系统政务信息工作培训会议，河南省统计局办公室副主任王玉珍讲授了统计政务信息工作基础要求及编写要点，全市各县(市、区)办公室主任及郑州市局各专业处(室)、队、中心政务信息负责人 70 余人参加了会议。

十一月

5 日，河南省统计局召开了全省 2014 年度统计用区划代码和城乡划分维护更新工作布置暨业务培训会议，郑州市统计局相关专业处室、各县(市)区，开发区的业务骨干参加了会议。

5 日，广州市统计局综合处冯俊处长一行 3 人到郑州市统计局进行交流学习，赵广程副局长和有关负责同志参加座谈。

7 日，郑州市经济社会调查队与市畜牧局联合召开了畜禽规模养殖名录库维护、小型猪牛羊养殖户清查工作会议，布置 2014 年全市畜禽规模养殖名录库维护工作，对畜牧业有关业务知识进行培训。郑州市经济社会调查队支部书记孟玲武、各县(市、区)畜牧局、统计局分管领导和业务人员 80 多人参加会议。

9 日，省委常委、郑州市委书记吴天君同志对郑州市统计局报送的统计报告《经济结构在调整中升华》给与批示，批示内容为："请武斌等同志阅研，适当时候可把此文压为一篇新闻稿件"。

25 日，河南省统计局召开全省 2014 年年报视频会议。郑州市统计局党组书记、局长万永生，局其他有关领导,各专业处、队、中心负责人和各县(市、区)领导、专业负责人认真学习了省局领导的讲话。

25 日,河南省统计局投资处处长冯建中对郑州市中牟县投资项目进行了察看。郑州市统计局局长万永生、总统计师张庆华、中牟县政府常务副县长李文岭陪同调研。

26 日,郑州市统计局召开 2014 年全市农业统计年报会。各县(市、区)主管局长(调查队队长)及农业、畜牧、核算业务骨干参加了会议。

26 日,郑州市统计局召开 2014 年全市农业统计年报会。各县(市、区)主管局长(调查队队长)及农业、畜牧、核算业务骨干参加了会议。会议对 2014 年农业统计工作进行了总结,对农林牧渔业统计报表制度和农业产值与中间消耗报表制度进行了讲解培训。郑州市经济调查队孟玲武书记出席会议并讲话。

十二月

2 日,郑州市统计局局长万永生到郑州市经济社会调查队调研指导工作,召开中层以上人员座谈会,听取 2015 年工作谋划情况汇报。

5 日,郑州市统计局召开 2014 年统计年报工作会议,贯彻落实河南省统计局 2014 年年报定报会议精神,安排部署全市今年年报和明年定报工作。各县(市、区)局、开发区统计局局长、主管业务副局长,郑州市局领导、各处(室)负责人 80 余人参加了会议。

8 日—10 日,郑州市统计局召开贸易外经统计年报工作会议。各县(市、区)统计局分管贸易统计工作的领导、贸易科长和业务骨干参加了会议。

11 至 13 日,郑州市统计局召开工业统计年报和定报制度培训会议。各县(市)、区统计局工业统计主管领导,工业科负责人及业务骨干参加了会议。

11 日至 12 日,郑州市统计局召开了劳动工资统计年报布置培训会议。各县(市、区)劳动工资统计主管领导、科长和业务骨干参加了会议。

18 日,郑州市推进使用正版软件工作领导小组办公室检查组一行来郑州市统计局检查指导工作。检查组由市国资委于东启副主任率队,郑州市统计局副局长江滨、数管中心主任相关人员参加。

18 至 19 日,郑州市统计局召开了服务业统计年报和定报制度培训会议。各县(市)、区统计局服务业统计主管领导,服务业科负责人及业务骨干参加了会议。

23 日至 12 月 24 日,郑州市统计局召开能源统计 2015 年年定报培训工作会议,各县(市、区)统计局主管局长、能源科科长及业务骨干等 70 余人参加了会议。

25 日,郑州市统计局召开基本单位统计报表制度会议。安排部署全市基本单位 2014 年统计年报和 2015 年基本单位年定报工作,各县(市、区)统计局名录库负责人及名录库业务骨干参加会议。

中国统计出版社最新图书简目
（仅供参考，以最后出书为准）

统计资料

综合类：中国统计年鉴　中国统计摘要　中国发展报告

国际资料类：国际统计年鉴　金砖国家联合统计手册　世界能源资源年鉴

区域资料类：中国区域经济统计年鉴　中国县域统计年鉴　中国城市统计年鉴

中国农村统计年鉴　中国地区经济监测报告

经贸与投资类：中国贸易外经统计年鉴　中国对外直接投资统计公报　中国商品交易市场统计年鉴

大中型批发零售和住宿餐饮企业统计年鉴　中国零售和餐饮连锁企业统计年鉴

住户与物价类：中国住户调查年鉴　中国价格统计年鉴　中国农产品价格调查年鉴

全国农产品成本收益资料汇编

资源与环境类：中国环境统计年鉴　中国能源统计年鉴

产业类：中国工业统计年鉴　中国建筑业统计年鉴　中国房地产统计年鉴

中国第三产业统计年鉴　中国证券期货统计年鉴

科技类：中国科技统计年鉴　中国高技术产业统计年鉴　工业企业科技活动资料

人口与就业类：中国劳动统计年鉴　中国人口和就业统计年鉴　中国人才资源统计报告

社会与文化类：中国社会统计年鉴　中国文化及相关产业统计年鉴

公共管理类：中国民政统计年鉴　中国民族统计年鉴　中国乡镇街道行政区域简册

省级综合统计年鉴系列

北京　天津　河北　山西　内蒙古　辽宁　吉林　黑龙江　上海　江苏　浙江　安徽　福建　江西　山东

河南　湖北　湖南　广东　广西　海南　重庆　四川　贵州　云南　西藏　陕西　甘肃　青海　宁夏　新疆

新疆生产建设兵团

市(县)级综合统计年鉴系列

天津滨海新区 石家庄 唐山 邯郸 太原 大同 阳泉 长治 晋城 朔州 晋中 运城 忻州 临汾 呼和浩特

鄂尔多斯 包头 沈阳 大连 长春 吉林市 四平 哈尔滨 黑龙江垦区 上海浦东新区 南京 无锡 徐州

常州 苏州 南通 连云港 淮安 盐城 扬州 镇江 泰州 宿迁 江阴 丹阳 杭州 宁波 温州 嘉兴 绍兴 金华

衢州 舟山 台州 丽水 合肥 福州 厦门 宁德 福州经济技术开发区 南昌 济南 青岛 郑州 洛阳 平顶山

三门峡 南阳 武汉 十堰 荆州 宜昌 荆门 咸宁 长沙 广州 深圳 惠州 东莞 南宁 柳州 桂林 来宾 海口

三亚 成都 贵阳 昆明 西安 兰州 庆阳 银川 乌鲁木齐 兵团一师 兵团十师

调查年鉴系列

山西 内蒙古 吉林 辽宁 上海 福建 湖北 广西 重庆 四川 云南 甘肃 宁夏 新疆 南宁 桂林

“十二五"规划教材

统计学(经济管理类专业本科适用,单薇 等) 抽样调查理论与方法(冯士雍 等)

贝叶斯统计(茆诗松 等) 统计学(黄良文 等) 试验设计(茆诗松 等)

统计学:从数据到结论(吴喜之) 医学统计学(于浩) 统计学(经济、管理类专业基础教材,张小斐)

概率论与数理统计三十三讲(魏振军) 概率论与数理统计三十三:学习指导与习题解答(魏振军)

非参数统计(吴喜之 等) 统计学:经济与管理中的数据分析(李慧云 等)

卫生管理统计学(新编医学院校基础课教材,尚磊) 医院统计学(新编医学院校基础课教材,徐天和 等)

社会统计学(蒋萍 等) 现代金融投资统计分析(李腊生 等)

国民经济核算初级教程(经济类、统计类、管理类专业适用,蒋萍 等)

重点图书

新中国65年 新编英汉汉英统计大词典 中华医学统计百科全书

挑大学选专业2014—考研择校指南 挑大学选专业2014—高考志愿填报指南

中国统计出版社发行部电话:(010)63376907,63376908 同楫行书店电话:68783171,68783172
通讯地址:北京市西城区三里河月坛南街57号 邮政编码:100826
网址:http://csp.stats.gov.cn